魏彦红 主编

曹迎春 卫立冬 耿春红 李建明 副主编

董仲舒与儒学研究

第七辑

巴蜀书社

图书在版编目（CIP）数据

董仲舒与儒学研究. 第七辑/魏彦红主编. —成都：
巴蜀书社，2019.5
ISBN 978-7-5531-1144-5

Ⅰ.①董… Ⅱ.①魏… Ⅲ.①董仲舒（前179－前104）
－哲学思想－思想评论－文集②儒学－研究－文集
Ⅳ.①B234.55－53②B222.05－53

中国版本图书馆 CIP 数据核字（2019）第 074130 号

董仲舒与儒学研究（第七辑）　　　　　　　　　魏彦红　主编

责任编辑	李小依	
出　版	巴蜀书社	
	成都市槐树街2号　邮编 610031	
	总编室电话：(028)86259397	
网　址	www.Bsbook.com	
发　行	巴蜀书社	
	发行科电话：(028)86259422　86259423	
经　销	新华书店	
照　排	四川胜翔数码印务设计有限公司	
印　刷	成都蜀通印务有限责任公司　(028)64715762	
版　次	2019 年 5 月第 1 版	
印　次	2019 年 5 月第 1 次印刷	
成品尺寸	148mm×210mm	
印　张	22.25	
字　数	700 千	
书　号	ISBN 978-7-5531-1144-5	
定　价	98.00 元	

本书若有印装质量问题，请与工厂调换

在阳明学会议上董子学院魏彦红教授与林安梧教授（左一）和陈卫平教授（左二）合影

董子学院王文书（左一）、魏彦红（中）、曹迎春（左三）参加在越南举行的东亚人文学会 2018 年学术年会

2018年2月，衡水市委书记王景武（左四），衡水市政协主席李洪林（左一）、副主席牟景山（左五）及衡水学院党委书记王守忠（右一）、常委宋庆喜等领导看望董学研究名家周桂钿教授（左三）和余治平教授（左二）

著名学者陈寒鸣教授莅临董子讲坛

2018 年 4 月董子学院教师在西北大学现代学院召开的董仲舒纪念活动上与余治平教授（左二）合影，并全部被聘为现代学院董仲舒研究院顾问

在韩国参加会议期间与著名学者金圣基教授（中）合影

魏彦红教授（左一）参加在韩国成均馆举行的孔子文化座谈会

董子学院白立强博士在韩国举行的海外孔子学堂研讨会上做重点发言

魏彦红教授在韩国举行的中韩孔子学堂经验交流活动中分享衡水学院孔子学堂的经验

与韩国大儒李退溪第十六代嫡孙李根必先生（中）合影

2018 年 6 月由衡水市政协等部门主办、衡水学院承办的 "2018 中国·衡水董仲舒与儒家思想国际学术研讨会" 开幕式

衡水市政协主席李洪林主持 "2018 中国·衡水董仲舒与儒家思想国际学术研讨会" 开幕式

衡水市委书记王景武在 "2018 中国·衡水董仲舒与儒家思想国际学术研讨会" 开幕式上致辞

河北省政协副主席边发吉在"2018 中国·衡水
董仲舒与儒家思想国际学术研讨会"上致辞

衡水学院党委书记王守忠在"2018 中国·衡水董仲
舒与儒家思想国际学术研讨会"开幕式上致辞

余治平教授在"2018 中国·衡水董仲舒与儒
家思想国际学术研讨会"开幕式上致辞

李存山教授在"2018中国·衡水董仲舒与儒家思想国际学术研讨会"开幕式上致辞

黄朴民教授在"2018中国·衡水董仲舒与儒家思想国际学术研讨会"开幕式上致辞

朱康有教授在"2018 中国·衡水董仲舒与儒家思想国际学术研讨会"开幕式上致辞

衡水学院校长田光在"2018 中国·衡水董仲舒与儒家思想国际学术研讨会"闭幕式上致辞

衡水市委书记王景武、省政协副主席边发吉等领导和董学名家
为衡水学院"董仲舒思想国际研究院"揭牌

周桂钿教授在"2018 中国·衡水董仲舒与儒家思想国际学术
研讨会"做主题演讲

成中英教授在"2018 中国·衡水董仲舒与
儒家思想国际学术研讨会"做主题演讲

金春峰教授在"2018 中国·衡水董仲舒与
儒家思想国际学术研讨会"做主题演讲

金圣基教授在"2018 中国·衡水董仲舒与
儒家思想国际学术研讨会"做主题演讲

黄朴民教授在"2018 中国·衡水董仲舒与
儒家思想国际学术研讨会"做主题演讲

李存山教授在"2018 中国·衡水董仲舒与
儒家思想国际学术研讨会"做主题演讲

李宗桂教授在"2018 中国·衡水董仲舒与
儒家思想国际学术研讨会"做主题演讲

吴光教授在"2018 中国·衡水董仲舒与儒家思想国际学术研讨会"做主题演讲

邓红教授在"2018 中国·衡水董仲舒与儒家思想国际学术研讨会"做主题演讲

目 录

序　盛世文化的代表

周桂钿

两千多年前的儒家提出了最高的社会理想和现实的社会理想。最高理想是"大道之行也，天下为公"的大同社会。最高理想很难实现，现实社会是"大道既隐，天下为家"的家天下。家天下也有兴衰成败的问题，兴盛时，社会安定，经济发展，人民安居乐业。这叫小康社会。如果天下分裂，社会大乱，战争爆发，经济崩溃，人民流离失所。这就是乱世。中国历史上经常出现乱世与治世的交替。大乱后有大治，治以后又乱，分久必合，合久必分。治理得好，可以安定数百年。治理不好，连续动乱，难有安定的日子。中国人的梦想首先是实现小康的现实理想，而最高理想只是追求的目标，时过两千多年，还没实现，再过两千年，也未必能实现。因此，我们要争取的首先是现实理想，那就是小康社会。

儒家认为尧、舜之前是公天下的大同社会，就是公有制的原始社会。从禹开始出现家天下，这是私有制的社会。儒家还认为，在禹、汤、文武、成王、周公执政时期是小康社会。这时的家天下，社会安定，没有战争，秩序良好。这是三代的前期，后来就逐渐变坏了。夏桀和商纣当政都是乱世，才被汤、武所取代。特别在周朝末期，天下大乱，周天子没有权威，礼崩乐坏，各诸侯分裂割据，年年纷争，大国强国吞并小国弱国，最后七强纷争进入战国时代，最终由秦国吞并六国统一天下，建立秦朝，筑长城，统一文字与度量衡，改封建制度为郡县制度。秦虽然统一了，由于执政缺乏德教，不久又陷入大乱，很快又灭亡了。继承秦朝的是汉朝，虽然改朝了，而家天下的格局没有改变，一直延续到清朝，达四千五百多年。在四千多年中，虽然不断改朝换代，家天下的格局没有变化，虽有改革与创新，只是在完善这种制度。新朝代刚建立往往比较好，社会安定，经济发展，人民安居乐业，呈现盛世状况。延续一段时间后，就逐渐腐败，进入乱世，被人民推翻，被有德者取代。在中国历史上有汉唐盛世。汉朝与唐朝的前期与三代前期相似，都可以称为盛世即小康社会。

大同是儒家的最高理想，很难达到，小康则是可以实现的现实的理想社会。大同与小康就成为古今中国人的共同之梦。

尧舜之前还没有出现私有制的原始社会，儒家称为"天下为公"的时代。当时社会状况，我们不清楚。夏、商、周三代，孔子对于夏、商的社会制度已经不太清楚，礼制大概已经出现。后代考古可以确定商代有甲骨文和祭祀文化。至于周代，孔子有比较多的了解，主要的有周公制礼作乐，创造礼乐文化，又实行封土建国的封建制度，细节保存在儒家的典籍中。秦王朝建立时，实行郡县制，取代封建制，同时废除许多礼乐细节。春秋时代已经礼崩乐坏，这时改朝的冲击，使礼乐细节荡然无存。

汉代秦之后，许多儒生企图恢复周礼，由于资料不全，他们收集残篇断简，加上想象猜测，重新创造出与时代相适应的礼乐制度来。"礼之用，和为贵"，礼乐的作用最重要的就是使社会和谐。汉初统治者为了巩固得来不易的政权，采取了一系列措施，协调各种社会关系，消除危险因素。在稳定的条件下，发展生产，保障供给，让人民安居乐业。人民富裕以后，就开始奢侈，而当官的就抢先腐败，教育就变得特别重要。正如孟子所说，生活好了，不接受教育，就会变得与禽兽差不多。刘邦巩固政权，文、景时代使百姓富裕，汉武帝开始独尊儒术，大办教育，发展文化事业。汉初这三阶段形成了盛事景象：社会稳定，经济发展，文化提高。

文化提高，培育了史学家。史学家记述了盛世景象。司马迁、班固等著名史学家，记录了汉代社会的状况。在盛世之下有许多社会问题，是动乱的萌芽，任其发展，就会毁灭这个盛世。这里有丰富的经验与教训。还有一些著作，如陆贾《新语》，贾谊《新书》，桓宽《盐铁论》等，都从不同角度阐述了治理天下的深刻理论。特别是董仲舒，不置产业，专心理论探索，提出一些重要思想，对后代有深刻的影响，如"大一统论"，形成民族意识。为民族统一做贡献的，是民族英雄；分裂民族，出卖民族利益的，是民族败类、汉奸卖国贼。又如"独尊儒术"，奠定了以儒学为主干的中华民族精神。因此，董仲舒被称为经学大师，"为儒者宗""为群儒首"，上承孔子，下启朱熹，堪称中华文明史上三大圣之一。

孔子生于春秋时代的乱世，朱熹生于南宋末世，只有董仲舒生于西汉前期的盛世。因此，董仲舒哲学即董学为盛世文化的代表。

董仲舒故里广川，今属河北衡水市，衡水学院的学者们重视本地先贤，潜心研究，又组织全国性会议，交流研究成果和体会。现将这些论文汇集出版，编辑邀我作序，我以为好事，当即应允，在视力很差的情况下，闭目思考，写下以上文字，权充序，请读者指正！

序

蒋重跃

　　《衡水学院学报》主编魏彦红教授要我为他们将要出版的《董仲舒与儒学研究》系列文集作一篇序，其中的文章多出自他们学报的特色专栏"董仲舒与儒学研究"。我欣然接受了这项任务。为什么呢？一来是因为这个主题与我的学术领域相关，对于它的学术意义和价值，我多少还有所了解；二来是因为办特色栏目对于高校社科学术期刊的发展具有重要的意义，作为全国高等学校文科学报研究会理事会的负责人，我的确感到有话可说。

　　毫无疑问，董仲舒是中国古代历史上第一流的学者和思想家。在他生活的时期，王朝统治正在从"清静无为"向"以孝治天下"（其实是"以霸王道杂之"）过渡，很自然地，学术思想上也就要从黄老之学向儒学转向。董仲舒的思想就是儒学向意识形态最高地位攀升的代表。他的"天人三策"对于汉武帝实施思想统治产生了重大影响；他对《春秋》学的研究继承了先秦公羊家传统，被当时的思想界和学术界公认为一家，并进而规范了两汉公羊学的基本走向。董仲舒在当时的政治、思想、文化、教育、学术等诸多方面都留下了影响。他在世时就受到最高统治者和学界的隆重礼遇，身后长期受到尊崇。不过，在特定的历史时期，他也会遭遇相反的命运，受到世人的批评、误解，甚至污蔑和谩骂。时至今日，关于董仲舒，仍有许多问题需要不断地探索和研究。例如，他对天人关系的认识究竟是毫无价值的宗教迷信，还是饱含真知灼见的理性反省？他的一统思想、三统论、三世说究竟是稀奇古怪的歪理邪说，还是别有会心的奇思妙想？他对公羊家法有怎样的贡献？他的学术活动在人类知识发展史上占有怎样的地位？他的思想在今天还有哪些意义和价值？这些问题的确大有研究的必要。

在中国历史上，像董仲舒这样的大思想家并不多见，如果回溯两千多年的悠久历程，放眼中国乃至全世界的广袤地域，这个话题就更显得弥足珍贵了。在我国当下的中等学校和高等院校文史哲的相关教材和学术著作中，是不会丢掉董仲舒的。专以董仲舒为题的学术著作也有十几种出版，学术论文就更多了，以董仲舒本人为题的论文每年都会有五十篇左右在正式学术期刊发表，但却没有一种学术期刊是专以董仲舒及与董仲舒相关的思想文化现象为主题的，这不能不说是一个缺憾。怎么办呢？

2007年，就在董仲舒的家乡，《衡水学院学报》创设了"董仲舒研究"专栏，弥补了学术界的这个缺憾。为了办好这个栏目，《衡水学院学报》的主编和编辑不辞辛劳，做了大量工作。他们在全国范围内发出征稿函和约稿函，专程拜访董学专家，参加相关学术研讨会，举办全国董仲舒思想高端学术论坛，还通过网络（博客、微博等）挖掘稿源。他们的努力得到了丰厚的回报，许多著名的董学专家学者纷纷把自己的研究心得贡献出来。在短短的几年里，他们与众多董学研究知名学者建立并保持了良好的合作关系，专栏共刊登了一百多篇董仲舒研究论文，其中不乏精品力作，所以才有本文集的系列出版。

《衡水学院学报》创办"董仲舒与儒学研究"专栏是一个有代表性的案例，它说明，综合性学术期刊创办特色栏目是可行的，更是必要的。

首先，在我国的学术研究和学术期刊界，有一个问题一直困扰着人们，即一方面是有许多学术专题研究成果需要发表，另一方面却是没有足够的与之相应的专题期刊以供论文发表。这样的研究课题和领域有许多，历史人物方面涉及思想家、教育家、文学家、政治家、军事家等，地域文化方面涉及齐鲁、闽越、河海、三晋、关陇、巴蜀、岭南等，行业文化方面涉及盐铁、纺织、印刷、演艺等。与此相适应，各个主题下的研究队伍也相对集中。但与之相对应的专题性学术刊物却不多。那么，怎样才能更有效地把众多优秀的专题论文发表出来，以满足学术研究的需要呢？在现有的管理体制下，唯有在综合期刊中考虑创办专题栏目这条路可走。

其次，随着高等教育的快速发展，如何为提高高校的学术研究水平和教学的学术含量服务，也成了摆在高校学术期刊人面前的一个大问题。要做到这一点，提高自身的学术水平就是当务之急。除了少数办刊历史悠久、学术资源丰厚的"大刊""名刊"，对于众多创刊时间短、经验相对欠缺、资源相对薄弱的学术期刊来说，要想在短时间内取得整体进步是不现实的。如果结合各自的实际，发挥某一方面的优势，创办特色栏目，先把一个或少数几个栏目办好，然后再把优势扩展到全刊，最终推动全刊整体进步，倒是切实可行的。

正是因为瞄准了以上两点，2003 年以来，教育部哲学社会科学名刊建设工程中才专门设立名栏建设计划，至今已经评选出三批共五十余家学报。同时，全国高等学校文科学报研究会在三届评优活动中，专门设立"特色栏目"一项，2014 年，共评选出 217 个优秀特色栏目，鼓励高校学术期刊在创办特色栏目上大胆探索。其中《衡水学院学报》的"董仲舒与儒学研究"专栏连续两届入选研究会评选的特色栏目。政府主管部门和行业组织的这些举措，极大地激发了高校学术期刊创办特色栏目的积极性。目前，许多高校学术期刊都在出点子，想办法，一个争相创办、办好特色栏目的活动正在蓬蓬勃勃地开展起来。《衡水学院学报》的"董仲舒与儒学研究"毫无疑问是其中的一个优秀代表。

创办特色栏目当然要有热情。不过，话又说回来了，创办特色栏目不能脱离实际，要认真研究选题的可行性，切实掌握研究基础和学术队伍的实际情况，保证刊发的学术成果是水到渠成的，而不是揠苗助长出来的。简单说，要在特色和学术水平两者之间形成一种合理的张力或平衡，这才叫质量，才值得去做，才有望获得成功。从本系列文集所选的论文可以看出，《衡水学院学报》在追求特色和水平之间的平衡上做出了他们的努力，应该给予充分肯定。

　　以上就我所知，对本系列文集的缘起和背景略作介绍，希望对读者的阅读和了解有所助益。

《董仲舒与儒学研究》专栏特约主持人按语

余治平

天命问题是中国哲学史、中国儒学史里一个非常复杂的问题，《中庸》曰："天命之谓性。"几乎每一个学者都要在天命问题上逗留、打转一番。常会营教授的文章比较董子、朱子之天命说，认为汉代人所说的天命指天的意志和命令，其理论代表乃董仲舒"三统说"，即黑、白、赤三统更替相代。何晏《论语集解》注解天命为"顺吉逆凶，天之命也"，似乎更接近于董子天命观所关注的国家政治命运的兴衰更替。孔子"五十而知天命"，《集解》以为是"知天命之终始"，而朱熹《论语集注》则认为，天命即天道之流行而附于物者，是事物所当然之故。《集注》的根据来自《中庸》的"天命之谓性"，天赋予万物（包括人在内）以本性。朱子显然是从构成而非本原上谈论天命。这些都是真知灼见，启发良多，其论述精备，视角独特，铺陈恢弘，但遗憾的是未能就《春秋繁露》专门讲天命的《顺命》篇展开文本解读、学理辨析与哲学发挥。《顺命》中，董子曰："人于天也，以道受命，其于人，以言受命；不若于道者，天绝之，不若于言者，人绝之。臣子大受命于君，辞而出疆，唯有社稷国家之危，犹得发辞而专安之盟是也。天子受命于天，诸侯受命于天子，子受命于父，臣妾受命于君，妻受命于夫，诸所受命者，其尊皆天也，虽谓受命于天亦可。"此乃董子天命观之大体与枢要也，不可轻忽。

公羊学的"天人感应"被董仲舒发挥到了极致，是古今治董学者绕不开的话题。臧明博士是专治董学的后起之秀，论著颇丰，功底厚实。他的文章指出，刘向对董仲舒、孟喜、京房阴阳灾异说做了总结与发展，并将灾异理论运用于现实政治斗争。"王道失则灾害生，得则四海输之祥瑞。"臧明分析指出，刘向以为，宦官外戚擅政是产生灾异的最重要原因，臣下位高权重，君王不任用贤臣、不修德、不爱民也会引发灾异现象。刘向以阴阳五行学说为基础把自然界不合理的现象与人事报应相关联，劝谏君王要顺天而行，避免灾异。刘向灾异说显然把阴阳五行说工具化、政治化。董仲舒把灾异原因归结为君主乖戾，而刘向则归咎为权臣、外戚或宦官，而非君主。这些都是中肯、不刊之论，整个文章有史有论，逻辑清晰，阐释得力，征引翔实，无疑是一篇研究汉代思想、历史与文化的佳作。李国斌博士议论"天人感应"之新意就是，聚焦于"天""人"二者实现"感应"的中介与方式。其文指出，根据汉人的思维，感应中介是"元"，其实现方式则在于以一个"至善"的目的贯通天人，使天人之间的"同源""同形"不是简单的比附，而真正实现彼此价值与目的"合一"。而对作为最高价值的"元"的理解则构成了"天人感应"的关键。这些都是创见，但以"元"解释感应，只能回答天、人"同源""同形"问题，仍停留于静态的"同构"层面，而无法触及天人感应的发生机理与动态过程。笔者在《唯天为大》一书中，曾专辟"性情形而上学"一章，论述天、人经由共有的性情而实现彼此感应，可供参考。从"元""天"的概念中推演、诠释出一个价值上的"至善"和宇宙秩序的"至善"，乃李文的又一创见，值得首肯。

不通阴阳五行则不懂中国哲学与中国文化，阴阳五行之学在中国从来就没死过。不懂阴阳五行，也读不懂董仲舒的学问。《春秋繁露·天地阴阳》篇曰："天、地、阴、阳、木、火、土、金、水，九，与人而十者，天之数毕也。"董学重数，赋数以特定价值与意义，"十"乃数之至高无上者，故几近于"天"。王博博士从"十端"切入董子的自然哲学，演绎出阴阳五行系统运转的大致原理与一般过程，勾勒出阴阳五行运行的基本图式。这在今天，十分难能可贵。强调"十端"的任何一端皆非静态地被平行罗列系统中，毋宁随每一端次第出现而逐渐丰富天的内涵。及至最终"人"的出场，圣人以知天的方式实现了对"十端"的完整把握，使得最初空洞的、作为天之一端的那个"天"，成为包容了"十端"的那个"天"。结合《管子》《吕氏春秋》的五行记载，阐发董子五行观念，更显得丰满、充实。整个文章洋洋洒洒，读来酣畅淋漓，回味无穷。唯"相比于'阴阳'，'五行'在董仲舒的天人学说中并不占有显赫的地位"之说，恐不合董学内旨。郑济洲博士的文章阐发出董仲舒公羊学乃是以天道之阴阳为本体，董子分别揭示了天道之阴阳与礼治、君臣、君民和改制的内在联系，把刘汉王朝的政治生活统摄进天道的阴阳秩序，也值得一读。

曹迎春教授的文章以历史学的精湛工夫，专门考证董仲舒对《论语》的征引情况，她指出，"天人三策"、《春秋繁露》在引《论语》文句时，"引用"与"诠释"同步发生。其诠释则主要有"是什么"的解说式诠释，"为什么"的追问式诠释，引申式诠释。董著对《论语》的引用频次高、方式多样，有利于推动汉代《论语》的传播，其引文对于研究汉代《论语》传本，订正今本《论语》之误都具有重要的学术价值。董子对《论语》的诠释，在为自己的政治哲学思想寻找理论支撑的同时，也影响了后世《论语》注家，是今人研究汉代《论语》学史重要的思想遗产。随着董学研究往纵深推进，需要更多这样工夫扎实、考证有力的文本研究。期待今后能有学者展开董仲舒引《春秋》、引《诗经》、引《尚书》、引《周易》、引《三礼》、引法家、引道家、引阴阳家、引墨家之类的研究。

（《衡水学院学报》2018 年第 2 期）

在董学史研究方面，近代康有为对董学复活是有重要贡献的。他把董仲舒归为"孔门十哲"，使其地位超孟轶荀。魏义霞教授揭示出，康有为评价历史人物一向是"论功不论德"，"百日维新"之前他对董子的推崇，表面上是服膺董仲舒的思想，实质上是艳羡董仲舒的贡献。在康有为看来，董仲舒对孔学的贡献：一是对孔子的精准定位，"作新王，变周制"，把孔子定位为托古改制的教主；二是破解了孔子寄寓在《春秋》中的微言大义密码，因而得孔学正传。康有为以自己的孔教立场和思路来审视包括董仲舒在内的汉唐人物。这些概括因为都很精准恰当而具有重要的学术史价值。干春松教授是中华孔子学会的常务副会长，他对董仲舒研究会颇多支持与关心，值得我们董学界感谢和铭记。干教授撰文全景式绍述与评判徐复观的董学研究，在本专栏尚属首次，学术史价值显然。尤其是他能够随徐著一起而把董仲舒嵌入到汉代——中国传统政治结构形成的关键时期、儒家与中国政治结盟的开端——的历史场景中去理解和诠释，值得首肯。他对徐复观治董子《春秋》学之目的的概述，即是在汉代新的政治格局里为儒家寻求一种思想和制度之间的张力，儒家既想成为新政治的合法性基础，又想避免为政治权力所控制，尤为精当而入木三分。对徐复观不认可晚清经学家而通过经典的"解释"来阐发现代政治原则的研究范式也提出了质疑，值得我们反思。

史官文化在中国起源早，影响大。董仲舒的历史哲学非常重要，历来治董学者皆不可回避。刘国民教授是董学研究专家，其博士论文聚焦于董子经学诠释与天的哲学。黑、白、赤"三统"说是董子历史哲学的核心观念。刘教授以为，三正、三统虽有更替，但"王者有改制之名，无易道之实"，故"道之大原出于天，天不变，道亦不变"。仁义礼乐之大道当为不同朝代受命帝王必须坚守。天不变即天不出灾异，是因为人君为政合于大道，天下大治，受命新王因循先王之道即可而不需更化。其论精湛入里，探赜有力，值得参考。日本邓红教授早先学历史出身，治董学有年，著述颇丰，名满四海。今其议论董子公羊式历史哲学而指出，董子基于汉初现实需要而对春秋历史作哲学反省、宗教觉悟与政治迎合；《春秋》十二世包含了整个人类历史；董子把历史背后的规律与动力都归结为最高主宰之"天"；历史交替只是君主交替；董子公羊学解释以阐述历史为起点，并非无限制地任意发挥。董子公羊学理论的根据则在于天道论、阴阳五行论、大一统论，这些诠释很特别，值得关注。

王传林博士的论文关注了董子独特的语言范式与叙述风格，研究了《春秋繁露》文本中的同、合、喻、通、和、比、类等修辞范式和修辞手法，勾勒出《春秋繁露》的语言现象与语言特色。董子通过数理化、数量化而使数字成为一种描述身体与自然的独特语言，并能够将天数、身体与政制统合起来，以为"人"在天地间找到位置和根据。文章以语言学视角丰富了董学研究领域，具有重要的学术价值。

李奎良教授是河北省董仲舒研究会会长，任衡水学院党委书记期间始终致力助推董学，开发各种资源，搭建学术平台，敦促董学圈的形成。今日国内董仲舒研究之所以能有升温、红火之局面，他是首要功臣，我们应该向他致敬。其文专论董仲舒在汉初的社会制度设计，涉及官员培养、选拔和任用，官吏财产管理，贫富"调均"经济政策，被武帝强势推行而使汉室制度趋于完善并影响中国两千多年。这对于当下中国的现代社会治理无疑也有一定参考意义。董子人性论一向为学者热议。不同于孟子"性善论"和荀子"性恶论"，董子主张"中民之性"，以留给主体修为、迁善的余地。沈顺福教授别出心裁地指出，在董仲舒看来，成人依赖于三个最基本的条件，即天生之以性、地养之以物和人成之以文，这"三本论"是董学的重要内容。人文教化的地位首次并列于天生之性。其感应学说无非强调，人类能够通过自己的人事影响上天的意愿和行为，因而人不再是单纯听从上天的命令和安排，可以通过自己的举止影响到上天进而影响自己的命运。这种观点便有一定的启发性。

（《衡水学院学报》2018 年第 4 期）

周桂钿教授是当代中国的董学元老，他在今年 6 月的衡水董仲舒国际论坛上严肃指出："盛世不是没有问题，这些问题如果治理不好就变成乱世。"董仲舒在武帝盛世所提供的拯救措施对当代也有启发意义，而体现出一种冷峻、清醒的理性主义精神。"秦朝时建立的中央集权制度是当时中国最先进的制度。董仲舒在汉代的时候用理论来证明加强中央集权的合理性"，所以"董仲舒的哲学是当时先进文化的代表"，我们不能用今天的民主标准苛求祖宗。

一向具有开放视野和哲学情怀的罗传芳编审以董子为切入口、站在现代立场上对当下儒学发展态势的告诫和批判，很能让许多极端保守的儒学研究者警醒。现代社会并不是只靠道德起作用，而是要借助于满足市场的平等交换原则即契约关系来维持运转，所以建立一套自由、平等、公正、法制等的核心价值观，以及一套能够把公权力（power）关进笼子而保护个人权益（rights）的制度规则，才是中国迈进现代国家的正道。这些见地无疑都是国学振兴、儒学复兴潮流的解毒剂。

义利之辨是孔门儒学的一个老问题，君子重义不重利，义然后取，是儒者的基本观点和立场，前辈学者的论述已经汗牛充栋。陈山榜编审《义利之辨与董仲舒的不白之冤》一文则把这一问题纳入在中国思想史上"由实趋虚"又"由虚返实"的演变过程予以诠释。同时还将其镶嵌到武帝与董子君臣关系的维度进行审视和考量，而指出"正其道不谋其利，明其理不急其功"的"主张太为险恶"，直接导致董仲舒降级、入狱，差点被杀，以至于称病弃官而老死家中。但吴楚七国之乱后，各诸侯的相由中央指派，皇帝要对诸侯王加以监督和制约。而当诸侯王提出要雪耻、攻国、称霸问题时，董子对以"明其理不急其功"，显然是犯了天大忌讳。但该文"唯物""唯心"话语体系的痕迹过于明显，几与问题实质无关。

从思维发生学的角度研究董学，是一个重要面向，笔者在《唯天为大》一书中曾概括为"物莫物邻、以类相召"。邢培顺副教授《原始思维与董仲舒理论体系的建构》指出，董仲舒以《春秋》为依托，在广泛继承前代文化资源基础上，创立了自己的儒学体系，他所使用和遵循的思维方式，来源于古老神话思维的"比物连类""以类相推"，或称原始思维。这种思维方法对华夏民族思维方式和认知方式的影响更广泛和持久。遗憾的是，该文既未能结合列维·斯特劳斯《原始思维》展开铺陈与诠释，也未能从原始宗教、天道崇拜的仪式系统中揭橥董子思维的原生态背景。

君子是儒家的一种理想人格，"中民"可效可法，凡人可期可及。白立强、金周昌教授从传世文献《春秋繁露》中挖掘董仲舒君子人格的论述，梳理精当，并且还指出其在当代的价值与意义。"技术的提高、经济的增长与社会发展极大地改变着人与自然、人与人以及人与自身的关系"，而这种改变既有积极面，也存在消极面。在倡导文化自信的时代条件下，《春秋繁露》中的君子人格思想对于改善或优化上述三种关系无疑具有良好的作用。

高春菊教授《口述历史与董仲舒文化研究》一文则致力于开辟董学研究的口述史向度。作者提出，口述访谈、田野调查是深化董仲舒文化研究必不可少的史料搜集方法。衡水当地学者的最大优势和主要研究方法是深入基层民间，到景县、枣强、故城，甚至德州等地开展田野调查和口述历史的收集工作，因而让口述访谈资料与文献、图书资料加以比较印证成为董学研究必不可少的环节。整理过程中，对于真实的、有价值的口述资料，撰写、使用时要尽量保持其口述访谈史料的语气和原貌，做到原汁原味地使用。这些主张都很有见地，我们期待衡水方面早启动董学口述工作。

（《衡水学院学报》2018 年第 5 期）

台湾中山大学中文系的杨济襄教授是董学专家，其《董仲舒春秋学义法思想研究》一书，收入林庆彰主编的《中国学术思想研究辑刊》，2011 年由台湾花木兰文化出版社印行，但到 2015 年左右才辗转至大陆地区。其上册为《文献回顾与方法论》，下册讲《考辨与诠释》，洋洋洒洒，恢宏自恣。《儒家道德思想的实践》一文则强调了"仁"与"义"的实践情境，指出了董仲舒的"仁义法"是荀子道德实践情境设想的延续。"治身"是"正己"，从"义"做起；"治民"则重"爱人"，是"仁"的体现。道德行为要求不同于道德心性存在，先秦儒学论及道德心性存在，"人与我皆一"；但道德行为要求，则落实于社会秩序治理，人我之别，不可不察。于此，抽象的道德品性便转化成具体的行为准则。可贵的是，董子用以说明仁义法的《春秋》事例，都被她列举、梳理了出来，展示出其深厚的经学功底，深值得借鉴。

人性论、天人感应、五常是董学的一个老话题，无数前辈学者都予以了阐释。陈福滨教授再次强调，董子人性论非仅"性善论"或"性恶论"所能涵摄，与荀子"天之就也，不可学，不可事"确为一系，人性如阴阳，同时兼善恶，其最终证成则依据于后天修养。故显然区别于孟子将价值德性之源安立于主体之自觉上的"心性"论。青年学者蔡杰着力于"喜怒哀乐"与"春夏秋冬"的合类、比照，无疑把天人感应问题研究推向了深入，可喜可嘉！"喜怒哀乐"是情绪，而不是情感，因为"感"字带有主观性，不符合董子本意。"喜怒哀乐"在董子并非私有情感，也非主体对外物的心理反应，毋宁禀受于天的心气，应当适时而发，所以董子把人的情感做了客观化、理性化的处理，使之成为一种归属于化神的阴阳之气，从而剥夺了人在情感上的主体意识，上天才是"喜怒哀乐"的绝对主宰。明末刘宗周区分四德与七情，以为人的自然情感本源于四德，而四德则具有心体的意义。这些都是很有创新的见地，值得董学同仁关注。金周昌、白立强教授从意象思维的角度审视"天人感应"，以为董仲舒天人感应思想是连接阴阳五行、天文历数、社会人事的整体系统天人感应作为中国传统意象思维模式表达，内含超脱于特定历史条件的普遍价值。人与天同类，因而人就是天，人为天代言、立心。天人感应是对人的主体性、能动性的重视。这些见地很有启发性，文章如能对天人感应与意象思维的逻辑关联做认真细致的论证，则更好。孙君恒教授把董子"五常"观念纳入儒家君子学的谱系予以审视，具有一定的突破性。其关于"正其谊不谋其利，明其道不计其功"的剖析，也很有力度。尽管董仲舒继承了孔子的"君子喻于义，小人喻于利"观念，也区分出人与我、远与近、爱人与正我的不同角度，然而，"没有辩证地对待义利恰当关系"，属于"纯粹的动机论、义务论"，因而"容易顾此失彼，过分拔高义的价值"，而"轻视、忽视甚至蔑视利益的作用"。

朱云鹏副教授分析揭示，董仲舒经济思想第一个层次是作为经济问题的总看法：义利观；第二个层次是"调均"论：经济改革总方针；第三个层次，"限民名田""不与民争利""薄赋敛，省徭役""重本抑末"之类的具体办法。董子的经济思想及其措施紧紧围绕"安定社会"而展开。通过教化使百姓重义轻利，减少纷争；通过"调均"手段"尽量使社会财富趋于平均"，其思想对于当时大一统下社会的稳定起到了积极的作用。其论平实、公允、周到，也有助于开拓纯粹研究董子哲学的人们的视野。

儒学研究方面，"王道"一词经方朝晖教授的考证，本义是"先王之道"，包括古先王、周王等，战国时已引申为一切理想意义上的为王之道。王道的外延相对于霸道，其内涵则是治道，包括推行公道、仁爱百姓、整齐人伦、实现太平、治官有方等。考据有力，论证在理，具有重要的参考价值。关于孟子与《春秋》的关系，王刚副教授以为，在《春秋》经学化从"事"到"义"的诠释方式转换中，孟子是一个分水岭。受稷下文化境遇与禅让政治破产的刺激，孟子才建构出《春秋》经学。此间，《春秋》不仅成为诠释、捍卫道统的学术利器，而且把《春秋》学纳入具体的历史情境中予以考察，使文章更具沧桑感和厚重感。

（《衡水学院学报》2018 年第 6 期）

余治平（1965—），男，江苏洪泽人，哲学博士，上海交通大学教授，博士生导师。中华孔子学会董仲舒研究委员会会长，董子学院、董仲舒国际研究院、董子讲坛首席专家。

先秦汉代儒学研究

孔子知论探析
——从"学而知之"谈起

于肖寒　赵海燕

孔子作为儒家学说的开创者，其核心思想存在于其弟子和再传弟子编纂的《论语》《礼记》等为代表的著作中，主要以"子曰"的对话形式呈现出来。孔子认为，自己非"生而知之者"，而是"学而知之者"，还说是"叩其两端而竭焉"的"无知"者。"知"在孔子的思想体系中是非常关键的概念，它既是立己达人的渐修方法，又是为学求道的终极目的。关于孔子的知论，我们将围绕"知"与"学"，"知"与"无知"和"知"与"天命"三个方面的内容展开讨论。

一、"知"与"学"

"知"，作为动词，具有会意、认识、识别、感觉、觉察等意思；也可作为名词，包括知识、知觉、知己等内涵，用来表示为学的程度；又可与"智"相通，指聪明、智慧和才智等方面的修养工夫。据统计，在现今通行的《论语》中，"知"在全书中共出现 118 次，除《乡党》篇，其他 19 篇都有章节涉及，同时作为儒家核心概念的"仁"才出现 110 次，"礼"仅出现 75 次。可见，"知"在孔子思想体系中具有十分重要的地位和意义。

从获取知识的来源上，孔子将人分为两类，即"生而知之者"和

"学而知之者"。根据气质不同，孔子又将人分为四等，即生而知之、学而知之、困而学之、困而不学。他说："生而知之者，上也；学而知之者，次也；困而学之，又其次也；困而不学，民斯为下矣。"（《论语·季氏》）孔子并未否定"生而知之者"的存在，只是对这一问题没有展开深入的阐发，而是把重点放在了实现"知"的途径或方法即"学"上。

"学"不仅包括洒扫、应对、进退的蒙学，还有礼乐、射御、书数的技艺，同时也是修习过程中的道德实践。《论语》开篇第一句便是"学而时习之，不亦说乎?"（《论语·学而》）可见，儒家极其强调学的重要性。在《白虎通·辟雍》和《说文解字》中对"学"的解释是："学之为言，觉也，以觉悟所未知也。"[1]"学"的过程就是在日积月累的温习之中不断地觉悟，观圣人之言谈举止、古今时事与名物，以此求得圣人的心境和生命的价值，而由衷地感到欢喜。"学而知之"所关乎的除了最基本的生存技能和对自然的认识之外，更为重要的是观照内在灵魂和生命价值的安顿，从而塑造仁、义、礼、智、信的君子人格。"学"是人行于世间应始终处于进行时的永恒状态。"仕而优则学，学而优则仕"（《论语·子张》），入仕愈深，继续深入学习的欲望愈加强烈；而所学愈加广博，在入仕之中才有更加贴切的验证。现代新儒家的重要代表唐君毅先生对此也有深刻的理解，他认为"儒家之思想，要在对人当下之生命存在，与其当前所在之世界之原始的正面之价值意义，有一真实肯定，即顺此真实肯定，以立教成德，而化除人之生命存在中之限制与封闭，而消除一切执障与罪恶所自起之根，亦消除人之种种烦恼苦痛之原"[2]488。人生的烦恼苦痛往往是由于对于"知"的认识浅薄，造成的为学困境导致的。要在生命的存在过程中打破这种困境，就必须自觉走向成德之学的历程。

如果说"学"是儒家求知求真的重要手段和方法，那么"好学"则是自觉地反观自身、主动学习的积极方式，更是一种对待人生的态度。"笃信好学，守死善道"（《论语·泰伯》），守死善道者是由于笃信好学之功，只有以坚毅不动摇的信念践行儒门成德之教的真义，才能体味圣贤的心境。孔子自称是好学者，"十室之邑，必有忠信如丘者焉，不如丘之好学也"(《论语·公冶长》)，世间不缺乏如孔子这般生而具有优良、敦厚禀赋的人，但将此发挥极致的人却少之又少，其关键在于不如孔子"好学"。孔子幼年家庭困顿，为生存而学习多种技艺。其"多能鄙事"，除了"不试，故艺"的原因外，更为重要的是具有"好学"的工夫。孔子弟子中，颜回是"不迁怒，不贰过"的好学者，屡屡被赞扬。颜回去世，更是令孔子发出"天丧予"的哀叹。此哀叹是对颜回早亡的惋惜，更是在呼吁世间之好学者传承圣贤之善道。"学"能达知，而"好学"则为达知过程注入生机勃勃的原发动力。

"学"与"知"两者是具有内在联系的，在某种程度上说，"学"与"知"是同一过程的两个方面。"好学近乎知，力行近乎仁，知耻近乎勇。"(《中庸》)在孔子看来，"学"虽然不能解决成人成圣的根本问题，但也是不可逾越的。"愚者自是而不求，自私者殉人欲而忘反，懦者甘为人下而不辞。故好学非知，然足以破愚；力行非仁，然足以忘私；知耻非勇，然足以起懦。"[3]30-31好学之人并不是学习之时马上达到"知"，而是具有一种己所不能、省思己所过而改之的积极态度，同时能够自觉地控制自己的行为，显然，这是不同于愚者之处。好学之人，能够好学、力行、知耻，则可以知修身、齐家、治人、治国、平天下的道理，进而通过自己不断地体悟实践以达到圣贤之德。从上文中的三个"近"字，可以看出，知、仁、勇是达德君子的品格，但这并不是说实现了此三者就是达德的君子，而是要树立追寻一生的信念。

所谓君子也不是学而后无过的完人，"好学"而后仍会有过，但是在对待有过的态度和方式上彰显出君子的品格。"君子之过也，如日月之食焉：过也，人皆见之；更也，人皆仰之。"(《论语·子张》)在儒家看来，无论圣贤还是君子，都具有人的食色之性的一面，其不同于愚人之处，便是做到了"择其善者而从之，其不善者而改之"(《论语·述而》)的理性自觉。君子之"知"在于"过则勿惮改"，在这里，"知"是一种直觉或体悟之知。这样，"学"与"知"就内在地联系在一起，"好知不好学，其蔽也荡"(《论语·阳货》)。在朱熹看来，若"好知"而不明其义理，那就有可能落入荡荡然、虚无缥缈、空洞、不切实际的境地。只有把"好学"和"好知"有机地结合起来，才能达到融为一体的天人境界。

需要指出的是，孔子并没有将经验性或技术性的"知"和伦理道德性的"知"做截然不同的划分，而是杂糅在一起。宋明儒学则把经验性或技术性的"知"和伦理道德性的"知"加以明确地区别。比如，张载就把"知"分为两种，即闻见之"知"和德性之"知"，并对此二者进行比较，"大其心则能体天下之物，物有未体，则心为有外。世人之心，止于闻见之狭。……见闻之知，乃物交而知，非德性所知；德性所知，不萌于见闻"[4]24。他把"诚明所知"的"天德良知"称为德性之"知"，圣人有此之"知"，而世人则止于闻见之"知"。圣人的心体能通感天下万物，与天同感同应。"乐则生矣，学至于乐则自不已，故进也。生犹进，有知乃德性之知也。"[4]282 从闻见之"知"可以上升至德性之"知"，"学至于乐"便是实现这种转化的体现。闻见之"知"的来源是"格物致知"，而由"格物"的积累所实现的豁然贯通处，则是通过直觉而获得德性之"知"。

按照张载的观点，闻见之"知"和德性之"知"既有区别又有内在联系。闻见之"知"是"耳目有受""物交而知"的小知，而德性之"知"则是直觉体悟获得的至乐境界，其能与天地相感相通。"学"是实现闻见之"知"的具体方法，也是由闻见之"知"上升至德性之"知"必不可少的环节，从而"知"内在于"学"而存在，同时"知"又是对"学"的升华与超越。"知"与"学"二者内外贯通，既内在又超越。

二、"知"与"无知"

除了"知"与"学"的内在贯通和超越外，"知"与"无知"的辩证关系，也构成了孔子知论的重要内容。"吾有知乎哉？无知也。有鄙夫问于我，空空如也，我叩其两端而竭焉。"（《论语·子罕》）孔子自认其"无知"，在这一点上，可以与古希腊家哲学家苏格拉底的

"自知其无知"相媲美。孔子明确承认知与不知（无知）之间的界限，"知之为知之，不知为不知，是知也"（《论语·为政》），这就是说，孔子对不知有明确的自觉，继而做到不自欺、不夸大，并且能深刻体认不知即为"知"，这是一种自信而又谦虚的品质，如若不知反而称知，则所谓的知也就是真正的不知了。梁漱溟先生认为，孔子有一个很重要的态度就是不认定，"一认定，一计算，在我就失中而倾欹于外了。平常人都是求一条客观呆定的道理而秉持之，孔子全不这样。制定这个是善那个是恶，这个是是那个是非，这实是大错"[5]！由此看来，孔子并非仅仅为了区别"知"与"无知"，而是使二者合而为一。按照张载对德性之知的界定，积极追寻达知，其目的便是求得"知者不惑，仁者不忧，勇者不惧"（《论语·子罕》）的境界，以不惑、不忧、不惧的心灵应对道德实践中所遭遇的各种问题，同时把感性与理性兼有的"学而知之"落实于生生不息、变化无常的自然生活中，孔子之不知实则是知之至。

从上文可知，孔子不仅认为"我非生而知之者"，还承认自己是"空空如也""叩其两端而竭焉"的"无知"者。在朱熹看来，孔子是谦言己无知识，而其在言终始、本末、上下、精粗上是无所不尽的，体现孔子谦虚的态度和广博渊深的智慧。程子则认为孔子作为圣人自降尊贵的身份，以使众人消除畏惧之心来学习、请教成人成己的学问。"圣人之教人，俯就之若此，犹恐众人以为高远而不亲也。圣人之道，必降而自卑，不如此则人不亲，贤人之言，则引而自高，不如此则道不尊。"[3]106孔子在德行和智慧上皆是为人师表的典范，但孔子直言自己"非生而知之者"和"无知"，体现的是孔子谦逊的伟大品格和对真理的莫大敬畏。对于孔子的"无知"，究其原委，是他对生命和世界有深刻的觉解与认识，是一种超理性的知识，即所谓"不知之知"。在冯友兰看来，这种不知之知，是一种负的方法，即一种直觉体验和顿悟，对于形而上学对象不是说它是什么而是说它不是什么，以"正言若反"的方式，呈现最高的知识和真理，正所谓道家的"道不可言"，禅宗的"第一义不可说"。

诚如与孔子几乎同处于一个时代的苏格拉底，他在"神谕事件"

中被称为希腊最有智慧的人，可是他却说"自知其无知"。按照林美茂教授的看法，苏格拉底在达到"自知其无知"这一过程中，"神谕事件"和"省察之旅"是不可缺少的两个环节[6]38。"神谕事件"说明苏格拉底是当时最有智慧的人，但是苏格拉底并不认为如此，而是自己认识到自己的无知，进而在"省察之旅"中对这一问题展开探索。可以说在"省察之旅"中检验"知"和"有智者"的唯一标准就是有"善美之知"。苏格拉底的这一探索，具有两个层面的意义，首先人类只要意识到了自己的无知，就会自觉地产生自我批判的精神，放弃自己以有智者自居之人类的无知与傲慢，灵魂之眼才会朝向"真知"的方向，从而尽可能避免因为自己的无知而犯的种种错误；其次，苏格拉底认为，人类在活着的时候承认自己的"无知"，并努力超越这一局限而进行知的探索，这就是一种关于"照料灵魂"的努力，对于人类来说，那也是"最大的善"[6]74。我们知道，苏格拉底主张"德性即知识"，但并没有否认知识和技能的价值，而是把对"善美之知"的求索视作人一生的终极目的，是他对生命存在的价值和意义的不断追问。从自然知识的获取到对德性和美好生活的极力追寻，有限的时间和认识能力对无限的生命疑惑是无能为力的，但这并非是为消极和懒惰的人生寻找借口，而是产生对追求至善和真理的永恒动力。

比观孔子和苏格拉底的知论，我们可以看出，孔子是求至圣之境的不知之知，苏格拉底是对善美之知的不知。在孔子看来，"无知"主要有两个层面的意思：一是从感性经验知识上来讲，人的认识是有限的，有认识受限的区域，相对于知而言是无知的，是知识的界限；二是从道德实践上来讲，把握本体或道体只能通过直觉顿悟的"不知之知"来达到，是对真知的最高认识和觉解，这是由中国哲学"天人合一"的思维方式来决定的。就苏格拉底而言，同孔子一样是承认感性经验知识的"无知"之界限的，但是苏格拉底所追寻的"无知"是逻辑推演的结果。苏格拉底把知识德性化，德性知识化，"善美之知"只有至高无上的神才能拥有并赋予人类，这就造成人类思想的困境，最终导致逻辑理性的终点不可知。因为只要是逻格斯，就必须永远地被置放在问答法中受到反复检验，也就是说"自知其无知"中所谓的

"无知之智慧"，始终也不过是苏格拉底知的探索过程中所获得的一种逻格斯而已。"无知"对孔子则不是一种逻各斯的产物，而是一种道德体验的直觉，可以说孔子的"无知"很大程度上指的是一种最高的道德境界。

不管怎样，孔子和苏格拉底对于无知的探索最终是要警醒世人，德性和善美都是知识，可以通过学习和修养实现，正如苏格拉底所言"众人都认为善是快乐，高明点的人认为善是知识"[7]263，继而使世人明白教育的重要性，因为越是天资清明聪颖的人越需要善的引导，"如果得到的是不适合的培养，那么最好的天赋就会比差的天赋所得到的结果更坏。须知一个天赋贫弱的人是永远不会做出任何大事的（无论好事还是坏事）"[7]242。由此可见，中西两大哲人对知论的思考，虽然跨越两千多年的历史，依然历久弥新，这源于他们敏锐地发现人之本性，永不停止地追寻人的终极存在，并不断做出探索和解答，犹如柏拉图的"洞喻"说中走出洞穴之人又重新回到洞穴，以希冀带领世人共同走出洞穴一样。当然，到底能不能走出洞穴，放在中国哲学的语境中，这又是与天命相关的问题了。

三、"知"与"天命"

孔子知论不能回避的一个问题，就是如何理解和面对天命以及生死。在《论语》中，樊迟有两次问何为知，第一次孔子做出的回答是"务民之义，敬鬼神而远之，可谓知矣"（《论语·雍也》）；第二次孔子回答"知人"，并做进一步解释为"举直错诸枉，能使枉者直"（《论语·颜渊》）。两次问"知"皆归于人事。人往往对未知鬼神之事产生极大的困惑，由此也衍发出对天、命或天命的不解。如若不信则对自然和生命无法实现真正的敬畏，唯信鬼神且敬之而远之则不惑，故而可谓真知，知人事而敬天命。但是，孔子所说的"天命"已不是西周时期发号施令的人格神，而是人无法改变的命运之天，这看似具有神秘主义的色彩，但并无宗教的意味，钱穆先生对此做过肯定的解释，他认为："世界上一切宗教，都把奉事鬼神高举在奉事人生之上，孔子则认为须先懂得奉事人，才能讲到奉事鬼。这一态度，使孔子不能成一宗教主，也使得中国思想史之将来，永远走不上宗教的道路。"[8]即如孔子所言"未知生，焉知死？"（《论语·先进》）也就是说，作为当下之人应当以当下之事为主，生死之事天为之，知天畏死会使人产生对生命的崇敬和珍惜，让人在能尽己之力的人事上下功夫，而没有必要对无法改变和控制的天与命，产生过多的忧虑。

"天何言哉？四时行焉，百物生焉，天何言哉？"（《论语·阳货》）天是世界万物生成变化的根基，天命则是人顺应天道和自然的规律而为之的天理。孔子并不是把一切都归于命，而是认识到命是与人分离的，人只能受它的左右和支配，却无力干涉它，能做的是在知天命的前提下实现自我的尽性知命。唐君毅先生在论述儒家的性命学说时指出："儒者自孔子即承诗书所传天命不已，人之德亦可纯亦不已之言，以修德而立命。孟子更言此修德即尽心知性，存心养性以立命之说。中庸更言天命之谓性，尽性以达天德。此皆自道德生活，以上下贯通'人性之根于天命'，'天命之见于人道人德'之思想之流。至易传，乃畅言天道之见于万物之各正性命之中，而人可由穷人物之理，以知尽人物之性，以至于见天命。此即开启于一客观宇宙中，见天命之流行于万物之各正性命之思想。"[2]543

孔子慨天叹命，但却不是宿命论者，他提出了"知命""知天命"的命题，是将"知"作为人生道德实践和理性自觉的一个重要步骤，并且统一于主体自觉与自我践行之中。正如康德在探讨纯粹思辨理性与纯粹实践理性关系时，就认为实践理性具有优先地位，因为二者的结合不是偶然的和随意的，而是必然地、先天地建立在理性本身之上的，但根本不能指望纯粹实践理性从属于思辨理性，因为一切兴趣最后都是实践的，而且甚至思辨理性的兴趣也只是有条件的，唯有在实践的运用中才是完整的[9]。结合中国哲学，牟宗三先生更是对与此相关的一系列先验性问题做出深入阐发，认为"智的直觉"是理智的，也是直觉的。"智的直觉"不但在理论上必须肯定，而且是"实际地必能呈现"，由此才能开出一"基本存有论"的道路，真实地建立起一"道德的形上学"。进而为道德的存在奠定了基础，也为人体悟道德修养和感知天命之流行变化提供解决方案。

在孔子看来，"五十而知天命"（《论语·为政》），而"天命"是君子所敬畏的三方面即天命、大人、圣人之一，在这里"天命"不具有宗教性的神秘色彩，而是古代中国人的终极价值所在，具有形而上学的意味。那么认识"天命"即是"知天命"。《论语》的最后一句是"不知命，无以为君子也。不知礼，无以立也。不知言，无以知人也"（《论语·尧曰》）。对儒家而言，君子要知命、知礼、知言，知言以辨识人之善恶忠奸，知礼以待人接物应对自如，知命则成就君子之义。言与礼是可学而能知之的，而命如何知是非常棘手的问题，但是孔子并没有在言语中直接表现出他的顾虑，而是直接就把天、命或天命放在了至高无上的地位，这里的天、命或天命并非像西方宗教里面的神或上帝一样具有人格的实体，而是在表达的时候直接与人的各种处境相结合。

可见，所谓"知命"就是须知道自己行为将会对自己造就怎样的命运。虽然我们人类无法支配和左右自己的命运，但却可以认知它、感知它和遵循它，化消极为积极，化被动为主动，同时"知命"也体现在孔子对待生死的态度上，"死生有命"（《论语·颜渊》）。在孔子看来，人活着就要尽自己的孝悌忠信之本分，把生的时光好好充实起来。知天命，实际上就是要知自己，继而实现道德自我。唐君毅先生把人的知之自觉视为知天、知命的关键，"天知、天之神明，与其所知之物之性之见于相者不已，天命亦不已，须由吾人之知之明之不安于其已，以透视之"[2]539。知命，也就是知己，是认识自己的特殊方式，也是一种对待自己的积极的人生态度，是清醒的理性自觉。在此，似乎与苏格拉底的"认识你自己"又有不谋而合之处，无独有偶，在命运面前哲人总是表现出惊人的一致。

应该指出的是，在孔子知论中，天命与天道紧密相联。知天命则要行天道。孔子知天命，而后所推崇的是"一以贯之"的天道，其是建立在"忠恕"的道德实践之上的。能够尽己就是忠，能够推己便是恕。欲实现"忠"是需要尽己之力积极地自觉地遵从先人之道、学习他人之长，主动地反省己之所短、改己之过，不做"困而不学"、自高自大的无知者，而要对世间的善者，心存至诚至敬的敬畏，虚心地不断学习；欲实现"恕"则要有体味他者之心，而欲体味他者，就需要对自我有清醒的认知，而不能带有私欲地自欺，"己所不欲，勿施于人"（《论语·颜渊》），也就是说，只有通过感知自我的本心和本性，才能理解他人的心性。但要认识自我和他者不能仅仅止于耳目，而是超越耳目闻见之上，是靠自我的体悟和直觉得来的，其接近于实际的程度，则取决于个人道德修养和认知的视野。可见，孔子的知天命，显然不是一种逻各斯推演的结果，而是建立在"忠恕"之上对天命和天道的直觉体认，即直觉之知。

综上所述，孔子的知论在中国哲学史上是十分重要的议题，他承认"生而知之"的存在，但重点论述的是"学而知之"的必要性和方法，"学"与"知"之间具有内在统一性，是辩证统一的，"知"内在于"学"并在某种程度上实现"学"的升华与超越。孔子不仅仅是要对知与无知划清界限，而是求索无知之知的最高境界。孔子与苏格拉底的"自知其无知"有殊途同归的意味，同时也展示出中西哲学精神的不同之处。在"知天命"的问题上，孔子有其独特的认知，而不是从宗教主义、神秘主义或宿命论的角度展开论述，更多体现的是一种人文主义精神视野。总之，对于孔子知论的探讨，可以使我们更加深刻地理解和把握中国哲学的方法论和知识论，同时以更加包容的心态开创新时代的"成人之教"。

参考文献：

[1] 程树德. 论语集释［M］. 北京：中华书局，2014：2.

[2] 唐君毅. 生命存在与心灵境界［M］. 北京：中国社会科学出版社，2006.

[3] 朱熹. 四书章句集注［M］. 北京：中华书局，2011.

[4] 张载. 张载集［M］. 北京：中华书局，2014.

[5] 梁漱溟. 东西文化及其哲学［M］. 上海：上海人民出版社，2015：126－127.

[6] 林美茂. 灵肉之境——柏拉图哲学人论思想研究［M］. 北京：人

民出版社，2008.

　　[7] 柏拉图. 理想国 [M]. 郭斌和，张竹明译. 北京：商务印书馆，2014.

　　[8] 钱穆. 中国思想史 [M]. 北京：九州出版社，2014：9.

　　[9] 康德. 实践理性批判 [M]. 邓晓芒译. 北京：人民出版社，2003：166－167.

　　原载于《衡水学院学报》2018 年第 2 期。

　　于肖寒（1991－），女，山东茌平人，太原科技大学马克思主义学院硕士生。

　　赵海燕（1976－），男，山西襄垣人，哲学博士，太原科技大学马克思主义学院讲师。

孟子与《春秋》的经学建构问题探论

王　刚

在《春秋》学史上，孟子是一位关键性人物。从特定视角来看，正是以他的系列论述为起点，《春秋》开始具备了较为完整的经学品质①。由此，研讨《春秋》经学的建构，就不能不论及孟子。那么，孟子为什么要建构《春秋》经学呢？具体情形如何？笔者以传世文献为主，在出土文献的比照下，以知识社会学的理路，通过考察文本的演进和内外动因，复原孟子时代的历史事实，对此问题略述管见，以就正于方家②。

---

① 吕绍纲在《孟子论〈春秋〉》一文中指出："（孟子）是两千多年《春秋》学的奠基人。"见氏著《庚辰存稿》，上海古籍出版社 2000 年版，第 310 页。

② 关于孟子与《春秋》之间的关系，重要论文有前揭吕绍纲的《孟子论〈春秋〉》。此外，骆扬《试论孟子说〈春秋〉——关于〈诗〉与〈春秋〉的关系及〈春秋〉的三重内涵》（《南京大学学报（哲学社科版）》2012 年第 4 期）；马银琴《孟子"〈诗〉亡然后〈春秋〉作"重诂》（《上海师范大学学报（社会科学版）》2002 年第 3 期）；魏衍华《〈春秋〉"天子之事"发微》（《史学史研究》2010 年第 1 期）；邓国光《〈春秋〉与"王道"——先秦学术观念的学术考察》（《中国文化研究》2010 年春之卷）都是有深度的研究。但是，限于主题等原因，以上成果对于孟子与《春秋》经学建构等问题，还缺乏专门系统的专题讨论，为本论题的展开，留下了研究空间。

一、孟子建构了《春秋》经学

我们认为，在早期经学中，以孟子时代为分水岭，经孟子之手，《春秋》的性质发生了质变，经学性格由此成立。

（一）从经学特性来看，孟子在其中起着重要的枢纽作用

一般来说，经学应该具备的特性是：由孔子制作或整理，被赋予了微妙的义理，从而垂宪万世。就《春秋》而言，这样的特性在孟子之前并不具备，至少是不充分的，即便有其"实"，但其"形"——完整的学术形态还未出现。翻检《论语》，可以发现，孔子对于《诗》《书》、礼、乐多所提及，对于《春秋》，却未置一言。而到了战国早期，在与反儒最为坚决的墨子进行辩论时，儒生对于孔子在《诗》《书》、礼、乐方面的贡献推崇备至，但对于《春秋》，同样不置一言[1]。简言之，《春秋》的经学品质并不明朗。只有到了孟子时代，《春秋》充满了义法，孔子作《春秋》才得以坐实，这也就是《孟子·滕文公下》所谓的"孔子成《春秋》而乱臣贼子惧"。

（二）在《春秋》经学化的历程中，孟子使得《春秋》发生了由"事"向"义"的转化，其内涵得以深化与延展

据现有资料，经学形态在孟子之前已出现。其中一个重要的依据就是，郭店楚简中有了六经的名目，李学勤指出："郭店简的时代绝不会晚于公元前300年，比《孟子》七篇成书要早，所以这些是孟子可以读到的，六经早就有了。"[1]翻检郭店楚简，《诗》《书》、礼、乐、《易》《春秋》同时出现，的确是很值得重视的事实。就此可以推定，在孟子之前，六经文本已日渐成为一个系统。然而，另一面的事实是，与后世严密的经学诠释相较，它们还有些粗糙，反映出经学形态尚未最后定型。其中，就本论题而言，最值得注意的，就是简文对于《春秋》的阐释："所以会古今之事。"[2]

---

① 在《墨子·公孟》中，墨子的论敌提出："今孔子博于《诗》《书》，察于礼、乐，详于万物。若使孔子当圣王，则岂不以孔子为天子哉？"

众所周知，在成为经籍之前，《春秋》本为史籍之名，作为鲁史专名，同时又是史籍统称①，虽有惩戒劝导的意义②，但它的取向无疑是史学，而非经学性质。具体说来，作为史学的《春秋》，突出的是历史事实，即所谓"事"，以及"事"的古今融汇。而经学的《春秋》则突出其"义"，史实不过为载体，这一点由《孟子·离娄下》加以点明："晋之《乘》，楚之《梼杌》，鲁之《春秋》，一也；其事则齐桓、晋文，其文则史，孔子曰：'其义则丘窃取之矣。'"也就是说，《春秋》经由《鲁春秋》改造而来，它本与晋之《乘》、楚之《梼杌》为同一类型，记载的是各国史事，然而，经过孔子改造之后，它以春秋时代的齐桓、晋文霸业为历史依托，而真正要展现的却是字面后的微言大义。可以看到的是，孟子之后，《春秋》所凸显或特别强调的，为"道名分"（《庄子·天下》）、"言是其微"（《荀子·儒效》）、"正是非"（《春秋繁露·玉杯》），而历史事实，则不过是"载道"之工具，不是主题所在。

然而，郭店简在论述《春秋》时，不仅突出其"事"，而且是"古今之事"。这说明了什么呢？它证明此时的《春秋》在性质上很可能还停留于"史"之上，"经"的意味并不浓重。所以，这里所指称的《春秋》，应该不是孔子所述作，而是前孔子时代的史书《春秋》。这一结论得以成立的理由，除了它偏于"事"而不是"义"，由其"会古今"一句也能看出，它已超越了"齐桓、晋文之事"的时间范围，故而只能是史书《春秋》，而不是后来意义上的《春秋》经。因为在战国时代，所谓的"今"，其时间上限在春秋，也就是说，春秋以来为"今"，春秋以上则为"古"。如《韩非子·五蠹》曰："上古竞于道德，中世逐于智谋，当今争于气力。"并引春秋时代的子贡、徐偃王为例，来说明"当今"的价值取向。所以，《春秋》经所载明显属于"今事"，而不可能入于"古事"之中，那么，"会古今之事"

---

① 《孟子·离娄下》曰："晋之《乘》，楚之《梼杌》，鲁之《春秋》，一也。"此为专名；《史通·六家》引墨子之言："吾见百国《春秋》。"此为通名。

② 如《国语·楚语上》曰："教之《春秋》，而为之耸善而抑恶焉。"

的《春秋》就只能是广义上的，它属于史书性质。

由此，笔者认为，在郭店时代，六经系列就文本虽已逐渐成形，但内在的经学建构尚未最后完成，尤其是《春秋》，还主要停留于"史"的意义上，范围远远过于今传《春秋》经，为早期史书之泛称。只有孟子出现之后，《春秋》由"事"而"义"，作为孔子传道之书，成为经学专名，此后挖掘其内在的"笔法"及微言大义，成为主流诠释方法。从此，《春秋》经才得以真正建构。

二、孟子建构《春秋》经学的时间和地点问题

孟子是在什么时间、地点建构了《春秋》学呢？笔者以为，是在齐宣王时代，在齐地时完成了这一任务，此时，孟子已步入晚年。

据《孟子·梁惠王上》，当孟子初见齐宣王时，宣王发问道："齐桓、晋文之事可得闻乎？"孟子抗辩道："仲尼之徒无道桓、文之事者，是以后世无传焉，臣未之闻也。无以，则王乎？"然而，这种论述及情形，与孟子对《春秋》的阐释有着重要矛盾。由前已知，孟子在论及《春秋》时，认为它记载着齐桓、晋文之事，即所谓："其事则齐桓、晋文，其文则史。"而此时却声明"仲尼之徒无道桓、文之事者""未之闻也"。倘在见宣王之前，孟子已对其推崇备至，是绝不可能说出这样的托词的。也就是说，《春秋》经学的建构必在见宣王之后。

那么，一个随之而来的问题是：在此之前，孟子与《春秋》的关系到底如何呢？

在学界，一直以来就有孔子学生子夏传《春秋》的说法，并认为在战国初年，子夏因魏文侯的尊崇，在魏国创立了显赫一时的西河学派。《史记·仲尼弟子列传》载："孔子既没，子夏居西河教授，为魏文侯师。"有学者将这些论述与《孟子》学中的"《春秋》悖论"相联系，进而认为：子夏将孔子传授的《春秋》携往晋国，因此在孔子死后，鲁国的学者不知道孔子作《春秋》一事，我们从《论语》与《礼记》中，看不到孔子作《春秋》的记载，就说孟子吧，他也是到了晋

国之后，才知道孔子作《春秋》的。在这之前，齐宣王问他："齐桓、晋文之事可得闻乎？"孟子对曰："仲尼之徒，无道桓文之事者，是以后也无传焉，臣未之闻也。"从《史记·孟子荀卿列传》可知在孟子未至梁之前，不曾见到《春秋》，待到他到了三晋之后，才改说："晋之《乘》，楚之《杌》，鲁之《春秋》，一也；其事则齐桓晋文，其文则史。"显然他是到晋国后，才看到了子夏一派所传授的孔子的《春秋》[3]。按照这样的理解，孟子在晚年由齐至魏，然后才知道与了解到子夏门派在此传授的《春秋》经，进而由不知"齐桓、晋文"，转而大肆宣扬《春秋》之道。然而，孟子为一代大儒，本有着极深的学术修养，怎么可能到晚年才得闻《春秋》，此前竟茫然无知呢？这不仅不合情理，仅就孟子行迹及《春秋》经的流布来看，以上所论也难以成立。

首先，孟子先见魏（梁）惠王，后见齐宣王，也就是说，在他见到宣王时，已在魏国停留了一段时间。如果按照以上所言，《春秋》最早因子夏的缘故，而只在晋（魏）国流传，则孟子见宣王时早已知道了《春秋》经，不存在"不曾见到《春秋》"这样的事实。当然，孟子先齐后梁的说法出自《史记·孟子荀卿列传》，属于渊源有自，但它历来为学者所怀疑，钱穆更是考订出孟子至魏国，是在惠王卒前一二年的事实[4]。尤为重要的是，魏惠王卒年与齐宣王即位之年为同一年，即公元前 319 年。由此，倘先齐后魏，则孟子只能在此年——惠王卒年赴魏，不可能有其他时间。而据《孟子》及其他各种材料，孟子与齐宣王相见后，相处的时间延续了好几年，有学者考订，孟子是在公元前 312 年离开齐国[5]。另外，据《孟子·梁惠王上》，在惠王去世后，孟子对继位的魏襄王大为不满，讥评其为"望之不似人君"。更可以由此旁证，他应该在惠王离世后，即前 319 年之后离魏赴齐。由此，不仅先见齐宣王，后见魏惠王很不合情理，就本论题而言，再进一步推之，则根本不存在孟子见齐宣王时不知《春秋》经的事实。

其次，就《春秋》经及《春秋》类文献的流布来看，在齐宣王时代，此类书籍早已各国可见，根本不可能仅局限于晋（魏）国，而他国不知不晓。由前已知，早于孟子的墨子，早就宣称自己见过"百国《春秋》"，而墨子的主要活动点恰恰在晋国以外。而且由前可知，在郭店楚简的经籍排序中，就有《春秋》一书。这证明孟子之前，在儒家典籍系统中，《春秋》类文本已在楚国流布。当然，因材料有缺，现在还不能从文本上清晰地判定，郭店楚简中所言的《春秋》与今本具体差异何在。但是，孟子之前，《春秋》类文献作为儒家典籍，广泛流传于各地，是一个不争的事实。既然连楚国这样一个一度被中原各国视为蛮夷的地带，都有儒家学派的文献，并有关于《春秋》的论述，那么，孟子为一代大儒，齐又是当时的文化中心，焉有不知《春秋》之理？所以，在见宣王之时，《春秋》应该早已为士林所熟知，不存在孟子不知《春秋》的问题。

总之，在前孟子时代，《春秋》虽与《诗》《书》、礼、乐、《易》并称，但还没有聚焦于今传的孔子文本之上，"史"的性质依旧浓厚，它是作为一类，而不是一部典籍加以呈现，"义"没有得到深入的挖掘，所以，从严格意义上来说，还不足以称之为经学。只有当孟子出现后，倾其心力，聚焦于"齐桓、晋文之事"的文本，并使得《春秋》性质由"史"而"经"，从而使其获得了新的文化生命。

三、孟子建构《春秋》经学的原因

笔者以为，在战国的政治及文化环境下，儒家理念及孟子思想面临着强烈的冲击，不得不加以必要的调整与反击。时势的催逼，使得孟子选择了以今本《春秋》来进行文化应对。

（一）稷下争鸣背景下的刺激与回应

习文史者皆知，在战国时代，齐在稷下设立学宫，大批知识精英聚集于此，在学问上相互辩难，造就了"战国百家争鸣的学术中心"[6]。而孟子所在的齐宣王时代，学者最多，学风最盛。史载：

宣王喜文学游说之士，自如驺衍、淳于髡、田骈、接予、慎到、环渊之徒七十六人，皆赐列第，为上大夫，不治而议论。是以齐稷下学士复盛，且数百千人。[7]1895

由此可知，稷下学士因知识而拥有优厚的待遇，"不治而议论"，在齐国自由地发挥自己的知识与思想见解。然而，他们的议论虽然极为广泛，并非漫无目标，核心所在，乃是政治。《史记·孟子荀卿列传》载："（稷下先生）各著书言治乱之事，以干世主，岂可胜道哉！"《新序·杂事二》则曰："稷下先生喜议论政事。"要之，稷下之辩虽不对政治发挥直接的作用，但它从未远离政治，要在这种辩论中取得优势地位，就必须有鲜明的政治指向及预期效果。而在儒家所传经籍中，《春秋》与此种氛围及要求最为贴切。首先，稷下先生以讨论"政事"或"治乱之事"为核心，《春秋》所具有的"史"的特点，使其成为不二之选。其次，在政治讨论中，蹈空之论往往没有竞争力，那么，如何进行切实有效的政治论述呢？《春秋》是一个好的选择，因为它以一桩桩史事为依托，有着"深切著明"的特点①。职是故，孟子开始对《春秋》学进行了有针对性的建构，并认定书写"齐桓、晋文之事"的文本为孔子作，使其成为强大的知识武器。

由前已知，孟子见齐宣王时，对于"齐桓、晋文之事"，托言"未之闻也"，实质上是一种因厌恶霸业、霸道，而不欲言之的托词，所以，他转而用"无以，则王乎"的说辞，来大肆宣扬儒家的"王道"理念，以抗衡"霸道"。然而，在那样一个崇尚暴力与功利的时代[7]2343，要完全不言"霸道"，不言"齐桓、晋文之事"，是做不到的。在那时，就国君来说，"王道"太遥远，在现实政治中，他们需要的是立竿见影的霸业。此等风尚之下，稷下之中对于齐桓、晋文，当然更有着异乎寻常的热情，在这样的形势下，有两条路径可供选择，一是继续回避"齐桓、晋文之事"，二是直面挑战，孟子选择了后者。

可见的是，为了适应变化，孟子不得不对自己的理论主张进行调整，对于霸业与"霸道"给予了有限的肯定与承认，也开始言及"齐桓、晋文之事"了。如在《孟子·告子下》，孟子论及了齐桓与管仲

———————

① 《史记·太史公自序》引孔子言："我欲载之空言，不如见之于行事之深切著明也。"

的"葵丘之会",指出:"五霸,桓公为盛。"然而,在肯定他们的同时,他更指出,"霸道"低于"王道",所谓"五霸者,三王之罪人"与当时颂扬"霸道"不同,孟子将"王道"精神贯注于"齐桓、晋文之事"中,宣扬今传《春秋》与孔子的联系,注重阐发其内在的"大义"。质言之,"齐桓、晋文之事"被纳入儒家价值体系之中,成为《春秋》精神的载体。

而在这种改造之中,有两点最为重要:(1)与其他各派不同,对于"齐桓、晋文之事",乃至整个春秋时代,孟子引入了抗议或批判精神。《孟子·尽心下》曰:"春秋无义战。"从一定意义上来说,自孟子以来,《春秋》正式成为一部谴责书。所以,由"未之闻"到论及"齐桓、晋文",主要不是为了歌颂,而是为了反对。按照这样的理路,作为负面教材,"齐桓、晋文"因有所善,在假借仁义中,还有可肯定者,但由于他们的不纯正,与王者较之,只能降格视之①。至于等而下之者,则凸显其国破家灭,所谓"诸侯奔走不得保其社稷者不可胜数",或因他们所犯的"天下之大过",遭后世唾弃,获所谓"首恶""死罪"之名[7]3297-3298。《春秋》由此具备了使得"乱臣贼子惧"的精神力量。(2)以"王道"来统摄整个《春秋》典籍。有学者指出:"王道理想就是经学哲学的核心。"[8]从一定意义上来说,只有将"王道"理念灌注于斯,经学价值方可成立。但问题是,倘与《诗》《书》相较,《春秋》所撰多为反面典型,没有多少可正面学习的"先圣之道"。"王道"怎么体现?《孟子·滕文公下》对此做了详尽的阐释,归而言之,一是凸显孔子在其间的地位,说明他在代替圣王执行"天子之事",有不得已的苦衷,里面的义理微言,要自己去仔细体会,并引孔子之言道:"知我者其惟《春秋》乎!罪我者其惟《春秋》乎!"二是暗示与《诗》《书》正面引导不同,《春秋》通过抑制"邪说暴行"来达成疏通"王道",于是孔子作《春秋》,就与"禹抑洪水"及"周公兼夷狄、驱猛兽"一样,成为控制"洪水猛兽"的

———————————

① 《孟子·尽心上》说:"五霸,假之也。"《尽心下》则说:"不仁而得国者有之矣,不仁而得天下者,未之有也。"

必要手段，不同只在于，《春秋》所控制的乃是精神上的"洪水猛兽"罢了。

总之，从特定视角来看，稷下的文化刺激，促成了孟子对《春秋》的义理建构，关于这一点，他本人也是毫不讳言的。据《孟子·滕文公下》，孟子对当时的"圣王不作，诸侯放恣，处士横议"深恶痛绝，并提出，这是他表彰《春秋》，继承大禹、周公、孔子"三圣"事业的重要动因。

（二）禅让政治的破产与《春秋》学建构的外在时势

今传《春秋》经有一重要主题，那就是君父大义。由经学角度来看，正是由于君父大义的错乱，造就了东周乱世，使得杀戮、霸道成为政治主潮。因而，建构健全的君父秩序就成为《春秋》经的核心关注。就本论题而言，这样的诠释路向与孟子关系甚密，而这其中，特别值得关注的是燕王哙的"禅让事件"。因为这一事件刺激了孟子敏感的神经，其中所呈现的乱象及带来的思考，成为孟子建构《春秋》经学的外在冲力。

据《战国策·燕策一》，燕王哙一反常规，效仿尧舜禅让，将王位给了国相子之，自此君臣易位，"子之南面行王事，而哙老不听政，顾为臣，国事皆决子之"。在长期家天下的体制下，这一事件无论如何都是充满了震撼力的。然而，现实是残酷的，这一事件的最终走向，不是什么期待中的圣王之治，而是国破家亡的惨剧。就内而言，子之在位三年，"燕国大乱，百姓恫怨"。对外来说，则招致各国的武力干涉，迈向了亡国的边缘。

从特定视角来看，"禅让事件"是战国时代对尧舜思潮的一种实践。我们注意到，春秋晚期至战国中前期，以孟子时代为下限，"霸道"固然是当时的政治思想主潮，然而，相反相成之下，因对这种现实的不满，不仅标举"王道"成为不可忽略的思想势力，更有甚者，将理想寄托推之于三王之前的尧舜时代，言禅让、称尧舜俨然成风。而当时对尧舜言之最甚者，在于儒、墨两大派。《韩非子·显学》说："孔子、墨子俱道尧舜，而取舍不同，皆自谓真尧舜。"从儒、墨在战国以来并称为"显学"，以及"皆自谓真尧舜"的事实中，可见二者对尧、舜话语权有过激烈的争夺。在春秋晚至战国中前期，因这种争夺的发生，遂使得儒家思想轨迹有一种由"周"向"尧舜"的偏移。

在这一进程中，思孟学派颇为引人瞩目。在郭店楚简中，发现有《唐虞之道》，作为"现今仅见的早期儒家集中阐释其'禅让'说的专论"[9]，体现了战国中前期的儒家对于禅让的推崇与重视，而至孟子，继承此种风气，"言必称尧舜"，更使得对尧舜政治的推崇，成为思孟学派的一大重要特色①。"禅让事件"发生时，孟子正在齐国。按照一般的理解，倘循其思想轨迹，孟子应该对这一事件欢欣鼓舞。然而，他的态度却是极力反对，并力劝宣王进行讨伐："今伐燕，此文、武之时，不可失也。"就本论题出发，我们要问的是，作为鼓吹尧舜的思想人物，孟子何以要反对子之行"尧舜之事"？这些对于其转而建构与重视《春秋》有何关系呢？

首先，孟子认识到，尧舜乃是不世出的圣王，在东周那样的乱世，圣王再生只能是一种理想，《孟子·滕文公下》云："圣王不作，诸侯放恣，处士横议。"在此背景下，要实行禅让，显然是愚蠢的不合时宜之举，它只能造就野心家与阴谋家。事实上，燕国的这一事件也确实是一场阴谋。诚如有学者所指出的："（燕王哙）的良苦用心却被一帮别有居心的臣子利用，最终使得良好的出发点走向了邪恶的落脚点。"[10]

其次，这种禅让在当时不仅不会走向"王道"，反而是对其反面——"霸道"的一种实践。翻检《战国策·燕策一》，可以看到，燕王哙曾与人讨论当时强大的齐国及其国君——齐宣王，得出的结论是"必不霸"，原因则归于"不信其臣"，这一次对话的结果，是"燕王大信子之"，为此后的禅让迈开了第一步。燕王哙为何会有这样的举动并导致最终让位呢？其中一个重要因素就是为了富国强兵。君王能力有限，自己儿子也未必英勇神武，在当时的背景下，举国托付于有能力的臣子，实行所谓"尊贤"，遂可争霸天下。

---

① 《孟子·滕文公上》曰："滕文公为世子，将之楚，过宋而见孟子，孟子道性善，言必称尧舜。"

　　再次，东周时代早已是"礼崩乐坏"，在此背景下奢谈所谓"尧舜之事"，在政治实践中，只能造成更大的破坏，不仅给阴谋家的篡弑披上一层合理的理论外衣，更直接冲击着儒家所推崇的君父大义。据《中山王方壶铭文》[11]，针对燕王哙事件造成的恐慌与破坏，时人谴责其"不顾大宜（义）"（《殷周金文集成》9735．2b）。这种"大义"是什么？就是建立在君臣父子之位上的政治伦理，它们一旦遭到破坏，社会将彻底失范。为此，周天子也支持对燕的讨伐，从而恢复"君臣之位，上下之体"（《殷周金文集成》9735．3b）。

　　总之，在当时的形势下，就理性政治来说，最大的要务乃是对君父秩序的恢复与重建，而不是什么尧舜重生。《春秋繁露·玉杯》曰："君臣之大义，父子之道，乃至乎此（《春秋》）。"为此，孟子开始借用《春秋》资源，注意挖掘里面的君父大义，并在这一过程中，也使得自己的学术重点从"言必称尧舜"位移至孔子作《春秋》。由于孟子鼓吹的所谓"乱臣贼子惧"，实质上就是要建立起政治道德律令的威慑力。所以，《孟子·滕文公下》曰："世衰道微，邪说暴行者有之，臣弑其君者有之，子弑其父者有之。孔子惧，作《春秋》。"从某种角度去看，与其说是孔子惧，莫若说是弑君弑父的内在恐惧感震撼了孟子，说孔子，那不过是以杯中之物浇胸中块垒而已。

四、结语

　　通过前面的论述，我们看到，孟子在《春秋》经学化过程中担负了重要角色，以孟子为分水岭，《春秋》性质迥乎不同，此前偏于史学性质，可能是一类史籍的统称，此后才聚焦于书写"齐桓晋文之事"的文本之上，经学特征日渐凸显，并使得《春秋》自此成为专名。而孟子之所以要建构《春秋》经学，主要在于时势所迫，是历史的产物。概言之，是稷下的文化境遇及禅让政治的破产刺激了他。前者是建构《春秋》学的文化内因；后者则是对孟子学术调整具有重大意义的外在时势。在这种建构和改造中，不仅《春秋》成为诠释及捍卫道统的学术利器，同时也不可避免地给《春秋》学打上了孟子及那个时代的烙印。

参考文献：

[1] 李学勤. 国学与经学的几个问题 [J]. 湖南大学学报（社科版），2006（2）：5-12.

[2] 李零. 郭店楚简校读记 [M]. 北京：北京大学出版社，2002：160.

[3] 孔祥骅. 子夏与《春秋》的传授 [J]. 管子学刊，1997（2）：73-74.

[4] 钱穆. 先秦诸子系年（外一种）[M]. 石家庄：河北教育出版社，2002：389.

[5] 杨泽波. 孟子评传 [M]. 南京：南京大学出版社，1998：84.

[6] 白奚. 稷下学研究——中国古代的思想自由与百家争鸣 [M]. 北京：生活·读书·新知三联书店，1998：1.

[7] 司马迁. 史记 [M]. 北京：中华书局，1959.

[8] 严正. 五经哲学及其文化学的阐释 [M]. 济南：齐鲁书社，2001：383.

[9] 彭邦本. 楚简《唐虞之道》初探 [G] //武汉大学中国文化研究院. 郭店楚简国际学术研讨会论文集. 武汉：湖北人民出版社，2000：261.

[10] 彭华. 燕国史稿：修订版 [M]. 新北：花木兰文化出版社，2013：89.

[11] 中国社会科学院考古研究所. 殷周金文集成：修订增补本 [M]. 北京：中华书局，2007.

原载于《衡水学院学报》2018 年第 6 期。

王　刚（1971-），男，江西南昌人，历史学博士，江西师范大学历史文化与旅游学院副教授。

先秦秦汉儒家禅让思想的理论变迁与政治实践

曹婉丰

尽管关于尧舜禹禅让传说的史料有限，对于尧舜禹禅让的某些细节或语焉不详，或众说纷纭①，但这并不影响禅让作为一种政权转移形式而引发讨论、向往和在现实政治中的实践。在中国历史上，上古时期的传说与神话为数不少，比如仓颉造字，又如大禹治水，为什么尧舜禹的禅让传说对后世学者的影响如此广大、深远，甚至成为儒家理想政治的重要组成部分？笔者认为，人们向往的不仅是尧舜禹禅让传说所代表的一种民主、公正的政治理想，更是一种对和平的、不流血的、非暴力的政权转移方式的从未停止的追求，以及对统治者的道德境界与执政能力的孜孜以求。对此，牟宗三先生有相当精辟的论述："儒家称尧舜是理想主义之言辞，亦即'立象'之义也。未必是历史之真实。……儒家以'立象'之义称之，是将政治形态之高远理想置于历史之开端。是将有待于历史之发展努力以实现之者置于开端以为准则。"[1]

---

① 对尧舜禹禅让传说的讨论在 1920—1940 年之间掀起过一股热潮。以顾颉刚、郭沫若、蒙文通为代表的一大批史学家纷纷对尧舜禹的禅让传说发表自己的观点和看法。比较有代表性的是顾颉刚先生在 1936 年发表《禅让传说起源于墨家考》。在舜何时接受尧的禅让、禹何时接受舜的禅让的具体时间以及舜何时驾崩的问题上，目前可见的传世文献中的记述大多缺乏史料支持。

一、先秦时期的禅让理论与政治实践

在传世文献中，最早提及禅让的是《尚书·尧典》①，这也是学界普遍认同的对于尧舜禹禅让最早的记载。后来《史记·五帝本纪》中关于尧舜禹禅让的记述，基本是基于《尚书》中的记录：

帝曰："咨！四岳，朕在位七十载，汝能庸命，巽朕位？"岳曰："否德，忝帝位。"曰："明明扬侧陋。"师锡帝曰："有鳏在下，曰虞舜。"帝曰："俞，予闻。如何？"岳曰："瞽子。父顽，母嚚，象傲。克谐，以孝烝烝。乂不格奸。"帝曰："我其试哉。"女于时，观厥刑于二女。厘降二女于妫汭，嫔于虞。帝曰："钦哉！"……正月上日，受终于文祖。（《尚书·尧典》）

《尚书·大禹谟》中则记录了禹与舜之间的禅让：

帝曰："来，禹！降水儆予，成允成功，惟汝贤；克勤于邦，克俭于家，不自满假，惟汝贤。汝惟不矜，天下莫与汝争能；汝惟不伐，天下莫与汝争功。予懋乃德，嘉乃丕绩。天之历数在汝躬，汝终陟元后。人心惟危，道心惟微，惟精惟一，允执厥中。无稽之言勿听，弗询之谋勿庸。可爱非君？可畏非民？众非元后何戴？后非众罔与守邦。钦哉！慎乃有位，敬修其可愿。四海困穷，天禄永终。惟口出好兴戎，朕言不再。"……正月朔旦，受命于神宗，率百官若帝之初。（《尚书·大禹谟》）

我们从这两段文字中可以看出，建立在"易姓而王"这一观念基础上的尧舜禹的禅让传说从继承人资格、认同范围、产生方式以及考

---

① 顾颉刚、刘起纡认为，"《尧典》原为秦博士伏生（伏胜）传授博士弟子之《尚书》本中的第一篇，至汉代继续传授为《今文尚书》二十八篇中的第一篇。伏生弟子欧阳、大小夏侯三家传授之本因增汉代后出《太誓》而成二十九篇，此仍为其第一篇。先秦另有逸篇《舜典》未传下，东晋出现伪《古文尚书》，将《尧典》后半自'慎徽五典'句以下割出冒充《舜典》篇。现特将其恢复，归入《尧典》篇中。"参见顾颉刚、刘起纡《尚书校释译论》第一册，中华书局 2005 年版，第 1 页。顾、刘之说翔实可靠，本文对《尚书》中尧舜禅让的注释遵从《今文尚书》的划分。

察过程这几个方面建立起这一中国古代重要的政权转移方式的基本框架。在确定王位继承人资格上并不唯血缘与出身，反而尤其强调"选贤与能""任人唯贤"。郭店楚简中亦有云："唐虞之道，禅而不传……古者尧之与舜也，闻舜孝，知其能养天下之老也。闻舜弟，知其能事天下之长，闻舜慈乎弟，知其能为民主也。"[2]在认同范围上，以诸侯为代表的重臣的首肯与万民的认同尤为关键，这一点后来也被孟子所阐释为"得民心者得天下"①；在产生方式上，需要获得重臣向在位帝王的提名；对于考察过程来说，需要的是长时间的考察与磨炼，并在此过程中做出政绩、累积威望，为正式登上帝位做好最后的铺垫与准备，这就是说，继承人不仅要有良好的德行，还要有精干卓越的政治才能。这四点特征勾勒出中国古代禅让政治的大致轮廓，无论后世对其进行理论阐释还是现实演绎，都是在此框架的基础上不断地丰富与损益。

在先秦诸子中，孔子对尧舜禹推崇备至，无须赘言。但从理论发展来看，最有影响的当属孟子对于尧舜禹禅让的诠释：

万章问曰："人有言，'至于禹而德衰，不传于贤，而传于子。'有诸？"

孟子曰："否，不然也。天与贤，则与贤；天与子，则与子。……舜之相尧、禹之相舜也，历年多，施泽于民久。启贤，能敬承继禹之道。益之相禹也，历年少，施泽于民未久。舜、禹、益相去久远，其子之贤不肖，皆天也，非人之所能为也。……匹夫而有天下者，德必若舜禹，而又有天子荐之者，故仲尼不有天下。继世以有天下，天之所废，必若桀纣者也，故益、伊尹、周公不有天下。……孔子曰：'唐虞禅，夏后殷周继，其义一也。'"（《孟子·万章上》）

在孟子之前的《尚书·尧典》和《尚书·大禹谟》中记载的舜禹禅让的事迹，都没有"舜荐尧于天"的记载。在历史上，孟子是第一

①《孟子·离娄上》："得天下有道，得其民，斯得天下矣。得其民有道，得其心，斯得民矣。得其心有道，所欲与之聚之，所恶勿施尔也。"

个将"天"引入禅让的人[3]。禅让的程序不再是由重臣向在位的君主提名继承人，而是在位的君主将继承人"荐于天"，获得"天"的认可。天的介入，正如有学者所指出的，"'授贤'在较大程度上仍然有将天子之位私相授受的危险，从真正的权源来看（'天'），人间的天子在本质上无权将天下或国家的最高权力授予任何一个他选定的接班人（'后'）"[4]。

"天"的认可，同时也意味着"民"的肯定，这也就是孟子所引用的"天视自我民视，天听自我民听"。由此一来，孟子成功地将天命和民心的概念植入禅让之中。与此同时，孟子还借助于天命论巧妙地解释了备受儒家所推崇的孔子、周公、伊尹等大德之人为何不在天子之位——因无天子荐之。

而在极力鼓吹"尚贤"的墨学中，更是将尧舜禹禅让推崇到了极致，这一点，在《墨子·尚贤》篇中随处可见，毋庸赘述。到了荀子这里，对尧舜禹禅让的态度为之一变，开始质疑，甚至否定。

荀子立足于"国"与"天下"的分野，论证了"圣人"才有资格独享天下。因而，只有"小人"之间的"擅国"，根本不存在圣人间的"擅天下"。正所谓：

> 国者、小人可以有之，然而未必不亡也；天下者，至大也，非圣人莫之能有也。（《荀子·正论》）

进而指出：

> 有擅国，无擅天下，古今一也。夫曰尧舜擅让，是虚言也，是浅者之传，陋者之说也，不知逆顺之理，小大、至不至之变者也，未可与及天下之大理者也。（《荀子·正论》）

荀子的弟子韩非子则在此基础上更进一步，将禅让否定得更加彻底。在韩非子的眼中，尧舜禅让，是"反君臣之义，乱后世之教者也"（《韩非子·忠孝》）。对这种颠倒君臣行为的宣扬与提倡，本身就是对君臣之道的颠覆与亵渎。而尧舜禅让本身，也绝非儒家所宣扬的那样温情脉脉，而是充满了阴谋与血腥①。在最能代表庄子核心思想的《庄子》内篇中，庄子以出世的态度，对儒家所推崇备至的禅让表现得极为淡泊和超脱。庄子所追求的是无待的至高境界，在庄子看来，"与其誉尧而非桀也，不如两忘而化起道"②。

百家争鸣的春秋战国时期，尧舜禹的禅让传说一方面在理论上成为诸子百家或推崇、或批判的问题之一；另一方面，也有人将其搬到政治实践中去，进行了大胆的尝试。在战国中期的燕国，燕王哙就上演了一幕在位的君主禅让臣子的政治闹剧。《战国策·燕一》：

> 子之相燕，贵重主断。……鹿毛寿谓燕王曰："不如以国让子之。人谓尧贤者，以其让天下于许由，由必不受，有让天下之名，实不失天下。今王以国让相子之，子之必不敢受，是王与尧同行也。"燕王因举国属子之，子之大重。……子之南面行王事，而哙老不听政，顾为臣，国事皆决子之。

作为先秦时代最具代表性的禅让事件，同时也是一场政治"闹剧"，燕王哙的禅让，并没有迎来向往中的圣王之治和"尚贤"的美名，反而使国家大乱、民怨沸腾，落得千古笑柄。而究其原因，正如杨永俊在《禅让政治研究》一书中所说的那样："禅让并不是君臣位子的简单对调，而是关涉到政治利益的方方面面，需要对整个社会的政治、军事、外交、经济等领域做统筹兼顾的安排，并得到社会文化意识形态方面的有效配合，无论是舜受尧还是禹继舜，都不是简单的

---

① 根据《尚书·尧典》，尧是自愿将"位"让给舜的。《韩非子·说疑》中则说是舜逼尧退位："舜偪尧，禹偪舜，汤放桀，武王伐纣。此四王者，人臣弑其君者也，而天下誉之。"另，《古本竹书纪年》记载舜在尧去世的最后几年监禁了尧，且不让丹朱与尧父子相见："尧德衰，为舜所囚。舜囚尧，复偃塞丹朱，使父子不得相见也。"

② 《庄子·大宗师》。《庄子·逍遥游》："尧让天下于许由，曰：'日月出矣，而爝火不息，其于光也，不亦难乎！时雨降矣，而犹浸灌，其于泽也，不亦劳乎！夫子立而天下治，而我犹尸之，吾自视缺然。请致天下。'许由曰：'子治天下，天下既已治也，而我犹代子，吾将为名乎？名者，实之宾也，吾将为宾乎？鹪鹩巢于深林，不过一枝；偃鼠饮河，不过满腹。归休乎君，予无所用天下为！庖人虽不治庖，尸祝不越樽俎而代之矣。'"在庄子看来，尧对天下的治理固然值得肯定，但他更倾心许由所代表的不为世俗所累的自由与逍遥。

君臣易位，而是经历了政治军事权力的逐渐转移过程。"[5]76

除了燕王哙禅让子之的这种被付诸政治实践的禅让事件，在其他国家，还有一些君主明确表达过他们的禅让意愿。在秦国，

> 商君治秦，法令至行，公平无私，罚不讳强大，赏不私亲近，法及太子，黥劓其傅。期年之后，道不拾遗，民不妄取，兵革大强，诸侯畏惧。然刻深寡恩，特以强服之耳。孝公行之八年，疾且不起，欲传商君，辞不受。（《战国策·秦一》）

《吕氏春秋·不屈篇》中有魏惠王曾有意禅让于惠施的记载：

> 惠王谓惠子之为曰：'古之有国者，必贤者也。'夫受而贤者，舜也，是欲惠子之为舜也；夫辞而贤者，许由也，是惠子欲为许由也；传而贤者，尧也，是惠王欲为尧也。

从上述几段记载可以看出，尧舜禹禅让传说在战乱频繁、纷争不断的春秋战国时期的影响是广泛而深远的，更为重要的是，尧舜禹的禅让传说还为后世的禅让实践确立了一种模式。美国学者艾兰曾说："无论尧、舜、禹、益伊尹或周公，都是潜在的篡位者，但都未曾利用其权力。……夏商周的摄政者由先君处接管政权，又还政于幼王。而另一方面，唐虞时代则在君主老迈时接管政权但不推翻旧君主。虽如此，两种情况中的摄政者，都自愿使其基于美德权力居于世袭权力之次。"[6]72

二、西汉的禅让理论与王莽的政治实践

如果说《尚书》中关于尧舜禹之间禅让的记录确立了儒家禅让的基本模式与大致流程，那么，经过汉儒改造之后的禅让学说，已与先秦诸子所谈论的尧舜禹禅让传说多有不同。就其理论发展来说，西汉的禅让学说与五德终始说、符瑞灾异说、天人感应论以及谶纬神学等多种元素相结合而形成其独特面貌。按照五德相生相克的历史循环论，一德将衰，灾异频现，昭示着旧王朝该寿终正寝。符瑞降临则预示着新圣出现，奉天受命，通过禅让的方式掌握政权，进而改正朔、易服色，重建太平盛世。

　　《史记·孝文本纪》中，孝文帝对于大臣请立太子一事如此回应：
"今纵不能博求天下贤圣有德之人而禅天下焉，而曰豫建太子，是重
吾不德也，谓天下何？"昭帝天凤三年，董仲舒的再传弟子眭孟建言：
"先师董仲舒有言，虽有继体受文之君，不害圣人之受命。汉家尧后，
有传国之运。汉帝宜谁差天下，求索贤人，禅以帝位，而退自封百
里，如殷、周二王后，以承顺天命。"① 尽管后来眭孟以妖言惑众、
大逆不道之罪被霍光诛杀，但儒生议禅的风气却并未因眭孟的死而销
声匿迹。

　　汉宣帝神爵二年，儒生盖宽饶上书谈及五帝传贤的故事触怒了汉
宣帝。"宽饶奏封事曰：'方今圣道浸废，儒术不行，以刑余为周、
召，以法律为《诗》《书》。'又引《韩氏易传》言：'五帝官天下，三
王家天下，家以传子，官以传贤，若四时之运，功成者去，不得其人
则不居其位。'……时，执金吾议，以为宽饶指意欲求禅，大逆不
道。"（《汉书·盖宽饶传》）盖宽饶是否有劝宣帝禅让的意思颇具争
议，朝中大臣"以为宽饶指意欲求禅"似乎更是欲加之罪，但对世袭
制度下的最高统治者谈论传贤已然是"大逆不道"。

　　西汉晚期，哀帝亦有同文帝类似的想法。《汉书》记载，董贤父
子亲属与王闳兄被哀帝请来饮酒，哀帝酒后说："吾欲法尧禅舜，何
如？"王闳劝阻说："天下乃高皇帝天下，非陛下之有也。陛下承宗
庙，当传子孙于亡穷。统业至重，天子亡戏言！"（《汉书·董贤传》）
结合谷永等人"天下乃天下之天下，非一人之天下也"（《汉书·谷永

---

　　① 《汉书·眭弘传》。眭弘的这段话中，先师董仲舒所言为何学者对此多有争论。
苏舆在《春秋繁露义证》中认为眭弘误会师说，曲解师意。详见苏舆《〈春秋繁露义
证·自序〉与〈春秋繁露义证·三代改制质文〉》，中华书局1992年版，第1、200页。
钱穆、杨向奎与杨权则认为"汉家尧后"为当时社会普遍流行的观念。参见钱穆《两
汉经学今古文平议》，商务印书馆2001年版，第11页；杨向奎《西汉经学与政治》，
上海古籍出版社1994年版，第93页。杨权《新五德理论与两汉政治——"尧后火德"
说论考》，中华书局2006年版，第77—80页。许景昭则认为这段话中眭弘虽引用董仲
舒之言，但在理解上却有所出入，且有自己的新诠释。详见许景昭《禅让、世袭及革
命——从春秋战国到西汉中期的君权传承思想研究》，上海古籍出版社2014年版，第
264—268页。

传》）的议论，我们可以推测，"贤者为帝""立君为民"等已成为当时社会中流行的普遍观念，而儒术与之息息相通，并且是其理论化的升华物[7]。与此同时，对每况愈下的社会政治状况的不满与批判，亦成为这股越演越烈的议禅思潮背后的推动力。而在面对皇权专制制度下的种种黑暗与弊端的时候，对禅让的美化与向往便会越加强烈，尧舜禹的禅让成为儒者批判现实政治的参照。更为重要的是，相对于革命这种暴力方式所带来的大规模的杀戮来说，如王葆玹所言："他们鼓吹禅让或不反对禅让的理由，是认识到汉朝的衰亡已不可避免，真正有意义的事情不过是在暴烈的'革命'和温和的'禅让'之间进行选择，大家都害怕剧烈的社会动荡，愿意通过不流血的方式来实现权力的转移。"[8]因此，在理论与现实双重推动下，西汉王朝最终酝酿出王莽受禅的一幕需要的只是时间的发酵与时机的把握。

汉代儒生对王莽近乎狂热的拥戴，最终将王莽推上了权力的最高峰。始建国元年（9），王莽如愿正式登基，改国号为"新"。王莽登基，也实现了中国历史上第一位从儒家知识分子跃升为皇帝的转变①。王莽即位之后，颁布的诏书如下：

> 予以不德，托于皇初祖考黄帝之后，皇始祖考虞帝之苗裔，而太皇太后之末属。皇天上帝隆显大佑，成命统序，符契图文，金匮策书，神明诏告，属予以天下兆民。赤帝汉氏高皇帝之灵，承天命，传国金策之书，予甚祇畏，敢不钦受！以戊辰直定，御王冠，即真天子位，定有天下之号曰"新"。其改正朔，易服色，变牺牲，殊徽帜，异器制。以十二月朔癸酉为建国元年正月之朔，以鸡鸣为时。服色配德上黄，牺牲应正用白，使节之旄幡皆纯黄，其署曰"新使王威节"，以承皇天上帝威命也。（《汉书·王莽传》）

---

① 《汉书·王莽传》里这样描述王莽："受《礼经》，师事沛郡陈参，勤身博学，被服如儒生。"一个"如"字，生动地传达了以班固为代表的传统史家对王莽的贬斥与不屑。尽管王莽师从陈参学习《礼》，对儒学推崇备至。但班固这里用的却是一个耐人寻味的"如"，言外之意似乎是在说王莽只是以儒家的仁义道德为缘饰，而并非真正的儒生。

徐复观认为："王莽早先既被认为是儒家思想的代表人物，则汉室德衰，由王莽取而代之，乃儒家'天下为公'的理想之实现。"[9]从禅让理论变迁的视角来说，从王莽即位所颁布的诏书中，我们可以清晰地看到汉代对禅让的诠释与理解已经与尧舜禹的禅让传说大为迥异，五德终始说、谶纬神学等与禅让学说水乳交融，使其理论内涵更为丰富，思想风貌也更为神秘。

三、"公天下"观念与"家天下"制度之间的内在紧张

中国古代的正统史家多从维护"一家一姓"的立场出发，且多以"阴谋论"来看待王莽代汉这一事件，把王莽看作处心积虑谋取最高权力的篡夺者。然而，如果仅从维护"家天下"的视角来看待王莽其人其事，这种观点未免有所偏颇。

《礼记·礼运》篇中记载了大同与小康之世中不同的社会景象。而这其中最重要的分别就在于"天下为公"还是"天下为家"。在"天下为公"的大同社会中，推崇的自然是选贤与能；而在"天下为家"的小康社会里，信奉的则是"各亲其亲，各子其子"。因而对于政权转移方式来说，对应的分别是禅让与革命。这里需要注意的是，"家天下"是否可以成为"公天下"的对立面而出现？换言之，"家天下"是否等同为"私天下"？既然革命成为"家天下"的世袭政治中主要的政权转移方式，那就说明天下并非为一家一姓所独有。概言之，权力并非可以被一家所垄断①。正如刘向所说："王者必通三统，明天命所授者博，非独一姓也！"（《汉书·刘向传》）既然如此，那么由此可以推出这样的结论，即在"家天下"的世袭政治中，作为一种政权转移方式的禅让，也应该与改朝换代的暴力革命一样具有其存在的合理性。

因此，当我们立足于儒家政治哲学的研究，我们可以尝试着跳出

---

① 关于"公天下"观念与"家天下"制度之间的关系问题，受张志强老师在清华大学的主题为"三代理想与儒家传统"演讲启发，特此致谢。

"公天下"与"家天下"及其相对应的政权转移方式的窠臼,以王莽"受禅"这一政治事件为例,将其置于先秦至秦汉儒家禅让理论的嬗变历程中加以考察,从而进行更为深入的思考。

首先,如果从"公天下"政治观念与"家天下"政治制度的互动关系这一视角出发看待先秦至西汉儒家禅让理论与实践的变迁,从某种意义上来说,王莽之"受禅","是原始禅让政治所蕴含的让贤精神的复活,是春秋战国时代儒家'天下为公'政治理想在皇权君主专制制度下的变相落实"[5]112。从这个意义上来说,王莽汲汲致力于实现儒家"德位合一"的政治理想,并试图以自己的政治实践完成其现实演绎。

其一,就其王莽的身份来说,在王莽的身上,实现了位高权重的外戚与倾慕古昔的儒生的完美结合。这也能够很好地解释为何王莽能够在"天下为家"的世袭制度下,在一片"颂声交作"中实现最高权力非世袭的交接。而在此过程中,除了少数、零星的反抗之外,并未招致刘氏宗室以及百姓臣民大规模的不满和讨伐。这一现象是值得我们深思的。西汉末年引得诸多儒生争相谈论的议禅思潮背后蕴含的不仅是对现实政治的鞭笞与批判,更包含着改造黑暗现实的雄心壮志。王莽作为一个有着儒学情结的外戚,他身上有着王氏家族炙手可热的权力与地位,还有着儒生的志向与追求。对于王莽的勤勉,连对王莽持贬斥态度的班固亦是承认的:"王莽始起外戚,折节力行,以要名誉,宗族称孝,师友归仁。及其居位辅政,成、哀之际,勤劳国家,直道而行,动见称述。"(《汉书·王莽传》)对于王莽的出现及其施政,正如余英时在《士与中国文化》一书中说的那样:"王莽本人是当时两种矛盾的社会势力的综合产物:从他的身世说,他乃是外戚,属于王氏势力的系统;但从其行事及其所推行的政策看,则他又代表了汉代士人的共同政治理想。他之所以后来成为众望所归的人物,便正是由于他一方面有王室的关系为凭藉,而另一方面又获得了不少士人的归心。"[10]

其二,对于王莽这样一个怀有"以德致位"理想的儒生来说,周公的政绩与言行是他努力的方向与目标。纵观王莽"得位"的整个过程，尽管在其过程中舆论将王莽比之于霍光、伊尹，但强调最多的是"如周公故事"。

一是效仿周公金縢藏策。"平帝疾，莽作策，请命于泰畤，戴璧秉圭，愿以身代。藏策金縢，置于前殿，敕诸公勿敢言。"（《汉书·王莽传》）然而，王莽这番作为，在后人看来，与其说是表达"愿以身代"的诚意，不如说是一场高明的政治作秀。

二是效仿周公作《大诰》。在翟义起义散播"王莽鸩杀平帝"的说法之时，王莽还"日抱孺子会群臣而称曰：'昔成王幼，周公摄政，而管、蔡挟禄父以畔，今翟义亦挟刘信而作乱。自古大圣犹惧此，况臣莽之斗筲！'"（《汉书·翟方进传》）因此，王莽仿照《周书》作《大诰》，"遣谏大夫桓谭等班于天下，谕以摄位当反政孺子之意"（《汉书·王莽传》）。

三是效仿周公制礼作乐。《汉书·王莽传》：

> 摄皇帝遂开秘府，会群儒，制礼作乐，卒定庶官，茂成天功……发得周礼，以明因监，则天稽古，而损益焉……非圣哲之至，孰能若兹！
>
> 昔周公奉继体之嗣，据上公之尊，然犹七年制度乃定。夫明堂、辟雍，堕废千载莫能兴，今安汉公起于第家，辅翼陛下，四年于兹，功德灿然。……唐、虞发举，成周造业，诚亡以加。

在《汉书·王莽传》中，诸如此类的溢美之词不胜枚举。显然，在群臣的奏言中，王莽被提升到了一个比周公还高的地位。

在以禅让为政权转移方式的政治制度中，"摄政"对王位继承人的历练与考察，也是保证政权转移平稳过渡的有效方式。"于是帝尧老，命舜摄行天子之政，以观天命。"（《史记·五帝本纪》）而在以世袭制度中，"摄政"本身就是一种模糊君臣界限的政治行为。儒家之所以称颂世袭政治下的摄政大臣，一个重要原因就是虽然他们手握重权，但依然恪守君臣名分，而无僭越非礼之举。然而，到了王莽这里，他不甘心做一个"摄政者"，他迈出了最后，也是最关键的一步——"即真"，成为真正的皇帝。这也正如艾兰所指出的那样："在王莽登基称帝后……《汉书》的本纪部分不再谈论周公而谈论舜、禹

（当称帝时，王莽曾制造舆论追溯其祖为舜），因为适宜的模式不再是摄政，而是非世袭地继位。"[6]103

但显然，在世袭的西汉王朝中，到了王莽这里，他由"受禅"而获得政权的这一事件，被视为臣子的篡逆之举。《荀子·臣道》曰："逆命而不利于君，谓之篡。"《管子·白心》："臣而代君曰篡。"颜师古注《汉书·成帝纪》："逆取曰篡。"王莽"受禅"的这一事件，为后世历代史家认为是以"禅让"之名行篡逆之实。

其一，认为王莽是"篡逆"而非"禅让"的另一个重要原因是在这一过程中并不存在主动让位的一方。在王莽整个"受禅"的过程中，在位的帝王并非将王位主动让给他。这就是说，"汉与新之间的禅让，不是发生在孺子婴与王莽之间，而是发生于汉高祖之灵与王莽之间（或赤帝与黄帝之间），王莽的受禅实践中没有一个像尧那样的禅让行为的发出者"[11]。即所谓"赤帝汉氏高皇帝之灵，承天命，传国金策之书，予甚祗畏，敢不钦受！"（《汉书·王莽传》）换言之，这只是他自己一厢情愿的"独角戏"。从这一点来说，并不符合从尧舜禹禅让传说以来一以贯之的"禅让模式"①。

其二，尽管王莽模仿霍光、周公等贤臣，以禅让的形式获得政权，但相对于尧舜禹禅让传说所确立的"禅让模式"，王莽的"受禅"以及之后宋齐梁陈时期的禅让，是一种"实际性禅让"②。比如，王莽"受禅"之后，并没有打算同样用禅让的方式将政权传给下一位的德才兼备的异姓继承人，而是开创了另一个世袭王朝而已，"乃以临为皇太子"（《汉书·王莽传》）。再比如，尽管形式上最大限度地契合了儒家的政治理想，但是这种"和平过渡"方式所留下的"后遗症"也贻害深远。尤其是王莽对待孺子婴和刘氏宗室的做法不断被魏晋时

---

① 阮芝生认为，"生让"是"尧舜禅让"的一个特点。参见许景昭《禅让、世袭及革命——从春秋战国到西汉中期的君权传承思想研究》，上海古籍出版社2014年版，第127页注释2。

② 可以用"实质性禅让"与"实际性禅让"来区分尧舜禹的禅让与王莽及宋齐梁陈以后的禅让，这是第二届"经史传统与中国哲学"学术研讨会上向世陵老师向我提出的意见，特此致谢。

期打着"禅让"旗号的篡位者所效仿。

在儒家的传统论说中，"有德者得位"的途径有二，即禅让与革命。由于革命具有"以暴易暴"的缺陷，因此，儒家最心仪的"有德者得位"的方式实即"禅让"。如前所述，王莽"受禅"最大的意义就在于他是在一家一姓的世袭制度下完成了异姓之间的禅让，这是对"家天下"社会中世袭原则的极大挑战。但其政权合法性与政权转移方式之间有着相当密切的关联，因其改制失败，其"受禅"的正当性也被质疑。

就理论发展来说，从尧舜禹的禅让传说到先秦诸子的论争，再到汉代融入五德终始、符瑞灾异以及谶纬神学等诸种学说，禅让学说逐渐精致圆融；就政治实践来说，从春秋战国到西汉末年的这段历史时期里，以"禅让"这种形式获得政权的统治者，并未实现理想中的长治久安，几乎都以动乱而告终。耐人寻味的是，实践的失败并未影响尧舜禹的"禅让"逐渐演变为美好的历史想象和崇高的政治典范。儒家禅让理论的可行性或许并不重要，重要的是，禅让——作为一种被理想化塑造的政权转移方式，其精神实质在于对"天下为公"与"尚贤"两种政治理念的推崇。"尚贤"是达到"天下为公"的方式，而"天下为公"之极致必然是最高权力为德才兼备者所拥有。德位匹配，才为天下百姓福祉之保证。

参考文献：

［1］牟宗三. 政道与治道［M］. 长春：吉林出版集团有限责任公司，2010：4-5.

［2］李零. 郭店楚简校读记［M］. 北京：北京大学出版社，2002：95.

［3］顾颉刚. 禅让传说起于墨家考［G］//吕思勉，童书业. 古史辨：第7册下编. 上海：上海古籍出版社，1982：56.

［4］丁四新. 先秦哲学探索［M］. 北京：商务印书馆，2015：385.

［5］杨永俊. 禅让政治研究——王莽禅汉及其心法传替［M］. 北京：学苑出版社，2005.

［6］艾兰. 世袭与禅让——古代中国的王朝更替传说［M］. 北京：北京

大学出版社，2002.

［7］阎步克. 士大夫政治演生史稿［M］. 北京：北京大学出版社，2015：305.

［8］王葆玹. 西汉经学源流［M］. 台北：东大图书公司，2008：414.

［9］徐复观. 两汉思想史：卷二［M］. 台北：学生书局，1979：458.

［10］余英时. 士与中国文化［M］. 上海：上海人民出版社，2003：199.

［11］王光松. 在"德""位"之间［M］. 上海：华东师范大学出版社，2010：82.

该文为"2018中国·衡水董仲舒与儒家思想国际学术研讨会"提交的论文。

曹婉丰（1984-），女，黑龙江伊春人，中国社会科学院哲学研究所博士后。

再论汉代今古文经学
——三家诗与毛诗

金春峰

在《关于董仲舒研究的几个问题》一文中，笔者已论述过这一问题，重点讲《左传》和《周官》。本文再就《诗》的今古文问题作一论述。

汉代存在与今文经学对立的"古文经学"，这种观点一直牢固而普遍地在学界流传，故不断有新著新论出现，如王葆玹《西汉经学源流》（台北东大图书公司 1994 年版）、《今古文经学新论》（中国社会科学出版社 1997 年版）、姜广辉主编《中国哲学》第二十三辑《经学今诠续编》（辽宁教育出版社 2001 年版）等。但所谓"古文经学"究竟指谓什么？使用者或是沿袭旧说，或是自己赋予了其一些内涵，但未经严格审核，仍是糊涂不清概念。

一、版本的今古文

汉代经学的"经"指《诗》《书》《易》《礼》《乐》《春秋》六本典籍，先秦和汉初称为"六艺"。汉武帝"罢黜百家，独尊儒术"，设立《诗》《书》《易》《礼》《春秋》博士。《乐》无书，故只有"五艺"。汉宣帝时称"五经"。"六艺"变为"五经"，意味它的地位提高，成为大经大法——人生、伦理、政治的指南，具神圣性、权威性，非一般典籍可比。

有了"五经"，随之出现了版本上的古文和今文。今文是相对古文而言的。古文亦是相对今文而言的。汉代"今文经学"其文本原来都是古文，如《诗》《书》《易》《春秋》《论语》等，都是用六国文字书写的。秦始皇统一六国后，于始皇二十六年废除六国文字，"书同文"，统一用秦小篆和隶书。这是秦的今文，即通用文字。此前的六国文字成了古文。汉承秦法，度、量、衡及文字、车制皆行秦制，故秦隶和小篆在汉代即成为汉之今文——通用文字。小篆一般用于铭、册，是标准书法。许慎《说文解字》即以小篆书写每一字而后作释。但书籍一般都是用隶书书写。秦地出土的《放马滩秦简》《睡虎地秦简》《日书》都是用隶书写的。它们在秦代即是今文典籍。秦隶出现的时间远在始皇以前。先秦六国文字书写的《诗》《书》等，秦始皇焚书禁书时，在民间的被焚被禁了，但秦博士仍可使用。这部分"文本"既有先秦六国古文本，极可能亦有用秦隶书写的今文本。如伏生为秦博士，他所精通的《尚书》，可能就有古今两种文本。《易》不在禁毁之列，亦会有古今两种文本。

《史记·张丞相列传》："张丞相苍好书律历，秦时为御史，典柱下方书。"这当是古文本；但张和贾谊皆以《左传》授学生，必是隶写了的文本。高明先生的《古文字类编》将古文字分为四类：甲骨文、铜器铭文、简书及其他刻辞、小篆。作为学生识读古文字的教材，这是合适的。但秦隶和小篆是秦与汉的今文。这是研究汉代今古文经学要特别注意的。

汉隶并非另一种隶书，它就是沿用的秦隶。但中国文字不断在发展和规范之中，这过程由先秦到汉一直没有中断。从秦简看，《日书》中的错别字，即不规范的写法与假借字、未分化孳乳的字特别多。"人"为"内"（"内"者纳也）、"兑"为"说"（"说"者释也、除也）、"兑"为"锐"、"莫"为"暮"、"生"为"牲"又为"眚"、"取"为"娶"、"家"为"嫁"、"哥"为"歌"、"又"为"有"、"台"为"始"、"奴"为"怒"、"正"为"政"、"票"为"飘"、"丈"为"杖"、"夭"为"妖"，等等。还有当时的特别用语，如"禾"为"百谷之总称"、"臭"训"香"、"字"训为"生育"、"穀（殻）"训"善"、"身事"谓"兼职"、"述"训"道"、"中"训"内"、"粪"训"除"、"尸"训"居"、"皮"训"析"（"析"谓剥离）、"屏"谓"厕所"、"同衣"谓男女做爱、"丽"谓"分离"（"丽"之言"离"，"夹丽"犹今言"诀别"），等等①。《睡地虎秦简》文字就规范化一些。到汉隶时，字的孳乳分化更多、更规范了，如"立"和"位"、"仪"和"义"、"买"和"卖"、"正"和"政"，都分别开来，各具自己的含义。许多新的名词术语也出现了，如"辨卷"为"判卷"等。当"五经"确立时，每一经的开创经师首要的工作是将自己依据的古文文本隶写为汉时通用的今文，包括名词术语。如伏生的《尚书》，田何、杨何的《易》，高堂生、后苍的《礼》，齐鲁韩三家的《诗》，胡母生、董仲舒的《公羊春秋》，《齐论》《鲁论》以及张苍、贾谊的《左氏春秋》（尽管未被立为博士官学），等等。在版本上它们都成了"今文"。他们教学生使用的都是这种"今文本"。开创的经师都是大学者，一般生长活动于秦亡不久，是能兼通古文与今文的。金建德《经今古文字考》（齐鲁书社 1988 年版）指出："秦时文字有旧的古文和新的隶书"，却未提秦时已用隶书书写各种典籍、文本，盖因未深研出土的《秦简》，故以为隶书未在秦普遍使用，到汉时才普遍流通，用于书写"五经"文本。金建德对汉时所谓"古文文本"下了一新的定义："凡保留一部分古字古言，不完全改成隶书的，谓之古文本。"（第 4 页）这是很有见地的。但既然是隶书，"保留的一部分古字古言"，不会是原封不动地用先秦六国时的文字和术语（古言），只能说虽改写为隶书了，但古文本中的某些字和言仍然保留了原用法，如"义"仍隶写为"仪"，"别"与"判"仍隶写为"辨"，有如《周官》中的"辨卷"等"古字古言"。翟方进授予刘歆、王莽的《左传》亦是如此，保留了部分"古字古言"，但从整体而言，这已是今文本。《周官》《左传》的这种保留少数"古字古言"的书写情况，不改变它

---

① 　参见吴小强《秦简日书集释·序二（孙雍长撰写）》，岳麓书社 2000 年版。

们的整体的今文本属性，不应称为古文本。如果据此而谓《周官》《左传》为古文经，那就犯错误了！经学史上据刘歆爱好皇室图书馆中的先秦六国古文字写的《左传》，而谓东汉《左传》学者使用的《左传》文本是六国古文，也是错误的。

汉时的所谓"古文经"，有鲁恭王发孔子宅所得的《古文尚书》《论语》《礼》。《古文尚书》为孔安国所得，孔"以今文读之，遂起其家"（《汉书》五十三《鲁恭王传》及《史记·孔子世家》）。"以今文读之"，徐复观先生《中国经学史的基础》明确指出：一是以今文识读古文，一是将古文隶写为今文而授予儿宽（《汉书·倪宽传》）都尉朝及司马迁（台湾学生书局 1982 年版，第 126 页）。故孔安国，人们都不称其为古文经学者。以后东汉杜林得漆书《古文尚书》一卷，授予卫宏等，当亦是这种情形。孔与杜或是能识读古文的，或是如今人之以纸书——已有典籍对照研读出土的钟鼎铭文及先秦典籍一样，能读懂漆书《古文尚书》。

古文经学常被说成有四种经典：《左传》《周官》、费直《易》、《毛诗传》，好像它们一直以古文本传授。这是没有根据的说法，亦不合情理：因古文不仅难于识读，能识读亦不能做官，不值得，不合算。故《费易》和《毛诗传》在民间传授，亦是今文本。

博通今文与古义是很难的。经学中的开宗大师及东汉后某些大学者有此本领，如杜林，特别是郑玄，注"三礼"时，常用今文本与古文本对照互参，但这与古文经学是不同性质的两回事。今天，大部分学生只识简体字，兼识繁体字的是少数。识繁体字而能读文言文，如《左传》《易经》等更是少数。能读又能作注解的就非一般的人，而是学者了。但仅作注解，并不就是建立了自成体系的左传学与易学学派，形成了新"经学"学说。

班固据刘向、刘歆《七略》写的《汉书·艺文志》，开列了"五经"中的今古文版本。《易》类仅有《古五子十八篇》《古杂八十篇》为古文。《书》类仅有《尚书古文经》四十六卷（孔安国所传即此古文经本）。《诗》类无古义经本。《礼》类仅有《礼古经》五十六卷。其他《经》十七篇（后氏戴氏）、《古封禅群祀》二十二卷皆今文。

《周官经》六篇（王莽时，刘歆置博士）、《周官传》四篇，皆今文，不是古文。《春秋》类仅有《春秋古经》十二卷。《经》十一卷（公羊、谷梁两家），这已是今文。《左传》（左丘明，鲁太史）亦不是古文。《论语》类中有古二十一篇（出孔子壁中，两子张）但"古论"之学，已是今文。《孝经》类有《古孔氏》一篇，其他皆今文。

以上记的古文文本显然是在民间流传的。皇室图书馆所藏古文本当会很多，不会只有上述少数古文典籍。

二、什么是古文经学?

要成立"古文经学"这一概念，须满足三个条件：第一，它确是以古文文本在传授；第二，建立了一种学说，有一以贯之的指导思想，也即有哲学思想为指导；第三，如要证明它是与古今文经学对立的学说，还应在指导思想、哲学上指明两者是对立的。周予同曾列举一些对立，冯友兰先生亦谓两者在哲学上有唯物和唯心的对立。但笔者已在有关文章里指出，两先生的说法是难于成立的。

刘歆有《左传》学，他和其传授的东汉《左传》学者，确建立了与公羊、谷梁不同的条例与义理，可以说是一种新的"经学"，但在哲理或指导思想上却并不是与今文经学对立的一种"经学"，而仍是今文学的一支。至于《周官》，刘歆在王莽时为之立了博士，但刘的《周官》义理学说却并没有流传下来。郑玄注《周官》，是注释性质，并未建立起独特的《周官》学。其义理性的指导思想多取自纬书。参见何大海博士论文《郑玄谶纬学研究》）。

至于《毛诗传》，它的文本和指导思想亦非与今文三家《诗》相对立，而是与三家基本一致的。

故与"今文经学"对立的"古文经学"是不存在的。

三、三家诗与《毛诗》

《汉书·儒林传》："汉兴，言《诗》，于鲁则申培公，于齐则辕固生，燕则韩太傅。"

《汉书·艺文志》载，《诗经》二十八卷，鲁、齐、韩三家。

《鲁故》二十五卷。《鲁说》二十八卷。

《齐后氏故》二十卷。《齐孙氏故》二十七卷。《齐后氏传》三十九卷。《齐孙氏传》二十八卷。《齐杂记》十八卷，类如《韩诗外传》。

《韩故》三十六卷。《韩内传》四卷。《韩外传》六卷。《韩说》四十一卷。

"故"指训诂，"传"与"说"指解说。

三家立于学官。

三家诗总的指导思想，可用孟子的话概括。孟子说："诗亡而后《春秋》作。"就是说，《诗》和《春秋》的性质是一样的，既是史，又是"经"，以"贬天子，退诸侯，讨大夫，以达王事"为宗旨，是道德和政治的教科书，是为政治服务的。

这一特点在鲁诗中表现极为典型。《汉书·楚元王传》载："元王既至楚，以穆生、白生、申公为中大夫。高后时，浮丘伯在长安，元王遣于郢客与申公俱卒业。文帝时，闻申公为《诗》最精，以为博士。元王好《诗》，诸子皆读《诗》，申公始为《诗》传，号《鲁诗》。元王亦次之《诗》传，号曰《元王诗》，世或有之。"（《楚元王传》）元王家世习《鲁诗》。成帝时，更生（刘向）上封事进谏，大量引用诗经作为根据，说：

> 臣闻舜命九官，济济相让，和之至也。众贤和于朝，则万物和于野。故箫《韶》九成，而凤皇来仪；击石拊石，百兽率舞。四海之内，靡不和定。及至周文，开墓西郊，杂遝众贤，罔不肃和，崇推让之风，以销分争之讼。文王既没，周公思慕，歌咏文王之德，其《诗》曰："于穆清庙，肃雍显相；济济多士，秉文之德。"当此之时，武王、周公继政，朝臣和于内，万国欢于外，故尽得其欢心，以事其先祖。其《诗》曰："有来雍雍，至止肃肃，相维辟公，天子穆穆。"言四方皆以和来也。诸侯和于下，天应报于上，故《周颂》曰："降福穰穰"，又曰："饴我釐麰"，釐麰，大麦也，始自天降。此皆以和致和，获天助也。下至幽、

厉之际，朝廷不和，转相非怨，诗人疾而忧之曰："民之无良，相怨一方。"众小在位而从邪议，歙歙相是而背君子，故其《诗》曰："歙歙訾訾，亦孔之哀！谋之其臧，则具是违；谋之不臧，则具是依！"君子独处守正，不桡众枉，勉强以从王事则反见憎毒谗诉，故其《诗》曰："密勿从事，不敢告劳，无罪无辜，谗口嗷嗷！"当是之时，日月薄蚀而无光，其《诗》曰："朔日辛卯，日有蚀之，亦孔之丑！"又曰："彼月而微，此日而微，今此下民，亦孔之哀！"又曰："日月鞠凶，不用其行；四国无政，不用其良！"天变见于上，地变动于下，水泉沸腾，山谷易处。其《诗》曰："百川沸腾，山冢卒崩，高岸为谷，深谷为陵。哀今之人，胡憯莫惩！"霜降失节，不以其时，其《诗》曰："正月繁霜，我心忧伤；民之讹言，亦孔之将！"言民以是为非，甚众大也。此皆不和，贤不肖易位之所致也。自此之后，天下大乱，篡杀殃祸并作，厉王奔彘，幽王见杀。至乎平王末年，鲁隐之始即位也，周大夫祭伯乖离不和，出奔于鲁，而《春秋》为讳，不言来奔，伤其祸殃自此始也。是后尹氏世卿而专恣，诸侯背畔而不朝，周室卑微。二百四十二年之间，日食三十六，地震五，山陵崩阤二，彗星三见，夜常星不见，夜中星陨如雨一，火灾十四。长狄入三国，五石陨坠，六鹢退飞，多麋，有蜮、蜚，鸲鹆来巢者，皆一见。昼冥晦。雨木冰。李梅冬实。七月霜降，草木不死。八月杀菽。大雨雹。雨雪雷霆失序相乘。水、旱、饥、螽、螽、螟蜂午并起。当是时，祸乱辄应，弑君三十六，亡国五十二，诸侯奔走，不得保其社稷者，不可胜数也……由此观之，和气致祥，乖气致异；祥多者其国安，异众者其国危，天地之常经，古今之通义也。

　　书中，《春秋》以前之史皆用《诗》表述，而诗则都是对政治的讽谏。"民之无良，相怨一方。"刺幽、厉朝廷不和，转相非怨。"歙歙訾訾，亦孔之哀！谋之其臧，则具是违；谋之不臧，则具是依！"刺众小在位，歙歙相是而背君子。"密勿从事，不敢告劳，无罪无辜，谗口嗷嗷！"刺君子守正不桡，勤勉王事而反见憎毒谗诉。"朔日辛卯，日有蚀之，亦孔之丑！""彼月而微，此日而微，今此下民，亦孔之哀！""日月鞠凶，不用其行；四国无政，不用其良！"刺幽厉失政引致天变。"百川沸腾，山冢卒崩，高岸为谷，深谷为陵！""正月繁霜，我心忧伤；民之讹言，亦孔之将！"皆政治不和所致。文王行王道，祥瑞屡见，有《周颂》《大雅》。幽厉失政，有《十月之交》等。突显《诗》之政治性与意识形态性。韩诗、齐诗亦是如此。

以《关雎》的解读为例。《鲁诗》说："周道废，诗人本之衽席，《关雎》作。""后妃之制，夭寿治乱存亡之端也。是以佩玉晏鸣，《关雎》叹之，知好色之伐性短年，离制度之生无厌，天下将蒙化陵夷而成俗也。故咏淑女以配上，忠孝之笃，仁厚之作也。""周之康王夫人晏出朝，《关雎》预见，思得淑女以配君子。""周衰而诗作，盖康王时也。康王德缺于房，大臣刺晏，故诗作。""昔周康王承文王之盛，一朝晏起，夫人不鸣璜，宫门不击柝，《关雎》之人，见几而作。""周渐将衰，康王晏起，毕公喟然，深思古道，感彼关雎，性不双侣，愿得周公，配以窈窕，防微消渐，讽谕君父。孔氏大之，列为篇首。"这是王先谦辑录的鲁诗学者司马迁《史记》、刘向《列女传》《说苑》《新序》等的说法，由此可见鲁诗的政治、道德教化性质。

《韩诗》说："诗人言关雎贞洁慎匹，以声相求，隐蔽于无人之处，故人君退朝入于私宫，后妃御见有度，关门击柝，鼓人上堂，退反晏处，体安志明。今时大人内倾于色，贤人见其萌，故咏《关雎》，说淑女，正仪容以刺时。"这是《韩诗》学者的说法，亦可见韩诗的上述性质。

《齐诗》说："孔子论诗以《关雎》为始，言太上者民之父母，后夫人之行，不侔乎天地，则无以奉神灵之统，而理万物之宜，故诗曰：'窈窕淑女，君子好仇。'言能致其贞淑，不贰其操，情欲之感无介乎容仪，燕私之意不形乎动静，夫然后可以配至尊而为宗庙主。此纲纪之首、王教之端也。"这是《齐诗》学者的说法，亦反映上述政治教化的特点。

魏张揖习齐诗，其《上林赋注》曰："《伐檀》，刺贤者不遇明王也。"荀爽治《齐诗》，谓："众礼之中，婚姻为首。故天子娶十二女，法天之数也。诸侯以下皆有等差，事之降也。阳性纯而能施，阴性顺而能化。以礼济众乐，节宣其气，故能丰子孙之祥，致老寿之福。窃闻后宫采宫女五六千人，臣窃以为诸非礼聘，未尝幸御者，遣出使成妃合，配阳施，祈《螽斯》。"两人对《齐诗》的解说，也是以"三百篇当谏书"，突显诗的道德、政治教化功能。

"关关雎鸠，在河之洲。"《鲁诗》说："言淑女能为君子和好众妾也。"《齐诗》说："关雎有原，冀得贤妃正八嫔。"《韩诗》说："淑女奉顺坤德，成其纪纲。"（王先谦《三家诗义疏》）这些解说，皆从政治、道德论《诗》，而体裁、长短、角度、内容不一，与《序》之体裁不同。

《汉书·翼奉传》谓：翼奉治《齐诗》，与萧望之、匡衡同师。元帝初即位，翼上封事，说："臣闻之于师，治道要务，在知下之邪正。人诚乡正，虽愚为用；若乃怀邪，知益为害。知下之术，在于六情十二律而已。北方之情，好也；好行贪狼，申子主之。东方之情，怒也；怒行阴贼，亥卯主之。贪狼必待阴贼而后动，阴贼必待贪狼而后用，二阴并行，是以王者忌子卯也。《礼经》避之，《春秋》讳焉。南方之情，恶也；恶行廉贞，寅午主之。西方之情，喜也；喜行宽大，巳酉主之。二阳并行，是以王者吉午酉也。《诗》曰：'吉日庚午。'上方之情，乐也；乐行奸邪，辰未主之。下方之情，哀也；哀行公正，戌丑主之。辰未属阴，戌丑属阳，万物各以其类应。"又说："诗之为学，情性而已。五性不相害，六情更兴废。观性以历，观情以律，明主所宜独用，难与二人共也。"《诗纬·汎历抠》有"四始五际"之说，谓："大明在亥，水始也。四牡在寅，木始也。嘉鱼在巳，火始也。鸿雁在申，金始也。"清孔广森解释说："始际之义，盖生于律。大明在亥者，应钟为均也。四牡则太簇为均。天保夹钟为均，嘉鱼仲吕为均，采芑蕤宾为均，鸿雁夷则为均，祈父南吕为均。汉初古乐未埋者如此。……故翼奉曰：'诗之为学，情性而已，五性不相害，六情更兴废，观性以历，观情以律，律历迭相治。'夫天地稽三綦之变，亦于是可验。古之作乐，每三诗为一终。经传可考者，有升歌文王之三，升歌鹿鸣之三，间歌鱼丽之三。然采薇、出车、杕杜皆所以劳将士。常棣、伐木、天保皆所以燕朋友兄弟，蓼萧、湛露、彤弓皆所以燕诸侯，亦三篇同奏，确然可信者也。说始际者则以与三期相配，如文王为亥孟，大明为亥仲，緜为亥季，其水始独言大明，犹三期之先仲次季而后孟也。"① 东汉仍有学者研习这种诗说。《后汉书·儒林传下》："伏恭字叔齐，琅邪东武人，司徒湛之兄子也。湛弟黯，字稚文，以明《齐诗》，改定章句，作《解说》九篇，位至光禄勋，无子，以恭为后。"

汉代阴阳五行思想盛行，以阴阳五行说《诗》，汉人亦见怪不怪。

《史记·儒林传》谓："韩生推《诗》之意而为《内外传》数万言，其语颇与齐鲁间殊，然其归一也。"《汉书·艺文志》谓："汉兴，鲁申公为诗训故，而齐辕固、燕韩生皆为之传，或取《春秋》，采杂说，咸非其本义，与不得已，鲁最为近之。"认为《鲁诗》近古。"古"是相对齐、韩今文经学之今说而言的"古"（古朴、实在、较近原意），近于先秦《诗》之"古"。

许慎《说文解字》引"诗"，什之九是三家诗。

贾逵撰《四家诗异同》，服虔注《左传》，郑玄注《礼》，多用三家义。

要之，在二家诗学中，《诗》和《春秋》一样，是以明王道、正风俗、讥刺褒贬政治得失为宗旨的。《诗》是"谏书"，是经学。

四、《毛诗》的经学特点

《汉书·艺文志》："《毛诗故训传》三十卷。""又有毛公之学，自谓子夏所传，而河间献王好之，未得立。"

《毛诗故训传》，训诂详尽。"传"也主要是训诂，大多数诗并无类似"诗序"的诗说。今本《毛诗》，《关雎》之前有长篇序文，称《大序》；每诗之前有序，称《小序》。这使《毛诗》和三家诗一样，

---

① 引自皮锡瑞《经学通论》第二《诗经》，第15页。

诗说详备，具有了孟子所谓"贬天子，退诸侯，讨大夫，以达王事"的功能。郑玄为《毛诗传》及《毛诗序》作《笺》，遂大行于后世。《齐诗》亡于魏，《鲁诗》亡于西晋，《韩诗》后亦亡逸，仅有《韩诗外传》传世。《毛诗》虽行，但王肃说《毛诗》与郑玄不同。孙毓作《毛诗异同评》，非郑党王。陈统作《难孙氏毛诗异同评》，驳孙说。韩愈怀疑《毛诗序》。欧阳修作《毛诗本义》，苏辙作《诗经集传》，亦疑《毛诗》。郑樵作《诗辨妄》，程大昌作《诗论》，王柏作《诗疑》，王质作《诗总闻》，朱熹作《诗集传》，《毛诗》逐渐失去权威。朱熹《四书集注》成为科举取士标准，《诗集传》亦成为说《诗》的标准，《毛诗》衰微。清代，阎若璩作《毛朱诗说》，毛奇龄作《白鹭洲主客说诗》，陈启源作《毛诗稽古编》，陈奂作《毛诗传疏》，非难朱熹，回复到毛郑的《传》《笺》。段玉裁写《毛诗故训传》，孙焘作《毛诗说》，排斥郑玄，回复到《毛诗故训传》之旧。魏源作《诗古微》，陈乔枞作《三家诗遗说考》，龚橙作《诗本谊》，皮锡瑞作《诗经通论》，王先谦作《诗三家集疏》，尊三家诗。姚际恒作《诗经通论》，崔述作《读风偶识》，方玉润作《诗经原始》，倾向朱熹。拥毛诗的人都以为《毛诗》是与三家今文诗不同的古文经学。实际上《毛诗传》和《序》不仅文本是今文，其诗说观点亦是以政治、道德说诗，和三家诗并无不同，对诗的解说甚至比三家诗更政治化与道德化。如：

《毛传》解《周南》《召南》，以"周"为文王、周公，"召"为召公。"南"乃王化自北而南，谓："后妃悦乐君子之德，无不和谐，又不淫其色，慎固幽深，若关雎之有别焉；然后可以风化天下！夫妇有别则父子亲，父子亲则君臣敬，君臣敬则朝廷正，朝廷正则王化成！"

《周南·葛覃》，《小序》谓："后妃之本也。后妃在父母家，则志在于女功之事，躬俭节用，服浣濯之衣，尊敬师傅，则可以归安父母，化天下以妇道也。"《卷耳》，《小序》谓："后妃之志也，又当辅佐天子，求贤审官，知臣下之勤劳，内有进贤之志，而无险诐私谒之心，朝夕思念也。"《螽斯》，《小序》谓："后妃子孙众多也。言若螽斯不妒忌，则子孙众多也。"

《汉广》："南有乔木，不可休息。汉有游女，不可求思。汉之广矣，不可咏思。江之永矣，不可方思……"《鲁诗》说："江妃二女……出游于江汉之湄，逢郑交甫。见而悦之……求女之佩。女与之，稍后视佩，空怀无物，二女亦不见。"《韩诗》说："游女，汉神也。言汉神时见，不可得而求之。"《孔子诗论》谓：《广汉》"不求不可得，不攻不可能，智恒也"。"恒"，巫恒。巫能通神，故谓其智如"恒"，能知二女为神女也。此种浪漫情怀，乃楚文化之特产，其滥觞则是《楚辞》、宋玉《高唐赋》《神女赋》。《小序》谓："文王之道被于南国，美化行乎江汉之域，无思犯礼，求而不可得也。"突显文王的王教德化，比《鲁说》《韩诗》更道德化与政治化。

《小星》："嘒彼小星，三五在东。肃肃宵征，夙夜在公。寔命不同！嘒彼小星，维参与昴。肃肃宵征，抱衾与裯。寔命不犹！"韩诗认为是讲"贫不择仕"，讲"小人在朝"。《小序》却认为是"惠及下也。夫人无妒忌之行，惠及贱妾，进御于君，知其命有贵贱，能尽共心矣"。《江有汜》，韩诗认为讲"侄娣恨悔"。《小序》则认为讲"美媵也。勤而无怨，嫡能悔过也。文王之时，江沱之间有嫡不以其媵备数，媵遇劳而无怨，嫡亦自悔也"。《驺虞》，鲁诗认为是刺诗，讲周道衰微，强凌弱，众暴寡，百姓愁苦，男女怨叹。《小序》则谓："鹊巢之化行，人伦既正，朝廷既治，天下纯被文王之化，则庶类繁殖，搜田以时，仁如驺虞，则王道成也。"

《唐风·绸缪》，《毛传》："参星，三月中直户也。三女为粲，大夫一妻二妾。"《郑笺》："男女待礼而成，如薪待人事而后束也。""绸缪束薪，三星在天。""三星谓心星也。心有尊卑，夫妇父子之象，又为二月之合宿，故嫁娶者以为候焉……"《毛序》："刺晋乱也。国乱则婚姻不得其时焉。"完全作道德伦理说教。

如此等等，和今文三家诗义理性质，大方向是一致的。

五、先秦无《诗序》

讨论《毛诗》，其《序》占重要地位。研究《序》，首先要研究先秦是否有《诗序》的问题。

林庆彰先生《〈毛诗序〉在〈诗经〉解释传统的地位》一文认为，"从先秦的各种记载中，可看出《诗序》是先秦诸家诗说的汇编，并非出于一人之所作"（《中国哲学》编辑部，国际儒联学术委员会合编：《经学今诠续编》，沈阳：辽宁教育出版社，2001：94）。"郑玄在《小雅·南陔》等三诗序下的《笺》说：此三篇者，遭战国及秦之世而亡之，其义与众篇之义合编故存。至毛公为《诂训传》，乃分众篇之义，各置于其篇端云。……这也可以证明《诗序》形成于《毛诗诂训传》之前。"（第96页）举证谓："《左传》中的赋诗相当多，大抵上要让对方了解，必须双方都有共识的诗旨，才不会误会对方的意思。这就要说到，当这些贵族子弟在学《诗》时，教《诗》的人必已明确地告诉他们，每首诗的诗旨是如何，这是《诗序》形成的最基础的条件，也就是说：《诗序》是以这些解说为基础，加以整理而成的。"（第96页）林先生举《左传》僖公二十三年记载重耳见秦穆公一事为例："公子赋《河水》。公赋《六月》。赵衰曰：'重耳拜赐！'公子降，拜，稽首，公降一级而辞焉。衰曰：'君称所以佐天子者命重耳，重耳敢不拜？'这一桩政治会谈，双方都要对《河水》《六月》这两首诗的诗旨有最起码的共识，也就是两人所理解的诗旨，应该相差不远，甚至完全相同，才能互相了解对方的意思。"（第94页）情况确是如此。孔子讲到学诗的功用时，亦说"诵诗三百，授之以政，不达；使于四方，不能专对；虽多，亦奚以为？"（《子路》）三百篇中的一些被赋的诗确有赋诗者们共识的诗旨，但这种"共识"和"诗序"之类的性质是不相同的。

《左传》隐公二年，郑武公、庄公为平王卿士。周、郑交质。君子评论说："信不由中，质无益也。明恕而行，要之以礼，虽无有质，谁能间之？苟有明信，涧、溪、沼、沚之毛，蘋、蘩、蕴、藻之菜，筐、筥、锜、釜之器，潢、污、行、潦之水，可荐于鬼神，可羞于王公，而况君子结二国之信，行之以礼，又焉用质？风有《采蘩》《采蘋》，雅有《行苇》《泂酌》，昭忠信也。""君子"据认为是左丘明，说明其时无《诗序》，故所引之诗不区分《小雅》《大雅》与国风，诗旨皆"昭忠信也"。

《行苇》，三家诗说以为是美公刘的仁及草木。《泂酌》，三家诗说以为是美公刘的德泽教化。《毛小序》谓："召康公戒成王也。"与《左传》君子之说不同。

就《六月》说，为何"公赋《六月》"？"齐诗宣王兴师命将，征伐猃狁，诗人美大其功。"鲁诗亦持此说。《小序》则简要地概述鲁齐两家之说。"公赋《六月》"的用意究竟是什么？是希望重耳返回晋国执政，他像诗所描述的一样率领军队护送？还是望重耳自己做有为的君主？都可。就诗意论事，不会有诗序这种观念。

《左传·襄公二十年》："冬，季武子如宋，报向戌之聘也。褚师段逆之以受享，赋《常棣》之七章以卒。宋人重贿之。归，覆命，公享之。赋《鱼丽》之卒章。公赋《南山有台》。武子去所，曰：'臣不堪也。'"《常棣》，诗的词意讲："丧乱既平，既安且宁，兄弟既具，兄弟既翕，和乐且孺……"故褚师段用以盛情感谢季武子。《鱼丽》卒章讲："鱼丽于罶，君子有酒，旨且有。物其多矣，维其嘉矣。"故季武子用以表达此行的收获甚丰，无《小序》所谓"文武以《天保》以上治内，《采薇》以下治外，始于忧勤，终于逸乐"之意。《南山有台》讲"南山有台，北山有莱。乐只君子，邦家之基，乐只君子，万寿无期。……乐只君子，邦家之光；乐只君子，万寿无疆。乐只君子，民之父母；乐只君子，德音不已。乐只君子，遐不眉寿？乐只君子，德音是茂。乐只君子，遐不黄耇？乐只君子，保艾尔后"。故君主用以表达对季武子的赞赏。这都是据诗词内容而赋的，不涉及诗的作者及政治褒贬。与后人如三家诗或《毛诗序》种种"序"的说法无关。《南山有台》，《小序》谓："乐得贤，得贤则能为邦家立太平之基矣。"也是据内容作的概括。

襄公二十七年，郑伯享赵孟于垂陇，子展、伯有、子西、子产、子大叔、二子石从。赵孟曰："七子从君，以宠武也。请皆赋以卒君贶，武亦以观七子之志。"子展赋《草虫》，伯有赋《鹑之贲贲》，子西赋《黍苗》之四章，子产赋《隰桑》，子大叔赋《野有蔓草》，印段赋《蟋蟀》，公孙段赋《桑扈》。《草虫》谓"喓喓草虫，趯趯阜螽。

未见君子，忧心忡忡。亦既见止，亦既觏止，我心则降！陟彼南山，言采其蕨。未见君子，忧心忡忡。亦既见止，亦既觏止，我心则说！陟彼南山，言采其薇。未见君子，我心伤悲。亦既见止，亦既觏止，我心则夷！"赵孟认为有君在，他不能当此赞誉。伯有赋《鹑之贲贲》，赵孟曰："床笫之言不逾阈，况在野乎？非使人之所得闻也。"这是直白地讲诗是描述男女野合情事，不适合赠予出使之人。按《小序》，这诗是"刺卫宣姜也。卫人以为宣姜鹑鹊之不若也"。但郑国赋诗与受赋者是没有这种观念的。《黍苗》："芃芃黍苗，阴雨膏之。悠悠南行，召伯劳之。我任我辇，我车我牛。我行既集，盖云归哉！我徒我御，我师我旅。我行既集，盖云归处！肃肃谢功，召伯营之……王心则宁。"诗是赞美周宣王和召伯的，故赵孟曰："寡君在，武何能焉？"《小序》谓："刺幽王也，不能膏润天下，卿士不能行召伯之职焉。"亦与诗意相悖。《隰桑》卒章讲："隰桑有阿，其叶有幽。既见君子，德音孔胶。心乎爱矣，遐不谓矣？中心藏之，何日忘之？"赵孟曰："武请受其卒章。"《野有蔓草》："野有蔓草，零露漙兮。有美一人，清扬婉兮。邂逅相遇，适我愿兮。野有蔓草，零露瀼瀼。有美一人，婉如清扬。邂逅相遇，与子偕臧。"赵孟曰："吾子之惠也。"谦虚地表态。《蟋蟀》："蟋蟀在堂，岁聿其莫。今我不乐，日月其除。无已大康，职思其居。好乐无荒，良士瞿瞿。蟋蟀在堂，岁聿其逝。今我不乐，日月其迈。无已大康，职思其外。好乐无荒，良士蹶蹶。蟋蟀在堂，役车其休。今我不乐，日月其慆。无已大康，职思其忧。好乐无荒，良士休休。"赵孟曰："善哉！保家之主也，吾有望矣！"是据诗意做的概括。《小序》谓："刺晋僖公也，俭不中礼，故作诗以闵之。欲其及时以礼自娱乐也。"与诗意相悖。《桑扈》："交交桑扈，有莺其羽。君子乐胥，受天之祜。交交桑扈，有莺其领。君子乐胥，万邦之屏。之屏之翰，百辟为宪。不戢不难，受福不那。兕觥其觩，旨酒思柔。彼交匪敖，万福来求。"赵孟接受，觉得自己应该这样。这些赋诗，双方都是就诗词之内容来理解的。

　　从《论语》看，并无诗序存在的迹象。孔子批评"郑风淫"。孔子与子夏谈诗："巧笑倩兮，美目盼兮，素以为绚兮。"孔子说："绘事后素。"子夏说："礼后乎!"孔子说："启予者商也,始可与言诗矣。"(《论语·八佾》)因为没有《诗序》这种东西,故孔子师生有对诗的这种评论和探讨。

孔子要伯鱼学诗,说："不学诗,无以言。"(《论语·季氏》)"女为周南召南矣乎?人而不为周南,召南,其犹正墙面而立也与?"(《论语·阳货》)"正墙面而立"就是"面壁",如达摩面壁九年,直如一木头人,对世事漠然无情。"为"的意思是不仅要读,且要做、做到[1]孔子要伯鱼像《周南》《召南》那样,有情有礼。显然孔子不认为《周南》《召南》之诗,都是讲后妃之德的。实际上,《关雎》诗的主人公是泛指君子,不是《小序》所谓后妃。《葛覃》讲"归宁父母",《卷耳》讲怀念妻子,《螽斯》讲多子多孙,《桃夭》表现出嫁的喜悦,《兔罝》欣赏男子的英武,《汝坟》讲夫妻情深,《鹊巢》讲被遗弃的痛苦,《草虫》讲对丈夫的思恋,《甘棠》讲对召伯的感恩,《摽有梅》讲自由恋爱,《野有死麕》讲"有女怀春,吉士诱之"。孔子强调学诗要"为《周南》《召南》",是希望伯鱼从诗中学到、做到既有情,又有礼。

《论语·子罕》篇末章:"'唐棣之华,偏其反而。岂不尔思?室是远而。'子曰:'未之思也,夫何远之有?'"诗的意思说:"棠棣花啊,总是红的白的反着开!不是没有想你,是住处隔得远了!"孔子说:"没有真动心去想她呀,真想她,哪里有什么远!"完全无道德说教味。这诗是逸诗,不见于今《诗经》。如果孔子真删定诗,这诗是不会成为逸诗的。

《郑风》《周南》等也应该早已编定了。

上博楚简《孔子诗论》讲了许多诗,亦无诗序的痕迹。如解《关雎》的简有:

第十简:"《关雎》之改……童而皆贤于其初者也。《关雎》以色喻于礼。……"第十四简:"两矣。其四章则喻矣以琴瑟之悦,拟好色之愿,以钟鼓之乐……"第十二简:"□□□□好,反内于礼,不亦能改乎?"第十一简:"《关雎》之改,则其思益矣。"(以上从李学勤先生编联)"改"字,上博释为"怡",李学勤及刘信芳《孔子诗论

述学》、黄怀信《上海博物馆藏战国竹书〈诗论〉解义》等隶为
"改"。《说文》谓"改，更也"，更改，改进，与"益"相通。帛书
《五行·说》："喻而知之，谓之进之。弗喻也，喻则知之，知之则进
耳。喻之也者，自所小好喻乎所大好。'窈窕淑女，寤寐求之'，思色
也。'求之不得，寤寐思伏'，言其急也。'悠哉悠哉，辗转反侧'，言
其甚急也。如此其甚也，交诸父母之侧，为诸？则有死弗为之矣。交
诸兄弟之侧，亦弗为也。交诸邦人之侧，亦弗为也。畏父兄，其杀畏
人，礼也。由色喻于礼，进耳。""其思则益矣。""喻之也者，自所小
好喻乎所大好。""好色"是小好，好"礼"是大好。都是泛指君子而
言。由《孔子诗论》与帛书论《关雎》，说明先秦无《诗序》，更无
《毛诗》那样的《小序》。

《汉广》"汉有游女，不可求思"，《孔子诗论》亦不认为是讲后妃
之德。

《孔子诗论》第二十一简："孔子曰：《宛丘》，吾善之。"第二十
二简："《宛丘》曰：'洵有（又）情，而亡望。'吾善之。"《汉书·地
理志》："周武王封舜后妫满于陈，是为胡公。妻以元女大姬。妇人尊
贵，好祭祀，用史巫，故其俗巫鬼。"诗所讲，皆巫师歌舞鬼神之事。
《说文》："洵，过水中也。""洵有情"，指祭河神之类的巫事。"望"
乃祭祀名。《左传》哀公六年："楚昭王有疾，卜曰：'河神为祟。'王
弗祭。大夫请祭诸郊。王曰：'三代命祀，祭不越望。江汉沮漳，楚
之望也。祸福之至，不是过乎？谷虽不德，河非所获罪也。'遂不祭。
孔子曰：'楚昭王知大道矣，其不失国也，宜哉。'"《孔子诗论》"吾
善之"，指此种背景。《陈风·东门之枌》："子仲之子，婆娑其下。"
"子"，女子。《齐诗》："陈夫人好巫而民淫祀。"这都不是如《毛序》
所言："刺幽公也。淫荒昏乱，无所不为。"

《孔子诗论》第十简："《樛木》之时……以其禄也。"意思说，有
如葛藟之持靠樛木，君子能快乐，因有"福履绥之""将之""成之"。
《小序》："后妃逮下也，言能逮下而无嫉妒之心焉。"《笺》："后妃能
谐众妾，不嫉妒。其容貌恒以善，言逮下而安之。"甚为牵强。

《孔子诗论》评《邶风》的诗，如"《燕燕》之情。""情，爱也。"

"《燕燕》之情，以其独（通笃）也。"（第十简）无政治道德说教，鲁说以为卫庄姜送归妇之诗（《诗三家义集疏》），《毛序》袭用这一说法。

《孔子诗论》评《小雅·鹿鸣》，谓："以乐始而会以道交，见善而效，终乎不厌人。"《毛序》："燕群臣嘉宾也，既欲食之，又赏币帛筐筐，以将其厚意，然后忠臣嘉宾得尽其心矣。"意思相近。《史记·十二诸侯年表》："仁义陵迟，《鹿鸣》刺焉。"《鲁诗》以《鹿鸣》为刺诗。蔡邕《琴操》："言禽兽犹得美世之食，尚知呼应，伤时在位之人不能。"这些理解上的差异，说明统一的《诗序》是不存在的。董仲舒说："诗无达诂。"是符合实际情况的。

皮锡瑞据刘向《列女传》，说《鲁诗》有《小序》。如《芣苢》为蔡夫人妻作，《汝坟》为周南大夫妻作，《行露》为召南申女作，《邶·柏舟》为卫夫人作，《硕人》为庄姜傅母作，《燕燕》定姜送妇作，《式微》为黎庄夫人及傅母作，《载驰》为许穆夫人作。这是刘向据所见史料的概括，难于据此论断《鲁诗》新写了这种小序，更不能由此论断其所据的先秦古本原有此种《小序》。仅仅说某诗为某某作，也构不成《序》。

皮锡瑞《经学通论》说，《韩诗》也有《小序》：《关雎》刺时也，《广汉》说人也，《汝坟》辞家也，《芣苢》伤夫有恶疾也，《黍离》伯封作也，《蟋蟀》刺奔女也，《溱》与《洧》说人也，《鸡鸣》谗人也，《夫栘》燕兄弟也，《伐木》文王敬故也，《鼓钟》刺昭王也，《宾之初筵》卫武公饮酒悔过也，《抑》卫武公刺王室以自戒也，《假乐》美宣王之德也，《云汉》宣王遭乱仰天也，《雨无极正》大夫刺幽王也，《四月》叹征役也，《閟宫有侐》公子奚斯作也，《那》美襄公也。这是韩诗有关学者之说，也难于论断《韩诗》或其所据古本原有此种《小序》。

朱熹说：

　　诗人假物兴辞，大率将上句引下句，如《行苇》"勿践履，戚戚兄弟，莫远具尔"。行苇是比兄弟，勿字乃兴莫字。此诗自是饮酒会宾之意，序者却牵合作周家忠厚之诗，遂以行苇爲仁及草木。如云"酌以大斗，以祈黄耇"，亦是欢会之时，祝寿之意。序者以为养老乞言。岂知祈字本衹是祝颂其高寿，无乞言意也……大率古人作诗，与今人作诗一般。其间亦自有感物道情，吟咏情性。几时尽是讥刺他人。只缘序者立例，篇篇要作美刺说，将诗人意思穿凿坏了。且如今人见人才做事，便作一诗歌美之或讥刺之，是甚么道理！（《朱子语类》卷八十）

《诗序》实不足信，向来见郑渔仲有《诗辨妄》，力诋《诗序》，其间言语太甚，以疑之，后来仔细看一两篇，因质之《史记》《国语》，然后知《诗序》果不足信。因是看《行苇》《宾之初筵》《抑》数篇，《序》与诗全不相似。以此看其他《诗序》，其不足信者煞多。（《朱子语类》卷八十）

郑振铎 1923 年 1 月在《小说月报》十四卷一期发表《读毛诗序》，对《诗序》严加批评，引起广泛讨论。郑振铎说，《毛序》如果不是卫宏作，也决不会在毛公之前。郑氏引郑樵说，六笙诗明言有其义而亡其辞，这决非秦以前人的话。《裳裳者华》，《序》有"古之仕者世禄"，也非三代人的话。叶梦得说："汉世文章，未有引《诗序》者。惟黄初四年有共公远君子，近小人之说。盖魏后于汉，宏之《诗序》，至此始行也。"（转引自郑振铎文）郑振铎说，《诗序》如在毛公前，则毛《传》不应不释《序》。而《序》与《传》多有绝不相合之处，如《静女》，《序》以为是言"卫君无道，夫人无德"，而《传》反以为美辞。《东方之日》，《序》以为言"君臣失道，男女淫奔，不能以礼化"，《传》释为"人君明盛，无不照察也"。这种情况正说明《序》在《毛传》以后。郑又指出，《小雅·楚茨》："济济跄跄，絜尔牛羊，以往烝尝。……孝孙有庆，报以介福，万寿无疆！"与《大雅·凫鹥》："凫鹥在泾，公尸来燕来宁。……公尸燕饮，福禄来为！"诗文类似。但《毛序》谓："楚茨，刺幽王也。政烦赋重，田莱多荒，饥馑降丧，民卒流亡，祭祀不飨，故君子思古焉。""凫鹥，守成也。太平之君子能持盈守成，神祇祖考安乐之也。"评价如此不同，"盖因《楚茨》不幸是在《小雅》里，更不幸而被作诗序的人硬派作幽王时的诗……《凫鹥》则因在《大雅》里，于是《诗序》便大加赞美"。

"《草虫》是在《召南》里，所以便以为是美，《风雨》是在《郑风》里，所以不得不硬派他一个刺。《隰桑》《裳裳者华》因为已派定是幽王时诗，所以便也不得不以他为刺诗。"情况确是如此。

六、《毛诗序》的特点

毛诗分《大序》《小序》。《大序》述全书篇章要旨及先后次序，有如《易·序卦》《史记·太史公自序》《淮南子·要略》、严遵《道德指归》、扬雄《法言·序》、《汉书·叙传》。这是汉时才流行的著作体裁。先秦诸子及《吕氏春秋》，无此体例。《书序》，刘起釪指出乃汉成帝时张霸所作[2]。《毛诗故训传》无此种体裁的《序》。

《大序》应放在全书最后，但现在却置于全书之前，说明作《序》的人也不完全按《序》的体例办事了。但它仍先说"风"，次说《小雅》《大雅》，最后说《颂》。和司马迁《史记》《自序》论各篇先后的作法体例一致。《左传》襄公二十九年季札使工歌《周南》《召南》，歌《邶》《鄘》《卫》《王》《郑》《齐》《豳》《秦》《魏》《唐》《陈》《小雅》《大雅》，最后是《颂》。《史记》讲《关雎》为"风"始；《鹿鸣》为"小雅"始；《文王》为"大雅"始；《清庙》为"颂"始。《大序》序《诗》即是依照诗的此种排列次序。这是《大序》的第一个特点。

第二是引用《乐记》和《周官》。《汉书·艺文志》据《乐记》，谓："《书》曰：'诗言志，歌咏言。'故哀乐之心感，而歌咏之声发。诵其言谓之诗，咏其声谓之歌。故古有采诗之官，王者所以观风俗，知得失，自考正也。"《大序》说："发言为诗。""诗者，志之所之也。"讲诗的内容。"情发于声，声成文谓之音。"讲诗的歌曲。全段文字即抄自《乐记》。

"言之者无罪，闻之者足以戒，故曰风。""言天下之事，形四方之风，谓之雅。"是就《诗》之为言——内容讲的。"歌永言"，"永"，咏也。吟咏成曲就是"歌"。歌词是诗，歌曲是乐。《诗》三百中的《颂》《大雅》等都是先有诗词再配上乐曲的。孔子正乐，"《雅》《颂》

各得其所"；但十五国风，曲调带地方色彩，无所谓正不正的问题。诗词早有，并非依曲调而成。

古有采"风"之俗，以观地方风俗人情、政治得失。上之以教化民，亦称风教。孔子："君子之德风，小人之德草，草上之风必偃。"歌曲亦称"风"。《序》从上述两方面对"风"做解释。

> 上以风化下，下以风刺上，主文而谲谏，言之者无罪，闻之者足以戒，故曰风。……是以一国之事，系一人之本，谓之风；言天下之事，形四方之风，谓之雅。雅者，正也，言王政之所由废兴也。政有大小，故有小雅焉，有大雅焉。颂者，美盛德之形容，以其成功告于神明者也。是谓四始，诗之至也。

《大序》又说："故诗有六义焉，一曰风，二曰赋，三曰比，四曰兴，五曰雅，六曰颂。"这是抄《周官》原文。"风、雅、颂者，《诗》篇之异体；赋、比、兴者，《诗》文之异辞耳。大小不同，而得并为六义者。赋、比、兴是《诗》之所用，风、雅、颂是《诗》之成形，用彼三事，成此三事，是故同称为'义'。"这是对"六义"的解释，但并不符《周官》"六义"的原意。

王莽时刘歆立《周官》为博士，成为显学。《大序》反映这一时代背景。

《小序》的特点，第一是简单化、齐一化。《周南》《召南》所有的诗，《小序》一律解为："后妃之德""后妃之本""后妃之志""后妃之所致""后妃之化""后妃之美"；"文王广德所及""文王道化行也""化文王之政""被文王之化""纯被文王之化"等。这种格式化的道德与政治说教，不仅比三家更甚，更说明其出自一人。

第二是机械地以诗为史，以史讲诗，比孟子"诗亡而后春秋作"的观念更为突出。孟子认为有了《春秋》以后，《诗》就不再担负《春秋》那种褒贬政治的功能了；但《小序》却将春秋时的每一诗篇纳入历史和政治的褒贬之中，大大延伸了"诗"的"春秋"范围与功能。王先谦指出："毛谓诗之篇第以世为次……其实世次之说，出毛武断。"（《秦风·无衣》题解上册第456页）《小序》的这一做法，不仅带来主观武断，亦是它出自一人之手的证明。

如"秦风"共十一首诗，第一首《车邻》，《小序》谓："美秦仲也，秦仲始大，有车马礼乐之好焉。"秦仲是秦的开创者，历史上是秦的第一，《小序》认为诗的编排亦居第一。第二首《驷》、第三首《小戎》，《小序》谓："美襄公也……"第四首《蒹葭》，《小序》谓："刺襄公也，不能用周礼，将无以固其国焉……"第五首《终南》，《小序》谓："戒襄公也。"第六首《黄鸟》，《小序》谓："国人刺穆公以人从死。"第七首《晨风》，《小序》谓："刺康公也。"第八首《无衣》，《小序》谓："国人刺其君。"未点出实名。王先谦讽刺说，当为康公。第九首《渭阳》，《小序》谓："康公念母也。"第十首《权舆》，《小序》谓："刺康公也。"全依历史排次，将诗历史化、实名化。

郑风共二十一首。第一首《缁衣》，《小序》谓："美武公也。"第二首《将仲子》，第三首《叔于田》，第四首《大叔于田》，《小序》谓："刺庄公也。"第五首《清人》，《小序》完全照抄《左传》，谓刺文公。第六首《羔裘》，《小序》谓："刺朝也。"第七首《遵大路》，《小序》谓：刺"庄公失道，君子去之"。第八首《女曰鸡鸣》，第九首《有女同车》，这两首诗实际是孔子批评的"淫"诗，《小序》谓"刺忽也"（据《左传》隐公八年史事）。第十首《山有扶苏》，第十一首《萚兮》，第十二首《狡童》，《小序》谓"刺忽也"。其他《褰裳》《丰》《东门之墠》《风雨》《子衿》《杨之水》《出其东门》《野有蔓草》《溱洧》实皆朱熹所谓"里巷歌谣，男女相悦"之情诗，孔子所谓"郑风淫"。《小序》则全解为道德、政治性的褒刺之诗。

《卫风·考槃》，《孔丛子》："于《考槃》，见士之遁世而不闷也。"《小序》："刺庄公也。"

《卫风·氓》，《齐诗》谓："氓伯以婚，抱布自媒。弃礼急情，卒罹悔忧。"《小序》谓："宣公之时，礼义消亡，淫风大行，男女无别，遂相奔诱。华落色衰，复相背弃，或乃困而自悔，丧其妃耦。故序其事以风焉。美反正，刺淫佚也。"

《孔子诗论》第二十六简："《谷风》□（背）。"上博以诗属《小雅》，释读□为"背"，妻子述被丈夫背弃之怨恨。朱熹《诗集传》谓："妇人为夫所弃，故作是诗。"《小序》谓："刺幽王也。天下俗薄，朋友道绝焉。”

《卫风·有狐》，《韩诗外传》认为此诗讲卫地人民贫困，故男女失时，昏礼不举。《小序》谓："刺时也。卫之男女失时，去其纪纲焉、古者国有凶荒，则杀礼而多婚，会男女之无夫家者，所以育人民也。"刺时，指卫君失政所致社会境况。《邶风·雄雉》："雄雉于飞，泄泄其羽。"《郑笺》："喻宣公整其衣服而起，奋讯其形貌，志在妇人而已，不恤国之政事。"

《邶风·匏有苦叶》，《小序》谓："刺卫宣公也，公与夫人并为淫乱。"《后汉书·张衡传》引此诗，以诗旨为士人出处进退应合时宜，无讥刺宣公意。

《陈风·泽陂》："彼泽之陂，有蒲与荷。有美一人，伤如之何！寤寐无为，涕泗滂沱！彼泽之陂，有蒲菡萏。有美一人，硕大且俨。寤寐无为，辗转伏枕！"《小序》谓："刺时也。言灵公君臣淫于其国，男女相说，忧思感伤焉。"都将诗以史实加以坐实，虽牵强而为之。

《小雅》各诗，三家诗以《鹿鸣》至《鱼丽》等各篇或为刺诗，或指名为宣王征伐诗。《毛序》则一律以《白驹》《黄鸟》《我行其野》《正月》为"刺宣王也。"《十月之交》《雨无正》《小旻》《小宛》《小弁》《巧言》《巷伯》《杕风》《蓼莪》《北山》《鼓钟》《楚茨》《信南山》《甫田》《大田》《瞻彼洛矣》《裳裳者华》《桑扈》《鸳鸯》《车辖》《青蝇》《宾之初筵》《鱼藻》《采菽》《角弓》《菀柳》《采绿》《黍苗》《隰桑》《瓠叶》《苕之华》《何草不黄》为"刺幽王也"。（《无将大车》《小明》郑玄以为"刺厉王也"。《白华》"刺幽后也"）这种一律化的"诗序"，是作者思想简单化、齐一化的表现。如果原《序》只有首两句，无后面的说明，会令人莫名所以。故《四库全书总目》："《序》首二语为毛苌以前经师所传，以下续申之词为毛苌以下弟子所附。"这种"续序"之说不可信。

第三个特点引用和依据《左传》《史记》《列女传》等史料。凡有史料可依可讲的，就将诗套入。显著的例如：

《尚书·金縢篇》说："周公居东二年，则罪人斯得。于后，公乃为诗以贻王，名之曰《鸱鸮》；王亦未敢诮公。"《小序》说《鸱鸮》：

"周公救乱也，成王未知周公之志，公乃为诗以遗王，名之曰《鸱鸮》焉。"全抄《尚书·金縢》。

《左传》隐公三年："卫庄公娶于齐东宫得臣之妹，曰庄姜，美而无子，卫人所为赋《硕人》也。"《小序》说《硕人》"闵庄姜也。庄公惑于嬖妾，使骄上僭，庄姜贤而不答，终以无子，国人闵而忧之。"即据《左传》。

《左传》闵公二年："许穆夫人赋《载驰》。"《小序》说"许穆夫人作也。"

《左传》文公四年："诸侯朝正于王，王宴乐之，于是赋《湛露》。"《毛序》据此为说。

《左传》文公六年："秦伯任好卒，以子车氏之三子奄息、仲行、铁虎为殉，皆秦之良也。国人哀之，为之赋《黄鸟》。"《小序》说"哀三良也，国人刺穆公以人从死，而作是诗也。"

由以上特点，可以说，包括《大序》《小序》在内的《毛诗传》其文本是今文，其解说的宗旨与三家诗是一致的。

七、《序》的作者

《大序》及《小序》的作者自然是一个人。《后汉书·儒林传上》："毛公（毛苌），赵人也。治《诗》，为河间献王博士，授同国贯长卿。长卿授解延年。延年为阿武令，授徐敖。敖授九江陈侠，为王莽讲学大夫。由是言《毛诗》者，本之徐敖。"

《后汉书·儒林传下》："卫宏字敬仲，东海人也。少与河南郑兴俱好古学。初，九江谢曼卿善《毛诗》，乃为其训。宏从曼卿受学，因作《毛诗序》，善得《风雅》之旨，于今传于世。后从大司空杜林更受《古文尚书》，为作《训旨》。时济南徐巡师事宏，后从林受学，亦以儒显，由是古学大兴。光武以为议郎。宏作《汉旧仪》四篇，以载西京杂事；又著赋、颂、诔七首，皆传于世。中兴后，郑众、贾逵传《毛诗》，后马融作《毛诗传》，郑玄作《毛诗笺》。"

《大序》和《小序》是卫宏所作。

卫宏习礼能文，研习古文尚书，又从郑兴、郑众、贾逵等《左传》大家研习历史，对史实极为熟悉，故以史说诗是其善长，亦是其特点。其《小序》内容或取自己有各家《诗说》，如《鲁说》谓："《清庙》一章八句，洛邑既成，诸侯朝见，宗祀文王之所歌也。《维天之命》一章八句，告太平于文王之所歌也。《维清》一章五句，奏象武之歌也。《烈文》一章十三句，成王即政，诸侯助祭之所歌也。《天作》一章七句，祀先王公之所歌也。《昊天有成命》一章七句，郊祀天地之所歌也。《我将》一章十句，祀文王于明堂之所歌也。《时迈》一章十五句，巡守告祭柴望之所歌也。"（转引自王先谦《诗三家义集疏》）《小序》基本照抄。或根据《毛诗传》，如《鱼丽》，《毛序》："美万物众多能首礼也……"据《毛传》："太平而后微物多，取之有时，用之有道，则物莫不多矣。古者不风不暴……"《车攻》，《毛序》："宣王复古也。宣王能内修政事，外攘夷狄……"据《毛传》："宗庙齐豪，尚纯也。戎事齐力，尚强也。田猎齐足，尚疾也。"等。

郑众、贾逵作《毛诗传》，两人的诗学属于刘向、刘歆的鲁诗系统，特重以诗为史，以史训诗。卫宏的《诗序》以史说诗的特点特别突出，也属于这一系统。

西汉时期，后妃外戚之患酷烈，前有吕后，中有霍氏与上官氏，成哀之世有王氏。有鉴于此，刘向引《鲁诗》上谏，又作《列女传》。班昭写《女箴》。《汉书·外戚传下》，班固感叹说："《易》著吉凶而言谦盈之效，天地鬼神至于人道靡不同之。夫女宠之兴，由至微而体至尊，穷富贵而不以功，此固道家所畏，祸福之宗也。序自汉兴，终于孝平，外戚后庭色宠著闻二十有余人，然其保位全家者，唯文、景、武帝太后及邛成后四人而已。至如史良娣、王悼后、许恭哀后身皆夭折不辜，而家依托旧恩，不敢纵恣，是以能全。其余大者夷灭，小者放流，呜呼！鉴兹行事，变亦备矣。"《周南》《召南》，《小序》一律解为美后妃之德，这一时代背景可提供说明。

《左传》《周官》《毛诗》西汉时皆未立于官学，两汉之际，由于王莽、刘歆的大力提倡，章帝的推崇，郑兴等大学者继起，遂成为显学。虽然其大的义理宗旨、指导思想与今文经学无殊，但和"鲁诗的近古"一样，《左传》《周官》重史事、史实和文物制度，和今文经学之专重义理、哲学与灾异不同，故学界目之为"古学"。"古"者即古朴、实在，近于汉以前的古义也，非指文本为古文，非指其义理宗旨与今文经学对立也。

八、诗无达诂

汉人以《诗》为《春秋》，一律以之为道德政治褒贬之作，这与孟子诗说及《公羊春秋》为汉武帝所接受有关。汉代的经学家作为读书人或知识分子，在中国历史上是第一个有强烈政治担当的群体，自视甚高，以"贬天子，退诸侯，讨大夫，以达王事"的使命自负。故不论是讲"五经"经义或藉灾异上书言事，莫不矛头向上，褒贬当朝政治而无所顾忌。其言论之尖锐，批评之猛烈，如鲍宣之"民有七死七亡"等，后世很难与之相比。孔子既被尊为"素王"，受有天命，"以《春秋》当一王之法""为汉立法""志在《春秋》，行在《孝经》"。经学家作为孔子之徒，内心即以当代"孔子"，当代"精神贵族""无冕之王"自许，故为民立言、批评时政、教诫君上，就不仅责无旁贷，亦是天赐的神圣特权。"五经"，包括《诗经》，他们要从政治褒贬去立论、去诠释，也就是当然的事。从"纯文学""纯诗学"的角度去批评，或从历史真伪的考证去批评，都是南辕北辙，不恰当的。

董仲舒说"诗无达诂"，作为《公羊春秋》的诠释大家，他对"诗"的这一看法，比后代的诗学家与经学家们都要高明通达。

孔子何尝不知"诗三百"中有许多淫诗、怨诗，但他说"诗三百，一言以蔽之，曰'诗无邪'"。因为"诗言志"，言为心声，诗之作反映人的种种心声、情感，其中男女之情有些虽过分而可谓"淫"，但却并非是邪恶的。

魏源在《诗古微·齐鲁韩毛异同论中》说："夫诗，有作诗者之心，而又有采诗、编诗者之心焉；有说诗者之义，而又有赋诗、引诗者之义焉。作诗者自道其情，情达而止，不计闻者之如何也；即事而咏，不求致此者之何自也；讽上而作，但蕲上寤，不为他人之劝惩也。至太师采之以贡于天子，则以作者之词而论乎闻者之志，以即事之咏而推其致此之由，则一时赏罚黜陟兴焉。国史编之以备蒙诵、教国子，则以讽此人之诗存为讽人之诗，又存为处此境而咏己咏人之法，而百世劝惩观感兴焉。"这是讲得很好的。《诗》三百篇部分是个人抒情之作，部分是纯文学的描述与创作，部分是颂诗或怨刺之诗。孔子所谓"思无邪"是就这些诗作者之心而言的。"可以兴，可以观，可以群，可以怨"，是就赋诗、习诗而言，就诗之社会作用言。"闻之者足戒"则常是编诗献诗者的宗旨。汉代的经学家们就是从此点出发去讲诗的。所以像三家诗和《毛序》那样的到处以"美""刺"说诗，如《伐木》，韩说认为"伐木废，朋友之道缺……诗人伐木，自苦其事，故以为文。"鲁诗认为"周德始衰，伐本有鸟鸣之刺。"《毛序》则以为乃"美"诗。《小雅》各篇或以为美宣王，或为刺幽王，也不能说就是错误的。

时移世变，人们的思想观念变了，"五经"的地位变了，宋代的人对"诗序"，特别是《毛诗序》提出种种批评，有朱熹《诗集传》那样新的诠释出现，同样是合乎情理的。到近现代，摆脱"经学"的束缚，"诗三百"的诠释自由度更大，强调学术性，追求"诗"的本义，更接近"诗"作者之心，但以此为标准批评《毛序》，谓其有种种谬误，则是时代错置，混淆了魏源指出的诗的不同"用心"了。

近人高亨有《诗经今注》，认为十五国风皆民歌民谣，《小雅》《大雅》为朝廷官吏作品。高著出版于 20 世纪 50 年代，"阶级分析法"盛行，疑古思潮尚有影响。《诗经今注》反映此种时代背景与释诗方法，实际上亦和《诗序》的性质类似，是以讽谏、教育作为诗的本义本旨了。近马银琴著《两周诗史》（社会科学文献出版社 2006 年版），走出疑古思潮，重新肯定《小序》首两句，"至迟在周代礼乐制变尚未崩坏的春秋末期之前。""续序"则为后儒所增（第 61 页）。这是值得商榷的。但此书对《诗》的历史考证，用力甚勤，甚有价值，亦反映现今思潮与学风之影响。

参考文献：

[1] 金春峰. 弘扬孔子的诗教传统 [N]. 中华读书报，2010 年 1 月 5 日. (15).

[2] 刘起钎. 尚书说略 [G] //王钟翰等. 经史说略——十三经说略. 北京：燕山出版社，2000：37.

该文为"2018 中国·衡水董仲舒与儒家思想国际学术研讨会"提交的论文。

金春峰（1935－），男，湖南邵阳人，人民出版社哲学编辑室编审。

汉初的尊儒

——从陆贾到董仲舒

李存山

清代史学家赵翼说"秦汉间为天地一大变局"（《廿二史札记》卷二）。这个"变局"就是从秦以前的"三代世侯世卿之局"，经春秋战国时期的过渡，转变为秦以后的"布衣将相之局"。之所以有这一官制上的变化，根本的原因是中国历史上的政治制度从秦以前的"封建制"转变为秦以后君主集权的"郡县制"。这种转变如两汉之际的班彪所说："周之废兴，与汉殊异……汉承秦制，改立郡县，主有专己之威，臣无百年之柄。"（《后汉书·班彪列传》）

所谓"汉承秦制"，就是汉朝继承了秦朝的君主集权制度。虽然在政治制度上有沿袭，但是在国家的意识形态上，秦汉之间却有一个重大的文化转型。此即由秦朝的"以法为教，以吏为师"，转变为汉朝的"行仁义，法先圣"，乃至汉武帝"卓然罢黜百家，表章六经"（《汉书·武帝纪》）。在这一转变过程中，汉初的陆贾实有首创之功，继之者是贾谊，到董仲舒则可谓实现了这一转变之大成。

一

《史记·陆贾列传》记载："陆贾者，楚人也。以客从高祖定天下，名为有口辩士，居左右，常使诸侯。"这里的"客"，王利器认为"其身份盖在师友之间，仅有主客之谊，而无君臣之分""陆贾诸人以儒者而从事辩说，这是战代百家争鸣的流风余韵"[1]4—5。陆贾是儒者，其学"盖出于荀子"。"盖荀卿适楚，因家兰陵。陆贾，楚人也，与浮丘同时相善，因而闻风相悦，私淑相闻，这是意料中事。"[1]8陆贾"以客从高祖定天下"，则其跟从刘邦是在天下已定之前。据《史记·高祖本纪》："及赵高已杀二世，使人来，欲约分王关中。沛公以为诈，乃用张良计，使郦生、陆贾往说秦将，啗以利，因袭攻武关，破之。"观此可知，陆贾在秦亡之前就已跟随刘邦了。另据《史记·项羽本纪》，在楚汉之争相持于荥阳时，汉王"遣陆贾说项王，请太公"。虽然这次没能说服项羽归还刘邦的父母妻子，但陆贾以后出使南越，成功地说服了南越王"称臣奉汉约"，"归报，高祖大悦，拜贾为太中大夫"（《史记·陆贾列传》）。又据《史记·南越列传》："汉十一年，遣陆贾，因立佗为南越王。"由于此次出使成功，陆贾始由"客"而官拜"太中大夫"。在此之后，《史记·陆贾列传》又记载：

> 陆生时时前说称《诗》《书》。高帝骂之曰："乃公居马上而得之，安事《诗》《书》！"陆生曰："居马上得之，宁可以马上治之乎？且汤武逆取而以顺守之，文武并用，长久之术也。昔者吴王夫差、智伯极武而亡；秦任刑法不变，卒灭赵氏。乡（向）使秦已并天下，行仁义，法先圣，陛下安得而有之？"高帝不怿而有惭色，乃谓陆生曰："试为我著秦所以失天下，吾所以得之者何，及古成败之国。"陆生乃粗述存亡之征，凡著十二篇。每奏一篇，高帝未尝不称善，左右呼万岁，号其书曰《新语》。

从这段记载的"时时前说称《诗》《书》"看，陆贾在平时已多次劝说刘邦尊儒，但当刘邦说出"乃公居马上而得之，安事《诗》《书》"时，陆贾就不失时机地讲出了居马上得天下而不可马上治天下的大道理①。刘邦听后"不怿而有惭色"，说明陆贾的话打动了他的

---

① 徐复观将陆贾称为"汉初的启蒙思想家"，"此处所说的启蒙，是指在文化上启汉室统治集团之蒙而言"。见氏著《两汉思想史》第二卷，华东师范大学出版社2001年版，第53页。

心，遂让陆贾著书，讲明"秦所以失天下，吾所以得之者何，及古成败之国"的历史经验教训，于是有了陆贾的《新语》。

关于《新语》的思想和陆贾的历史地位，笔者曾在《秦后第一儒——陆贾》一文中从四个方面予以概述，即"一、汉代重儒，开自陆生""二、尊儒术，不黜百家""三、内圣外王，天人合策""四、开汉代史学经学和词赋之先"[2]。本文对此不作过多重复，只从第一和第二方面略作提示。

《汉书·高帝纪》说："天下既定，命萧何次律令，韩信申军法，张苍定章程，叔孙通制礼仪，陆贾造《新语》。"这里分别列举了汉初在上层建筑领域内完成的几项重大举措。"陆贾造《新语》"虽然列在最后，但这正具有最重要而最后完成的意味。律令、军法、章程、礼仪都可谓具体的政治制度的建设，这些在当时还带有"汉承秦制"的色彩（萧何曾为秦沛县吏，张苍曾为秦御史，叔孙通亦曾为秦博士①），而《新语》则是指导具体政治制度建设的普遍思想原则，它标志着秦汉间政治指导思想的重大转换，标志着儒家政治哲学与中央集权的君主权力相结合的开始。

在《新语》完成之后，刘邦于去世的前一年"过鲁，以大牢祀孔子"（《汉书·高帝纪》）。这是汉初统治者祭孔尊儒的开始，也是秦以后历代帝王祭孔尊儒的开始。

东汉的王充说："《新语》陆贾所造，盖董仲舒相被服焉。"后世学者也评论："汉初诸儒，未有贾比。"（黄震《黄氏日钞》卷四十六）"萧、曹、张、陈辈，均当在其下风矣。"（范大冲《陆贾新语序》）这些评价并非过誉之词，而是符合历史实际的。近人唐晏指出："汉代重儒，开自陆生。""陆生为《谷梁》大师，又前乎董公。人知重董，而不知重陆，惧矣。"（《陆子新语校注·序》）

陆贾开汉代重儒之先，同时他也提出："书不必起仲尼之门，药不必出扁鹊之方，合之者善，可以为法，因世而权行。"（《新语·术

---

① 叔孙通制定的礼仪，"颇采古礼与秦仪杂就之"，故被当时的儒生批评其"所为不合古"，见《史记·叔孙通列传》。

事》）这一"尊儒术而不黜百家"的思想，反映了汉初儒家在与秦汉制度相整合时思想的包容性，陆贾对此有理论的自觉，而以后的贾谊和董仲舒也不可避免地带有这种思想倾向。

二

在陆贾之后，贾谊也深刻地总结了秦二世而亡的历史教训。他说：

> 秦以区区之地，致万乘之势，序八州而朝同列，百有余年矣。然后以六合为家，崤函为宫，一夫作难而七庙隳，身死人手，为天下笑者，何也？仁义不施，而攻守之势异也。（《新书·过秦上》）

秦国自商鞅变法，经六世君主，百有余年，才由秦始皇统一天下，但只传了二世就灭亡了，"一夫作难而七庙隳，身死人手，为天下笑"，其教训就是"仁义不施，而攻守之势异也"。这和陆贾所说的一样，也是强调得天下是"逆取"而守天下则须"顺守"①。如此汲取秦二世而亡的历史教训，汉代的尊儒就成为历史的必然[3]。

贾谊还提出："欲天下之治安，天子之无忧，莫如众建诸侯而少其力。力少则易使以义，国小则无邪心。"（《新书·藩强》）这就是汉王朝所推行的"强干弱枝"政策。其背景是西汉初年刘邦曾错误地总结秦二世而亡的历史教训，认为秦始皇废封建，"自号为皇帝，而子弟为匹夫，内亡（无）骨肉本根之辅，外亡尺土藩翼之卫"，这招致了"孤立之败"（《汉书·诸侯王表》）。刘邦在与项羽的争战中封了一些功臣为异姓王，得天下后又大封皇室子弟为同姓王，从而形成了郡县与封建并存的格局。不久，异姓王被刘邦逐个翦灭，他刑白马立盟誓："非刘氏而王者……天下共诛之。"（《史记·汉兴以来诸侯王年

---

① 关于"逆取"与"顺守"的不同，最早的表述出自《商君书·开塞》，其云："武王逆取而贵顺，争天下而上让，其取之以力，持之以义。"陆贾当是受到此说的影响，故其在劝说刘邦尊儒时有"汤武逆取而以顺守之，文武并用"之说。

表》）然而，同姓王也威胁到国家的统一，在平定吴、楚七国之乱后，汉王朝就大力推行"强干弱枝"政策，不断分割和削弱诸侯王的权力，至汉武帝时各封国的实权被削夺殆尽，诸侯王在封地内"唯得衣食租税，贫者或乘牛车"（《汉书·高五王传》）。诸侯王的封地越分越小，他们的军政实权被削夺了，财税也陷于困窘，中央集权与地方割据之争遂告结束，郡县制终于战胜了封建制。

在汉初的郡县与封建之争中，贾谊最先提出了"众建诸侯而少其力"，这说明汉代的儒家为了维护国家的统一，免于分裂和战乱，采取了巩固君主集权、拥护郡县制而反对封建制的立场。在此之后，唐代的柳宗元著有《封建论》，他较为充分地论述了从封建制到郡县制的历史必然性。而明末的王夫之则从另一视角说："秦以私天下之心而罢侯置守，而天假其私以行其大公。"（《读通鉴论》卷一）所谓"大公"就是说郡县制有利于社会的稳定，从而也有利于人民的生产与生活。但是，君主集权毕竟有其体制上的弊病，特别是宋、明之亡又给士人留下了深刻的历史教训，故而王夫之又说："生民以来未有之祸，秦开之而宋成之也。是故秦私天下而力克举，宋私天下而力自诎。"（《黄书·古仪》）"圣人坚揽定趾以救天地之祸，非大反孤秦、陋宋之为不得延。"（《黄书·宰制》）对于秦以后所实行的君主集权制，我们应给予历史的、辩证的评价，既要看到它的历史必然性和合理性，也要看到它的历史局限性，特别是它在近代辛亥革命以后被民主共和制所取代的历史必然性和合理性。就像刘邦曾经刑白马立盟誓"非刘氏而王者……天下共诛之"一样，孙中山也曾说民国建立之后"敢有帝制自为者，天下共击之"[4]，这实际上划分了两个不同的时代。

三

在汉初统治者中，先有丞相曹参、陈平推崇黄老之学，主张"清静无为""与民休息"。其后，文帝、景帝和掌握朝政的窦太后都"好黄帝老子言"（《史记·外戚世家》）。此时的黄老学不仅主张"清静无为"，而且与法家的"刑名之言"相结合。《风俗通义·正失》篇说："文帝本修黄老之言，不甚好儒术，其治尚清净（静）无为。"《史记·儒林列传》说："孝文帝本好刑名之言。及至孝景，不任儒者，而窦太后又好黄老之术。"在汉武帝之前，儒生在朝廷中没有得到重用。及武帝即位，"赵绾、王臧之属明儒学，而上亦乡（向）之，于是招方正贤良文学之士"。特别是窦太后死后，"武安侯田蚡为丞相，绌黄老、刑名、百家之言，延文学儒者数百人，而公孙弘以《春秋》白衣为天子三公，封以平津侯，天下之学士靡然乡（向）风矣"（《史记·儒林列传》）。

汉武帝建元五年（前136），"置《五经》博士""卓然罢黜百家，表章六经"（《汉书·武帝纪》）。在此期间，董仲舒的《举贤良对策》起了重要的作用，他说：

> 《春秋》大一统者，天地之常经，古今之通谊也。今师异道，人异论，百家殊方，指意不同，是以上亡（无）以持一统；法制数变，下不知所守。臣愚以为诸不在六艺之科、孔子之术者，皆绝其道，勿使并进。邪辟之说灭息，然后统纪可一而法度可明，民知所从矣。（《汉书·董仲舒传》）

"《春秋》大一统"是《春秋》公羊学的要义，这在当时首先是对秦汉统一政治制度的肯定。董仲舒说："（《春秋》之）辞已喻矣，故曰立义以明尊卑之分，强干弱枝，以明大小之职。"（《春秋繁露·盟会要》）"强干弱枝，大本小末，一指也。"（《春秋繁露·十指》）可见，他同贾谊一样，是反对诸侯王的分裂，主张巩固君主集权的。而董仲舒又将"大一统"用于思想文化方面，就是向汉武帝提出了"罢黜百家，独尊儒术"的建议。这个建议满足了汉武帝要统一思想，"外施仁义"①，把治国方策从"清静无为"转变为积极有为的需要，

---

① 《史记·汲黯列传》记载："天子方招文学儒者，上曰吾欲云云。黯对曰：'陛下内多欲而外施仁义，奈何欲效唐虞之治乎！'上默然，怒，变色而罢朝。公卿皆为黯惧。上退，谓左右曰：'甚矣，汲黯之戆也！'"所谓"内多欲而外施仁义"正符合汉武帝的实际心理，所谓"汲黯之戆也"乃说其憨直也。

因而被汉武帝所采纳，儒学遂成为"独尊"的国家意识形态。

　　对于"罢黜百家，独尊儒术"，现学术界有不同的评价。首先，"独尊儒术"不见于古书的记载，而是近代人的一种归纳和理解。其次，所谓"表章六经"，就是汉武帝之前的博士不纯为"六艺"而设，此后则"诸不在六艺之科、孔子之术者，皆绝其道，勿使并进"，由此确立了儒家经学在国家意识形态上的官学地位。所谓"罢黜百家"，实际上只是在国家意识形态上"独尊"儒家的经学，而在民间社会并不是禁止儒家之外的其他学说流行。因此，在汉代思想史上有"儒道互补"，在两汉以后则形成了儒、释、道三教并举的格局。

　　就儒家本身的思想而言，汉儒要完成儒家思想与秦汉制度的整合，也必然要在思想上做出某些调适、损益和妥协。因此，在陆贾、贾谊和董仲舒等汉儒的思想中，一方面是以先秦儒家的仁义、民本等思想为主导，另一方面也不同程度地吸收了先秦道家、法家、阴阳家等不同学派的思想，从而实现了他们应对"汉承秦制"的思想综合与转化创新。而汉代以及后来历代的帝王统治者，虽然尊崇儒术，但也大多是"阳儒阴法""霸王道杂之"①。

　　从实际情况看，汉初的陆贾、贾谊和董仲舒等人，虽然大力主张尊儒，但其思想也有一定的包容性。如陆贾在高扬"行仁义，法先圣"的旗帜时，也提出"书不必起仲尼之门，药不必出扁鹊之方，合之者善，可以为法，因世而权行"（《新语·术事》）。他说："道莫大于无为，行莫大于谨敬。"（《新语·无为》）"怀刚者久而缺，持柔者久而强……柔懦者制刚强。"（《新语·辅政》）这明显是吸收了道家的思想。他又说："道因权而立，德因势而行，不在其位者则无以齐其政，不操其柄者则无以制其罚。"（《新语·辨惑》）这也明显可见法家

①　《汉书·元帝纪》记载：元帝在当太子时，"柔仁好儒"，他见宣帝"所用多文法吏，以刑名绳下"，乃对宣帝说："陛下持刑太深，宜用儒生。"宣帝作色曰："汉家自有制度，本以霸王道杂之，奈何纯任德教，用周政乎！且俗儒不达时宜，好是古非今，使人眩于名实，不知所守，何足委任！"所谓"霸王道杂之"就是在帝王的统治术中"阳儒阴法"，并非"纯任德教"，而是在儒家思想中杂入法家的统治术。

的思想因素。

贾谊之学"颇通诸家之书"(《汉书·贾谊传》)。他在《过秦论》中把秦二世速亡的根本原因归结为"仁义不施，而攻守之势异也"。他也主张："君子为国，观之上古，验之当世，参之人事，察盛衰之理，审权势之宜，去就有序，变化因时，故旷日长久而社稷安矣。"(《新书·过秦下》)所谓"审权势之宜""变化因时"，与陆贾所说的"因世而权行"是一个道理。贾谊为汉王朝贡献了"强干弱枝"的政策，同时他也主张对诸侯王要先施以"权势法制"，然后才是"仁义恩厚"，即所谓："仁义恩厚，此人主之芒刃也；权势法制，此人主之斤斧也。势已定权已足矣，乃以仁义恩厚因而泽之，故德布而天下有慕志。"(《新书·制不定》)他所上的《治安策》有云："夫礼者禁于将然之前，而法者禁于已然之后，是故法之所用易见，而礼之所为难知也。若夫庆赏以劝善，刑罚以惩恶，先王执此之政，坚如金石，行此之令，信如四时。"(《汉书·贾谊传》)由此可见其思想中儒法结合的倾向。贾谊"以为汉兴二十余年，天下和洽，宜当改正朔，易服色制度，定官名，兴礼乐"，"欲改定制度，以汉为土德，色上黄，数用五"(《汉书·贾谊传》)，这明显是把阴阳五行家的思想羼入儒家的"兴礼乐"之说。

董仲舒继陆贾、贾谊之后，"下帷发愤，潜心大业，令后学者有所统壹，为群儒首"(《汉书·董仲舒传》)。他以"阳尊阴卑"，一方面论证了"天之亲阳而疏阴，任德而不任刑"，另一方面也提出了"王道之三纲可求于天"(《春秋繁露·基义》)。这两个方面，前者实现了秦汉间的国家意识形态从法家的"以法为教，以吏为师"到儒家的"行仁义""德主刑辅"的转型，后者则适应"汉承秦制"，把先秦儒家主张的君臣、父子、夫妇之间相对的伦理关系，变成了下对上的绝对服从关系①。而"以阳为德，以阴为刑"，并且用"阳尊阴卑"

———————

① 徐复观评论董仲舒的"三纲"之说："董氏把人伦的关系，都配入到天地阴阳五行中去，将先秦儒家相对性的伦理，转变为绝对性的伦理。"见氏著《两汉思想史》第二卷，华东师范大学出版社 2001 年版，第 252 页。

比附君臣、父子、夫妇的关系，实是吸收了黄老道家、阴阳五行家和法家的思想①。《汉书·五行志》说："汉兴，承秦灭学之后，景、武之世，董仲舒治《公羊春秋》，始推阴阳，为儒者宗。"所谓"始推阴阳"就是大讲"阴阳灾异"，以作为"屈君而伸天"的一个必要手段，而"阴阳灾异"的思想主要出自阴阳五行家。在《春秋繁露·保位权》中，董仲舒说："为人君者，居无为之位，行不言之教，寂而无声，静而无形，执一无端，为国源泉。"这明显是吸收了道家的思想。此篇又说："国之所以为国者，德也；君之所以为君者，威也。故德不可共，威不可分。德共则失恩，威分则失权。失权则君贱，失恩则民散。民散则国乱，君贱则臣叛。是故为人君者，固守其德，以附其民；固执其权，以正其臣。"这段话以"德""威"并举，实际是讲"庆赏之谓德"，"德""威"就是法家的刑赏"二柄"②，故苏舆《春秋繁露义证》云："此篇颇参韩非之旨。"[5]徐复观《两汉思想史》也说："这更是与儒家君道相反的法家面目。"[6]董仲舒把"五行相生"配在四方四时的思想纳入儒家的思想体系，并且同贾谊一样也主张"改正朔，易服色，制礼乐"，但与贾谊的"以汉为土德，色上黄，数用五"不同，董仲舒是从"三统""三正"的说法提出"《春秋》作新王之事，变周之制，当正黑统"（《春秋繁露·三代改制质文》）。尽管有此不同，贾谊和董仲舒的"五行"说及朝代终始循环论当都是有采于阴阳五行家的思想。汉初诸儒思想的包容性、综合性，甚至矛盾性，是被秦汉间历史变局的复杂性所决定的。

　　借鉴于汉初的这段儒学史，我们在当今社会，在新的历史变局

---

　　① 马王堆帛书《黄帝四经》："刑晦而德明，刑阴而德阳，刑微而德彰。"（《观》）"凡论必以阴阳□大义……主阳臣阴，上阳下阴，男阳女阴，父阳子阴，兄阳弟阴，长阳少阴，贵阳贱阴，达阳穷阴。"（《称》）这种思想又被战国中后期的阴阳五行家所吸收和发展，而"三纲"之说则源于《韩非子·忠孝》："臣事君，子事父，妻事夫，三者顺则天下治，三者逆则天下乱，此天下之常道也。则人主虽不肖，臣不敢侵也。"

　　② 《韩非子·二柄》云："明主之所道制其臣者，二柄而已矣。二柄者，刑德也。何谓刑德？曰：杀戮之谓刑，庆赏之谓德。为人臣者畏诛罚而利庆赏，故人主自用其刑德，则群臣畏其威而归其利矣。"

中，一方面要肯定儒学在中国传统文化中的主流地位，另一方面也不要陷于"独尊儒术"的思想偏狭。陆贾所说的"书不必起仲尼之门，药不必出扁鹊之方，合之者善，可以为法，因世而权行"，对于我们实现新时代的文化综合创新，实现中国传统文化的创造性转化和创新性发展，仍然具有重要的现实意义。

参考文献：

[1] 王利器. 新语校注 [M]. 北京：中华书局，1986.

[2] 李存山. 秦后第一儒——陆贾 [J]. 孔子研究，1992（3）：25-33.

[3] 李存山.《商君书》与汉代尊儒——兼论商鞅及其学派与儒学的冲突 [J]. 中国社会科学院研究生院学报，1998（1）：35-40.

[4] 孙中山. 孙中山全集：第一卷 [M]. 北京：中华书局，1981：297.

[5] 苏舆. 春秋繁露义证 [M]. 北京：中华书局，1992：172.

[6] 徐复观. 两汉思想史：第二卷 [M]. 上海：华东师范大学出版社，2001：256.

该文为"2018中国·衡水董仲舒与儒家思想国际学术研讨会"提交的论文。

李存山（1951-），男，北京人，中国社会科学院哲学研究所研究员，博士生导师。

汉代政治与儒学的互动及其启示^①

吴龙灿

一、汉代政治对儒学的需要

汉代政治对儒学的需要，在西汉初期七十年的演变非常典型，可从当时政治问题解决的可能方案着手加以考察。汉初政治核心问题，可从政治、社会、文化三方面予以说明。

首先是在政治方面，面临的关键问题是权力来源合法性的问题和政治统治原则问题。在《史记》中记载着汉初一段著名的革命和弑君之争：

> 清河王太傅辕固生者，齐人也。以治《诗》，孝景时为博士。与黄生争论景帝前。黄生曰："汤武非受命，乃弑也。"辕固生曰："不然。夫桀纣虐乱，天下之心皆归汤武，汤武与天下之心而诛桀纣，桀纣之民不为之使而归汤武，汤武不得已而立，非受命为何？"黄生曰："冠虽敝，必加于首；履虽新，必关于足。何

---

① 基金项目：国家社科基金项目"扬雄《太玄》集释与诠释史研究"（16BZX049）、四川省哲学社会科学重点研究基地四川思想家研究中心项目"严遵学术思想研究"（SXJZX2016－005）、四川省哲学社会科学重点研究基地扬雄研究中心项目"扬雄哲学思想研究"（18005）、国家社科基金项目"廖平经学思想与近代儒学转型"（15BZX064）、贵州省 2017 年度哲学社会科学规划国学单列课题等的阶段性成果。

者，上下之分也。今桀纣虽失道，然君上也；汤武虽圣，臣下也。夫主有失行，臣下不能正言匡过以尊天子，反因过而诛之，代立践南面，非弑而何也?"辕固生曰："必若所云，是高帝代秦即天子之位，非邪?"于是景帝曰："食肉不食马肝，不为不知味；言学者无言汤武受命，不为愚。"遂罢。是后学者莫敢明受命放杀者。[1]3122—3123

这段争论揭示了困扰汉王朝权力来源合法性的问题。刘邦起于平民，何以得天下？辕固生以为"汤武革命"可以用来说明秦政无道，刘邦受天命而诛之，但难解皇权与诸侯争势问题；黄生强调君臣上下之分，臣下有尊天子的绝对义务，但又不能解释刘邦得天下的权力来源合法性。就政治制度而言，汉承秦制，本来有郡县中央集权制度可沿用，但刘邦"惩戒亡秦孤立之败"[2]393，开国时大封功臣，封异姓王八，封列侯百余，后或因其谋反或恐其谋反而一一剪除异姓王，但又大封同姓王十人，诸侯王势力不断膨胀，封地占全国三分之二，中央直辖只有"三河、东郡、颍川、南阳，自江陵以西至巴蜀，北自云中至陇西，与京师内史凡十五郡，公主列侯颇邑其中"[2]394。诸侯坐大，尾大不掉，"然之后原本以大，末流滥以致溢，小者淫荒越法，大者睽孤横逆，以害身丧国。故文帝采贾生之议分齐、赵，景帝用晁错之计削吴、楚"[2]395。于是义帝时有淮南、济北之叛，景帝时有几乎令皇权覆灭的七国之乱。如何在制度伦理和权力正当性两者之间找到一个维护汉王朝统治秩序的两全之策，是汉初政治哲学的当务之急。

而另一个问题就是政治统治原则问题。秦法酷烈，而汉承秦制，汉初基本沿袭秦制，虽有黄老清静无为、与民休息之表象，实则汉法与秦法一样由疏而密，李斯自颂"缓刑罚，薄赋敛，以遂主得众之心"[1]2553，而终致秦政"法令诛罚日益深刻"[1]2553。同理，高祖初入关中约法三章，后"三章之法不足以御奸，于是相国萧何攈摭秦法，取其宜于时者，作律九章"[2]1096，一仍秦法行于汉世，"然孝文帝本好刑名。及至孝景，不任儒者，而窦太后又好黄老之术"[2]3117，黄老本来就是道家帝王南面之术和法家刑名的结合，刀笔之吏充塞政府部门，

"外有轻刑之名，内实杀人"[2]1099。故汉初有陆贾和贾谊等反思秦政之少仁义，也有晁错等用法家刑罚，更有黄老道家综合道法的清静无为。秦开辟的天下一统新制度，汉室在其兴勃亡速的反省中，选择任德还是任刑的统治原则，也是当时的政治核心问题之一。

汉武帝在举贤良对策之制中，向董仲舒提出了皇权合法来源和正义原则问题。"固天降命不查复反，必推之于大衰而后息与？""三代受命，其符安在？"[2]2496此两问关注的是政权合法性，是否来自天命，如何才能长久。"凡所为屑屑，夙兴夜寐，务法上古者，又将无补与？""伊欲风流而令行，刑轻而奸改，百姓和乐，政事宣昭，何修何饬而膏露降，百谷登，德润四海，泽臻草木，三光全，寒暑平，受天之祜，享鬼神之灵，德泽洋溢，施乎方外，延及群生？"[2]2496此两问关注的是政治统治原则，在全新的大一统国家里，是法先王（唐虞三代）以德治传统为主的王道，还是法后王以法治为主的霸道。

其次是在社会方面的核心问题，主要是社会各阶层的经济利益和权力配置问题。先看汉武帝即位前的汉初社会经济情况：

> 至武帝之初七十年间，国家亡事，非遇水旱，则民人给家足，都鄙廪庾尽满，而府库余财。京师之钱累百巨万，贯朽而不可校。太仓之粟陈陈相因，充溢露积于外，腐败不可食。众庶街巷有马，阡陌之间成群，乘牸牝者摈而不得会聚。守闾阎者食粱肉；为吏者长子孙；居官者以为姓号。人人自爱而重犯法，先行谊而黜愧辱焉。于是罔疏而民富，役财骄溢，或至并兼；豪党之徒以武断于乡曲。宗室有土，公卿大夫以下争于奢侈，室庐车服僭上亡限。物盛而衰，固其变也。[1]1420

文景之治的繁荣背后，已经产生了导致社会危机的许多因素。商业流通的无节制发展，导致商人发放高利贷和对农民田产的兼并，土地日益集中到大地主手中；农民破产为奴或弃农经商，使国家税源和兵源减少，农民四处流亡而扰乱社会秩序；宗室和官员奢侈乱制，社会风气堕落。这些都危及良序社会建设和经济良性发展。《食货志》记载董仲舒对当时社会经济的描述和建议：

> 是后，外事四夷，内兴功利，役费并兴，而民去本。董仲舒

说上曰："《春秋》它谷不书，至于麦禾不成则书之，以此见圣人于五谷最重麦与禾也。今关中俗不好种麦，是岁失《春秋》之所重，而损生民之具也。愿陛下幸诏大司农，使关中民益种宿麦，令毋后时。"又言："古者税民不过什一，其求易共；使民不过三日，其力易足。民财内足以养老尽孝，外足以事上共税，下足以蓄妻子极爱，故民说从上。至秦则不然，用商鞅之法，改帝王之制，除井田，民得卖买，富者田连阡陌，贫者无立锥之地。又颛川泽之利，管山林之饶，荒淫越制，逾侈以相高；邑有人君之尊，里有公侯之富，小民安得不困？又加月为更卒，已，复为正，一岁屯戍，一岁力役，三十倍于古；田租口赋，盐铁之利，二十倍于古。或耕豪民之田，见税什五。故贫民常衣牛马之衣，而食犬彘之食。重以贪暴之吏，刑戮妄加，民愁亡聊，亡逃山林，转为盗贼，赭衣半道，断狱岁以千万数。汉兴，循而未改。古井田法虽难卒行，宜少近古，限民名田，以赡不足，塞并兼之路。盐铁皆归于民。去奴婢，除专杀之威。薄赋敛，省徭役，以宽民力。然后可善治也。"仲舒死后，功费愈甚，天下虚耗，人复相食。[2]1137

一方面是土地逐渐集中和农业基础日益薄弱，一方面汉武帝此后开始横征民力以服四夷，大用兴利之臣桑弘羊等，行盐铁官卖、榷酒酤、算缗、均输、铸钱币、增口赋、鬻爵等聚财之政，"功费愈甚，天下虚耗""于是外攘夷狄，内兴功业，海内之士力耕不足粮馕，女子纺绩不足衣服"[1]1142-1143。实则"汉政治之所急，尚不在边寇，尚不在列侯诸王之变乱，而在社会经济不均，所造成种种之病态也"[3]。可见董仲舒的建议"限民名田，以赡不足，塞并兼之路。盐铁皆归于民。去奴婢，除专杀之威。薄赋敛，省徭役，以宽民力"，是对治汉武之朝很中肯的社会经济措施。

针对政府和宗室官吏巧夺民力的情况，董仲舒提出"不与民争利"和在政府部门任用循吏的对策。"身宠而载高位，家温而食厚禄，因乘富贵之资力，以与民争利于下，民安能如之哉！是故众其奴婢，多其牛羊，广其田宅，博其产业，畜其积委，务此而亡已，以迫蹴民，民日削月浸，浸以大穷。富者奢侈羡溢，贫者穷急愁苦；穷急愁苦而不上救，则民不乐生；民不乐生，尚不避死，安能避罪！此刑罚之所以蕃而奸邪不可胜者也。故受禄之家，食禄而已，不与民争业，然后利可均布，而民可家足。"[2]2520—2521因为"尔好谊，则民乡仁而俗善；尔好利，则民好邪而俗败"[2]2520—2521，所以，"若居君子之位，当君子之行"，要"皇皇求仁义常恐不能化民"。这就要求有一大批能够用仁义进行社会教化的贤能之士进入官吏阶层，成为以仁义化民成俗的循吏。而当时的官吏多来自贵族富豪子弟，"夫长吏多出于郎中、中郎，吏二千石子弟选郎吏，又以富訾，未必贤也"[2]2512。故董仲舒提出选举官吏的办法，"毋以日月为功，实试贤能为上，量材而授官，录德而定位，则廉耻殊路，贤不肖异处矣"[2]2513。以选贤任德的方式选举官吏，实际上是改变了社会各阶层权力配置方式，即从原来的局限于贵族富豪子弟转移到全社会公开选拔。

第三是与政治、社会两方面相呼应，在文化方面应倡导何种社会主流文化和社会教化的问题。

西汉初期也存在着百家争鸣、莫衷一是的情况，而统治思想的主流黄老道家已经不能适应当时现实发展的需要。司马谈《论六家旨要》津津乐道阴阳、儒、墨、名、法、道德等六家，也是战国诸子百家争鸣之遗风。但其特别表彰道家，而贬损其余，则是当时流风所趋。其中的道家，其实是流行于初汉、为窦太后所好的黄老道，被认为是综合各派优势克服各家缺点的最有价值的学说。

然而在政治统治原则和社会经济出现问题和危机的时候，在政治哲学层面的文化反思就会发生。春秋末年孔子作《春秋》以"克己复礼为仁"，战国时孟子"距杨墨，放淫辞"[4]以推广仁政，庄子后学之《天下》弘扬"道术"，荀子之《非十二子》而"隆礼重法"，韩非子之《显学》反"儒墨"，而李斯提议"焚书坑儒"，这些都是在特定时期文化反思的成果。秦灭汉兴，反思秦政，陆贾以为"谋事不立仁义者后必败"[5]，贾谊以为"仁义不施，则攻守之势异也"[6]，司马谈以为"法家不别亲疏，不殊贵贱，一断于法，则亲亲尊尊之恩绝矣。可以行一时之计，而不可长用也"[1]3291。而董仲舒天人三策提出"大一统"建议，汉武帝采纳之而"推明孔氏，表章六经"。这一建议并没有禁止其他学派的存在，而是通过官方提倡引导社会崇尚仁义道德，从而形成有耻且格的社会风气，而非如李斯"焚书坑儒"，以残暴的手段禁毁异己者。"及仲舒对策，推明孔氏，抑黜百家。立学校之官，州郡举茂材孝廉，皆自仲舒发之。"[1]2525 用儒家整理的历史文化遗产《六经》及孔子言论和儒家著作作为教材，培养出用仁义教化天下的官吏，为政府推行德治措施、移风易俗，最终走向大同社会，这才是董仲舒建议的要旨。

综上所述，汉初七十年在政治方面有汉王朝政治合法性和大一统郡县制中央集权统治原则问题，在社会方面有社会各阶层经济利益和权力配置问题，在文化方面有倡导何种主流文化和社会教化问题。解决这些核心问题需要从不同角度对历史教训和西汉现实进行系统反思，创造性地转化先圣时贤的政治智慧。这就需要先秦以来诸子百家智慧在新形势下的创造性转化和创新性发展，儒家对中华优秀传统文化的忠实继承，以及"和而不同"的胸怀和"综罗百家"综合创新能力，这些成为汉代政治的必然选择，汉武帝与董仲舒的风云际会促成中国政治与儒学结合的历史机遇。

二、汉代政治对儒学发展的影响

（一）最高统治者的偏好与儒学兴衰

刘邦曾以实际行动尊儒。汉高祖十二年（前 195）十一月，汉高祖刘邦过鲁，以太牢祀孔子。罗振玉《古今学术之替变》："自嬴秦并六国，烧诗书，坑术士，重法吏，二世而亡天下。及炎汉兴，高祖十二年行过鲁以太牢尊崇儒术之始。"此举为汉代乃至汉之后历朝历代尊孔尊儒立下了基调，开启历代帝王尊孔和祭孔之先例。在此之前，刘邦已于汉高祖二年重用儒生叔孙通为博士，儒生弟子百余人随从，后为之定朝仪等礼乐制度。刘邦还因才干重用辕生、随何、张苍、陆贾等儒生。其中陆贾应高祖反思秦失天下、汉得天下原因之命，著《新语》12 篇，认为政权可以马上得之而不可以马上守之，不要重蹈秦王朝"任刑法"的覆辙，"行仁义、法先圣"，以儒家礼义治天下。这些都是刘邦尊儒尊孔、以最高礼遇祀孔子的先导。宋释志磐《佛祖统纪》评曰："周秦以来，为儒者尊孔子为宗师，而在上之君未知所以褒称而尊事之。高皇帝当干戈甫定之日，过鲁祠之，且封其后人以奉嗣焉，所以教人以'武定文守'之义。后代人主尊称'先圣'，通祀天下，为万世师儒之法者，自汉家始，岂不盛哉！"

西汉初七十年重黄老刑名而抑制儒家的国家意识形态，直到汉武帝才开始尊儒。这一方面是与汉初医治战争创伤与民休息的形势需要有关，另一方面与皇帝偏好有关。如汉文帝"好刑名之言"，景帝"不任儒者"，窦太后"好黄老之术"。有心协助文帝更化改制的贾谊郁郁而终，齐诗博士辕固生在景帝时当面直言《老子》"乃家人言耳"，触犯窦太后几死。汉武帝即位后，窦太后遏制武帝向儒，儒生赵绾、王臧下狱死。直到建元六年（前135）窦太后去世，武帝才放手尊儒。他在诏贤良对策中三次启发式追问董仲舒，董仲舒天人三策被称为武帝更化改制的纲领，从此"推明孔氏，表章六经"，儒家五经成为官学，经学成为学术正统和官方意识形态，而经过儒家经典教育的士大夫成为政府的主要成员。

东汉开国皇帝刘秀小时候在叔父刘良关心下，入小学、游太学，受过良好的经学教育，得天下后尊贤崇儒。"汉光武中兴，爱好经术，未及下车，而先访儒雅，搜求阙文，补缀漏逸。……于是立《五经》博士，各以家法教授……建武五年，乃修起太学，稽式古典，笾豆干戚之容，备之于列，服方领习矩步者，委它乎其中。……自光武中年以后，干戈稍戢，专事经学，自是其世风笃焉。其服儒衣，称先王，游庠序，聚横塾者，盖布之于邦城矣。……所谈者仁义，所传者圣法也。故人识君臣父子之纲，家知违邪归正之路。"（《后汉书·儒林列传》）光武帝由于自身儒学教育的修养体悟及对西汉文化政策、经学制度的自觉继承，兴学养士，讲经听诵，在全社会推广儒学教育，促成东汉成为"经学极盛"和民间崇儒的时代。

汉代帝王教育的基本内容还是儒家经典教育，历代帝王有很高的经学修养。惠帝刘盈在太子时期的太子太傅即为叔孙通，而《孝经》《论语》为太子教育必修，故汉代帝王自惠帝始谥号皆有"孝"字。景帝七年（前150），立太子刘彻（汉武帝），以《鲁诗》传人王臧为少傅，以《齐诗》奠基人辕固为清河王太傅，以《韩诗》奠基人韩婴为常山王太傅。霍光上奏议立宣帝的理由是病已"师受《诗》《论语》《孝经》，躬行节俭，慈仁爱人"（《汉书·霍光传》）。宣帝和东汉的章帝都是受过严格经学教育的经学家，曾分别主持博士、经学家辩论五经同异的石渠阁会议和白虎观会议，亲临称制，统一经义，直接决定今古文经学发展的方向和经学作为汉王朝宪章的地位。

（二）博士制度与教育政策

在汉武帝立五经博士之前，博士制度已经存在。在秦之前，战国时期就至少有公仪休（鲁穆公时博士，战国初期）、卫平（宋元王时博士，战国中期）、郑同（"南方之博士"，可能是韩博士，战国后期）、贾袪（魏博士，战国后期）等各诸侯国博士[7]。《汉书·百官公卿表序》："博士，秦官，掌通古今，秩比六百石，员多至数十人。"《史记·秦始皇本纪》称秦博士七十人，诸子百家皆列其中。汉承秦制，而博士一职在汉初高祖时未立。惠帝时立孔子后裔孔襄（其兄即持礼器投陈胜俱死的孔鲋）为博士，文帝、景帝时立博士渐多，可考的有贾谊、晁错、公孙臣、申培（《鲁诗》）、韩婴（《韩诗》，以上文帝时立）、辕固（《齐诗》）、张生（《尚书》）、胡毋生、董仲舒（《春秋》、以上景帝时立）。据赵歧《孟子题辞》："孝文帝为广游学之路，《论语》《孝经》《尔雅》《孟子》皆置博士。"然而此时上之所好不在儒学，"故诸博士具官待问，未有进者"（《汉书·儒林传序》）。即便如此，作为秦代焚书坑儒之后幸存下来的儒家博士，通过传授儒家经典培养了大批弟子（其中仅申培的弟子就达上千），使儒家经典传承统绪不坠，为濒临灭绝的儒学在汉代复兴创造了基本条件。

汉武帝采纳董仲舒"天人三策"作为改制更化的总纲领后，立五经博士和弟子员制度，兴太学和地方各级学校养士，不仅使儒家经典传承和儒学教育得到制度化的保障，而且开创了儒士做官的利禄之途。公孙弘因《春秋》公羊学而布衣至卿相，对天下寒士学儒是一个很大的激励榜样。公孙弘出身贫寒，曾在渤海边牧猪，四十岁才开始学《公羊春秋》，近七十岁才在第二次对策中由太常定位下第，被武帝特擢为上第，从此仕途顺畅，为丞相封侯，"天下学士靡然乡风矣"（《汉书·儒林列传》）。班固《东都赋》曰："四海之内，学校如林，庠序盈门，献酬交错，俎豆莘莘，下舞上歌，蹈德咏仁。"经学博士往往是三公的首选对象，而博士弟子员待遇优厚，仕途畅通。博士数量随着经典异本和相关经学家的增加而不断增加，到宣帝有黄龙十二博士，博士弟子员数量也从五十名不断增加到三千名，后来规模还在扩大。

（三）献书与校书制度

秦始皇焚书坑儒、项羽咸阳烧书之后，儒家典籍散佚，直到惠帝四年（前191）"除挟书律"，开始"广开献书之路"。《汉书·艺文志》云："汉兴，改秦之败，大收篇籍，广开献书之路。迄孝武世，书缺简脱，礼坏乐崩，圣上喟然叹曰：朕甚闵焉！于是建藏书之策，置写书之官，下及诸子传说，皆充秘府。"《汉书·司马迁传》："秦坝区古文，焚灭诗书，故明堂石室金匮玉版图籍散乱。汉兴，萧何次律令，韩信申军法，张苍为章程，叔孙通定礼仪，则文学彬彬稍进，诗书往往简出。在曹参荐盖公言黄老，而贾谊、朝错明申韩，公孙弘以儒显，百年之间，天下遗文古事靡不毕集。"

"广开献书之路"，包括文帝使晁错受《尚书》于伏生，孔壁出书，文帝使博士作《王制》等。还有河间献王"修学好古，实事求是"，从民间求善书，得古文先秦旧书《周官》《尚书》《礼》《礼记》《孟子》《老子》之属，皆经传说记，七十子之徒所论。其学举六艺，立《毛诗》《左氏春秋》博士。修礼乐，被服儒术，造次必于儒者。山东诸儒从而游"（《汉书·河间献王传》），宏富的献王之书也都被献给了武帝，淮南王刘安从民间搜书甚多，这些书借平谋反也被武帝收了。"至成帝时，以书颇散亡，使谒者陈农求遗书于天下。"（《汉书·艺文志》）可见武帝之后，民间求书没有间断。

武帝"建藏书之策""外有太常、太史、博士之藏，内有延阁、广内、秘室之府"（《隋书·经籍志》）。泛指武帝所建藏书制度中有各种分类书籍的专用藏书台、阁。

"置写书之官",盖至成帝时刘向校书,开始比较系统规范的校书活动。"诏光禄大夫刘向校经传诸子诗赋,步兵校尉任宏校兵书,太史令尹咸校数术,侍医李柱国校方技。每一书已,向辄条其篇目,撮其指意,录而奏之。"(《汉书·艺文志》)刘向去世后,其子刘歆承校书,竟成父业。今见《汉书·艺文志》乃抄录刘歆所奏的总书目《七略》而成。

儒家典籍的整理,包括《六艺略》与《诸子略》中的儒家类的文献,是儒学的基本载体和传承依据。

三、儒学对汉代政治的适应与塑造

(一)意识形态儒家化

汉武帝采用董仲舒"天人三策"之后,汉代政治意识形态逐步走向儒家化。董仲舒所谓的大一统,主要是思想文化上的大一统,在政治上的表现就是意识形态的统一。

> 《春秋》大一统者,天地之常经,古今之通谊也。今师异道,人异论,百家殊方,指意不同,是以上亡以持一统;法制数变,下不知所守。臣愚以为,诸不在六艺之科孔子之术者,皆绝其道,勿使并进。邪辟之说灭息,然后统纪可一而法度可明,民知所从矣。(《汉书·董仲舒传》)

而董仲舒提出的大一统方向,是"诸不在六艺之科孔子之术者,皆绝其道,勿使并进",也即"推明孔氏,表章六经",通过政府制度化倡导"六艺之科""孔子之术",而在此之外的学术思想,在政治制度层面"皆绝其道,勿使并进"。所以意识形态的儒学化自武帝"兴太学""立五经博士"等尊儒行动发生时就已经开始了,而且不停地深化。"盐铁会议""石渠阁会议""白虎观会议"都是以儒学思想为基础的意识形态统一会议。章帝亲临称制并命班固编纂的《白虎通义》,具有政治宪章的地位,是汉代政治意识形态儒家化的成熟标志。

董仲舒奠定了汉代政治哲学的范式,也奠定了汉代政治意识形态儒家化的基本模式。董仲舒以先秦"天命"观、孔子仁义学说和德治理念，以及公羊学理论为基础，吸收阴阳和五行学说，融合了墨家的"天志""鬼神"观念，综合借鉴法家、名家、阴阳家、道家的思想，建构"天人感应""德主刑辅""三纲五常"为基础的新儒学体系，圆满地解决了汉代大一统天下的政治正当性、统治方式合理性和社会伦理道德建设等问题。汉武帝更化改制之后的政治实践，是董仲舒政治哲学的现实化印证与调适，《白虎通义》可谓是董仲舒新儒学体系在政治意识形态层面的系统化、宪章化。

（二）法律儒家化

董仲舒提出并在武帝时开始实践的"《春秋》决狱"是儒家文化渗透法制的直接体现。作为一种审判案件的推理判断方式，《春秋》决狱主要用孔子的思想来对犯罪事实进行分析、定罪。即除了用法律外，可以用《易》《诗》《书》《礼》《乐》《春秋》六经中的思想作为判决案件的依据。汉代以董仲舒为代表的儒家学派为了改变法家思想主宰司法领域的现状，通过皇权的力量要求司法官在遇到律无正文或虽有条文但不符合儒家道德的案子时，根据《春秋》经义断案，实际上赋予《春秋》经义极高的法律效力。在司法审判的实务中，董仲舒等人提倡以《春秋》等儒家经典为指导，还组织编辑《春秋决事比》（又称《春秋决狱》），收录 232 个以《春秋》决案的典型案例，在整个汉朝的司法审判中，《春秋决事比》实际上成为当时的判例法。其原则有"原心定罪""亲亲得相首匿""君亲无将，将而诛焉"，其要义在于以儒家"三纲五常"理念作为主要价值依据，根据案情事实，追究行为人的动机：动机邪恶者即使犯罪未遂也不免刑责；首恶者从重惩治；主观上无恶念者从轻处理；等等。

董仲舒开启的汉代法律《春秋》决狱实践，以儒家思想取代法家思想在政治领域的统治，改变了秦汉法家思想为主导的重刑峻法，启导了两千多年中国儒家化法律制度实践，实际上是儒家思想在法律领域的制度化产物。

（三）政治制度儒家化

政治制度领域的儒家化，表现为教育儒家化，伦理道德和政府治理模式等方面的儒家化。教育儒家化和学术儒家化在上述经学教育和博士制度中有所论述，这里谈谈伦理道德与政府治理模式的儒家化。

董仲舒的"三纲五常"道德理念和教化理论，为解决汉初伦理道德危机提供了解决方法。教化的途径，一是通过利禄之途（如举孝廉、通经得官）吸引和激励人们主动接受经学教育和按照儒家道德理念改变行为模式；二是通过循吏教化地方民众，把教化作为官吏考核绩效的主要指标之一，在民间制度化传播和实践儒家伦理道德观念；三是通过政府荣誉和物质奖励的方式表彰孝悌、忠义、贞节等行为。通过儒家伦理思想的教育和教化，汉代政治社会产生了移风易俗、美政美俗的良好效应。

政府治理模式的儒家化，主要是指通过教育儒家化，使经过儒家经典教育的大量儒士进入政府而渐成政府官员主体，使得政府各个层面、各个环节的行政执行人都是具有儒家仁义理念和家国社会责任感的士大夫，从而形成了中国特色"士治政府"（钱穆语），后来以科举考试制度、监察制度为基础的文官制度，正是"士治政府"政治统治模式的成熟体现。近代以降，西方皆以仿效中国的文官制度为尚，而现当代中国却偏爱西化，丢弃自己的政治传统去学习西方政治制度和政治思想，颇得"抛却自家无尽藏、沿门托钵效贫儿"之讥。

四、结语

汉代政治与社会文化穷则思变、回归传统，根据现实需要，以儒学为中心综罗百家，在继承历史遗产（汉承秦制）的同时创新。如果没有西汉初从叔孙通到董仲舒根据时代形势博采众长，创造性转化与创新性发展先秦儒学，就不可能争取到儒学的春天。

政治是儒学发展的根本现实环境，没有政治的支持和推动，儒学将要受到抑制而衰落，如果得到政治的支持和鼓励，则会蓬勃发展。虽然最高领导人的态度和意志是政治对儒学影响的重要因素，但也需要一定的认识和推行的过程。如刘邦曾非常功利地对待儒学与儒生，后来经过现实验证和体悟，逐渐从讨厌儒生、"谓读书无益"到在山东祀孔，检讨自己"多不是"。文帝、景帝从好儒到设立作为儒生榜样的博士，还有各种礼仪制度的逐步建立，为汉武帝尊儒准备了条件。而汉武帝尊儒之后，经学主导地位的形成，则是经过西汉中后期的长期积累。一直到东汉前三帝全心全意推行儒学，才真正达到儒学在汉代全面的极盛期。

儒学的兴衰与能否健康发展与中国政治社会的兴衰与能否健康发展，自西汉起开始紧密关联，一荣俱荣，一衰俱废。欲兴其国，先立其魂。中华民族的伟大复兴，必然先之以儒学复兴。儒学是全体大用之学，儒学复兴的内容，不仅仅是形而上的哲学理论，还在于形而下的治国理政、制度建设和伦理道德教化。

儒学复兴的根本措施有三个方面：一是中国政府视中华优秀传统文化为关系国家复兴的珍稀国宝，不遗余力地倡导和推动儒学现代大发展；二是儒家学者对儒家经典倾力传授的同时，根据时代需要博采世界范围的人类文明优秀成果，创造性转化和创新性发展儒家思想；三是在民间社会大力推广和传播儒学，使儒学落地生根，教化乡里，淑世济人。

参考文献：

[1] 司马迁. 史记 [M]. 北京：中华书局，1959.

[2] 班固. 汉书 [M]. 北京：中华书局，1962.

[3] 钱穆. 秦汉史 [M]. 北京：生活·读书·新知三联书店，2004：197.

[4] 朱熹. 四书章句集注 [M]. 北京：中华书局，1983：272.

[5] 陆贾. 新语校注 [M]. 王利器校注. 北京：中华书局，1986：29.

[6] 贾谊. 新书校注 [M]. 阎振益，钟夏校注. 北京：中华书局，2000：3.

[7] 王绍玺. 经学思潮 [M]. 上海：上海社会科学院出版社，2006：152.

该文为"2018中国·衡水董仲舒与儒家思想国际学术研讨会"提交的论文。

吴龙灿（1969－），男，浙江永嘉人，哲学博士，历史博士后，温州大学人文学院教授，硕士生导师。

从"文质论"到"文德论"

——刘向对西汉礼学的充实与纠偏

左康华

"文""质"之争是先秦以至两汉时期思想家们争论的焦点问题之一。以孔子为首的儒家提出文质彬彬的价值原则,主张外在的仪节与仁义的品质协调相配、先天的生理素质与后天的礼乐教化和谐相济,但其无法割舍对"礼文"的价值追求,这使儒家的文质论在现实中表现出文在质先、文繁难究的弊病,也招致了儒家以外诸子的攻讦[1]。作为回应,汉代儒者将"文""质"发展成为两套礼乐制度,并与"三统说"相关联,形成一套"文质再而复"的社会历史观,以"文质相救"的动态平衡取代"文质彬彬"的静态平衡。

然而,无论是先秦儒学文质礼论的空中楼阁,还是汉代文质礼制论的精心建构,儒者们都有意无意地忽略了先秦诸子"文以害质""尚质轻文"的立场,回避了他们对儒家因坚持"文"的立场而导致的"文胜""文繁"乃至走向虚饰、矫情现象的批评。西汉经学家、礼学家刘向继承了先秦儒学的文质立场,同时以礼的"文德论"代替"文质"论,以质限文、文德一体,使二者的结合更为紧密,同时突出强调了修文的理政功能。

一、汉代礼的"文家""质家"之别

面对"文质彬彬"的理论设计与"文多质少"①的现实评价的南辕北辙，以董仲舒为代表的西汉儒者选择将"文""质"发展成为两套礼乐制度，试图以"文质相救"的动态平衡取代"文质彬彬"的静态平衡，并与"三统说"相关联，形成一套"文质再而复"的社会历史观，用于指导汉代礼制的实践，实现了礼学在制度上的落实。有学者认为，"文质说是一种东方独特的文化思想，它经历了一个由伦理哲学、历史哲学到文化哲学的历史发展，最后才进入文学领域。"[2] 而在礼学的视域下，文质论从伦理哲学向历史哲学的发展，正是文质论从礼论向礼制论的发展。

在儒家看来，夏、商、周三代礼之大体相因而不能变，但在具体的实践中各有所侧重而表现出不同的特质。以"文""质"概括三代礼制实践，在先秦即现其端：

> 子曰："虞夏之道，寡怨于民。殷周之道，不胜其敝。"子曰："虞夏之质，殷周之文，至矣！虞夏之文，不胜其质；殷周之质，不胜其文。"（《礼记·表记》）

> 子曰："夏道尊命，事鬼敬神而远之，近人而忠焉，先禄而后威，先赏而后罚，亲而不尊；其民之敝，蠢而愚，乔而野，朴而不文。殷人尊神，率民以事神，先鬼而后礼，先罚而后赏，尊而不亲；其民之敝，荡而不静，胜而无耻。周人尊礼尚施，事鬼敬神而远之，近人而忠焉，其赏罚用爵列，亲而不尊；其民之敝，利而巧，文而不惭，贼而蔽。"（《礼记·表记》）

作者以忠、亲来概括夏礼的特质，认为其弊在于民野而不文，至质而无文；以敬、尊来概括殷礼，其弊在于民尊而不亲，文不胜质；以忠、亲来概括周礼，认为其弊在于民利而巧，至文而无质。

---

① 这句话是喜好黄老的窦太后给予儒者的评价。《汉书·万石卫直周张传》载："郎中令王臧以文学获罪皇太后。太后以为儒者文多质少。"

《礼记》的论述虽然也体现出质弊则返文、文盛则返质的往复规律，但重点在于描述三代礼乐由野到质、由质到文的文明积累过程，大致符合历史实际。

如果说此时"文质论"尚属对历史的观察，那么董仲舒所提出的三代改制质文说，则通过对上古礼乐制度细节的构建，主张一种文胜则救以质、质胜则救以文、文质更迭循环的"文质互救"说。

> 王者以制，一商一夏，一质一文。商质者主天，夏文者主地，春秋者主人，故三等也。主天法商而王，其道佚阳，亲亲而多仁朴。故立嗣予子，笃母弟，妾以子贵。昏冠之礼，字子以父。别眇夫妇，对坐而食，丧礼别葬；祭礼先臊，夫妻昭穆别位。制爵三等，禄士二品。制郊官明堂员，其屋高严侈员，惟祭器员。玉厚九分，白藻五丝，衣制大上，首服严员。鸾舆尊盖，法天列象，垂四鸾。乐载鼓，用锡舞，舞溢员。先毛血而后用声。正刑多隐，亲戚多讳。封禅于尚位。
>
> 主地法夏而王，其道进阴，尊尊而多义节。故立嗣与孙，笃世子，妾不以子称贵号。昏冠之礼，字子以母。别眇夫妇，同坐而食，丧礼合葬，祭礼先亨，妇从夫为昭穆。制爵五等，禄士三品。制郊官明堂方，其屋卑污方，祭器方。玉厚八分，白藻四丝，衣制大下，首服卑退。鸾舆卑，法地周象载，垂二鸾。乐设鼓，用纤施舞，舞溢方。先亨而后用声。正刑天法，封坛于下位。
>
> 主天法质而王，其道佚阳，亲亲而多质爱。故立嗣予子，笃母弟，妾以子贵。昏冠之礼，字子以父。别眇夫妇，对坐而食，丧礼别葬，祭礼先嘉疏，夫妇昭穆别位。制爵三等，禄士二品。制郊官明堂内员外椭，其屋如倚靡员椭，祭器椭。玉厚七分，白藻三丝，衣长前衽，首服员转。鸾舆尊盖，备天列象，垂四鸾。乐程鼓，用羽籥舞，舞溢椭。先用玉声而后烹，正刑多隐，亲戚多赦。封坛于左位。
>
> 主地法文而王，其道进阴，尊尊而多礼文。故立嗣予孙，笃世子，妾不以子称贵号。昏冠之礼，字子以母。别眇夫妻，同坐

而食，丧礼合葬，祭礼先衵碗，妇从夫为昭穆。制爵五等，禄士三品。制郊官，明堂内方外衡，其屋习而衡，祭器衡同，作秩机。玉厚六分，白藻三丝，衣长后衽，首服习而垂流。鸾舆卑，备地周象载，垂二鸾。乐县鼓，用万舞，舞溢衡。先烹而后用乐，正刑天法，封坛于左位。

四法修于所故，祖于先帝，故四法如四时然，终而复始，穷则反本。四法之天施符授圣人，王法则性命形乎先祖，大昭乎王君。（《春秋繁露·三代改制质文》）

在下文中，董仲舒提出"天将授舜，主天法商而王""天将授禹，主地法夏而王""天将授汤，主天法质而王""天将授文王，主地法文而王"将一质一文、一商一夏的礼乐系统与有虞、夏、商、周四代的礼乐实践相联系。与上文所引《礼记·表记》相比，我们发现其中不乏冲突之处：《礼记·表记》以为夏属质，亲而不尊，《春秋繁露·三代改制质文》则认为夏属文，尊尊而多义节；《礼记·表记》以为商属文，尊而不亲；《春秋繁露·三代改制质文》则认为商属质，亲亲而多质爱。联系董仲舒所描述的四代礼乐制度如此丰富的细节，我们大致可以断定，孔子时文献就已"不足征"的有虞、夏、商礼，基本不可能在董仲舒时全盘重现，那么很难将其所描述的上古礼乐制度视为历史的真实。

因此，这里对于礼乐制度的"描述"（或者说是"构建"），最大的亮点在于"文""质"不再被简单地视为"外在文饰"与"内在品德"，而是被当作了上古礼制所表现的风貌的代称："文"是因亲亲的特质而表现出的文胜于质的礼乐系统，"质"是因尊尊的特质而表现出的质胜于文的礼乐系统；两套系统文质同存，并因文质各有侧重而得以命名。礼在历史的发展中，往往会出现偏文或者偏质的弊端，这时就需要以质救文或者以文救质，从而加以补救损益。在"天人三策"中，董仲舒详细论述了"文质互救"的主张。

先王之道必有偏而不起之处，故政有眊而不行，举其偏者以补其弊而已矣。三王之道所祖不同，非其相反，将以捄溢扶衰，所遭之变然也。故孔子曰："亡为而治者，其舜乎！"改正朔，易服色，以顺天命而已；其余尽循尧道，何更为哉！故王者有改制之名，亡变道之实。然夏上忠，殷上敬，周上文者，所继之捄，当用此也。孔子曰："殷因于夏礼，所损益可知也；周因于殷礼，所损益可知也；其或继周者，虽百世可知也。"此言百王之用，以此三者矣。夏因于虞，而独不言所损益者，其道如一而所上同也。道之大原出于天，天不变，道亦不变，是以禹继舜，舜继尧，三圣相受而守一道，亡救弊之政也，故不言其所损益也。繇是观之，继治世者其道同，继乱世者其道变。（《汉书·董仲舒传》）

在此基础上，我们反观前面提及的《礼记·表记》与《春秋繁露·三代改制质文》的冲突之处，也就不难解释了。《礼记·表记》所描述的是一种单线进化式的历史观，然而夹杂以"文质往复"的意识，就使其关于周代的论述显出矛盾之处：就历史真实而言，夏野而少文，周文盛而茂；就文质往复而言，夏、周又当同属一套礼乐类别。因此，《礼记》既认为"殷周之文，至矣"，又将周描述为与夏一样的"亲而不尊"。董仲舒强调的则是两套礼乐系统的更迭、互救，因此在其笔下，商、夏乃至有虞无不礼乐兴盛，其与周礼的差别，多是体现于对坐而食与同坐而食、制爵三等与制爵五等、封坛上位与下位等具体而微的细节。虽然反映了文与质、亲亲与尊尊的不同价值指向，但就礼文的层面而言，丝毫看不出上古文明由陋而繁的进化。

董仲舒构建出如此详尽的古代礼制，自然不是聊发思古之幽情，而是为了指导汉代礼制建设的现实。同样在《三代改制质文》中，董仲舒以"三统论"将复杂多变的人类社会历史分为黑统、白统、赤统三种类型的政治形态，并以《春秋》庄公二十七年经文中"杞伯来朝"的记载，认为杞国国君当称"公"却被称"伯"，以《春秋》之微言大义，说明"以春秋当新王"，是故应绌夏，杞君由"公"而退称"伯"。董仲舒认为，孔子"贬天子，退诸侯，讨大夫"是行素王事、为新王制法，虽无其名而先行其实。因此，汉代若想彰显其所受天命，就应与春秋同正黑统。反映在礼制上，就是要继春秋而"救文以质"。《春秋繁露》提出春秋"承周文而反之质"，前引举贤良对策，文末则有"今汉继大乱之后，若宜少损周之文致，用夏之忠者"的表述，无不是反映了董仲舒认为汉代礼制建设所应秉持的原则。原则确立之后，礼制所应遵从的具体细节自然可以按图索骥。

这种以文、质为两种礼制、往复互救的主张，在两汉学者那里，成为一种共识。司马迁在《史记·高祖本纪》中赞曰："夏之政忠。忠之敝，小人以野，故殷人承之以敬。敬之敝，小人以鬼，故周人承之以文。文之敝，小人以僿，故救僿莫若以忠。三王之道若循环，终而复始。周秦之间，可谓文敝矣。秦政不改，反酷刑法，岂不缪乎？故汉兴，承敝易变，使人不倦，得天统矣。"《盐铁论·救匮》载："桡枉者以直，救文者以质。"《汉书·杜周传》载杜钦给成帝的上书："殷因于夏尚质，周因于殷尚文，今汉家承周秦之敝，宜抑文尚质，废奢长俭，表实去伪。"甚至直到东汉时期也无出其右，何休在《春秋公羊传注》中认为："质家亲亲先立娣，文家尊尊先立侄。嫡子有孙而死，质家亲亲先立弟，文家尊尊先立孙。其双生也，质家据见立先生，文家据本意立后生，皆所以防爱争。"乃至纬书《春秋·元命苞》"正朔三而改，文质再而复"、《白虎通义·三正》引《尚书·大传》言"王者一质一文，据天地之道"等记载，使得两汉文质论在整体上表现为文质相救、往复循环。

以董仲舒为首的西汉儒者选择将"文""质"发展成为两套礼乐制度，试图以"文质相救"的动态平衡取代"文质彬彬"的静态平衡，固然是理论上的创见，从另一个角度弥补了先秦儒家理论与实践的割裂状态，回避了先秦诸子关于儒家"文质论"的反诘。前面提到，"文家"与"质家"的区别，多是体现于对坐而食与同坐而食、制爵三等与制爵五等、封坛上位与下位等具体而微的细节，而从董仲舒对"质家"的描述中，我们很难看出有虞礼、商礼之质朴，反而对其繁复的礼制印象深刻。汉代学者多埋首于文质礼制论的构建，致力于礼学在制度上的落实，却在客观上加重了儒家礼学的"文繁"之弊。

二、以质限文：刘向对于儒学文质论的充实与纠正

无论是先秦儒学文质礼论的空中楼阁，还是汉代文质礼制论的精心建构，儒者们都有意无意地忽略了先秦诸子"文以害质""尚质轻文"的立场，回避了他们对儒家因坚持"文"的立场而导致的"文胜""文繁"乃至走向虚饰、矫情现象的批评。当然，这并不是说儒者喜好虚华，追逐、吹捧奢靡之风，相反儒者对于世风奢靡的批评屡屡见诸史书。但是这些零星的言论很少反映到理论的层面，我们所看到的汉代文质论，在事实上就是表现为对"文繁难究"的礼制的追求。

在刘向时，文质论偏于一端导致文繁的恶果逐渐显现。对于刘向来说，文质论不能再这样无视质朴了。刘向开始吸纳道、墨诸家的学说，正视质的本初含义，强调"反（返）质"，以应对奢靡的世风所带来的一系列社会问题。

另一方面，刘向基本继承了先秦儒学的文质立场，但对于文质的讨论，代之以文德的讨论。修文就是修德，就是文质并重。这样，通过理论改造，刘向对于修文的坚持，使其学说更为紧凑，同时突出强调了修文的理政功能。

以质限文、以文统质，刘向的文质论，是对文质论的继承与发展，改掉了弊端，同时又使其学说形成了"文"的最终导向。

前文曾论及，自先秦开始的儒家，多是在"文"的大传统下论"文质"的，这就使得其所追求的"质"更多地存在于道德范畴，是一种天性追求仁义的、乐于接受礼乐教化的本性。《礼记》以"行修言道""中正无邪"为礼之质，更是以整个学说体系为背景赋予"质"特定的含义，而与"以物相赘"的本意相去甚远。在刘向这里，"质"恢复了其本来面目，更多地以"质朴""朴实"之义出现。

> 历山之田者善侵畔，而舜耕焉；雷泽之渔者善争陂，而舜渔焉；东夷之陶器窳，而舜陶焉。故耕渔与陶非舜之事，而舜为之，以救败也。民之性皆不胜其欲，去其实而归之华，是以苦窳

之器，争斗之患起，争斗之患起，则所以偷也。所以然者何也？由离诚就诈，弃朴而取伪也，追逐其末而无所休止。圣人抑其文而抗其质，则天下反矣。（《说苑·反质》）

从表面上看，"圣人抑其文而抗其质，则天下反矣"的论述，似乎与先秦儒家追求质在文先的立场并没有不同，但细究其实，"质"的内涵与先秦儒家大有不同。刘向认为，去实归华、欲望无限是百姓的天性，因此争斗之患频发。然而一旦圣人以身作则，离诈就诚、弃伪取朴，那么就可以抑文抗质，返于安宁。这里，刘向明显是以"诚""朴""实"为质，而以"诈""伪""华"为文；"反质"即是返"质朴"之质，明显区别于先秦乃至汉代儒者对此的定义，反而更为靠近墨家、道家的立场。

向宗鲁认为上文所引材料出自《尸子》，并转引《太平御览》所载原文："舜兼爱百姓，务利天下。其田历山也，荷彼耒耜，耕彼南畝，与四海俱有其利。其渔雷泽也，旱则为耕者凿渎，俭则为猎者表虎。故有光若日月，天下归之若父母。""兼爱百姓""务利天下"的表述，很能让人联想到墨家的立场。事实上，《说苑·反质》使用的明显带有墨家立场的材料不止于此。

禽滑厘问于墨子曰："锦绣絺纻，将安用之？"墨子曰："恶，是非吾用务也。古有无文者得之矣，夏禹是也。卑小宫室，损薄饮食，土阶三等，衣裳细布；当此之时，黻无所用，而务在于完坚。殷之盘庚，大其先王之室，而改迁于殷，茅茨不剪，采椽不斲，以变天下之视；当此之时，文采之帛，将安所施？夫品庶非有心也，以人主为心，苟上不为，下恶用之？二王者以化身先于天下，故化隆于其时，成名于今世也。且夫锦绣絺纻，乱君之所造也，其本皆兴于齐，景公喜奢而忘俭，幸有晏子以俭镵之，然犹几不能胜。夫奢安可穷哉？纣为鹿台糟丘，酒池肉林，宫墙文画，雕琢刻镂，锦绣被堂，金玉珍玮，妇女优倡，钟鼓管弦，流漫不禁，而天下愈竭，故卒身死国亡，为天下戮，非惟锦绣絺纻之用耶？今当凶年，有欲予子随侯之珠者，不得卖也，珍宝而以为饰；又欲予子一钟粟者，得珠者不得粟，得粟者不得珠，子将何择?"禽滑厘曰:"吾取粟耳,可以救穷。"墨子曰:"诚然,则恶在事夫奢也? 长无用,好末淫,非圣人所急也。故食必常饱,然后求美;衣必常暖,然后求丽;居必常安,然后求乐。为可长,行可久,先质而后文,此圣人之务。"禽滑厘曰:"善。"(《说苑·反质》)

孙诒让甚至认为此段材料是《墨子》轶文,而将其收入《墨子间诂附录·墨子轶文》。结合墨家一贯的"功用"价值取向,他们是以"有用的基本功能"为质,以"附赘的外在修饰"为文,虽不至于完全废文,但也对礼乐的繁复奢华表达了强烈不满,认为其"长无用,好末淫,非圣人所急",是对社会财富的极大浪费。刘向辑录这段材料在《说苑》中,虽不至于以墨子之言为圭臬,但无疑是赞同其对于豪奢的反对态度的。

甚至在某种程度上,刘向赞同道家"文以害质"之论。

卫有五丈夫,俱负缶而入井灌韭,终日一区。邓析过,下车为教之,曰:"为机,重其后,轻其前,命曰桥。终日灌韭,百区不倦。"五丈夫曰:"吾师言曰:有机知之巧,必有机知之败;我非不知也,不欲为也。子其往矣,我一心溉之,不知改已!"邓析去,行数十里,颜色不悦怿,自病。弟子曰:"是何人也?而恨我君,请为君杀之。"邓析曰:"释之,是所谓真人者也。可令守国。"(《说苑·反质》)

这段材料本自《庄子·天地》篇汉阴丈人事。《庄子》认为,"有机械者必有机事,有机事者必有机心""功利机巧,必忘夫人之心"。道家以纯乎天然的、未经雕琢的本性为"质",认为任何外在文饰的赘附都是对"质"的戕害。与墨家的文质主张相比,细节处虽有不同,但都反对追求奢华,主张崇尚质朴。

这也是刘向辑录两段材料在此的意图所在。《说苑·反质》全篇引用材料凡二十四例,其中以俭论质,认为"桀以奢亡,纣以淫败""男女饰美以相矜而淫泆""国以俭得之,以奢失之""淫于乐、诱于利、由离质朴以亡其国"的材料就有十三例,可知其"反质"之论,意在"刺奢"。

　　"刺奢"也是《新序》一书的篇名之一。《新序》成书早于《说苑》，其材料的采选及编辑偏于粗陋而不及后者精心①。从篇名看，《新序》凡十卷，其中有五卷即笼统冠以"杂事"之名，但其余五卷中就有"刺奢"的卷名。"依兴古事"的著述特点决定了刘向必须对材料的展开方式精心设计，"杂事"篇名的存在就说明了刘向对于《新序》材料的分类编排尚未形成清晰的理念，然而此时"刺奢"已在其中，足以说明汉代"文繁"之弊为刘向关注已久。

　　《汉书·楚元王传》收录了刘向的《谏营起昌陵书》，反对成帝始营初陵而复徙昌陵，制度泰奢：

> 　　陛下即位，躬亲节俭，始营初陵，其制约小，天下莫不称贤明。及徙昌陵，增埤为高，积土为山，发民坟墓，积以万数，营起邑居，期日迫卒，功费大万百余。死者恨于下，生者愁于上，怨气感动阴阳，因之以饥馑，物故流离以十万数，臣甚惜焉。

《汉书·谷永杜鄴传》则记载了谷永针对同一件事的上疏：

> 　　今陛下轻夺民财，不爱民力，听邪臣之计，去高敞初陵，捐十年功绪，改作昌陵，反天地之性，因下为高，积土为山，发徒起邑，并治宫馆，大兴繇役，重增赋敛，征发如雨，役百乾溪，费疑骊山，靡敝天下，五年不成而后反故。又广盱营表，发人冢墓，断截骸骨，暴扬尸柩，百姓财竭力尽，愁恨感天，灾异屡降，饥馑仍臻。流散冗食，馁死于道，以百万数。公家无一年之畜，百姓无旬日之储，上下俱匮，无以相救。（《汉书·谷永杜鄴传》）

　　天子陵寝的制度于礼无所征，盖因《仪礼》并无天子礼的记载。刘向谏书中所引"古之葬者，厚衣之以薪，臧之中野，不封不树。后世圣人易之以棺椁"来自《易经·系辞下》的记载，多为古人所信

---

　　① 刘向在《说苑序录》中如此交代《说苑》的成书过程："除去与《新序》重复者，其余者，浅薄不中义理者，别集以为百家。后令以类相从，一一条别篇目……号曰《新苑》。"《说苑》对于《新序》的继承，其脉络隐约可见。参见严可均辑《全汉文》，商务印书馆1999年版。

奉[3]75。据现代考古成果看，这一说法似难以成立[3]145，然而参考经籍，先秦及以前的天子陵寝并不如后世奢侈，当无可置疑。《左传》隐公元年："豫凶事，非礼也。"又言："天子七月而葬。"孔颖达疏："位高则礼大，爵卑则事小，大礼逾时乃备，小事累月即成。"古人认为人在世时不宜预先修建坟墓，而留给天子陵寝的建造时间又只有七个月，那么可以想见，即便是倾国之力，这样的陵寝规模也不会太大。刘向认为"黄帝葬于桥山，尧葬济阴，丘垄皆小，葬具甚微。舜葬苍梧，二妃不从。禹葬会稽，不改其列。殷汤无葬处。文、武、周公葬于毕，秦穆公葬于雍橐泉宫祈年馆下，樗里子葬于武库，皆无丘陇之处"，虽难考其实，但朴质之义应相去不远。

在位的帝王为自己修建陵寝，始自秦始皇。骊山陵园之宏伟与奢侈，史书多有描述，无须赘言。汉承秦制，"天子即位明年，将作大匠营陵地"①，随着西汉社会的发展，西汉历任皇帝的帝陵也是愈发奢侈。从前引刘向及谷永的上疏看，昌陵的规模之奢可知。

儒者虽继承了"尚文"的传统，但并不等于说他们性好虚华；对于奢靡的劝谏，也是儒者的基本立场之一。然而正像前文所言，这些零星的言论很少反映到理论的层面；相反，西汉初年的儒者回避先秦诸子关于儒家"文质论"的反诘所导致的恶果却在逐步显现。刘向出于解决现实社会问题的需要，以"俭"论"质"，又要求"抑其文而抗其质"，以墨、道等家的学说充实了儒家"质"论，超越了此前儒家一直停留于"文"的视角，实现了儒家文质论的平衡。

三、文德一体：以教化为追求的刘向礼学

在赞扬刘向对于儒家文质论的贡献时，我们也应注意到，刘向并没有背离"尚文"的传统，其对于"质""质朴"的强调，是为了"以质限文"，防止"文"因不受限制而发展至"文繁"之弊，因此这

①　《续汉书·礼仪志下》"大丧"条刘昭补注。

种强调是有限度的，以不损害"文"的大原则为底线。我们有必要注意下面这段材料：

> 孔子曰可也简。简者，易野也，易野者，无礼文也。孔子见子桑伯子，子桑伯子不衣冠而处，弟子曰："夫子何为见此人乎？"曰："其质美而无文，吾欲说而文之。"孔子去，子桑伯子门人不说，曰："何为见孔子乎？"曰："其质美而文繁，吾欲说而去其文。"故曰，文质修者谓之君子，有质而无文谓之易野，子桑伯子易野，欲同人道于牛马，故仲弓曰太简。上无明天子，下无贤方伯，天下为无道，臣弑其君，子弑其父，力能讨之，讨之可也。当孔子之时，上无明天子也，故言雍也可使南面，南面者天子也，雍之所以得称南面者，问子桑伯子于孔子，孔子曰："可也简。"仲弓曰："居敬而行简以道民，不亦可乎？居简而行简，无乃太简乎？"子曰："雍之言然！"仲弓通于化术，孔子明于王道，而无以加仲弓之言。（《说苑·修文》）

这段材料出自《论语·雍也》，原文如下："仲弓问子桑伯子。子曰：'可也简。'仲弓曰：'居敬而行简，以临其民，不亦不可乎？居简而行简，无乃大简乎？'子曰：'雍之言然。'"与原文相比，刘向大大增加了叙事幅度，并对原文中孔子与仲弓的对话补充了许多细节。"可也简"是孔子对子桑伯子的基本评价，刘向首先对"简"做了解读："简者，易野也，易野者，无礼文也。"因此在下文，孔子认为子桑伯子"质美而无文""欲说而文之"。经过这样的引导，读者自然会将"敬"解读为"礼文"，而不会是别的什么。对于子桑伯子其人，仲弓与孔子有着不同看法，认为"居敬而行简以道民，不亦可乎？居简而行简，无乃太简乎"？"居简而行简"是有质而无文，其弊在于过简，不如"居敬而行简"，以礼文导民。孔子以为然。文末，刘向赞言仲弓"通于化术"，又赞孔子"明于王道，而无以加仲弓之言"，明显以仲弓之言论为是，而对孔子最初的态度略有微词。可以看出，对于"文"的追求是刘向文质论的首要原则。

如果说以俭论质、以质限文是刘向对于儒家"质"论的充实与纠正，那么以德论文、以文理政则是刘向对于儒家"文"论的继承与发展。与此前儒家的文质论相比，刘向以"文/德"的讨论代替"文/质"的讨论，使二者的结合更为紧密，同时突出强调了修文的理政功能。

> 积恩为爱，积爱为仁，积仁为灵，灵台之所以为灵者，积仁也。神灵者，天地之本，而为万物之始也。是故文王始接民以仁，而天下莫不仁焉。文，德之至也，德不至则不能文。(《说苑·修文》)

> 知天道者冠鉥，知地道者履跷，能治烦决乱者佩觿，能射御者佩韘，能正三军者摺笏；衣必荷规而承矩，负绳而准下。故君子衣服中而容貌得，接其服而象其德，故望玉貌而行能，有所定矣。诗曰："芄兰之枝，童子佩觿。"说行能者也。(《说苑·修文》)

> 冠者所以别成人也，修德束躬以自申饬，所以检其邪心，守其正意也。君子始冠，必祝成礼，加冠以属其心，故君子成人，必冠带以行事，弃幼少嬉戏惰慢之心，而衎衎于进德修业之志。是故服不成象，而内心不变，内心修德，外被礼文，所以成显令之名也。是故皮弁素积，百王不易，既以修德，又以正容。孔子曰："正其衣冠，尊其瞻视，俨然人望而畏之，不亦威而不猛乎?"(《说苑·修文》)

可以发现，刘向所主张的"德"，更近于先秦儒学所使用的"质"一词。无论是"君子衣服中而容貌得，接其服而象其德"，还是"内心修德，外被礼文"，无不是指君子内在美好品德与外在文雅配饰的协调相配。《礼记·表记》载："文以君子之容。""实以君子之德。"其意大致类此。

但另一方面，在刘向的定义中，"文/德"的关系又不仅仅是"外/内"或者"文饰/实质"。前文所引"文，德之至也，德不至则不能文"，另一处引《传》："德弥盛者文弥缛，中弥理者文弥章"，是认为"文德一体"：其德弥盛，其文弥缛；在"质朴"的要求的极限之内，礼文的繁盛代表着君主之德的广阔。正因为这样，刘向才会在行文中赞同仲弓"居敬而行简"、宁可"质美而文繁"也不愿"质美而无文"

的价值倾向，因为在刘向看来，"德不至则不能文"，无文即是无德、无质，是不可以用于施政而行德化的。

关于"德"的含义及其治国功用，是先民自西周开始就关注的话题；刘向将其引入礼的文质论，无疑使他的礼论从一开始就指向礼治领域。

> 天下有道，则礼乐征伐自天子出。夫功成制礼，治定作乐，礼乐者，行化之大者也。孔子曰："移风易俗，莫善于乐；安上治民，莫善于礼。是故圣王修礼文，设庠序，陈钟鼓，天子辟雍，诸侯泮宫，所以行德化。诗云：'镐京辟雍，自西自东，自南自北，无思不服。'此之谓也。"（《说苑·修文》）

《说苑·修文》以此开篇，首先点明"文"的内涵，即"礼乐"；"礼"（狭义的）可以安上治民，"乐"可以移风易俗，因此"修礼文"的意义在于"行德化"。一般认为，"乐"是"礼"的一部分，从属于广义的"礼"的概念，盖因"凡用乐必有礼，有礼则有不用乐者"[1]，然而刘向此处"礼""乐"分论，并分别赋予其"安上治民"与"移风易俗"的功用，无疑是将二者的功能予以专门化，并被笼罩在"德"（也即是"文"）的条目之下。正如《礼记·乐记》所言："礼乐皆得，谓之有德。"

因此，刘向论"礼"[2]，多注重其维系秩序、规范社会的功用，论"乐"则多注重其教化人心、化民成俗的功用。

> 齐景公登射，晏子修礼而待。公曰："选射之礼，寡人厌之矣。吾欲得天下勇士，与之图国。"晏子对曰："君子无礼，是庶人也；庶人无礼，是禽兽也；夫臣勇多则弑其君，子力多则弑其长，然而不敢者，惟礼之谓也。礼者所以御民也，辔者所以御马也；无礼而能治国家者，婴未之闻也。"景公曰："善。"乃饬射更席以为上客，终日问礼。（《说苑·修文》）

---

① 《礼记·月令》注。

② 此处的"礼"，是狭义的、与"乐"相分离的"礼"，不同于我们前文所使用的广义的、礼乐并提的"礼"。

乐者，圣人之所乐也，而可以善民心，其感人深，其移风易俗，故先王着其教焉。夫民有血气心知之性，而无哀乐喜怒之常，应感起物而动，然后心术形焉。……故乐行而伦清，耳目聪明，血气和平，移风易俗，天下皆宁，故曰乐者乐也。君子乐得其道，小人乐得其欲，以道制欲，则乐而不乱；以欲忘道，则惑而不乐，是故君子反情以和其意，广乐以成其教，故乐行而民向方，可以观德矣。（《说苑·修文》）

凡从外入者，莫深于声音，变人最极，故圣人因而成之以德曰乐，乐者德之风，诗曰："威仪抑抑，德音秩秩。"谓礼乐也。故君子以礼正外，以乐正内；内须臾离乐，则邪气生矣，外须臾离礼，则慢行起矣。（《说苑·修文》）

若单纯以力气比拼，那么"臣勇多则弑其君，子力多则弑其长"；之所以不敢，正是因为"礼"以别上下、定尊卑的治国、御民之功用。相反，"乐"则可以善民心、和民性，使尊卑、上下之"礼义"通过声音节奏内化于人心，成为主体的自我要求。无论是"以礼正外"，还是"以乐正内"，最终都统一在"德"，并共同指向治国之功用。《说苑·政理》篇分政为三品，"王者之政化之，霸者之政威之，强者之政胁之，夫此三者各有所施，而化之为贵矣"正是此意。

刘向先是以俭论质、以质限文，吸纳墨家、道家等关于"质"的论述，充实与纠正了儒家"质"论；又以"文""德"的讨论代替"文""质"的讨论，在继承儒家"文"论的同时又有所发展，使二者的结合更为紧密，同时突出强调了修文的理政功能。某种程度而言，刘向"文质论"甚至超越了孔子确立的"文质彬彬""质在文先"的基本原则，而实现了向"尚文"传统的回归。当然，这种回归并不是复古，而是在汲取先秦及西汉儒者"文质论"有益资源的基础上，对于"文"的治国功用的深刻认识。

参考文献：

[1] 左康华. 先秦"文""质"之争与礼学的演进 [J]. 云南社会科学，2015（1）：24—29.

[2] 束景南. 文质说：作为一种文化学的历史发展 [J]. 古籍整理研究学刊，1993（1）：9—13.

[3] 陈戍国. 中国礼制史：先秦卷 [M]. 长沙：湖南教育出版社，2011.

该文为"2018 中国·衡水董仲舒与儒家思想国际学术研讨会"提交的论文。

左康华（1987—），女，河北邢台人，哲学博士，广州大学政治与公民教育学院副教授，硕士生导师。

儒家核心价值观研究

儒家核心价值观的思想内涵、系统结构及其现代意义

李祥俊

　　价值观是对事物存在的价值判断、价值追求，人类的价值观是丰富多样的，但每个时代每个民族一般都会有自己的核心价值观，对宇宙、人生、社会做出根本性的价值导向，维护社会的基本稳定和人类自身的可持续发展。儒学在中国传统社会里占据主导地位达两千余年，它适应中国传统社会的现实，同时又在思想上加以升华概括，为中国传统社会提供了基本的价值观念系统，对中国传统社会生活产生了巨大而深远的影响。本文试图对儒家核心价值观做出总体性概括，把握其实质内涵及其相关的义理系统，并将其与现代意义上的核心价值观进行比较，凸显其理论意义和现实意义。

一、儒家的核心价值观

　　本文所谓的儒家核心价值观中的价值观，主要不是指反思式的价值哲学、价值论，而是指人们关于社会生活各方面的根本价值判断、价值追求，以及由此建立起来的基本价值秩序、价值规范系统。价值观、核心价值观都是现代概念，包括儒学在内的中国传统学术思想中没有这些概念，但具有相应的思想，只是如何发掘这些相应的思想，

从什么样的路径来发掘这些相应的思想，是我们在讨论儒家核心价值观时首先遇到的问题。从目前的研究成果来看，理解儒家核心价值观主要有两条路径，一条是从儒家思想本身的内在脉络中去发掘，另一条是从现代的视野去读取传统中的相应内容。

儒家思想从孔子创立，经过春秋战国时期诸子百家争鸣，到西汉"独尊儒术"确立统治地位，对两千多年的中国传统社会产生了巨大而深远的影响。我们说哲学是文化的核心，而这个核心往往就是一套价值观念系统，那么作为儒家思想的核心的这一套价值观念系统到底是什么，也就是在问儒家思想中真正对中国传统社会和人生在是非、善恶的标准问题上做出了什么样的价值判断、价值规范，就要从儒家思想本身去体认，从古人对儒家思想的总体概括中去理解。西汉汉武帝时期，儒家学说开始逐渐由先秦诸子学之一向官学转化，汉武帝"独尊儒术"的学术政策则奠定了其后两千多年儒家思想占据统治地位的基础。董仲舒是促成汉武帝实行"独尊儒术"政策的大儒，他对儒家思想的核心精神有自己的概括，他在给汉武帝的对策中说："为政而宜于民者，固当受禄于天。夫仁谊礼知信五常之道，王者所当修饬也；五者修饬，故受天之佑，而享鬼神之灵，德施于方外，延及群生也。"[1] 这是明确地把仁义礼智信的五常之道作为儒家思想的核心，要求统治者遵循五常之道施政。同时，董仲舒又明确提出关于君臣、父子、夫妇价值秩序的三纲，认为它们是天道之阴阳在人间的反映，君、父、夫属于阳，臣、子、妻属于阴，在天道上是阳尊阴卑，在人道上是君尊臣卑、父尊子卑、夫尊妇卑，这是天然合理的，他说："君臣、父子、夫妇之义，皆取诸阴阳之道。君为阳，臣为阴；父为阳，子为阴；夫为阳，妻为阴。……王道之三纲，可求于天。"[2]

西汉"独尊儒术"，从实质上看也就是儒家核心价值观得以确立的时期，从此以后，三纲五常所组成的纲常名教观念遂成为全社会的核心价值观，主流思想对其只能是在认同基础上的不同论证方式转换，而不可能对其加以否定。继两汉王朝之后的魏晋时代，以为纲常名教寻找自然依据成作学术主题，魏晋玄学利用道家所讲的自然来为儒家的纲常名教作论证，从王弼的"名教出于自然"到郭象的"名教即自然"，其思想主旨就是在为儒家的纲常名教寻找终极存在的依据。宋明新儒学在论证纲常名教的终极意义上与汉代儒学、魏晋玄学是完全一致的，只是他们直接把纲常名教与天理本体合一，在"天人本一"的前提下肯定纲常名教的永恒合理性，南宋大儒朱熹说："宇宙之间，一理而已，天得之而为天，地得之而为地，而凡生于天地之间者，又各得之所为性。其张之为三纲，其纪之为五常，盖皆此理之流行，无所适而不在。若其消息盈虚，循环不已，则初未始有物之前，以至人物消尽之后，终则复始，始复有终，又未尝有顷刻之或停也。"[3]而当近现代中国社会巨大转型时，新旧思想的交锋恰恰也正是体现在纲常名教上，保守派的核心命题是"中体西用"，这里的"中体"就是以纲常名教为中心的儒家核心价值观念系统，而"西用"则是以科学技术为代表的西方文化，而近现代中国社会正是在不断打破"中体"的过程中实现自身的发展。

从历史上儒家思想的本身及其为社会所接受的视域看，我们可以说儒家的核心价值观就是"三纲五常"，这个结论应该可以为儒家学者和整个社会所共同认可。但我们考察现代学者关于儒家价值观的研究，就会发现他们往往站在现代社会的基本价值观念立场上，凸显儒家思想传统中一些为现代社会所能够接受的内容，从而展示出不同于三纲五常的儒家核心价值观的其他表述，而就他们的诠释路径来看主要有两种，一种是就三纲五常中的价值观念进行批判性的取舍，另一种则是把儒家思想中的其他一些重要观念凸显出来。近现代一些研究者在论述三纲五常时，往往将五常与三纲分离，相对肯定五常，而批判三纲，还有一些学者则进一步突出五常中的仁爱、诚信观念，提出仁学本体论、新仁学等。还有一些学者则脱离三纲五常的羁绊，着力阐发儒学中有利于现代社会生活的价值观念，如宇宙论上的天人合一、中正和谐，人生观上的自强不息，伦理思想上的仁爱，政治哲学上的民本、大同等。

探索儒家核心价值观既是一个历史学的任务，也是一个具有现实性的要求，关于儒家核心价值观的理解并没有一个一成不变的结论，它实际上也是在古今之间的视域融合中呈现出来的。笔者认为上述两种探索儒家核心价值观的路径都是有意义的，应该把两者结合起来，但在结合的方式上不应该以今范古，而应该疏通古今，应该从中国传统历史文化背景和儒家思想实际出发，只有真正地理解其本来才能更好地面向未来。因此，笔者的基本结论是，儒家的核心价值观应该是"三纲五常"，但又不局限于"三纲五常"，而应该是一个以"三纲五常"为中心的价值观念系统，这需要我们今天做进一步的概括提炼。

二、三纲五常的思想内涵与义理脉络

三纲五常是儒家的核心价值观，纲是根本的意思，常是不变的意思，把君为臣纲、父为子纲、夫为妻纲和仁、义、礼、智、信组合起来称为三纲五常，就是说它们是人类社会中永恒不变的真理和普遍的价值观。五常与三纲相比是两组不同的观念群，相对来说，五常是较为普遍性的价值观念，而三纲则是就社会生活中具体领域的人际关系而言的，这两组观念从历史上看其形成相互叠成，但有各自不同的意义赋予过程。

五常观念中，礼是最早出现的最重要的价值观念，可以说在儒学成立之前的上古三代，礼是整个人文化成的基本价值载体。周公继承发扬三代传统制礼作乐，德与礼相应，而其德的观念是综合性的。在其后的发展中，德观念不断分化、深化，到孔子那里，仁观念成为统摄性的道德观念、价值观念，仁、礼并用成为孔子儒学的核心价值观，礼更多的是孔子继承上古三代尤其是周公制礼作乐的精神，礼的本质就是一套建立在宗法制度基础上的伦理政治秩序、规范系统，而仁更多的是孔子自己的思想创造，他面对礼崩乐坏的时代问题，倡导回归人的内在的爱亲之心以爱人，用仁爱的精神来充实礼乐文明。而义观念则是对礼、仁观念的阐发，孟子讲居仁由义，义是仁之所发，而荀子讲礼义，义是礼之内涵，礼、仁、义已经构成了儒家核心价值观的主体，而对礼、仁、义的自觉与持守的智、信观念也在儒学的发展过程中不断凝练、融合成一个整体。孟子讲仁、义、礼、智四德，西汉大儒董仲舒明确把仁、义、礼、智、信作为五常提出来，从此，五常观念成为儒家核心价值观的基本成分。从理论逻辑上说,儒家核心价值观源自于人伦道德实践,其带来两种核心价值观趋向:一是人之间的伦理关系及其超越路径,这是礼的维度;一是人自身的道德情感及其超越路径,这是仁的维度。仁、礼之间的中介是义,对仁、礼、义的价值观的自觉反思、认同是智,仁、义、礼、智的先天基础和后天持守。

三纲指君为臣纲、父为子纲、夫为妻纲,所谓纲是主的意思,就是说在君臣、父子、夫妻这三种社会关系中,君、父、夫三者是主导的,臣、子、妻必须服从君、父、夫。三纲表达了儒家对社会伦理政治的核心价值秩序追求,孔子讲君君、臣臣、父父、子子,孟子借舜之口讲五伦,把君臣、父子、夫妇、长幼、朋友这五种社会关系提到基本价值秩序的层面。五伦中君臣在国家内,父子、夫妇、长幼在家庭内,只有朋友在家、国之外,其实,早期的朋友一词就是指兄弟之伦,在上古三代的大群生活中,朋友关系尤为重要。在孔子、孟子的时代,宗法制度逐渐崩溃,形成了相对广阔的社会空间,朋友关系成为标志非家、国的人伦关系,在当时的社会生活中极为重要。但在儒家思想占据主导地位的秦汉以降的中国传统社会里,其根本特征表现为家庭本位基础上的君主专制主义等级社会,三代以内的编户齐民成为社会最基本的组织细胞,五伦中的长幼依附于父子、君臣关系,而朋友关系游离于家、国之外因缺乏社会空间而萎缩。秦汉以降,君臣、父子、夫妇成为儒家最为重视的伦理政治秩序对象,《韩非子》中即已提出"臣事君,子事父,妻事夫,三者顺则天下治,三者逆则天下乱,此天下之常道也,明王贤臣而弗易也"[4]。西汉大儒董仲舒明确提出三纲论并赋予其天道、天命的意义,从此以后,三纲的价值观组合遂牢不可破。

而就五常与三纲的关系而言,两组观念之间是相互支撑、相互补充的。三纲涉及三种最基本的中国传统社会关系,其他社会关系或者是从它派生出来的,或者是依附于它的,只要这三种社会关系稳定了,整个社会生活也就上了轨道,呈现出有序状态。五常则包含了德性与智性、内在意识与外在规范等基本的价值观念。就三纲与五常的各自特点而言，三纲侧重外在社会规范，有行政、法律上的强制性，五常侧重内在的道德意识、价值信念，主要靠人的自觉性。古人概括出来的道德观念、价值观念很多，除了仁、义、礼、智、信以外，还有所谓忠、孝、节、义的四德说，孝、悌、忠、信、礼、义、廉、耻的八德说等，而在这些道德观念中，忠、孝、节等又是直接和三纲相联系的，仁、义、礼、智、信又是君臣、父子、夫妻之间的忠、孝、节等道德观念的超越性升华。在中国古代社会里关于价值观念和价值秩序、价值规范的最佳组合是三纲五常，它把普遍性的价值观念和社会生活具体领域的核心价值秩序、价值规范融通为一，抓住了中国传统社会家庭本位基础上的君主专制主义等级社会的根本。

三、以三纲五常为中心的儒家核心价值观念系统

我们把三纲五常作为儒家核心价值观，并梳理了其基本思想内涵与演进过程，可以说三纲五常的观念组合给中国传统社会确立了基本的价值追求和价值秩序、价值规范，但这只是抓住了儒家核心价值观最根本的东西，可以称之为狭义的儒家核心价值观。其实，围绕着三纲五常，儒家还有一些相应的表述，共同构成了一个较为完整的价值观念系统，可以称之为广义的儒家核心价值观，笔者将其概括为以纲常为中心，向外扩展到社会生活各层面，向上推求价值源头，向下落实到个人的人生价值观。

首先，就三纲五常自身的相应内涵扩展而言，它包括五常层面的相应的普遍性的价值观念的扩展和三纲层面的具体社会生活领域的价值观念的扩展。仁、义、礼、智、信的五常概括了儒家关于人生、社会、伦理政治各方面的普遍性的价值观念，其中仁、义、礼侧重体现为实质性的伦理政治价值诉求，而智、信则侧重体现为形式性的价值诉求，这五个观念都侧重在价值追求、价值规范上，儒家关于价值理想的一些普遍性观念如中正、和谐等可以作为五常观念的衍生和补充，构成一个在历史中不断展开、丰富的思想逻辑系统。君为臣纲、父为子纲、夫为妻纲的三纲概括了儒家关于家庭、国家领域的基本价

值秩序、价值规范，它符合中国传统家庭本位基础上的君主专制主义等级社会的国情，而在三纲之外，五伦中的长幼、朋友关系则是对三纲的补充，我们可以把三纲、五伦以及儒家其他一些重要的具体社会生活领域的价值秩序、价值规范综合起来，主要包括家庭领域的父子、夫妇、长幼关系，国家领域的君臣关系，社会领域的朋友关系，涵盖了社会生活的最主要领域和人的生活方式的最主要形式。

其次，从三纲五常的源头上说，儒家将其奠基于天道性命、道统经学的层面。在现代的价值学研究中，讨论价值观的基础往往是价值哲学的问题，它追问价值是什么、价值与认识是什么关系等，而在中国传统学术语境中，关于价值哲学所追问的问题并不是这种认识论式的反思，而是存在论上的因果、源头的探索，即中国传统思维不注重概念定义式的思考，而注重实质性的思想源头问题。在孔子那里即提出性与天道的问题，但尚未将其与三纲五常等核心价值观念结合起来。孟子开始将仁、义、礼、智等与人性结合起来，"乃若其情，则可以为善矣……仁义礼智，非由外铄我也，我固有之也，弗思耳矣"[5]。《中庸》讲"天命之谓性，率性之谓道，修道之谓教"[6]，将纲常等人伦之道与人性、天命衔接起来。汉唐儒家多从宇宙生成论、气化人性论上为纲常奠基，而宋明新儒学更多地从宇宙一体的角度论体用，把纲常直接与天理同一，认为纲常名教就是天理的显现。如果说性与天道是从超越的层面为纲常核心价值观奠基，那么道统与经学则从历史文化层面为纲常奠基。西汉大儒董仲舒等推动汉武帝实行"罢黜百家，独尊儒术"的学术政策，奉孔子为最高圣人，可以说开启了儒家核心价值观与历史文化传统结合的契机，从五经到七经、九经、十三经，从五经到四书的经典范式转型，儒家经学成为儒家核心价值观进入中国传统社会的最基础、最稳固的途径，而以孔子为中心的圣贤道统的确立，则把儒家核心价值观人格化，使其成为具有宗教性的崇奉对象。

再次，从纲常价值观与个人的人生价值观关系来看，圣贤人格的养成是其根本旨归。就儒家的人生价值观而言，它既要以五常为依据，同时又要在三纲的人伦关系中展开，培养内在德性以成就外在事业一直是儒家的人格理想，宋明新儒学家明确提出了"学以至圣人之道也"[7]。现代学者，尤其是现代新儒家学者，多以"内圣外王"作为儒家核心的人生价值观，其实要用内圣外王来概括儒家的人生价值观需要做一转折，即儒家的内圣是以五常、三纲为思想场域的，而其由内圣到外王的展开必须有一个坎坷、曲成的过程，而非直接的展开关系，而由内圣外王进一步展开，儒家在人生价值观上追求知行合一、德福统一、内在超越等，把自身价值的实现融入他人、社会政治以至宇宙全体的无限境界中。

综上所述，我们可以说儒家以三纲五常为中心的核心价值观念系统由四个部分组成：（1）作为核心价值观源头的性与天道、道统经学；（2）以五常为代表的普遍性的价值观念；（3）以三纲为代表的具体社会生活领域中的核心价值观；（4）人生价值观。这四大部分之间具有内在的逻辑联系，源头部分是儒家核心价值观的哲学基础，基本理念系统构成一般意义上的价值观，社会生活具体领域的核心价值观则将儒家关于家庭、国家、社会等的价值追求揭示出来，而人生价值观则是儒家价值观的根本落脚点。价值源头部分侧重论述儒家核心价值观的"体"，而其余三个部分则是"体"的发"用"，而在"用"的三个部分中，以五常为代表的普遍性的价值观念可谓"用中体"，社会生活具体领域的核心价值观、人生价值观两部分则构成普遍性的价值观念系统的实现路径。

四、儒家核心价值观念系统的现代意义

以三纲五常为中心的儒家核心价值观念系统在中国传统社会影响巨大，是传统中华文明维护其自身统一性的重要保障，一直到今天，这一体系仍然构成现代中国人潜在的价值观维度。我们今天建设社会主义核心价值观，离不开中国社会生活的具体语境，当然也无法完全脱离中国社会的历史文化传统，因此批判性地借鉴儒家核心价值观就是一件极有意义的事情。

首先来看儒家核心价值观念系统形式构成上的特色。儒家核心价值观以五常、三纲对言，五常中又以仁、礼为本，又强调以仁统礼，

而仁、礼又与三纲的价值秩序、价值规范紧密联系，在理论内涵和理论形式上都能互相补充。而就儒家核心价值观念的系统结构而言，五常、三纲各自从普遍性、特殊性两个层面对人类社会生活的基本价值做出规范，而性与天道、道统经学构成其超越的义理依据，同时又让落实到人生价值观上的个体人格完善，构成了一个普遍与特殊、形上与形下、群体秩序与个体追求较为完善地结合起来的义理系统，紧密契合中国传统家庭本位基础上的君主专制主义等级社会的根本国情。从这个意义上说，儒家核心价值观念系统的形式构成方式是值得我们借鉴的，启发我们在社会主义核心价值观建设上使核心概念更突出、义理系统更紧密。

其次来看儒家核心价值观念系统具体内容上的特色。儒家核心价值观在中国传统社会影响巨大而深远，是人们基本的生活规范以至于终极的精神关怀，明清之际的大儒黄道周抗清殉国，临终血书"纲常万古，节义千秋。天地知我，家人无忧"[8]。儒家核心价值观中的一些具体内容在今天不仅在现实中实际存在着，而且从义理上看也同样具有理论意义和现实意义，习近平总书记提出"讲仁爱、重民本、守诚信、崇正义、尚和合、求大同"，这是对以儒家为主的中国传统核心价值观的提炼概括，为儒家核心价值观的创造性转化与创新性发展指明了道路。作为儒家核心价值观的三纲五常，其中的三纲更多地与现实的伦理关系、政治统治结合，应当随着时代发展而变革其具体规范，其中的五常则体现出更多的普遍性的价值追求，应该将其与现代社会的人的生活方式结合起来转化其思想内涵，而与三纲五常相应的天道生生、万物一体、内圣外王等儒家的核心价值观念也是我们今天建构新的价值哲学、价值理想的宝贵思想资源。

但我们在大力弘扬以儒家为主的中国传统优秀价值观时，更要注意批判地继承，要把儒家的核心价值观看成一个完整的系统，它的具体价值观念的内涵必须被纳入其整体系统中，尤其是要被纳入这个系统所赖以产生并为之服务的中国传统家庭本位基础上的君主专制主义等级社会中去，发掘其与传统中国经济、政治、文化背景的内在联系，破除对儒家核心价值观的笼统认识，也破除诠释儒家核心价值观中的复古主义、保守主义倾向，把儒家核心价值观的真意呈现出来，在现代理念、理性精神的审视之下，在深层次的分析批判的前提下实现儒家核心价值观的转化创新，为当代中国社会的核心价值观建设提供来自优秀传统文化的精神资源。在批判儒家核心价值观念系统的同时，尤其需要注意批判儒家核心价值观在服务于现实社会政治的同时而被异化为服务于统治者的一面，要在建构与解蔽的双重努力中，把儒家核心价值观的真实思想内涵、理论系统揭示出来。

　　这里我们尤其要注意对儒家核心价值观的源头进行批判反思。传统儒学把性与天道、道统经学作为纲常名教的源头，可以说从天人之际、古今之变的维度为纲常名教的合理性奠基，但我们今天可以跳出这种思维模式，从历史唯物主义的角度看，儒家纲常名教核心价值观的源头在中国传统社会生活方式上。两千余年的中国传统社会，始终是建立在家庭、家族本位基础上的君主专制主义等级社会，尽管在孔子之前以家族、宗族社会生活为主，而秦汉以降则以三代以内的家庭为社会基本组织细胞，与家为本、家国一体的基本伦理政治生活方式是一致的，这才是儒家核心价值观的真正源头。三纲中的父子、夫妇关系皆为家里人的事，而君臣则是国家中的事，这种社会生活方式中始终缺乏独立的社会空间，它的基本计算单位是家，而非独立的个人。儒学非神学、非物学，而是人学，但儒家的人学是人伦之学，它在社会关系中看人，尤其是在家庭伦理关系中看人，而国家的政治关系则是以家庭的伦理关系为依据的，即它的人伦之学也是特定的家庭人伦之学，儒家核心价值观的根在家庭、亲情，在家国同构、君父合一。儒家的核心价值观即是建立在这种家庭本位的人伦道德实践基础上的，而性与天道、道统经学等只是儒家核心价值观的辅助性源头，从人伦道德实践出发，向着以三纲为主的伦理关系、价值秩序发展，相应的有以孝悌忠义为中心的道德情感、价值判断，这是儒家核心价值观的主体部分，它构成儒家在社会生活具体领域的核心价值观和儒家的人生价值观，由此进一步向超越层面发展，则构成以五常为主的普遍性价值观念系统，从总体上呈现出整体主义、忠孝至上的思想特色。

　　时代变了，人的生活方式变了，核心价值观也要与时俱进。儒家的核心价值观适合中国传统家庭本位基础上的君主专制主义等级社会，曾经发挥了维护社会稳定、促进社会发展的巨大作用。今天我们应当遵循历史唯物主义原则，把儒家核心价值观看作中国传统社会的历史产物，其中固然离不开思想家的自觉建构，但却始终源自对社会生活本身的反映，只有这样才能真正揭示出儒家核心价值观所赖以生存与发展的中国传统社会根基，揭示儒家核心价值观与中国传统家庭本位基础上的君主专制主义等级社会的一体关系，在包括儒家核心价值观在内的儒家思想的现代转化、创新中保持清醒的头脑。今天我们可以继承发展儒家把核心价值观奠基于人伦道德实践的基本思路，突破其家庭本位基础上的君主专制主义等级社会藩篱，展开一种自我面向他者、面向未来的开放的本体论结构，从而使儒家核心价值观的现代转化与创新发展建立在更加坚实的基础上。

参考文献：

　　[1] 班固. 汉书：第八册 [M]. 北京：中华书局，1962：2505.

　　[2] 钟肇鹏. 春秋繁露校释：校补本 [M]. 石家庄：河北人民出版社，2005：788－791.

　　[3] 朱熹. 朱子全书：第二十三册 [M]. 上海：上海古籍出版社，合肥：安徽教育出版社，2010：3376.

　　[4] 陈奇猷. 韩非子新校注 [M]. 上海：上海古籍出版社，2000：1151.

　　[5] 杨伯峻. 孟子译注 [M]. 北京：中华书局，1960：259.

　　[6] 王文锦. 礼记译解 [M]. 北京：中华书局，2001：773.

　　[7] 程颐，程颢. 二程集 [M]. 北京：中华书局，1981：577.

　　[8] 黄道周. 黄道周集 [M]. 北京：中华书局，2017：57.

　　该文为"2018 中国·衡水董仲舒与儒家思想国际学术研讨会"提交的论文。

　　李祥俊（1966－），男，安徽合肥人，历史学博士，北京师范大学哲学学院教授，博士生导师，衡水学院特聘教授。

道德的现代视域与"五常"新解

罗传芳

　　董仲舒作为儒家历史上孔子与朱熹之间的一代大儒，在中国历史上的地位是非常重要的，印证其重要性的一个简单事实就是：当一个新的政治共同体即大一统出现需要理论建构时，这一儒者以知识思想影响政治，实现了士人与政治的联盟，这一政治结构一直延续到清末。所以从事实层面看，这个重要性怎么估计也不过分。但是除了这一事实之外，还应有历史效果和价值评价的审视，这也应该是今天我们看待、研究和纪念董仲舒的一个重要维度，即反思的维度。最近哲学界热议一个话题，即我们现有的哲学研究往往只是对历史上某个对象、人物或文本的研究，这其实是"（哲学）史"的研究，而非真正属于原创性的哲学研究。这是很有现实针对性的一种批评。那么什么是原创性研究呢？我想首先应该要有独立思考，要反思，要有问题意识，因为只有这样的哲学才是符合哲学"爱智""求真"内涵的。另外退一步讲，即使是从传统历史学吸取经验教训的角度来看，反思也是很有必要的。

　　那么，具体到董仲舒研究有哪些值得反思呢？

　　首先，是其粗疏的理论模式。正如前面黄朴民教授在发言中所说，董仲舒当时所运用的理论具有某种原始性质，他用民间方术中的"天人感应""灾异谴告"构筑了一个"天道""天命"体系来制约王权，这从理念上当然是符合儒家"天听自我民听，天视自我民视"的朴素的民本思想，用心也是好的。但是事实是，这种解释天道、天意的权力最终还在人，天又不会说话，于是要么是有话语权的人强说，要么是不负责任的人乱说，其负面效果很快就在西汉末年出现了。当时谣言四起，谶纬流行，社会陷入动荡之中。可见，这套理论即使在当时也不能说是成功有效的。所以只肯定董仲舒有制约王权的思想和某种理论预设，而不指出其有限性、局限性，是不够的。这种企图用天道收摄人道的思路后来一直延续下去，直到理学的"天理/人欲"预设（不过更精致了），其特征都不是靠刚性的、可操作的、有效的、良性循环的制度方式来制约权力和落实儒家的仁政理想，而只是存在于理论构建中，结果被历史一再证明其效果是极其有限的，其带来的仍是一代代破坏性的王朝循环史，一切推翻重来。这是今天要深刻反思的。

其次，是"以德治国"路径的局限。余治平教授在开幕式致辞中也提到这一点，即道德哲学对政治影响的限度。这就涉及如何理解道德的问题。雅斯贝尔斯提出的公元前5世纪前后东西方出现的几大轴心文明，如古希腊、希伯来、印度、中国，从中可以看出它们体现了不同的文化形态，或理性或宗教或道德；而道德或德性的自觉，是中华文明的特征，如儒学就是典型的道德哲学。

道德对人类来说当然非常重要，是人类作为高级群居动物发展起来的一种自觉意识。道德之所以发生，内在于人类自身的双重特性：一方面人类基于动物趋利避害的利己性而有攻击性和排他性；另一方面，人群又具有强烈合作共生的意愿和要求，于是又相应发展出友爱互助、合作共生的美德，这样才能保证人类的共同生活和繁衍。所以道德一般是一个正面的概念。如古希腊也有"四主德"：智慧、正义、勇敢、节制，而且亚里士多德的名言是：过有道德的生活是一种幸福（德福一致）。但是东西方不同的是，后者在道德之外同时还发展出实践理性和工具理性，致力于在制度上建立一套制约权力的体系，如英国13世纪就有了《大宪章》。但是儒家却一直执着于道德，强调从个人修身、伦理和教化上治理社会，具有泛道德化的倾向。如孔子说："道之以政，齐之以刑，民免而无耻；道之以德，齐之以礼，有耻且格。"（《论语·为政》）对道德特别推崇。但事实证明，仅有道德而没有相应的政治、法律制度作保障是不够的，就连孟子也明示过："徒善不足以为政，徒法不能以自行。"（《孟子·离娄上》）特别是在今天现代市场经济条件下，当你遇到个体权益受到侵害时，道德更是无力，这时总不能只说"亦有仁义而已"（《孟子·梁惠王上》）吧？

因此，现代社会与传统社会相比有一个最大的不同，即社会的运行不能只靠道德起作用，而是要以满足市场平等交换的原则即契约作为维系社会的根本保障，由此寻求建立一套与之配套的价值理念和制度规则，如自由、平等、公正、法制等这些核心价值观，就是一种新道德。同时把公权力（power）关进笼子，保护个人权益（rights），只有这样，市场才能良性运转而不至沦为腐败之地和强权强势者予取予夺的乐园。可见，道德的作用在今天虽然重要，却需要被重新定位，并进行古今转换。

由董仲舒完善的儒家的"五常"（仁义礼智信）之德，在今天现代视域下如何转换呢？

我们知道，儒家道德体系的建立有一个过程，发端于孔子，由一系列德目和对德目的解释组成，如"三达德"（仁智勇）和由"仁"统领的一个价值体系，包括忠、孝、信、悌、礼、义、廉、耻、温、良、恭、俭、让等。到孟子时，将此提炼为仁、义、礼、智"四德"，并为其找到了来源和根据即"四心"和"四端"。到汉代董仲舒时，又增补了"信"；这样，儒家的"五常"之德便最终确立下来，与"三纲"一起，构成了两千多年政治文化的核心。

对待"三纲五常"，我同意牟钟鉴和李存山先生的意见，即"三纲"不能要，"五常"可以留。因为"三纲"（君为臣纲、父为子纲、夫为妻纲）具有强烈的不平等的压迫和宰治的性质，所以是必须要抛弃的；而"五常"，作为人群交往伦理的一个基本框架，经过现代转换和重新阐释是可以用的。比如"仁"，当然很好，这也是儒家的核心价值即"仁者爱人"，但是对何谓"仁"，首先要符合现代价值的界定，即它不能再是以"亲亲"定位的差序，而必须在"一体之仁"的方向上推进。因为今天是现代公民社会，连接人与人的更多是非血缘的关系，比如市场、组织、社区等，所以亲亲之爱也必须随之而转变成具有普遍意义的一体之爱。其次，如何实现仁呢？正如上面所说，制度保障极其重要，如果没有保障仁的制度，人而不仁的现象就会随时发生。这也是儒家历史上饱受诟病的短板。"礼"和"义"在今天也有时代隔膜，一些符合古代礼、义要求的不一定适合现代，如这些年关于"亲亲相隐"的争论即是如此，它关乎人情与法理、权利与义务的界限问题。"礼"在中国传统社会地位很重要，不仅是指礼仪（孔子时代可能更多是仪礼秩序，后世演变成"吃人"的礼教），某种意义上还是法，弱法，对人有很强的禁锢和制约（人是关系中的角色、工具）。而今天，法尤其是宪法是最大的，法不禁止即自由，礼在很大程度上被法消解和替代了，不应再有独立的地位。"义"，按孟子所说源于"羞恶之心"，是人自己为自己立法，但是后世义也变成外在的规范，特别是演变成小圈子的潜规则或者干脆就是"私义"（如江湖上"桃园三结义"），这一点即使在古代也遭到批评。因此从私义到公义和正义，是现代转换的方向。"智"的古今分别更明显，因为古代与现代的知识结构和认知方式完全不同，过去不论是"尊德性"还是"道问学"，实际都是在道德工夫层面，超出的会被当作奇技淫巧和不务正业；而现在，不仅科技是生产力，而且已经到了人工智能时代。"信"在"五常"里好像最没有争议，但是由于传统农业社会缺乏契约精神，信的根基也是不牢固的。何况中国文化是基于宗法血缘建立的熟人社会中的亲亲文化，所以"信"也往往具有由近及远的亲疏等差分别，这在现代社会和普遍法制条件下，同样是需要反思和矫正的。

原载于《衡水学院学报》2018年第5期。
罗传芳（1959－），女，湖北武汉人，《哲学研究》编审。

论"五行"与"五常"之管理精神①

苗泽华　赵现锋

　　《尚书·洪范》中指出："五行：一曰水，二曰火，三曰木，四曰金，五曰土。水曰润下，火曰炎上，木曰曲直，金曰从革，土爰稼穑。润下作咸，炎上作苦，曲直作酸，从革作辛，稼穑作甘。"[1]《白虎通义》曰："故人生而应八卦之体，得五气以为五常，仁义礼智信也。"[2]故道兴于仁，理于义，立于礼，成于智，定于信。自汉代以来，儒家主张五常与五行相合，仁与木合，礼与火合，信与土合，义与金合，智与水合[3]。五行中"木火土金水"五个要素之间既是相生的，如"木生火，火生土，土生金，金生水，水生木"，五行之间又是相克的，如"木克土，土克水，水克火，火克金，金克木"。事实上，不仅五行之间存在生克关系，五常也要符合生克之道。不论是五行之天道，还是五常之人道，都蕴含着天道哲理与人道智慧[4]。这是当代企业管理的精神命脉与思想智慧源泉，也是管理世界取之不尽用之不竭的活水源头。当今，管理思想日新月异，管理手段层出不穷，管理方式不断创新。但我们必须认识到，管理的现代化不仅仅是管理手段的创新，思维方式的更新，更是中华民族伟大精神的继承、弘扬

──────────
　　① 基金项目：2017年度河北省社会科学发展研究重点课题："河北省企业伦理文化与社会责任研究"（201702120201）和国家第三批高等学校特色专业建设点（工商管理专业）建设项目（TS10689）的研究成果。

与创新。我国的企业要走向世界，就必须健康、持续地挖掘并弘扬五行与五常之管理精神，形成具有中国特色的管理思想与管理模式。

一、"木"与"仁"之管理精神

《说文》曰："木，冒也。冒地而生。东方之行，从草，下象其根。"《白虎通义》曰："五行，木之为言触也。阳气动跃，触地而出也。"《春秋繁露》曰："木者，春生之性，农之本也。"狭义之木一般指树木，而广义之木则可以引申为各种草本植物及木质材料等。《素问·玉机真脏论》上说："东方，木也，万物之所以始生也。"木对应的方位是东方，对应春天，对应青帝，配帝为人文始祖伏羲。木一般是由下向上生长的，扎在土里的部分谓之根，在土上面的则谓之干、枝、叶。木之根深，则干壮枝繁叶茂。"木曰曲直"不仅是指木本身所具有的生长、生发及其生机，还指木在生长过程中有曲有直，承载岁月的痕迹，折射出自然之华美。木的年轮也像一个又一个的圆圈，大圈套小圈，从内到外层层相套，树木的年龄越长，则年轮越多，也愈加华姿美妙。木之躯干枝叶有曲有直，迎风起舞，婆娑摇曳。正因为木有曲有直，才愈加显得风雅华美而富有个性。在五行中，木代表生机。在地球 45.4 亿年的演变中，大地上最早的生命是植物，正因为大地先拥有了植物，才产生了万千生机。春天来了，生命绽放，生机盎然，万物生发，气象万千。

五行之木对应五常之仁，还对应五脏之肝脏。樊迟问仁，子曰："爱人。"[5] 仁爱是儒家思想的核心，不断拓展仁爱的空间，就能达到大爱无疆之境界，从而产生大仁大爱的精神与能量。正是这种对世间万物的大仁大爱精神，才能持续不断地回归人人所具足的仁善本性，从而生出丝丝爱心，为生生不息的大自然提供良善的保护而不是恶意的毁坏。孟子曰："恻隐之心，仁也。"孟子积极倡导仁民爱物，游说当政者施行仁政。仁政的核心是爱民，从而仁爱世间万物，戒杀戒砍伐是仁政的重要思想。董仲舒认为，"仁之法，在爱人，不在爱我。"他提出了"仁在安人"的重要思想。孔子曰："仁者乐山。"真正的仁者是喜爱山的厚重，喜爱山的自然生机，喜爱山的大爱与无私。大山不仅蕴藏各种矿物，还哺育着动物与植物，焕发生命与生机。大山毫不保留地给予诸多动物、植物、矿物等万物以生机，而不索取任何回报。《说文解字》曰："仁，亲也，从人从二。"清代学者段玉裁在《说文解字》一书中注解道："独则无耦，耦则相亲，故仁字从人二。"[6]"仁"字左部首是单立人。有爱心，讲信用，德才兼备之人才可能真正立起来。"仁"字右边是"二"。笔者认为，"二"字上边这一横道代表天，代表乾，代表阳，也代表刚；"二"字下边这一横道代表地，代表坤，代表阴，也代表柔。人立于天地之间，就要学习上天自强不息之道，领悟大地厚德载物之理。"仁"也是两两之关系，如父子、母女、夫妻、兄弟、姐妹、朋友，以及人与人、人与组织、人与社会、人与自然等。"仁"的核心是"孝"。孔子曰："仁者人也，亲亲为大。"正所谓"百善孝为先"。终身笃行孝，就把握住了"亲亲"之关键。曾子曰："夫子之道，忠恕而已矣。"这就道出了"忠恕"是儒家"仁"之本质思想。"仁"既是合而为一的系统整体观，还是一分为二的辩证思维方式，如：阴阳、刚柔、吉凶、忠恕、动静、进退、曲直、生死等都是矛盾对立统一的两个方面。一个人领会"仁"之精神，不仅要一分为二地看待问题，还应追求合而为一的太极境界。合而为一不仅是"合二为一"，还可以"合三为一"以及"合万物为一"。这是一种以系统观或整体观看待多元事物的辩证思维方式。一个人领会了"仁"之精神，不仅要自爱，更要爱人。爱父母，爱妻与子，爱亲朋好友。"仁"是一种理智的爱，甚至是超越时空的大爱。大学之道的"止于至善"就是以仁爱为始，达成至善。

随着全球化及我国经济社会的快速发展，尤其是当前中美贸易摩擦不断，世界经济错综复杂，我国企业要保持生命力与可持续发展，其战略管理更迫切需要"木"与"仁"的精神。企业应该重视以下几点：（1）只有给顾客带来生机，给世界带来生机，企业才有生机。漠视顾客诉求，不管顾客死活，企业不可能独自存活。（2）仁爱顾客就要学会"恕"。"恕"是一种心态，是与"忠"这个作用力相反的作用力，也是企业活得更阳光的一种理念、精神与思维方式。笃行恕，需要常常将心比心，时时换位思考。（3）管理的核心是管理人，其真谛是教化人心，运营人心，管理人心，使人的良善之心不断升华。"仁"是管理之法宝，不论事物多么复杂，总能从正反两面（如阴阳）进行分析。（4）企业与利益相关者之关系十分复杂，若能从两两关系入手进行分析，趋利避害，利益他人，就能赢得人心。（5）在管理中实行仁爱教育，在顾客、员工和股东中，在经营管理者及利益相关者心中播种仁爱，在人们的灵魂深处激活仁爱，就能结出仁善的果实。总之，"仁"是两个人之间的共生，也是阴阳共生，还是天地共生。学会克己，学会给予，将心比心，不昧良心，才能更好地共生。我国同仁堂的"同声同气，济世济人；仁心仁术，医国医民"，将仁心与仁术合而为一，从医国医民的高度道出了"仁"之真谛。（6）仁爱是宝贵的能量，也是伟大的精神，还是企业管理中最重要的生命力。笃行仁，先从自我做起，将仁爱融入自己的生活与工作之中，融入企业生产经营活动之中。

二、"火"与"礼"之管理精神

《说文》曰："火，南方之行也，炎而上，象形。"《说文》又曰："火，毁也。"《易·说卦》曰："离为火。"[7]离，就是分离、分散或离别。只要火燃烧起来，必然呈分散状态，物质被火焚烧之后就慢慢地变成土了。故曰："火生土。"《春秋·元命苞》曰："火之为言委随也，故字人散二者为火也。""人"字的左边这一撇代表天、乾、阳、雄，右边这一捺代表地、坤、阴、雌。"火"字为"人"上两点，表示"人"之左右、阴阳等不协调了。不协调，必然生病。因此，火上有火就是"炎"。人若有了炎症，就意味着生病了。若是心火上升，可能导致五内俱焚，引病缠身。火也是自然界物质燃烧过程中散发出光和热的一种现象，这是能量释放与转化的一种方式。《左传·宣公十六年》曰："人火曰火，天火曰灾。"不论是上古燧人氏的钻木取火，还是由圣贤先祖发明而一代又一代传承下来的烧火做饭皆是火。即便是一个人的急火攻心，心急火燎，还是人之火，也是小火。然而，自然界的电闪雷鸣，导致大面积森林的燃烧，那是大火，也是天灾。在五行中，火对应南方，代表夏天。"火曰炎上"形象地表明，火由下向上而燃烧，火苗也是从下往上蹿。火，正是生命的分散与毁灭，在一把森林大火之中，不知有多少生命因此而丧生，多少物种因此而灭绝。

五行之火对应五常之礼，还对应五脏之心脏。要领会"火曰炎上"之"火"，就要从五常之"礼"中悟出中华礼仪之邦的精神来。孔子曰："人而不仁，如礼何？"这不仅强调了"仁"是"礼"的内在本质，还指出了"礼"是"仁"的外在行为。董仲舒认为，"质文两备，然后礼成。"[8]他强调了人内在之"仁"与外在之"礼"的和谐。繁体字"禮"左部是"礻"字旁。笔者认为，"示"是指精神。人在实践中由内心感悟而升华成精神。当然，有人把"示"理解为神的旨意，其实神也是人的意念与精神。"礼"右边上面是"曲"，"曲"既是乐曲，表示音乐合乎伦理，也是表示人与人之间出于真诚的曲身施礼。下面是"豆"，"豆"是五谷之一，也代表物质。马克思认为，物质决定精神，精神反映物质。"礼"字正好反映了物质与精神的辩证关系。人们要知礼节，通晓道理，才能克服性情急躁，达到心平气和之境界。人若不知礼，必然心乱，从而乱性，还可能导致伦常混乱。到了背道而驰、悖理而行的地步，恐怕离毁灭也就越来越近了。"伦常乖舛，立见消亡""德不配位，必有灾殃"等警示语就道出了"礼"的重要性。一个火是小火，人人皆有，有点火气，也能激发人心，便于做事；两个火，就不得了，火上有火就是"炎"字，意味着有炎症了，就要生病了；三个火再加上一个风，就是"飚"字，寓意火得发疯了。俗话说："要让他灭亡，先让他发狂。"一个人狂到发飙，就是心近乎疯狂了，恐怕会得精神分裂症。精神与物质一旦分离，又岂能不灭亡呢？不论是生财求利，慕名贪功，还是出仕从政，玩弄权术，只要玩得过火，一通疯玩，就会自取灭亡。因此，只要我们通晓了火之属性及其精神，遵循水火相济之道理，就能让火为我所用，为家创业，为民造福，为国建功，而不是玩火自焚，自取灭亡！

不管全球经济如何变化，企业管理要孕育、积蓄、勃发生命力，必须重视如下三宝：一曰人，二曰资金，三曰制度。制度是"仁"之精神的放大，也是用仁爱精神规范人的行为而逐渐形成的礼仪与规制。正所谓"没有规矩，不成方圆"。也可以说，"礼"是秩序、规则与制度的统称。在企业管理中，我们应高度重视以下几点：（1）"礼"是建立在仁爱基础上的秩序，是以道德规范建立起来的规制，也是长期施行仁政所形成的官风与民俗。企业的任何规章制度都是用来规范人之行为的，必须以"仁"为基础，并通过"礼"的形式表现出来。"礼"的本质是内在之"仁"，克己自律，遵循规律，遵守规制，维护秩序。（2）以人为本的现代企业制度也以"仁"为核心。我国特色的公司治理的实质就是以"仁"为核心思想的规制与秩序。公司治理不仅需要"仁"之实质，更需要用"礼"之形式。通过仁与礼的和谐统一，不断地端正自己，感化别人，促进企业产生强大的生命力。（3）"礼"是企业与利益相关者形成共生、共荣与共赢的生态秩序。生态是生命力及其态势的高度概括，正是有了这种蕴藏生命力的生态秩序，企业才能长久生存、持续壮大，才能实现健康、和谐、持续发展。（4）现代企业管理需要挖掘弘扬五常和五行之精神，从根本上推动企业与利益相关者遵循共生规律，笃行五伦，实现良性循环与持续发展。

三、"土"与"信"之管理精神

所谓土，一般是指尚未固结成岩的松软堆积物。《说文》曰："地之吐生物者也。"俗话说："土里刨食。""土曰稼穑"告诉我们一个常识，土是可以生长、承载万物的。所谓"生"就是人在土之上，人与土牢牢结合在一起，人在土上生活与劳动，创造人与土之间的融合之美。世上有哪个人能长期离开土地呢？人活着在"土"之上，能在土上立足，才能生，才能行，才能管理，才能发展。就是死了，也要入土为安才好。所谓"态"（態）不仅是某种状态，也是人心中内在之精神所释放的信息与能量。"态"正是心灵的一面镜子，可以照出好坏、美丑和善恶。有什么样的心，就有什么样的态。生态不仅是一种物质现象与自然状态，也是包括人在内的众生之态。稼穑的本义是种植，可引申为生育或繁衍，有生生不息的特点。土的特性是温厚包容而笃实守信。正所谓"种豆得豆，种瓜得瓜"。土地根据季节生发万物，从不违时，这是天然的信。土之性德为厚德载物，这是土地的温和包容。《史记·郦生陆贾列传》有言："王者以民人为天，而民人以食为天。"人们吃的食物需要土地的培育与滋养，土地是人及万物的命根子。在五行中，土对应中央，代表长夏（三伏天）。事实上，生活在大地上的人们往往以自我个体为中心，以己心看待万物，洞察天地人，通过不断地提高对土的认识，来弘扬诚信，正己化人，从而更好地管理企业、管理国家、管理世界，造福众生。

　　五行之土对应五常之信，还对应五脏之脾脏[9]。孔子曰："人而无信，不知其可也。"又曰："主忠信，徙义，崇德也。"孟子曰："信，言合于意也。"董仲舒认为"信在为人"，"无信"则"无仁"。"信"也是为人成仁的前提。做人先要有自信心，自己相信自己，同时对人要诚实守信，才能取信于人。守住了信用，才有信誉，才更有信心。《易经》上说："地势坤，君子以厚德载物。"诚信在心，守住信，讲信用，履行诚信之责任，才能像广袤的大地那样厚德载物。诚实守信不仅能为个人与子孙积福，还有助于人生与事业的成功。在全球化与经济社会日新月异的新时代，一个人要实现人生与事业的发展与成功，必须增强信心、提升信任度。有了信任度，才能提高忠诚度，从而提升美誉度。信任度源于自信，自信源于诚信，诚信源于良知。只有诚信之良知成为内在的生命力，才能产生信心、增强自信。广袤的土地历经沧桑，依然是土地。诚实守信是做人之法宝，是管理之灵魂，也是中华优秀文化之传承！

　　俗话说："天道酬勤，地道酬实，人道酬德，商道酬信。"从古至今，信是商道之根本。尤其在新时代，以商业为主的第三产业已经成为全球经济的火车头，不论是网络经济，还是实体经济，讲诚信、行诚信、守诚信是企业生存发展之根本，也是现代管理之灵魂。这要求我们高度重视以下几点：（1）人人讲诚信、重诚信、守诚信、行诚信，就能减少欺诈和虚妄，就能大大降低企业管理与市场交易中的成本，从而提高管理效率。（2）诚信不仅是智慧，也是德行，还是一种思维方式。人要从天地之诚中，学习诚、领悟诚、笃行诚，从而生出信心来。以自己诚信之心换来他人的诚心相待。（3）将心比心，以诚为先。换位思考，贵在笃诚。一个商人如若学会了"信"字，做人经商就能立德、立言、立功，就可能功在当代，利在千秋。（4）企业管理越复杂，竞争越激烈，就更要守住诚信，坚持诚信，弘扬诚信，笃行诚信。"信实"一词特别形象地告诉我们，信是因，实是果，只有守住了信，才会收获甘美的果实。（5）随着管理风险的放大，要在共生中实现共荣与共赢，必须坚持诚信。坚持诚信，才能赢得信任，才能促进企业良性发展。（6）守信的关键是守住心，心不被风吹走，心不被霾蒙蔽，心不随欲望而生恶，心好，管理才好，企业的明天才会更加美好！

四、"金"与"义"之管理精神

金是人类发现得最早的金属之一。金（化学符号：Au）是一种化学元素，原子序数为 79。在汉语中，与金属有关的字，多带有金字旁。五行之金不仅指各类金属物质，也包括非金属矿物。非金属矿物也反映金的属性与特征。"金曰从革"中的"从"是"由也"的意思，而"革"则是"变革"或"革新"，《易经》上也有"革故鼎新"之说。从革，即说明金是通过演变或变革而产生的。金及金属质量较重，反映到人身上，往往表现出性情刚强，自尊心强，重视情感，行侠仗义，疾恶如仇。在五行中，金对应西方，也代表秋天。我们经常用金色的秋天来形容秋天的美丽与收获。秋实正是芸芸众生赖以生存与生活的物质来源，是滋生维护延续生命的重要基础。

五行之金对应五常之义，还对应五脏之肺脏。"义者，宜也。"孔子曰："君子喻于义，小人喻于利。"孟子曰："羞恶之心，义也。"董仲舒曰："义之法，不在正人，在正我。"繁体字"義"的结构非常奇妙。上面两点是一左一右，一阳一阴，一吉一凶。要趋吉避凶，就必须把握"善"与"不善"、"该"与"不该"、"有为"与"无为"之辩证关系。符合天理，体现"仁"之良善与正义，需要做而应该做的，就必须做，做成做好了就吉祥。不符合天理的，邪恶的，不该做的，千万不能做，做了就陷入凶险之中。"義"字两点下面是"王"，孔子曰："三贯一为王。"笔者认为，"王"字上中下三横分别代表天、人、地，而这一竖道则把天人地合三为一了。上面两点和下面的王合在一起也像羊，羊是善良温顺的象征。"王"的下面才是我，我作为个体要遵循阴阳之理，为人处世要服从王道。在王道前提下安身立命才是义。"义"还可以引申为义理、义务、气节和责任。"义"为元气之门、正气之根。所谓浩然之气，全在正义，从而以正义之心正己化人。

在新时代，我国企业必须建立以社会主义核心价值观为引领的社会责任体系，坚守本分，担当责任，履行义务。这要求重视以下几点：（1）企业管理要以良知为基础，以正义为使命，勇挑社会责任，牢牢把握大义、正义与公义，一切都要从义字开始，以正义战胜邪恶，以公义战胜私欲，全大义而不计小利。俗话说："千金易得，义气难买。"大义、正义、公义、仗义比金子还珍贵。"义"正是天地良心的体现，蒙蔽了良心，也必然丧失正义。（2）在西方管理学中，有一个著名的"责权利相称原则"。在这个原则中，永远把责任放在第一位的。这是为什么呢？难道是管理学家的心血来潮？事实上，企业作为社会人，责任至上，承担责任是天经地义的。只有把责任放在企业管理的第一位，将权力赋予那些有责任心和有履行责任能力之人，才能开创美好的事业。带领大家勇挑重任之人，善于履行责任的经营管理者，才能成为有担当的企业家，从而促进企业生存与持续发展。（3）在我国的一些企业中，管理者尽管也仿效西方学习"责权利"，而在实际行动中，往往把"权"和"利"至于责任之上，甚至把"责"抛之脑后。这就为自己的人生埋下了祸根，为企业发展种下了危机。人生不在于获得了什么，而在于一生做过什么，对人民，对企业，对国家，对社会贡献了什么！（4）履行社会责任是人生及其组织的天职。我国古代儒家思想就始终倡导"义以生利""先义后利""见利思义"等经营管理思想[10]。符合道义、正义和公义，义字当头，才是阳光的事业。不论是个人，还是企业，都不能见利忘义、唯利是图，更不能损人利己、损公肥私。（5）西方某些国家的"拜金主义"实质违背了"责权利对称原则"，也违背了东方"义以生利"的大智慧。一旦陷入了"拜金主义"的泥潭，必然唯利是图而不能自拔，这是十分有害的。（6）企业作为社会细胞，需要正义为先，仗义而为，尽义务，守道义，弘扬正义，笃行道义。这是企业健康、和谐、持续与良善发展的根本。

五、"水"与"智"之管理精神

水是一种物质，水也是生命之源，还是芸芸众生之命脉。水孕育了地球生命系统之矿物、植物与动物。万物皆离不开水，正是有了水，世界才绽放出五彩缤纷的生命之花。百度百科注解：水是由氢、氧两种元素组成的无机物。在常温常压下，水是一种无色无味的透明液体。水还有天然水与人造水之分。水也是人类所创造的文化与精神信仰。老子在《道德经》第八章中说："上善若水。水善利万物而不争，处众人之所恶，故几于道。居善地，心善渊，与善仁，言善信，政善治，事善能，动善时。夫唯不争，故无尤。"[11]古人认为：水，清净柔和，滋养着天地万物，其德至善至纯，常为士人君子所悦。

五行之水对应五常之智，还对应五脏之肾脏。俗话说："肾为先天之本。"肾好，身体才好。孔子曰："智者乐水，仁者乐山。"孟子曰："是非之心，智也。"《韩非子·显学》上说："智，性也。"董仲舒则强调"为人必仁且智"。"仁"是"智"的基础，二者相合，可谓大仁大智。"仁"若离开了"智"，就可能走向愚蠢；"智"若离开了"仁"，就可能滑向诡诈。仁与智结合，才可能德才兼备。"水曰润下"是指水永远向下滋润。人要学水的至善精神，人若学了水之道德，就能知晓变化，洞察玄机，善于权变，通达管理，达到智者乐水之境界。在五行中，水对应北方，代表冬天。俗话说："人向高处走，水向低处流。"真正的高人皆能领悟水之精神，不是往高处投机钻营，而是往低处走，到人民群众中去，到最需要的地方去。与世无争，谁又能与其争？

"士农工商官"之"商"也对应五行之水，不论是德商、智商、情商、胆商，还是财商，皆反映水之精神。财富作为物质像水一样流动，在天地之间不停地循环往复。真正的"财神"，是取之于民，用之于民。被后人奉为财神的范蠡就真正体悟了水之内涵与精神，得到了"上善若水"之道德与智慧，才有一生的"三聚三散"。古代中医也常常以"悬壶济世"为己任，一个"济"字，就充分体现了"水"之圣德，真是大德大智也。就连"混日子"的"混"字，都离不开水。离开水之德，缺少水之智，就是想混日子也是混不下去的。当今，不少商人贪得无厌、唯利是图。商人不能"经世济民，兼善天下"，就失去了存在的意义。不考虑顾客的需求及其满意度，而巧取豪夺，商人也无异于洪水猛兽！

现代企业管理要从水之道德中获得智慧，需要重视以下几点：（1）现代管理从来不乏手段，创新是永恒主题。不论是道德管理、策术管理，还是作业管理、工序管理，其大智慧皆源于仁心。（2）管理的上乘境界就是上善若水。要达到这一境界，需要见素抱朴，少私寡欲，像水一样滋润万物。在管理中汲取水之智慧，才能产生像水一样的人文情怀与良善精神。（3）智慧是管理的谋略，而水之精神才是管理的根脉与灵魂。有什么样的大德行，才可能有什么样的大智慧，从而创建经世济民利人利己的大战略。（4）智慧反映人之本性，大智慧是人之良善的继承与弘扬，仁德之善是智慧的根基。管理的大智慧不是把别人管住管死，而是发掘其内心之良善，通过率先垂范，在教化别人、感化别人的过程中真正调动人之性情，当然包括积极性、主动性、创造性。（5）企业管理的大智慧是仁爱。常思水之道，培育我们心中的水之德，自然会涌现出仁爱与良善。如此，才能以人为本、正己化人，从而提升管理者的觉悟与境界，扩大胸怀与格局，成就伟大的事业。

六、结语

五行不仅是自然界的五种物质，也是构成地球生命系统的五种要素，还是从自然之道中折射出的五种人文精神，这五种精神反映在人道，就是五常。五常是中华传统伦理的瑰宝，是现代企业运行的基石。一个人要修身齐家创业，做好企业管理，就要从五行或五常中不断地领悟真谛，养成德行，激扬精神，焕发睿智，涌现出正能量。一个人若把"仁"字笃行得真了，如孝敬父母就是仁的关键，不可思议的是，这个人就能明白很多为人处世的道理，从而懂礼仪，讲礼节，做事合乎规矩。而明白了"礼"，就自然产生自信，从而取信于人。欲取信于人，就要讲正义，履行责任，从而生出大智慧来。只要企业经营管理者把五行的道理悟透彻了，并坚持用在企业管理上，就能产生大德行、大智慧，从而更好地履行社会责任，推进企业与利益相关者的共生、共荣与共赢，实现可持续发展。

参考文献

[1] 李民，王健. 尚书译注 [M]. 上海：上海古籍出版社，2004：219.

[2] 陈立. 白虎通疏证 [M]. 北京：中华书局，1994：382.

[3] 冯友兰. 中国哲学简史 [M]. 北京：新世界出版社，2004：170 −171.

[4] 苗泽华. 五行之道及其管理智慧 [J]. 石家庄经济学院学报，2016，39（2）：106−113.

[5] 杨伯峻. 论语译注 [M]. 北京：中华书局，2007：185.

[6] 许慎. 说文解字 [M]. 段玉裁注. 上海：上海古籍出版社，2014：365.

[7] 周振甫. 周易译注 [M]. 北京：中华书局，1991：284.

[8] 邹顺康. 董仲舒"三纲五常"思想评析 [J]. 道德与文明，2014（6）：17−20.

[9] 江净帆.《五行大义》伦理推演思想管窥 [J]. 重庆第二师范学院

学报，2013（1）：9—12.

　　[10] 苗泽华. 中华新儒商与传统伦理 [M]. 北京：经济科学出版社，2018：36—37.

　　[11] 陈鼓应. 老子注译及评介 [M]. 北京：中华书局，2009：86.

　　该文为"2018 中国·衡水董仲舒与儒家思想国际学术研讨会"提交的论文。

　　苗泽华（1964—），男，河北巨鹿人，管理学博士，河北地质大学商学院教授，硕士生导师。

　　赵现锋（1970—），男，河北任县人，管理学博士，河北地质大学商学院讲师。

儒家君子"五常"的当今价值审视①

孙君恒

儒家的君子观中，君子的道德规范在孔子那里归结为仁，孟子那里概括为"四端"，到董仲舒时总结为"五常"。他们回答了人类社会道德需要的基本方面，具有一定的普遍意义，当今我们对此应该进行批判地继承，仔细分析其合理性和局限性，加以改造，综合创新。徐广东指出，"五常""除了不可避免的时代性、阶级性外，还具有不同程度的超越性，包含着某些恒久的价值。例如五常所要求的'爱''适宜''礼节''明辨善恶''信守承诺'等都具有显著的普世价值。"[1]本文着重就"五常"的现代转换与应用，进行一些说明。

一、君子强调仁爱

仁的含义在于爱人。董仲舒继承孔孟的"仁义之道"，提倡君子要成为"仁人""仁者"，在《春秋繁露》里专门开辟一章《仁义法》进行论述，并且把仁义上升到"法"的高度加以强调。董仲舒把"仁"置于首位，将具有仁心作为判断君子的最高、最终标准，在此基础上将其他众多的道德品质，也作为君子应该遵守的规范。董仲舒

① 基金项目：国家社科基金项目（13BZX073）；中国学位与研究生教育学会课题（2017Y0404）；湖北省教育厅社会科学重大研究项目（18ZD017）。

的仁爱之道，侧重于现实应用，服务于当时的政治统治。董仲舒发扬光大孔子的思想，强调仁爱思想关键在于爱人、爱他人。君子的美德，在董仲舒看来就是践行仁爱，对自己严格要求，对他人宽宏大量。他认为这样的宽恕做法，才符合圣人之道："君子攻其恶，不攻人之恶。不攻人之恶，非仁之宽与！自攻其恶，非义之全与！此之谓仁造人，义造我，何以异乎！故自称其恶，谓之情，称人之恶，谓之贼；求诸己，谓之厚，求诸人，谓之薄；自责以备，谓之明，责人以备，谓之惑。"（《春秋繁露·仁义法》）

仁是儒家君子道德规范的核心，同时决定和涵盖了忠、孝、义、礼、智、信等道德条目。我们今天谈论仁爱，需要强调以下几个方面：

1. 爱憎分明，讲究爱的阶级性、针对性。我们不能去爱封建社会的残暴君主和剥削阶级，不能爱阻碍历史发展和社会进步的落后阶级和顽固势力，也不能爱自私自利、唯利是图的狭隘"小人"。我们应该旗帜鲜明地宣扬符合社会主义核心价值观的仁爱内容，"爱祖国、爱人民、爱劳动、爱科学、爱护公共财物"（"五爱"），是 1949 年《中国人民政治协商会议共同纲领》第四十二条提出的，经过历史发展，现在对"五爱"的概括是"爱祖国、爱人民、爱劳动、爱科学、爱社会主义"。"五爱"是社会主义道德的基本要求，是社会主义精神文明的重要组成部分，尤其是学校思想品德教育的主体部分，对于广大国民和学生的道德素质提升有重要意义。杜维明在《儒家核心思想"仁"的当代价值》一文中指出："有人说今天这个社会没有'仁'了，从儒家看来就是同情心越来越少了，那么在中国有一句话叫'麻木不仁'，就是没有人情了，变得麻木了。"[2]

2. 提倡爱的扩展性和广泛性。当今世界舆论和歌唱中充斥"爱"，但是人们感觉冷漠、疏远、伤害很多，不少人主张的"爱"，是希望得到爱、享受爱，而不愿意付出爱。今天，我们不仅需要在传统意义上讲究"仁者爱人"，推己及人，关爱他人，而且要提倡爱家庭、爱国、爱事业、爱工作、爱岗位、爱环境、爱生命等。孔子的儒家认为"仁爱"不能停留在只是爱自己的亲人，而应该从"亲亲"扩大到"仁民"，博施济众，兼爱天下，利于苍生。汤一介先生在《关于儒学复兴的思考》一文里指出："如果把爱自己的亲人扩大到爱他人，那么社会不就可以和谐了吗？如果一个国家、一个民族把爱自己国家、自己民族的'爱'扩大到对别的国家、别的民族的爱，那么世界不就可以和平了吗？"[3]此种看法，是许多学者赞同的，牟钟鉴先生的《新仁学构想》一书认为："孩童爱父母亲属，成长过程爱老师、夫妻、子女，进入社会爱朋友、同道，进而爱民族、国家，再进而爱天下人类，以至于爱自然万物……哪里有爱心哪里就有美好的生活，人类文明的进步实有赖于此。"[4]我们不仅应该关爱人与社会，而且应该关爱自然和环境，像爱护自己的生命一样，积极投入到环境保护中，让地球村能够有青山绿水、优美生态，摒弃简单粗暴的征服自然、战胜自然的狭隘观念。"在面临全球性生态环境危机的今天，儒家天人合一、民胞物与、尽物之性的观念对于纠正人与自然二分、人类中心主义的偏颇也许会起到一定作用。"[5]

3. 强调忠。忠是孔子、董仲舒非常重视的仁爱实质，忠就是要真心善待他人，"己欲立而立人，己欲达而达人"，追求人际关系上的"双赢"。今天对于帝王的效忠、忠君思想已经过时，但是"忠"这个词汇不能丢弃，一心一意、专心致志，忠于党、人民、祖国、社会主义，很有必要，也非常重要。曲阜师范大学骆承烈教授回忆他丁1980年拜访冯友兰先生的经过，冯友兰先生曾经指出："我们不把忠字忠于皇帝，而是忠于我们的国家、民族，忠于我们的社会主义，不对吗？"[6]

4. 重视恕。恕，强调宽容。对于人际关系中伤害自己利益的现象，能够海纳百川，宽宏大量，给予他人悔过自新的机会。不但要想到自己，还要设身处地地想到别人，能够进行角色转换。在一定条件下，我是主体，别人是客体；在另外的条件下，别人是主体，我则成为客体。想到别人的难处和困境，才是真正的换位思考。

5. 讲究孝。孝悌为仁之本。《孝经》指出："夫孝，德之本也，教之所由生也。"老百姓普遍认为百善孝为先，是我们传统文化的宝贵精神财富。当今我们应该继续提倡孝道，孝敬老人不仅在赡养，保证其物质需要，同时要满足其精神需要，礼敬老人，按照孔子所说的"生，事之以礼，死，葬之以礼，祭之以礼"。当代社会工作纪律严格、生活节奏快，不能唯唯诺诺地模仿古代"二十四孝"中的名人和事迹，但是可以通过电话、视频，问寒问暖，拉拉家常，表达对老人的尊敬和关爱。现在很难对逝去的老人行"三年之丧"礼仪，但是有新的纪念方式，譬如可以选择在清明节网络上祭祀，从远方寄托哀思。

仁爱为儒家君子道德的中心，也是整个儒家道德体系的根本。它有很多方面的具体体现，包括忠、孝、恭、宽、信、敏、惠等内容。仁德的涵养和传承，能铸就伟大的民族精神，造就杰出的人士，成为巍巍中华坚强的脊梁。新加坡学者赖蕴慧在《剑桥中国哲学导论》一书中认为："如果《论语》读得更加透彻，读者就会感觉到仁的深度和宽度。仁可能是人一辈子至高的道德成就。"[7]

二、君子正谊谋利

董仲舒对义进行了界说，包括两个方面含义。其一，义就是合适或者适宜。"义者，谓宜在我者。宜在我者，而后可以称义。故言义者，合我与宜以为一言。"（《春秋繁露·仁义法》）其二，从义利关系上说明义。他主张重义轻利，并且在大多数情况下从这个角度说明义。譬如，"天之生人也，使之生义与利。利以养其体，义以养其心，心不得义，不能乐，体不得利，不能安。义者，心之养也；利者，体之养也"（《春秋繁露·身之养重于义》）。董仲舒认为提倡道义的重要目的，就是要"立义以明尊卑之序，强干弱枝以名大小之职"（《春秋繁露·盟会要》）。

董仲舒在义利关系上的根本原则是"正其谊（义），不谋其利；明其道，不计其功"（《汉书·董仲舒传》），"君子终日言不及利，欲以勿言愧之而已，愧之以塞其源也"（《春秋繁露·玉英》）。董仲舒的义利观，从人与我、远与近、爱人与正我等不同的角度来加以区分，继承了孔子的"君子喻于义，小人喻于利"的说法，但是没有辩证地对待义利恰当关系，是纯粹的动机论、义务论，容易顾此失彼，过分拔高义的价值，轻视、忽视甚至蔑视利益的作用，是有片面性的。似乎谈论利益就和小人相提并论，由此对正当的利益也不屑一顾，这造成了中国历史长期以来片面鄙视物质利益的清高、孤傲心理和不大讲究务实的做法，社会上形成了"无商不奸"的看法，似乎追求利益必然违背道义坑害他人，从而鄙视、贬低正当的经营行为，贻害无穷。

但是，在一定或者特定时间、范围、场合下，"正谊谋利"还是值得关注、认同甚至是需要加以肯定的：

1. 非市场经济领域，利他主义长期存在。人类社会历史上那时对实际利益的追求并不决定一切，往往不存在过度的谋利行为。譬如，人类纯粹的友情、亲情、爱情、慈善等，往往没有甚至根本没有利益多少的考虑，不图回报，远离市侩交易，较多的是义务和责任的承担；再如，人类社会生活中利他、无私奉献的美德和非市场经济交换的时候，大多谈不上对利益的追求，没有铜臭味；还如，人类的休闲活动（例如：度假、旅游），不计较投入和产出，漫不经心的逍遥状态，甚至不惜成本和代价，去观赏或者从事似乎不能直接带来切身利益的景点与活动。对于历史上的帝王将相、达官贵人来说，利益俸禄不在话下，更多应该考虑"正谊谋利"，讲究官德、政德，以吏为师，以维护社稷和苍生的正义和大义。人类社会的存在和发展，市场经济体制下的社会若从西方15世纪算起，到今天21世纪，也仅仅700年。由此可见，非市场经济下的人类社会的存在和发展，更为漫长和悠久。著名经济学家厉以宁说："在市场尚未形成与政府尚未出现的漫长岁月里，那时既没有市场调节，也没有政府调节，习惯与道德调节是这一漫长时间内唯一起作用的调节方式。不仅远古时期的情况是如此，即使在近代社会，在某些未同外界接触或同外界接触不多的部落中间，在边远的山村、孤岛上，甚至在开拓荒芜地带的移民团体中，市场调节不起作用，政府调节也不起作用，唯有习惯与道德调节才是在社会经济生活中起作用的调节方式。"[8]1 人类社会生活各种各样，非交易的活动非常多，例如慈善、馈赠、无偿援助、个人爱好和兴趣等，都使简单追求利益的行为成为有一定意义的事情，但不能囊括社会和人生的全部。"社会生活是一个广泛的领域，其中一部分是交易活动，另一部分是非交易活动。在交易活动中，市场调节起着基础性调节的作用，政府调节起着高层次调节的作用。而在非交易活动中，情况便大不一样了。由于这些活动是非交易性质的，所以不受市场规则的制约，市场机制在非交易活动中是不起作用的。至于政府调节，则只是划定了非交易活动的范围，使它们不至于越过边界，而并不进入非交易活动范围之内进行干预。这样，非交易活动就要由市场调节与政府调节之外的道德力量来讲行调节"[8]2。

2. 即使在市场经济体制下，也盛行无私行为。要强调友谊、善意、帮助、无私奉献等非利益行为，大力提倡见利思义，防止利欲熏心，不择手段。市场经济是"看不见的手"，在发挥最大作用，政府的调节，即"看得见的手"也不能忽视。政府积极干预，扶危济困，促进社会分配公正，就不是市场自发的逐利行为，而往往是合理调节甚至是无偿的投入。在市场机制和政府调节起作用的地方，仍有大量空间或者空白，有人们的习惯和道德发挥重要作用。中国古代见义勇为的人物和事迹层出不穷，很多地方有"义学""义庄""义坟""义冢"，救济施舍在民间广泛流行，在浙江永嘉县岩头镇还有相传几百年，现在仍然存在的"义茶"（免费为路人提供茶水），在新闻媒体和网络上被公众普遍点赞，让人感叹无私行为的可歌可泣。为了维护社会的正常秩序，对于唯利是图、利欲熏心、斤斤计较、道德危机、堕落和败坏的极端情况来说，"正谊谋利"的倡导，可以起到矫正作用，很有教育、导向、纠正、警示意义。在市场经济体制下，在人们皆为利来、皆为利往的激烈竞争态势下，很有必要采用"正谊谋利"的规范来提倡、引导、约束个人过度的、狭隘的、暂时的、片面的、极端的利益观念和行为。在政治领域，不应该搞利益交换、"权力寻租"、买官卖官等腐败行为。在社会进步、人们衣食无忧、个人利益得到越来越多满足而不再需要为个人利益考虑的情况下，人们往往考虑的是个人的尊严、自我价值和社会价值的实现，事实上和理念上应该更多考虑的是"正谊谋利"的理想和追求。李春秋先生在《传统伦理的价值审视》一书中认为，儒家见利思义的观念，"至少有以下几点是应该给予肯定的，一是有助于廉洁的实施……二是有助于文明经商，培养良好的商业道德……三是有助于人们正确处理个人利益与他人利益以及社会利益的关系"[9]。

3. 人生考验的重要关头，应该坚持"正谊谋利"，见义勇为。面对暴力折磨、金钱利诱，晓之以正义、大义，倡导不屈不挠、不畏强暴的精神，以保持高尚气节，防止苟且偷生，变节求荣，构筑道德上的"长城防线"，能够产生非常关键的作用。翻开中国历史画卷，我们对很多仁人志士具有的浩然正气钦佩有加，他们大义凛然、视死如归的气节，万古流芳，使那些仅仅追求利益者、卖身求荣者黯然失色。若不能看到那些视死如归、为了纯粹的理想和信仰而奋斗的先驱、英烈、仁人志士的客观事实，就不可能理解崇高的意义。

4. 纯粹的科学研究最忌急功近利。对于居于"象牙塔"里的纯粹的科学研究（譬如哥德巴赫猜想），以及"为学问而学问""为知识而知识"、长期才能见效的学科来说，特别需要"十年磨一剑"和长久"坐冷板凳"的坚强和毅力，不能急于功利、目光短浅。起码从这些方面来看，在一定条件下，董仲舒的义利关系的说明和提醒，不无道理。

三、君子重视礼仪

董仲舒非常重视礼仪在社会上发挥的重大作用，他提出不但在君臣、父子、夫妇之间要有严格的礼节和礼仪，而且他还为上自天子下至庶民制订了各种服制和度制，任何人不得越制，强调礼仪是董仲舒和他那个时代特别关注的。董仲舒把知礼、用礼作为君子的基本素养之一，是须臾不可缺失的。"缘此以论礼，礼之所重者，在其志，志敬而节具，则君子予之知礼；志和而音雅，则君子予之知乐；志哀而居约，则君子予之知丧。"（《春秋繁露·玉杯》）严格按照礼仪行事，君子终日乾乾，讲究为人处世的道德情操。董仲舒指出："故君子非礼而不言，非礼而不动；好色而无礼则流，饮食而无礼则争，流争则乱。夫礼，体情而防乱者也，民之情不能制其欲，使之度礼，目视正色，耳听正声，口食正味，身行正道，非夺之情也，所以安其情也。"
（《春秋繁露·天道施》）

祭祀祖先是古代重要礼仪活动，君子对此高度重视。按照时令，一年四季，应该有四次祭祀，恭恭敬敬奉上祭品，表达对神灵的敬畏和顶礼膜拜，是非常重要的。特别隆重的祭祀礼仪，君子应该积极参与，学会相应的礼仪规范，而不能怠慢。董仲舒认为："奉四时所受于天者而上之，为上祭，贵天赐且尊宗庙也，孔子受君赐则以祭，况受天赐乎！一年之中，天赐四至，至则上之，此宗庙所以岁四祭也。故君子未尝不食新，新天赐至，必先荐之，乃敢食之，尊天敬宗庙之心也，尊天，美义也，敬宗庙，大礼也，圣人之所谨也，不多而欲洁清，不贪数而欲恭敬。君子之祭也，躬亲之，致其中心之诚，尽敬洁之道，以接至尊，故鬼享之，享之如此，乃可谓之能祭。"（《春秋繁露·祭义》）董仲舒所说的祭祀之礼仪，一方面继承了儒家传统礼仪，主要是敬天法祖、慎终追远，和现实的人们发生联系；另一方面有墨家的"天志""明鬼"的思想因素，侍奉鬼神，有超现实的神秘崇拜和最终的"制裁"。

儒家思想之所以能够广泛普及、深入人心，很高明的地方在于它能够以礼乐文化出现，采取了老百姓喜闻乐见的传播方式。那些声势浩大的祭祀活动，有声有色的庆典活动，鼓乐齐鸣，参与者盛装出场，浩浩荡荡，能够给予人强烈的视听感觉，老百姓耳濡目染地接受了文化的熏陶，渐渐明白了秩序的尊严和神圣。过去的孔庙、祠堂矗立，产生了很多道德教化的影响，其产生的效果是课堂和书斋不能望其项背的。郭齐勇先生认为，儒家"其伦常之道，有助于社会的秩序化、和谐化、规范化，其生聚教训之策，更足以内裕民生而外服四夷。内裕民生应视为安邦之本。儒家讲礼乐伦理教化，虽在实行时会打一些折扣，但大体上与民众的稳定和平、淳化风俗的要求相适合。社会要繁荣发展，秩序化、和谐化是基本的要求。礼教使社会秩序化，乐教使社会和谐化"[10]。

现代社会交往频繁，交往的形式花样翻新，无论是商业活动、国际关系，还是日常生活、手机上网等，都涉及礼仪运用。有文明礼仪能够广交朋友，有助于个人事业的成功，也有利于个人的身心健康。我们应该弘扬光大礼仪之邦的美誉，在个人的言谈举止等生活细节方面，做到彬彬有礼，为中华文明的复兴出一份力量。"把核心价值观通过礼制的方式贯穿于政治与社会生活的方方面面，使之成为人人遵守的社会规则，以实现社会的和谐稳定，这是中华民族的一项伟大智慧。"[11]

四、君子提升智能

董仲舒强调"必仁且智"。为了实行仁，必须有智，仁是爱人类，智是实现仁爱的知识、途径、手段和方法，以保证达到善、为人除害。仁智的关系密切，有机统一，缺一不可，"莫近于仁，莫急于智……仁而不智，则爱而不别也；智而不仁，则知而不为也。故仁者所以爱人类也，智者所以除其害也"（《春秋繁露·必仁且智》）。董仲舒以"操利兵""乘良马"的生动比喻，进行了分析。他认为没有仁，只有智，就犹如"狂而操利兵"，会干出坏事来；同样，没有智，只有仁，也会如"迷而乘良马"，达不到目的。

"必仁且智"的见解，很好地说明了仁爱和知识之间的有机关系。知识、智慧应该服务于仁的理想，仁本身也包含着知识、智慧，是一种道德知识、德性智慧。柏拉图的"四主德"是正义、勇敢、智慧、节制，说明了道德元素和条目之间，是相互联系的，智慧永远是道德需要的，道德的自由选择、伦理上的判断与推理、道德行为的实施等环节，都需要智慧的参与和支持。有学者认为这是毛泽东提出的"又红又专"理论的历史来源之一，起码从逻辑上存在相似性。2011 年第 5 期《毛泽东思想研究》杂志上发表了南京理工大学博士生康喆清的《从"必仁且智"到"又红又专"——董仲舒与毛泽东德才观的历史考察》一文，就反映出对董仲舒"必仁且智"关系论述合理性的肯定。

当下，让知识这个伟大工具服务于道德理想、目的价值，非常必要。网络信息时代，仅仅有善良动机和信仰（仁），不懂、不及时掌握和不善于更新科学知识（智），无法实现报国之志，甚至生活都极为不便（例如：网络购买飞机票、火车票、汽车票，网购，网络生活缴费等）。而若缺乏辨别能力，对网络信息良莠不辨，往往容易误入歧途（譬如网络诈骗），甚至走上犯罪的道路（譬如网络传销等）。澳大利亚孔子文化专家李瑞智认为："儒家对待知识，意义远不只是知识本身。'学无止境'包含着培养道德，使用权力，治理社会，齐家，修身和净化思想。追求知识，掌握知识，在于修身治国平天下。"[12]

五、君子讲究信誉

董仲舒在前人重信的基础上，首次把信列入了五常，作为五常的最后一德。"春秋之义，贵信而贱诈，诈人而胜之，虽有功，君子弗为也。"（《春秋繁露·对胶西王越大夫不得为仁》）在道德危机的形势下，背信弃义、坑蒙拐骗有很恶劣的影响，严重污染了社会风气和道德环境，诚信有时成为非常稀缺的资源。进一步温习董仲舒对于信的强调，对于弘扬正气、形成良好的社会发展环境，都是很有意义的。

诚信作为社会非常需要的道德，为古今中外所肯定。全球伦理中，"不许撒谎"成为众多民族和宗教戒律中关键的一条。康德指出："遵守诺言，并不必然地是一种道德的义务，而是一种权利的义务，履行这种义务可能是出于外在的强制力。但是，遵守诺言，即使不使用任何强制力来强迫遵守它，它同时是一种合乎道德的行为，并且是道德的证明。"[13] 在中国孔子故里曲阜举行的尼山世界文明论坛上，美国学者罗伯特·舒乐认为："'信'，即诚实，要对周围的人、家庭成员和更广泛的人群讲求这一点。所以说，诚实是十分重要的原则。每个人都要相互诚实，当然你也需要比较谦卑，这也是很重要的一点，这样，我们可以创造出和谐的环境。"[14]

综上所述，董仲舒对于儒家"五常"的总结，仍然有参考意义，可经过改造后加以运用。董仲舒从精神和思想方面，为大汉王朝的稳定和发展做出了不可磨灭的积极贡献。汉武帝时期的大汉王朝，是真正巩固的、大一统的中央集权国家，为以后中国政治和政局、疆域、民族融合、文化发展奠定了基础，是中国历史上辉煌的时代。"董仲舒的经学思想是顺应这一要求的。没有经学提供的政治与政策指导，汉代不可能长治久安，取得种种伟大的成就。鄙视、蔑视、肆意贬抑、抹黑的种种说法，是反历史主义的，反科学的。"[15] 著名的中国伦理思想研究专家张岱年先生指出，简单否定传统文化中的纲常理论，是不严谨的、不科学的做法。"前几年有些关于古代伦理思想的论著把仁义礼智信五常一概斥为反动思想，那是缺乏分析的，不是科学的态度。"[16] 北京大学何怀宏教授的《新纲常》一书，从当代社会的视角，对传统道德的纲常进行了新的反思，对儒家纲常的当代价值进行了仔细的分析，他认为："是什么因素使中华文明以及民族生生不息，保持了这样的一种连续一贯性呢？除了相对自成一体的地理环境，很早就形成的国家强力等因素外，作为社会政治秩序与文化之道德核心、被人们普遍信奉的传统'纲常'应该说对此起了重要的作用。"[17]

儒家的君子道德重在"五常"，简明扼要，非常实用。"三纲五常之伦理道德，本来是儒家总结出来的（不是儒家自己的）人类的社会关系和人与人之间的关系的基本原理和规则。董仲舒的理论实质在于，他将这样的儒教理念和至上无上的神祇和哲学本体天神结合，使儒教理念和天神之道天道一体化。"[18] 在当今的社会和人生中，我们仍然需要处理好人际关系，在社会中进行角色定位，面临人生观、世界观、价值观的选择。仁、义、礼、智、信"五常"是君子道德规范的根本要求，是个人安身立命的精神支柱，也是今天社会主义核心价值观的理论来源之一。我们已经历了古代尊重儒家、崇拜儒家到近代批判儒家的历史，现在进入到使用儒家思想的时代，发挥好儒家君子观的"五常"道德要目，可以更好地贯彻社会主义核心价值观，使之在历史传统和当今现实之间，进行有机结合和承前启后。张岂之先生指出："儒学不是神的文化，而是以'人'为核心的道德文化，讲如何做人，做有道德、有理想、有作为的人；与人讲诚信友善，讲互相尊重；讲己所不欲，勿施于人；讲忠恕之道。"[19]

参考文献：

[1] 徐广东. 三纲五常的形成和确立：从董仲舒到《白虎通》［M］. 哈尔滨：黑龙江大学出版社，2014：4.

[2] 杜维明. 儒家核心思想"仁"的当代价值［G］//中央电视台中文国际频道《文明之旅》栏目组. 向君子借智慧. 北京：时代华文书局，2015：11.

[3] 汤一介. 关于儒学复兴的思考［G］//庞学铨，陈村富. 文明和谐与创新. 杭州：浙江大学出版社，2009：27.

[4] 牟钟鉴. 新仁学构想［M］. 北京：人民出版社，2013：52.

[5] 颜炳罡. 儒家文化与当代社会［M］. 济南：山东大学出版社，2002：17.

[6] 骆承烈. 洙泗归元［M］. 香港：中国孔子文化出版社，2015：867.

[7] 赖蕴慧. 剑桥中国哲学导论［M］. 北京：世界图书出版公司，2013：24.

[8] 厉以宁. 超越市场与超越政府——论道德力量在经济中的作用［M］. 北京：经济科学出版社，1999.

[9] 李春秋. 传统伦理的价值审视［M］. 北京：北京师范大学出版社，2003：267.

[10] 郭齐勇. 儒学与现代化的新探讨［M］. 北京：商务印书馆，2015：8.

[11] 任者春，郭玉锋. 社会主义核心价值观践行论：以齐鲁文化为视域［M］. 济南：山东人民出版社，2015：4.

[12] 李瑞智，黎华伦. 儒学的复兴［M］. 范道丰译. 北京：商务印书馆，1999：138.

[13] 康德. 法的形而上学原理——权利的科学［M］. 沈叔平译. 北京：商务印书馆，1991：21.

[14] 人类危机与文明对话——许嘉璐与罗伯特·舒乐的高端对话［G］//庞朴，王学典，颜炳罡等. 儒林：第五辑. 上海：上海古籍出版社，2016：5.

[15] 金春峰. 董仲舒思想研究的几个问题［G］//魏彦红，卫立冬，耿春红等. 董仲舒与儒学研究：第四辑. 成都：巴蜀书社，2015：15.

　　[16] 张岱年. 中国伦理思想研究 [M]. 南京：江苏教育出版社，2009：125.

　　[17] 何怀宏. 新纲常 [M]. 成都：四川人民出版社，2013：35.

　　[18] 邓红. 宋学与董仲舒 [G] //魏彦红，卫立冬，耿春红等. 董仲舒与儒学研究：第三辑. 成都：巴蜀书社，2015：14.

　　[19] 张岂之. 中华文化的会通精神 [M]. 长春：长春出版社，2016：53.

　　原载于《衡水学院学报》2018 年第 6 期。

　　孙君恒（1963－），男，河南邓州人，哲学博士，武汉科技大学国学研究中心教授兼主任。

儒学创新研究

儒学发展态势和前景展望

——以 2004 年以来为范围

李宗桂

最近十多年来，伴随现代化进程中人们精神需求的增长，伴随传统文化研究和传播在全社会的大力推进，儒学的研究和发展取得了长足的进步，态势良好，前景可喜。与此同时，也存在一些值得注意的问题，需要在进一步的研究和发展中加以解决。

一、儒学正面价值受到官方、学术界和民间越来越多的肯定

21 世纪以来，随着传统文化热和国学热的升温，在弘扬中华优秀传统文化的旗帜下，儒学的正面价值日益受到官方、学术界和民间越来越多的肯定。

2004 年 9 月，以时任全国人大常委会副委员长许嘉璐，原文化部部长王蒙，著名学者季羡林、任继愈、杨振宁等为代表的海内外 71 个华人联合签名，发表了《甲申文化宣言》（以下简称《宣言》）。该《宣言》认为，中华文化至今仍是全体中国人和海外华人的精神家园、情感纽带和身份认同。中华文化不但有自强的力量，而且有兼容的气度、灵变的智慧。中华文化中注重人格、注重伦理、注重利他、注重和谐的东方品格和释放着和平信息的人文精神，对于思考和消解当今世界个人至上、物欲至上、恶性竞争、掠夺性开发以及种种令人

忧虑的现象，对于追求人类的安宁与幸福，必将提供重要的思想启示。就该宣言揭示的中华文化的内容、特质和功用而言，这里所谓中华文化，是指以儒家思想为主体内容的传统文化。可以说，《宣言》的发表，是对中华传统文化现代价值的明确肯定，是在新的时代条件下挖掘传统价值、构建当代文化的呼吁和召唤。以《宣言》的发表为标志，传统文化特别是儒学的现代价值进一步受到关注，中华崛起的价值底蕴得到进一步的挖掘，从而激发了儒学研究者和儒家学者的热忱。

2005 年 11 月，方克立教授在《中山大学学报》第 5 期发表《甲申之年的文化反思——评大陆新儒家"浮出水面"和文化保守主义"儒化"论》，引发广泛关注。在该文中，方克立教授讨论了"文化保守主义"的内涵和作用，对于某些大陆新儒家倡导的"立儒教为国教""儒化中国"的观点进行商榷。他同时指出，彼时"大陆新儒学已渐成气候"，"中国的现代新儒学运动已进入大陆新生代新儒家唱主角的阶段"。此后，以儒家、大陆新儒家、文化保守主义者自认、自命者逐渐增多。时至今日，包括大陆新儒家在内的儒学研究者的队伍已然十分庞大，自认为儒家的人越来越多，各种形式的成果蔚为大观，相对于 20 世纪 80 年代的文化热和 90 年代的国学热时期，真是不可同日而语，表明这十多年儒学变迁的大势是更快、更猛、更强。

值得重视的是，在官方的话语体系中，在主流价值的场域里，对于包括儒家文化在内的传统文化，有了与过往颇为不同的看法和提法。2007 年的中共十七大报告中，创造性地提出"弘扬中华文化，建设中华民族共有精神家园"。这是在价值论的层面和现代性的立场给予传统文化肯定性评价。2011 年 10 月，中共十七届六中全会通过的《中共中央关于深化文化体制改革推动社会主义文化大发展大繁荣若干重大问题的决定》明确提出："中国共产党从成立之日起，就既是中华优秀传统文化的忠实传承者和弘扬者，又是中国先进文化的积极倡导者和发展者。"这个关于中国共产党是中华优秀传统文化的忠实传承者和弘扬者的论断，在中共历史上是第一次。这开启了执政党把自身纳入优秀传统文化传承发展序列的新局面，为此后的相关工作奠定了理论基础和价值依据。值得注意的是，该《决定》还在中共历史上第一次提出了"建设优秀传统文化传承体系"的构想，以及"建设社会主义文化强国"的目标。继后，中共十八大报告强调要"扎实推进社会主义文化强国建设"，明确提出"建设优秀传统文化传承体系，弘扬中华优秀传统文化"。在 2017 年 10 月的中共十九大报告中，继续强调要"建设社会主义文化强国"。值得特别重视的是，报告把当代中国特色社会主义文化的源头接续于"中华民族五千多年文明历史所孕育的中华优秀传统文化"，要求"坚守中华文化立场，立足当代中国现实，结合当今时代条件"发展社会主义文化，"坚持创造性转化、创新性发展，不断铸就中华文化新辉煌"。在强调坚定文化自信的同时，报告重申："中国共产党从成立之日起，既是中国先进文化的积极引领者和践行者，又是中华优秀传统文化的忠实传承者和弘扬者。"

2017 年 1 月，中共中央办公厅和国务院办公厅印发了《关于实施中华优秀传统文化传承发展工程的意见》，明确肯定中国共产党是中华优秀传统文化的"忠实继承者、弘扬者和建设者"，要求深化对中华优秀传统文化重要性的认识，深入挖掘中华优秀传统文化的价值内涵，进一步激发中华优秀传统文化的生机和活力，构建中华优秀传统文化传承发展体系，坚持以社会主义核心价值观为引领，坚持创造性转化、创新性发展，坚守中华文化立场、传承中华文化基因，不断增强中华优秀传统文化的生命力和影响力。

为与上述以党中央和国务院名义颁发的规范性、指导性文件的精神相互发明，习近平总书记对于弘扬中华优秀传统文化做了一系列阐述。2013 年 11 月，习近平到曲阜视察，肯定了孔子和儒家思想的历史作用："孔子及儒家思想，是中华民族传统文化的重要组成部分，在中国历史上发挥了极为重要的作用。"并明确表示，他到曲阜是要发出一个信息，这就是"要大力弘扬中国传统文化"。2014 年 9 月 24 日，习近平出席纪念孔子诞辰 2565 周年国际学术研讨会暨国际儒学联合会第五届会员大会开幕式并做了讲话，对孔子和儒家思想的历史意义及其当代价值做了明确肯定。他指出：儒家思想是中国传统文化的重要组成部分，"反映了中华民族的精神追求，是中华民族生生不息、发展壮大的重要滋养"。包括儒家思想在内的中国传统思想文化中的优秀成分，"对推动中国社会发展进步、促进中国社会利益和社会关系平衡，都发挥了十分重要的作用"。"包括儒家思想在内的中国优秀传统文化中蕴藏着解决当代人类面临的难题的重要启示"，"可以为人们认识和改造世界提供有益启迪，可以为治国理政提供有益启示，也可以为道德建设提供有益启发"。

在中央政治局第十三次集体学习时，习近平在其讲话中具体提出了中华优秀传统文化的核心内容，强调要"深入挖掘和阐发中华优秀传统文化讲仁爱、重民本、守诚信、崇正义、尚和合、求大同的时代价值，使中华优秀传统文化成为涵养社会主义核心价值观的重要源泉"。这个讲话中阐发的讲仁爱、重民本、守诚信、崇正义、尚和合、求大同的价值理念，受到学术界的广泛认同，被称为"六伦"或"六德"，反映了中华优秀传统文化的基本方面。

综上言之，以最高领导人习近平总书记为代表，以党中央和国务院规范性、指导性文件为表征，官方对于传统文化特别是儒家文化的历史作用和当代价值有了明确而积极的肯定，从而为儒学研究的深化和拓展，为儒学精神生命的光大开辟了通道，开拓了空间。道理十分简单，在"党政军民学，东西南北中，党是领导一切的"制度下，在行政主导的体制中，执政党认准方向要做的事情，是完全可以通过体制机制的构建和相应方针政策的制定而实行。应当看到的是，官方对于儒家文化的历史作用和当代价值之所以有了全新的认识，根本原因是中共对于自身在当代的地位有了全新的认识，这就是：中国共产党已经由革命党转变为执政党。

为与官方的决策相呼应，学术界在弘扬中华优秀传统文化的旗号下，在儒学研究和发展方面凝聚了更多的力量，焕发了更大的生机，做出了更大的成绩。总体而言，对于作为民族传统思想文化主体的儒家文化的评价，日益趋于正面。在从国家到省部级的各级各类课题的引导下，传统文化研究中儒学的研究无论在数量还是质量上都占据主导地位。中央马克思主义理论研究和建设工程的相关课题，国家哲学社会科学基金项目的相关课题，教育部和各个省市区的哲学社会科学课题，以及学者们的自选课题，很多都是从弘扬中华优秀传统文化的价值立场进行课题设计和价值阐释，而其中绝大多数研究内容属于儒家文化范畴，"阐旧邦以辅新命"成为儒学研究者的文化自觉和时代担当。

在民间，伴随现代化进程的推进，伴随市场经济负面影响的凸显，伴随人们对于安身立命之道的渴望，从传统观照现代，从现代反思传统，成为不期然的文化下意识。传统文化热的持久不衰，国学热的浪潮迭起，尽管有鱼龙混杂之势，但总体上对儒学的评价日趋正面。对于君子人格的认同，对于孝悌忠信礼义廉耻的肯定，特别是对于传统孝道、家训家教家风的作用，都有了新的认识。通过学习儒学，培育向上向善的精神风貌，成为可喜的社会风尚。

二、儒学研究队伍日益壮大，流派纷呈，成果丰硕

相对于 2004 年以前，最近十多年来儒学研究阵营日益壮大，声势日隆，流派纷呈，成果甚多。特别重要的是，对儒学现代价值的阐释日益深化，日益与当代中国社会的发展想联系，从而更加具有时代特色。

一个有趣的现象是，自 2004 年《宣言》发布、2005 年方克立《甲申之年的文化反思》发表之后，在 2004 年是"文化保守主义年"的指称之下，自认或自称儒家、儒生的各色人等竞相登台。此后，儒家、儒学风头大劲，与 20 世纪 80 年代大陆开展现代新儒学思潮研究之初，有的当事人规避"新儒家""现代新儒家"的头衔迥然不同。在国学研究的滚滚热潮中，儒学研究成为主轴，自认或自称儒家、儒生的大有人在，而且越来越多。就研究队伍的主流而言，主要集中在高等学校和社会科学院系统，人数众多，力量强大，成果的数量多而且质量高。其间，文史哲等学科招收培养的硕士生博士生，相当部分的学位论文是研究儒家思想，且相当部分取得了优秀的成果，工作数年后成为儒学研究的中坚力量。

十五年来，儒学研究成果蔚为大观。就论文而言，真正是成千上万。据不完全统计，从 2004 年到 2018 年 5 月，论文题目中直接出现"儒学"者，就有 9445 篇；题目中直接出现"儒家思想"者，有 6698 篇；题目中直接出现"儒家文化"者，有 4135 篇；题目中直接出现"儒学研究"者，有 647 篇。合计起来，竟然超过两万篇（20925）！这还不包括虽然不以"儒学""儒家思想""儒家文化""儒学研究"命题，但其实际内容是研究儒学的论文。就著作而言（包括单本著作和丛书型著作），也是数量巨大，范围广阔。专人研究、专书研究、专题研究，通史研究、断代史研究，哲学史研究、思想文化史研究、文学史研究、法律史研究，所在多有。学术会议接连不断，各种各样国际的、全国的、跨省区的、各省范围内的儒学研讨会，真可谓一年四季花不谢！甚至出现过不止一次的"典型"现象，同一天，在三个不同省份有上百人参加的儒学学术会议同时举行。各种各样的儒学范围的论坛、讲座、课程，不胜枚举。"四书五经进课堂"、申报国学为国家一级学科，甚至申报儒学为国家一级学科的呼声，不绝于耳。

儒学研究成果的一个重要表现，是不同思路、不同方法竞合后形成的具有初步流派意识和特性的冠以本质特征的诸多××儒学的出现。政治儒学、生活儒学、文化儒学、学术儒学、乡村儒学、教化儒学、平民儒学、人文儒学、应用儒学、社会儒学、企业儒学、自由儒学、情感儒学、民间儒学等等，不一而足。其间，政治儒学风头最劲，论说甚多，争议颇大。

与以往儒学研究不同的是，最近十五年来的儒学研究获得学术组织（机构、团体）的空前支持。国际儒学联合会和中国孔子基金会是早在 20 世纪 80 年代就成立的儒学研究机构，但在最近十五年的儒学研究中发挥了更为广泛、更为巨大的作用。全国各个省市区都有儒学社团，以弘扬和研究儒学为重心的各种书院接连兴办。山东省设立了儒学大家、泰山学者、尼山学者之类职位，北京大学、山东大学分别成立了儒学高等研究院，中国人民大学成立了孔子研究院。凡此种种，都为儒学研究创造了良好的条件，推动了儒学的现代发展。

在儒学发展的良好态势下，儒学研究工作者们对于儒学现代价值的阐发日益深化，日益与社会发展相联系，与实现中国现代化的价值主题相扣合。诚如中共中央办公厅和国务院办公厅印发的《关于实施中华优秀传统文化传承发展工程的意见》所言，构建中华优秀传统文化传承发展的工程，要解决现实问题、助推社会发展，要不断赋予中华优秀传统文化新的时代内涵和现代表达形式，使中华民族最基本的文化基因与当代文化相适应、与现代社会相协调。就其主要内容而言，一是核心思想理念，比如讲仁爱、重民本、守诚信、崇正义、尚和合、求大同等；二是中华传统美德，比如精忠报国、崇德向善、孝悌忠信、礼义廉耻等；三是中华人文精神，比如和而不同、文以载道、文以化人等。综观十多年来的儒学研究成果，学术界确实是在这些方面下了大功夫，花了大力气。

三、对儒学研究、儒学发展的质疑之声和警惕之心始终存在

毋庸讳言，在最近十五年的儒学研究和发展进程中，不同方法论和价值观的激荡是一直存在的，对于儒学发展和儒学研究的质疑之声和警惕之心，也一直存在。这种激荡，这种质疑之声和警惕之心，对于儒学研究的理性化，对于儒学发展的科学化，具有正面的意义。

有人把弘扬儒学、研究儒学商业化，沽名钓誉，搞得神憎鬼厌，这已经不在学术研究的范畴之中，姑且不论。出现争议乃至质疑的，主要是关于政治儒学中的某些倾向和主张，即儒化中国、儒化中共、儒教立国之类。此外，还有不加分析地全盘肯定儒家文化的一切，主张靠儒家思想解决当代中国的所有问题乃至现代化的全面实现问题。

以南开大学刘泽华教授为代表的"王权主义学派"，对于儒学研究中的某些观点和倾向，抱持商榷和质疑的态度。刘泽华认为，复兴儒学并不是文明的提升，道统思维盛行是中国文化发展中的"复古"偏颇，"让孔子直通古今是不现实的"。葛荃、张分田、李宪堂等人也持类似见解。这是从事中国政治思想史研究的学者的质疑。从事马克思主义哲学研究的中国人民大学陈先达教授撰写了一系列文章，对于儒学研究和儒学发展中的某些观点和倾向表达质疑和批评。在《文化

复兴与尊孔读经》《论传统文化研究中的一个重要问题》《马克思主义和中国传统文化》《文化自信中的传统与当代》《传统文化创造性转化不能陷入误区》《摆正马克思主义和中国传统文化的位置》等文章中，陈先达认为要坚持马克思主义的指导地位，反对用儒学取代马克思主义，反对用马克思主义取代传统文化。他认为，当代中国个别新儒家主张的"儒化社会主义""儒化共产党"的思潮是往回流的复古思潮。"某些文化保守主义者提倡的以对抗马克思主义为目的、以抵制西方文明优秀成果为旨归的尊孔读经，也是我们不能赞同的。"孔子不可能救中国，儒学也不能救中国，文化复兴不是复古。从事中国哲学和中国文化研究的中国社会科学院方克立教授，在《甲申之年的文化反思》等文章中，主张马魂、中体、西用，反对儒教立国，反对政治化的儒学，批评"大陆新儒学"的若干主张，反对儒化中国、儒化中共，反对立儒教为国教。从事中国思想文化史研究的复旦大学葛兆光教授，在其《异想天开：近年来大陆新儒学的政治诉求》一文中，对大陆新儒学的若干观点做了尖锐批评，甚至很辛辣地用"异想天开"来形容大陆新儒学阵营的某些人。葛兆光在该文中指出，大陆新儒学关怀的中心，已经从文化转向政治；大陆新儒学的领袖们，不再甘于在寂寞的学林中"坐而论道"，而是要从幕后走到台前，"挽袖伸臂参与国家政治与制度的设计。换句话说，就是中国大陆新儒学不再满足于'魂不附体'，而是要'借尸还魂'"。对于大陆新儒学要从心性儒学走向政治儒学，要从文化建设转到政治参与，要确立儒教为国教，认为现代国家体制不合理，要想建立通儒院、庶民院和国体院，以取代他们认为的不合理的现代国家体制的主张，以及要求政府恢复儒家庙产，恢复儒家祭祀，把儒家经典阅读作为中小学教育基本内容等要求，葛兆光认为：归纳起来，就是力图建立一个政教合一的"儒教国"。这些从口号、观念到制度的论述和设想，改变了现代以来新儒家——1949 年以后是海外新儒家——的基本理念和追求方向，使得大陆新儒家与自由主义、社会主义等一道，成为中国大陆思想文化论争，甚至是政治制度设计中的一个重要参与者。葛兆光对此表示诧异，表示质疑。其实，早在 2006 年 8 月，在南开大学举行的"中唐以来思想文化与社会演进"国际学术研讨会上，有人发表名为《从文化儒学到政治儒学——评现代新儒学的价值转向》的主题发言，就对某些自命为大陆新儒家的人的政治宏图表示质疑，引起与会者的关注。

诚然，上述对于儒学研究和儒家阵营里某些人某些问题的批评和质疑，人们见仁见智，未必都会认可，但其中谈到的问题，特别是某些尖锐的批评意见，倒是从另一方向上对儒学研究和儒学发展的帮助。对于这些批评和质疑，如能在理论和实践相结合的层面给以圆满回应，则将对于儒学研究和儒学发展善莫大焉。

值得指出的是，官方在高度肯定、大力弘扬中华优秀传统文化的同时，也不乏防止偏差的警觉之心。中共中央办公厅和国务院办公厅印发的《关于实施中华优秀传统文化传承发展工程的意见》中，始终强调并坚持的是中国党产党的领导，强调巩固马克思主义在意识形态领域的指导地位，坚持以社会主义核心价值观为引领，坚持创造性转化和创新性发展，"不复古泥古"。试想，如果儒学研究、儒学发展偏离了这些要求，恐怕现在的大好形势就将失去。

四、未来前景：在民族复兴中实现儒学复兴

儒学的精华是中华优秀传统文化的重要成分，是中国文化精神和中华民族精神的重要载体。正在为实现现代化而迈进的当代中国，正在为民族复兴而奋发图强的中华民族，需要儒学精华的滋养。

在未来的日子里，我们应当善用这些年来儒学研究和儒学发展大好形势奠定的基础，为儒学研究的进一步深化而竭心尽力，为儒学的现代发展而穷神竭思。为此，需要在改革创新的时代精神引领下，区分儒学研究和儒学发展的不同内涵和合理边界。儒学研究固然可以推动儒学发展，儒学发展自然也可增创儒学研究的空间，但二者并不是同等概念。换言之，儒学研究者并不一定就是儒学信奉者，更不一定是信仰者，而可能是客观评判者、价值中立者，甚至可能是批评者、质疑者、否定者。儒学、儒家这些概念，应当用礼敬的态度对待之，

而不能动辄自命之、自诩之。

万物并育而不相害、道并行而不相悖，是儒家文化包容精神的内在要求。因此，破除儒教原教旨主义，反对教徒心理，反对党同伐异、结党营私，应当是儒学信奉者、儒学研究者、儒学同情者和理解者的基本素养。那种不容许质疑、批评的所谓儒家儒学，那种一听批评就暴跳如雷甚至结伙攻击、造谣污蔑的批评者质疑者，绝非君子儒而是小人儒，甚至是伪儒。心底无私天地宽，"以仁心说，以学心听，以公心辨"，荀子的劝导至今具有现实意义。如果儒学研究者和儒学家们都能这样做，则儒学发展的空间将更为广阔。

自 1840 年以来被迫启动的"后外发生型"的中国现代化，从物质层面到制度层面再到思想文化层面学习西方，其间伴随着传统价值系统的凤凰涅槃。儒学价值在这个过程中，经历了被批判否定再到被重新认识、重新掘发的阵痛和欢欣。时至今日，传统意义上的尊孔（孔是儒学、传统文化的代名词）的时代结束了，反孔的时代也结束了。有人说改革开放后是释孔的时代开始了。其实，按照儒家文化经世致用的传统，仅仅释孔是远远不够的，而是要"用孔"。要与时迁移、应物变化，给予儒家文化以创造性的诠释，结合时代条件，进行创造性的使用，善用儒家文化的精华，善用中华优秀传统文化。诚如习近平总书记所说，"注重发挥文以化人的教化功能，把对个人、社会的教化同对国家的治理结合起来，达到相辅相成、相互促进的目的"。简言之，儒学在未来中国的发展中，仍然具有资政育人的功能，其修齐治平的价值具有长久的生命力。

诚如前文所谈，中国共产党早已由"打天下"的革命党，转变为"坐天下""守天下"的执政党，因而其治国理政的方略必然要具有维护秩序、巩固政权的特质。儒学具有浓厚的守成主义特征。中国传统社会的政治实践表明，儒学用于取天下可能有所不足，但用于守天下则行有余力。因此，发掘儒家思想中的安天下、稳天下的功能，探讨儒学使民族团结、和合统一、文化悠久的功能，化古为今，为今所用，可以而且应当成为儒学研究的重要工作。在这个意义上讲，儒学的未来前景将是极其宏阔的、光明远大的。

在思想政治领域，马克思主义中国化、时代化、大众化，是摆在我们面前亟待解决的重大任务。儒学是传统文化中最具有民族特色、民族标记的思想理论，是最能体现中国作风、中国气派、中国价值的传统资源，是我们坚守中华文化本位的重要价值底蕴。因此，认真总结儒学在其发展历程中于不同时代适应不同需求，在不同面向上适应不同受众的经验，必将能够为马克思主义中国化、时代化、大众化提供精神支撑和智力支持。

现代化是全方位的。儒学作为民族历史传统资源，在现代化进程中也要与之相适应，要与现实文化相融相通，与当代文化相适应，与现代社会相协调。因此，儒学自身也要融进现代社会，也需要现代化。我们应当按照时代的新进步、新进展，对儒学的内涵加以补充、拓展、完善，增强其影响力和感召力。否则，儒学就会被边缘化，其生命力就会萎缩。

中华民族的复兴必然伴随民族文化的复兴，而民族文化的复兴必然内蕴着儒学的复兴。反映着中华民族深沉的精神追求的儒学，在中国的进一步崛起中，必将大放异彩。我赞同并期盼着儒学复兴。但需要强调的是，儒学复兴不是罢黜百家独尊儒术，不是儒学成为垄断性的国家意识形态，不是儒学成为儒教，更不是儒教立国，而是经过创造性转化创新性发展后的焕然一新，承载着以爱国主义为核心的中华民族精神，充溢着以改革创新为核心的时代精神，成为当代中国文化的有机构成，成为治国理政的重要历史文化资源，中华民族共有精神家园构建的价值支撑，以及个人安身立命之道的精神来源。总之，儒学复兴的前景可期，但需要有合理的边界。

该文为"2018中国·衡水董仲舒与儒家思想国际学术研讨会"提交的论文。

李宗桂（1952—），男，四川眉山人，中山大学哲学系教授，博士生导师。

儒家从"百家争鸣"到"一家独尊"之反思

——思想的辩证法是，既要解放，又要统一

钱耕森　沈素珍

　　儒家，是春秋（前 770—前 476）战国（前 475—前 221）之际，由孔子（前 551—479 年）创立，以孔子为宗师，以崇奉孔子学说、推行孔子主张为旨归的学派。

　　儒家的"儒"渊源于此前的文化官吏。《周礼》："儒，以道得民。"（《天官·冢宰·太宰》）这里的"道"是专指"六艺"。《周礼》："一曰五礼，二曰六乐，三曰五射，四曰五驭，五曰六书，六曰九数。"（《地官·司徒·保氏》）所以说，"儒"原来是专门以"礼""乐""射""驭""书""数"的"六艺"去教养天子、诸侯、贵族的文化官吏。这些官吏后来随着社会的大变动离开宫廷流落到民间，以他们所熟知的礼乐文化和贵族礼仪做"相礼"的职业。孔子早年也曾以"儒"为业，为人"相礼"。

一

　　孔子晚年周游列国归来专门从事教育和整理古籍，即整理"诗""书""易""礼""春秋""乐"的"六经"，后有时也称为"六艺"。司马迁说："孔子以诗书礼乐教，弟子盖三千焉，身通六艺者七十有二人。"（《史记·孔子世家》）从而成为一个影响很大的民间教育团体

和"百家争鸣"中的"显学"之一家。

所谓"诸子百家",主要有儒家、墨家、道家和法家,其次有阴阳家、杂家、名家、纵横家、兵家、小说家等。他们著书立说,对宇宙、社会和人生,特别是对治国理政提出各种不同的理论与学说,以适应并引导各种不同的政治力量的需要和发展。

儒家的特色很丰富,本文拟用孔子所提倡的"立己立人"或者"修己安人"的主张来概括,即《大学》里所讲的"八条目":"格物、致知、正心、诚意、修身、齐家、治国、平天下",亦即庄子所讲的"内圣外王"。

在春秋 290 多年间,周王室已经衰微,以"五霸"为首的诸侯各自为政,挟天子以令诸侯,相互攻伐,争夺霸权,礼乐日趋崩坏。生活于春秋后期的孔子为了挽救礼坏乐崩的危局,立志追随周公的志业,继承周公的礼乐文化,创立了"仁学"。

周公(前 1094—前 1033),姓姬名旦,周文王之四子,周武王之弟,周成王之叔。他是西周最杰出的思想家、政治家、军事家之一,是周朝开国元勋之一。周公先在军事上辅助武王伐纣灭商,又辅助成王东征,平定了管叔、蔡叔和霍叔的三监之乱,战功显赫,帮助他们父子两打天下。周公后又在政治上辅佐幼小的成王治理天下。为此,周公制礼作乐。他总结、吸收、发展了夏、商两朝的礼乐的思想、文化与制度,来制订周朝的礼乐的思想、文化与制度。"殷因于夏礼,所损益可知也;周因于殷礼,所损益可知也。"(《论语·为政》)因此,周公成为礼乐文明的集大成者。礼乐并称,也合称为"礼""礼教"或"名教"。

所谓"礼"指礼制、礼仪、礼器、礼貌与礼之义。礼可规范政治制度、社会生活和道德秩序等。礼制能使社会安定和谐发展,使典章制度得以完善。所以,礼是夏商周三代文化传统的主体。周礼后来居上,发展最为成熟,成为周代最具代表性的文化成就。周公所创制的周礼,既含政典又含教化。政典指治国理政的典章制度,体现在《周礼》一书中;教化指通过礼乐向人们进行教化,体现在《仪礼》一书中。二者有区别,又有联系。但是,孔子所说的礼在夏商周随着朝代更替而有所损益,也就充分体现了礼在历史与现实中必须不断变化才能加以适应。

所谓"乐"本身具有和谐性，又被赋予道德性，被视为表现"礼"的一种表现手段，常与"礼"并称。"子曰：兴于诗，立于礼，成于乐。"（《论语·泰伯》）这是孔子关于道德与审美的修养思想，意谓君子修身自学诗始而完成于乐。孔子说："礼乐不兴，则刑罚不中。"（《论语·子路》）孟子说："闻其乐而知其德。"（《孟子·公孙丑》）《周礼》说："以乐礼教和，则民不乖。"（《周礼·地官·司徒》）《礼记·乐记》说："乐者，通伦理者也。"

到了孔子之时，虽然礼坏乐崩成已然之势，但是礼乐本身所具有的人文精神、人文关怀、人文化成的价值，依然是可以传承与发扬的。因此，周公成了孔子梦寐以求的先驱。孔子说："周监于二代，郁郁乎文哉！吾从周。"（《论语·八佾》）"甚矣吾衰也！久矣吾不复梦见周公！"（《论语·述而》）

所以，孔子提出"仁"学，并不是离开"礼"、抛弃"礼"，更不是对抗"礼"、取代"礼"，而是以"仁"挽救"礼"、补充"礼"、传承"礼"、发展"礼"。孔子回答最优秀的弟子颜渊"仁"是什么的问题时，明确说："克己复礼为仁。一日克己复礼，天下归仁。"（《论语·颜渊》）孔子说这句话的用意非常清楚，充分表明他的新说"仁"与旧说"礼"，二者不是没有关系，而是有着紧密的内在联系。

礼的主要功能是区别一切事物的等级，特别是区别社会的等级。《左传》说："无别不可谓礼。"（《僖公二十二年》）换言之，所谓"礼"，就是要有别，就是要承认差别。这样，"礼"就成为区别贵贱亲疏的行为规范和等级名分制度。《中庸·二十章》说："亲亲之杀，尊贤之等，礼所生也。"杀，降等。这是说无论是亲亲还是尊贤都应该根据礼的规定分等进行。

虽然礼承认存在着不同的等级，但是，礼也不是要扩大不同的等级，而是要调和不同的等级，使不同的等级都能各安其位，各司其职，以其既能分又能合的效能以达到维护社会秩序之目的。"齐景公问政于孔子。孔子对曰：'君君、臣臣、父父、子子。'"孔子强调国君不能不像个国君而要像个国君，臣子不能不像个臣子而要像个臣子，父亲不能不像个父亲而要像个父亲，儿子不能不像个儿子而要像个儿子。要各安其位，各守本分，既不能过，又不能不及，要达到最适当的地步，即要充分发挥出最为可贵的和谐的作用，才能维护社会秩序。齐景公完全认同并深有感悟地说："善哉！信如君不君，臣不臣，父不父，子不子，虽有粟，吾得而食诸？"（《论语·颜渊》）齐景公说：你孔子"说得好呀！如果国君不像个国君，父亲不像个父亲，儿子不像个儿子，即使有粮食，我能够吃得到吗"？所以子曰："礼之用，和为贵。先王之道，斯为美，小大由之。"（《论语·学而》）这意思是说，礼的应用，以能实现和顺、和气、和谐为可贵，为有意义，为有价值。孔子并以历史上的圣君贤相无论是办大事还是办小事，都能很好地做到以和为贵而实行礼治为证。

有子关于"礼之用，和为贵"的论断是既有事实又有理论上两方面的根据：

《周礼》说："礼典，以和邦国，以统百官，以谐万民。"（《周礼·天官·冢宰》）礼典是用来协和天下各国，统管各级官员，使老百姓都能和睦相处。

《尚书》说："惟齐非齐。"（《尚书·吕刑》）要做到齐就必须是不齐。这里指要上下齐一，就必须有等级差别。

孟子说："夫物之不齐，物之情也；或相倍蓰，或相什伯，或相千万。子比而同之，是乱天下也。"（《孟子·滕文公上》）蓰，五倍。什，十。伯，百。比，有强合在一起的意思。孟子说，各种货物的品种质量不一致，这是货物存在的客观情况：有的相差一倍到五倍，有的相差十倍到百倍，有的相差千倍到万倍。你把它们强拉在一起而等同起来，这是要造成天下的混乱。

荀子说："分均则不偏，势齐则不一，众齐则不使。有天有地而上下有差，明王始立而处国有制。"均，等同。偏，属，指上下统属关系。势，势位、权势。一，统一、集中。使，役使。荀子说：名分相等就无法统属了，权势相等就不能统一集中了，大家的地位都相等就谁也不能役使谁了。有天地就有上下的差别，明智的君主一开始当政，治理国家就有一定的等级制度。

以上这些论述都一再表明儒家认为事物，尤其是人类社会，存在差异，是客观的。取消人类社会的差异，是伟大的理想，在未来的"大同社会"方可实现。而在"大同社会"以前的现实的社会里，只能是承认差异，调和差异。儒家一面不否认差异的客观性，一面发挥主观能动性调和差异。儒家的"礼治""德治"的价值就在于"和为贵"。但有人只看到礼承认差别，维护差别，甚至扩大差别的作用，却看不到礼还具有调和差别的积极的可贵的作用。我们对礼的作用，应该看到两方面，应有全面的观点，并且重点应放在彰显"和为贵"的作用。

但由于统治者不断强化甚至绝对化这套礼的规范和制度。什么"礼不下庶人，刑不上大夫"（《礼记·曲礼》）的不合理的现象被合法化了。于是，庶人与大夫的矛盾冲突不断加剧，社会危机日益深重。

所以，孔子就提出"仁"来补救"礼"的缺失。当孔子的又一弟子樊迟问"仁"是什么的问题时，他明确回答说："爱人。"（《论语·颜渊》）孔子要求既爱家人，"孝弟也者，其为仁之本与"（《论语·学而》）！又爱他人，"修己以安人"，"修己以安百姓"（《论语·宪问》）。"泛爱众。"（《论语·学而》）"四海之内皆兄弟也。"（《论语·颜渊》）提倡"忠恕"之道，"己欲立而立人，己欲达而达人"（《论语·雍也》）。"己所不欲勿施于人。"（《论语·颜渊》）提倡"中庸"之德，"中庸之为德也，其至矣乎"（《论语·雍也》）！提倡"和而不同"（《论语·子路》）。"和为贵。"（《论语·学而》）主张以礼以德治国。"为国以礼。"（《论语·先进》）"为政以德。"（《论语·为政》）通过私有的"小康"社会实现人类的理想社会——天下为公的"大同"社会，等等。孔子在"修身、齐家、治国、平天下"有关方面创立了符合中国宗法制与封建制国情的而与各家不同的具有儒家特色的一系列的学说。

孔子为了实现自己的儒家主张，决心于五十五岁不辞辛劳离开祖国——鲁国，去周游列国长达十四年，足迹遍历卫、曹、宋、陈、蔡各国，满怀得君行道的希望。但是，当时的中国社会正处于大转变、大分裂，走向新的大统一的过程之中，情况极为复杂，充满危机，险象环生。因此，孔子一路上困难重重，极不顺利，甚至还在匡地被拘禁了五天，"子畏于匡"（《论语·子罕》），经过宋国，桓魋欲杀死孔子，在陈国断绝了七天的粮食，只得找些野菜来充饥，跟随的人都饿得病倒了，"在陈绝粮，从者病，莫能兴"（《论语·卫灵公》）等面临死亡的绝境！所以，一言以蔽之，虽然孔子为实现儒学理念竭力做到了"知其不可而为之"（《论语·宪问》），但是他却被视为迂腐，有时狼狈得就连孔子本人也不得不说像只"丧家之狗"（《史记·孔子世家》）！

孔子周游列国回到鲁国后仍坚持自己的"仁"学。为此，他继续办学，广收门徒，多达三千，并整理古籍"五经"，双管齐下以传播儒学。

二

到了孟子（约前 372—前 289）之时，正值战国历史阶段。在这254 年间，广大奴隶和平民起义风起云涌，以秦、齐、楚、燕、韩、赵、魏七雄为首的各诸侯国之间的战争接连不断，社会呈现天下大乱的形势。因此，人们把这时期称为"战国"时期。

孟子是孔子嫡孙子思（名孔伋）的弟子，其创立的思孟学派，成为后孔子的八派儒家中最大的一派。孟子继承孔子"仁学"，将孔子"仁学"发展为"仁义"与"仁政"。

所谓"义"，原意是"宜"，指恰到好处。《中庸·二十章》说："义者，宜也。"作为儒家重要的伦理概念，指公正、合理、应该、道义。

孔子不仅提出"仁"，也常谈到"义"。他说："君子义以为上。"（《论语·阳货》）"君子义以为质。"（《论语·卫灵公》）这是孔子以"义"作为评判君子的标准。孔子还以"义"反对不正当的"利"，规范求"利"行为："君子喻于义，小人喻于利。"（《论语·里仁》）"不义而富且贵，于我如浮云。"（《论语·述而》）"见得思义。"（《论语·季氏》）但孔子没有并提"仁""义"。

　　而孟子则将"仁""义"联用。《孟子》一书的开篇就记录了孟子将"仁""义"并举。"孟子见梁惠王。王曰：'叟，不远千里而来，亦将有以利吾国乎？'孟子对曰：'王何必曰利？亦有仁义而已矣。'"而"上下交征利"，则是既无仁爱可言，也无正义可言。所以孟子针锋相对地既用仁又用义加以反对。他说："王亦曰仁义而已矣，何必曰利？"（《孟子·梁惠王上》）

　　孟子为什么要并用"仁""义"？这和他对"仁""义"的界定有关。他说："仁，人心也；义，人路也。"（《孟子·告子上》）"仁，人之安宅也；义，人之正路也。"（《孟子·离娄上》）孔子所说的"仁者爱人"的"爱"，被孟子认为是人内心中的最珍贵的情感、所追求的最大的价值和最崇高的境界，又是人的安身立命之处。那么，如何才能实现人内心中这最珍贵的情感、最大的价值、最崇高的境界和安身立命之处的"爱"呢？孟子进一步认为必须抉择一条能实现的捷径，而"义"正是这条光明大道。所以，他说"义，人路也""义，人之正路也"。这充分表明孟子创新地提出了以"义"、从"义"、取"义"来行"仁"的主张。孟子强调指出，如果抛弃"仁"这颗真诚的爱心和"义"这条正路不走，那是很可悲的。"舍其路而弗由，放其心而不知求，哀哉！"（《孟子·告子上》）"旷安宅而弗居，舍正路而不由，哀哉！"（《孟子·离娄上》）"仁"的爱心，是不能丢的；"正义"之路，是一定要走的。

　　孟子又将"义"和"礼"作为君子出入之路和门。"夫义，路也；礼，门也。惟君子能由是路，出入是门也。"（《孟子·万章下》）孟子还说："大人者，言不必信，行不必果，唯义所在。"（《孟子·离娄下》）这是将"义"作为唯一标准。孟子还认为"至大至刚"的"浩然之气"，也是靠"义"养成的，"是集义所生者，非义袭而取之也"（《孟子·公孙丑上》）等等，可见，孟子将孔子的"义"发展为一个很重要的理念。

　　所以，孔子决心"杀身成仁"；孟子则决心"舍生求义"（《孟子·告子上》）。

　　孟子又将孔子的"仁"德发展为"仁政"的政治学说。孟子认为

"仁政"的基本内容是:"王如施仁政于民,省刑罚,薄税敛,深耕易耨;壮者以暇日修其孝弟忠信,入以事其父兄,出以事其长上,可使制梃以挞秦楚之坚甲利兵矣。"(《孟子·梁惠王上》)

孟子强调说:"夫仁政,必自经界始。经界不正,井地不钧,谷禄不平。是故暴君污吏必慢其经界。经界既正,分田制禄可坐而定也。"田界划分清楚了,官民的分配就能合理公平。暴君和贪官污吏为了私利,千方百计搞乱田界。官民贫富差别太大,社会就会失和,动乱不止。所以,要实行仁政,就必须从划清田界开始,"民事不可缓也"《孟子·滕文公上》)。

既正的经界,实际上就是老百姓的"恒产",即固定的产业。孟子说:"民之为道也,有恒产者有恒心,无恒产者无恒心。苟无恒心,放辟邪侈,无不为已。及陷乎罪,然后从而刑之,是罔民也。焉有仁人在位罔民而可为也?是故贤君必恭俭礼下,取于民有制。"(《孟子·滕文公上》)百姓有无"恒心",即有无稳定的思想,有无道德心,取决于有无"恒产"。百姓失去"恒心",就会无所不为。等到他们犯了罪,然后再加刑罚,就等于布下罗网陷害百姓。哪有仁爱的君主在位却干出陷害百姓的事呢?所以,贤良的君主务必做到处事恭谨,生活俭朴,礼贤下士,向百姓征收赋税要有定规。

孟子还举出周文王施行仁政的主要措施,农业税只收九分之一,关卡和市场只检查而不收税等,特别是优先抚恤社会上四种弱势群体:"老而无妻曰鳏,老而无夫曰寡,老而无子曰独,幼而无父曰孤。此四者,天下之穷民而无告者。文王发政施仁,必先斯四者。"(《孟子·梁惠王上》)

孟子把"仁政"与"王道"相结合。他认为"王道之始"的基本内容是:"不违农时,谷不可胜食也;数罟不入洿池,鱼鳖不可胜食也;斧斤以时入山林,材木不可胜用也。谷与鱼鳖不可胜食,材木不可胜用,是使民养生丧死无憾也。养生丧死无憾,王道之始也。"孟子接着说:"五亩之宅,树之以桑,五十者可以衣帛矣;鸡豚狗彘之畜,无失其时,七十者可以食肉矣;百亩之田,勿夺其时,数口之家,可以无饥矣;谨庠序之教,申之以孝悌之义,颁白者不负戴于道

路矣。七十者衣帛食肉，黎民不饥不寒。"（《孟子·梁惠王上》）

可见，孟子的"仁政"将孔子的"仁"德转化为物质力量，落实到了政治制度的层面，变为经济利益，让百姓可以过上温饱甚至小康的生活，也保障了君与吏"分田制禄可坐而定也"，让上下从"交征利"走向"亦有仁义而已矣"。孟子企图以"义"、从"义"、取"义"来行"仁"，实现"仁政"，构建小康的和谐社会。并且孟子的意识很明确，认为和谐社会的主体是老百姓，和谐社会的主要问题是民生问题。他强调说：诸侯不应把珍珠美玉当作宝贝，而应把"人民""土地""政事"三者当作宝贝。"诸侯之三宝：土地，人民，政事。宝珠玉者，殃必及身。"他更明确提出："民为贵，社稷次之，君为轻。"（《孟子·尽心下》）这种"民本"思想具有巨大的震撼力，对"仁义"理念和"仁政"制度的形成产生了重大的影响，是其深厚的理论基础。孟子力图用"仁义"和"仁政""王道"，反对"上下交征利"和"暴政""霸道"。

孟子面临"杨朱、墨翟之言盈天下，天下之言不归杨，则归墨"，与"杨、墨之道不息，孔子之道不著"的孔子与儒家几乎失尽了话语权，其学说行将完全失败的危亡的局面！他深感忧惧，"吾为此惧"！所以，他"当仁不让"（《论语·卫灵公》），决心要学习和捍卫先圣的学说，抨击杨墨两派，驳斥他们那些乌七八糟的言论，使他们这些荒谬学说的制造者再也找不到市场，"闲先圣之道，距杨、墨，放淫辞，邪说者不得作"。他自负为孔圣人之徒，就一定能够著书立说以反对杨、墨学派的人，"能言距杨、墨者，圣人之徒也"。他申言并非自己好辩，他是出于不得已，才进行辩驳的，他要肩负起"亦欲正人心，息邪说，距诐行，放淫辞，以承三圣者"，做孔圣人的接班人、历史托命人的使命。果然，他猛批道："杨氏为我，是无君也；墨氏兼爱，是无父也。"他甚至上纲上线指斥："无父无君，是禽兽也。"（以上均引自《孟子·滕文公下》）

荀子也"当仁不让"积极地加入了"百家争鸣"，批评说："墨子有见于齐，无见于畸。"（《荀子·天论》）墨子只看到社会成员应均齐一，而忽视了社会成员实际存在的等级差别。"墨子蔽于用而不知文。"(《荀子·解蔽》)墨子只看到物质功利的作用，而没看到文化道德的作用。

但是，"春秋无义战"(《孟子·尽心下》)的局势到了战国不仅有增无减，而且变本加厉，大小霸者们唯暴力是从，只知以力服人，以斗待人，"争地以战，杀人盈野；争城以战，杀人盈城"(《孟子·离娄上》)。根本就不相信以德服人，以和待人。所以，虽然孟子和孔子一样，也满怀得君行道的希望，不辞辛劳地游说齐、魏等国，但是其结果并没有好过孔子，而是和孔子一样碰了一鼻子的灰，他所遇到的是"王顾左右而言它"(《孟子·梁惠王下》)，吃的也是闭门羹！只得也悻悻而归。

孟子晚年退而与弟子万章、公孙丑等著书立说，"序《诗》《书》，述仲尼之意"(《史记·孟子荀卿列传》)。他留传下来《孟子》七篇，通过阐发子思学说，为传承、发展了孔子的儒家思想，做出了新贡献。终于被后人尊称为"亚圣""孔孟之道"。

孔子和孟子积极整理古文献，著书立说，兴办教育，广收门徒，周游列国，扩大影响，再加上荀子的传承、弘扬与发展，因而使儒学在百家争鸣中终于与墨学成为两大"显学"。

三

公元前 221 年，秦始皇消灭了六国，统一了中国，结束了从春秋到战国五百多年的战争局面，建立起我国历史上第一个封建专制主义的中央集权国家，开启了中国长达二千多年的封建社会。

秦始皇主要是靠法家思想建立起政权并进行统治。儒家则遭到了"焚书坑儒"的空前浩劫！始皇三十四年（前 213），丞相法家李斯冒死向始皇上书，揭露儒家所兴办的"私学"与所崇尚的《诗》《书》的危害性极大，于是力主禁止私学，焚烧《诗》《书》。他说："臣请史官非秦记皆烧之。非博士官所职，天下敢有藏《诗》《书》、百家语者，悉诣守、尉杂烧之。有敢偶语《诗》《书》者弃市。以古非今者族。吏见知不举者与同罪。令下三十日不烧，黥为城旦。所不去者，医药卜筮种树之书。若欲有学法令，以吏为师。"这个意见，甚合始皇之意，始皇遂即下诏说："可以依照这个办法去做。"即"制曰：'可'。"秦始皇在三十五年，一不做，二不休，进一步"坑儒"："犯禁者四百六十余人，皆坑之咸阳，使天下知之，以惩后。"（以上均引自《史记·秦始皇本纪》）即"把触犯法令的四百六十多人，挖了土坑，把他们全部活埋，以昭示天下，警告后人"。由行骗而逃跑的方技人士所引起，但以非议的博士儒生为主。虽然"焚书坑儒"，并非是一件事，但是都是剑指儒家，儒家命运更惨，几乎被斩尽杀绝！

西汉前期初年，黄老思想占统治地位，适合当时社会休养生息的需要。所谓"黄老思想"，是以道法为主要内容，并往往以黄帝为名义的黄老之学。西汉初年的文帝、景帝都喜欢黄老的"无为"，特别是文帝的皇后窦氏更加信奉黄老。刘向说："文帝本修黄老之言，不甚好儒术，其治尚清静无为。"（《风俗通·正失》）武帝初起用尊崇儒术的窦婴为丞相，田蚡为太尉，赵绾为御史大夫，王臧为郎中令，按儒术行事。但遭到窦太后的坚决反对。年仅十七岁的武帝被迫免去他们的官职，废止他们的儒事，把赵绾和王臧投入狱中，这两人被迫自杀。可见，在这场斗争中，以黄老的道法获胜、儒家失败而告终。司马迁说：窦太后"好黄帝老子言，帝及太子，诸窦，不得不读黄帝老子，尊其术"（《史记·儒林传序》）。

武帝建元六年（前135），窦太后死了。田蚡即出再任丞相，就"绌黄老刑名百家言，延文学儒者数百人"（《史记·儒林传》）。第二年，即武帝元光元年（前134），武帝"册问""贤良文学"之士。董仲舒在第三次"对策"的最后一段中说：《春秋》大一统者，天地之常经，古今之通谊也。今师异道，人异论，百家殊方，指意不同，是以上无以统一；法制数变，下不知所守。臣愚以为诸不在六艺之科、孔子之术者，皆绝其道，勿使并进。邪辟之说灭息，然后统纪可一而法度可明，民知所从矣。"（《汉书·董仲舒传》）这就是后世史家所称著名的"罢黜百家，独尊儒术"。董仲舒在武帝举贤良对策中崭露头角，开始登上历史舞台！

显然，这是对加强封建的专制制度和国家的统一很有利的一种新的意识形态。所以，武帝很欣赏，采纳了这个建议，罢黜百家博士，取消了原有的诸子传纪博士，只立《五经》博士。《诗》立鲁、齐、韩三家，《书》欧阳氏，《礼》后氏，《易》杨氏，《春秋》公羊。《五经》就成了法定的经典，儒学经学化了。"儒家"与"经学"的称谓，都正式出现于汉代。"初见武帝语经学。"（《汉书·儒林传》）汉代经学分为今文经学与古文经学两派。董仲舒是今文学派《公羊春秋》的大师。到了元朔五年（前124），置博士官弟子五十名，并免除他们的租税力役。又诏令天下郡国立学宫学习经艺。尊奉孔子为神圣。

于是，孔子、儒家及其经典，在汉武帝与董仲舒的时代，一跃而登上了中国文化的正统地位，成为中国封建时代的统治思想与意识形态，对现实起着决定性的作用，对历史产生了极为深远的影响。当然，儒学也延缓了中国历史发展进程，但那是后事。

我国社会发展进入东周，从公元前770年起至前221年秦始皇完成统一止，中经春秋与战国两个历史阶段，周天子名存实亡，以五霸与七雄为代表进行了长达500多年的分裂与战乱。渴望和平，追求统一，是时代的呼唤，人心的向往，历史的选择。孔子认为："礼乐征伐自天子出。"（《论语·季氏》）孔子称赞管仲"相桓公，霸诸侯，一匡天下，民到于今受其赐。"（《论语·宪问》）孟子主张天下"定于一"（《孟子·梁惠王上》）。荀子也主张"一天下"（《荀子·王制》）。统一、大一统，也是先秦儒家的共识与传统。孔子关于统一思想的主张，影响很大，不仅影响了儒家，而且还影响了其他学派。庄子就认同说："仲尼曰：'夫道不欲杂，杂则多，多则扰，扰则忧，忧而不救。'"（《庄子·人间世》）

秦、汉统一中国，建立中央集权的封建专制制度，是符合社会发展的趋势、历史的进步、人民的要求的。从全过程看，封建社会尚处于初期或者上升时期。所以，汉武帝和董仲舒所共同制定的"罢黜百家，独尊儒术"的政策，完全有其合理性的，具有实际的价值与现实的意义，应该得到充分肯定。

春秋战国时期的"百家争鸣"，彰显大家思想解放，提出多元学术，这是积极的一面。但事物总是可以一分为二的。其消极的一面，则是众说纷纭，莫衷一是。这就又需要统一了。思想的辩证法是，既要解放，又要统一。秦汉时期需要统一。汉武帝和董仲舒的"罢黜百家，独尊儒术"，便是应运而生的。

儒学之所以应该而且能够被"独尊"，绝非出自偶然的原因，而是有其必然的原因。西汉司马迁谈论阴阳、儒、墨、名、法、道德六家之要旨时，对儒家评论说："儒者博而寡要，劳而少功，是以其事难尽从；然其序君臣父子之礼，列夫妇长幼之别，不可易也。"（《史记·太史公自序》）其中，他一方面批评了儒家的学说太广博，很难找出它的纲要，所以在研究它的时候，用力虽多而收效很少，因此儒学家们所说的一切，是不能完全听从的；又一方面肯定了儒家所制定的君臣父子彼此相处的礼节，以及夫妇之间或者长辈和晚辈之间的礼数的分别，认为其是绝对不能改变的。

儒家之所以"序君臣父子之礼，列夫妇长幼之别"，并且之所以以其"不可易也"，乃是由于儒家思想正确反映了中国历史所具有的宗法制和封建制的两大特点。这正是孔孟所开创的儒家的特殊的智慧与巨大的力量之所在。也正是董仲舒在封建大一统的新的历史条件下，传承、弘扬、发展了孔孟的原始儒学的特殊的智慧与巨大的力量之所在。

但是，在等级森严的阶级社会和在历史大转折大动荡的时代，孔子和孟子的爱人的"仁"学和"民为贵"的"仁义""仁政"不但没有市场而且显得迂腐。其实，这正好彰显孔子和孟子作为大思想家不为当下的现实与现象所局限，而是善于超越当下的现实与透过现象，洞察到人类的本性与和平发展时期的主题应该是爱、是和、是和谐，而不应该是恨、是斗，人的社会应以人、以民为贵、为本。新的社会主义社会与生态文明社会恰好证明了人与人，甚至人与万物都应该和谐相处，应该"亲亲而仁民，仁民而爱物"（《孟子·尽心上》）。那么，不相爱又如何能和谐共存，持续发展，共赢，皆大欢喜呢？可见，孔子和孟子的爱人的"仁"学和"民为贵"的"仁义""仁政"以及万物和谐一体的思想，具有普世价值与永恒魅力！

综上所述，以孔孟为首的儒家，之所以能从"争鸣"的"百家"

之一到"独尊"的"一家",是随着历史的变化而变化的,是时代的召唤,人们的向往,历史的选择。反思儒家从"百家争鸣"到"一家独尊",对启迪我们信奉并践行既解放思想,又以马克思主义为指导,必将有所裨益。

　　该文为"2018 中国·衡水董仲舒与儒家思想国际学术研讨会"提交的论文。

　　钱耕森(1933—),男,安徽巢湖人,安徽大学哲学系教授,衡水学院顾问。

　　沈素珍(1953—),女,上海人,安徽大学社会与政治学院教授。

孔子的"复活"与儒教的未来

金圣基

一、孔子的"复活"

今天我们可以从四面八方听到有关孔子"复活"的消息。

2010 年在中国正受瞩目的电影《孔子》就是其典例。

那么孔子"复活"的真正意义何在？众所周知，中国在五四运动时期高举反帝反封建之旗帜，高喊"打倒孔家店"的口号，而爆发于 1967 年的"文化大革命"，在批林批孔的旗帜下，让孔子又一次成为其主要的攻击对象。

但是从 1976 年以来，以匡亚明为首的一大批知识分子对孔子重新进行评价，20 世纪 80 年代后期以来在国学热和文化热当中，孔子"复活"的征兆已经相当明显。最近孔子圣人化事业也正蓬勃发展。具体而言，以 1978 年为转折点，对孔子的评价进入新的局面，即彻底被否定的孔子思想开始得到新的评价，人们对此展开活跃的探讨。1978 年，张瑞番在《上海师范大学学报》里发表《再评孔子的"有教无类"》一文，反驳了赵纪彬在《论语新探》里的解释，这在学术界被看作拉开了重新评价孔子的序幕。新的"孔子论"的代表学者有匡亚明、罗世烈、李泽厚等。尤其是罗世烈撰《封建专政主义不是孔孟之道》（《四川大学学报》1980年第 4 期），他在自己的论文里使孔子摆脱封建专制主义的锁链，利用解释学的理论，在中国历史当中解释孔子时代的意义，并且阐述孔孟思想的本质。而匡亚明则出版《孔子评传》（齐鲁书社 1985 年版），开启新的孔子研究之路。他总结自己几十年的学问研究，试图对孔子进行全面而又公正的历史评价。

这种"儒学复兴论"最终导致"现代新儒学"向中国大陆的发展。从此，"现代新儒家"不仅包括海外的或者台湾、香港等地区的学者，还包括中国大陆的学者，"大陆新儒家"逐渐崭露头角，开始振兴儒学在大陆的发展。1994－1996 年间，在学术界学者围绕着儒学与马克思主义的关系问题，展开激烈的讨论，而那次的争论却是由一篇《哲学研究》的论文引发的。近来又陆续出现与国学批评、传统批评、20 世纪 90 年代传统文化热等有关的文章，在各种学术会议里此方面的探讨很受关注。这种争论一般被归结为两点：一个是在现实社会里越来越受重视的传统文化（一般被称为国学热、儒学热，或者传统文化热）对马克思主义的地位有何影响？另一个则是在现今中国文化和社会现实当中如何认识和评价传统文化，尤其是儒家文化？例如，儒学至今是否仍具生命力？儒家思想是否具有超越的、普遍性价值？"经典文化"与民众文化有何关联？等等。笔者认为人们对传统和儒家的关注以及所谓"大陆新儒家"的出现都直接影响到马克思主义学者。另一方面，在台湾学术界里现代新儒家主要关注儒学怎样成就现代化的问题，他们提倡东西方文化的会通与相互补充，开始关注西方文化的优点，但是仍主张只有儒家才能解决人类文化的危机问题。

二、孔子思想的创新与发展

儒学的盛衰和复兴影响了文化之发展，文化的发展有继承也有创新，所以其在继承与创新中可以日益转变、化新。自古以家庭伦理为基石的儒家仁礼之学符合了东亚传统家族的发展，儒学从诸子百家之中脱颖而出，影响了文化之发展。而此文化本身是带有很强的历史意识，可透过许多的经典以阐述表达思想。因此可见儒学要追求创新，在其发展的过程中，更无法忽略传统之根本（经典阅读），以避免造成文化上之断裂产生。孔子对于文化发展的态度，更强调文化生命、历史连续性的文化阐释原则，由其作述之意可以得知。

《论语·述而》由"述而不作，信而好古"作为开启，从字面上的意思来看虽然可以衍生很多解读，例如从"传述旧章而不新制礼乐""寄寓微言"出发。这提醒了我们不为彰显个体自我的历史地位而去刻意创建，而是只致力于历史中本已存在的事物与美善道理之传述与实现，不为求个体独特之建造。因此儒学的产生可以视为一种饮水思源、承先启后的关键。

由此看来，孔子的好古、复古以至述古，即是根源于他的一种历史文化发展之连续性的观念。这一连续性的内在实质，即对自然与文明的连续，或是对质与文之间的连续性探讨。自然与质即是生命存在之基础，文、质之间要有一平衡点，以限制文发展过度而产生之问题，因此文明之发展上有前进、进步之特性以外，实质上更重视由质而文的转变过程，这即是要于自然与文明的内在关系中保持文化生命整体的意涵。"文"的发展上，应该有保有着人之本"质"，而可以表现文质合一之精神。必须避免为求新颖而舍弃原本之传统，造成文质分离，以致最后发展也只会限于形式，创新的意义也终究只是昙花一现。

"信而好古"之"信"可以以相信、诚信来看，而"好古"则是"归本、复古"，面对客观存在之事物，以公正客观的态度来面对，即是为求贯通古今之道。由此行为作为文明与人之间的相互作用，儒学也是有如此关系作用。所谓"刚柔交错，天文也。文明以止，人文也。观乎天文，以察时变，观乎人文，以化成天下"（《周易·贲卦·彖传》）。即是以"质"为其界限，孔子强调"文"要有所"止"。所谓"人能弘道，非道弘人"，天之文明，是不能主动来安止的，而乃是人使之安止。也就是人心从眼前的天地万物之鲜明，察其理则，体其次序，人天地合一，于是人继承了天地的"文明"，"观乎人文，以化成天下"，"观"是观照，观照即能体会，体会则能发扬，体会发扬了人的光明，叫"观乎人文"。人都是天之所生，都在天文与人文之感应中，所以人有文化、传统，人透过文化而得以学习传统。如同我们透过儒学来学习传统，使传统得以永续，而儒学可以持续发展。

孔子"述而不作，信而好古"之意，提供了我们在面对儒学创新与发展议题上很好的方法与态度，当在面对东亚学术文化传统时，我们是站在解读经典的立场，通过经典的意义去实践，以接续传统与未来发展。所谓"述作"是将自身处于历史与传统之中，参与文化生命的继往开来，而孔子在此之间"能得古人之心与道"（焦循《述难》），由此也是可以知道为何孔子自己言"信而好古"，这是其在古今之间作为了一体现者，而能通古今之道，使自然与文明得以连续，谓之天人合一。儒学的特性因此影响我们的人生观，有着历史理性的记述，又带着生命之情感。这是历史生命延续性文化得以传承下去的关键，和我们现在人文精神之发展有着密不可分之关系。

孔子在"述而不作"的文化观指导下，又进一步发展到了"中""和"思想，从而深刻地塑造了儒学发展之特性。儒家思想中的"仁""礼"等皆是"中和"思想的体现。中和思想也在其个体系中发展，大致可以分为思维、政治观、修身理念、文化观几个层面。《中庸》："仲尼祖述尧舜，宪章文武。"（《中庸》三十章）可以知道孔子遵循尧舜之道，效法周文王、周武王之制。在此中也可见"述""作"，作即是创造；述则是传承。孔子身处于乐坏礼崩之时，现实激发其抱负与志向，使其投入于"述而不作"上，以保存先王之道，愿能使天下恢复礼乐和合之文明秩序。在保守和承继中可以继续留存，又带有着创新，这样即是"中和"思想之实践，为求文化之持续性而产生。孔子所建构之儒学体系，即是以"仁"为中心思想及核心内涵之"体"，以德化内容为实践方法之"用"，达到"老者安之，朋友信之，少者怀之"（《论语·公冶长》）的"大同""外王"境界，大同与"和"的理想也是一致的。仁的意义与价值透过德得以实践，让我们看到了儒学发展之使命感与理想。还有其包容性、多元性，其内涵价值已扩大至世界性，仍有不断进步与创新之空间。

三、孔子的开放和融和的文明观

（一）孔子的开放的文明精神

在春秋民族大迁徙大融合的时代，孔子自称"丘也，殷人也"
（《礼记·檀弓上》），其没有因周灭商而心怀狭隘的民族感情，对当时
盛行的"华夷之辨"观念持理性、自觉而谨慎的态度，很少歧视性地
谈论"夷狄"，正如胡适所言："认清了那六百年殷周民族杂居，文化
逐渐混合的趋势，他知道那个富有部落性的殷遗民的'儒'是无法能
拒绝那六百年来统治中国的周文化的，所以他大胆地冲破民族的界
限，大胆地宣言：'吾从周！'"孔子的伟大正在这种博大的"择善"
的新精神，他没有那狭义的畛域概念的，"打破了殷周文化的藩篱，
打通了殷周民族的畛域，把那含有部落性的'儒'抬高了，放大了，
重新建立在六百年殷周民族共同生活的新的基础之上：他做了那中兴
的'儒'的不祧的宗主；他也成了'外邦人的光''声名洋溢乎中国，
施及蛮貊，舟车所至，人力所通……凡有血气者莫不尊亲'。"孔子以
开放的心态，超越种族和文化区分，对夏、商、周各自优秀文化成果
一视同仁，兼收并蓄，择善而从，由此而形成了开放、包容的文化与
民族观念，这体现出孔子顺应民族融合的社会运行大道以及其超越民
族与文化畛域的民族观。正是孔子这种包容、一统的民族观，为中华
民族从多元走向一体奠定了坚实的思想基础。虽然"中国民族出于一
元"不是历史事实而是一种"神话"，但中国各民族的这种华夏认同
心理，却正是中国古代民族大融合的历史趋势与潮流的反映。

那种认为孔子因限于其时代与阶级局限性而有狭隘的民族观念和
民族偏见的观点，是对孔子的最大误解。费孝通指出，在处理跨文明
关系、跨文化交流这样更复杂、更微妙的人文活动时，就要求我们运
用一套特殊的方法和原则，最大限度地注意到"人文关怀"和"主体
感受"，这是一项涉及历史、文化、传统、习俗、文学、艺术等诸多
领域里的、以"人"为中心的系统工程。孔子在两千多年前，已经有
费孝通所说的这种至深的"文化自觉"意识了。在民族冲突和"华夷

之辨"最为盛行的时代,他极少言"华夷之辨",即使偶有言及少数民族,也并没有强烈的文化与民族偏见。孔子之所以"罕言夷",根本原因是孔子在对西周以来,尤其是春秋时期各民族迁徙、冲突与融合的历史进程的思考、观察与亲身体会中,深刻认识到尊华夏而贬夷狄的"华夷之辨"并不符合天下大道运行的方向,对华夷问题的讨论,事关民族关系现状和未来,不得不谨慎。这体现出孔子在处理文化、民族之间关系上的文化自觉与理论自觉。孔子在民族问题上的这种文化自觉与理论自觉,对我们今天的民族研究有十分重要的启示意义[1]。

(二)孔子的开放、融合民族观

1. 夷狄关系之辨

在对《论语》中"夷狄之有君"等相关章句的理解上,许多人认为孔子有明显的民族歧视或文化歧视思想。这一困惑至今仍困扰着我们的民族研究和民族理论。

在戎狄交侵中原之际,齐桓公因"救中国而攘夷狄"(《公羊传·僖公四年》)受到拥戴,孔子赞其"正而不谲"(《论语·宪问》)。对于辅佐齐桓公的管仲,孔子称赞说:"管仲相桓公,霸诸侯,一匡天下,民到于今受其赐。微管仲,吾其被发左衽矣。""如其仁!如其仁!"(《论语·宪问》)也正是根据孔子对管仲和齐桓公"尊王""攘夷"的评价,后人认为孔子有强烈的严"华夷之辨"以防"用夷变夏"的思想,孔子也被后世的经学家宣传为"尊周室,攘夷狄"的圣人,好像孔子对于所谓"夷狄"是很严厉的。一般认为,经孔子删定的《春秋》,强调"华夷之辨"以严"夷夏之防",被称作"春秋大义",是"中华元典精神的重要组成部分"。如根据《公羊传》《穀梁传》和《左传》对《春秋》的阐释,在对夷狄的称谓和对待夷狄的原则上,《春秋》蔑视和贬低夷狄,主张"中国"团结起来"攘夷"和接纳夷狄向善。杨树达所著的《春秋大义述》,也将"攘夷"列为《春秋》微言大义加以阐发,认为"《春秋》严夷夏之防。内其国而外诸夏,内诸夏而外夷狄"。钱穆也指出:孔子《春秋》诛乱臣、讨贼子是大义;《春秋》"内中国而外夷狄",夷夏之辨亦是大义。

其实，就如白寿彝等所指出的，孔子在华夷问题上的态度是理智的，孔子在口气上对夷狄蛮貊看似有点不以平等相看，但认为他们和诸夏之间存在着共同的道德标准，认为夷狄也有长处，有的地方比诸夏还好。孔子的这些思想，是与一些持狭隘的民族观念的人大不相同的[1]。潘光旦指出，只容许"用夏变夷"，而不容许用夷而自"变于夷"，这一原则是孟子最早提出来的。相比较孔子"文德招徕"原则的静止而消极，孟子"用夏变夷"的原则是主动而积极的。白寿彝也指出，孟子"吾闻用夏变夷者，未闻变于夷者也"（《孟子·滕文公上》）的话，不只是表示了学术上的门户之见，而且表示了对其他民族的严重歧视。孔、孟对民族关系的两种态度，实际上是民族关系史上两种观点上的根本分歧，到了秦汉以后就更为明显了。严"华夷之辨"和坚"夷夏之防"的思想，在中国古代发挥过激发华夏（汉族）民族气节和增进华夏凝聚力的效应，但"华夷之辨"作为一种古代的民族观念，有其明显的历史局限，它所宣扬的"华夏中心主义"，视异族外邦为无文化的野蛮人，显然是狭隘的、非理性的。无论是主张"以夏变夷"还是"用夷变夏"，其实都不是以文化交流的眼光来看问题。在中国各民族交往与融合的历史进程中，对于各民族历史文化中优秀的部分，往往都是相互接受并加以继承和发展的。

与前述《左传》等文献中所记载的视夷狄为"豺狼""禽兽"的极端民族偏见相比，孔子把各民族都当作同样的人，其中不乏民族平等观念。孔子曾说："言忠信，行笃敬，虽蛮貊之邦行也；言不忠信，行不笃敬，虽州里行乎哉?"（《论语·卫灵公》）潘光旦指出，此话表明孔子认为"少数民族同具人之特征"。在孔子看来，文化落后的少数民族也是可以接受先进的礼乐文化而得以文明化的。《论语·子罕》篇："子欲居九夷。或曰：'陋，如之何?'子曰：'君子居之，何陋之有!'"就是明显的例子。

另外，对于《论语·八佾》篇中孔子所言"夷狄之有君，不如诸夏之亡也"一句，历来一种较为普遍的理解是认为孔子此话的意思是"文化落后的夷狄虽然有君主，还不如中原诸国没有君主"，认为这表明孔子受时代局限，其思想里有强烈的"夷夏观"和"夷夏之防"的传统观念，这种观念是大汉族主义的源头。实际上，这一理解与解释，无论从《论语》的逻辑还是从孔子的思想体系来看，都是有问题的。《论语·八佾》篇主要是谈礼、乐的，而且各章之间有比较密切的逻辑和义理的联系。开首两章"八佾舞于庭"和"三家者以雍彻"及其他各章都表明春秋时期中原诸国无君无长、礼崩乐坏的情形，也表现出孔子"是可忍孰不可忍"的愤慨和"正礼乐"的决心与努力。如果孔子所言"夷狄之有君"句的原意是"夷狄有君主，还不如诸夏之无君"，那孔子对鲁国等诸侯国"礼崩乐坏"的愤慨、忧虑和正礼乐的努力也就没有必要了！而且，当时诸夏各国君臣相夺、父子兄弟相残的状况，确实谈不上比"有君"的夷狄有什么优越的地方，也很难设想孔子会有如此自大的观念。因此，如程子、朱子那样将"夷狄之有君"理解为"夷狄且有君长，不如诸夏之僭乱，反无上下之分也"更恰当，既表明"孔子伤时之乱而叹之"，也符合孔子的思想体系。

孔子不但认为夷狄可以文明化，而且认为优秀传统文化在中原的礼崩乐坏中失传后，有可能在偏远的少数民族地得到保存或发扬。例如，孔子就曾向夷人后裔小国的郯子求教古代官制，并称"吾闻之，'天子失官，学在四夷'，犹信"（《左传》昭公十七年）。潘光旦对《左传》中此记载的评注称："是郯亦夷也。杜云，'《传》言圣人无常师'，郯子之所以为不常，正以其为'夷'也。'天子失官，学在四夷'，犹云'礼失而求诸野'也。礼亦可作为文化之总称，少数民族中可能保留更多的中原旧文化，即'学在四夷'也。"孔子在诸夏"邦无道""道不行"，自己的政治主张不为所用时，打算"居九夷"（《论语·子罕》）或"乘桴浮于海"（《论语·卫灵公》），表明孔子除了想在夷狄之地传播文化，推行自己的治邦理念外，也不无"礼失而求诸野"的意味。

2. 夷狄关系之应对

在中原诸夏与所谓"蛮夷戎狄"杂处混居的时代，在处理华夷关系上，孔子主张要通过仁义礼乐的政教，使"近者说，远者来"（《论语·子路》），"修文德以来之，既来之，则安之"（《论语·季氏》），主张各民族友好往来，和平共处，共同发展。孔子不抱民族偏见也体现在其"四海之内皆兄弟"（《论语·颜渊》）和"有教无类"（《论语·卫灵公》）的思想和仁者胸怀上。"四海之内皆兄弟"的思想充分体现出孔子没有种族主义，这一思想也孕育了中国人"天下一家""天下一体"的民族包容性和超民族国家观念。关于孔子"有教无类"的"类"，一般都解释为阶级、阶层方面的差别，而较少联系到民族或种族问题。李济对安阳殷墟人骨的分析表明，活动在商代中心地区的人们，有着极不同的种族来源，远不是纯一人种。到孔子时代，中原地区的人种差别仍然很大，所以孔子"有教无类"中的"类"主要不是指贫富阶级差别，而是指种族特征差别，孔子的教育思想是要平等待人，反对种族歧视，这是很进步的思想。孔子的弟子来自四面八方，其族属和文化传统差别很大，从国别看，分别来自鲁、齐、晋、卫、宋、陈、蔡、燕、秦、楚、吴等不同国家，如其中就有来自"蛮夷之邦"楚国的公孙龙、秦商和吴国的子游等。这说明在孔子的思想中，不仅打破了当时的国界，也打破了当时的华夷种族之分。就如费孝通所分析的，从孔子"有教无类"的主张看，夷夏之间的差别只是文化的，在人的本质——"类"的层面是一致的，并没有不能改变的本质上的区别。因此，中国传统文化中的夷夏之别是不同于西方的"文野之别"的。

孔子在民族问题上的文化自觉与理论自觉，对今天我们研究民族问题仍有十分重要的启迪和指导意义。在全球化时代，文化认同、族群或民族认同越来越成为影响人类群体关系的重要因素。在民族国家的体系中，由于各人类群体之间发展不平等等原因，多元文化主义、认同政治等思潮和实践在世界范围内有非常广泛的影响。文化身份以及各种人为建构的文化"独特性"，"在世界的大部分地区已经成为合法的政治资源"。另外，当前民族国家认同还面临许多挑战，围绕国家安全和社会稳定的民族矛盾、冲突和问题仍然存在。学术理论界在民族关系问题上的研究成果虽然不断增加，但歧见增多、价值取向模糊不清且不能与民族地区发展实践实现有效对接等问题也十分明显。出现这种状况的原因是复杂的，其中主要原因之一是"在理论上没有准确解读和坚持民族融合在马克思主义民族理论体系中的定向和定位作用","在不断强化民族个性、民族意识和民族差异的同时,淡化了民族发展过程中交流、交往、交融和民族融合在民族关系实践中的导向性作用"。因此,在民族和文化问题的研究上,就如梁漱溟先生在其生命的最后一次发言中所强调的,中国文化中"随着注重伦理而来的是讲'天下太平','天下'无所不包,不分国内国外,无疆界可言;讲'天下太平',最无毛病,最切实可行。这个精神最伟大,没有国家,这是人类的理想;前途不外乎此"。

费孝通指出,在当今这个世界性的"新战国"时代,人类正需要一个"新时代的孔子",来为世界上具有不同文化、历史和心态的人们"找出一条共同生活下去的出路"。我们更需要有孔子那样高度的文化自觉和理论自觉意识,要以促进民族平等、民族发展和民族融合为核心的马克思主义民族理论体系为指导,以促进多民族国家中民族关系的良性运行与协调发展为宗旨和立场。在文化价值观念多元化的时代,我们要防止文化霸权与强制同化,但也要警惕那种将文化差异绝对化和本质化作为追求的理想和目标,从而人为扩大民族差异、制造民族矛盾和纷争的意识形态及其对民族关系实践的破坏作用。

四、结论——生活儒学的实现

儒教中的价值实现,其出发点设定在日常生活的宗教性省察,通过日常生活的省察和修养,追求与天地自然的合一。儒教的伦理价值的实现,带有归纳性形态,是从小学和日常中出发,但绝不停留在自己的完成,而把成己、成人、成物当作理想的境界。这是,人参赞天地之化育,达到天人合一。这是神、人和自然为一的"天人合一"的境界.

笔者窃以为儒家价值能担当 21 世纪全球人的生活的普遍价值,而且就其结构来说,即符合生活价值体系,然而进一步而言,其价值之结构,以及自然观、宇宙观、人观等皆符合后现代生活伦理价值系统。

毋庸置疑，儒学是一个积极先进的庞大思想体系，它从来不是一成不变的，而是在每一时代具有每一时代的儒学，每一时代有不同学派的儒学，例如先秦儒学、两汉儒学及宋明理学，再如同属先秦时代的儒学行列的孔孟荀"三大阵营"，在不同的历史形态下都存在不同的样相。因此，复兴儒学的过程中，就面临着方向选择的重大问题。即应该选择哪个时代的儒学，抑或是哪个学派的儒学，并对其进行激活。明确了前进方向之后，接下来就面临着如何实现儒学复兴，即儒学的复兴何以可能的问题。

在对前代的核心价值的继承过程中，须证明或显现它具有现代性，能与现代化社会之体制、结构、价值标准相适应、相结合，或能对现代社会产生积极的作用。因此，笔者认为，当今实现儒学复兴过程中的一个重要任务就是重新找回被蹂躏的、已丧失的儒学神圣价值，实现儒学的"再圣化"。这与龚鹏程先生所说的"让人重新注意到非世俗的神圣力量，由其中再度寻回生命归依的价值性感受，重新体验宗教、道德等之实质力量，并以之通达于美感'之举'"似乎具有相同的脉络。

进而，如何实现生活的"再圣化"自然就成了我们应当直面的问题。对此，本人极其赞同龚鹏程先生的见解，他说道："面对现代社会，若想重建礼乐文化，让儒学具体作用于生活世界，就需要在反现代性的世俗化及形式化方面着力。反世俗化，有两个方式，一是重新注意到非世俗的神圣世界，由其中再度寻回生命归依的价值性感受，重新体验宗教、道德等的实质力量，并以之通达于美感世界。二是针对世俗化本身再做一番厘清。现代社会的世俗化，其实并未能真正符应于社会生活的原理，要让社会世俗生活恢复生机，即必须恢复礼乐揖让之风，使人各得其所，各安其位，显现出人文之美来。"[2]然而，归根到底，当今我们需要做的就是重温儒家经典，反复思考与体悟儒家核心价值，树立自身对儒家文化的崇高信仰，以儒家所追求的"成己成物"的圣人境界为指向，时时刻刻激励自我，涵养省察，严于律己，遏制受外部环境影响而产生的欲望。

但值得注意的是，在实现生活"再圣化"的过程中，应十分警惕再次陷入"经院哲学"的泥淖，空谈形而上者谓之道的部分，仅在道、仁、心、性上考诠辨析，而忽略了视听言动食衣住行等形而下者谓之器的部分。因而，生活儒学为我们提供了一个能够深入社会生活与大众理性中的儒学发展方向。

参考文献：

[1] 奂平清. 从"罕言夷"看孔子的民族观——兼谈民族研究的理论自觉 [J]. 文史哲，2017（1）：110—123.

[2] 龚鹏程. 生活儒学的新路向 [J]. 社会科学展现，2008（2）：48—51.

该文为"2018 中国·衡水董仲舒与儒家思想国际学术研讨会"提交的论文。

金圣基（1956—），男，韩国庆尚北道永川市人，成均馆大学儒学系教授，韩国儒教学会会长。

文化"两创"的方法论原则

彭彦华

习近平总书记在党的十九大报告中指出,今天,我们比历史上任何时期都更接近、更有信心和能力实现中华民族伟大复兴的目标。破解不忘本来、吸收外来、面向未来的文化命题,推动中华优秀传统文化创造性转化和创新性发展,构筑中国精神、中国价值、中国力量,铸就中华文化新辉煌,是儒学的研究者、教育者和传播者的使命和担当。授古人之德,开今人之风,落实中共中央与国务院关于传承发展中华优秀传统文化的战略构想,我们任重而道远。

"没有文化自信,没有文化的繁荣,就没有中华民族伟大复兴。"文化是一个国家、一个民族的灵魂。文化兴国运兴,文化强民族强。文化自信是一个国家、一个民族发展中更基本、更深沉、更持久的力量。文化自信,其一,要坚持"创造性转化,创新性发展"。坚持辩证唯物主义和历史唯物主义,秉持客观、科学、礼敬的态度,取其精华、去其糟粕,扬弃继承、转化创新,不泥古复古,不简单否定,不断赋予其新的时代内涵和现代表达形式,不断补充、拓展、完善,使中华民族最基本的文化基因与当代文化相适应、与现代社会相协调。其二,对于外来文化坚持交流互鉴、开放包容。取长补短、择善而从,既不简单拿来,也不盲目排外,吸收借鉴国外优秀文明成果,积极参与世界文化的对话交流,不断丰富和发展中华文化。文化自信,就是要在文化上既不妄自尊大,更不妄自菲薄。

一、不忘本来

习近平在纪念孔子诞辰 2565 周年国际学术研讨会开幕式上强调，不忘历史才能开辟未来，善于继承才能善于创新。只有坚持从历史走向未来，从延续民族文化血脉中开拓前进，我们才能做好今天的事业。中华文化积淀着中华民族最深沉的精神追求，包含着中华民族最根本的精神基因，代表着中华民族独特的精神标识，是中华民族生生不息、发展壮大的丰厚滋养。中华传统文化是我们民族的"根"和"魂"，如果抛弃传统、丢掉根本，就等于割断了自己的精神命脉。要坚持马克思主义的方法，采取马克思主义的态度，坚持古为今用、推陈出新，有鉴别地加以对待，有扬弃地予以继承，既不能片面地讲厚古薄今，也不能片面地讲厚今薄古。

继承与创新是相辅相成的互依关系。继承的目的是使社会稳定和谐，变革、创新的目的是使社会发展进步。继承是尊重传统，尊重历史，尊重祖先的智慧。因为传统是历史长河中积累起来的智慧，经受了时间的检验，而且为人所熟悉，给人以安全感和实在感。纵观历史，没有传统作为依托，任何创新都难成功。因此，传统是创新的基础，同时也是创新成功的保障。梁启超在《新民说》一文中，论述了一个民族的保守性与进取性相互调和的必要性，他说："世界上万事之现象，不外乎两大主义：一曰保守，二曰进取。人之运用两大主义者，或偏取甲，或偏取乙，或两者并起二相冲突，或两者并存而相调和。偏取其一，未有能立者也。"[1]

文化的民族性是世界文化繁荣发展的根基。只有保留自己的民族性，才有可能长期与世界其他民族的文化平起平坐。如果丧失民族性，将会成为其他民族文化的附庸，永远低人一等。孙中山在《三民主义·民族主义》讲演中说："我们要知道世界主义是从什么地方发生出来的呢？是从民族主义发生出来的。我们要发达世界主义，先要民族主义巩固才行。如果民族主义不能巩固，世界主义也就不能发达。"[2]也就是说，要发展世界文化，先要复兴自己的文化。

当前中国正处于大变革、大转型时期，同时又受到全球化浪潮的冲击，因此，"保守"优秀传统的意义更为深远：首先，有利于维护社会稳定和谐，保障改革开放正常有序地进行；其次，有利于保持本国、本民族文化的独特性，不被西方文化所同化或淹没；第三，具有经济上的独特意义，例如韩国，由于传统文化保护较好，"每年都有大量的国内外游客到韩国传统的文化景点旅游，其经济效益也很可观"[3]。

弘扬中华优秀传统文化，要处理好继承和创造性发展的关系，重点做好创造性转化和创新性发展。中华优秀传统文化与社会主义市场经济、民主政治、先进文化、社会治理等还存在需要协调适应的地方。创造性转化，就是要按照时代特点和要求，对那些至今仍有借鉴价值的内涵和现代表达形式，激活其生命力。创新性发展，就是要按照时代的新进步新发展，对中华优秀传统文化的内涵加以补充、拓展、完善，增加其影响力和感召力。

保守优秀传统文化的方式有多种：其一，凡是与现代化没有冲突的传统文化，都应加以保留，如与现代化没有冲突或冲突不大的岁时礼仪、人生礼仪、年节风俗及各种祭祀仪式等。日本是世界上最发达的国家之一，但日本保留传统文化之多却令人惊奇。例如，日本保留的传统祭祀名目繁多，有睡猪祭、温泉祭、豆腐祭、雏祭、裸祭、水口祭、开河祭、开山祭、求雨祭、樱花祭、梅花祭、文化祭、音乐祭等等[4]，并以此吸引了大量游客。英国和法国也十分注重自己的传统文化，在风俗、语言、建筑等方面努力保留自己的传统，以与其他国家相区别。

其二，有利于社会稳定和发展的优秀伦理道德和风尚要加以弘扬。例如，中国传统文化中的"仁"一般解释为"爱人"，也就是人与人之间平等相待，互尊互敬。它是儒家思想的核心观念，也是中国古代传统文化模式的核心观念，就值得大力提倡。再如中国的家庭伦理、道德观念、价值观念，是维护社会稳定、人际关系和谐的重要因素，都应加以弘扬。此外，少数民族中有许多优秀传统风尚，如塔吉克族路不拾遗、夜不闭户；哈萨克族、柯尔克孜族的相互济助、扶弱帮穷等习俗都应加以继承和提升，使其升华为更高一级的文明。

其三，要大力弘扬中国传统的人文精神。所谓人文精神，是指对人的生命存在和人的尊严、价值、意义的理解和把握，以及对价值理想或终极理想的执着追求的总和。人文精神不仅仅是道德价值本身，更是人之所以为人的权利和责任。每一个民族均有自己的人文精神，人文精神是一个民族文化的精髓。弘扬人文精神有助于培养和熏陶人的独立性和创造性，同时也能够引导创新活动始终沿着造福于人类的方向发展。张立文认为，儒学作为中国传统文化的核心，其人文精神主要表现为 5 个方面：忧患精神、乐道精神、和合精神、人本精神、笃行精神[5]。它们不仅适用于过去，而且适用于现在，应该大力弘扬。

创新与继承相辅相成，继承不反对创新，创新有利于更好地继承。保守主义者希望传统与现实相互适应，在审慎和渐进中变革。近代西方"保守主义"的先驱、英国著名学者布尔克在其名著《法国革命的反思录》中说："一个国家若没有改变的能力，也就不会有保守的能力。没有这种能力，它将不免冒着一种危险：即失去其体制中它所最想保存的部分。"[6]

中国著名哲学家冯友兰先生一生追求的理念是振兴中华，希望古老的文明之邦走上现代化的道路，用他自己的话说，即"旧邦新命"，也就是尊重传统并弘扬传统，但不因袭传统，而是适应时代前进的要求，吸收新思维、新概念，对传统进行新诠释，推陈出新，从而丰富中华文化的内容[7]。

文化创新的形式多种多样，一是在传统文化的基础上增加新的内容。例如，在前述儒学的人文精神基础上必须吸收当代的民主、科学精神，丰富和发展中国的人文精神，以适应当代世界。二是文化再造，使传统文明升华为现代文明。近几年来，一些民族地区也积极对自己的文化进行再创造，以促进旅游业的发展。三是转换功能，使某些传统文化在现代社会中具有新的功能。

民族文化是一个民族最深沉最本质的记忆。中华文化是中华民族从神话传说的久远年代一路披荆斩棘，几度辉煌几度曲折走到现代、走到新时代的文化创造，是历史长河中滔滔不绝的浪花，生生不息地推动着一个古老民族艰难地前行。中华文明是人类文明中具有完整连续性的伟大文明，虽然经过无数危机和困难，但从来没有中断过。其中，中国文字就是一种蔚为壮观的文化现象。从岩石上的象形图案，历经甲骨文、钟鼎文、石鼓文、大篆、小篆和各种书体写法的变化，始终坚持着"书同文"的文化原则。全中国全世界的中华儿女，不管生活在何处用什么方言什么口音，都能用方方正正的汉字毫无障碍地进行流畅的书写、记载和交流。文字，是文化最核心的载体，最本质的形态。正是这一核心的载体，繁衍了中国文化独有的千姿百态，包括文学的诗词歌赋小说，书法的各式书体，数以千百计让人眼花缭乱的戏曲和民间艺术，形成了人类历史上最为浩瀚壮观的文化奇迹之一。这块土地上生活的中华儿女，创造了从远古神话、先秦诸子、诗经、楚辞、汉赋、唐诗、宋词、元曲、明清小说直到新民主主义文学、当代社会主义文学。灿烂悠久的中华传统文化像绵延不绝的长江、黄河，孕育滋润了世世代代的中华儿女。这是中国人民也是全人类宝贵的精神财富。

但是我们也不能不看到，因为一百多年来中国的积贫积弱，落后挨打，因为西方文化的强势挤压，在外来文化的影响和冲击下，在一些知识界的朋友，而且是一些相当有话语权的人士中，出现了"数典忘祖，言必希腊"及言必欧美的文化倾向。凡是欧美的，左也好，右也好，永远都好。简单粗暴地对待自己的文化传统。凡是中国的，横不对，竖不对，总是不对。永远在用他者的眼光挑剔不已。其实，从历史的发展来看，古代中国遥遥领先于欧美达千年之久，而落后只是近两三百年的事情。

事实上，诞生在人类文化轴心时代，几千年积淀下来并且在不断生长着的儒道互补，诸子百家以降的中国文化传统，是我们也是人类最可珍视的文化财富。儒家学说以仁为核心的思想，是解决人与人、人与社会相关问题的基本原则。譬如，仁者爱人、己所不欲勿施于人、有教无类、和谐大同等。道家学说以道为核心，道可道、非常道，大道至简、大道无形，还有对大自然的顺应、对过度贪婪不欲的节制，天地与我并生、万物与我为一的天人合一等，为人与自然、人与宇宙相处提供了极为丰富的思想资源。这些是中国文化和人类文化中最可宝贵的财富之一，也是解决现代人类精神困境、精神危机，促进人类文明进步的极其重要的思想资源。孔子和老子，已经引起西方自然科学家和人文思想家中许多杰出人士的高度关注。我们不能数典忘祖，而是应该在敬畏传统的基础上对待传统文化，开拓和挖掘其中最优秀的东西，并且和社会主义现代化相接轨，和 21 世纪的民主、法治、政治文明、社会文明、生态文明等议题接轨，为当代社会发展提供源源不断的正能量。

二、吸收外来

一个民族是否善于引进、采借先进民族的文化，决定着该民族社会和文化发展的速度。在当代世界，只有大量引进世界上的先进文化尤其是物质文化和科技文化，并进行加工和改造，使之与本民族的固有文化融为一体，才能有可能复兴自己的文化。鲁迅先生曾倡导"拿来主义"，在他看来，民族生存发展是第一位的，如果不学习西方先进文化，中国将失去世界。

在世界民族之林，日本民族可以说是历史上最善于吸取国外先进文化的民族之一。它具有海绵一样的吸收能力，多方位、多层次地吸取先进文明。日本之所以能从一个文化后进的国家，在不太长的时期内发展成为高度发达的现代强国，其主要因素之一是善于吸收先进文明，并加以选择、改造和融合。正如美国著名文化人类学家本尼迪克特曾指出："在世界历史上，很难在什么地方找到另一个自主的民族如此成功地有计划地吸取外国文明的。"[8]美国著名学者赖肖尔认为，日本人在吸收外来文化时，"首先借用外国技术、制度和文化，然后同化它，使其变形，继之在此基础上创造出新的独自的制度和文化特质"[9]。

日本人成功的经验十分值得中国人学习，我们既要保留优秀的传统文化，又要引进国外的先进文化。这样才有可能在实现现代化的前提下，保留自己文化的特性。

　　引进国外先进文化，应该有目的、有计划、有步骤地吸取。一是要多元地引进世界上最先进的科学与技术，不能照搬某一个国家的模式；二是要进行改良和应用创新，在吸取外来文化的基础上，进行改进，使之更趋完善，更适合于中国人，更适应于世界市场的竞争。

　　作为四大文明古国之一，中国有着深厚的历史传统和丰富的文化资源，同时保持着吸收各国文明优质营养的胸襟。中华民族从来就是一个有着文化自信的民族，有着对外来文化极其强大的兼收并蓄的消化吸收然后同化的能力。两汉年间佛教从西域传入中国本土，在中国文化的土壤里生出了具有浓烈本土特色的禅宗，然后还传至东邻日本和中国周边其他国家。今天中国民乐中的琵琶、胡琴等许多乐器都是西汉年间从波斯等地经丝绸之路传入中国，逐渐变成民族乐器大家庭一员的。我国唐代的近体诗，则是结合汉语语音特点，借助印度梵音音律，经沈约总结成四声八病，最终形成了近体诗严谨到几近完美的抑扬顿挫的格律，并出现了杜甫这样的诗圣。在海通困难的西汉时代，我们的伟大祖先就以穿越茫茫戈壁、翻越雪山的丝绸之路，展示了中华文化的开放胸怀。古丝绸之路极大地推动了中国与沿线国家的交流，不仅异域佛教、景教等相继东传，欧洲也曾广泛接触中华文化。

　　中华文化生生不息绵延不断的生命力，就在于它始终在坚持本体的同时又开放着自身。中华民族优秀文化在空间上不是封闭的，在时间上不是停滞的，是一个鲜活的有机的不断吸纳的生命系统。我们不能故步自封，对原有的要进行创造性转化，对原来缺乏的要努力实现创新性发展。坚守中华文化立场并不表示自我封闭，需要"以我为主、兼收并蓄"，需要"不忘本来、吸收外来、面向未来"，正如鲁迅先生所倡导的中国文化发展的基本思路——"明哲之士，必洞达世界之大势，权衡较量，去其偏颇，得其神明，施之国中，翕合无间。外之既不后于世界之思潮，内之仍弗失固有之血脉，取今复古，别立新宗"①。该学习别国的东西必须要学习，该与时俱进创新的必须创新，以此来互补互促、互相提高，为人类文明的繁荣发展做贡献。

在一定意义上讲，世界文明是个由不同国家、民族，不同力量在不同领域的相互创造生成的相互依存的系统。人类文化从来就是和而不同的，从来就没有高下优劣之分。从 20 世纪到 21 世纪，中国能再度实现对西方的追赶和超越，应该讲，中国崛起是一个自我转变的内在过程，立足于自身的历史，立足于几千年根深蒂固的文明所传承的价值，且融合了西方的经验，接续了全球市场经济的历史脉络，而这种开放吸收消化本身就是一种文化自信。但其中积健为雄、自强不息、厚德载物的优秀文化传统凝聚起来的精神力量，在总体上发挥了巨大的助推作用。

三、面向未来

中华民族的优秀文化有着不同于西方文化的理念、理路和表达方式，是中国人血脉中流淌的文化基因。同时，又积淀着人类共同的价值要素，是人类文明的重要组成部分。

全球化使得世界变得越来越小，以至于都有了地球村的说法。但它同时也强化了各个国家和民族对自己文化的认同。面对全球化，最根本也是最深层的问题就是确立文化自信。文化自信除了有维护和实现自己利益功能之外，还有在全球范围内展示和实现自己的文化价值和内在价值，确立自己形象和地位的作用。文化自信不仅是一种精神产品和精神观念，也是作为积淀下来的人的行为规范、行为模式和生存方式，让人们对各自文明和文化有着根深蒂固的认同。

坚定对于中华优秀传统文化的自信，是一项"重大的战略任务"。中华民族的优秀文化是"现时代"、现在进行时地作用于当代中国发

---

① 鲁迅《坟·文化偏至论》。最初发表于 1908 年 8 月《河南》月刊第七号，署名迅行。

展的重要力量，同时，又是"超时代"的、未来进行时地作用于一个民族子孙万代未来灵魂建设的长远精神资源。对内可以成为我们万众一心，克服、战胜艰难险阻的巨大向心力、凝聚力，对外也可以让我们在处理国与国关系时掌握话语主动权，不战而屈人之兵，产生"以理服人"的作用。如由天下大同衍生出的"人类命运共同体"，和而不同的相向而行，合作共赢的相处之道。

中华民族自鸦片战争以来，前赴后继、不断探索，其道路充满了艰难曲折，同样伴随着文化的创造、积淀。新时代，我们又以充满朝气的活力，接续传统文化的生命力，为世界提供了具有当代气质，不同于西方文化传统，又具有人类性、世界性的系列文化理念，为中国和人类走向未来提供了新的思想资源。

习近平总书记于十九大报告中向全世界庄严宣告，"经过长期努力，中国特色社会主义进入了新时代，这是我国发展新的历史方位"。这就是一种文化宣言，一种强烈的文化自信。在"两个一百年"目标即将实现的今天，经过几代人艰苦卓绝的奋斗，在中国共产党人领导下，中国"给世界上那些既希望加快发展又希望保持自身独立性的国家和民族提供了全新选择，为解决人类问题贡献了中国智慧和中国方案"。这是一个伟大的文化创举，中国正在"为人类政治文明进步做出充满中国智慧的贡献"。

文化自信将为古老的五千多年没有中断过的中华优秀文化传统注入强劲新鲜的活力。一个已经为人类文明发展做出了重大贡献的民族，将在21世纪为当代世界文明发展留下属于自己的深深足迹，和世界各国的优秀文化一起向着未来健康地前行，构筑起属于我们也属于人类文明的共同家园。

参考文献

[1] 梁启超. 梁启超选集 [M]. 上海：上海人民出版社，1984：212.

[2] 孙中山. 三民主义民族主义 [A] //孙中山选集：下 [C]. 北京：人民出版社，1956：632.

[3] 陈蓬. 东西文化是互补的——访汉城国立大学教授金光忆 [N]. 光

明日报，1999 年 11 月 9 日.

    ［4］何星亮. 保守性与进取性——日本民族性探索之一［J］. 世界民族，1999（1）：31－39.

    ［5］张立文. 儒学的人文精神［N］. 光明日报 2000 年 2 月 22 日.

    ［6］余英时. 中华文化与现代变迁［M］. 台北：三民书局，1995：106.

    ［7］传统与创新——冯友兰学术思想研讨会召开［N］. 光明日报，2000 年 12 月 29 日.

    ［8］本尼迪克特. 菊与刀——日本文化的类型［M］. 吕万和等译. 上海：商务印书馆，1990：41.

    ［9］赖肖尔. 近代日本新观［M］. 卞崇道译. 北京：三联书店，1992.

    该文为"2018 中国·衡水董仲舒与儒家思想国际学术研讨会"提交的论文。

    彭彦华（1967—），女，内蒙古赤峰人，中国孔子基金会学术部主任，一级调研员，《孔子研究》主编，研究员。

文化情境视域中的百年儒学

王宏海

自 20 世纪初至 21 世纪的一百年中，中国经历了持续不断的社会转型，传统社会结构发生了不同于以往任何时代的变化，儒学作为贯穿社会各阶层的传统观念经受了各种挑战。在各种传统交汇、时空观念交错、信仰消解与重建、技术理政、多种生存之道的交锋中产生了具体的文化情境，在这样的语境中审视、反思百年儒学既是学术研究的必然，也是参与中华文化的复兴应然和自觉。

一

在社会急剧变革的清末，谭嗣同作《仁学》，呼唤革命。《仁学》以儒学为本，兼容佛、道、耶、墨，汇通中西，掺杂科学思想，意欲综合创新，以新思想拯救落后之中国。随后半个世纪有太谷学派活跃于江苏仪征、扬州、泰州、苏州一带，其创始人为周太谷，太谷有陈一泉、韩仰瑜、汪全泰、张积中、李光炘等弟子传播儒学。太谷学派以《左传》"立德、立功、立言"为基础，吸收《周易》思想内涵，推崇北宋理学家周敦颐、张载经世致用思想，融摄儒、释、道、墨诸家学说，总结历史教训，提出了变通、以人为本、实学实用等新思想。与太谷学派同期，还有民间儒学代表"段夫子"段正元，1912年段正元在成都创立"道德研究会"，1916 年在北京被聘为"道德学社"社师，主讲《四书》《五经》，有《道德学志》《师尊特讲》《道德和平》等多种作品。吴佩孚、蒋介石等重要政治人物接见"段夫子"，奖掖其弘扬道德伦理对政府、国家建设的贡献。据其女路石《段正元传》说："当时的社会名流如王士珍、何应钦、顾祝同、何键等都是其拜门弟子。"段正元的受道弟子达 17 万之多。他认为道德"在先天言，乃天地之元气，为生天、生地、生人、生万物之根本；在后天言，乃人生之福气，为穷通、夭寿、富贵、贫贱之源头"(《政治大同》)。段正元解释儒学，倡导人道主义，希望实现"天下为家、各国平等、人人自由的真正世界大同"。1905 年著名"国粹派"学者刘师培创办了《国粹学报》，以"研究国学，保存国粹"为宗旨。1917 年他被蔡元培聘为北京大学教授。1918 年又计划复刊《国粹学报》，鲁迅得知该消息，则斥责说："中国国粹，虽然等于放屁，而一群坏种，要刊丛编，却也毫不足怪。该坏种等，不过还想吃人，而竟奉卖过人肉的侦心探龙做祭酒，大有自觉之意。"[1]对于鲁迅的谩骂，刘师培颇不以为然，1919 年 1 月 26 日，在其住宅成立了《国故》月刊社，"以昌明中国固有之学术为宗旨"。刘师培、辜鸿铭的"保守"，不仅受到鲁迅的批判，还受新潮师生的抨击和谩骂，文学门教授黄节致函蔡元培说："申叔为人，反复无耻，其文章学问纵有足观……不当引为师儒，贻学校羞。"与新潮师生形成鲜明对比的是"戊戌变法"首领康有为的转变，他先以《新学伪经考》《孔子改制考》鼓吹"维新变法"，主张"君主立宪"。"维新变法"失败，他流浪海外 15 年后回国，于 1913 年创办《不忍》杂志，主张"以孔子为国教，配享天坛"，说是"若今不尊孔，则何从焉，将为逸居无教之民欤？暴戾恣睢，以快嗜欲，而近于禽兽乎，则非待烹灭绝种而何"①。有"今日之梁启超反对昨日之梁启超"之称的康有为弟子梁任公，既尊孔又反孔，在矛盾中综合中西思想，在探索中创新，在挣扎中探索。良好的国学修养和开放的世界视野在他的家庭教育中得到很好的体现，"一

---

① 《孔教令序》1921 年秋 8 月，《不忍》杂志第一册 1913 年 2 月发行。

门三院士，九子皆才俊"足以证明梁启超家教思想之优和心胸境界之高。又有陈焕章，光绪三十年（1904）进士，接受过严格的国学训练。他在光绪三十一年（1905）奉派为留美学员，先入库克学院学习英语，1907 年考入纽约哥伦比亚大学学习政治经济，1911 年获哥伦比亚大学哲学博士学位，接受了严格的西式教育。陈焕章与梁启超同为康有为得意门生，并且追随康师，先为变法呐喊，后为袁世凯总统府顾问，复又反对袁世凯复辟。他致力于"孔教会"事业，1912 年在上海沪海宁路创立"孔教会"，自任总干事，康有为任会长。1913 年出版《孔教会杂志》，任总编辑。陈焕章有《孔门理财学》《孔教论》等著作。

以上所述，仅仅表明 20 世纪初期，在传统中国语境中，不同社会层面中一些具有代表性的人物对儒学的阐释和利用，尽管当时许多人去过日本、欧美等国家，认真学习西方思想，也参与了中西体用之争，可是他们偏重对西方近代自然科学、经济管理社会科学的学习和传播。概而言之，他们也仅仅属于知识界与传统中国密切联系的一个部分；而同时代的张申府、陈独秀、李大钊等知名教授在中华民族遭遇历史性挫折的境遇中，看到的更多的是中国传统文化的负面影响，他们渴望获得新的思想资源，在这个方面，又与鲁迅、胡适等新文化运动倡导者和以科学为人生观、"唯科学论"的丁文江等著名学者有共同的价值诉求。

二

从更宏观的视角看，在传统与现代、中学与西学交织的知识界活跃的时代，无论是所谓的传统保守主义者，还是无政府主义者或者社会主义者，所有的知识分子都是站在传统的舞台，演绎着中国人生命的路径与可能。批判传统最激烈者，往往是传统的捍卫者；而所谓的传统的捍卫者，却是传统的批判者。在传统中反传统，在反传统中传统。说中国共产党在 20 世纪所作所为表现在思想方面就是马克思主义中国化，就是马克思理论与中国传统（包括儒学）在现实上结合与创生。而整个社会的知识分子则做着西学中国化的工作，这个工作包括哲学人文社会科学和自然科学，甚至音乐艺术全方位多层次立体化的中西互释互化的过程。西学中国化的过程必然要用西方的各种思想资源，观照中国传统思想资源，在中西互释的镜子中，审视中西之不同与相同之处，最终走向了中学西学化的学术道路，采用儒学概念化、马克思主义化意识形态化的解释方式，如"文化大革命"时期的儒法斗争就被赋予了儒学"反动"的刻板印象。

儒学百年，各种理论层出不穷，甚至处在社会底层的知识分子都在用儒释道传统资源解释现代社会转型中出现的矛盾与冲突，以期用传统资源、儒墨思想的再解释拯救人心。而处于社会上层的知识界则以更开阔的视野，综合各种资源以实现民族的复兴。然而，社会层级的鸿沟阻碍了层级间的人才与知识技术的流动。可以说，20世纪上半叶出现的几乎所有理论的解释力均是有限的，这些理论要么仅仅停留在知识界，或者部分科学界，而很少能够影响广大的乡村社会。唯一具有着强大解释力的思想就是毛泽东思想，毛泽东的《实践论》，把传统资源与现实生活紧密地结合起来，注重知与行合一。在《矛盾论》中重点强调工作中的哲学思维模式，澄清主次矛盾，突出重点。毛泽东的《为人民服务》，刘少奇的《论共产党的修养》则挖掘了中国儒家传统中的道德自觉性以及"立德、立功、立言""三不朽"的资源。实事求是地讲，《实践论》《矛盾论》《纪念白求恩》《为人民服务》《新民主主义论》《论共产党的修养》等文章，不仅仅有五四新文化运动的文风，还有中国传统"天下""天理"等重要儒学传承。他们在严厉地批判儒学时，却在思想深处保留儒家的道德理想观念。

人本身就是一个思想的矛盾体。人们在批判传统时，却在用着传统思想；人们在抵制西方思想渗透时，却用着西方的思想在思想。当他们在试图解释一切，改造一切的时候，其实却被这个一切所束缚着、所牵引着，因为人们被他们的传统、习惯、时空观念、信仰以及习惯的技术路径所宰制。古希腊著名哲学家柏拉图深深懂得人们被自己设定的洞穴假象所控制并习惯于自己所处的黑暗。自己解放自己走出洞穴是痛苦的，自己被解放也是痛苦的。27岁的马克思在《关于费尔巴哈的提纲》中说："哲学家们只是用不同的方式解释世界，而问题在于改变世界。"事实证明，这个改造是痛苦的，无论是法国巴黎公社革命，还是俄国的"十月革命"，还是中国的新民主主义革命，这些不同文化传统的社会革命都经历了改变世界的阵痛。

法国、俄国、中国等世界不同文明的国家都经历自己解放自己的过程，走上了自我发展的道路。而传统仍然存在，在今天的生活中仍然能够发现传统的影响因子。儒学是中国文化传统之基，它不仅存在于知识阶层，且仍然被处于社会基层的人们所使用，这就是所谓的"百姓日用而不知"。

三

当儒学再次回归时代的舞台，尽管其不再处于意识形态的主导地位，他仍然普遍地存在于各种社会生活中，如民间儒学、官方儒学、港台新儒学以及以儒学为基础的和合学、生活儒学等各种儒学理论不断出现。民间儒学指由企业家自发资助的传统文化爱好者群体，这些人往往是儒释道信徒，他们认为三教归一，对家庭幸福、企业健康有好处就好，如香港著名企业家冯燊均创办的国学基金会从 2008 年 7 月至 2015 年 7 月，在曲阜、桂林、昆明、青岛、武汉、榆林、兰州、长沙召开了八届中华义理经典教育工程研讨会，大多数参会者是社会基层的儒释道信徒。从 1994 年起至 2016 年 7 月 13 日，香港孔教学院院长汤恩佳先生向全国各地 154 个高校、中小学校、医院、企事业单位捐赠孔子大铜像以及其他儒家铜像等各种大型纪念资料，汤先生用自己行动说明儒教信仰礼仪的重要性。再如海南航空公司的企业信仰就是"天佑善人、天自我立、自我主宰"，有鲜明的儒释道思想元素。台湾宏基的创始人施正荣明确表达他的企业文化源于孟子的王道思想。官方儒学是在各类高等学府、社会科学院的研究机构专门从不同专业视角进行的儒学研究。这个群体依据西方建立的现代学科，从历史、文化、哲学、艺术等方面对儒学资源所做的解释和分析，尽管成果不少，可是思想创造性仍嫌不足。

　　直到 20 世纪 80 年代，中国人民大学教授张立文先生在综合先贤思想资源的基础上创立"和合学"，表明了当代儒学觉醒。21 世纪初民间儒者马宪泉提出的"人心和善、家庭和睦、社会和谐、世界和平、天人和合"的"五和文化"。从"和合学"走出高等学府，再到"五和文化"作为民间意识登上《中国政协》，这种双向互动昭示着儒学对当代社会的牵挂与关照。理论创新不仅仅在于人文学者，还有其他领域的学者也在做着同样的尝试，中国人民解放军第一军医大学珠江医院退休主任医师邢诒善先生用十年时间撰写了《大众新理学》，他认为该书"继承孔子、马克思为代表的历代思想家探索人类社会合理性发展的努力，追求合理性的世界"[2]1。邢先生认为所谓的"合理性"的"理"是宇宙真理，"即具有运动变化的原动力，要不然，宇宙就不能动起来；具有运动变化的理性，要不然，宇宙运动变化就会杂乱无章；具有运动变化之间的和谐性，要不然，事物之间就会更加矛盾"。由此提出了象、数、理的"一含三和谐模式"。作者讲理，却没有把理作为统一性的"一"来表述，在叙述时，用一条直线比喻所用的事物[2]4—5。这样的理论创建就缺乏规范的学术逻辑。21 世纪初期的另一个动向就是依照冯友兰先生提出的比照西方哲学的范式，按照西方逻辑照猫画虎地裁剪中国传统思想资源，使中国哲学走向了中国思想文化与哲学和历史的系统自我构建、自我解释。中国人逐步开始了自己的思想创新与话语建构。安徽大学哲学系钱耕森教授提出了"大道和生学"，对史伯"和实生物，同则不继"再诠释。四川大学黄玉顺教授在 2009 年出版了《儒学与生活——"生活儒学"论稿》，提出了生活儒学的理论，认为"生活儒学的本源观念，或首要关键词就是'生活'。这种'生活'观念既不同于西方生命哲学、意志主义的那种存在者化的'生命'（life）观念，也不同于中国现代新儒学的那种同样存在者化的'生命存在'或'生活'观念。生活儒学的'生活'观念作为'存在'观念，是通过与西方现象学的平等对话而揭示出来的"。黄教授意欲从照猫画虎的比附研究中探索一种中西哲学平等对话的模式来推进儒学研究。而这种所谓的对话的基础是相同的话语逻辑，在此意义上，黄教授的生活儒学话语模式并没有脱离西式哲学话语模式，只是在西方哲学对话中引入了中国文化传统用语，试图再向西方展开中国原本的观念，这种面向西方的展开仍然是要西方人听得懂的解释。这种意欲西方人听得懂的解释代表大陆学者的一种哲学创新的尝试。

龚鹏程先生长于台湾社会，往来于台湾与大陆之间，讲述生活的儒学，服务两岸大众。他在台湾感到处处都是现代社会的生活方式，但又脱离不了儒学的"游魂"，尽管儒学是"游魂"，它仍然不可或缺，甚至可以对治现代文化疾病。他在《生活的儒学》自序中说："文化才是政治的内容，政府施政，是要让民众获得较好的生活质量，而不是进行权力之分配。因此，政治应以发展文化、淳美风俗为薪向，此即古人所谓移风易俗、化成人文之义。而人文之美，即体现在人们的衣食住行各方面。生活的艺术化，才可以使人脱离粗俗朴鄙的状态，而体现其文化涵养。"[3]在该《序》结语处，他又说："由我的理论和实践可知：凡诋毁儒学，认为儒学已不适用于今日者，只不过是不懂儒学，又不知如何将它作用于当代的书呆子罢了；凡不思以儒学改造当代社会者，亦只是对现代生活无感受、无反省的可怜人罢了。"[3]

随着年龄渐长，一般人都对生活的境遇有越来越多的感受，最切身的体会就是发现自己生活在自身所在的文化传统中。龚鹏程先生何尝不是如此。

最有生命体验的是港台新儒学，港台新儒学源于中国新文化运动时期，后活跃于香港台湾等地区，再后传播于欧美国家。港台新儒家属于高级知识分子群体，其对儒学的解释和传播在于儒学的学理化、哲学化，其目的在于证明儒学在现代社会的合理性以及与西方思想话语体系的可沟通性方面。恰如龚鹏程先生语："港台新儒家如唐君毅、牟宗三、徐复观，及其弟子辈杜维明、刘述先、成中英、曾昭旭、王邦雄等人，是近六十年来间最重要的中国哲学诠释群体。其成果，乃是八十年代以后大陆重新接续传统文化血脉的基础，因此是现今仍不可忽视或跳过的。同时，因为他们的学术关怀在于如何会通中西、中国文化如何与现代民主自由体制结合，所以目前对大陆也还是具有参考价值。"

与港台新儒家对应的是新近崛起的"大陆新儒家",尽管"大陆新儒家是谁"学界仍然有争论,不过陈明、蒋庆的学思引人瞩目,陈明在《大陆新儒学略说——蒋庆、陈明、康晓光的分析与比较》一文中比较了他与蒋庆、康晓光所倡导儒学或儒教的异同。他在该文首段即引用方克立先生的话:"现代生产方式和市场体系带来和推动的个人权利、民主宪政、理性化或驱魅、文化认同等问题从西向东依次强烈凸显,人们普遍感受到社会存在与文化系统处于紧张之中。由于对中国来说现代性和全球化带有'外生'和'被动'的性质以及比较特殊的意识形态的背景,情况因此显得更加复杂。以蒋庆、康晓光、陈明等为代表的大陆儒家就是在对这些问题的回应中开始萌芽生长起来的。"[4]陈明认为蒋庆关心的儒学"是'中国性'(Chineseness)的丧失与重建问题。在他看来中国性是一种由儒学定义的文化性。其本质,在人性上表现为道德即仁、义、礼、智,在政治上是'王道';它们来自圣贤的教诲和启示;这种教诲和启示则是来自天或天理。这是他对儒学的绝对性和有效性坚信不疑的原因所在。这种文化先于、高于而且独立于人之生活的形上学思维进路(Approach)决定了蒋庆不可能从历史发展和社会变迁的角度理解儒学或儒教,也决定了他不可能从社会变迁和需求变化的角度看待自由、民主、理性化等观念价值,而必然从文化体系本身的中西差异性、冲突性及其对人类社会未来命运的不同影响出发来认知评价全球化和现代性问题本身。因此,其政治哲学可以从对西方文化的批判、对儒家传统的继承和对当代政治制度的构思几个方面勾勒描述"。陈明在解释自己的儒学时,认为其与近代以来从哲学、宗教或道德诸进路解读儒学的各家不同,他"是从人类学意义上的文化这个视角展开自己的儒学论述"。他思考的中心问题是:"面对当代生活中的文化认同、政治重建和身心安顿等问题,儒学提出怎样的方案才能有效?"如果说蒋庆是在近代或后文革语境思考儒学如何重归文化核心地位的问题,康晓光是在后冷战时代在"文明的冲突"语境里思考如何发挥儒家文化的软力量作用重建儒教中国的问题,那么陈明主要思考的是儒家文化如何在变化了的历史条件下如何重建儒教作为中华民族主干性文化符号系统的有效性问题。他认为问题的症结在于"时代变化，（传统）那一套符号系统本身的效用下降，人们无法通过它解决今天的问题。"。由此，他提出了"即用见体与公民宗教说"。陈明认为："作为经验主义者，康（晓光）'相信西方经验不能支配中国未来，中国的未来不会简单重演他人以往的经验'。作为民族主义者，'民族复兴'既是他理论工作的目的，也是他接受或拒斥一种理论学说的根据。他思路清晰：为了稳定，应该拒斥自由民主主义；为了长期稳定，应该选择'仁政'；为了实现仁政，应该儒化中国；儒化中国的途径和标志就是'儒教国教化'。"陈明进一步说：康晓光的现代仁政理论的内容是（1）民本主义的价值取向；（2）博施广济的行政原则；（3）"禅让"的权力更替规则；（4）天下大同的社会理想。他认为这个仁政就是中国的"道统"，而"道统、学统、政统三位一体是中国古代政治的轴心"，所以，"仁政就是儒士共同体专政"，因为"只有儒士共同体才能体认天道"[5]。

　　以上所举近百年和儒学相关的理论的前提是传统中国到现代中国社会转型中存在的系列问题，在于回答如何理解中国，如何解释中国，如何改造中国。上个世纪初的各种理论重点在于儒学应该如何应对西方各种社会理论和意识形态的冲击和挑战，在历史的曲折进程中，中国选择了马克思主义中国化的道路，执政党在解释马克思主义时，事实上赋予了中国文化的、政治的、社会的特色道路。尽管孔教会、道德学社、国故社等的保守学者的思想没有成为中国发展的主流意识形态，但是他们保留了文化儒学的种子；而港台新儒家则致力于"内圣外王"的西学阐释，以证明西方现代政治社会思想与传统儒学不是必然的排斥关系，二者可以很好地融合创生。

　　概而言之，近百年的中国学者在儒学实践与思想创新方面做的是个体与社会的实然与应然之间的转化，实然是理论指向的基础，应然是理论牵引的方向。在这个方面又分为对中国与西方发达国家社情民意的了解，由于理论建构的问题之基不同，文化情境不同，建构的理论各异。从20世纪初期到21世纪，本土派理论致力于对中国自身问题缘起的文化心理、社会变迁的中国特征、中国意识的深入了解，认为中国的问题需要以中国理论、中国方式解决。从段父子到毛泽东，从刘师培到康晓光、蒋庆都进行这样的理论探索，他们的优点在于对中国社会，中国人的生活、生产方式有着更为透彻的理解；而鲁迅、胡适、丁文江以及当代一些海归派则认为中国问题是世界问题，中国人的个体和社会在面对资本和技术全球化的挑战时，自身的本土理论不足以应对现代化的挑战，儒学以及其他中国本土理论都应该放到博物馆，而不应该成为现代中国人的思想向导。在本土派与海归派之间还有综合创新派，这些学者主要活跃于各高等院校集研究院所，以张岱年及其门弟子为核心，他们认为应该以马克思主义为指导思想，合理解释、利用传统资源，进行中国特色的理论创新。而港台新儒家则认为应该吸收西方的哲学、科学思想，以儒家理论为基本思想进行综合创新，开出儒家特色的中国现代社会。

自洽的理论不仅在于理论自身的逻辑性，还在于该理论逻辑与历史的统一，由此该理论才会有强解释力，也会被广泛地接受和认可。换而言之，理论的问题意识、现实指向、理论内容与实践的价值导向必须适应个体与社会的发展。在此意义上，理论面对事实给出的解释不是武断的话语暴力，也非出于信仰的暗示，而是基于人与人、人与社会、人与自然的符合人的伦理和发展的解释。理论的工具性在于个体在使用该理论时凭借自身的体验做出价值选择和表现出的行动能力，而不是理论建构者凭借权威给予强迫。任何人的理论认识和解释都是因为需要而自发的和自愿的，而非被改造的。因此，应然的说教都可能污染理论的纯粹性。话语的强权在于一旦建构了某种理论都可能自然地形成一种权力强迫，从而降低理论的解释力。所以，理论的竞争在于理论的解释力，而不在于理论的权力。理论的建构可分为体验式的、自主的、参与式的逻辑的思想提炼与总结和观察式的、外在的、科学分析的总结。可以说，中国人在一个世纪的理论实践中，都是体验式的、自主的、参与式的、逻辑的思想总结和创造。这就不可避免地带有了中国式价值立场。而与此形成鲜明对比的是西方学者的观察式，外在的、科学分析的思想总结。

四

国外学界于对中国历史、哲学、文学、艺术等多学科的研究中构建出了汉学，后又有政治、经济、社会学、管理学等诸多学科的研究，演变成了中国学。无论是"汉学"，还是"中国学"均是在中国与其他国家的互动场域中，被给予的定义。正是这样的场域造成了不同的文化情境，而在这样的情境中，有了对中国不同的研究视角、解读方式和言说语词。何培忠对此作了概括式介绍，他认为："国外中国学是国外学人从其特定的视野和角度对中国事物的分析，其观点正确也罢、谬误也罢，都是客观存在的事实，都对我们全面认识世界和客观认识自己有重要意义。"[6] 在世界—中国的场域中，国外研究儒学、儒教形成了国际儒学，如美国学者本杰明·史华慈的《古代中国的思想世界》，刘子健的《中国走向内在：两宋之际的文化内向》，白诗郎的《普天之下：儒耶对话中的典范转化》，日本学者沟口雄三、小岛毅主编的《中国的思维世界》，等等。约瑟夫·列文森的《儒教中国及其现代命运》在美国汉学界是经典著作，他通过对中国近代社会变革的研究，用一种历史理性思想方法去审视儒家场域的延展与伸张，认为儒家传统逐步走向了博物馆，走向博物馆之原因就在于儒家不断地面对西方的冲击，在被动的回应中失去了存在的价值，而人们仍然在情感上依附传统儒教，而这样的儒教应该自觉地留在博物馆，言说自身的历史和价值。列文森通过对儒教的现代命运的分析，给予中国之为中国的解释，这种矛盾的阐释恰恰说明了文化情境的意义所在。列文森的理论仅仅呈现了国外儒学研究的一个侧面或者说是学术史研究的一个案例。而更多的儒教生活还在于海外华人世界的信仰、礼仪交往原则的跨文化的体验阐释和实践，如泰国华人刘关张三姓子女禁止通婚等儒家伦理的约束，越南的华人寺庙中有中国古典小说的孙悟空、猪八戒、哪吒等人物与孔子、老子等历史人物共享祭祀，都表现了异域中华传统文化情境场域。这种文化情境呈现的生活本身，会使的外来者感到惊奇和不解，但是它没有给予外来者更多解释。生活的文化情境不是解释什么，而是体验者实践什么。这就是文化情境理论。文化情境理论作为一种理论框架，就是要做到对意义和特点的适度地理解和解释，在多元对话中实现费孝通先生"各美其美，美人之美，美美与共，天下大同"的文化箴言。

五

中国学者、政治团体、民间组织在解释中国道理，体验中国特色，演绎中国式的生活时，西方学者也在研究中国、解释中国。这种双向的学者之间的互动也仅仅是中西互释的一部分，对话无论是意欲从逻辑上找到共同的起点或彼此可接受的言说方式，也仅仅是学者的一厢情愿。当不同种族、不同信仰、不同肤色的个体遭遇了共同的生活场景，对话者的对话才会成为可能，而这种对话又是基于各自文化传承、时空观念、个体特质以及习惯来展开的，由于这样的展开是自发的、开放的，因此他们之间的对话是充满了活跃的生命色彩，双方尽可能地做出自以为是的陈述与理解。基于某种静态的观察，美国学者约瑟夫·列文森认为：在现代化的进程中，"西方给予中国的是改变了它的语言，而中国给予西方的是丰富了它的词汇"[7]，基于列文森的文化境遇或者说观察视角，这种判断是合理的。如果基于生活场域中人与人的交往互动而言，他的判断是偏颇的，或者说一定程度上是受到所处的西方中心主义观念的束缚。事实上，给予是相对于接受或接收而言，如果仅仅是给予而接收者并不接受，这种给予理论是无效的或者是弱解释力的。更接近生活本身的是，在生活的场域中彼此或者多方遭遇时，不同个体的自我选择。在近代中西社会的互动中，中国学者和政府官员讨论中西"体""用"问题时，呈现的意义不在于理论本身的争辩而在于中国或者他国群体、个体的选择和抓取，在实践的情境中凭借自身的理解被动或主动地接受和解释，这种真实的接受和解释就有文化创生的意义。

概而言之，今天我们更应该回归常识，理论建构的基础不在于其改造社会的动员能力，而在于对世界的解释魅力，具有充分解释力的理论才可能被人们自觉自愿地掌握并服务自己。

参考文献：

[1] 鲁迅. 致钱玄同 [G] //鲁迅全集：第 11 卷，北京：人民文学出版社，1981：351.

[2] 邢诒善. 大众新理学 [M]. 香港：天和传播出版有限公司，2013.

[3] 龚鹏程. 生活的儒学 [M]. 杭州：浙江大学出版社，2009：4－5.

[4] 方克立. 大陆新儒学的马克思主义分析 [J]. 马克思主义研究，2007（5）：17－22.

[5] 陈明. 大陆新儒学略说——蒋庆、陈明、康晓光的分析与比较 [G] //陈明. 文化儒学：思辨与论辩. 成都：四川人民出版社，2009：116－129.

[6] 何培忠. 当代国外中国学研究 [M]. 北京：商务印书馆，2006：35.

[7] 约瑟夫·列文森. 儒家中国及其现代命运 [M]. 郑大华，任菁译. 桂林：广西师范大学出版社，2009：132.

该文为"2018 中国·衡水董仲舒与儒家思想国际学术研讨会"提交的论文。

王宏海（1968－），男，河北沽源人，历史学博士，三亚学院跨文化研究中心教授。

仁学的回归与民主仁学的成立

——吴光民主仁学的脉络及其前景

李洪卫

从牟宗三到杜维明有一个儒学三期的说法，即杜维明先生所讲的，没有新儒学，只有儒学发展的不同阶段，这是从儒学内在连续性视角考察，有其重要意义。但是，儒学的最新发展总是在强调它们各自的"新"也是自然的，因为没有"新"就没有时代的发展和推进。这不一定是为新而新，而是不得已的必须要"新"。时代发展变化即是如此一新，从不同的学者因自身人生经验之差异、知识背景之区分、思考视域重心之不同而产生不同的理解和观念也是必然的，这又是一新，也是新之必然。但是，全新之新又不是那个传承延续的人们所公认的东西了，所以，有所本，有所变，是任何思想传承或宗教发展之自然历程，今天当代大陆儒学发展也是如此。我个人将当代大陆儒学发展划分了四派：陈来的价值儒学、吴光的民主儒学、黄玉顺的生活儒学以及最大宗且最流行的政治儒学。同时，也可以从与传统接轨的类型学角度划分为：新仁学、新礼学与仁礼学三种类型。我把吴光的民主仁学划归新仁学一类，政治儒学归于新礼学，而陈来和黄玉顺二先生的思想归入仁礼学，即仁礼并重的思想脉络①。虽然有这样的大略粗糙的分类，其实细致看来，还有很多没有纳入其中或还没有展开讨论，譬如牟钟鉴先生提出的"新仁学"应该是这个新仁学类型中的重要一支[1]。当代流行的这四种儒学都有一定影响，而吴光的民主儒学讨论较少，而我个人对其中很多看法颇表赞同，故，这里仅就吴光的民主儒学做一点粗浅的分析，以就教于学界同仁。鉴于我一开始并不是基于类型学划分，而是按照其中的焦点，譬如价值、民主、生活与政治来加以区分，故关于另一种划分的路径将在合适时间再做讨论。

一、新的儒学三期与仁学回归

对儒学进行不同分期，涉及相关的分类标准，通过这些标准可以透视分析者的思想路径和价值观念。上面我们提到的牟宗三和杜维明先生的儒学三期说，以及后来因应这种说法的如李泽厚的"儒学四期"说其实都是这种方式的自我诠释。李泽厚认为，儒学三期的说法源于儒家心性论的"偏见"，仅仅从心性问题意识出发，而忽略荀学和董仲舒，而且仅仅讲义理哲学抽象和脱离了儒家思想的原典。而且他认为，这不仅仅是一个分期多寡的问题，而是涉及如何认识儒家思想之精义的问题[2]。我不见得认同李泽厚的分期说法，但是，他说，分期关涉对思想的本质的透视，这是对的，牟宗三、杜维明先生也正是基于他们对儒学核心价值的认知做出的他们自己的分期判断。当然，并不是每一个学者都愿意或有兴趣做这样的分析判断，但是吴光是自觉地做了这个研究，当然也是基于他自己的学术立场而进行的。

---

①　参见笔者 2016 年 8 月台湾大学人文社会高等研究院学术报告论文《当代大陆儒学发展的几个主要派别观念及其与"东亚儒学"观念的比较（提纲）》，简明版已经于 *Journal of cultural interaction in East Asia* Volume 8，March 2017 刊发。政治儒学的概念涵括了当下的多重大陆新儒家，除了提出该命题的蒋庆，还有秋风、陈明和被命名为"康党"的各类型学者。

他认为，从历史分期与演进轨迹看，儒学演变可以分为七个阶段：先秦子学、汉唐经学、宋明理学、清代实学、近代儒学、现代儒学和当代儒学，这个一般来说也异议不多。而他认为，从历史阶段的特质看，大体只有三种形态："仁本礼用"的古典儒学，近现代"中体西用"的改良性儒学（包括近代洋务派等等直到现代新儒家），三是当代正在形成中的"变革型的当代新儒学"，即酝酿中的新体新用的新儒学。他列举以下几种：杜维明"文明对话论"、黄玉顺"生活儒学"、牟钟鉴"新仁学"和蒋庆的"政治儒学"，还有他自己的"民主仁学"。吴光基本坚持以体用论的框架做分析工具，也就是人心、情感和道德价值是内在的和本原的，而制度规范则是外在的和应用的，以此鉴定从原始儒家到现代新儒家的不同思想特质与得失。他把从孔子开始的古典儒家厘定为"仁体礼用"型，其演变只是侧重点有所不同或有一些其他思想的杂糅而已，大体上等于冯友兰定义的"经学时代"；第二阶段是他指称的"应对型儒学"，即从康有为开始到 20 世纪现代新儒家们的思想。他肯定了康有为、谭嗣同在因应时代变局下的创造性尝试，认为他们尝试改造突破古典儒学的"仁本礼用"格局，向新体新用转化，但是，吴光又指出他们的局限性："他们在理论上尝试突破古典儒学'仁本礼用'的思想模式而又推崇并弘扬古典仁学的仁爱精神，尝试融合西方的自由、平等、博爱、科学的精神于其新学体系而又'食洋不化'，他们所做的仍然是儒学的改良与维新，我们可以称之为'维新仁学'。"[3]164 吴光认为，康有为、谭嗣同仁学的积极意义在于他们积极承担起儒学改良的时代重任，"他们虽未建立一个能救中国并正确指导中国近代化的新儒学体系，但他们为传统儒学的根本性转型、为现代新儒学的理论创造提供了值得借鉴的思想资料"[3]166 。他对继起的以新理学、新心学为标志的现代新儒家也做了表彰和批评。吴光认为 20 世纪现代新儒家是对新的历史条件下的激进西化派的必要的历史回应，"他们在改造儒学的'道体'、阐释其理论系统、建设新儒学的形上学方面都做出了重要贡献"[3]167 。

但是，他从建构新的历史条件下的新体用儒学出发，又着重指出从康有为直到冯友兰、牟宗三儒学的缺陷："从维新仁学到现代新儒家的儒学理论，都是在中国传统社会分崩离析、中国社会急需现代化、传统儒学面对西学和新学的严重挑战并受到全面批判的时代背景下进行理论重建工作的，这个时代背景也决定了 20 世纪的中国儒学是应对型的，而从康有为到牟宗三这些儒学大师，虽然学兼中西，但对中国现代化之方向仍然存在许多误解与迷惘，所以在其新儒学理论体系中也必然存在种种矛盾与窒碍。或许可以说，所谓'现代新儒学'虽然已形成带有国际性的新思潮，但这一思潮仍然只限于在少数'知识精英'中研讨流行，仍然只是学者书斋里或大学讲坛上的学问，还没有成为真正能引导社会、掌握民众的强大的精神力量。"[3]170 他所谓的"应对型"，明确地说就是"过渡型"，是历史的过渡形态而不是一般形态，也就是他们没有完成历史转变所带来的根本性使命，实现传统儒学的彻底性改造和革新，并重建儒学和时代生活之间的紧密联系，因为如上文所引，他特别指出现代新儒家们的思想不接地气，无法实现改造社会的新使命，在这一点上，除了价值儒学的陈来先生没有明确提及，大概我在本文开头所说的其他几派都批评过现代新儒家的纯粹的思想型建构。关于这一点，我是既有所赞同又有保留。理由在于，正是基于 20 世纪初叶西学的引入，现代新儒家们才大力强化思想和逻辑层面的构建，其意义在于实现中国思想与被称作现代性典范的西方思想之间的对话和平衡，在 20 世纪压倒性的西方思想大潮中发挥了巨大的平衡和自我革新与挺立的作用。同时，这里面的确是有一定的应对性，但是，也绝不是简单的应对性，因为哲学的发展恰恰是中国传统儒学最缺失的一环，它是儒学在现时代理性建构的一个重要侧面，而且具有某些意义上的普遍性[4]。但是，儒学在当代中国和世界的发展，也的确不能仅仅限于思想的对话和理论形塑，还要立足于个体生命的挺立和社会道德的重构以及民族共同体的政治伦理的建设等，这些内容都涉及当下中国人的伦理生活乃至政治生活之意义的厘定，需要更具体的设计和在生活向度上的展开，这是 20 世纪现代新儒家没能充分展开的工作，这应该是今天人们热衷于儒学新发展的时代基础。有鉴于此，吴光先生便提出了他的中西合璧的"新仁学"——民主仁学。而所谓民主仁学的发展也是当代仁学回归的一个面相。

儒学由孔子所开启，其思想则成为共同的源头，而对其思想的评判也大体不脱对孔子思想中的"仁"的概括。从思想史或哲学史角度，李泽厚界定为"仁礼"、冯契界定为"仁智"，还有其他各种说法也大体不出这一范围，现代新儒家则用了各种不同的词语，说的都是仁，譬如梁漱溟的理性、熊十力的直觉、牟宗三的良知，概莫能外。一般认为，仁学是孔子思想之独造，而其他则是沿袭前贤，普遍认为它是中国人文自觉性的最初的也是最根本性的表达，唯有今天大陆政治儒学家不愿谈及孔子的"仁学"，甚至大谈董仲舒的三世三统说的康有为的哲学从根上也是"仁学"，这是康有为与今天大陆政治儒学的根本性差异①。所以，今天，儒学在大陆的复兴，仁学重新回到人们的视野不仅不奇怪，而且应该是一个必然且必须的进程。现代新儒家其实基本都是仁学一系，梁漱溟则兼容礼俗文化。但是，这个"仁"是体现在广义的社会价值层面和生活伦理层面还是根植于个体生命的道德层面，其实有着不同的看法。吴光坚持儒学的道德主体性的判断，这就是坚持仁学的内在意义和个体生命意义，由此生发出它的社会价值，把儒学的价值界定在人文养成的意义上，而非伦理家族生活扩大的意义上，他说："有人将儒学定位为伦理本位主义或泛道德主义，我是很不赞同的。我在 17 年前出版的《儒家哲学片论——东方道德人文主义之研究》一书中就批评过这些偏见，而从本质上把儒学定位为'确立普遍内在的人类道德主体性'同时极为重视社会问题的解决和对人生意义价值的肯定因而富有人文主义精神的'道德人文主义哲学'。我之所以要对儒学作这样的定位，是因为我认为儒学尽管重视外在的人际

---

　　① 我一直认为，康有为的思想基础是佛学和阳明学而不是什么今文学。因为，康有为是个思想家又是个战略家，他的思想本于仁学，但是，他从中国近代之际的社会现实选择用"宗教"形态的儒学因应把握社会变革中的稳定性，这是战略性考量而不是主要的思想考量。他的思想中有董仲舒的"天子说"（里面可以开发出平等观念）和"三世说"，前者是和他的思想本源相一致的，而后者则是一个有效的变革的思想武器，这是今天大陆"康党"所不能认识同时也可能是不愿意接受的。参见拙作《根基与歧异——政治儒学与心性儒学的理念与方向》，三联书店 2015 年版。

关系之理，但在本质上是道德的、人文的，而非伦理的。在儒学系统中，伦理讲的是外在的人际关系秩序（所谓伦者，序也）。道德则是一种内在于人的心理自觉，是发自内心的东西（所谓'为仁由己'），如三纲五常是伦理，仁、义、忠、信、温、良、恭、俭、让等是道德。"[5] 所以，他不赞同将儒学价值理念定义在"三纲五常"，他强调儒学价值在于"以德为体，以人为本"的道德人文精神。"所谓'仁爱'，按照孔子、孟子的说法，就是'仁者人也''仁者爱人'，就是以人为本，尊重人的生存权、发展权，强调人的道德自觉、普遍的仁民爱物精神，由此而发展出从民本走向民主的人文精神。"[5] 这是吴光民主仁学中可以看到的一个内在逻辑，即由个体内在的生命的道德逻辑衍生出民主的政治逻辑，而民主的所谓政治性其实内蕴于人的道德价值之内，换句话说，民主的内涵其实是人的生命的正面的自我诠释。

　　但是，这个逻辑并不是人人都赞同的，即便是在仁学派别内部，也存在不同意见。牟钟鉴先生曾经出版一部专著研讨当代仁学的主张即《新仁学构想——爱的追寻》，他大体追溯了当代仁学的几个主要代表人物及其观点。他把他自己的主张提炼为一个仁学历程的延续和综合，提炼出历史仁学的三个概念：爱、生和通。第一阶段，以孔子、孟子为代表，以"爱"释"仁"，把仁爱作为人伦的原则和人道的基石，建立起仁的伦理哲学。第二阶段，以朱熹和王阳明为代表，以"生"释"仁"，论述天地生生之德，人故应有天人一体之爱，建立起仁的宇宙哲学。第三阶段以谭嗣同为代表，以"通"释"仁"，融合中西文化，把政治民主、人格自由平等观念，引入仁学，建立起仁的社会哲学[1]40。从他的著作中可以看出，他的思想其实是传统儒家之爱、生和通的新综合，而他对儒学前贤"仁"的概括，我个人也认为具有独到和精深之处，是对古典仁学研究的重要提炼。他又指出，陈来较早提出"以仁为体，以和为用"，把孔子的仁类比于西方的交往理性①。他在提到吴光先生的民主仁学时，既做了肯定又提出

---

　　①　在这里，他还没能够评论陈来先生后来出版的《仁学本体论》。

了疑问,他说:"'民主仁学'是大陆学者较新的一种仁学理论,它在港台新儒家'内圣开出新外王'的理路基础上,进一步将民主纳入内圣之体中,提出新体、新用的理念。然而,'民主'毕竟是一种制度文化的理念,它与作为哲学高层理念的'仁'不在一个层次上,何以能成为仁学的本体呢?西方文明的真精神在哪里,需要进一步探讨。"[1]41 牟钟鉴先生显然积极肯定仁学的不同路向的积极拓展,但是他对于吴光先生民主仁学中"民主"概念的地位提出了疑问,民主能否成为道体,将它纳入和仁并肩一体的位置,牟钟鉴先生是怀疑的,这一点也同样反映在其他学者的认知之中。譬如干春松教授也提出了类似的质疑,干春松的发问是:民主形而上吗?他认为,民主不过是一种制度设计和制度展开,就是一人一票,它背后可能有理念,但那是自由、权利等[6]。这个问题是吴光民主儒学的关键环节之一,他自己也有一些论述,我想在下面部分在对他的看法叙述的基础上做些新的拓展,进一步论证民主仁学的可能。

二、民主的生命体证和社会体证

吴光民主仁学的逻辑是体用思维,而对于儒学的创新则在因应时代变化的新造,即新体、新用,而且他的体用观是一体的、整体的,既有内外性又有统一性,不是传统的内生外发模式。当然,我在本文开始就提到,完全的新就不是历史传承的学说了,因此,所谓新中不是没有旧,譬如"仁"或"仁学"的概念。但是在吴光这里,"民主仁学"的新有其独特性,就道德人文主义来说,这是他思想中的一个重要基础,同时又是儒家思想的继承,是内圣层面的内容,也是传统内圣思想中的本有;同时,他强调的是他所讲的新体新用既不是老内圣与老外王的重现,也不是老内圣开出新外王,而是他自己命名的新内圣与新外王的统一,新内圣指导新外王的落实[3]174。而他的新体新用的最大特点是道体里面加上了"民主":"其新者,即这个道德之体的仁,已经不仅是传统儒学意义上的'爱人'之'仁',而是融合了传统'仁爱'精神与西方'民主'精神而形成的新型道德主体——民主仁爱了。这个道体之用，也不仅是传统意义上的礼制了，而是融合了传统的仁政与新型的民主法制科技文明的制度事功了。如果我们从体用关系上理解这个'内圣外王'新儒学的话，则可以将它定位为'民主仁爱为体，礼法科技为用'的民主仁学。"[3]174-175 民主仁爱为体，是一个新鲜的说法，在一般人看来也是一个费解的提法，一方面是体里面包含两个主题，不好理解；另一方面是两个体如何构成一个整体更是最大问题。吴光很明确地说，他的新仁学对孔子思想和西方思想都有批判和继承。他对孔子思想的批判扬弃，我们从民主一词的引入就能看到，而对于西方思想的吸收从这个词也能窥出，同时他强调要批判西方思想中的所谓反人性、反人文的一些内容，诸如个人权利至上、征服主义、斗争哲学等[3]174。他说："在我的民主仁学论述中，民主仁爱是融合了东西价值观而合二而一的东西，是属于'道体'层面的东西，这个道体，既是民主的，也是仁爱的，是承认人民起主宰作用而具有亲亲而仁民的道德理性的价值观，既非用民主来改良仁爱，也非用仁爱解释民主因此不能将'民主'和'仁爱'割裂开来而当作两个东西去看。"[7] 吴光先生说民主仁爱是"道体"、是道德理性的价值观，这就引发了上述牟钟鉴先生和干春松先生的那种发问，即民主是形而下的还是形而上的？民主又是如何形而上的？

我个人认为，提问"民主是形而上学的观念吗"的说法是错误的。它的意思是说：仁是形上学的观念，民主是形下的，故二者不匹配、不相应。其实，就我个人看来，仁和民主首先都是体验和经验方式，其次，它才是作为价值性的观念存在。把它上升到概念是一种哲学构造的结果，是一种在理论论述上的需要，是人类达成认知共识的诉求造就的结果。但是，这种构造不是纯粹的思想臆造，它的基础是人的生命经验和自我认知或体认。不过一个偏于生命体验，一个偏于社会体验。仁既然是爱、是万物一体的通感，从先贤的叙述和我们对自己当下体认的良知可以确证它的经验性。我们只有在经验或体验的基础上才能谈论它的形上属性。否则我们现代人再谈论仁体的构造还仅仅立足于抽象的和先验的形上学的概念基础之上吗？古人本不如此，我们当然更不能把它设定为一种先验或超验的逻辑观念。其实，即便说到天道等等似乎"超验"的概念，似乎也并非如此。中国人的天道观念并非仅仅是玄思冥想，也不是概念，而是基于个体生命体验对宇宙的体认及其表述，这种表述因其一定的个体性而不能完全地呈现，故构成了语言层面的障碍，只有深入体证才能最终实现这种把握。仁当然更是：仁是良知、是情感、是通感，当然，你说它遍在万物甚至涵摄万物也可以，康有为和谭嗣同即是这种看法。仁学和民主都是如此，但是反过来说，民主和仁也是作为一种"理念"存在的，它有具体的能指和所指，也即有可以验证的对象性存在，从这个角度就是民主的各种具体存在方式，几乎遍及一切存在，因为它是关联于我们个体生命生存的。我们在简单说明仁的经验性征以后，现在需要回到民主了。人们从来不怀疑民主的经验性，但是，却局限于它的经验性，否定它的理念性质或本体性质，即民主向来不被看作是一种"根源性"的存在或"本体性"的存在。这就涉及民主的意谓到底是什么？是否和仁处在一个层次上的问题。它是否具有价值引导层面上普遍性和一般性，这是大家发问的症结所在。

吴光对这个问题是做了思考的，他说："包括不少新儒家、现代自由主义者在内的学者仅仅将'民主'解读为一种政治制度，甚至仅仅视为阶级斗争的工具与手段，其实是一种误解。我认为，'民主'既是制度，也是精神与观念，而且首先是 种精神、 种观念。它是人民的自觉精神与自由意志的体现，民主制度是在民主精神指导下建立的制度，所以，民主在本质上是属于'道体'性质的东西，现代'民主'精神与传统'仁爱'精神是完全可以融合为一的。"[3]175 吴光用"精神"观念或价值理想将"仁爱"和"民主"统一起来，这个论证是否成立？我认为是基本成立的。我个人把民主也视作一种理念、精神、价值和平等关联性，它是人类平等相待的一种理念和生活方式、生活态度，在这个意义上，民主就是平等、合作和协商，民主就是宽容、理解和对话，是人之为人的本性的展现，如果说在传统社会中这一点只是隐微于儒家的仁学或良知观念的深处，今天则应该彰显于人类生存的每一个环节。为宋明理学家所大力倡扬的万物一体之仁正是包含着这种精神和气质的，康有为、谭嗣同等人也持此共识共见，而近代以来倡导民主的中外思想家也为此做了很多论证。杜威指出："民主主义不仅是一种政府的形式，它首先是一种联合生活的方式，是一种共同交流经验的方式。人们参与一种有共同利益的事，每个人必须使自己的行动参照别人的行动，必须考虑别人的行动，使自己的行动有意义和有方向，这样的人在空间上大量地扩大范围，就等于打破阶级、种族和国家的屏障，这些屏障过去使人们看不到他们活动的全部意义。这些数量更多的接触点表明每个人必须对更加多样的刺激做出反应，从而助长每个人变换他的行动。这些接触点使个人的能力得以自由发展，只要行动的刺激是不完全的，这些能力就依然受到压制，因为这种刺激必须在一个团体里，而这个团体由于它的排外性排除了很多社会利益。"[8]97杜威在这里强调了两点，第一，民主首先是一种生活方式，而且是人们共同生活的方式，一个人的生活就不存在这个问题了，这个生活方式要求人们做到换位思考、共同思考，其实这正是儒家的仁的精神之体现了；第二，秉持这种思维方式的人在空间上的扩张，就是民主生活的扩张，同时也是促进人的个性自由发展的条件的扩张，这与马克思所讲的"每个人的自由发展是其他一切人自由发展的条件"一说有异曲同工之处，这就是民主的本质和功能，其实就是人的本性的展现过程，是人本主义的最大体现。杜威在针对时代问题的时候又强烈地指出："在任何社会群体中，有很多人与人的关系仍旧处在机器般的水平，各个人相互利用以便得到所希望的结果，而不顾所利用的人的情绪和理智的倾向和同意。这种利用表明了物质上的优势，或者地位、技能、技术能力和运用机械的或财政的工具的优势。就亲子关系、师生关系、雇主和雇员的关系、统治者和被统治者的关系而论，他们仍旧处在这个水平，并不形成真正的社会群体，不管他们各自的活动多么密切地相互影响。发布命令和接受命令改变行动和结果，但是它本身并不产生目的的共享和兴趣的沟通。"[8]10杜威强烈批评当时的社会现实是人们的交往并不在"民主"的价值范围之内，在人们的彼此利用的关系中，存在着严重的社会不平等和不公平的现象，这种状态不是真正的人的价值的自我展现，是机器式的生存方式，当然是一部分人把另一部分人当作物质性存在的方式，没有联合的、平等的沟通形态，也不是基于共同利益和分享价值的意识观念，没有志趣的沟通和平和的对话，从这个意义上说，民主的观念和民主的生活方式是民主含义的最基本、最普遍的也其实是最困难的实现形态。因为，民主制度是显见的、可以构造的，但是，民主的精神却是需要培养的、熏陶的，它是制度造就的，更是仁心展现的，是人性光辉的一面的展现，是彼此依据良知的相互认可之间的碰撞。

中国现代最著名的马克思主义者李大钊对民主的论述也极其深刻独到，他对民主的界定和演绎，展示了中国早期马克思主义者特有的思想深度和人道主义情怀，他将民主定义为"平民主义"："'平民主义'是 democracy 的译语，有译为'民本主义'的，有译为'民主主义'的，有译为'民治主义'的，有译为'唯民主义'的，亦有译为'德谟克拉西'的。"[9]589 "余如'平民主义''唯民主义'及音译的'德谟克拉西'损失原义较少。今为便于通俗了解起见，译为'平民主义'。"[9]590 他将他所理解的民主定义为"平民主义"，其实就是对一般认知意义上的民主做了颠覆。我们普通意义上总是在制度构成或选举决策层面来理解民主，但是，李大钊的平民主义则是将民主置于了精神价值的层面来解释，他说："现在的平民主义，是一个气质，是一个精神的风习，是一个生活的大观；不仅是一个具体的政治制度，实在是一个抽象的人生哲学；不仅是一个纯粹理解的产物，并且是深染了些感情、冲动、念望的色泽。我们如想限其飞翔的羽翮于一个狭隘的唯知论者公式的樊笼以内，我们不能得一正当的'平民主义'的概念。"[9]588-589 李大钊直接否定了人们在纯粹理智层面上简单解释民主，而是加诸其上以情感和理想，"我尝说过，'多数政治'不一定是圆满的'平民主义'的政治，而'自由政治'（Free Government）乃是真能与平民主义的精神一致的。'自由政治'的神髓，不在以多数强制少数，而在使一问题发生时，人人得以自由公平的态度，为充分的讨论，详细的商榷，求一个公同的认可"[9]594。这一段话体现了李大钊对民主一个充满创见的看法：公平的态度、充分的讨论和详细的协商，是民主的精义所在，最终达成一个公同的认可是民主期以实现的目标，同时它也是民主的一种自然体现。他将民主精神作为民主最核心的价值放到最重要的位置，而不是仅仅将民主狭义地理解或抽象地否弃，他其实是将民主当作"平等""公平"和"协商"的同义词来看待。李大钊对民主的理解是我们今天所见到的最好的解释之一，童世骏教授将李大钊的协议民主思想看作是哈贝马斯协商民主的先鞭是有道理的[10]。

　　吴光对民主的看法与此有些不谋而合之处，他说："我们必须清楚地认识到，民主仁爱，并非仅仅是一种工具、一种外王之用的制度，而首先是一种人生的、社会的核心价值观，一种普遍的道德理性，这是人之所以为人、人之异于禽兽者几希的那点东西，如果不确立起这一道德理性，那么所谓民主仁学云云，就是无根之木、无源之水，是不能长成参天大树、汇聚成澎湃潮流的。"[7]这个道德理性既有道德的成分，即是仁的因素发用，它是仁爱和情感，又有人际交往中合作的理性，这就是民主。民主是不是道德的，我想它肯定是"道德的"，不仅仅是有道德意义而且也是道德层面上的价值，换句话说，民主即是一种道德或德性，这个德性和仁是一而二、二而一的关系，即它具有普遍性，这才是最重要的，是灵魂层面的东西。如果我们将儒学看作是一个人体，在我归纳的当代儒学的四个学派中，陈来先生的价值儒学是特别重视头脑和灵魂的儒学，即仁的价值和他所讲的儒学的价值理性；黄玉顺的生活儒学非常重视它的整体性，即想让儒学顶天立地，在灵魂和身体方面都保持整全性，但是，当他把现象学的各种概念不加分别地搬用时，则严重损害了它的理论机体本身，与中国思想本身的话语体系产生了严重的身心不调；政治儒学在某种程度上是缺乏灵魂的学派，蒋庆先生的天道悬置和个体生命之间缺乏连通环节，这是需要进一步解决的，政治儒学中的其他学者则基本不考虑其儒学机体的"大脑"问题。吴光的民主儒学也试图贯通大脑和躯干，而且鉴于"民主仁学"概念中的复合性，使其理论"头脑"本身即保证了"身体"行动的可能性和实践前景，我认为，他的民主儒学的提法有其可行性和前景上继续开展的空间，值得进一步深化和讨论①。

参考文献：

[1] 牟钟鉴. 新仁学构想——爱的追寻 [M]. 北京：人民出版社，2013.

[2] 李泽厚. 历史本体论己卯五说：增订本 [M]. 北京：生活·读书·新知三联书店，2006：130-131.

[3] 吴光. 从道德仁学到民主仁学——儒家仁学的回顾与展望 [G] //吴光. 国学新讲——吴光演讲录集粹. 杭州：浙江人民出版社，2016：158-175.

[4] 李洪卫. 论经学、新子学与哲学的当代并立——从当代中国思想学术与文化建设相互关系的视角考察 [J]. 人文杂志，2017（1）：7-13.

[5] 吴光. 儒学核心价值观在构建和谐世界中的重要意义 [J]. 孔子研究，2006（6）：4-9.

[6] 吴光，庞金友，干春松. 民主抑或王道：儒家与现代秩序的追问 [J]. 中共宁波市委党校学报，2014（6）：32-35.

[7] 吴光. 民主仁学的基本理论架构与发展前景 [J]. 探索与争鸣，2013（4）：90-93.

[8] 约翰·杜威. 民主主义与教育 [M]. 王承绪译. 北京：人民教育出版社，2001.

[9] 李大钊. 李大钊文集 [M]. 北京：人民出版社，1984.

[10] 童世骏. 中国现代思想史上的"民主"观念——一个以李大钊为主要文本的讨论 [G] //许纪霖，宋宏. 现代中国思想的核心观念. 上海：上海人民出版社，2011：481-507.

原载于《衡水学院学报》2018 年第 5 期。

李洪卫（1967-），男，河北南皮人，哲学博士，河北工业大学马克思主义学院研究员。

---

① 虽然，我个人关于儒学的建构思路中用了正义和权利的概念，但是与民主儒学有若干相通之处，最大的差异则在对现代新儒家的一些判断上面，这只是一个并不显著的学术歧见。参见拙作《良知与正义——正义的儒学道德基础初探》，三联书店 2014 年版。

儒家文化的传承与普世根基探析

左金磊

时下，社会上似乎又掀起新的一轮"国学热"与"传统文化热"：各地兴办传统文化论坛，社会、企业、中小学校中推崇经典读诵与教育，社会上各类公益或商业的传统文化机构、培训班盛行。这又不禁使人考虑到，作为传统文化的核心代表，儒家文化究竟能否再次焕发生机，为现今的普世伦理做出资源性的贡献。这是个很值得玩味的话题。究竟如今传统文化的盛行是回光返照、昙花一现，还是其中蕴含有当今社会所急需的思想资源，其中的合理成分是否能再次为社会所接受，这种可能性是否存在或有多大意义上的存在，这些都是值得探究的。

近代以来，每每皆有如此观点：以儒家文化为主的中国传统文化是建立在古代小农经济的基础之上，是基于家庭本位的血缘宗亲伦理文化，仅适用于乡土社会的狭小范围和熟人社会。因此，传统文化的传承与普世就面临了最大的挑战：当今社会传统文化赖以生存的土壤已不复存在。如今欲传承与弘扬传统文化，就必须对这个观点做出回应。

一、儒家文化具有独立的、不变的精神内核

一般认为，古代封建王朝时期是"家天下"的社会时期，社会的

基本结构就是大大小小的家族，小至数人，大至成百上千。其中，维护家族稳定的最根本的原则即是家族宗法、礼教，尤其以"父为子纲"为代表，基本原则是"尊尊""亲亲"，亦即以"君君、臣臣、父父、子子"为核心的宗法制度。在社会等级上，君臣关系构成了最基本的上下级关系。"君君、臣臣、父父、子子"可谓封建社会的精确描述与写照。从表面上看，家族与社会的维系全靠严格的等级制度，按血缘、长幼、氏族划分了明确的等级，然后各个等级之间严格遵守其应有的规范，绝对不能有所僭越，否则就会受到宗法或王法的制裁。以"孝悌"为核心的"孝悌忠信、礼义廉耻、仁爱和平"的伦理精神起到了较好的调剂与维系作用。依如此看的话，上述所提到的儒家文化是"基于家庭本位的血缘宗亲伦理文化，仅适用于乡土社会的狭小范围和熟人社会"的观点似乎是顺理成章了。

　　但此处却混淆了一个问题：以宗族结构为主的封建社会滋生出了以儒家为核心的传统伦理精神，同时这样的伦理精神维系与巩固了这种结构社会。那这是否代表了封建社会就是传统伦理思想的全部生命力，抑或是传统伦理思想对于封建社会即是完全的寄生关系，皮之不存，毛将焉附？这是有待研究分析的。

　　冯友兰在《中国哲学简史》一书中曾提出过类似的问题："既然中国哲学与中国人的经济条件联系如此密切，那么中国哲学所说的东西，是不是只适用于在这种条件（封建经济下的宗法社会）下生活的人呢？"他将中国哲学中的内容分为不变和可变的部分："任何民族或任何时代的哲学，总是有一部分只相对于那个民族或那个时代的经济条件具有价值，但是总有另一部分比这种价值更大一些。不相对的那一部分具有长远的价值……某民族或某时代的哲学所给予的那种理想，有一部分必定仅属于该民族或该时代的社会条件所形成的这种人生。但是必定也有一部分属于'人生一般'，所以不相对而有长远价值。"[1]35－36 即可变的是仅属于特定历史时期、特定民族的文化，也必定随着历史更迁而被舍弃。而不变的则是那些具有长远价值（一般价值抑或是普世价值）的文化。冯友兰此处还用儒家的文化做了例证："理想的人生是这样一种人生，虽然对宇宙有极高明的觉解，却仍然置身于人类的五种基本关系的界限之内。这些人伦的性质可以根据环境而变。但是这种理想本身并不变。所以，如果有人说，由于'五伦'中有些伦必须废除，因此儒家的人生理想也必须一道废除，这样说就不对了。又如果有人说，由于这种人生理想是可取的，因此全部'五伦'都必须照样保存，这样说也不对。必须进行逻辑分析，以便在哲学的历史中区别哪是不变的，哪是可变的，每个哲学各有不变的东西，一切哲学都有些共同的东西。"[1]37—38

现在封建社会的宗族结构早已不复存在，儒家文化赖以生存的社会根基就已经失去了？抑或是正如冯友兰指出的儒家的人生理性便不值得追求了？这首先要审视一下封建宗族结构与儒家的传统伦理精神到底是怎样的关系，是否是封建社会的宗族结构灭亡了就代表儒家伦理精神的正当性也会随之消失。诚如冯友兰所说的，封建宗族结构早已不复存在，这是可变的，不可长远留存的。但是，不代表这种社会结构中滋生出的伦理精神、理想信念的合理性也会一并消逝。

我们已指出，儒家文化中以"孝悌"为核心的"孝悌忠信、礼义廉耻、仁爱和平"的伦理精神是从宗族结构中滋生出的。这种伦理精神在宗族结构的基础上通过教育得以传承延续，这其中最为重要的即是礼、乐的教育，也就是以礼、乐对人进行教育以符合礼的精神和规范。中国古代的礼包含着丰富的内容。尽管历朝历代礼的内容不尽相同，但概括起来，大体可以分为广义和狭义两种情况。广义的礼是指整个社会等级制度、法律规定和道德规范等的总称，狭义的礼是指除法律制度以外的社会制度和规范的总称[2]。"礼之用，和为贵"（《论语·学而》），正是礼的广泛调节作用才有了"五伦"关系的和谐与整个社会的有序运转。正如冯友兰先生指出的，"五伦"本身不可能不发生一丝变化了（如君臣关系被如今广泛的上下级关系所代替），但是，维持人与人关系和谐、追求社会良序地运行发展依旧是当今人世社会的基本目标。礼的表现形式与具体内容会随着时代更迭而变化，但是礼的精神不会过时。

1919年11月，吴虞在《新青年》上发表了《吃人与礼教》一文，文中提到："我们如今应该明白了！吃人的就是讲礼教的！讲礼教的就是吃人的呀!"把礼教直斥为吃人的东西,恨不能推翻之。此后,"礼教"不断被人贬斥,仿佛中国近代的衰退,国人的不成器,全是礼教在作怪。于是积毁销骨、众口铄金,礼教变成了上自党政干部、知识分子,下至贩夫走卒、引车卖浆者,无人不晓的贬义词。现代之人,深受当年批判传统之影响,一提到礼乐教化,第一反应仍是旧传统中束缚人思想行动的繁文缛节,仍是严酷的等级制度,对人身自由的束缚,对人尊严的践踏等。加之后世文学作品与影视作品片面的导向,这种认识十分普遍。中国是举世闻名的礼仪之邦,礼节与德音雅乐都是中华文明标识性的代表。如果礼教真是吃人的文化,则中华历史就是一部吃人的历史,中华文明也就不足以道之了。因此,对于礼教的认识,事关对于中华文明的基本评价,不可等闲视之,不可不明辨之。

从文献记载中或可察觉,礼教的本质是礼乐教化,指的是以礼为教、以乐为教,是符合礼的精神的教育与教化。礼的精神究竟是什么,这可以通过对礼的发生发展的考察来入手。中国古代有重视教化的传统。早在尧舜时代,即已大力推行父义、母慈、兄友、弟恭、子孝五种伦常教化臣民。帝曰:"契,百姓不睦,五品不逊,汝作司徒,敬敷五教,在宽。"(《尚书·舜典》)舜帝认为,当时的百姓缺乏亲睦,父母兄弟之间的伦常关系十分不正常。因此他任命契为司徒,大力推行父义、母慈、兄友、弟恭、子孝的"五教",对百姓加以教育,以使百姓知仁爱、懂礼仪、具备高尚的品德。正如《礼记·曲礼》说,圣王为了让人们懂得"自别于禽兽""为礼以教人,使人以有礼",制定了礼来教人,礼使人自觉地区别于禽兽,使人走向文明有礼。

春秋战国时期,孔孟等先秦儒家对礼乐教化的作用有了更深刻的认识。孔子说:"不学礼,无以立。"(《论语·季氏》)礼者,人之所履也。礼是人言行的准则。孔子认为,不学礼,思想言行就无所依据,就会手足无措,因而难以立足社会。孟子对此也强调说:"人与禽兽几希。"(《孟子·离娄下》)"人之有道也,饱食、暖衣、逸居而无教,则近于禽兽。"(《孟子·滕文公上》)又说:"善政,不如善教之得民也。善政民畏之，善教民爱之；善政得民财，善教得民心。"（《孟子·尽心上》）孟子极力强调礼乐教化的重要性，认为人若无教则近于禽兽，并且进一步认为好的政治就是要把百姓教好，这样才能赢得民心。若一味地只讲求政治治理，则可能会出现让百姓惧怕的现象。而且明确指出"上无礼，下无学，贼民行，丧无日矣""不信仁贤，则国空虚，无礼义，则上下乱"（《孟子·尽心下》）。即若无礼乐教化，则上下无序，人就会胡作非为，那么就会"丧无日矣"。可见孟子将礼乐教育的重要性同国家存亡联系起来。

对礼乐教化的宗旨的总结或可归于孟子，他曾指出："……近于禽兽。圣人有忧之，使契为司徒，教以人伦：父子有亲，君臣有义，夫妇有别，长幼有序，朋友有信。"（《孟子·滕文公上》）他认为，教化要达到的效果就是要五伦和谐，之后才会有家国的和谐。"父子有亲"是指父母与子女之间有一种自然的亲爱。这种亲爱是自然而然，是人的天性的体现。要想把这种天性保持住，则需要"父慈子孝"，父母慈爱教导儿女，儿女孝敬父母，这样父母与孩子之间的亲情才能保持一生。"夫妇有别"是指一个家庭里妻子和丈夫职责上是有分工的，并不是说地位上有差别。这种分工是根据男女的生理、心理特点进行的，也就是通常意义上讲的"男主外，女主内"。现代社会越发展越强调社会分工，其实古人很早就强调了社会分工：丈夫要负责经济的收入，养家糊口；妻子要教育儿女，使家业、家风得以承传。在古人看来，一个女子的价值并不在于她在外面创造一番事业，能够和男人去竞争，打拼天下，而是把自己的儿女培养成才，培育出好的品德，成圣成贤。"君臣有义"强调的是上下级之间的合作共事应讲求道义，"君仁臣忠"强调君王应该体谅爱护臣子，臣子对君王也应尽心竭力，即上级应体恤下级，下级也应该尽心尽力地做好本职工作。与人相处时应讲求长幼有序，"长者先，幼者后"（《弟子规》），兄友弟恭，这是在家与亲人相处或是外出与人相处通用的原则，如此，则能达到"与人恭而有礼，则四海之内皆兄弟矣"（《论语·颜渊》）。与朋友交、与人交更应遵守信义、讲诚信，这更是应该普遍遵循的准则与美德。这正如同《左传》中提到的："君令臣恭，父慈子孝，兄爱弟敬，夫和妻柔，姑慈妇听，礼也。君令而不违，臣恭而不贰，父慈而教，子孝而箴，兄友而爱，弟敬而顺，夫和而义，妻柔而正，姑慈而从，妇听而婉，礼之善物也。"（《左传》昭公二十六年）《大学》中也提到："为人君，止于仁；为人臣，止于敬；为人子，止于孝；为人父，止于慈；与国人交，止于信。"因此可见，儒家的礼乐教化可谓是始终围绕着五伦关系展开的，其教育的核心就是通过"仁义礼智信"的教育达到五伦关系的和谐，从而达到家的和谐与国家社会的和谐，即治国平天下。五伦关系是广泛存在于各种社会之中的，无非是由于民族、文化、信仰不同而各个社会对其处理方式和奉循的原则不一样。儒家对于五伦关系的处理是双向的，从上文中可以看出，它并非只要求一方尽责，而是要求关系双方各守其分、各尽其责，在等级森严的宗法社会，能够不屈从于等级的崇高，制定有利其统治的准则，并能从道义上对双方进行约束和规范，儒家这样的处理是非常公正合理和难能可贵的。

由此，我们可知，调节五伦关系的核心伦理原则"仁义礼智信"即是礼的精神的集中体现。可以看出这种伦理精神依托的是人类社会普遍存在的五伦关系，而且也是顺应人情人性而形成，并非无情无理残酷冰冷的教条宗法。将其翻译转化为现在语言，儒家文化的伦理精神或可总结为：仁爱、友善、正当、守礼、诚信、和谐、文明。这无疑正是我们的社会主义核心价值观所体现的价值追求。尽管社会结构甚至五伦关系都发生了或大或小的变化，但是儒家的人生理想、价值追求仍是我们现在所向往和追寻的。至此，我们或可说儒家文化是有其合理独立的精神内核的，这正是其不变的、长远留存的东西。

二、市场经济社会，儒家伦理精神仍有其生存土壤

那是否代表儒家文化能在现今的市场经济社会中找到其生存延续的土壤呢？姜建曾在 2004 年发表文章极不情愿地做出推论："经济成为主宰万方、裹挟一切的洪流，推动着社会由封闭走向开放，由计划走向市场，由威权走向民主，由一元走向多元，由群体走向个体，也

决定着社会发展的动力机制由道德人向经济人的巨大转型，个人的价值实现、个人利益的最大化追求和现世享受的欲望满足获得了社会各阶层的普遍认同和积极实践……在当代社会利益成为社会中心话语的背景下，且不说按儒家文化的精神要义来实践自己的全部生命活动是否可能，仅就儒家文化的基本精神与现代中国人生存选择而言，其联系也已微乎其微，因此也许可以说，儒家文化已基本退出了中国人的现实生活和中国社会发展的历史进程。"[3]十几年过去了，或许我们可以做出一个回应。不可否认，当今的经济社会利益已然成为社会中心话语，人的流动性大大增加，社会生活呈现出多元化和多样化趋势，儒家文化中的一些伦理规范多数是要依靠稳定的家族、社会结构才能发挥作用，现今社会流动性如此之大，对于个人来讲几乎是活在陌生社会之中，即使违反了一些基本的伦理规范，但是没有周围强大的乡党舆论压力，也不会承受什么谴责和责任。此种说法看似有道理，却十分经不起推敲。现在社会已然成为西方式的以契约关系为核心的契约文明社会，经济生活中最重要的关系也就是各种显性与隐形的契约关系，若是个人有不道德的行为，如诚信问题、投机倒把行为等，终将影响正常的合作关系而影响自身利益的获得。不义或不法之举或可获得一时利益，但是没有名誉、信誉的保证，任何时候都是"一锤子买卖"，那么也终将难以为继，必然丧失个人或集体的利益。加之现代发达的信息收集系统，任何违反道德的不诚信行为都会被忠实记录，且会终身跟随，使人日后必定举步维艰。而且，可以观察到任何能够长期取得优秀成绩的个人或集体，都是有良好的道德与信誉为保障的。想要真正地维持个人或集体的长远发展，则必然需要维持好长期稳定的契约关系，形成"熟人社会"。儒家一直讲求"以义生利""厚德载物"，唯有讲求道义和德行，通过正当的途径，才会有长久的利益。况且"不义而富且贵，于我如浮云"（《论语·述而》）？"富与贵，是人之所欲也，不以其道得之，不处也；贫与贱，是人之所恶也，不以其道得之，不去也"（《论语·里仁》）。可见，儒家并不排斥正当利益的获得，而是对为了利益不择手段的不义之举进行贬斥。这诚然是当今市场经济社会中最为亟须的精神。因此，现在市场经济社会中儒家文化仍有很大的生存与作用空间，应充分挖掘其潜力。

且五伦关系依旧广泛地存在于当今社会，并非是由于社会变迁，五伦关系便不复存在。只不过是当今经济社会中，以利益为核心，五伦关系已经变得相对有些扭曲、畸形而已。父母与子女间因为教育问题、财产分配等问题出现纠纷的案例屡屡不断；上下级之间尔虞我诈，犹如战场过招，明争暗斗；长幼观念淡化，为老不尊，为幼不敬的事例比比皆是；夫妇关系更为紧张，离婚率一再飙升；朋友之间真情难见，利益当先，信义难求……一个人若是长期处于不和谐的五伦关系之中，则必定身心交瘁，更难以在事业上有所建树，难以为社会创造利益价值。因此，儒家修身养性、修己安人的思想，处理五伦关系的"仁义礼智信"思想，这些能让人和谐相处的智慧在当代社会犹如一剂良药，能解决处理好诸多问题。

当前有些企业和个人就已经充分认识到了这一点，将儒家文化作为企业经营、个人行动的指导、指南，取得了良好效果。北京的汇通汇利技术开发有限公司，将儒家《弟子规》的学习和传统文化的理念运用落实在了企业的经营管理之中，结果收效很明显，企业上下从员工到领导身心状态都有明显的改善，企业风气得到了扭转，企业的经济效益也大大地提高。苏州的固铻集团将传统的圣贤教育思想运用到企业的管理和员工的培训之中，打造以"家文化"为核心的幸福企业。企业继承中国传统家道、家规、家学、家业，继承家的精神和功能，用道义来运作。企业的领导者就像家族的长者，将爱敬、关怀、照顾、互助、谦卑落实在每个人的身心行为之上，使企业员工有一种归属感，人人和睦相处、平等相待。如此实行下来，企业风气日渐好转，效益年年攀升，而且带动起另外七家企业一同运用传统文化、圣贤教育思想来运作企业，成立起"幸福企业联盟"，影响不断扩大，于国内外都有交流分享，引起了国内与国际的共同关注。除此之外还有南京的菲尼克斯亚洲投资公司、青岛大洲运动用品有限公司、南京居美馨家居用品有限公司等均将传统文化引入到企业的管理运营之中，均收到了良好的起效。这些企业是重要的例证，同时带来了许多的启迪，儒家文化寻到了与当今社会的结合处，将会焕发新的生机。

由此可见，儒家文化独立的精神内核在当今市场经济社会是有其生存土壤的，而且其作用空间和潜力十分巨大。随着市场经济的进一步发展，儒家文化或将逐步展现其更大的活力和作用。

三、"孝亲尊师"，儒家文化的"根"犹在

儒家文化既然有其生存土壤，其种子和根基亦是必需和极为重要的。文化的承传最重要的是教育，教育的根，则在于"孝亲尊师"，否则师道不存，文化则难以传承。《礼记·学记》中讲"建国君民，教学为先"，将教育提升到国家的层面。《淮南子》有言："孔子养徒三千人，皆入孝出悌，言为文章，行为仪表，教之所成也。"因此，教育是文化的生机，没有教育，文化不可能长久地承传。而教育的核心要素是老师与学生，有真正的名师，也需有好学上进的学生，师者授业解惑、诲人不倦，学者诚敬谦虚、学而不厌，这才是真正的师道。

师道的核心就是诚敬，而诚敬的养成是由孝道衍生出来的。古代的老师享有崇高的地位，受人尊敬，从古代私塾的拜师礼中便可窥见一斑。古代的启蒙教育一般是延请老师到家族祠堂教书，请老师会有隆重的拜师礼：由父亲亲自带着子女先向孔夫子像行三跪九叩之大礼，再请老师上座，同样行三跪九叩之大礼。如此隆重的礼仪由最为人子敬畏的父亲做出，学生自然肃然起敬，对老师和学习能够树立恭敬之心。而古代教育的核心，尤其是童蒙教育，主要教"孝悌忠信，礼义廉耻，仁爱和平"，即处理父子、兄弟、夫妇、朋友、上下级等关系的正确态度和方式。这样的教育令人由孝心而长养"友悌忠信"，在家则家齐；进而于世间有"礼义廉耻"，在国则国治；富有四海而能仁爱以和睦邻邦、平息征战，则能天下平矣。学生学习最重要的是要有诚敬的态度。二程特别提出修学贵在诚敬，"学者须先识仁。仁者，浑然与物同体。义、礼、知、信，皆仁也。识得此理，以诚敬存之而已"（《二程遗书》）。没有诚敬师道即不存，教育就不会成功，文化、德行就不能延续，文化就会逐渐地生机丧尽。

师道是要建立在孝道的基础之上的。因孝生敬，德教乃施。"孝"可谓中华美德的根本之根本。孔子言："孝悌也者，其为人之本欤？"（《论语·学而》）"夫孝，德之本也，教之所由生也。"（《孝经》）为什么说孝是德之本呢？儒家是推崇"人之初，性本善"的，孟子"四端"思想明确主张人性本善，孔子虽未直接言明，但是其教化思想全是顺应人性善的成分，可谓是隐性的性善论者。孟子的五伦思想中第一伦即讲"父子有亲"，即言明父母与子女之间存在着天然的亲爱，这种亲爱是顺应人性中善的成分的。子女爱父母，这是最原始的爱，往后的成长中将这种爱逐渐扩大，能爱兄弟姐妹就是"悌"道，从学之后能爱师敬师就是"敬"，能普遍地爱亲族朋友，爱一切的同胞，"凡是人，皆需爱"，就是张载描述的"民胞物与"了，就能真正地实现"仁"。正所谓"其为人也孝悌，而好犯上作乱者，鲜矣"（《论语·学而》）。正是由于孝道的教育，延续滋长了人性中本具有的善，进而才培养出一切的美德。

再者，孝为学子奋发向上、笃身行道提供了源源不断的动力。中华民族孝根坚固与好学传统是相辅相成、不可分割的。"立身行道，扬名于后世，以显父母，孝之终也。"（《孝经》）父母的深恩厚德难以报答，希望子女成为有用之人，为人民服务、为社会贡献力量的心愿，这是子女努力的方向和动力。子女能体察父母的用心，为了实现这一目标，必然要踏实进取、尊师重道，以求学业精进，德行与能力都能取得进步，以期将来报答父母。有孝道的基础，有师道的传承，文化命脉才得以延续，江山代有才人出，民族与文化才有希望。

孝心为人之共有，以孝心相感，自然会凝聚人心。由孝而为父母疾苦忧心，也为同处疾苦之人忧心，便生"恻隐之心"，此为"仁之端也"。由对父母之爱，产生对一切人之爱心，即"仁者爱人"，能够体会到自己亲人的感受，进一步就能够体会他人的感受，就会由对父母心爱，转移到对他人的善心善行，转化为克服任何困难险阻的源源动力，大心量自然有大德行。"爱出者爱返"[4]，付出爱的回报就是受人爱戴、威望提高，为一方百姓所追随。孝之所以能够感通人心，乃至感动自然，实因"孝"由父子天然亲爱发展为与他人一体的观念，观念通过行为传递出去，令他人的孝心得到同样的触动与发展，可以达到心与心相通的效果，此为心理与情感的呼应机制。古人深刻体察人类这一天性的重大作用，而以德教保护、发扬，令人深扎孝根，此为立人之基。

"国无德不兴，人无德不立。"[5]中华美德始于孝亲，成于尊师，所以孝亲尊师实为中华美德的大根大本。中华文化正是在一代代炎黄子孙学习、继承古圣先贤的道德、学问中流传下来的。学人要有孝养祖德之心，生起"为往圣继绝学"之志，志立而行，则中华文化可历久弥新、永葆生机。由此而观，在中华民族伟大复兴的今天，孝亲尊师的道德教育实为立人兴国的基础。

四、结语

诚然，儒家文化在今天依旧未能完全步入社会的主流，其是否能完全恢复生机再现辉煌也或明或暗，这都是由其历史渊源造成的。如上所述，儒家文化并未随着其原初产生的封建社会的消亡而消亡，而是有其独立合理的文化内核一直在伴随人类社会的发展而延续发挥作用，在当今市场经济社会中依旧有其生存、发展的土壤，并且有大量的例证作为辅证。而且中华民族孝亲尊师的优良传统作为儒家文化生存发展的种子、根基，依旧长存于我们的文化基因之中，顽强地延续发展着。如此，儒家文化有着其独立的文化内核，根基依旧存在，而且在当今社会依旧有其存在、发展的土壤，那么儒家文化的承传与普世便非是有民族情结的人因不忍其消亡而做的苍白疾呼了。作为中华民族的精神命脉和文化基因，儒家的基本精神在每个中国人身上都有或多或少的体现，儒家文化的很多方面可以说依旧是中国人日用而不知的，对于当今普世价值观的构建仍是最为重要的资源之一。儒家文化中有大量的有价值的思想对于当代社会的发展十分有益，我们希求儒家文化的精神能够进一步地进入新时代的中国文化体系，并参与进世界各民族的文化对话和交流中，为人类文明的建构提供思想资源。

参考文献：

［1］冯友兰. 中国哲学简史［M］. 北京：北京大学出版社，1985.

［2］刘余莉. "仁义礼智信"研究三十年［J］. 河南社会科学，2010 (1)：187－190.

［3］姜建. 渐行渐远的儒家文化? 儒家文化的现代遭遇和在文化全球化时代的命运［J］. 江西社会科学，2004 (12)：7－11.

［4］魏征，虞世南，褚遂良等. 群书治要：第八册［M］. 北京：中国书店出版社，2014：1064.

［5］习近平. 核心价值观其实就是一种德　国无德不兴［EB/OL］. ［2017 － 01 － 06］. http://politics. people. com. cn/n/2014/0505/c1024 － 24975911. html.

原载于《衡水学院学报》2018 年第 2 期。

左金磊（1991－），男，河北邢台人，中国人民大学哲学院博士研究生。

从《史记》中解读儒家思想对现代
企业管理的启示

王彦博　苗泽华

引　言

　　《史记》被称为"二十四史"之首，记载了黄帝时代到汉武帝时代共 3000 多年的历史，而儒家思想正是这个时期产生的，司马迁详细记录了儒家思想产生的背景，以及儒家思想创始人孔子的生平。孔子一生没有封侯，二没有封地，也没有门客和兵士，以一介寒儒能置身于世家之列，可见司马迁对其的特殊的尊敬。在人物立传上除了有《孔子世家》，司马迁还列出了《儒林列传》《仲尼弟子列传》等，可以说《史记》是儒家学派的群体传记。《孔子世家》详细描述了孔子的圣人形象，无论是道德、学问，还是政治、人伦，孔子都达到了一个几乎完美的境界。在篇末司马迁还表达对孔子的敬仰之情，"高山仰止，景行行止。虽不能至，心向往之"。因此，《史记》是研究儒家思想必不可少的历史资料，本文希望从《史记》的记载中解读儒家思想以及其对现代企业管理的启示。

一、儒家思想的产生背景

(一) 复杂的政治形势

春秋战国时期社会动荡，各诸侯为了争夺土地与人口而弱肉强食，正所谓"胜者为王，败者为寇"。周朝时代的礼仪和文化都已经被人们抛弃，如"孔子之时，周室微而礼乐废"，各国的诸侯都寄希望于武力解决国内国外的问题[1]，而对于仁义道德的治国方略嗤之以鼻，如商鞅三次游说秦孝公，以帝道，以王道，以霸道，最后秦孝公采纳了较为低级的霸道，商鞅也说："吾以强国之术说君，君大说之耳。然亦难以比德于殷周矣。"[2]可见商鞅也是推崇周朝的治国方略，只可惜没有诸侯采纳，这说明了当时的政治格局和诸侯们的境界，也说明不仅仅孔子认为周朝的制度是最优的治国方略，也有一些仁人志士与孔子的想法是一样的，只是孔子保持了"一以贯之"，没有迎合诸侯。

(二) 经济发展带来的社会变革

春秋战国时期的经济得到了长足的发展，铁器得到广泛应用，社会生活水平得到了极大提高，人民逐渐陷入物质的享受中，而领主们开疆拓土、扩张领地、掠夺财富、增加收入的贪欲越来越强烈，斗争也复杂激烈起来[3]，《太史公自序》中"春秋之中，弑君三十六，亡国五十二，诸侯奔走，不得保其社稷者，不可胜数"就是对这种情况最好的描述和概括。《货殖列传》中记："至若诗书所述虞夏以来，耳目欲极声色之好，口欲穷刍豢之味，身安逸乐，而心夸矜势能之荣使。俗之渐民久矣，虽户说以眇论，终不能化。"生产力的快速发展，使得人心沉浸在物质的享乐中，而过去自给自足的无欲无求的"老子"文化已经不能适应社会的发展，《货殖列传》中，"老子曰：'至治之极，邻国相望，鸡狗之声相闻，民各甘其食，美其服，安其俗，乐其业，至老死不相往来。'必用此为务，輓近世涂民耳目，则几无行矣"[1]。而在社会人人追求物质的背景下，也出现了秉承"仁政"治国的孔子游说诸侯的时候，处处碰壁而不能被任用的情况。

二、儒家思想的主要内容

（一）帝王之道

"仁"是儒家思想的核心，是其政治学说、教育思想、文学观以及人格观等的基础和出发点。儒家学者以仁为人生道德的最高境界，并以此作为王政思想的基础。仁政德治的王道思想及重民思想在《史记》中得到了集中反映，司马迁在政治上主张"德治"，反对"法治"，重王道，轻霸道[4]。在《五帝本纪》中他说道："炎帝欲侵凌诸侯，诸侯咸归轩辕。轩辕乃修德振兵，治五气，艺五种，抚万民，度四方……诸侯咸尊轩辕为天子，代神农氏，是为黄帝。"在《夏本纪》中，他记载了"桀不务德"而亡，"汤修德"乃"践天子位"；在《殷本纪》中，又记载了太戊"修德"、武丁"行德"而去灾异，"殷道复兴"的事。都是在强调说明"德治""仁德"于一个朝代兴盛的重要意义。

《史记》记述了孔子一生游历各国，游说各诸侯实行"帝王之道"，恢复周朝的礼仪制度，推行"仁政"，并且孔子自己进行了卓有成效的实践，例如"其后定公以孔子为中都宰，一年，四方皆则之。由中都宰为司空，由司空为大司寇"。在这期间，孔子小试"帝王之道"，对外震慑齐国，使齐国归还了鲁的土地，对内"与闻国政三月，粥羔豚者弗饰贾；男女行者别于涂；涂不拾遗；四方之客至乎邑者不求有司，皆予之以归"，初步使鲁国达到了"内圣外王"的状态。孔子对于"帝王之道"不是纸上谈兵，在现实实践中也有相当的自信，如孔子喟然叹曰："苟有用我者，期月而已，三年有成。"而"帝王之道"并不是崇尚武力，也不是弱肉强食的文化，而是推行"仁政"。如孔子"所慎：齐，战，疾"，不是通过战争掠夺的手段实现国家强大，而是通过推行"仁政"达到"政在来远附迩"。《史记》里写道："孔子言'善人之治国百年，亦可以胜残去杀'。诚哉是言！仁者爱人，克己复礼为仁。"《史记》中的汉文帝即是一个仁爱宽厚、从谏如流的贤君，汉文帝在位二十三年，采取休养生息的政策，国力得以大大恢复。而汉高祖刘邦以武力平定天下，开始的时候轻视礼仪。曾为秦博士的孙叔通按儒家传统为刘邦排演了一整套汉家礼仪，帮助刘邦感受礼乐教化的益处[5]。

（二）德治重于法治

孔子主张"为政以德"，他认为用刑法来统一老百姓的行动，百姓只是求免于犯罪受罚，却没有羞耻之心。用道德教化来引导百姓，用礼制来统一百姓的行动，百姓就会有羞耻之心，从而自觉地走上正道了。无论人性善恶，都可以用道德去感化教育人。这种教化方式，是一种心理上的改造，使人心良善、知道耻辱而无奸邪之心。这是最彻底、根本和积极的办法，断非法律制裁所能办到。德治思想，就是司马迁十分崇尚的帝王政治。司马迁记叙上古三代的历史，突出五帝三王是以德来治理天下的。《五帝本纪》揭示出从远古以来相延续的德治[6]。黄帝、颛顼、帝喾、唐尧皆能修德、明德，最后总结出天下明德自虞帝始。在《殷本纪》里对荒淫无道、不修德政的商纣王进行了严厉的批判。一个帝王或者统治者实行"德治"，不但可以巩固当世的统治，而且还能够远荫子孙，使他们的统治历时长久不衰，由此可见"德治"的重要性。

从"德治"出发，司马迁反对"法治"，认为"法治"只是统治者治理国家的辅助工具，不是"制治清浊"的根本。同时，他对历史上推行"德治"的人物加以赞扬，对主张"法治"的人物如吴起、商鞅、韩非等予以贬斥。实行"德治"，是他评价历史人物、评论历史事件的根本出发点[7]。司马迁在《酷吏列传》中描写了一些著名的大暴动和不可胜数的小暴动，深刻揭示了农民在历史发展中的重要角色力量："而吏民益轻犯法，盗贼滋起。南阳有梅免、白政，楚有殷中、壮少，齐有徐勃，燕赵之间有坚卢、范生之属。大群至数千人，擅自号，攻城邑，取库兵，释死罪，缚辱郡太守、都尉，杀两千石，为檄告县趣具食；小群以百数，掠卤乡里者，不可胜数也。……散卒失亡，复聚党阻山川者，往往而群居，无可奈何。"这些显示了不重视"德治"，而重视"法治"带来的负面结果，更多地希望统治阶层要与民众进行和解，不要站在民众的对立面上，应该推行儒家的"仁政"

"德治"和"重民"的政治思想。

（三）切机切理

一个思想要得到民众的认可，首先要符合当时民众的心理状态，这就是切机。如司马迁说："夏之政忠。忠之敝，小人以野，故殷人承之以敬。敬之敝，小人以鬼，故周人承之以文。文之敝，小人以僿，故救僿莫若以忠。三王之道若循环，终而复始。周秦之间，可谓文敝矣。秦政不改，反酷刑法，岂不缪乎？故汉兴，承敝易变，使人不倦，得天统矣。"周朝的衰落，是因为"小人以僿"，使得很多的礼仪和规章制度流于形式，与民众的内心的意愿越来越远，人与人之间的心理距离也越来越远，这就产生一种力量推动着大家撕去表面的外衣，表达出自己真实的想法[8]。所以汉朝的开国皇帝刘邦以"黄老"思想为基础，随意而真实，灵活而多变，自在而洒脱，化繁为简，以此赢得了民众的支持，创立了汉朝。

孔子的儒家思想是要恢复周朝的礼制，推行仁政，是切理的。但周朝八百年的统治，使得民众厌倦了繁杂的礼制，所以孔子在推行仁政的时候，许多诸侯都不接受，也是情理之中的。但孔子的儒家思想并不是对周朝礼制的简单搬运，而是充分吸收其精华，弥补其不足，形成了一整套的治国方略。但当时的各国诸侯刚从周朝的礼制中走出来，更愿意接受新的治国方略，而不愿意走周朝的老路。因此，春秋战国时期作为"诸子百家"中的儒家，虽为显学，但总体上并没有受到社会和上层统治者的重视。春秋战国时期社会动荡，各诸侯国为了争夺土地与人口而弱肉强食，正所谓"春秋战国无义战"，即使孔子周游列国进行游说和劝说，他对于当时的社会纷争也无能为力，"以德治民"在当时诸侯争霸、兼并战争的背景下难以被诸侯们接受。同样，孟子、荀子虽也积极向各诸侯国国君宣传自己的主张，但也很难被统治者所接受。总之，春秋战国时期新的统一趋势日渐明朗，世道人心与古代大异其趣。儒家所提出的"仁政""德治""恢复周礼"等主张无助于当时社会的统一，不能适应新兴地主、诸侯国当权者和当时的社会环境需求，导致先秦儒家思想在当时备受冷落。

孔子困于陈蔡之间，问三个弟子为什么会这样，难道是我推行的

"仁道"不对吗？子贡说："夫子之道至大也，故天下莫能容夫子。夫子盖少贬焉？"孔子拒绝了，并且贬斥其"今尔不修尔道而求为容"，颜回的回答道出了孔子的心声："夫子之道至大，故天下莫能容。虽然，夫子推而行之，不容何病，不容然后见君子！夫道之不修也，是吾丑也。夫道既已大修而不用，是有国者之丑也。不容何病，不容然后见君子！"这里也可以看到孔子非常了解当时的政治经济形势，但是并不愿意迎合诸侯们的想法，所以孔子的仁政并不切当时的机，但孔子也要坚持切理，知其难行而行之，更可以看到儒家的原则性和积极性[9]。

三、儒家思想对现代企业管理的启示

企业在当前社会发展背景下，要紧紧跟随社会前进步伐，不断开展改革创新，强化儒家思想在企业管理中的科学合理运用，而儒家思想如何在企业管理中有序开展，可以从以下几个方面切入。

（一）企业的"家"文化

儒家思想重视伦理，重视人与人之间的关系的界定，认为只有清晰地界定每个人的责任、权利和义务，每个人才不会无所适从，国家的管理才会平顺，可以长治久安。《孔子世家》中齐景公问政孔子，国家应该怎样管理，孔子曰："君君，臣臣，父父，子子。"齐景公曰："善哉！信如君不君，臣不臣，父不父，子不子，虽有粟，吾岂得而食诸！"这表明了孔子对伦常道德的重视，重视德政，以教育感化为主要手段对国家进行德治，让民众能够自觉自律地进行生活，达到安定团结的局面，而法治只能作为辅助手段[10]。

现代企业经过长期运营发展，于此期间企业形成的伦理关系、经营理念、价值观念、行为规范等的总和，即可称为企业文化。换言之，企业文化即为一家企业及其员工的思想行为习惯。企业文化在企业运用管理思维方式及问题处理中扮演着十分重要的角色，并且企业文化可在伦理层面对管理者、员工行为进行规范，发挥良好的约束作用。改革开放以来，由于市场经济的快速发展，很多企业都是运用利益驱动型的管理文化，将奖惩作为管理公司的主要手段，因此产生了各种各样的问题，而这些问题可以用儒家的德治思想很好地解决，也就是在企业内部构建"家"文化，使企业内部员工构筑统一的价值观及理想目标，进而于企业内部形成强而有力的凝聚力。

儒家思想中的"家"文化与企业文化所倡导的"以人为本"不谋而合。对于企业管理者而言，应像家长一样抱有一颗仁爱之心。具体来说，在当前社会背景下，企业文化倡导管理者要抱有一颗仁爱之心对待下属、体恤下属，尽可能做到为企业员工谋发展谋福利。另外，企业员工同样应当抱有一颗感恩之心去对待企业、对待领导，进一步增强企业内部凝聚力。通过这样的教育感化，使得企业的老板和员工的关系从剥削与被剥削的关系转变成仁爱与感恩的关系，大家都能自觉地为企业的发展尽心尽力。中国企业文化构筑必须基于"家"文化实现创新发展，不然企业文化便会出现根基不稳问题，进而对企业发展造成不利影响。因而，依附于儒家思想的企业文化更易于构筑适应中国实际国情的企业文化。

（二）诚信的重要性

诚信是中华民族的传统美德，"诚信"作为儒家伦理思想，泛指诚实不欺、讲求信用。孔子说："子以四教：文、行、忠、信"，"人若无信，不知其可也"，"言必信，行必果"。"信"是"仁义礼智"的必然结果。当前市场中有些企业不讲诚信，唯利是图，做一些违法的生意，短期确实赚到了钱，并且这种坑蒙拐骗的"生意经"得到了一些人的认可和推崇，但我们要知道这是不合理的，不是一个企业应有的行为规范，不能为了一时的利益，而做这些违反道德伦理的事情。如孔子在推行仁政的时候，并没有得到各国诸侯的采纳，但孔子并没有因此改变自己的仁政理念，因为仁政理念是合乎天理，而通过战争进行弱肉强食的吞并是违反天理，所以孔子明知道自己的仁政是切理不切机，但还是积极地向诸侯推行。

企业家也应该有这种精神，坚持正确的方向，而诚信是一个企业家应该具有的基本素质。现代市场经济是建立在"诚信"基础上的经济，诚实守信对企业发展，则是一种无形资产，更是管理价值的有效提升。忠于诚信不仅能使企业内部人际交往更加长久和谐，而且能使企业之间的合作更为持久深入。市场经济说到底是信用经济，一个融"诚信"于商业伦理中、将"诚信为本""一以贯之"的企业，在复杂激烈的市场角逐中往往能立于不败之地。商业伦理构建中必须注重诚信精神。这种诚信是要在儒家诚信精神基础上，建立起重契约、讲法制的诚信体系，使企业真正为用户和社会着想，维护公众利益，着眼于企业与社会的长远发展。

（三）构建共存共荣的经济共同体

儒家思想除去在构筑良好企业文化、构建诚实守信的商业环境中可起到积极影响外，还有助于增强企业与企业相互间的合作意识。儒家思想崇尚人与人相互间的融洽相处，主张在处理人际问题时，应当秉承"和"的原则，即为儒家思想所常常提到的"和为贵"，这与西方的竞争、弱肉强食的理念完全相反。伴随市场经济发展的逐步深入，将儒家思想所倡导的"和为贵"运用于企业管理中，有助于企业相互间形成一种交流合作的意识。在企业运营发展期间，企业管理者应当从多个方面加大与相关企业的交流合作力度，依托交流合作增进企业相互间的合作关系，减少相互间的冲突关系，进一步实现两者的协同发展，构筑起市场发展中的良性循环。

总之，在全球经济一休化、市场经济逐步深入的背景下，各式各样的企业如雨后春笋般出现，市场竞争也变得越来越激烈，企业要想在日趋白热化的市场竞争中占据有利位置，运用好儒家思想的意义十分重大。在企业管理中，儒家思想有助于构筑良好的企业文化，有助于诚实守信的商业生态的形成，有助于提高企业相互间的合作意识，进而为企业发展进步提供一条有效途径。

参考文献：

[1] 司马迁. 史记 [M]. 北京：中华书局，1999：3223.

[2] 汤一介. 儒家思想与中国企业家精神 [J]. 徐州师范大学学报（哲学社会科学版），2007（3）：103-105.

[3] 张达君. 儒家思想对现代企业管理的影响 [J]. 长春工业大学学报

（社会科学版），2014（1）：19—21.

　　［4］苗泽华．"三纲五常"新解及其管理智慧［J］．衡水学院学报，2017（2）：44—50.

　　［5］苗泽华．培育中华新儒商树立商业好风尚［J］．江苏商论，2017（4）：8—11.

　　［6］刘述先．儒家哲学研究［M］．上海：上海古籍出版社，2010.

　　［7］王赞源．儒家思想与现代企业经营［J］．烟台大学学报，2000（1）：72—79.

　　［8］崔晓文．儒家哲学对现代企业经营管理理念建构的影响［J］．北京科技大学学报，2000（5）：34—35.

　　［9］伍华佳．儒家伦理与中国商业伦理的重构［J］．社会科学，2012（3）：50—57.

　　［10］霍彬．卓越伦理是培育企业核心竞争力的关键要素［J］．经济论坛，2006（5）：37—41.

　　该文为"2018 中国·衡水董仲舒与儒家思想国际学术研讨会"提交的论文。

　　王彦博（1981—），男，河北衡水人，管理学博士，河北地质大学商学院副教授。

　　苗泽华（1964—），男，河北巨鹿人，管理学博士，河北地质大学商学院教授，硕士生导师。

董学史研究

古代学人评董仲舒述论

孟祥才

一

　　董仲舒在中国思想史，特别是儒学发展史上具有举足轻重的地位，在后世学者众多的评论中也屡屡凸现。《四库全书》提供的数据就相当可观。初步统计：《四库全书》共有 2848 卷，4009 次提及董仲舒。其中，《四库全书·总目》提及董仲舒 46 次，《周易》注释 22次，《尚书》注释 49 次，《诗经》注释 65 次，《三礼》注释 87 次，《春秋》三传及其有关注释 155 次，《说郛》21 次，《太平御览》56次，《册府元龟》53 次，《记纂渊海》20 次，《群书考索》46 次，《玉海》86 次，《天中记》34 次，《山堂肆考》34 次，《御定渊鉴类函》48 次，《绎史·洪范五行传》83 次，《宋代名臣奏议》25 次，《历代名臣奏议》93 次，《文献通考》88 次，《经义考》44 次。提及董仲舒超过 10 次以上的著作超过百部。这表明，在中国的历史叙事中，他是一个跳不过去的人物。

　　涉及董仲舒最多的是儒家经典的注释，特别是唐宋至明清时期，所有五经的注释都大量征引他的有关著作，将其作为一种权威的释经佐证，置于不容置疑的尊位。例如，宋朝林之奇在《尚书全解》一书注释《益稷》时讲了这样一段话：

　　董仲舒曰："尧舜以天下为忧而不以位为乐。"盖为人君者，苟以位为乐则将穷天下之欲以供耳目之娱，故不能保厥位，至于颠覆丧亡而不悟。苟其居是位也，兢兢业业，如临深渊，如履薄冰，以致其畏慎之意，则其位之安如太山，而四维尚谁得而夺之邪？[1]

　　再如清朝的惠士奇，在其注释的《易说》一书中，有这样一段话：

　　董仲舒曰："为人臣而不知《春秋》，必陷篡弑之祸；为人君而不知《春秋》，必被首恶之名。"其始莫不自以为善而不知其非，自以为善则似有孚，不知其非则不能在道以明。[2]

　　这类注释显然都是以肯定董仲舒的话具有真理性的权威为前提的，这也就等于将其著作置于近似经典的重要位置上。

　　后人对董仲舒历史地位的评价基本上是大同而小异，即在或完全或基本肯定的前提下稍有程度的差异，主要是肯定多和少、推尊高和较高的差异，完全持否定意见者虽然也有一些，但少之又少，几乎被淹没在歌颂的波涛中了。

　　董仲舒是汉武帝举贤良文学对策时脱颖而出的大才，尽管仕途不是一帆风顺，但也达到二千石高官的尊位。就是在遭公孙弘忌恨进谗而被免职家居的岁月里，他也还享有每逢朝廷有大事必派专人登门咨询的殊荣。这在汉代的臣子中，也应该属于凤毛麟角之列了。不过，从人才分工看，董仲舒显然属于意识形态的创造者，而不是实际的治国理政者，他出色地完成了分内的任务，为此后两千多年的中国古代社会找到了与之适应的意识形态，他之所以被屡屡推尊和享尽颂扬应该是实至名归。

　　班固的《汉书》，不仅将董仲舒列为汉武帝时期"儒雅"类人才的佼佼者，而且为他写了一个长长的传记，其中几乎全文辑录了他的《天人三策》。在最后的"传赞"中，引述了刘向刘歆父子的评论：

　　刘向称："董仲舒有王佐之材，虽伊、吕亡以加，管、晏之属，伯者之佐，殆不及也。"至向子歆以为"伊、吕乃圣人之耦，王者不得则不兴。故颜渊死，孔子曰：'噫！天丧余！'唯此一人为能当之，自宰我、子赣、子游、子夏不与焉。仲舒遭汉承秦灭学之后，《六经》离析，下帷发愤，潜心大业，令后学者有所统壹，为群儒首。然考其师友渊源所渐，犹未及乎游夏，而曰笃、晏弗及，伊、吕不加，过矣。"至向曾孙龚，笃论君子也，以歆之言为然。[3]

这里班固只是征引刘向刘歆父子的评论，自己没有明确表态，但其赞同刘歆的意见还是能显示出来。平心而论，刘向对董仲舒的评价是有偏颇的，他认定董仲舒超过伊尹、吕尚、管仲、晏婴诸人，仅就思想的创造而言，董当然不输于他们；但就事功而言，董却难以与之比肩。后人的很多评论都是围绕刘氏父子的意见展开。相当多的学者认定董仲舒的贡献主要是在思想领域而不是事功，更多的人赞扬他是西汉历史上的一位顶尖级的"纯儒"。宋朝的二程就说："汉儒近似者三人，董仲舒、大毛公、扬雄。"[4]"西汉儒者，有风度惟董仲舒、毛苌、扬雄。"[5]"董仲舒曰'正其谊不谋其利，明其道不计其功'，此董子所以度越诸子。"[6]有人问"史称董仲舒是王佐才如何"？二程的回答是："仲舒是言其学术，若论至王佐才，须是伊、周，其次莫如张良、诸葛亮、陆宣公。"[7]宋朝的其他学者也大体有类似评价，如范祖禹说："董仲舒对策，推明孔氏，帝遂罢黜百家，表章六经，周后号令文章焕然可述，后嗣得遵洪业，而有三代之风。"[8]江端礼进而说董既精于学问，亦精于议论："仲舒不惟道学深醇，亦精于论议，所谓下高其行而从其教，民化其廉而不贪鄙者，真厉世之法也。"[9]朱熹也说："汉儒最纯者莫如董仲舒，仲舒之文最纯者莫如三策。"[10]真德秀评价更高："董仲舒名儒也，多得《春秋》要义，所对切中当世之病，如罢黜百家，表章六经，其功不在孟子下。"[11]对董仲舒的思想贡献，后世思想家最为肯定的要点，一是"君主正心以正朝廷、百官、万民"的一段话。真德秀在引证了这段话后评论说：

仲舒之论，自孟子之后未有及之者。盖朝廷者天下之本，人君者朝廷之本，而心者又人君之本也。人君能正其心，湛然清明，物莫能惑，则发号施令罔有不臧，而朝廷正矣。朝廷正则贤不肖有别，君子小人不相易位，而百官正矣。自此而下，特举而措之耳。夫天之与人，本同一气。人事正则正气应之，此善祥之所由集也。人事不正则邪气应之，此灾异之所由臻也。其本在人君之一心而已，呜呼！可不谨欤![12]

黄震也评论说：

自孔孟殁，异端纷扰者千四百年，中间惟董仲舒正谊明道二语与韩文公《原道》一篇为得以议论之正。迨二程得周子之传然后有以穷极性命之根柢，发挥义理之精微议者。[13]

在《董仲舒》一文中，黄震进一步评论说：

自孟子没后，学圣人之学者惟仲舒。其天资粹美，用意纯笃，汉唐诸儒鲜其比者。使幸而及门于孔氏，亲承圣训，庶几四科之流亚矣。若其谓正其谊不谋其利，明其道不计其功，，如许正论，前无古人。[14]

孟子之后，其能深辟五霸者惟仲舒为然。盖仁人者知正义而已，利之有无不论也；知明道而已，功之成否不计也。义谓天下合宜之理，道谓天下通行之路，其实一也。霸者则惟利是谋，而于义有不暇顾；惟功是计，而于道有不暇恤。此所以见黜于孔氏之门也。[15]

三是董仲舒关于"南面而治天下，莫不以教化为大务"那段话。明朝的丘濬评论说：

董子所谓渐民以仁，摩民以谊，节民以礼，是三言者是诚自古帝王修教立化之本也，所谓治天下之大务，生民习之以为风俗，子孙循之以为治道，虽百世可也。岂但行之五六百岁而不败哉?[16]

显然，学者们对董仲舒的思想贡献最看中的是以上三个要点所显示的"内圣外王"的理念，即君王应该通过内修在道德上成为百官和万民表率的"圣"，进而弘扬和践履"正其谊不谋其利，明其道不计其功"的信条并用以教化万民，使天下协和，国泰民安，达到"外王"的治理盛境。

也有学者，如宋朝的孙觌，对刘歆等关于董仲舒"短于治世"的评论不予认同，他说："董仲舒以《春秋》决狱，而公孙丞相亦以文雅缘饰吏事，故知儒者之效，不独载之空言尔。"[17]明朝的夏良胜更认可董仲舒的治世本领，甚至认为汉武帝未用他任公卿主大政是汉朝的重大损失：

> 孔孟之后，言王道者无如董子，而董子之本于正心。心者，中和之极也，其所以平治天下，感召和气，王道之大成也。孰谓董子但有儒者气象已哉？使其得究于用汉治，岂终于杂伯乎？尝考汉廷言治，莫若贾山独明于利害也，又若贾谊何急于制度也？惟董子正心之论为贤，卒为公孙弘所忌，出相骄主，竟尼不行。及其既老而归，乃命公卿大政必往咨决而后从事，武帝独何心哉？亦天未欲平治天下也？[18]

此类评论显然高估了董仲舒的实际理政能力，他们还认识不到集理论家和实践政治家于一个身的人物在历史上绝对是凤毛麟角。

二

不过，对董仲舒思想贡献的评价，后世也有极少数持批评态度的学者。其中具有唯物论倾向的学者对他否定更多一些。如汉代王充批评他的迷信："董仲舒请雨之法，设土龙以感气。夫土龙非实，不能致雨，仲舒用之致精诚，不顾物之伪真也。"[19]也批判他的性情阴阳说：

> 董仲舒览孙孟之书，作情性之说，曰天之大经一阴一阳，人之大经一情一性，性生于阳，情生于阴。阴气鄙，阳气仁。曰性善者是见其阳也，谓恶者是见其阴者也。若仲舒之言，谓孟子见其阳，孙卿见其阴也。处二家各有见可也。不处人情性，情性有善有恶未也。夫人情性同生于阴阳，其生于阴阳有渥有泊；玉生玉石有纯有驳，情性于阴阳安能纯善？仲舒之言未能得实。[20]

唐代柳宗元则彻底否定他的"三代受命"说：

> 负罪臣宗元惶恐言：臣所贬州流人吴武陵为臣言，董仲舒对三代受命之符，诚然非耶？臣曰：非也！何独仲舒尔，自司马相如、刘向、扬雄、班彪、彪子固，皆沿袭嗤嗤，推古瑞物以配受

命，其言类滛巫瞽史，诳乱后代，不足以知圣人立极之本，显至德扬大功，盛失厥趣。[21]

同是唐代的罗隐则批评他的灾异说："灾变儒生不合闻，谩将刀笔指乾坤。偶然留得阴阳术，闭却南门又北门。"[22]宋朝的李彭也批评董仲舒的"巫觋"迷信，讽刺他因推演灾异而罹祸后不得不三缄其口：

> 是以古今讲授之士，虽以传解显闻而有不免得罪于名教者也。汉以来经学家众矣，顾违行则犹多。董仲舒号大儒，而下流禳厌类巫觋不自羞，至推灾异险受祸乃吞声而绝口。[23]

应该说，王充、柳宗元、罗隐和李彭等对董仲舒的批评触到了他的命门，即他学说中的非理性成分，可惜这种批评并没有深入进行下去。南宋的叶适则集中批评他的"春秋公羊学"的失误和偏颇：

> 《春秋》甫脱藁，遽为陋儒迷执不置。孔子既死，又驾说以诬之，虽孟子不能辨也。故汉兴最先行，而董仲舒自任以推明孔氏，尊奉一经，盖抹诸书。故学者习用最深而其道蒙蔽最甚。若无左氏，则终沈没没矣。[24]

> 自汉以来，仲舒首为推明孔氏，后世咸从之，宜若修其业者。然而以《春秋》为宗，以公羊为师，以刻薄为义，以操切为法，颠错伦纪，迷惑统绪，学者莫之或正，是则孔氏之书亦不无也。嗟夫！尊圣人而不足以知其道，若之何可哉？[25]

宋代醉心于理学的诸儒对董仲舒在基本肯定的前提下也有非议之处，这种非议集中在他对"道"——即理学核心理念探索的缺失方面。二程说："汉儒如毛苌、董仲舒，最得圣贤之意，然见道不甚分明。"[26]朱熹虽然认为在汉儒中"只有董仲舒资质纯良，摸索道得数句著（如正谊不谋利之类），然亦非它真见得這道理"[27]。大文学家欧阳修也认同这种观点，他有点惋惜地说："董生儒者，其论深极《春秋》之旨，然惑于改正朔而云王者、大一元者，牵于其师之说，不能高其论以明圣人之道，惜哉惜哉！"[28]明朝有的学者也持有同样的观点，如周琦就说："汉之董仲舒，唐之韩愈，二子之学冠一代之雄者也，其于圣贤心学之法则，不能得其道矣。"[29]很显然，在他们看来，董仲舒虽然对"道"进行了认真探索，但其精致和深入的程度较之宋儒则有相当大的差距，是远远不够的。

在对董仲舒的评价中，也涉及对他文章的看法。朱熹似乎看他的缺失较多，认为他"文字却平正，只是仄困。董仲舒、刘向诸人，文字皆善弱无气焰"[30]。其他人对他文章的评价都较高，如宋朝的刘炎就给予极高的评价："或问贾谊、董仲舒之文，曰仲舒春风，贾生烈日。"[31]元朝的刘因对自先秦至西汉的代表性人物及其文章进行了通盘评论，指出各自的特点，认为董仲舒的文章有自己独特的风格"冲畅"：

> 先秦古文可学矣，《左氏》《国语》之顿挫典丽，《战国策》之清刻华削，庄周之雄辩，《谷梁》之简婉，《楚辞》之幽博，太史公之疏浚。汉而下其文可学矣，贾谊之壮丽，董仲舒之冲畅，刘向之规格，司马相如之富丽，扬子云之邃险，班孟坚之宏雅。[32]

明朝的杨时则赞誉他与贾谊、司马迁、司马相如和扬雄的文章几乎达到了不可企及的高峰：

> 汉儒收拾补缀，至建元、元狩之间，文词灿如也。若贾谊、董仲舒、司马迁、相如、扬雄之徒继武而出，雄文大笔驰骋古今，沛然如决江汉，浩无津涯，后虽有作者，未有能涉其波流也。[33]

公正地说，以上对董仲舒文章的评价不无溢美之嫌，但是，在两汉文章的百花园中，他的文章纵使不及贾谊、司马迁、班固诸人影响之大，但决不在扬雄、司马相如之下，是可以肯定的。

三

在汉朝以后的中国古代社会，思想界和学者们尽管对董仲舒也有非议之处，但对他在中国儒学史上的地位却都是持肯定态度并给予崇高的评价。他们认识到董仲舒的特殊贡献是在儒学复兴中的不可替代的作用。宋朝的孙复对此作了充分的论述：

　　孔子而下至西汉间，世称大儒者，或曰孟轲氏、荀卿氏、扬雄氏而已，以其立言垂范、明道救时、功丰德钜也。至于董仲舒，则忽而不举，此非明有所未至，识有所未周乎？何哉？昔者秦灭群圣之言，欲愚四海也，盖天夺之鉴以授于汉，故生仲舒于孝武之世焉。于时大教颓缺，学者疏阔，莫明大端。仲舒煜然奋起，首能发圣道之本根，新孝武之耳目，上自二帝，下迄三代，其化基治具咸得之于心，而笔之于书，将以缉乾纲之绝纽，辟王道之梗途矣。故其对策，推明孔氏，抑黜百家，凡诸不在六艺之科、孔子之术者，皆绝其道勿使并进，息灭邪说，斯可谓尽心于圣人之道者也。噫，暴秦之后，圣人之道晦矣。晦而复明者，仲舒之力也。彼孟轲、荀卿当战国之际，虽则主子纷乱，然去圣未远，先王之典经尽在。扬雄处新室之间，虽则大祸是惧，然汉有天下滋久，讲求典礼抑亦云备，故其微言大法盛于闻见，揭而行之，张以为教易尔。若仲舒燔灭之余，典经已坏，其微言大法，希于闻之，而索驾以为说，不其难哉？况乎暴秦之祸甚于战国之乱与新室之惧耶？然四子之道一也。使易地而处，则皆然矣。愚尝病世之学者鲜克知仲舒之懿，又病班孟坚作仲舒之赞言，刘向称仲舒有王佐之材，伊吕无以加，管晏之属伯者之佐，殆不及也。至向子歆以为渊源所渐未及乎游夏，而曰管晏不及，伊吕之不加，过矣。愚谓歆以仲舒盛德先觉，顾已弗及，疾而诋之者也。故虽其父言，亦以为过。且仲舒于孔氏之门其功深矣。观其道也，出于游夏远矣，对孝武大明王道之端与夫任德不任刑之说，虽伊吕又何加焉？盖用与不用耳。使孝武能尽师其言，决而用之，则汉氏之德比隆三代矣。厥后曷有惑于神仙之事、困于征伐之弊哉？仲舒不用，非孝武之过，平津之罪也。平津尝害其能而逐之。两事骄主，才弗克施，既而退死于家。吁，可惜也，孟坚笔削之际，不能斥刘歆之浮论，惑而书之，失于断矣。[34]

　　孙复在这里充分肯定了董仲舒在儒学复兴中的划时代的功劳，批驳了刘歆与其父亲相左的观点，认定如果武帝授之大任，使其执政朝堂，必然会出现比隆三代的盛世。此论尽管不乏迂阔之嫌，一厢情愿地设定董仲舒的神奇之力是出于浪漫奇思，但对董仲舒复兴儒学之功的估计还是接近历史实际的。

元朝的郝经在《去鲁记》一文中，将董仲舒与汉高帝刘邦树为在儒学复兴中"尊圣人之道"和"明圣人之道"的两个标杆式人物：

> 六经火于秦而士复坑戮，汉兴，高帝过鲁，即以太牢祠孔子，使后王后帝北面而师事之，开其基统发其渊源。又使陆贾说诗书以明帝王之学，启人心于未然，故尊圣人之道者莫如汉高帝。曹参相齐，受教于盖公，启窦氏黄老之学。晁错诸人当文景之盛，而挟申、韩之术，战国余习几于复振。董仲舒出，而孝武方隆儒，乃请罢黜百家，表章六经，尊孔氏，明仁义，圣人之道复立，存人心于欲亡。故明圣人之道者，莫如董仲舒。[35]

明朝的张宇初在《读董仲舒传》一文中进一步申述孙复和郝经的观点：

> 予观三代之下，周衰而王道息。秦承战国之习气漓志，悖火诗书于灰烬，道之传遂竟泯泯无闻矣。汉兴而天下大治，而其腐儒曲士犹循故习，不能彰先王之教于既绝之余者皆然。文帝号称贤主，有一贾生而不能用，千载之下读其言，尤有悲愤者焉，况有非贾生比者哉？若董仲舒，下帷讲诵，三年不窥园，进退容止，非礼不行学，士皆师尊之。武帝举贤良文学，而仲舒对策焉。当是时，君臣遇合，又岂秦所敢望哉？其言足以发周衰之弊，得王道之正者，仁义礼乐为之本也，性命情质之辨，著阴阳刑德之论切。由是观之，天人相与之际，礼节修于身，善恶感乎天。尧舜禹汤之相传不已者，守一道而无究弊之政也。是岂秦汉庸庸之徒所能至哉？以武帝之英果，卒三策而不能略行之，乃出为江都相，亦岂不为当时惜哉？有如公孙弘，希世用事，以治经得侯，乃嫉正论而迁之胶西，仲舒虽不获倡其道，正身以率下，两事骄王，而皆尊礼之，卒以修学著书终于家，是非能全乎？进退之道也哉？其言曰"正其谊不谋其利，明其道不计其功"。逮宋二程子出而后述明之，始足为后世法。盖当是时已非班、贾、刘、扬之足伦儗，况其后也哉？太史公以为刘向称仲舒之才伊吕无以加，管晏殆不及也为之过，是向子歆之言误矣。

使仲舒遇其君行其道，亦岂不伊吕之效哉？又何管晏之足方欤？何也？以管晏特霸者之佐，所能行者霸者之事也，又岂王道之大者若乎？且以其师友渊源所渐，犹未及乎游夏，则周元公继绝学于不传，倡道于宋，至今学者皆宗之，道未始亡也。又岂渊源之为戾哉？使太史公其见乃尔，矧后之不足知仲舒者乎？而或知其概者，欲礼之于庙，配祀孔子以不忘乎？推明孔氏，抑出百家之明而卒莫之行，岂不惜哉？然以仲舒之道之言，故不系乎祀否也，抑亦何其遇知之难也？历百代而同焉。夫以汉武之智，尤舍而弗用，矧下乎是者哉？其亦不足感也矣。[36]

在张宇初看来，董仲舒之思想水准，不仅班、贾、刘、扬无法与其比肩，就是与伊、吕、管、晏等先秦名臣相比亦毫不逊色。遗憾的是他未能获得汉武帝的重用，治世的本领未能得以充分发挥。这样的观点在明朝史鉴的《祭董仲舒文》中也得到发挥：

呜呼！天之将丧斯文也，秦灭之；天之未丧斯文也，汉复之。然学者殊途不合不公，世主时臣随见迎合。相如以词赋幸，方朔以诙谐进，惟夫子之所为在天人之三策，论治人则本于明道，语修已则原于正心，德刑取喻乎阴阳，风俗推原于教化，尊仁贵义黜利贱功，使得谟谋廊庙，则汉业庶几乎三代，岂止杂霸而已哉？守正不阿，权臣忌嫉，将置死地，连相外藩，卒使骄王革心动遵礼法，此又人之所难能也。故尝论之，王霸之不分，由夫子之言不用也；礼乐之不兴，由夫子之道不行也。去圣逾远，欲学无师，千载一时，道出祠下，徘徊庙陛，慨然兴悲。行旅仪物弗备，敢以诚荐神，其享之。[37]

如此三叹而有余哀的祭文，反映的是衰世之时思想家酸楚的悲情。这种评论当然是远离历史实际的。清朝还有陈廷敬的《史评·汉书·董仲舒》一文，他赞颂董仲舒说："仲舒之学，历战国秦汉，未有其匹敌，自孟子以来一人而已。……仲舒遭汉承秦灭学之后，六经离析，下帷发愤，潜心大业，令学者有所统壹，为群儒首。"[38]表述了与以上学者同样的观点。看来越到中国古代社会后期，思想家和学者越发产生对董仲舒的敬仰和怀念，越发对他的思想和作用产生更高的超越实际的评价。这其中的原因，可能与中国古代社会后期每况愈下的衰颓有关。这些思想家和学者看不到未来的出路，于是将自己的理想寄托于对董仲舒的神化和理性化。这种思绪也更多地表现在对董仲舒的歌咏上。如司马光在《独乐园七咏·读书堂》中就发出了对他由衷的礼赞："吾爱董仲舒，穷经守幽独。所居虽有园，三年不游目。邪说远去耳，圣言饱充腹。发策登汉庭，百家始消伏。"[39] 元朝的侯克忠也有两首歌咏董仲舒的诗：

> 上方用武定羌夷，儒者宜为众所挤。大匠谩持修月斧，拙工先立倚天梯。

> 身为当代斯文主，名与南山北斗齐。许大阙廷无著处，江都才了又胶西。[40]

> 插架将收万卷书，尚怜衰朽腹空虚。多才多艺我何有，老圃老农吾不如。

> 庄叟自夸东海鳖，任公尽钓渭河鱼。道明义正忘功利，百世当尊董仲舒。[41]

清朝的乾隆皇帝写诗的瘾头特大，一生留下的诗篇数量超过全唐诗，荣膺皇帝中的写诗冠军，但传世佳作几乎一首也没有。在他的《御制乐善堂全集定本》卷二十九中也留下两首咏董仲舒的诗：

> 不问苍生问鬼神，犹蒙宣室席前亲。谁知寂寞江都相，老抱春秋一远臣。

> 建章奏对策天人，帝眷名儒礼独亲。谁使江都终老去，千秋史论恨平津。

作为帝王，乾隆皇帝一方面肯定董仲舒不可替代的功绩，一方面惋惜他被公孙弘谗言所害未能施展治国安民抱负的窘况。他的题咏显然也没有超出上面的学者思想家和诗人对董仲舒所表达的情愫。做过清朝户部侍郎的田雯在《读董仲舒传》一诗中肯定他在《春秋》公羊学方面的贡献，也回应了此前罗隐诗对其灾异说的不屑：

> 公羊一卷至今存，千古醇儒道自尊。繁露何缘传异术，阴阳水火闭城门。[42]

明清两朝对董仲舒越来越出格的颂扬，透出的是中国古代社会历史接近终结时找不到出路的悲情和无奈。他们只能乞灵于董仲舒，但他的那套理论和学说已经无法止住那一轮即将坠落的夕阳了。

总体来看，董仲舒在中国古代社会所获得的主要是洋洋盈耳的颂赞之声，这说明他在思想史尤其是儒学史的地位具有深固不摇之势，他的两汉经学巅峰的尊位是无可替代的。

参考文献：

[1] 林之奇.《尚书全解》卷六，清文渊阁《四库全书》，上海人民出版社电子版.

[2] 惠士奇.《易说》卷一，清文渊阁《四库全书》，上海人民出版社电子版.

[3] 班固.《汉书》[M]. 北京. 中华书局，1962.

[4]《二程遗书》卷三，清文渊阁《四库全书》，上海人民出版社电子版.

[5] 朱熹.《二程遗书》卷二十四，清文渊阁《四库全书》，上海人民出版社电子版.

[6] 朱熹.《二程遗书》卷二十五，清文渊阁《四库全书》，上海人民出版社电子版.

[7] 朱熹.《二程遗书》卷九，清文渊阁《四库全书》，上海人民出版社电子版.

[8] 范祖禹.《帝学》：卷二，清文渊阁《四库全书》，上海人民出版社电子版.

[9] 江端礼.《节孝语录》，清文渊阁《四库全书》，上海人民出版社电子版.

[10] 黎靖德.《朱子语类》卷八十七，清文渊阁《四库全书》，上海人民出版社电子版.

[11] 真德秀.《西山读书记》卷三十，清文渊阁《四库全书》，上海人民出版社电子版.

[12] 真德秀.《大学衍义》卷一，清文渊阁《四库全书》，上海人民出版社电子版.

[13] 黄震.《黄氏日抄》卷三十三，清文渊阁《四库全书》，上海人民

出版社电子版.

[14] 黄震.《黄氏日抄》卷四十七，清文渊阁《四库全书》，上海人民出版社电子版.

[15] 真德秀.《大学衍义》卷十四，清文渊阁《四库全书》，上海人民出版社电子版.

[16] 丘濬.《大学衍义补》卷六十七，清文渊阁《四库全书》，上海人民出版社电子版.

[17] 孙觌.《鸿庆居士集》卷二十五《晁公迈开封府尹曹掾》，清文渊阁《四库全书》，上海人民出版社电子版.

[18] 夏良胜.《中庸衍义》卷四，清文渊阁《四库全书》，上海人民出版社电子版.

[19] 王充.《论衡》卷二十一《死伪篇》，《诸子集成》，上海：上海书店 1986 年影印出版。

[20] 王充.《论衡》卷三《本性篇》，《诸子集成》，上海：上海书店 1986 年影印出版。

[21] 郭预衡.《唐宋八大家散文总集》卷一《柳宗元集·贞符》，石家庄：河北人民出版社，1995：670.

[22] 罗隐.《罗昭谏集》卷四《董仲舒》，清文渊阁《四库全书》，上海人民出版社电子版.

[23] 李彭.《曰涉园集》卷七《以孝事君则忠论》，清文渊阁《四库全书》，上海人民出版社电子版.

[24] 叶适.《习学记言》卷二十二，清文渊阁《四库全书》，上海人民出版社电子版.

[25] 叶适.《习学记言》卷二十四，清文渊阁《四库全书》，上海人民出版社电子版.

[26] 朱熹.《二程遗书》卷一，清文渊阁《四库全书》，上海人民出版社电子版.

[27] 黎靖德.《朱子语类》卷一百三十七，清文渊阁《四库全书》，上海人民出版社电子版.

[28] 郭预衡.《唐宋八大家散文总集》卷二《欧阳修集·书春秋繁露后》，石家庄：河北人民出版社，1995：1508.

[29] 周琦.《东溪日谈录》卷六，清文渊阁《四库全书》，上海人民出版社电子版.

[30] 黎靖德《朱子语类》卷一百一十六，清文渊阁《四库全书》，上海人民出版社电子版.

[31] 刘炎.《尔言》卷十，清文渊阁《四库全书》，上海人民出版社电子版.

[32] 刘因.《静修续集》卷三《叙学》，清文渊阁《四库全书》，上海人民出版社电子版.

[33] 杨时.《龟山集》卷二十五《送吴子正序》，清文渊阁《四库全书》，上海人民出版社电子版.

[34] 孙复.《孙明复小集·董仲舒论》，清文渊阁《四库全书》，上海人民出版社电子版.

[35] 郝经.《陵川集》卷二十六，清文渊阁《四库全书》，上海人民出版社电子版.

[36] 张宇初.《岘山集》卷一，清文渊阁《四库全书》，上海人民出版社电子版.

[37] 史鉴.《西村集》卷八，清文渊阁《四库全书》，上海人民出版社电子版.

[38] 陈廷敬.《午亭文编》卷三十三，清文渊阁《四库全书》，上海人民出版社电子版.

[39] 司马光.《傅家集》卷三，清文渊阁《四库全书》，上海人民出版社电子版.

[40] 侯克中.《艮斋诗集》卷三，清文渊阁《四库全书》，上海人民出版社电子版.

[41] 侯克中.《艮斋诗集》卷四，清文渊阁《四库全书》，上海人民出版社电子版.

[42] 田雯.《古欢堂集》卷十四，清文渊阁《四库全书》，上海人民出版社电子版.

该文为"2018 中国·衡水董仲舒与儒家思想国际学术研讨会"提交的论文。
孟祥才（1940—），男，山东临沂人，山东大学儒学高等研究院教授。

康有为视界中的董仲舒

魏义霞

在中国近代哲学中，无论汉唐哲学还是董仲舒都处于边缘地位。从谭嗣同、严复、梁启超、孙中山到章炳麟都很少论述汉唐时期，对这一时期的人物关注也明显少于先秦、宋明和明清之际，对西汉的董仲舒更是绝少提及，更遑论推崇备至了。在这个前提下应该看到，康有为尽管对汉唐哲学的论述不及先秦和宋明，然而，他却对汉唐哲学非常重视，在万木草堂授徒讲学时，他就讲过《春秋繁露》《史记·儒林传》，并在"百日维新"之前著有《春秋董氏学》。康有为对董仲舒顶礼膜拜，对董仲舒以公羊学的范式解读的《春秋繁露》更是赞不绝口。无论对汉唐哲学的关注还是对董仲舒的推崇都显示了康有为独特的哲学理念和学术兴趣，也使他与同时代的哲学家渐行渐远。有鉴于此，透过康有为对董仲舒与汉唐哲学的论述，既有助于理解他对董仲舒以及汉唐哲学的诠释和评价，又有助于洞察康有为有别于其他近代哲学家的哲学理念和学术诉求。

一、对董仲舒的顶礼膜拜

康有为于"百日维新"之前对董仲舒的推崇，与其说服膺董仲舒的思想，毋宁说艳羡董仲舒的贡献。这符合康有为"论功不论德"的标准。康有为将董仲舒归为"孔门十哲"，就是本着这一原则。同样的道理，康有为之所以凸显董仲舒在汉唐哲学中首屈一指的地位，是因为他认为孔学在西汉时一统大业，政治上依靠汉武帝的支持，思想上得益于董仲舒对孔子身份的精准定位和对孔子微言大义的正确发微。相比之下，后者的作用更为重要，康有为对此也更为重视。对于其中的原因，他不止一次地解释说：

> 董生更以孔子作新王，变周制，以殷、周为王者之后。大言炎炎，直著宗旨。孔门微言口说，于是大著。孔子为改制教主，赖董生大明。[1]103

> 及读《繁露》，则孔子改制变周，以《春秋》当新王，王鲁绌祀，以夏、殷、周为主统，如探家人筐箧，日道不休。董子何所乐而诞谩是？董子岂愚而不知辩是？然而董子举以告天下则是，岂不可用心哉！吾以董子学推之今学家说而莫不同。以董子说推之周、秦之书而无不同。若其探本天元，著达阴阳，明人物生生之始，推圣人制作之源，扬纲纪，白性命，本仁谊，贯天人，本数末度，莫不兼运。信乎明于《春秋》为群儒宗也。[2]307

依据康有为的解释，董仲舒对孔学的贡献集中体现在两个方面：第一，对孔子的精准定位。康有为指出，董仲舒认识到了孔子"作新王，变周制"，并由此将孔子定位为托古改制的教主，而不是像世人那样将孔子仅仅视为教育家、思想家或哲学家。这是董仲舒超乎常人之处，也为他沿着正确方向把握孔子大道的性质以及解读《春秋》奠定了基础。第二，破解孔子寄寓在《春秋》中的微言大义的密码。康有为指出，董仲舒基于对孔子是托古改制教主的精准定位解读孔子的思想，体悟到孔子思想的精髓在于微言大义。正是沿着这个思路解读《春秋》，董仲舒才能够最终破译孔子托古改制、三世三统的微言大义。这表明，董仲舒是孔子后学中最能领悟孔子思想精髓的人，董仲舒的思想是孔学正传。因此，董仲舒的思想被汉武帝采纳以及汉代的"独尊儒术"不仅是孔学在汉代的传承和延续，而且是康有为认可的孔学的理想状态。

基于上述认识，康有为盛赞董仲舒为"孔子之后一人""汉世第一纯儒"。在此基础上，他进而号召人们学孔子从《春秋》开始，在上择孟子的同时，下择董仲舒。于是，康有为一再声称：

> 学《春秋》当从何人？有左氏者，有公羊、谷梁者，有以"三传"束高阁，独抱遗经究终始者，果谁氏之从也？曰：上折之于孟子，下折之于董子可乎。……董子为汉世第一纯儒，而有"孔子改制，《春秋》当新王"之说。《论衡》曰：文王之文，传于孔子；孔子之文，传于仲舒。则《春秋》微言大义，多在《公羊》，而不在《谷梁》也。[2]18

> 明于《春秋》者，莫如董子。自元气阴阳之本、天人性命之故、三统三纲之义、仁义中和之德、治化养生之法，皆穷极元始、探本混茫。孔子制作之本源、次第，藉是可窥见之。如视远筒浑仪而睹列星，晶莹光怪，棋列而布分也。如绘大树，根本干支，分条布叶，郁荣华实，可得而理也。孔子之道本，暗智湮断久矣，虽孟、荀命世亚圣，犹未能发宣。江都虽醇儒，岂能逾孟越荀哉？有道者，高下大小，分寸不相越。苟非孔子之口口相传，董子岂能有是乎？此真孔子微言大义之所寄也。今紬精举要，俾孔子之道如日中天。岂敢谓尽露大道？抑大圣制作本始，条理宗庙百官，有可瞻仰云尔。[2]372

在康有为那里，"纯儒"是至高评价。这是因为，他一再指责后儒破坏了孔子大道，他们对孔学的"割地"以及由此导致的中国近代社会的落后衰微难辞其咎。在这方面，从作为孔子亲授弟子的曾子、作为孔门战国"二伯"之一的荀子到西汉的刘歆、南宋的朱熹都被康有为视为孔学的罪人。相比之下，康有为评价董仲舒为"纯儒"，便意味着康有为对董仲舒思想的认可。

不仅如此，查遍康有为勾勒的秦后的孔学史可以发现，宋明理学家没有被康有为冠以"纯儒"的，汉儒中被康有为誉为"纯儒"的也仅有两位：一位是"第一纯儒"董仲舒，另一位便是王充。在这个前提下尚须澄清的是，康有为尽管将董仲舒、王充都冠以"纯儒"（有时又称"醇儒"），然而，他却对两人区别对待：第一，对于王充，康有为并没有予以过多关注或思想阐释，而只限于王充对董仲舒的肯定，即"文王之文，传于孔子；孔子之文，传于仲舒"。这意味着说来说去，康有为对王充的肯定实质上都源于其对董仲舒的褒奖。第二，就两汉来说，康有为称赞并且多次提及的孔子后学只有两位，除了董仲舒之外，便是司马迁，其中并没有王充的位置。康有为之所以称赞司马迁，是因为他认定司马迁是孔子后学，在力辟老学、墨学中弘扬孔学，而这一切都是通过《史记》完成的。鉴于司马迁的贡献和对《史记》的推崇备至，康有为将《史记》与《汉书》一起作为解读《春秋公羊传》的基本文本。于是，他写道：

> 《公羊》《繁露》所以宜专信者，为孔子改制之说在也。能通《春秋》之制，则"六经"之说莫不同条而共贯，而孔子之大道可明矣。《春秋》成文数万，其旨数千，皆大义也。汉人传经，皆通大义，非琐屑训诂名物也。故两汉四百年，君臣上下制度议论，皆出《公羊》，以《史记》《汉书》逐条求之可知也。苟能明孔子改制之微言大义，则周、秦诸子谈道之是非出入，秦、汉以来二千年之义理制度所本，从违之得失，以及外夷之治乱强弱，天人之故，皆能别白而昭晰之。[2]18—19

至此可见，如果说董仲舒、司马迁和王充是康有为推崇的汉代乃至整个汉唐时期的主要人物的话，那么，康有为给予董仲舒的至高地位则是司马迁和王充无法比拟的。

值得注意的是，康有为给予董仲舒的至高地位和评价与其说是通过与司马迁、王充等人的比较反映出来，不如说是通过他对刘歆的打击最突出地反映出来。这是因为，康有为对董仲舒与司马迁、王充的不同对待充其量只是量的问题，对董仲舒与王充的不同评价则是本质上的区别。事实上，康有为对董仲舒的褒扬与对刘歆的贬损恰成对立态势，因为他抨击刘歆的理由在某种程度上即是推崇董仲舒的理由。

通过对汉唐哲学的审视，康有为得出结论：孔学对汉代的影响是广泛的，故而后学众多；在孔子这一时期的后学中，既有正确阐发孔子之道的董仲舒以及司马迁等人，也有对孔子思想的歪曲和篡改者，依据《左传》解读孔子思想并以此攻击董仲舒公羊学的刘歆就是其中的典型代表。有鉴于此，康有为对董仲舒的顶礼膜拜即意味着对刘歆的深恶痛绝。为此，康有为一面作《春秋董氏学》对董仲舒的思想大加褒扬，一面作《新学伪经考》对刘歆予以批判。在复原孔教的过程中，康有为极力排斥以刘歆为代表的汉儒。对于刘歆的错误以及对孔教造成的巨大危害，康有为揭露说：

> 自刘歆以《左氏》破《公羊》，以古文伪传记攻今学之口说，以周公易孔子，以述易作，于是，孔子遂仅为后世博学高行之人，而非复为改制立法之教主圣王，只为师统而不为君统。诋素王为怪谬，或且以为僭窃。尽以其权归之人主。于是，天下议事者引律而不引经，尊势而不尊道。其道不尊，其威不重，而教主微；教主既微，生民不严不化，益顽益愚。皆去孔子素王之故。异哉！王义之误惑不明数千载也！夫王者之正名出于孔氏。何谓之王？一画贯三才谓之"王"，天下归往谓之"王"。天下不归往，民皆散而去之，谓之"匹夫"。以势力把持其民谓之"霸"，残贼民者谓之"民贼"。夫王不王，专视民之聚散向背名之，非谓其黄屋左纛，威权无上也。后世有天下者称帝，以王封其臣子，则有亲王、郡王等名。六朝则滥及善书，渎及奴隶，皆为王。若将就世俗通达之论识言之，则王者人臣之一爵，更何足以重孔子？亦何足以为僭异哉？然今中国圆颅方趾者四万万，其执民权者二十余朝，问人归往孔子乎？抑归往嬴政、杨广乎？既天下义理、制度皆从孔子，天下执经、释菜、俎豆、莘莘皆不归往嬴政、杨广，而归往大成之殿、阙里之堂，共尊孔子。孔子有归往之实，即有王之实，有王之实而有王之名，乃其固然。然大圣不得已而行权，犹谦逊曰假其位号，托之先王，托之鲁君，为寓王为素王云尔。故夫孔子以元统天，天犹在孔子所统之内，于无量数天之中而有一地，于地上无量国中而为一王，其于孔子曾何足数！但考其当时，则事实同称，征以后世，则文宣有号，察其实义，则天下归往，审其通名，则人臣之爵，而上昧神圣行权偶托之文法，下忘天下归往同上之徽称，于素王则攻以僭悖之义，于民贼私其牙爪，则许以贯三才之名，何其舛哉！[1]101

其实，《公羊传》《穀梁传》《左传》都是对《春秋》的注疏、解释，故而具有《春秋》三传之称。从这个意义上说，今文经和古文经都不脱儒家的经学范围，借用康有为的话语结构或表达方式便是都属于孔学。如此说来，董仲舒的今文经学和刘歆的古文经学都证明了孔学对汉代的影响。问题的关键是，康有为似乎并不这样看，因为他推崇今文经而贬黜古文经。更有甚者，在对今文经与古文经的不同对待中，康有为一面对董仲舒佩服得五体投地，一面对刘歆极尽贬损之能事。可以看到，与对刘歆不遗余力地打压形成强烈对比，康有为一再对董仲舒的贡献、地位予以夸大和拔高。沿着这个思路，康有为发出了如下断语："然大贤如孟、荀，为孔门龙象，求得孔子立制之本，如《繁露》之微言奥义不可得焉。董生道不高于孟、荀，何以得此？然则是皆孔子口说之所传，而非董子之为之也。善乎王仲任之言曰：文王之文，传于孔子；孔子之文，传于仲舒。故所发言轶荀超孟，实为儒学群书之所无。若微董生，安从复窥孔子之大道哉！"[2]307 依据这个说法，轻视董仲舒，便无法窥见孔子大道。这应了康有为关于董仲舒是"孔子之后一人"的判断，也使董仲舒的地位超越了其他孔子后学，《春秋繁露》的地位也随之超过了其他孔门经典。康有为这样做，是因为他认定董仲舒的思想不仅证明了孔学的辉煌，而且是孔学正宗。

二、以公羊学解读《春秋》

康有为推崇孔子旨在将孔子打造成托古改制的祖师爷，借助孔子的权威为变法维新提供理论辩护。特殊的目的和动机使康有为选择了以《春秋》而不是以《论语》为第一经典来解读孔子的思想，并且青睐擅长发挥微言大义、注重经世致用的今文经学。在这方面，董仲舒以公羊学解读《春秋》的范式和思路符合康有为的意趣诉求，董仲舒的公羊学尤其是对《春秋》三世三统的发挥让康有为如获至宝。

康有为指出，孔子在汉唐尤其是在汉代的影响得益于《春秋》，因而与《春秋》的传承密切相关。具体地说，康有为所讲的汉唐哲学与《春秋》的密不可分，主要指《春秋》对汉唐哲学的影响。对于康有为来说，这既印证了孔子所作六经以《春秋》为至贵，又证明了传孔子《春秋》并且深谙《春秋》微言大义的董仲舒在汉唐哲学中的显赫地位和决定影响。在康有为看来，孔子后学中解读《春秋》者不乏其人，只有董仲舒对《春秋》的解读深中肯綮，体悟到了孔子思想的精髓和奥义。于是，康有为写道："书必有序，以发明其意。序或自作，或同时人作，或后学作《春秋》言微，孔子未能自序，赖后学发明之。后学明于《春秋》者，莫如董子。"[2]310 鉴于《春秋》在六经中的首屈一指和对于孔子思想的提纲挈领，康有为给予洞察《春秋》正义的董仲舒多高的礼遇也都可以理解了。

康有为认为，《春秋》对汉唐哲学的影响包括微言与制度——或者说，孔子之文与孔子之礼两个方面。事实上，康有为对孔学与汉唐哲学关系的追溯基本上是循着这两条线索展开的。按照他的说法，董仲舒对孔子之道无所不传，对《春秋》的阐发也包括微言与礼制两个方面。对此，康有为连篇累牍地声称：

> 故《春秋》专为改制而作。然何邵公虽存此说，亦难征信，幸有董子之说，发明此义，俾《大孔会典》《大孔通孔》《大孔律例》于二千年之后，犹得著其崖略。董子醇儒，岂能诞谬。若是，非口传圣说，何得有此非常异义耶？此真《春秋》之金锁匙，得之可以入《春秋》者。夫《春秋》微言暗绝久矣，今忽使孔子创教大义如日中天，皆赖此推出。然则此篇为群书之瑰宝，过于天球河图亿万无量数矣。王仲任曰：孔子之文，传于仲舒。呜呼！使董子而愚人也则可，使董子而少有知也则是，岂不可留意乎！[2]365

> 孔子之作"六经"，其书虽殊，其道则未尝不同条共贯也。其折衷则在《春秋》。故曰：志在《春秋》。《春秋》为改制之书，包括天人，而礼尤其改制之著者。故通乎《春秋》，而礼在所不言矣。孔子之文传于仲舒，孔子之礼亦在仲舒。孔门如曾子、子夏、子游、子服、景伯，于小敛之东西方，立嫡之或子或孙，各持一义，尚未能折衷。至于董子，尽闻三统，尽得文质变通之故，可以待后王而致太平，岂徒可止礼家之讼哉？其单词片义，皆穷极元始，得圣人之意，盖皆先师口说之传，非江都所能知

也，不过荟萃多，而折衷当耳。若其为《春秋》之大宗，今学之正传，熟而贯之，足以证伪礼者，犹其余事矣。[2]330—31

孔子创义，皆有三数以待变通。医者制方，犹能预制数方以待病之变，圣人是大医王而不能乎？三统、三世皆孔子绝大之义，每一世中皆有三统。此三统者，小康之时，升平之世也。太平之世别有三统，此篇略说，其详不可得闻也。后世礼家聚讼固有伪古之纷乱，而今学中亦多异同，如子服、景伯、子游争立子、立孙、立弟，《公羊》《穀梁》争妾母认子贵、不以子贵，《檀弓》争葬之别合，曾子、子夏争殡之东西，孟子、公羊爵之三等、五等，禄之三品、二品，皆今学而不同，后师笃守必致互攻。岂知皆为孔子之三统，门人各得其一说，故生互歧。故通三统之义，而经无异义矣。自七十子以来，各尊所闻，难有统一之者，虽孟、荀犹滞于方隅。惟董子乃尽闻三统，所谓孔子之文传之仲舒也。[2]370

依据康有为的分析，董仲舒对《春秋》的解读和传承是沿着微言与礼制两个方面进行的，故而能够尽显孔子的托古改制、三统三世之义。对《春秋》的这一解读表明，董仲舒没有像孔子后学那样对孔学各执一端，从而结束了自孔子亲授弟子以来——即使是孟子、荀子也不能幸免的，对孔子大道"滞于一隅"并且由于各得一隅而聚讼纷纭的局面。基于这种认识，康有为对董仲舒的《春秋繁露》奉若神明，而这缘于他对《春秋》的奉若神明。具体地说，康有为在将六经都说成是孔子所作的前提下，强调《春秋》是六经之至贵，因而将《春秋》奉为解读六经和孔子思想的金钥匙。在这个前提下，他甚至强调，如果说《春秋》是解开六经的金钥匙的话，那么，董仲舒对《春秋》的解读即《春秋繁露》则是解开《春秋》的金钥匙。沿着这个思路，康有为得出了如下结论："《春秋公羊》之学，董子及胡毋生传之。董子之学，见于《繁露》，胡毋生之说，传于何休。故欲通《公羊》者，读何休之注、董子之《春秋繁露》。（吾有《春秋董氏学》）有义、有例、有礼，要皆孔子所改之制。分而求之，则《公羊》可通，而《春秋》亦可通矣。"[2]18 由此可见，康有为对董仲舒佩服得五体投地与董仲舒作的《春秋繁露》息息相关，从根本上说则缘于康有为对《春秋》的情有独钟。

经过康有为的上述论证，无论《春秋》对于六经的至关重要，还是《春秋繁露》对于《春秋》的至关重要，都指向了董仲舒以公羊学的范式解读《春秋》对于孔学的至关重要。无论《春秋繁露》对于解读《春秋》和孔子微言大义的不可或缺，还是董仲舒开创的孔学一统局面，都使董仲舒在孔学中的地位首屈一指。与此相一致，康有为在考察孔学与汉唐哲学关系的过程中，极力推崇董仲舒，明确指出"董子穷理过于荀子，荀子过于孟子"[2]188。正是沿着这个思路，康有为将董仲舒誉为孔子之后的第一人和汉代的"第一纯儒"。

三、董仲舒与汉唐哲学

透过董仲舒视界中的汉唐哲学可以发现，他对汉唐哲学的描述服务于他的国学理念，带有明显的主观偏袒和主体倾向。这一点通过康有为对汉唐人物的侧重取舍直观地反映出来，对关注人物的臧否褒贬更是将他的主体好恶表达得淋漓尽致。正是由于这个原因，借助康有为对董仲舒的思想解读和态度评价，不仅可以透视他对汉唐人物的臧否取舍，而且可以直观领悟他对汉唐哲学的态度评价和历史定位。

首先，汉唐时期，群星璀璨，人才辈出。就康有为对汉唐人物的选择而言，存在明显乃至极端的主观好恶和偏袒。一个不争的事实是，汉唐时期的大家——从扬雄、王充、王弼、桓谭、郭象、向秀到柳宗元、刘禹锡等始终没有受到应有的重视，有些人物甚至没有被提及。之所以出现这种情况，根本原因在于：康有为始终以孔学为中心来选择人物，凡是与孔学无关者一概入不了他的法眼。他对待汉唐人物的取舍、态度也秉持这一原则，只提及与孔学相关的人物。例如，康有为对扬雄的提及就与孔子有关："告子曾与墨子辩者，见于《墨子》。盖亦孔子后学，而为孟子前辈大儒。唯其言性曰无善无不善，类杨子（指扬雄——引者注）之善恶混，亦于孔子性近习远之说未为大谬。无善无不善，即可以为善、可以为不善也，皆就中人之姿言之，说亦相近。有性善，有性不善，则孔子所谓上智下愚不移。"[3]430 再如，康有为多次讲到刘歆之父——刘向，对刘向的态度也与对刘歆的态度形成强烈反差。这是因为，刘向倾向于今文经学，与康有为推崇的公羊学相近。与此类似的还有，康有为对班固即《白虎通》的态度："孔学之聚讼者，不在心性，而在礼制。《白虎通》为十四博士荟萃之说，字字如珠，与《繁露》可谓孔门真传秘本。赖有此以见孔学，当细读。"[2]19 79 年，汉章帝刘炟在白虎观讲议五经同异，后来令史臣班固撰集成书，名曰《白虎通》。《白虎通》全称《白虎通义》或《白虎通德论》，汇集了东汉时期今文经内部的争议。尽管班固本人信守古文经，然而，《白虎通》是调和今古文经乃至统一今文经的著作，基本上继承了董仲舒的今文经学。正因为如此，尽管班固恪守古文经立场，并且与刘歆的思想一脉相承，然而，班固编撰的《白虎通》的今文经立场却是康有为所认同的。鉴于这种情况，康有为对《白虎通》予以肯定，甚至将之与他推崇备至的《春秋繁露》相提并论。与此相一致，康有为并没有对作为古文经学家的班固展开鞭挞，致使班固的命运在康有为的思想中与同样身为古文经学家的刘歆天差地别。

究而言之，康有为是以自己的孔学立场和思路来审视包括董仲舒在内的汉唐人物，并且梳理汉唐哲学的。因此，被他提及的国学人物都与孔学有关，被他重视的人物都是孔子后学，被他推崇的人物则不只是孔子后学并且还要是孔学嫡传。明白了这一点，便可以理解康有为对汉唐人物的取舍偏袒和由此而来的态度评价以及对董仲舒的顶礼膜拜了。

其次，纵观康有为的全部思想可以发现，他关注最多的汉唐人物主要有四人，分别是董仲舒、司马迁、刘歆和韩愈。而康有为之所以选中并聚焦这四个人，可以从两个方面去理解：一方面，这四个人的共同点是推崇孔子，对孔子的思想予以传承和诠释。这符合康有为关注、选择国学人物的原则和标准。另一方面，董仲舒、司马迁与刘歆、韩愈在康有为那里绝不能等量齐观，四人被划分为两类，作为正反两方面的典型再现孔学在汉唐时期的一统辉煌与分裂并存的遭遇。这就是说，借助董仲舒、司马迁与刘歆、韩愈，康有为既证明了孔子在中国历史上的教主地位，又从源头上揭示了近代孔教衰微的历史根源。由此不难想象，基于自己对孔学的理解，康有为对董仲舒、司马迁与刘歆、韩愈的评价相去天壤：对董仲舒、司马迁的青睐与对刘歆、韩愈的敌视形成强烈反差。

在万木草堂授徒讲学时，康有为讲的唯一汉儒是董仲舒，并且对董仲舒的《春秋繁露》反复予以阐发，并在戊戌变法之前编撰《春秋董氏学》。《春秋董氏学》始编于1893年，1897年完成。通过对董仲舒超孟轶荀的地位提升与对《春秋繁露》的思想诠释，康有为把董仲舒推到孔子一人之下而孔门六万徒侣之上的位置。正是在这个意义上，康有为直接称呼董仲舒是孔后一人，汉代第一纯儒，并且多次借王充之口声称孔子之文传于董仲舒，连其间的孟子和荀子都省略了！至此，康有为对董仲舒的热捧达到了顶点。在推崇董仲舒的同时，康有为讲到了司马迁，对司马迁力辟异端的功劳给予了高度评价，对司马迁作的《史记》尤其是其中的《儒林传》的地位予以拔高。在康有为的视界中，司马迁不是史学家而是思想家——准确地说，是名副其实的孔子后学；当然，《史记》也不是史书而是司马迁的学术著作。这就是说，康有为之所以对司马迁和《史记》格外青睐，归根结底是由于司马迁的身份。而对于司马迁的身份，康有为的认定是护教有功的孔子后学。有了对司马迁的这一身份认定，康有为便开始了对《史记》别出心裁的解读。

与对董仲舒和司马迁的态度迥然相异，康有为对刘歆的排斥人尽皆知。作为康有为成名作的《新学伪经考》，写作的主要目的就是揭露刘歆篡改经书的"真相"，证明刘歆是伪造经书的千古罪人。翻检康有为的著作可以看到，为了批判而不是像《春秋董氏学》《孟子微》《礼运注》《中庸注》《春秋笔削大义微言考》那样因为阐发、推崇而写的书，在康有为的一生中也只此一部，由此便可以想见康有为对刘歆是多么痛恨了。

如果说刘歆被康有为视为从内部破坏孔教的头号敌人的话，那么，韩愈对于孔教的内部破坏在康有为看来同样罪不可赦。韩愈以"唐宋八大家"之首名世，主要身份甚至第一身份是文学家。康有为自然深知这一点，然而，他不唯没有赞叹韩愈之文，反而攻击韩愈以文害理。据康有为本人在自传中披露：

> 先生（指康有为的老师——朱次琦，即朱九江，人称九江先
> 生——引者注）甚称韩昌黎之文，因取韩、柳集读而学之，亦遂
> 肖焉。时读子书，知道术，因面请于先生，谓昌黎道术浅薄，以
> 至宋、明、国朝文学大家巨名，探其实际，皆空疏无有。窃谓言
> 道当如庄、荀，言治当如管、韩，即《素问》言医，亦成一体。
> 若如昌黎不过为工于抑扬演灏，但能言耳，于道无与。即《原
> 道》亦极肤浅，而浪有大名。千年来文家颃颃作势自负，实无有
> 知道者。[3]62

据此可知，在康有为看来，韩愈在为文方面负有盛名不假，究其实则属浪得虚名，充其量只不过是"为工于抑扬演灏，但能言耳，于道无与"。更为重要的是，在对韩愈之文不屑一顾的同时，康有为着重从思想家的角度对韩愈展开批判。可以说，康有为的这个举动孤立地看有些出乎所有人的预料，甚至有些惊愕和不解。这是因为，韩愈历来被视为捍卫孔子之道的代表，这是宋明理学家推崇韩愈的原因所在，韩愈的道统说更是被宋明理学家津津乐道。尽管如此，站在康有为的立场深入分析可以发现，他对韩愈展开批判却是顺理成章的。韩愈的道统说与康有为"百家皆孔子之学"的说法相去甚远，以他提倡的孔学来审视韩愈，韩愈对董仲舒的蔑视而导致的孔学衰微罪不容恕。于是，康有为成为将韩愈打入万劫不复深渊的近代第一人。此后，严复1895年在天津《直报》上发表《辟韩》一文，抨击韩愈的《原道》为君主专制张目，与自由、平等相悖。谭嗣同也在《仁学》中将批判的矛头指向韩愈，并且像康有为一样将刘歆与韩愈联系在一起。相对于严复、谭嗣同等近代哲学家的做法，康有为对韩愈的批判并没有与近代的价值理念相关联，显得有些离题甚远，然而却与他的孔教观一脉相承。在康有为那里，不仅对韩愈的态度如此，对整个汉唐哲学皆作如是观：从正面说，由于确信董仲舒得孔子大道之本，是孔学嫡传，便在汉儒中以董仲舒为中心，对司马迁、刘向、何休和王充等人的肯定也是如此；从反面说，由于认定刘歆、韩愈从内部破坏

了孔子大道，便不遗余力地对两人大加鞭挞。

尚须提及的是，康有为对同为孔门后学的董仲舒、刘歆的不同态度除了与他的孔教观一脉相承之外，还取决于他对两人与先秦诸子——尤其是孟子和荀子思想的渊源关系的认定。依据康有为的分析，董仲舒传孟子的公羊学，深得孔子之微言大义；刘歆则是荀子后学，拘泥于古文经学的字句考证。沿着这个思路，素来"美孟而剧荀"（梁启超评价康有为语）的康有为自然在爱屋及乌的同时"恨"屋及乌，从而对董仲舒与刘歆分别看待而分别对待。不仅如此，伴随着康有为由早年主张今文经与古文经不可偏废而转向视二者形同冰炭，作为今文经大师的董仲舒与作为古文经大师的刘歆在他心目中的地位天悬地隔乃至不共戴天也就成为早晚的事了。

综上所述，康有为不仅对董仲舒顶礼膜拜，而且对董仲舒的《春秋繁露》奉若神明，两者之间内在关联。康有为对董仲舒的思想解读与地位提升互为表里，直接关涉他对整个汉唐哲学的认识和评价。正因为董仲舒在康有为那里拥有的"附加值"极高，因此，康有为视界中的董仲舒既呈现了他的汉唐哲学研究，又展示了他的孔学理念。

参考文献：

[1] 康有为. 康有为全集：第三集 [M]. 北京：中国人民大学出版社，2007.

[2] 康有为. 康有为全集：第二集 [M]. 北京：中国人民大学出版社，2007.

[3] 康有为. 康有为全集：第五集 [M]. 北京：中国人民大学出版社，2007.

原载于《衡水学院学报》2018 年第 4 期。

魏义霞（1965－），女，安徽濉溪人，哲学博士，黑龙江大学哲学学院教授，博士生导师。

民国孔教运动中的董子学及其论争

姜淑红

　　从维新变法运动时期开始，康有为就开始为定孔教为国教上书清政府，后因维新变法失败而流产。康有为及其弟子们锲而不舍地到海外继续推广孔教，在海外华侨的支持下建立各种孔教组织。南京临时政府宣布废止读经后，孔教派虽受到打击，其尊孔保教斗志却有增无减，他们不断发表文章宣扬停止读经的危害，认为经废则孔教不存，号召社会为保教而努力。孔教派不断上书请愿，请求设孔教为国教，掀起了轰轰烈烈的孔教运动。袁世凯执掌政权以后，极力倡导尊孔读经①，一时间孔子被捧上神坛，社会上各种派别对此纷纷做出反应。

　　针对孔教是否是宗教，是否应该将其设为国教，以及孔教在现实社会中的功用等问题，国内各个派别展开了激烈的论争。以康有为为代表的孔教派认为孔教是宗教，而董子在孔教发展为国教的历程中贡献最大，今后应当恢复孔教的国教地位，并且要在全民学习董子学的过程中发扬孔教。以章太炎为代表的国粹派否定孔教为宗教，认为尊孔但不是尊董子公羊学所谓的微言大义。新青年派则将孔教与专制结

---

　　① 辛亥革命后，以康有为为代表的孔教派主张建立"孔教会"，欲"以孔子为国教"。1913 年，康有为在《不忍》杂志上先后发表《孔教会》序、《以孔子为国教配天议》等文，并在该刊上辟"教说"一栏。同年二月，上海孔教会杂志又创刊《孔教会》杂志，由陈焕章主编。袁世凯且于六月十九日下令各省"尊孔祀孔"。

合起来一起批判，认为董子尊儒造成了中国的专制和落后。学衡派代表柳诒徵不满新青年派完全否定传统文化的价值，认为董子学中蕴含有适合现代社会的精华，应当加以借鉴和利用。

一、孔教派与董子学

孔教派，是指在辛亥革命前后形成的以康有为为核心，以孔教会及其机关刊物《孔教会杂志》《不忍》等为组织、舆论基地，以宣扬孔教为国教、为宗旨的具有浓厚政治意味的尊孔思想派别。其主要人物除康有为外，还有陈焕章、沈曾植、梁鼎芬、张尔田、马其昶、李文治等。孔教派在历史上最为活跃的时期是在民国成立以后到20世纪20年代。孔教派对待孔教问题的立场基本一致，跟康有为的孔教思想是一脉相承的。康有为信奉两千年以来孔教就一直是国教，认为董子为孔教成为至尊之教立下了卓越功勋。在共和政体之下依然要大力推广孔教，而孔教要推广要发扬光大，需要人人精心研读董子之学。康有为弟子陈焕章是其忠实的信奉者，同样认定孔教是宗教，孔子为教主，孔教适合现代社会，应当设为国教。

（一）孔教教主与董子学

对于孔子的地位，康有为认为孔子是过去时代的文王，现在的教主。孔教派的其他人大多与康有为持一样的观点，并且各自引用董子经典以支撑其观点。

康有为反复论证孔子是一教主。《公羊》于元年春王正月曰："王者孰谓，谓文王也。"[1]董子《春秋繁露》："曷为先言王而后言正月？王正月也。何以谓之王正月？曰：王者必受命而后王，王者必改正朔，易服色，制礼乐，一统于天下，所以明易姓非继人，通以己受之于天也。王者受命而王，制此月以应变，故作科以奉天地，故谓之王正月也。"康有为说董子所说的王是指文王，也就是孔子，"天下归往谓之王，非以力服人之霸者所能称也。以文明为治，故谓之文王。王，主也，惜之所谓文王，即今之所谓教主也"[1]。在康有为眼里，孔教是宗教，是高于神道的人道教，孔子就是孔教的教主。

中国数千年来一直奉孔教为国教，孔子之道无所不在。到了西汉时，董仲舒建议武帝罢黜百家、独尊儒术，根据《春秋》为汉朝改制立法，汉武帝一一采纳，将孔学立为官学，举国国民都要学习，朝廷以《春秋》为宪法，尊孔子为教主。康有为于 1923 年拜谒董江都祠堂，亲自为董子写祭文，"中华文化，改制于孔子，修教明伦，实为首功。孔子出而制定礼法，人伦已明，大防以立，而两千年来之人心风俗，成就范围。战国时孟荀为孔学大宗，逮至汉初，广川董子实绍其传，建元对策，表彰儒术，一时鸣凤正谊，明道粹然。儒者汉武信之，尊崇孔经，立于学官，屏黜百家，绝勿进用，孔子之教，始定一尊。其全国郡县，皆置博士弟子，高者为郎令长，丞相由此。其选孔子之定为国教，孔学之见用于世，实自董子发明其事，两千年孔子之学术政治行于中国，董子之功也"。

1912 年 7 月，康有为的弟子、孔教派的中坚人物陈焕章，应美国传教士李佳白的邀请，在上海尚贤堂发表孔教演说，后其演说以《孔教论》为名集结出版。为了论证孔子是一教主，陈焕章从多角度寻找依据，首先，孔子以教主自待，董仲舒曰："孔子作《春秋》，先正王而系万事，见素王之文焉。"[2]其次，孔子弟子及其后学以孔子为教主。"《论语纬》云：子夏曰仲尼为素王，颜渊为司徒，又云，子夏六十四人共撰仲尼微言以事素王。庄子《齐物篇》：《春秋》经世，先王之志，孔子志在《春秋》，故曰先王之志也。《春秋繁露》曰：有非力之所能致而自至者，西狩获麟，受命之符是也。又曰《春秋》应天作新王之事。此董仲舒之以孔子为教主也。"（《孔教论》11）再次，教主以"儒"为名号。陈焕章说自汉武帝采纳董仲舒建议独尊儒术以后，"举国皆儒"，是后人缩小了儒的范围，只是称士大夫为儒，其实凡是信奉孔教的人都应当称之为儒。

（二）董子与孔教的推广

康有为说董子最能理解孔子变易之道，"近则设三统，远则张三世，以极其变通之宜。三统则有忠质文之异，亲亲尚功明鬼，时为重轻，子丑寅之三正，赤白黑之三色，时为建尚，乃立明堂，则三十六牖七十二户，或高大圆侈，或椭圆衡方，或卑污方，为衣服，或长前衽或后衽，或前后长，而今各国正朔宫室衣服之制皆在焉。今非衣长后衽，而玄冠缁衣耶？其《春秋》明三世之义，则发据乱、升平、太平之异，据乱内其国而刺大夫，升平内诸夏而贬诸侯，太平则内外大小若一，而去天子，其三世之中，各自为三世，亲亲仁民爱物，迟衍达于无穷”（《康有为政论集》下册736—737）。自从汉代设孔教后，人心风俗渐美，而《春秋》讥世卿，布衣可为公卿，学校遍布全国，人民皆得入学，聚会著书言论自由，人人实现了平等。

两千年以来，无论是帝王还是各级官员，其行动或者典礼，都以《春秋》为依据。尤其是汉代，《春秋》实际上发挥的是相当于现在宪法的作用，“汉世廷臣，引《春秋》之义，若大居正、大一统，立子以贵不以长，立嫡以长不以贤，母以子贵，子以母贵，大夫无遂事之类，奉为宪法实行之”（《康有为政论集》下册808）。董仲舒有《春秋决狱》流传于世，《后汉书·应劭传》记载：“故胶西相董仲舒老病致仕，朝廷每有政议，数遣廷尉张汤亲至陋巷，问其得失，于是作《春秋决狱》二百三十二事，动以经对，言之详矣。”康有为说董子所述的春秋断狱乃是孔门大义，是“据乱世之宪法”，由于其中大义多是贬天子，刺诸侯，所以不便于写作成书，只是靠口说流传，而《公羊传》《穀梁传》中并不记载此事，要使得孔子之道发扬光大，要了解《春秋》大义，为当下制定一部合理的宪法提供借鉴，只能靠认真研读董子之学。“在孔门谓之微言，则多为升平世、太平世之宪法焉。今举国言共和，人士皆口孔子升平太平之义，然是义也，不著于群经，惟著于《春秋》。其于《春秋》也，又不见于经传，惟见于董、何之口说。若不信公羊，不信董何为传其实子后学师师相传之口说，则何依焉，而妄传述乎？”（《康有为政论集》下册808）康有为说他之所以信《春秋》三世之义、孔子改制之说，而确知孔子为创教主，发明孔子之新教，都是因为受了董子的启发。

康有为是一个自信又狂傲的人，他生平对董子非常崇敬，戊戌变法期间就一直宣扬董子学，在孔教运动中他依然执着地认为董子得孔子真传，并且为孔教立下了不朽的功勋。这很快激起了各种反对的声音，章太炎以及新青年派就针对董子大加批判。

二、反孔教者与董子学及其回应

（一）章太炎对董子的批判

章太炎是激烈的反孔教者，章太炎之所以反对孔教，第一，与他古文经学家的立场有关。作为古文大家的章太炎，他尊信古文经，不满今文经尤其是董仲舒的公羊学曲解附会经义，以适合政治需要。他认为孔子作《春秋》，是史书而绝不存在什么微言大义，认为董子只不过是假托孔子而已，而现在以康有为为代表的孔教派却仍然效法董仲舒设神教，实为不该。第二，他是一个资产阶级革命战士，崇信共和，而当时社会却倡导尊孔读经，实际上是为了各种复辟势力制造舆论，这是章太炎所不能忍受的。他专门写了《驳建立孔教议》和《示国学会诸生》两篇文章，用了最激烈的反孔教言辞。他开国学会，规定凡脱离孔教会的才可加入，表示与孔教会绝不相容。

章太炎认为孔教本身就不是宗教，根本就谈不上设之为国教之说。章太炎说孟子和荀子竭力称颂孔子，但是都称之为百世之英，人伦之杰，可以与尧舜文武等圣王相媲美，从未将其神化。只是到了秦汉之际燕、齐方士兴起，经师多与之混杂，"伏生开其源，仲舒衍其流，……而仲舒亦以推验火灾，救汉止雨，与之较胜，以经典为巫师豫记之流，而更曲傅《春秋》，云为汉制诰"，董仲舒如此曲解《春秋》只不过是为了谄媚时主以求得功名利禄，"犹宫崇、张道陵之托于老聃"[3]。但是汉朝廷偏偏喜欢用这种方士化了的儒生，导致谶纬蜂起，怪说布彰，进而造成巫蛊之祸，始作俑者就是董仲舒。而现在孔教派提倡设立孔教，实际上是重蹈董仲舒的覆辙，假托孔子以谋私利，并非真正的尊崇孔子。只知道孔子理应受尊崇，却不知孔子受尊崇的原因，孔子所以成为圣人，不在所谓的伦理纲纪，而在于"制历史、布文籍、振学术、平阶级而已"。孔教过去时代从未存在过，现在也谈不上兴废，"愚以为学校瞻礼，事在当行；树为宗教，杜智慧之门，乱清宁之纪，其事不便"[3]。

章太炎称孔教对社会的危害非常大。"孔教之称，始妄人康有为，实今文经师之流毒，刘逢禄、宋翔凤之伦，号于通经致用，所谓《春秋》断狱、《禹贡》治河、三百五篇当谏书者，则彼之三宝已。……言《公羊》者，动辄说什么孔子为万世治法，《春秋》记事之书，夫以宪章文武，修辑历史者而谓之变乱事迹，起灭任意，则是视六经为道士天书，其祸甚至更甚于秦焚书之害。"（《章太炎政论选集》下册695）

（二）新青年派批董子及其回响

袁世凯窃取了革命胜利果实以后，在思想文化领域掀起了尊孔复古的潮流。一批激进的知识分子发起了以《新青年》杂志为主要阵地的新文化运动。主要代表人物有陈独秀、吴虞、李大钊、易白沙等人，他们猛烈地批判封建专制及其护符儒学，对于将儒学拉上官方统治宝座的董仲舒更是大加讨伐。

吴虞主要是从董仲舒在儒教中的地位的角度加以批判。自从孔子创立所谓"侮圣言""非圣无法"的言论，孟子继承孔子攻击墨学，张扬孔学："世道衰微，邪说暴行，臣弑其君者有之，子弑其父者有之；孔子惧，作《春秋》。故曰：'孔子成《春秋》而乱臣贼子惧。'"[4]后来董仲舒对策，以为诸不在六艺之科、孔氏之术者，皆绝其道，勿使并进。此后，儒教专制统一，中国学术扫地。尽管董仲舒宣扬孔子《春秋》之法"明得失，差贵贱，及王道之本，以人随君，以君随天，屈民而申君，屈君而伸天，《春秋》之大义也"[4]。然而实际上孔子《春秋》大义中，最为后世君主所利用，是诛乱臣贼子、黜诸侯、贬大夫、尊王攘夷等大义。

陈独秀则是针对董仲舒提出的三纲五常说以及董子宣扬的阴阳邪说展开批判。陈独秀说三纲五常说是孔教的根本教义，中国的风俗、政治、法律无不受其左右，其危害最大的是使中国人完全丧失了平等的概念。因此三纲五常最应该遭到猛烈的批判，直至连根拔除。要批判三纲五常，首先要溯其源，直指其根。三纲五常教从，皆片面之义务，不平等之道德，本质上就是强调阶级尊卑的制度。董仲舒、马融、班固，都是两汉的大儒，"董造《春秋繁露》，马注《论语》，班辑《白虎通》，皆采三纲之说，朱子不过沿用旧义，岂可独罪宋儒?"[5]陈独秀对阴阳化的儒学大加讨伐，"儒家公羊一派，亦阴阳家之假托也"（《独秀文存》553）。陈独秀认为董子只不过是儒家的外表，实际上是阴阳家，董子会求雨止雨，学说中充满了灾异之说，对后世影响极大。陈独秀说现在种种邪说横行中国，使得"实学不兴，民智日塞，皆此一系学说之为害也"。因此，清算此种邪说，是事关正人心、启民智的大事。

易白沙在《孔子平议》一文中指出：自从汉武帝接受了董子的建议开始，"罢黜百家，独尊儒术，利用孔子为傀儡，垄断天下思想，使其失去自由"[6]。后来历代封建帝王"尊孔"的目的，"皆傀儡孔子，所谓尊孔，滑稽之尊孔也"。易白沙撰写此文的目的，即在于"使国人知独夫民贼利用孔子，实大悖于孔之精神"，而其真正所指向的是当时袁世凯称帝和提倡"尊孔读经"。

新文化学人之所以反对孔教，是鉴于它和帝制密不可分的联系，袁世凯当时倡导尊孔读经，利用孔子搞复辟帝制的阴谋，这必然遭到具有民主思想的知识分子的批判。新文化学人认为是中国传统的儒家文化导致中国人的保守心态，导致两千年来中国社会的专制与不平等，而董仲舒作为将儒学推向官学的传承人，必然会遭到最激烈的鞭挞。

新青年派对儒学和董子一棍子打倒的态度遭到了学衡派部分人的不满和反对。学衡派是20世纪二三十年代存在于中国思想舞台上的一个重要的思想文化派别，其名字来源于著名的《学衡》杂志。《学衡》杂志，1922年创刊于南京，1933年终刊，共出79期。该刊以"论究学术，阐求真理，昌明国粹，融化新知。以中正之眼光，行批评之职事。无偏无党，不激不随"为宗旨，主张以本民族传统文化为基础，以学者的眼光和态度去体认传统文化的精华。以《学衡》杂志为中心，一批学者如吴宓、梅光迪、汤用彤、柳诒徵、缪凤林等不断发表文章对新文化运动的反传统观点进行批评，并阐明自己对传统文化的态度，由此而逐渐形成一个著名的学派——学衡派[7]。

学衡派深受当时美国人文主义流派的影响，反对将中国落后的根源归咎于孔子，主张重估传统价值，对于传统价值给予合理的评判。

作为学衡派的代表人物柳诒徵对于新文化学人完全推倒传统文化，将思想遭到束缚的主要原因归咎儒学，归咎于董子建议汉武帝绌诸子、崇儒学。柳诒徵认为这样的评价有偏颇，他认为正是因为有董子和汉武帝，古圣先哲思想才得以流传。汉惠帝虽然废除了挟书律，但是民间收藏的书，还有很多不敢公布的，"至孝武而后，诸子传说与六艺之文，始并充于秘府。恶得以董仲舒、卫绾之言，谓武帝，罢黜百家乎"？董子推明孔氏以后，全国各地广泛建立学校，学者仍然兼治诸子百家之学，《汉书·董仲舒传》曰："武帝初立，魏其、武安侯为相而隆儒矣。及仲舒对册，推明孔氏，抑黜百家。立学校之官，州郡举茂材孝廉，皆自仲舒发之。"

民国以后，以康有为为代表的孔教派倡导孔教运动，与复辟势力有着千丝万缕的联系，因此往往被人评判为保守落后势力。这里需要指出，康有为等人苦心孤诣倡导设立孔教为国教，初衷是鉴于西方因有基督教凝聚力而强大，而中国因一盘散沙而落后挨打。他们希望有一个中国式的基督教来改善世道人心，进而改良社会。但在实际操作中，孔教派的活动被某些别有用心搞复辟专制之人所利用，才使得结果与初衷渐行渐远。民国成立，社会期盼民主，要求平等渐渐成为一种集体心态，但是，复辟势力掀起尊孔读经，妄图披上孔子外衣而行专制之实，这样，新文化运动应运而生。新文化人在民主科学的旗帜下，要彻底推倒一切专制东西及其护符，传统儒学于是成了替罪羊。新文化运动反过来又刺激了一批学者开始对儒学进行理性反思，抛开政治立场和感情因素，对儒学进行合理的论证，促成了儒学的一次大转换，在儒学转换进程中，董子学的价值也逐渐被科学地加以挖掘、改造和转化。

参考文献：

[1] 汤志钧编. 康有为政论集下册 [M]. 北京：中华书局，1981：848.

[2] 陈焕章. 孔教论 [M]. 上海：商务印书馆，1913：5.

[3] 汤志钧编. 章太炎政论选集下册 [M]. 北京：中华书局，1977：690.

［4］赵清、郑城编. 吴虞集［M］. 成都：四川人民出版社，1985：61.

［5］陈独秀. 独秀文存［M］. 合肥：安徽人民出版社，1987：77.

［6］易白沙. 孔子评议上［J］. 新青年，1卷6号.

［7］范玉秋. 清末民初孔教运动研究［M］. 青岛：中国海洋大学出版社，2006：199.

该文为"2018中国·衡水董仲舒与儒家思想国际学术研讨会"提交的论文。

姜淑红（1983—），女，山东潍坊人，历史学博士，淄博职业学院稷下研究院业务部副主任。

朱熹将董仲舒排除于道统之外的理论因素

徐公喜

朱熹晚年在其作《玉山讲义》总结明体达用之学前，进一步梳理了儒家道统谱序，最终通过《沧洲精舍告先圣文》完整描述了儒家道统脉络，确保了理学体系的正统性与权威性。这一过程，朱熹是通过三步完成厘定的。

一是淳熙八年（1181）创造"道统"新概念。从目前可查文献看，朱子首次使用"道统"一词是在淳熙八年（1181）离任知南康军所作《书濂溪光风霁月亭》，其言"惟先生承先界，系道统，所以建垂绪，启佑干我后之人者"[1]3984。然此时，犹余英时所指出："朱熹从淳熙八年初用'道统'一词，两年后界定'道学'的含义，到淳熙十二三年增改《中庸序》，前后经过四五年的时间，才对这两个重要观念的分野完全厘清了"，淳熙八年时朱子"'道统'观念还没有完全确定"[2]，仅仅言濂溪先生"承先界，系道统，所以建垂绪"，较二程更肯定延续了圣贤道统地位，但还没有具体描述儒家道统谱系的实际内容。

二是淳熙十六年（1189）初步形成了儒家道统谱系。朱熹于淳熙十六年（1189）作《大学章句序》里说："此伏羲、神农、黄帝、尧、舜，所以继天立极……宋德隆盛，治教休明。于是河南程氏两夫子出，而有接乎孟子之传……然后古者大学教人之法。圣经贤传之指，粲然复明于世。虽以熹之不敏，亦幸私淑而与有闻焉。"[3]13-14简洁地勾勒出儒家道统的传承概略。而在所撰《中庸章句序》中明确提出"盖自上古圣神继天立极，而道统之传有自来矣"，进一步阐发了儒家圣贤道统谱系，在《中庸章句序》所描绘的谱系，既有伏羲、神农、黄帝、尧、舜"上古圣神"，又有诸多圣德贤人传授圣贤之道，系统地论述了道统承续谱系。"夫尧、舜、禹，天下之大圣也。以天下相传，天下之大事也……自是以来，圣圣相承，若成汤、文、武之为君，皋陶、伊、傅、周、召之为臣，既皆以此而接夫道统之传。若吾夫子，则虽不得其位，而所以继往圣，开来学，其功反有贤于尧舜者。然当是时，见而知之者，惟颜氏、曾氏之传得其宗。及曾氏之再传，而复得夫子之孙子思。……自是而又再传以得孟氏，为能推明是书，以承先圣之统。及其没而遂失其传焉。……然而尚幸此书之不泯，故程夫子兄弟者出，得有所考，以续夫千载不传之绪；得有所据，以斥夫二家似是之非。盖子思之功于是为大，而微程夫子，则亦莫能因其语而得其心也。"[1]3675 朱熹通过《大学章句序》《中庸章句序》阐明了"推本尧舜传授来历"，排列先秦时期的道统圣王谱序，辨析了历代圣王递相传授"十六字心诀""四字诀"的内容。同时，朱熹又通过《奉安濂溪先生祠文》等推崇周敦颐所创新的"立无极""立人极"等以和合为特征的新儒学本体论。以为则又有："惟先生（周敦颐），道学渊懿，得传于天，上继孔颜，下启程氏，使当世学者得见圣贤千载之上，如闻其声，如睹其容。授受服行，措诸事业，传诸永久，而不失其正。其功烈之盛，盖自孟氏以来未始有也。"[1]4038 充分肯定了"先生之教，所以继往圣，开来学，有功于斯世也"[1]3748，确立了周敦颐道统地位，以不同篇章断断续续地描述了新儒家的谱系。

三是绍熙五年（1194）确定了儒家完整谱系。朱子的道统，是一个从三代尧舜禹，至孔孟传承，又由宋儒圣贤传承之统，孔子以前有道统而无道学，孔子之后有道统又有学统，只不过学统与道统均由非帝王的圣贤承担。绍熙五年（1194）沧州精舍落成祭祀，这显然是一次朱熹以礼学实践弘扬新道统活动，朱子曾言"礼先圣、先师于学宫，盖将以明夫道之有统"[1]3806。就此，肖永明也明确指出此次祭祀的实质，是"朱熹通过李侗、罗从彦、杨时而上接二程，属程门的四传弟子，但将周敦颐、二程、邵雍、张载、司马光并祀于书院，所考虑的显然并非这种学统上的继承关系，而主要是……出于一种道统意识"[4]。朱子所作《沧洲精舍告先圣文》明确了"圣贤传承之统"的道统意义，并且完整地阐发了儒家道统谱系。"恭惟道统，远自羲轩，集厥大成，允属元圣。述古垂训，万世作程。三千其徒，化若时雨。维颜曾氏，传得其宗，逮思及舆，益以光大。自时厥后，口耳失真，千有余年，乃曰有继。周程授受，万理一原，曰邵曰张，爰及司马。学虽殊辙，道则同归，俾我后人，如夜复旦。熹以凡陋，少蒙义方，中靡常师，晚逢有道。载钻载仰，虽未有闻，赖天之灵，幸无失坠。逮兹退老，同好鼎来，落此一丘，群居伊始。探原推本，敢昧厥初？奠以告虔，尚其昭格，陟降庭止。惠我光明，传之方来，永永无致。今以吉日，谨率诸生恭修释菜之礼，以先师兖国公颜氏、郕侯曾氏、沂水侯孔氏、邹国公孟氏，配濂溪周先生、明道程先生、伊川程先生、康节邵先生、横渠张先生、温国司马文正公、延平李先生从祀。"[1]4050 而这篇告文所描述道统传承谱系是朱熹所有文稿中最完整的，肯定了孔子"述古垂训"集三皇五帝之道大成，又续写北宋五子与司马氏承绪，朱子将心目中的儒家圣贤相授受的统绪做了全面论说。与中年时期道统谱系不同的，是朱熹特别将"康节邵先生、横渠张先生、温国司马文正公、延平李先生从祀"正式纳入其道统谱系，并告知以世人。此次祭礼为后世提供了一种新道脉的学校、书院祭祀礼仪样板，确认了濂溪周先生、明道程先生、伊川程先生、康节邵先生、横渠张先生、温国司马文正公、延平李先生道统地位。朱熹的道统谱系，被黄榦《圣贤道统传授总叙说》完全地予以接受。这种儒家道统谱系的建立，夯实了新儒家反击佛道侵蚀的理论基石，确立了朱子学术的地位。

从《沧洲精舍告先圣文》所提供的谱序看，最大变化是直接将康节邵先生、横渠张先生、温国司马文正公、延平李先生纳入其中。延平李先生是朱熹的正式老师，他的纳入也是朱熹道统合法地位继承的需要，这是显而易见的。而康节邵先生、横渠张先生、温国司马文正公的纳入，则是从不同角度吸收他们理论内涵以利于道统建设。从朱熹道统谱系的发展演变中，无论是中年还是晚年都是将董仲舒、韩愈排除在外。之所以将董仲舒、韩愈排除在外主要有以下几个方面因素：

一是为论证道统与政统的差异、"王道"与"霸道"的区分，必须摧毁汉唐政统的理论基础。

以朱熹为代表的宋儒认为，"王道"是道统与政统合一，"霸道"则是道统与政统分离，而道统与政统是合一还是分离的检验标准在于是循天理还是顺人欲。对此朱熹采取推崇三代贬汉唐历史观这一特殊的手法。在他们看来，三代之治皆从"天理"上发出，道与势合，唐、虞、三代行的是"王道"；"道统"和"政统"在三代之后的分裂，乃是宋以降大多儒者的共识。程颢曾说道："陛下躬尧、舜之资，处尧、舜之位，必以尧、舜之心自任，然后为能充其道。汉唐之君，有可称者，论其人则非先王之学，考其时则皆驳杂之政，乃以一曲之见，幸致小康，其创法垂统，非可继于后世者，皆不足为也。然欲行仁政而不素讲其具，使其道大明而后行，则或出或入，终莫有所至也。"[5]451而汉唐之世即虽然出现了"文景之治""汉武中兴"及"贞观之治"等清明之治，也只是有部分暗合于天理处。其主体则是从人欲上发出的。程颢说："三代之治，顺理者也；两汉以下，皆把持天下者也。"[5]127朱熹更是明确地认为"汉唐之君虽不能无暗合之时，而其全体只是在利欲上"，甚至朱熹对被后人赞誉为千古明君的唐太宗的评价却是"无一念不出于人欲"[6]1588。

为道统的需要对汉唐君主政统的贬抑。宋明理学对于汉唐政统的批评是非常严厉的："唐有天下，虽号治平，然亦有夷狄之风。三纲不正，无君臣父子夫妇。其原始于太宗也，故其后世子弟皆不可使。君不君，臣不臣，故藩镇不宾，权臣跋扈，陵夷有五代之乱。汉之治过于唐。汉大纲正，唐万目举。本朝大纲正，万目亦未尽举。"[7]246朱熹也说："汉武狂，然又不纯一，不足言也……武帝做事，好拣好名目。如欲逞兵立威，必曰：'高皇帝遗我平城之忧！'若果以此为耻，则须'修文德以来之'，何用穷兵黩武，驱中国生民于沙漠之外，以偿锋镝之惨！""汉高祖私意分数少。唐太宗一切假仁借义以行其私。"[8]4192,4201—4202 "但以儒者之学不传，而尧、舜、禹、汤、文、武以来转相授受之心不明于天下，故汉唐之君虽或不能无暗合之时，而其全体却只在利欲上。此其所以尧、舜、三代自尧、舜、三代，汉祖、唐宗自汉祖、唐宗，终不能合而为一也。今若必欲撤去限隔，无古无今，则莫若深考尧舜相传之心法，汤武反之之功夫，以为准则而求诸身；却就汉祖、唐宗心术微处痛加绳削，取其偶合而察其所自来，黜其悖戾而究其所从起，庶几天地之常经，古今之通义，有以得之于我；不当坐谈既往之迹，追饰已然之非，便指其偶同者以为全体，而谓其真不异于古之圣贤也。"[6]1588 汉祖、唐宗"只为只见得功利，全不知有义理处之"[8]4226。罗从彦认为汉唐杂以伯（霸）道而说："尧舜三代之君，不作也久矣。自获麟以来，迄五代千五百余年，惟汉唐颇有足称道。汉大纲正，唐万目举，然皆杂以伯（霸）道而已。"[9]以此，汉唐行的是"霸道"，朱子要求摒弃汉唐所行的"霸道"。

宋明理学所追求的正是孔子以前三代之治道统与政统相合的理想政治，这种政治要求事功融于道统之中，张载指出："朝廷以道学、政术为二事，此正自古之可忧者。"[10]陈傅良就从历史观视野中推出了朱陈王霸之辩中朱熹的观点："功有适成，何必有德，事有偶济，何必有理，此朱丈之说也。如此，则汉祖唐宗贤于盗贼不远……则是天命可以苟得。"[11]对于三代政治的推崇可以说是孔孟以来儒家学者一贯的观点。

宋明理学推崇三代贬汉唐，就需要摧毁汉唐政统的理论基础。在这个方面，朱熹较为全面地剖析了孟子之后诸子、汉唐诸儒包括董仲舒、韩愈未能传圣人之道与汉唐君王未能接续三代圣王之道的原由，认为汉唐"诸儒不予细读得圣人之书，晓得圣人之旨"，或"不曾见全体"，而汉唐诸君"其全体却只在利欲上"，朱熹要求圣人之旨"全体"为"义理"，把有违于理视为不仁义，朱熹指出：

> 自孟子后，圣学不传，所谓"轲之死不得其传"。如荀卿说得头绪多了，都不纯一。至扬雄所说底话，又多是庄老之说。至韩退之唤做要说道理，又一向主于文词。至柳子厚却反助释氏

之说。[8]3854—3855

若成汤、文、武之为君，皋陶、伊、傅、周、召之为臣，既皆以此而接夫道统之伟，若吾夫子，则虽不得其位，而所以继往圣、开来学，其功反有贤于尧舜者。[1]3675

汉初诸儒专治训诂，如教人亦只言某字训某字，自寻义理而已。至西汉末年，儒者渐有求得稍亲者，终是不曾见全体。或流于申韩，或归于黄老，或有体而无用，或有用而无体。[8]4247,4236

韩退之、柳子厚辈亦是如此。其答李翊、韦中立之书可见其用力处矣。然皆只是要作好文章，今人称赏而已，究竟何预己事？却用了许多岁月，费了许多精神，甚可惜也。今人要学道，乃是天下第一至大至难之事，却全然不曾着力。[1]3595

孙复对汉以来为六经传注的状况也有激烈的批评：

汉魏而下，诸儒纷然四出，争为注解，俾我六经之旨益乱，而学者莫得其门而入。观夫闻见不同，是非各异，骈辞赘语，数千百家，不可悉数……不知国家以王、韩、左氏、公羊、谷梁、杜、何、范、毛、郑、孔数子之说，咸能尽于圣人之经耶？又不知国家以古今诸儒服道穷经者皆不能出数子之说耶？若以数子之说咸能尽于圣人之经，则数子之说不能尽于圣人之经者多矣；若以古今诸儒服道穷经皆不能出于数子之说，则古今诸儒服道穷经可出于数子之说者亦甚众矣。[12]

而罗从彦则是从得周孔之心与明道视角说明孔孟之后未能求道明道，《宋史·罗从彦传》引《论士行》曰："周孔之心，使人明道，学者果能明道，则周孔之心，深自得之。上世人才，惟能如是，故视死生去就，如寒暑昼夜之常，而忠义行之者易。至汉董仲舒、公孙弘倡言经术，唐韩愈、柳宗元，尚古文，二旨渐失周孔之心，于是明道者寡，视死生去就，如万钧九鼎之重，而忠义行之者难，其议论醇正类此。"

在这方面，朱熹的理论贡献最大。对此，钱穆先生有所论："韩愈《原道》，始明为儒家创传统，由尧、舜以及于孟子。下及北宋初期，言儒学传统，大率举孔子、孟、荀以下及于董仲舒、扬雄、王通、韩愈。惟第二期宋学，即所谓理学诸儒，则颇已超越董、扬、王、韩，并于荀卿亦多不满。朱子承之，始确然摆脱荀卿、董、扬以下，而以周、张、二程直接孟子。第二期宋学，即所谓理学者，亦始确然占得新儒学中之正统地位。此为朱子之第一大贡献。"[13] 刘述先也说："一般以为二程开出的思绪，要到南渡以后朱熹集大成，后世接受的道统传承线索，即由朱熹建构而成。"[14]

二是程朱理学新皇权理论对董仲舒皇权理论改造的需要。

以张载《西铭》"天道人道""民胞物与"为基石，进一步伸张皇权，作《西铭解》发扬理一分殊理论，明确"一统而万殊，则虽天下一家、中国一人，而不流于兼爱之蔽；万殊而一贯，则虽亲疏异情、贵贱异等，而不梏于为我之私"[7]145，以为《西铭》"体用兼备"。朱熹通过中年时期所构建起的道统基本框架，作《皇极辨》主张训"皇"为"君"、训"极"为"至极"的"皇极"说；朱熹作《经筵讲义》等理气论阐述世间万物的化生成形以及等级伦理秩序；皇极与西铭说结合的天理君权理论，从君权神授、天命君权解放出来，赋予君权以新的解释，承认了君主的绝对权力。确立了"道统"高于"政统"的神圣性，"道"尊于"政"，以"圣人之言"来拒绝和匡正当朝执权柄者的悖谬之言和随意之政，理学道统成为专制皇权的制衡力量之一。反对独治与专制，提出了"天下分与亲贤共理"、分治群治分权共制思想，由"共治天下"乃至"共有天下"的虚君抑君观，由"尊君重民"模式发展为"重民虚君"的政治思想模式。同时，为了实现道统与政统合一，宋明理学家进行了以道统修正政统的诸多实践。宋明理学继承和发展了先秦孔孟"革君心之非"，以格君子之非为路径，试图通过人君正理的道德修养自我约束，保证君主之心的纯正，实现"正其心术以立纲纪"，实现"虚君"政治之理想。宋明理学存在着肯定君主制度与揭露专制君主之契合。以天理来约束君主、百官、万民，形成正君心、正百官、正万民自上而下三个不同层次的内容。在此，朱熹对于董仲舒思想是一方面有所继承，另一方面，更多的是超越。

继承主要两点：

　　一是继承了董仲舒明确提出"春秋大一统"的观念。这一思想学说亦被宋明理学家加以继承与发扬，以董仲舒大一统为模式，缔造了天下万物一统于理、天下社稷一统于王、天下治权一统于君的大一统，统合皇极、西铭、大一统学说。论证了天理君权理论，脱离君权神授、天命君权，确立了等级社会的伦理秩序。说明了君权产生及其存在的合理性与神圣性。在他们"平天下"思想中包含了"天下大一统"。

　　第一，天下万物一统于理。"宇宙之间，一理而已"[15]，理内容非常广泛，既是指自然万物统一于理，也是指社会意识思想文化统一于理，同时也是道德法律规范一统于理。理是个总括，在"理"之统帅下，才可以有分殊。"天地之间，理一而已。……盖以干位父，以坤为母，有生之类无物不然，所谓理一。"[7]145 "盖合而言之，万物统体一太极也，分而言之，一物各具一太极也。"[7]74

　　第二，天下社稷一统于王。天下社稷为君王天子所拥有，自三代一来就已经有了这样的思想，"普天之下，莫非王土；率土之滨，莫非王臣"[16]。只要是王视野所及之四方土地、人民皆为王有，必须臣服于王。程朱理学则无不承续其论，程颐曾指出："天子居天下之尊，率土之滨，莫非王臣……凡土地之富，人民之众，皆王者之有也。"[5]770 与《诗经·小雅·北山》如出一辙。朱熹同样有这方面的论述，认为"诸侯、土地、人民，受之天子，传之先君，私以与人，则与者受者皆有罪也"[3]300。

　　第三，天下治权一统于君。天下治权一统于君强调的是君王一统下的政治统治结构，治权政令自天子出，只有天子一人才能号令天下。"为天下主者，天也。继天者，君也。君之所存者，命也。为人臣而侵其君之命而用之，是不臣也。为人君而失其命，是不君也。君不君臣不臣，此天下所以倾也。"[17] 对此，朱熹也发表了自己的见解，要求权力集中于朝廷王室，以为"先王之制，诸侯不得变礼乐，专征伐"[3]213，对于"本朝鉴于五代藩镇之弊，兵也收了，财也收了，赏罚刑政一切也都收了"[8]4001 表示了认同。在君臣之间，朱熹尤其反对君不君臣不臣，不能各行其职，认为"君臣之际，权不可略重，才重则无君"[7]399。

二是继承了董子所谓正君心的思想。要求君王统治者节制欲望，体恤民众。朱子说："天下国家之大务，莫大于恤民，而恤民之实在省赋，省赋之实在治军。若夫治军省赋以为恤民之本，则又在夫人君正心术以立纪纲而已矣。董子所谓正君心以正朝廷，正朝廷以正百官，正百官以正万民，正万民以正四方，盖谓此也。"[18]581 在经筵侍讲中，他再次强调恤民与保民："盖国以民为本，社稷亦为民而立，而君之尊，又系于二者之存亡……是以民为重也。"[3]447 强调正君心，格君子之非，胜过治民心。朱子特别重视发挥君王功能，将格君子之非心，实现政统与道统的统一作为治人的首要目标，走出了一条君王到上层士大夫、再到普通官吏、最后正民心的自上而下的心治之路。

但是，朱熹为维护道统，以"道"为尊，肯定了"道统者，治统之所在"。通过道统论与皇权治统相抗衡，在将周文王以后帝王排除道统传承谱系之外，树立圣人师道，形成新型圣贤传道观，承认了君主的绝对权力同时，抨击独治与专制，对于皇权政治并不盲目推崇，"尧舜所以为万世法，亦只是率性而已。所谓率性，循天理是也。以天道制君，以圣言制君，继承先秦以来从道不从君理念提出了"天下分与亲贤共理"、分治群治分权共治。提出正君心与正百官，"天下事有大根本。正君心是大本"[19]。在经筵侍讲中，朱熹大讲限制君权独断的治体：

> 今者陛下即位，未能旬月，而进退宰执，移易台谏，甚者方骤进而忽退之，皆出于陛下之独断，而大臣不与谋，给舍不及议。正使实出于陛下之独断，而其事悉当于理，亦非为治之体，以启将来之弊；况中外传闻，无不疑惑，皆谓左右或窃其柄，而其所行，又未能尽允于公议乎！
>
> 深诏左右勿预朝政……亦诏大臣公议其事，稽考令典，厚报其劳。而凡号令之弛张，人才之进退，则一委之二三大臣，使之反复较量，勿徇已见，酌取公论，奏而行之，批旨宣行，不须奏复。但未令尚书省施行，先送后省审复，有不当者，限以当日便行缴驳。如更有疑，则诏大臣与缴驳之官当晚入朝，面议于前，

互相论难，择其善者，称制临决。则不惟近习不得干预朝权，大臣不得专任己私，而陛下亦得以益明习天下之事，而无所疑于得失之算矣。[18]681-683

朱熹特别指出了"陛下之独断"属于"非为治之体"，而主张以公议制君。朱熹肯定了"人主不可求胜于天下，不可废天下之公议"[20]，要求实施朝省集议制度防止皇帝独断。朱熹指出：

> 夫天下之治固必出于一人，而天下之事则有非一人所能独任者。是以人君既正其心、诚其意于堂阼之上、突奥之中，而必求敦厚诚实、刚明公正之贤以为辅相，使之博选士大夫之聪明达理、直谅敢言、忠信廉节，足以有为有守者，随其器能，寘之列位，使之交修众职，以上辅君德、下固邦本，而左右私亵使令之贱无得以奸其间者，有功则久其任，不称则更求贤者而易之。[18]640

> 盖君虽以命为职，然必谋之大臣，参之给舍，使之熟议，以求公议之所在，然后扬于王庭，明出命令，而公行之。朝廷政事不能够"皆出于陛下之独断而大臣不与谋，给舍不及议"，否则"亦非为治之体，以启将来之弊"。[18]680

表达了朱熹对"天子与士大夫共治天下"认同与担当。宋明理学道统是合于天道的统治。理学家认为依天理之正而行就是顺天命。社会与自然秩序当循天理之正，社会秩序中"三纲"之道就是理。杨时指出孟子所谓舜"为法于天下，可传为后世者"，所指就是"以为父子尽父子之道，以为君臣尽君臣之道，以为夫尽夫道，以为兄尽兄之道"[21]，肯定了"理"的绝对性，确立了"道统"高于"政统"的神圣性。二程、朱熹等人把"道统"从"政统"中独立出来甚至凌驾于后者之上，就可以用"圣人之言"来拒绝和匡正当朝执权柄者的悖谬之言和随意之政。以皇权为中心的政统在很大程度上受到道统有力制约，儒家道统成为专制皇权的制衡力量之一。

秦汉隋唐传统社会中的"道统"与"政统"的分离，表现了儒家的理想主义与出世性特征。而宋明理学所倡导的"道统"与"政统"的和合，表现了理学的经世致用与入世性特征。"道统"与"政统"、道与势和合思想引申到道学与权术相互关系，影响后世君王与儒者统治方略与学术思想。清代理学家李光地主张"道统与治统为一，帝王之学与儒生之学为一"。他说："臣又观道统之与治统，古者出于一，后世出于二。"但"自朱子而来，至我皇上又五百岁，应王者之期，躬圣贤之学，天其殆将复启尧舜之运，而道与治之统复合乎"[22]！正如葛兆光所指出的，"权势"为皇帝和政府官员所操纵，而"道学"则由以承继孔孟之道为使命的儒家知识分子所拥有。当两者无法在现实生活世界中实现合一时，具有"以天下为己任"的信念但是又缺乏政治权力支持的儒家知识分子，他们"只能通过'道统'来制约'政统'，借助历史与文化来批评权力"[23]。这种制约君权的方式与汉代儒者借助"灾异"学说制约皇权的做法相比，当然更具有理性化色彩。法三代、贬汉唐道德道统观可以说程朱理学新皇权理论的基石。

三是宋明理学"天人合一"对董仲舒"天人感应"进行改造的需要。

"中国传统哲学的基本命题是'天人合一''知行合一'和'情景合一'，而'天人合一'则是最根本的命题，它最能体现中国哲学的特点。"[24]"天人合一"是中国哲学最根本的命题，发展演变过程久远，从先秦儒学到宋明理学，经历了孟子"与天地参"——董仲舒"天人相类"、天人感应——理学"心性合一""天人一体""与理为一"。"与理为一"就是使"天理"完全地体现于具体的人，程伊川和朱子的"天人合一"的最高境界，便是"与理为一"，而且它也是宋明理学"以理治国"思维模式理论渊源组成部分之一。宋明理学对人和自然关系的思考，既具有历史传承性和学术延续性，又完成了儒家天道人伦化与人伦天道化的统一过程。从整体说，董仲舒通过神化皇权（君权神授）来加强君主专制，朱熹从"理"这一哲学高度来论证君主专制的合理性

宋明理学时期，"天人合一"思想得到了跨越式的发展，理学家摒弃前人天命观的不合理性，尝试从心性本体论的角度论证"天人合一"。张载《正蒙·干称》第一个明确提出"天人合一"的命题，他说："儒者则因明互诚，因诚至明，故天人合一，致学而可以成圣，

使天而未始遗人。"还进一步讨论了人与自然的关系，认为自然界呈现生生不息的状态，人只是世界万事万物中的一员，人应该认识到"己亦是一物"。张载在《西铭》提出"民吾同胞，物吾与一"的观点。《西铭》要解决的问题是如何从个体的角度审视宇宙，并用宇宙的观点来看待个人和社会的关系。从个体角度说，天地即自己的父母，民众即自己同胞，万事万物皆为自己朋友，实质就是宇宙万事万物都和人这个社会个体的直接或间接的关联，个体在参与社会活动时所实施的任何道德活动都是合理合情的。这种"视天下无一物非我"[25]17思想正是儒家"天人合一"思想的理想境界。同时，张载还认为，在万物一体的境界里，个体道德意识自觉性可以提高，个体行为的社会性和价值性大大提升，这就实现了张载所说的人生最高理想"为天地立心，为生民立命，为往圣继绝学，为万世开太平"的意义所在，这体现了人与宇宙、人与自然、人与社会、人与人之间的和谐统一。

程颢提出："有道有理，天人一也，更不分别。"[5]20理是一个贯通自然和社会的普遍原理，也是形成"天人合一"的基础。天理包含的内容很丰富，有自然规律、社会规范和人的道德理性等范畴。这个天理支配宇宙万事万物，即指自然的普遍原则，又指人类社会的内在法则，天理的本质就是"天人合一"。儒家"天人合一"思想在二程处得到进一步的发展，二程将人的道德属性提高到天道意义上，将人类社会的道德原则看作具有普遍性和本体性的宇宙法则。

朱熹指出"理"既是一种"生理""性理"，也是善、"太极之理"。说明人与自然处于一种活泼的生生不息的状态中，是一个和谐统一的有机整体。既然天地万物皆有理，都有其存在的特殊价值，那么如何看待自然中人与物的关系呢？朱熹在《西铭解》中阐发张载的"民吾同胞，物吾与也"思想时，提出了个人见解：

> 人物并生于天地之间，其所资以为体者，皆天地之塞；其所得以为性者，皆天地之帅也。然体有偏正之殊，故其性也，不无明暗之异。惟人也，得其形气之正，是以其心最灵，而有以通乎性命之全，体于并生之中，又为同类而最贵焉，故曰："同

胞。"则其视之也，皆如己之兄弟矣。物则得夫形气之偏，而不能通乎性命之全，故与我不同类，而不若人之贵。然原其体性之所自，是亦本之天地而未尝不同也，故曰："吾与。"则其视之也，亦如己之侪辈矣。惟同胞也，故以天下为一家，中国为一人，如下文之云。惟吾与也，故凡有形于天地之间者，若动若植，有情无情，莫不有以若其性，遂其宜焉，此儒者之道，所以必至于参天地，赞化育，然后为功用之全，而非有所强于外也。[7]141—142

一方面，对于"同胞"，涉及人物的"同"，朱熹认为："人物所同者，理也；所不同者，心也。"[26]1838 正如人、物之生，同得天地之理以为性，同得天地之气以为形。其实"同得"和"同源"具有相似的范畴。人与物性的共同根源是天地之理，人性与物性的形态为天地之气所构。这说明"同胞"的实质——人与世间万物之间存在同源关系。但是人与物的体性还是具有区别的，人得天地形气之正，形成与天地相通的灵心，为世间万物中的最贵者，这体现了朱熹继承了天地之间以人为贵的中国传统儒家思想精髓。另一方面，对于"吾与"，朱熹认为："人物本同，气禀有异，故不同。"[27]1877 承认万物属性之异同。讲"吾与"就落实到其对人与物"不同"的观点。朱熹认为："论万物之一原，则理同而气异；观万物之异体，则气犹相近而理绝不同也。气之异者，粹驳之不齐；理之异者，偏全之或异。"[28]2130 说明万物皆是理同而气异。世间万物，即使气相近而各自的理不尽相同。人物虽同理，但由于气异而导致粹驳不齐，性也不同。朱熹还认为不仅人与物性不同，就是草木、牲畜等万物之间的属性也是不同的。讲"吾与"，说明天下万物虽有人兽、草木、枯槁之形气区别，但宇宙万物都具有独立存在的生命价值意义。朱熹通过阐发张载的"民吾同胞，物吾与也"思想，告诉我们人类作为自然界进化中最高级的动物，要真正认识到自己是自然生态系统中的一个重要环节，必须尊重和保护自然界，应该对天地万物一视同仁，给予其一定的尊重和爱护，这才能使自己体验到人之所生、所存在的价值意义，真正享受和谐统一的人生，达到"天人合一"的境界。

　　朱子"天人合一"体现了深刻的人本思想。天是作为一种具有客观规律的发展变化自然的物质系统，这种客观规律就是天道，天最主要的功能就是化育万物，这种生物也就是自然之理决定的，"天之生物之心，无停无息，春生冬藏，其理未尝间断"[26]1002。此生物当然包括人与物，都是由天所蕴含的理主宰的，就自然万物与人的社会现实关系而言，体现了宋明理学"天人合一"或"天人一体"。在本质上说人和自然都是相通的，只要一切人事顺乎自然规律，就可以达到人与自然的和谐。天人之际，天地人合一相通，又可以分着天道与人道之异，"道未始有天人之别，但在天为天道，在地则为地道，在人则为人道"[5]282。天作为具有客观规律的自然物质的系统能够化育万物，是为天道。人与万物均为天理而成，虽然人物之禀受自有异，但并不存在人物贵贱之殊，人与人、人与物本原都是平等，"人物之生，天赋此理，未尝不同，但人物之禀受自有异耳"；"以其理言之，则万物一原，故无人物贵贱之殊"[29]185—186。

　　宋代儒学在继承先秦儒家天人合一思想的同时，融合了墨家的"兼爱"、庄子的"天地与我并生，万物与我为一"以及惠施的"泛爱万物，天地一体"的思想，进一步发展了"天人合一"学说。由"天人合一"发展为"万物一体"，最终归于"万物一理"。万物一理成为宋明理学生态平衡理论基础。这是将人与社会、自然、万物都凝结为一体，已经不仅仅在直观地讲天与人的关系，而是把天、人与"理"（天理）或"吾心"（良知）相联系，以"理"作为的最高范畴。正因为"万物一理"，才能够实现《中庸》所说"万物并齐而不相害，道并齐而不相悖"，把人与社会、自然、万物的发展变化看作是相辅相成的和谐、平衡运动。

　　宋代思想家所理解天人与董仲舒天人感应观把天神化并不一样，而是将天道德化，当然也包括自然属性的道德化。

　　首先，万事万物都是有序、有秩的，这是一种天序、天秩。为"生有先后，所以为天序；小大、高下相并而相形焉，是谓天秩。天之生物也有序，物之既形也有秩。知序然后经正，知秩然后礼行"[25]12。对天地自然作了伦理性的描述与道德化解释。二程也很明确地提出"父子君臣，天下之定理，无所逃于天地之间"[5]77。将传统社会中的伦理性转化到了自然属性中。

其次，宋明理学认为无一物而非仁也，以"仁"来互释天地的生生之德，包括人在内的万物皆有"生意"为仁。周敦颐认为"天以阳生万物，以阴成，生，仁也，成，义也。故圣人在上，以仁育万物，以义正万民。天道行而万物顺，圣德修而万民化；大顺大化，不见其迹，莫知其然之谓神"[5]23-24。张载明确认为在自然世界里具有"仁"性。天既无心，又具万物，这些都是天地之仁的体现："天本无心，及其生成万物，则须归功于天，曰：此天地之仁也。"[25]77"无一物而非仁也。"[25]7"无一物而非仁"阐释着天地所具有的道德价值。"天地之大德曰生，则以生物为本者，乃天地之心也……天地之心惟是生物，天地之大德曰生也。"[25]148二程则提出著名的"仁者浑然与物同体"[5]15命题。王阳明也认为"仁""义""礼""智""信"这五德不仅适用于人，而且可以推广到自然生物界。最后，自然属性的道德化要求"兼爱万物"，可以说"爱万物"是中国古代生态伦理思想核心。由"仁民而爱物"，爱万物之前提为仁民。

最后，宋明时期履践了"尽人之性"与"尽物之性"的结合。联系天人之间者即是性，人受性于天，而人的理想即在于尽性。《中庸》曰："唯天下至诚，为能尽其性；能尽其性，则能尽人之性；能尽人之性，则能尽物之性；能尽物之性，则可以赞天地之化育；可以赞天地之化育，则可以与天地参矣。"尽性最主要包括《中庸》所讲"尽人之性""尽物之性，只有通过"尽心"，方能"尽物"，但不能求尽物之性而忽略了尽人之性。而董仲舒只是认为"天、地、人，万物之本"，并没有与人性相联系。《春秋繁露·立元神》中的论述最为精警："何谓本？曰：天、地、人，万物之本也。天生之，地养之，人成之；天生之以孝悌，地养之以衣食，人成之以礼乐。三者相为手足，合以成体，不可一无也。"[30]

客观上说，程朱理学的天理是直接继承和发展了先秦汉唐学说，从孔子的"天道"、董仲舒"天命"论而来，天道成了天理的本体，"天道者，天理自然之本体，其实一理也"[3]103。周敦颐、张载、二程、朱熹等打造了以"一理二气五行心性"为核心内容的天理学说。所谓"天降生民，则既莫不与以仁义礼智之性矣"[3]13，在心性、理气理论学说基础上，宋明理学把天与人联系起来，承继了先儒天道与人道、自然与人为相通、相类和统一观，又吸取佛道思辨的营养，扭转了汉儒的人附于天的天人合一模式，创立了突出人的心性的新的天人合一论，以更为严密的论证，把人性分为天命之性和气质之性两层，既论证了人性可变、可教化（德治、礼治）的可能，也强调了刑罚（法治）的必要，并从根本上论证了天理与人法的统一。

宋明理学是把天道说、人性论及物质节制说融为一体后更加广大发扬，以圣人继天立极解说天与人的沟通，首先把人性来源接及于天命，提出道德性命本身的究极来源所在于天。把哲理化的理论与社会现实生活加以对接，努力说明天之所以为天、人之所以为人者，及法律与社会群体、社会文化的相互联系，以造就的理论体系神秘严肃性与社会普遍性的统一。单就天命论方面说，朱熹"得之于天"思想并不是董仲舒天人感应、君权神授天命论的翻版，而是理学大师在新的理论基础上的融合与阐释，其天实质是"理"或"天理"，这种天理论与董仲舒天命论有着明显的差别。朱熹的天不仅是宇宙万物的源流，而且还具有人的社会意识属性，把它视为人的最高行为准则"无形体""无情意"的精神本体。而董仲舒的天则是有人格、有意志、至高无上的神的代名词，源于"天神"，继承了殷周以来宗教神学思想，经过王充、刘禹锡、王安石等的批判，更是失去其生命力。理学家们只沿用了先人"天"名词，利用天的概念深入人心之便，灌之以新义，更利于天理思想的传播。而且对于仁、义、德、礼、刑、政、乐诸端而言，理是本体，是根据，又是规范以及准绳。

参考文献：

[1] 朱熹. 朱子全书：第 24 册 [M]. 上海：上海古籍出版社；合肥：安徽教育出版社，2010.

[2] 余英时. 朱熹的历史世界：宋代士大夫政治文化的研究 [M]. 北京：生活·读书·新知三联书店，2011：14-15.

　　[3] 朱熹. 朱子全书：第 6 册 [M]. 上海：上海古籍出版社；合肥：安徽教育出版社，2010.

　　[4] 肖永明. 儒学·书院·社会——社会文化史视野中的书院 [M]. 北京：商务印书馆，2012：377.

　　[5] 程颢，程颐. 二程集 [M]. 北京：中华书局，2004.

　　[6] 朱熹. 朱子全书：第 21 册 [M]. 上海：上海古籍出版社；合肥：安徽教育出版社，2010.

　　[7] 朱熹. 朱子全书：第 13 册 [M]. 上海：上海古籍出版社；合肥：安徽教育出版社，2010.

　　[8] 朱熹. 朱子全书：第 18 册 [M]. 上海：上海古籍出版社；合肥：安徽教育出版社，2010.

　　[9] 罗从彦. 豫章文集：卷二：遵尧录序 [M]. 文渊阁四库全书本.

　　[10] 张载. 张载集 [M]. 北京：中华书局，1978：349.

　　[11] 陈傅良. 止斋集：卷三十六：答陈同甫三 [M]. 景印文渊阁《四库全书》.

　　[12] 孙复. 孙明复小集：第三册 [M]. 宋集珍本丛刊. 北京：线装书局，2004：165.

　　[13] 钱穆. 朱子学术述评 [G] //中国学术思想史论丛五. 台北：东大图书公司，2009：159.

　　[14] 刘述先. 评余英时《朱熹的历史世界——宋代士大夫政治文化的研究》[G] //郑培凯. 九州岛学林. 2003 一卷（2）.

　　[15] 朱熹. 朱子全书：第 23 册 [M]. 上海：上海古籍出版社；合肥：安徽教育出版社，2010：23.

　　[16] 孔颖达. 毛诗注疏 [M]. 北京：中华书局，1980：463.

　　[17] 杨士勋. 谷梁传注疏 [M]. 北京：中华书局，1980：2415.

　　[18] 朱熹. 朱子全书：第 20 册 [M]. 上海：上海古籍出版社；合肥：安徽教育出版社，2010.

　　[19] 朱熹. 朱子全书：第 17 册 [M]. 上海：上海古籍出版社；合肥：安徽教育出版社，2010：3511.

　　[20] 赵汝愚. 《诸臣奏议》[M]. 宋淳祐刻元明递修本.

　　[21] 扬时. 《龟山集》：卷十：《语录》[M]. 文渊阁四库全书本.

［22］李光地. 榕村全集：卷一十［M］. 清道光九年刻本.

［23］葛兆光. 中国思想史：第三卷［M］. 上海：复旦大学出版社，2001：197.

［24］汤一介. 百年中国哲学经典：第四卷［M］. 深圳：海天出版社，1998：190－191.

［25］张载. 张子全书［M］. 西安：西北大学出版社，2015.

［26］朱熹. 朱子全书：第 15 册［M］. 上海：上海古籍出版社；合肥：安徽教育出版社，2010.

［27］朱熹. 朱子全书：第 16 册［M］. 上海：上海古籍出版社；合肥：安徽教育出版社，2010.

［28］朱熹. 朱子全书：第 22 册［M］. 上海：上海古籍出版社；合肥：安徽教育出版社，2010.

［29］朱熹. 朱子全书：第 14 册［M］. 上海：上海古籍出版社；合肥：安徽教育出版社，2010.

［30］钟肇鹏. 春秋繁露校释［M］. 石家庄：河北人民出版社，2005：382.

该文为"2018 中国·衡水董仲舒与儒家思想国际学术研讨会"提交的论文。

徐公喜（1965－），江西鄱阳县人，男上饶师院朱子学研究所所长、二级教授，南昌大学兼职硕士研究生导师，《朱子学刊》主编。

社会转型背景下清代《春秋繁露》诠释的三种进路①

李有梁

董仲舒是推动儒家经典立为官学的一个关键人物，在中国经学史、思想史和哲学史上的重要地位少有人及。在汉代，除了《汉书·董仲舒传》所附录的《天人三策》，《春秋繁露》是全面记录董仲舒思想的一个重要载体。然东汉以降，由于种种原因，《春秋繁露》遭受冷落。直至一千多年后的有清一代，因社会转型与学术思想的互动，在今文经学家的大力抬捧下，《春秋繁露》的研究才又重新焕发生机，其内容和思想得到了当时儒者多维度而深入的挖掘，使董学②地位一时尊显，成果丰硕。简要来说，其诠释路径主要有以下三种。

一、为学问而治学问

清代最先对《春秋繁露》展开研究的当属董天工。董天工是董仲

---

① 基金项目：国家社科基金一般项目《社会转型视阈下的晚清经学改革研究》（16BZX046）。

② 关于董仲舒思想与学术的研究，康有为谓为"董氏学"，晚清经学大师皮锡瑞名为"董子之学"，山东师范大学姜淑红称之"董子学"，兹据周桂钿《董学探微》之论。

舒后裔，曾著《武夷山志》《台湾见闻录》等。据沈德潜的说法，他"本公羊家学，旁及《左》《穀》，穿穴注疏垂三十年"，方著成《春秋繁露笺注》一书。

《春秋繁露笺注》采用随文注疏的方式，对《春秋繁露》文句进行疏通，如《春秋繁露·楚庄王》篇："楚庄王杀陈夏征舒，《春秋》贬其文，不予专讨也。"董天工笺注：

> 鲁宣公十一年冬，楚人杀夏征舒。《公羊》曰："予其实不予其文。"书之曰"人"，贬之也，不得专讨也。按，鲁宣公十年，陈夏征舒弑其君平国。平国，陈灵公名。弑君当杀，予其实也；诸侯不得专讨，不予其文也。楚庄王是年以辰陵之盟，杀征舒而霸。[1]1-2

他对于"楚庄王杀陈夏征舒"这件事，先追溯其载于《春秋》鲁宣公十一年冬，又节引《公羊传》对此的解释。这是因为董仲舒立说，以公羊为本。最后再以按语的形式加入自己的见解，认为《春秋》"予其实"是因为夏征舒弑君，理应被处死刑；而"不予其文"，是因为楚庄王"专讨"，在没有天子命令的情况下私自杀掉夏征舒。在按语中，董天工还补充说明所弑之君为陈灵公，名平国，而楚庄王也因为杀夏征舒一事而取得霸权。《春秋繁露笺注》一书的注释，基本上都是这个体例，由《春秋》《公羊传》和董天工按语三个部分组成。也有只用其中某部分的，如《春秋繁露·观德》篇："君臣、父子、夫妇之道取之此。"董天工笺注："君父夫，天道也；臣子妇，地道也。"[1]136就没有引用《春秋》经文和《公羊传》，只有他自己的阐发。另外，董天工认为：董仲舒"阐出孔子作《春秋》之微意，大意尚德而缓刑，尊礼而重信。其论事则有经礼、变礼、正经、制权，其论人多为之原其志"[1]5。其意谓董仲舒著《春秋繁露》，在于发掘孔子作《春秋》深微而重大的旨意，主要内容有崇尚道德、慎用刑法、尊重礼义、重视诚信等方面，在论人论事方面则讨论了"经礼""变礼""正经""制权""贵志"等说法，其《春秋繁露笺注》所阐明的正是这些《春秋》之旨。至于《春秋繁露》中与传统的公羊家法如"张三世""通三统"相关内容，董天工却不作任何发挥，或略而不注，或只引《公羊传》以说明出处。此书致力于从学术层面笺注《春秋繁露》，与社会的关联度不大。

凌曙的《春秋繁露注》是继董天工《春秋繁露笺注》之后的又一个注本，其自作序言提到了此书的撰作动机：

> 今其书（《春秋繁露》）流传既久，鱼鲁杂揉，篇第襧落，致难卒读。浅尝之夫，横生訾议，经心圣符，不绝如线，心窃伤之。遂乃购求善本，重加厘正。又复采列代之旧闻，集先儒之成说，为之注释。

他说，由于《春秋繁露》流传了很久，在内容和篇第方面难免杂糅脱落，不堪卒读，一些浅识之人便乱加议论，往往违背圣人的原旨。因此，很有必要对此书进行全新的校定与注释。他还说：

> 原书亦皆失次，然就其完善者读之，识礼义之宗，达经权之用，行仁为本，正名为先，测阴阳五行之变，明制礼作乐之原。体大思精，推见至隐，可谓善发微言大义者已。……当武帝时，公卿以下，争于奢侈，僭上亡度，民皆背本趋末。仲舒乃从容说上，切中当世之弊。[2]611—613

凌曙认为，董仲舒善于发明孔子的"微言大义"，能察见礼义的宗旨，明白"经"与"权"的运用，以"行仁"为根本，以"正名"为关键，推测阴阳五行的变化，探明制礼作乐的本原。而董仲舒《春秋繁露》里载录的思想，正是针对武帝时期各种社会弊端而提出的。因此，与董天工的《春秋繁露笺注》相比较，此书的经世色彩相对浓厚一些。当然，是书对"通三统""张三世"等的阐发，仍不足以与刘逢禄、龚自珍诸人相埒。如《春秋繁露·楚庄王》篇："《春秋》分十二世以为三等：有见，有闻，有传闻；有见三世，有闻四世，有传闻五世。故哀、定、昭，君子之所见也；襄、成、文、宣，君子之所闻也；僖、闵、庄、桓、隐，君子之所传闻也。所见六十一年，所闻八十五年，所传闻九十六年。于所见微其辞，于所闻痛其祸，于传闻杀其恩，与情俱也。"凌曙注：

> 颜安乐从襄二十一年以后，孔子生讫，即为所见之世。……
> 《隐元年》注：所见者，谓昭、定、哀，已与父时事也；所闻者，

谓文、宣、成、襄，王父时事也；所传闻者，谓隐、桓、庄、闵、僖，高祖曾祖时事也。……《汉书·韦玄成传》："亲疏之杀。"杀，渐降也。[2]11—12

这是与春秋公羊学"三世"说相联系的一段文字，但凌曙的注释仅限于学术层面，并没有借之推导出进化变革的思想，仅仅引用颜安乐和何休注来解释什么是所见世、所闻世与所传闻世，又引用《汉书》颜师古注来解释"杀"就是"渐降"的意思。

晚清大儒俞樾著有《诸子平议》，对《春秋繁露》亦关注颇多。不过，其研究主要从文字、音韵、训诂的角度展开，训释字词意义，参校诸本文句，并不以挖掘《春秋繁露》的"微言大义"为要务。是书对凌曙的《春秋繁露注》多有辨正，如《春秋繁露·楚庄王》篇："然而介以一言曰：'王者必改制。'"俞樾注：

> 襄三十一年《左传》："介于大国。"杜注曰："介，犹间也。"故古语以"间""介"连文。《孟子·尽心》篇："山径之蹊间介。"《文选·长笛赋》："间介无蹊。"即用《孟子》文是也。介以一言，犹"间以一言"。盖《春秋》之于世事，善复古，讥易常，欲其法先王，而或且出一言以介之曰："王者必改制。"此"介"字，即"吾无间然"之"间"。《玉林》篇："澶梁之盟，信在大夫，而《春秋》刺之，为其夺君尊也。平在大夫，亦夺君尊，而《春秋》大之。此所间也。"即可说此"介"字矣。凌注曰："介，因也。"失之。[3]507

"改制"，对于"政论派"今文学家而言，是最为敏感的字眼，但俞樾对此句的疏通，志在否定凌曙把"介"训成"因"的观点，他连举《左传》《孟子·尽心下》《文选·长笛赋》《春秋繁露》等文中多个例子，多角度多层次地进行充分论证，说明"介"就是"间"的意思。足见其朴学家治学的严谨。

除了文字和音韵方面的训释，俞樾还着重对文句衍脱和章节顺序进行深入的探究。如《春秋繁露·仁义法》："凡此六者，以仁治人，义治我。"俞樾注："上文'《春秋》刺上之过，而矜下之苦，小恶在外弗举，在我书而诽之'，并无六者，则此'六'字当为衍文。"[3]523

上文所列举《春秋》书法的情况，有"刺上之过""矜下之苦""小恶在外弗举"和"（小恶）在我书而诽之"四种，所以他推断这里的"六"字是衍文。应该说，这种判断符合上下文的实际情况，诚有见地。又如《春秋繁露·三代改制质文》篇："然则其略说奈何？曰：三正以黑统初，正日月朔于营室，斗建寅。"俞樾注："三正以黑统初，谓三正以黑统为始也。'初'下有阙文，当据下文补'正黑统奈何？曰：正黑统者，历'十一字。"[3]516他认为，《春秋繁露》对"黑""白""赤"三统的描述，其句式与内容相当整齐。从下表可以看得更清楚：

	《春秋繁露·三代改制质文》原文
黑统	曰：三正以黑统初，正日月朔于营室，斗建寅，天统气始通化物，物见萌达，其色黑……
白统	正白统奈何？曰：正白统者，历正日月朔于虚，斗建丑，天统气始蜕化物，物初芽，其色白……
赤统	正赤统奈何？曰：正赤统者，历正日月朔于牵牛，斗建子，天统气始施化物，物始动，其色赤……

既然下文在描述"白统"与"赤统"时，"正日月朔于"五字前均有"正 X 统奈何？曰：正 X 统者，历"等十一字，则此处对"黑统"的描述也当如此。可见，此句定有缺脱。俞樾根据上下文意和句式来考察《春秋繁露》的衍文与脱文情况，方法非常科学，结论也往往令人叹服。值得注意的是，俞樾所处时代，社会剧变，然其董学研究，却仍然以学术为本，与政治毫无关涉。

二、以复古而求解放

湖南学者魏源对《春秋繁露》也有过研究。梁启超《中国近三百年学术史》说："魏默深源有《董子春秋发微》七卷，原书未见，《古微堂集》有序及目录。"[4]王先谦说："吾乡魏默深先生为《董子春秋发微》，未成。"①[5]525 此书到底是亡佚还是本来就没有撰成，学界至今尚无定论。其《古微堂外集》里保存了序言和目录，可以略约窥探此书的撰作目的与主要内容：

> 至《繁露》者，首篇之名，以其兼撮三科九旨为全书之冠冕，故以《繁露》名首篇。……至其《三代改制质文》一篇，上下古今，贯五德五行于三统，可谓穷天人之绝学，视胡母生《条例》有大巫小巫之叹。况何休之偏执，至以叔术妻嫂为应变，且自谓非常可喜之论，玷经害教，贻百世口舌者乎？

魏源认为"繁露"就是"冠冕"之意，之所以将此篇"冠于全书"，是因为它含有公羊学里最为核心的理论——三科九旨。《春秋繁露·三代改制质文》一篇，把五德五行循环的理论融贯于三统之中，他说这是"穷天人之绝学"，远远胜过胡母生的《条例》。况且，他认为何休在解诂《公羊传》时，往往有偏执之病。如把邾国的叔术娶嫂子为妻的行为看成是"应变"，并自以为"可喜之论"，其实是对经义和礼教的一种玷害。鉴于此，在公羊学发展史上，董仲舒的《春秋繁露》就显得尤为重要，可是近两千年来，并没有得到应有的重视。他说：

> 《董子春秋发微》七卷，何为而作也？曰：所以发挥《公羊》之微言大义，而补胡母生《条例》、何邵公《解诂》所未备也。……《汉书·儒林传》言"董生与胡母生同业治《春秋》"，而何氏注但依胡母生《条例》，于董生无一言及；近日曲阜孔氏、武进刘氏，皆公羊专家，亦止为何氏拾遗补缺，而董生之书未之详焉。若谓董生疏通大诣，不列经文，不足颉颃何氏，则其书三科九旨，灿然大备，且弘通精渺，内圣而外王，蟠天而际地，远在胡母生、何邵公《章句》之上。

魏源直截了当地说，此书之作，就是要发挥公羊学里的"微言大义"，因为胡母生《条例》和何休《春秋公羊经传解诂》对此的阐扬

---

① "董子"，原误作"董氏"，今据魏源《古微堂外集》改。

还不够。他根据《汉书·儒林传》，认为虽然董仲舒与胡母生同时研习《春秋》之业，但何休并没有提及董仲舒。有人说这是因为董仲舒在疏通《春秋》时不把经文列出来，不足以与何休相抗衡，魏源对此很是不屑，他说《春秋繁露》对三科九旨的阐扬，灿然全备，博大精深，其理论高度远过胡母生和何休的《章句》。而近日孔广森、刘逢禄虽然都是公羊学专家，但他们的研究也不过是为何休之学"拾遗补缺"。因此，超越孔广森、刘逢禄诸人，弘扬《春秋繁露》里的"微言大义"，是魏源此书想要达到的目标。不过，此书也像刘逢禄《春秋公羊经何氏释例》一样，注重三科九旨的总结与归纳。如目录：

《繁露》第一	张三世例	通三统例	异内外例
《俞序》第二	张三世例		
《奉本》第三	张三世例		
《三代改制质文》第四	通三统例		
《爵国》第五	通三统例		
《符瑞》第六	通三统例		
《仁义》第七	异内外例	附公始终例	
《王道》第八	论正本谨微兼讥贬例[6]		

他把"张三世"作为全书的首例，并且对"通三统"和"异外内"等科都有很大程度的挖掘。可惜其书今业不见，不能对此书的内容与思想进行更加深入的探究。

魏源治学，深受常州今文学派影响。这个学派，从诞生之初起，就对社会问题极为关切，如常州庄存与等人"用今文经学表达对乾隆晚期前所未有的政治腐败、社会动荡，以及对当时非政治性的考证学运动影响日益扩大的忧虑"[7]。表面看来，他对《春秋繁露》所做的诠释，旨在超越孔广森、刘逢禄等当时学者，也要超越东汉今文经学大师何休而回到董仲舒。实际上，在这个回归西汉的过程中，魏源就将其社会变革理念附丽其中，以寻求一种思想上的解放。

魏源的思想，对康有为启发很大。康有为最负盛名的著作莫过于《新学伪经考》与《孔子改制考》。这二部著作颇为学界关注，相对来说，《春秋董氏学》受到了不应该有的冷落与忽视。实际上，这几部书的编撰，有其内在的逻辑理路。根据《康南海自编年谱》，光绪十七年（1891），"七月，《新学伪经考》刻成"，光绪十八年（1892），"是时所编辑之书甚多，而《孔子改制考》体裁博大，选同学高才助编纂焉"，但《孔子改制考》并未杀青，直到光绪二十年（1894），康有为讲学桂林，说此地"山水极佳，山居舟行，著《春秋董氏学》及《孔子改制考》"。到光绪二十二年（1896），康有为"讲学于广府学宫万木草堂，续成《孔子改制考》《春秋董氏学》《春秋学》"，次年才"在上海大同译书局刻《孔子改制考》《春秋董氏学》《日本书目志》成"[8]。《新学伪经考》一书，致力于考证"古学皆刘歆之窜乱伪撰"[9]，从而肯定今文经学尤其是春秋公羊学乃是真正传承孔子大道的学问。在这个基础上，康有为再作《孔子改制考》和《春秋董氏学》，前者证明孔子是"改制法王"，后者证明《春秋》是"改制之书"，是公羊学里的珍笈宝典。质言之，这三部著作，其重要性渐次递增。汪荣祖把《新学伪经考》《孔子改制考》《春秋董氏学》比喻成变法理论的三部曲[10]，可谓精辟之见。

《春秋董氏学》与《孔子改制考》几乎同时编辑和出版，有关《春秋繁露》的材料以及康有为所作的按语，在两书里都有体现，其内容几乎没有二致，他在此书的《自序》中论证《春秋繁露》宣扬"孔子改制变周""以《春秋》当新王""王鲁绌杞""张三世""通三统"等"微言大义"，还把此书看作是西汉公羊学的嫡传，承载了圣人孔子的真旨。然《春秋董氏学》并非笺注体，而是把《春秋繁露》里的段落文句抽取出来再进行排列组合，各以大义领之，在关键之处还加以按语，凸显康有为的变法改革思想。之所以采用这样的体例，他是这样解释的：

> 顾是书久不诵于学官，阙夺百出，如临绝壑崩崖，无絙索，无铁梁，惟有废然而返。又自古学变后，今为宋儒之学，视董生旧说如游异国，语言不解，风俗、服食、宫室皆殊绝，或不求其本而妄议之……近惟得江都凌氏曙，为空谷足音，似人而喜，然缘文疏义，如野人之入册府，聋者之听钧天，徒骇玮丽，不能赞一辞也，况于条举以告人哉！[11]1-2

他认为《春秋繁露》一书，很久没得到朝廷的重视，因而"阙夺百出"。可惜古学不再，宋儒之学风行天下，语言、风俗、服食、宫室等与汉代很不一样，因此，学者往往把董仲舒的思想学说看成域外异境，以致妄乱解说，疏于探求本义。凌曙《春秋繁露注》的出现，简直就是"空谷足音"，令人高兴。在肯定了凌曙注本的价值之后，康有为又毫不客气地批评这种"缘文疏义"的笺注体诠释方式，给人的感觉如同野人进入皇家图书馆，聋子听到天上的仙乐，虽然宏伟瑰丽，却"不能赞一辞"。因此，很有必要以诸"大义"分类引领相应的《春秋繁露》文段，以方便读者快速领会其中的精神。其书分为八卷，主要内容如下：

《春秋旨第一》，概说《春秋繁露》里所见的《春秋》一经的各种大义主旨，如"奉天""天子诸侯等杀""讥赏罚不当"等。

《春秋例第二》，介绍《春秋繁露》里所见的《春秋》诸例，如"五始""时月""王鲁""三世""内外""贵贱"等。

《春秋礼第三》，摘录《春秋繁露》里论及"礼"的地方，如"改元""授时""三正""即位""爵国""考绩""度制"等。

《春秋口说第四》，选取《春秋繁露》里康有为所认为的与"口说"相关的文段，如"董子口说与《穀梁》、何注同出《公羊》外""董子口说与《穀梁》同出《公羊》外""董子口说与刘向同出《公羊》外"等。

《春秋改制第五》，突出《春秋繁露》里与"改制"相关的内容，如"孔子《春秋》代天发意""受命改制""《春秋》作新王""改制三统"等。

《春秋微言大义第六》分上、下两部分，详列《春秋繁露》里体现中国传统哲学诸概念和命题的内容，如"元""阴阳五行""阴阳""气化""天""命""性善""性情""仁""仁爱""仁义""义利""仁智"等。

《传经表第七》，表列春秋公羊学的授受流传情况。

《董子经说第八》，选引《春秋繁露》里与诸经相关的内容，分"六经义"、《诗》《书》《礼》《易》《孝经》《论语》、"训诂附"等几个部分。

从这些内容可见，《春秋董氏学》可谓是社会变革的产物。其撰作目的，在于把《春秋繁露》论证成"改制"之书，把它当成维新变法的思想利器。对此，章太炎评价说："至于康有为以《公羊》应用，则是另一回事，非研究学问也。"[12]其论甚确。而梁启超谓此为"复西汉之古，对于许、郑而得解放"[13]，则说得更为本质。

三、缘学术而证义理

康有为对《春秋繁露》所做的诠释，在思想学术界掀起了轩然巨波。很快，苏舆撰成《春秋繁露义证》，对《春秋董氏学》进行了针锋相对的批驳。苏舆说他"少好读董生书""已而闻有为《董氏学》者，绎其义例，颇复诧异"。为什么如此诧异呢？是因为：

> 国朝嘉、道之间，是书大显，缀学之士，益知钻研公羊。而如龚自珍、刘逢禄、宋翔凤、戴望之徒，（刘、宋皆庄存与外孙①，似不如庄之矜慎。）阐发要眇，颇复凿之使深，渐乖本旨。承其后者，沿伪袭谬，流为隐怪，几使董生纯儒蒙世诟厉。[5]1—2

他说龚自珍、刘逢禄、宋翔凤、戴望诸人，都是常州今文学派的学者。苏舆说他们对《春秋繁露》所发表的见解，就已经有些穿凿附会，其后学康有为等人，对这些"伪谬"之说悉数继承，使之呈现出诡谲奇怪的特点，几乎使醇儒董生，蒙受诟厉。故《春秋繁露义证》，对康有为《春秋董氏学》所特别重视的"素王""文王即孔子""新王""通三统""张三世"等概念和命题一一进行了批驳辨正。例如，康有为《春秋董氏学·春秋改制·改制三统》论及"三统托古之说"：

> 《春秋》虽为孔子所托，而运之三代。夏、殷无征，偏见《礼运》《中庸》《论语》，此夏、殷、周之制，安所从来？盖五复、九复，亦孔子所托而已。制则或文或质，法则或阴或阳；姓

---

①　原文误作"外甥"，今改之。

则或子或女，法则或天或地；形则或圆或方或长，统则或白或赤或黑。虽有异同，然皆推算之法，故知出自一手。盖圣人胸有造化，知天命之无常，虑时势之多变，故预立三统以待变通。达之百王，推之九复，范围无外，非圣人之精思睿虑，其孰能为之？邵子诗："日月星辰齐照耀，皇王帝霸大铺舒。"呜呼！非圣人，而能中有天地如是乎？[11]119—120

受疑古思潮影响，康有为认为夏商二朝，皆是没有文献可以印证的朝代，但《礼运》《中庸》和《论语》中都记载了此二朝的制度。由此可以论证"三代""五复""九复"，甚至《春秋》之事，皆是孔子所假托。而文、质，阴、阳，子、女，天、地，圆、方、长，白、赤、黑等概念，虽有异同，但都是一种类似代数符号的"推算之法"，"故知出自一人之手"。康有为武断地认定这个人就是圣人孔子，他胸怀世界和未来，能预知天命和时代的变化，故制定"三统"法则"以待变通"，这个制度可以达于"百王"，也可推于"九复"，无穷无尽。他甚至还借用邵雍"日月星辰齐照耀，皇王帝霸大铺舒"的诗句来表达他对孔子的景仰，认为只有心存天地万物的圣人，才能制定出如此完美的运之无穷的改制方案。

那么，苏舆对"通三统"又有何见解呢？《春秋繁露义证》里，有一段这样的按语：

> 问者曰："本书《三代改制》篇明以《春秋》为一代变周之制，则何也？"曰：此盖汉初师说，所云"正黑统""存二王"云云，皆王者即位改制应天之事，托《春秋》以讽时主也。[5]16

当有人问起《三代改制质文》篇何以明言"一代变周之制"时，苏舆回答说，这是汉初时期的儒家师说，他们讨论的"正黑统""存二王"等命题，与汉初易姓而王天下，一切制度都因袭秦朝有关。所以，儒者们将这种思想托付于《春秋》之中，用以讽喻当时的天子，早日"改正朔、易服色"，改旧制以应承天命。当然，这种改制，与康有为"制度改革"的理念迥异，仅仅是一种物质层面的变革。

在《春秋繁露义证·例言》中，也有与"通三统"相关的内容。他说何休的《公羊解诂》"略依胡母生《条例》，多得其正"，而胡母生与董仲舒又是"同业"，故其师说有相同之处，"究其义"，《公羊解诂》与《春秋繁露》相合的十有八九。但是，何休"以'新周，故宋，以《春秋》当新王'为一科三旨"，苏舆认为"此实误会。董决不以此为科旨"。并且，董仲舒决不会把"通三统"当作《公羊传》中最重要的旨义。他还说，书中反映"通三统"义的《三代改制质文》篇，"其引'《春秋》''杞子'，乃借以证兴礼之意"[5]2。意即此篇中所引述的《春秋》和"杞子卒"之类的话，并非用来证明"通三统"，而在于说明"兴礼"的重要性。

《春秋繁露义证》书前附有《春秋繁露考证》一篇，其中录有魏源《董子春秋发微·序》一文，然苏舆并不同意魏源以"《三代改制质文》一篇""贯五德五行于三统，可谓穷天人之绝学"的观点，而说："《三代改制》一篇，言公羊学者多盛称之。其实此篇乃言典礼。"[5]510认为该篇不过是讨论"典礼"制度而已。以上材料可以看出，苏舆在刻意降低《三代改制质文》一篇在《春秋繁露》中的地位，其深意自然在于淡化魏、康二人所高举的"通三统"的义旨。

至于苏舆对康有为主张的"孔子为素王"说、"文王即孔子"说、"孔子为新王"说等进行的"义证"，笔者曾撰文专门分析[14]，兹不赘述。此外，苏舆还对凌曙《春秋繁露注》有所补正。他回顾当年"初得凌氏注本，惜其称引繁博，义蕴未究"，其理由如下：

> 凌之学出于刘氏逢禄，（见包世臣所作墓表。）而大体平实，绝无牵傅。惟于董义，少所发挥，疏漏繁碎，时所不免。（如"子曰""呜呼"之类，并为详释。《王道》篇"吴王夫差行强于越，臣人之主，妾人之妻"，见《越世家》，而误云"以楚人之王为臣，楚人之妻为妾"。《观德》篇"诸夏灭国首无骇"，见于《隐二年》，而以为首齐师灭谭。《三代改制》篇"荐尚肝"云云，与《明堂位》异，不知是今文异说，而以为误文。斯类不胜枚举。）随文改正，不复征引，以省复冗。其可采者，仍加"凌云"以别之。[5]3

与对待康有为的态度不同，苏舆对凌曙所做诠释的评价为"大体平实，绝无牵傅"，且将其中"可采者"，收入《春秋繁露义证》。但苏舆也列举出凌注的几点不足：一是对《春秋繁露》里所蕴含的董仲舒哲学，阐发较少；二是疏忽缺漏；三是烦琐碎屑，如"子曰"与"呜呼"也详加阐述；四是存在错误，如《王道》篇里有"吴王夫差行强于越，臣人之主，妾人之妻"，此句出自《越世家》，说的是吴王夫差击败越国之后，以越王勾践为臣，以越王妃为妾。但凌注却将"越"误作"楚"。可见，苏舆诠释《春秋繁露》，并非一味反对康有为极富主见的发挥，对于前人学术方面的舛误与不足，也力图纠补。

除此之外，《春秋繁露义证》的思想内容非常丰富，对以往《春秋繁露》研究较为忽视的诸多理论，如"奉天法古""天人感应""性未善论""大一统""好微""贵志"等都进行了讨论，同时又对过去的研究成果多有辨正和吸纳，其形式是"缘文疏义"的笺注体。

余　论

从社会转型的视阈来看，清代儒者对《春秋繁露》的诠释，有以上三种进路：其一，突出学术性的进路。以董天工、凌曙、俞樾的《春秋繁露》诠释为代表。他们或生活于社会较为稳定的时期，作品受时事政治影响较小；或对社会生活缺乏细致入微的体察和思考，故虽处社会变革时期，其诠释也多从纯学术的角度出发。其二，注重思想性的进路，以魏源、康有为的《春秋繁露》诠释为代表。此二人，皆属常州今文经学学派及其后学，将"张三世""通三统"等义理阐发成一种社会变革理论，最终成为戊戌变法维新的指导思想。虽然，这种思想因变法的失败未能"立为官学"，但"对我国历史进程产生了深远影响，为洋务运动、维新变法、辛亥革命乃至今天的改革开放提供了思想武器"[15]。其三，兼具学术性和思想性的进路。以苏舆《春秋繁露义证》为代表，该书以考据之方法，释今文之典籍，要在以一种学术的态度，反对魏源和康有为在诠释《春秋繁露》时所注入的社会变革思想。因而，此书也极具思想性。不过，与魏、康相比较，这种思想是相对保守的。

这三种进路的发生，有两大动因：一是外部动因，即清朝前、中期大兴文字狱，治学者不敢妄议时政，只能一味钻进故纸堆研究训诂之学，从而带动《春秋繁露》与其他经子之学的研究，出现了清代学术大繁荣的端倪。二是内部动因，即梁启超《清代学术概论》所论及的清代学术"节节复古"：为了反阳明后学，故回到朱熹为代表的宋明理学；为了反宋明理学，故回到许、郑为代表的东汉；为了反许、郑，故回到西汉[13]。当学者们把视角投向西汉时，公羊学大受重视，"非常异义可怪之论"开始喧嚣尘上，又激发了诸多反对之声。因此，正当社会转型时期，一部分清儒为了摆脱东汉许慎、郑玄之类的考据之学，找到了西汉今文经学宝典《春秋繁露》，以寻求思想上的解放。另外一些思想立场相对保守的儒者，立即以《春秋繁露》为依据，对激进儒者对行反击。二派思想遂相互激荡，渐成巨波，掀起了《春秋繁露》研究的高潮，使董学寖为显学，亦透视出晚清学术思想生态的高度复杂性。

参考文献：

[1] 董天工. 春秋繁露笺注 [M]. 上海：华东师范大学出版社，2017.

[2] 凌曙. 春秋繁露注（第 1 册）[M]. 北京：中华书局，1975.

[3] 俞樾. 诸子平议 [M]. 北京：中华书局，1954.

[4] 梁启超. 中国近三百年学术史 [M]. 北京：商务印书馆，2011：289－290.

[5] 苏舆. 春秋繁露义证 [M]. 北京：中华书局，1992.

[6] 魏源. 魏源全集（第 12 册）　　[M]. 长沙：岳麓书社，2004：119－120.

[7] 艾尔曼. 经学、政治和宗族：中华帝国晚期常州今文学派研究 [M]. 南京：江苏人民出版社，1998：8.

[8] 康有为. 康南海自编年谱（外二种）[M]. 北京：中华书局，1992：19－36.

[9] 康有为. 新学伪经考 [M]. 北京：中国人民大学出版社，2010：13.

[10] 汪荣祖. 康有为论 [M]. 北京：中华书局，2006：12.

[11] 康有为. 春秋董氏学 [M]. 北京：中华书局，1990.

［12］章太炎. 章太炎讲演集［C］. 石家庄：河北人民出版社，2004：104.

［13］梁启超. 清代学术概论［M］. 上海：上海古籍出版社，1998：7.

［14］姜广辉，李有梁. 维新与翼教的冲突和融合——康有为、苏舆对《春秋繁露》的不同解读［J］. 天津社会科学，2010（3）：131-139.

［15］熊焰. 论开启近代中国两次先风的思想家魏源［J］. 邵阳学院学报：社会科学版，2018（2）：37.

该文为"2018 中国·衡水董仲舒与儒家思想国际学术研讨会"提交的论文。

李有梁（1977-），男，湖南平江人，博士，湖南理工学院中文学院副教授。

董仲舒与儒家思想的转折

——徐复观对董仲舒公羊学的探究

干春松

　　现代新儒家，虽然其核心话题是民主政治与中国思想的关系，且均富有浓厚的道德理想主义情怀，但是其致思方向稍有不同。如果说，唐君毅和牟宗三致力于儒家心性之学的阐扬和超越精神的发掘，那么徐复观和张君劢则更关注政治和制度层面的分析。而其中徐复观尤其关注秦汉的思想和制度之间的关系。陈昭瑛说："当其他新儒家倾力于发展宋明理学的形上学时，他（徐复观）却把心力放在两汉的史学、政治、社会、经济等思想。他以一生所学，印证了先秦儒家无事不关心的性格以及全面发展的可能性，也暗示着儒学必须建立自己的具有现代意义的政治学、社会学、经济学、历史学、哲学人类学及文艺理论，才能使儒学成为对当代社会具有解释力乃至改造力的思想体系。"[1]对此，《中国人性论史》和《汉代思想史》等代表性的著作就是明证。

　　徐复观先生缘何对两汉的思想关注甚多，最重要的原因在于汉代是中国传统政治结构形成的关键时期，同时也是儒家与中国政治结盟的开端。单纯就思想形态而言，孔孟荀确立了儒家思想的基本形态，但是，在春秋战国纷乱的社会中，这些观念并没有真正在社会政治生活中得到落实。而汉代，随着大一统局面的稳定，儒家的"守成"特性，越来越被人们认识到。

就儒学内部而言，儒家思想如何与汉代的政治相结合成为主要的关注点。一部分人侧重于制度建构，例如叔孙通等人制定的朝仪，以及儒生们对于明堂、封禅等制度的讨论，使儒学与实际的政治运行不断地结合。另一部分则想在结合的同时保持儒家对于现实政治的批评性。如陆贾、贾谊、赵绾、王臧、辕固生等一直在强调儒家的德治相对于法家的压力政治的优越性。与此同时，儒家经典系统也在进行有机的调整，在"受命""改制"等观念的影响下，儒家的经典——特别是《春秋》——被儒生塑造为"为汉制法"，这样，经典与现实政治之间的依赖关系被重构。

汉王朝在建立之初，在制度上多是因循秦制，而在汉武帝之后，情况有了一些变化，最关键的是董仲舒之"天人三策"，试图以儒家的观念来改变汉初以来奉行的黄老道学，提出"独尊儒术"来确立儒家思想主导性，以"五经博士"来取代秦以来的成分复杂的博士制度，而公羊学在这个过程中发挥了独特的作用。"一面是革秦之旧，排除了百家，一面是复古之统，专尊了六艺，专尊了古王官学，而同时又是汉代新王之创法，与古王官学性质又不同。但实际这只有孔子《春秋》是新创者，其书才始不是旧官学，而是为汉立制的新官学。因此，汉廷五经博士，无形中便让公羊《春秋》占了主脑与领袖的地位。"[2]

徐复观先生对于汉代思想的关注是整体性的，但是因为春秋公羊学在汉初思想和政治实践中的特殊性，所以，分析徐复观对于董仲舒的春秋公羊学的研究，对于进一步理解徐复观对于汉代儒学的理解具有提纲挈领的意义。

一、徐复观论董氏春秋学的形成

徐复观先生对于儒家的政治观念有一个基本的设定，即民本政治。他认为孟子所提出的"民为贵"是中国政治思想的一以贯之的立场。因此，无论是君主，还是在君主上面的神，人君所依凭的国，其存在的目的是民，只有民才是政治实体，而其他都是"虚位"。

因为儒家存有对人的尊重和对人性的依赖，所以儒家否定了政治是一种权力或利益游戏的观念，也否定了国家是一种暴力压迫工具的观点。德治作为一种内发性的政治形态，看重人性之所固有的善的自觉和扩充，这与重视外在制约的刑罚不同，礼才是社会治理的良方[3]245-246。

在徐复观看来，经过秦代的暴政，儒家的思想受到了空前的压制，一方面是因为焚书坑儒的行为，使"六经离析"，另一方面则是严刑峻法的效率论取代了儒家德治的宏大理想。这样的局面延续到汉代初期。虽然不断有儒家学者强调儒家学说对于政治秩序的重要性，但是法家和黄老道学的混合依然是汉武之前的主要的统治观念。所以，董仲舒之《春秋》学所要做的，是在汉代新的政治格局里为儒家寻求一种思想和制度之间的张力，即儒家要成为新的政治的合法性基础，但又要避免为政治权力所控制。"仲舒遭汉承秦灭学之后，六经离析，下帷发愤，潜心大业，令后学者有所统一。"[4]2526

对于众说纷纭的春秋学传承谱系问题，徐复观先生认定汉代公羊家的传承枢纽是董仲舒而不是胡毋生。他说，关于公羊学的传授，《史记》列董仲舒为首，而《汉书》将胡毋生居首。但事实上，董仲舒是真正的儒者宗主。对于有人将董仲舒看作是胡毋生的弟子，徐复观加以明确的驳正。他认为《史记》和《汉书》都认为他们是同辈①，而从西汉公羊重要人物吕步舒、嬴公、眭孟等都是董仲舒的弟子或及门弟子，"由此可断定两汉公羊之学乃出于董仲舒而非出于胡毋生，可破千载之迷雾"②。

要确立董仲舒的首要地位，必然会面对公羊学的重要议题，即"口说"。因为在有的传承谱系中认定胡毋生是最先将"口说"著之于

---

①　《汉书·儒林传》："胡毋生治《春秋公羊传》，汉景帝时立为博士，与董仲舒同业，仲舒著书称其德。"参见《汉书》卷八十八，中华书局1963年版，第3615页。

②　徐复观《徐复观论经学史二种》，上海书店出版社2002年版，第141页。徐复观还认为西汉末年经生们之所以要掩盖董仲舒的重要作用是因为董氏"通五经，规模宏阔"，而为别的博士所畏惮。同时，何休的解诂，明明受董仲舒的影响而只字不提，反提及胡毋生的《公羊条例》，导致人们将胡毋生视为董之老师。前揭书，第143页。

竹帛[①]，也就是说在成书之前，《春秋》的传承主要是靠"口说"，《汉书·艺文志》说："丘明恐弟子各安其意，以失其真，故论本事而作传，明夫子不以空言说经也。《春秋》所贬损大人当世君臣，有威权势力，其事实皆形于传，是以隐其书而不宣，所以免时难也。及末世口说流行，故有《公羊》《穀梁》《邹》《夹》之传。"

以前经学家一般认为，《春秋》三传中，《左传》传事不传义，而《公羊》和《穀梁》传义不传事。《公羊传》长期依靠口传心授，其理由是孔子因有所避讳，而将他自己的意思，通过对于史实的整理而表述，而这些表述的内容在字面上是看不出来的，而是通过"口说"。

晚清的康有为肯定"口说"，但认定董仲舒是唯一了解《春秋》"口说"的人。康说，《春秋》之义，不在经文而在"口说"，因为刘歆攻击"口说"背离传文，所以导致"口说"的绝灭，孔子之道也因此不再被人了解。而"董子为《春秋》宗，所发新王改制之非常异义及诸微言大义，皆出经文外，又出《公羊》外，然而以孟、荀命世亚圣，犹未传之，而董子乃知之"[5]357。或许康有为的确以传圣人之意自许，所以他在万木草堂给学生讲课的内容称为《万木草堂口说》，甚至认为："董、孟、荀三子之言，皆孔子大义，口授相传，非三子所能为也。""《春秋》之意，全在口说，口说莫如《公羊》，《公羊》莫如董子。"[5]151徐复观不认可《公羊传》中的"口说"。针对何休所谓："言无闻者，《春秋》有改周受命之制，孔子畏时远害；又知秦将燔《诗》《书》，其说口授相传；而汉公羊、胡毋生等乃始记于竹帛，故有所失也。"徐复观反驳道，说孔子预知秦要焚书，那肯定是后儒的编造。而孔子口述之后，他身边的那些弟子无所作为，一直要到汉代才把孔子的"口说"记之于竹帛，也说不通。

---

①　按见唐人徐彦疏引戴宏《春秋说序》，描述了这样一个传承谱系："子夏传与公羊高，高传于其子平，平传于其子地，地传于其子敢，敢传于其子寿。至汉景帝时，寿乃其弟子胡毋子都着于竹帛。"不过也有学者认为，董仲舒之公羊学必然受到胡毋生的影响，否则他不会"称其德"。参见王葆玹《今古文经学新论》，中国社会科学出版社1997年版，第244页。

不过，徐复观用以论证他的结论的证据并非完全说得通，比如，他认为《春秋经》一万六千字，《公羊传》两万七千多字，共计四万多字，这么多的文字靠口头上的单传是不可能的。这样的论证不是基于材料，而是基于推断，并不一定有效。

徐复观还认为"口说"是公羊家在与《左传》或别的派别竞争时自高身价的办法。他说，如果说孔子编订《春秋》的时候，因要畏时远害而有所隐晦，要采用口授的办法，那么孔子死后，局势发生根本变化的时候，再"口说"便没有必要了[6]197-202。

二、徐复观论董氏春秋学的特点和基本方法

不断有学者对于《春秋繁露》的作者提出疑问。对此，徐复观先生认定《春秋繁露》是董仲舒的作品，不过，徐复观并不认为《春秋繁露》是一部纯粹的"春秋学"著作，而是将《春秋繁露》中关于天人关系的部分和春秋学部分进行了区分，并由此来说明董仲舒与一般传经之儒不同的两大特性：第一个特性是通过《公羊》来建立当时已经成熟的大一统专制的理论根据；第二个特性是他要使《公羊》成为他天的哲学的构成因素[6]203。

（一）春秋董氏学的特点

基于对董仲舒思想的特点的把握，徐复观将《春秋繁露》一书中的八十二篇文章分为春秋学、天哲学和杂文三个部分。其中"春秋学"部分是引用《公羊传》来发明春秋之义部分，其范围从《楚庄王第一》到《俞序第十七》，再加上《三代改制质文第二十二》《爵国第二十八》《仁义法第二十九》《必仁且智第三十》《观德第三十三》《奉本第三十四》，共计二十三篇。这样的说法得到了邓红的支持，并补充说："如真有必要划分出《春秋繁露》的'春秋学'部分的话，还应该加上引用了十三条之多的《深察名号第三十五》，及引用了九条的《顺命第七十》等篇。"[7]

传统的春秋公羊学中，并没有对"天"的本原性和超越性的探讨，不过，这些构成了春秋董氏学的重要内容，或者说，是董仲舒对

于春秋学的发展。因此将《春秋繁露》分开"春秋学"与"天的哲学"，虽然凸显了董氏春秋学与前代春秋学的区别，却可能会对董氏春秋学、对春秋学在汉代的变革和更化产生不必要的误解。

根据徐复观对于董仲舒的总体认识，我们或许可以推测徐复观将董仲舒的"春秋学"和"天的哲学"刻意区分，是为了要将董氏思想中理性的成分和信仰的成分加以区分。也就是说他希望把传统春秋学中被人看作虚妄的部分加以区隔。因为，在徐复观的认识中，《公羊传》和《春秋》本身是"谨严质实"，非假天事以言人道。他总结了《春秋学》的五大特点：

第一，《公羊传》本身是"谨严质实"的，绝无何休所说的"其中多非常异义可怪之论"，亦无三科九旨之说[6]202。

第二，孔子作《春秋》，意在藉批评二百四十二年的历史事实，以立是非的标准，而非建立一门史学[6]202。

第三，《公羊传》除了把周王称为"天王"以外，没有出现一个宗教性或哲学性"天"字，这便说明它说的都是人道，而人道与天道，并没有直接的关联[6]202。

第四，《公羊传》中不仅绝无五行观念，全书没有出现一个"阴阳"的名词，即阴阳的思想还未曾介入。

第五，对于灾异，徐复观说，灾异与君的失德有关，而天是以灾异警诫人君，这是古老的思想。但是总体而言，孔门不凭灾异以言人事，即是不假天道以言人道[6]203。

徐复观认为董仲舒的春秋天人之学①，以《春秋》综贯儒家思想，来襄贬现实的政治，从而将《春秋》作为衡断现实政治的法典。这样，在政治思想上就是要把法家为统治者而统治的思想转而儒家为

---

① 陈其泰说："董仲舒通过对《春秋》经传的阐释，构建了公羊学的基本理论体系，主要包括：突出春秋在儒家六经中的地位，论述它具有纲纪天下的神圣法典的意义；'大一统'的政治观；'张三世'的变易观；'通三统'的改制观；'德刑相兼'；天人感应和谴告说；经权之说。"参见陈其泰《董仲舒的春秋公羊学的理论体系》，收录在《经学今诠续编》，辽宁教育出版社 2001 年版，第 213 页。

人民而不是为统治者的基本立场。

其次，董仲舒综合战国末期的许多思想资源，特别是阴阳五行的思想，"把阴阳家五德运会的、盲目演进的自然历史观，转移为政治得失上的反应，于是朝代的废兴，依然是决定于人世而不是决定于天命。这便从阴阳家的手中，把政治问题还原到儒家的人文精神之上"[1]。

通过将公羊学"事实化"并强调"天人之学"中人道的至上性，徐复观先把董仲舒的公羊学与别的传经之儒的"公羊学"做了判别。在他看来，董仲舒所建立的体系是出于他对于儒家的历史命运的思考，即在制度化的时代要挺立儒家对于现实政治的批评性。基于此，其一，董仲舒经常将"常"与"变"对举，特别强调"变"的观念。其二，董仲舒对于行权的范围，较《公羊传》为宽，是"为了突破原有文义的限制，以便加入新的内容，以适应他所把握的时代要求及他个人思想的要求而设定的"[6]205。

从上述陈述我们可以了解，徐复观更倾向于强调董氏春秋学与其他春秋学之间的差异，而不是不同公羊学系统之间的共同点。这样的立场也影响到他对于公羊学"方法"的归纳和总结。

（二）春秋董氏学的方法

自从先秦到汉代，春秋公羊学逐渐形成一种独特的解释系统，这个解释系统有一些具体的方法，比如"属辞比事"等，徐复观先生引述了八条材料来说明春秋董氏学的基本方法：

第一条：是故论《春秋》者，合而通之，缘而求之，五（伍）其比，偶其类，览其绪，屠（去）其赘。（《玉杯第二》）[8]9

第二条：春秋赴问数百，应问数千，同留经中，翻援比类，以发其端；卒无妄言，而得应于《传》者。（《玉杯第二》）[8]10

---

① 徐复观《儒家对中国历史运命挣扎之一例》，收录在《中国思想史论集》，第274页。许倬云也认为将自然与人间秩序合而为一，是汉初的共同精神，只是以儒家为主体的系统，具有浓厚的道德性。参见《秦汉知识分子》，收录在《求古编》，新星出版社2006年版，第368页。

第三条：由是观之，见其指者不任其辞，不任其辞，然后可与适道矣。（《竹林》第三）[8]12

第四条：《春秋》记天下之得失，而见所以然之故，甚幽而明，无传而着，不可不察也。泰山之为大，弗察弗见，而况微渺者乎？故按《春秋》而适往事；穷其端而视其故，得志之君子，有喜之人，不可不慎也。（《竹林第三》）[8]13

第五条：《经》曰：宋督弑其君与夷。《传》言庄公冯杀之，不可及于经。何也？曰：非不可及于经，其及之端眇，不足以类钩之，故难知也。（《玉英第四》）[8]16

第六条：《春秋》之书事，时诡其实，以有避也。……然则说《春秋》者，入则诡辞随其委曲而后得之。（《玉英第四》）[8]17

第七条：今《春秋》之为学也，道往而明来者也。然而其辞，体天之微，故难知也。弗能察，寂若无。能察之，无物不在，是故为《春秋》者，得一端而多连之，见一空（孔）而博贯之，则天下尽矣。（《精英第五》）[8]20

第八条：《春秋》至意有二端。不本二端之所从起，亦未可论灾异也。小大微着之分也。夫览求微于无端之处，诚知小之将为大也；微之将为着也。（《二端第十五》）[8]31

徐复观以这八条作为董氏春秋学的方法，可以说是与他对整个《春秋繁露》的定位有关系。这八个条目或许可以概括为三个方面：第一、二、六条，应该属于"属辞比事"，是《春秋》学最基本的原则。第三条是关于"辞"与"指"的关系的讨论。第四、五、七、八条是"微言大义"的问题。

1. 属辞比事

第一、二两条，的确十分重要，站在公羊学角度，这两条涉及公羊义法。孔子作春秋，是借助史实来表达他的制度构想和价值理念。后世认为通过史实来了解春秋大义是有规则可寻的，这个规则就是义法、书例。义法并非是单纯的记录史实的体例，而是关注在这样的体例背后的褒贬。一般认为，董仲舒对于春秋义例有很大的贡献，康有为甚至觉得董的贡献可比之于欧几里得发明几何公式[5]323。

义法所要解决的是文辞和意义的关系，一般来说，辞同义同。董仲舒十分强调辨别名辞，他在《深察名号第三十五》中说："欲审是非，莫如引名。名之审于是非也，犹绳之审于曲直也。诘其名实，观其离合，则是非之情不可以相谰已。"[8]56"名"虽不能直接与"辞"换用，但是，儒家强调名和实之间的一致性，同样会体现在辞和义的一致性上。因为《春秋》义繁复，所以《春秋》之用"辞"也十分讲究，苏舆说："董子之言《春秋》也，曰'正辞'，曰'婉辞'，曰'温辞'，曰'微词'，曰'诡词'。"[9]8这些对"词"和"辞"的不同处理，目的就是为了精确地传达圣人的用意。

但是，《春秋》的事实不可能将所有的意义都直接呈现出来，而且不同时期对于同样的事实可能有不同的解释。所以就需要做比较、类推，不能拘泥于文辞和事实。《礼记·经解》说："属辞，比事，《春秋》教也。"何谓"属辞比事"，前人的解释十分纷纭，郑玄注云："属，犹合也，《春秋》多记诸侯朝聘、会同，有相接之辞，罪辩之事。"孔颖达疏云："属，合也；比，近也。《春秋》聚合、会同之辞，是属辞；比次褒贬之事，是比事也。"[10]可见"属辞比事"就是对《春秋》之"辞"与"事"类聚而参观，以明褒贬之义。

因此，对于第一条中的"五（伍）其比，偶其类，覧其绪，屠（去）其赘"虽然历代注家解释多有不同，但是核心就是说要通过类比的办法，活用春秋的体例。苏舆在注中说这是"董子示后世治春秋之法"[9]33。

徐复观认为将"属辞比事"作为《春秋》的方法是秦汉博士"委曲求全"的做法，并认定这是违背春秋褒贬之法①。所以，他在讨论董仲舒的《春秋》学方法的时候，并不愿意提到类比之类的《春秋》义法，即使他的经学史专题著作中，也没有涉及公羊春秋的方法问题。我个人的推测是，徐复观对公羊的义法相对来说持否定的态度，

---

① 徐复观说："由孟子以下迄汉儒，凡言《春秋》之义的，无不就褒贬立言，仅此篇就'属辞比事'立言。"参见《徐复观论经学史二种》，上海书店出版社 2002 年版，第 52 页。但将属辞比事与褒贬对立恐不妥，属辞比事本身即包含褒贬。

导致他"视而不见",或者采取知识论的立场来讨论,认为第一、二条皆在经验法则范围之内,对治思想史而言仍有意义。

2. 辞与指

第三条是关于"辞"与"指"之间的关系,其实是前面问题的进一步延伸。徐复观认为"不任其辞"就是完全不受辞的限制,如此则易于做主观的驰骋。这样的解释虽然将"《春秋》无达辞"的意思表达出来了,但似乎与原意有一些不同。因为原意应该是说不要拘泥于辞,而并没有完全不受辞的限制的意思。

徐复观对先秦文献中的"指"曾做过专题的研究,他不认可冯友兰等将《指物论》中的"指"解释为共相的做法,认为这样的解释忽视了"指"所包含的主观判断的成分。他说"《春秋》成文数万,其指数千",表明春秋由事见义,"指"其实与"义"意思相同,但是董仲舒和司马迁还依然用"指",目的是要强调儒家对于这些事实的价值判断,所以"指"是在重视由主观向客观,更由客观回归主观所成立的判断过程[11]226—227。

《竹林第三》中有一个经常被人引用的问答:"《春秋》之常辞也,不予夷狄,而予中国为礼,至邲之战,偏然反之,何也?曰:'《春秋》无通辞,从变而移,今晋变而为夷狄,楚变而为君子,故移其辞以从其事。'"这段话说夷夏之辨是春秋的体例,但是现在情况变了,那么原先的体例也就需要改变一下。所以春秋的关键是"指"而不是"例"。在苏舆看来,"泥词以求比,多有不可贯者,故一以义为主"[9]46,这段话的意思就是《春秋》以"义"为先,在"例"和"义"的权衡中,"例"要服从于"义","辞"要服从于"指"。

跟这个问题相关的就是经和权的问题。《玉英第四》说:"春秋有经礼,有变礼。为如安性平心者经礼也;至有于性虽不安,于心虽不平,于道无以易之,此变礼也。是故昏礼不称主人,经礼也;辞穷无称,称主人,变礼也。天子三年然后称王,经礼也;有故,则未三年而称王,变礼也。妇人无出境之事,经礼也;母为子娶妇,奔丧父母,变礼也。明乎经变之事,然后知轻重之分,可与适权矣。"[8]16 这段话意思是说有一些常礼,也有一些变礼,完全要看具体境况的变化。如果知道经和变的关系，就能分辨事情的轻重缓急，这样的人也就了解了"权"的意义。

但是正如"辞"与"指"的关系一样，"权"必是与"经"对举才有意义，如果没有"经"的比照，那么"权"就成为肆意妄为了。所以《公羊传》桓公十一年说："权者何？反于经然后有善者也。……行权有道：自贬损以行权，不害人以行权。杀人以自生，亡人以自存，君子不为也。"[12]

由此可见，《公羊传》与董仲舒的春秋学都强调"变"的重要性而反对泥于辞词，但是这些变化需有一个重要的参照，就是"常例"和"经"。董仲舒认为要了解"义"和"指"的内在含义，若非"精心达思"是不可能的。"不义之中有义，义之中有不义；辞不能及，皆在于指，非精心达思者，其庸能知之。"（《竹林第三》）

3. 微言

第四、五、七、八条材料，主要是关于春秋的微言。关于《春秋》"微言""微辞"的理解十分复杂。《荀子·劝学》就有"《春秋》之微也"的说法。《公羊传》定公元年说："定哀多微辞，主人习其读而问其传，则未知己之有罪焉尔。"董仲舒也说："今《春秋》之为学也，道往而明来者也。然而其辞体天之微，故难知也。"[8]20

孔子为什么要在定、哀之际多微辞，一般是认为那是孔子亲历的时代，可能是出于尊上还是保全自己的目的①，故只能采取"讳而不隐"的方式。

董仲舒说："《春秋》之好微与？其贵志也。《春秋》修本末之义，达变故之应，通生死之志，遂人道之极者也。"[8]9 也就是说《春秋》之运用"微明阐幽"的方法，主要是要把内在的"志"显现出来。按苏舆的说法，"微"在《春秋》中有两种形式，一种是指"不见于经者，所谓七十子口授传指也"，另一种是"寓意微妙，使人湛思反道，

---

① 董仲舒将之说成是"义不讪上，智不危身。……此定哀之所以微其辞也"。参见《四部丛刊正编》之《春秋繁露·楚庄王》，台湾商务印书馆 1979 年版，第 6 页。

比贯连类，以得其意，所以治人也"①。也就是说后世之人需要把春秋所隐晦的大义，通过见微知著、由人事推天意、见指不任辞等方式将孔子为后世制法和圣人之意体察出来。

徐复观虽然不赞同《春秋》"口说"的说法，却从另一角度来阐释孔子之微言的意图。认为孔子因为明白地说"微"，等于是告诉人们这里有所避讳，恰好是一种对于事实的揭露②，所以他认为董仲舒的微言是一种"不是以典籍为依据所采用的方法……强调微、微眇的观念，把史与天连上。这不仅是把《公羊传》当作构成自己哲学的一种材料，而是把《公羊传》当作是进入到自己哲学系统中的一块踏脚石"[6]206。

徐复观认为后世深受专制毒害的经学家们，并不敢将孔子通过作《春秋》来褒贬政治的动机表示出来，因而他对从何休以来的"义例"持否定态度，并认为董仲舒的批判精神不够彻底的原因也在于他没有抹杀《公羊传》的意义，这导致了他思想的夹杂和矛盾，并使后人将这样的虚妄进一步发挥。

这对于理解徐复观的立场很关键，问题是我们如何来看待这样的矛盾和夹杂，正如前文所讨论的经和权的问题，董仲舒虽然肯定大义为先，因此，有一个很根本的立场就是要反之于经，那么如何反之于经呢，这些"义例"恰好是"反"的桥梁。微言也是一样，虽然公羊学强调经典所不录的"口说"和"微言"，但是由微言及大义，依然是要通过"比事""类推"等基本原则。这样说来徐复观所说的夹杂

---

① 苏舆《春秋繁露义证》。根据郭晓东的研究，苏舆虽也认可有典籍所未见之"微言"，但是他的根本目的是反对康有为将"微言"神圣化和神秘化的做法，认为无论是"微言"，还是"口说"，其根本目的是申明"大义"，因此，应从"大义"出发，而不是根据"微言"来作为治经的根本宗旨。参见郭晓东《正学以翼教——论〈春秋繁露义证〉的经学观与政治观》，收录于《五四运动与现代中国》，上海人民出版社2009年版，第135页。

② 徐复观说："孔子告诉他的学生，说那里是'微'，那里是'讳'，即系告诉天下后世，在'微''讳'的后面，有不可告人的真实，有不可告人的丑恶。"参见徐复观《原史》，收录在《两汉思想史》卷三，华东师范大学出版社2001年版，第157—158页。

可能恰好是董仲舒所整理的公羊义例之学，显然不是对《公羊传》剔除不够彻底的结果。

那么我们应该如何理解《春秋繁露》对《公羊传》的发挥和突破呢？刘宁的说法值得注意："《公羊传》通过《春秋》与一般史法与习惯说法的对比来探讨微言大义，这说明它还是重视《春秋》与史书的联系，但在《春秋繁露》中，《春秋》与'史'的联系则被尽可能地弱化，《春秋繁露》的模拟推度，完全是就《春秋》记事之间的异同进行对比，不再论及《春秋》对一般史书修撰之法的变化。这种变化说明，《春秋繁露》更充分地将《春秋》视为素王垂训的圣经大法，一事一义皆为圣人制作，因此，在《春秋》事类本身之间模拟推度才更有意义，才更能见出圣人的比事智慧。"[13]

三、徐复观论董仲舒的春秋大义

董仲舒的春秋学方法，主要是为了彰显《春秋》大义，《史记·太史公自序》："余闻董生曰：'周道衰废，孔子为鲁司寇，诸侯害之，大夫壅之。孔子知言之不用，道之不行也，是非二百四十二年之中，以为天下仪表，贬天子，退诸侯，讨大夫，以达王事而已矣。'子曰：'我欲载之空言，不如见之于行事之深切着明也。'夫春秋，上明三王之道，下辨人事之纪，别嫌疑，明是非，定犹豫，善善恶恶，贤贤贱不肖，存亡国，继绝世，补敝起废，王道之大者也。"董仲舒在《俞序第十七》的观点印证了司马迁的说法："仲尼之作《春秋》也，上探正天端王公之位，万民之所欲，下明得失，起贤才，以待后圣。故引史记，理往事，正是非，见王公。史记十二公之间，皆衰世之事，故门人惑。孔子曰：'吾因其行事，而加乎王心焉。'以为见之空言，不如行事博深切明。"

董仲舒是如何理解孔子作春秋的意图的，徐复观以《盟会要第十》《正贯十一》和《十指十二》这三篇作为理解春秋大义的关键①。整理出八方面的特色，对之进行仔细地分析，并着力比较了《春秋繁露》与《公羊传》之间的不同。本文着重从四个方面来说明之。

（一）细恶及等差问题

《公羊传》隐公十年中说，"《春秋》录内而略外。于外，大恶书，小恶不书。于内，大恶讳，小恶书。"主要是强调内外有别。而董仲舒则认为圣人贵除天下之患，而患之根源在于"细恶不绝"，因此"诛恶而不得遗细大"[8]22。

徐复观尽管看到董仲舒在别的地方也是强调"赦小过"的，但是他依然认为"细恶"问题是与皇权的绝对性之间存在一个内在的联系，即"援天道来建立一套绝对性的伦理观念，以巩固一人专制的统治地位"[6]210。徐相信任何乱源，都是逐渐积累起来的，所以就需要建立起具体的制度来提防。

（二）强干弱枝与君、臣、民的关系

儒家一直强调亲亲、尊尊，春秋之时，恩衰义缺，所以要特别强调亲亲之仁和尊尊之义。但是秦汉以来大一统帝国的建立，特别是郡县体制的确立，与传统分封制度有重大的差别，这样中央和地方之间的关系与周时天王与各分封国之间的关系也有很大的不同，由此，传统儒家所强调的君臣上下之间的制约关系，就要转变为臣对君的绝对服从。在这样的背景下，董仲舒开始将自然中的阴阳和社会中的尊卑加以对应，认为阴灭阳和卑胜尊，属于下犯上，是"逆节"。徐复观对此的评论是"以尊压卑为义，以贱伤贵为逆节，不仅《春秋》经无此意，即《公羊传》亦无此意；这完全出于仲舒将尊卑贵贱，与价值判断连在一起，而将相对的关系加以绝对化"[6]211。

不过董仲舒在强调尊卑的绝对性的同时，也在思考如何制约权力

---

① 康有为在《春秋董氏学》中曾经做过八个方面的总结，其中康有为比较看重《俞序第十七》《王道第六》等，而《正贯第十一》和《十指第十二》是康、徐所共同关注的。参见《春秋董氏学》，收录在《康有为全集》第二集，中国人民大学出版社2008年版，第309—311页。

的绝对性问题。我们知道，先秦儒家对于君臣关系的一个重要的立足点在于交互责任，君主的地位来自于他的德行而非天意或暴力，这一点也体现在董仲舒的思想中。董仲舒反复申说民心之所向是君主的合法性的根本依据，所以他以天下归往来解释"王"，如果统治者不能为民，反而贼害百姓，那么天就会剥夺他的统治权。为此，董仲舒在天、君和民之间建立起一个奇特的循环，《玉杯第二》中说："《春秋之法》，以人随君，以君随天。……故屈民而伸君，屈君而伸天，《春秋》之大义也。"其中虽有一日不可无君之君权至上之论，但是，最终须落实到以君随天，以天道制约人的行为。《竹林第三》中说："《春秋》所恶者，不任德而任力，驱民而残贼之。其所好者，设而勿用，仁义以服之也。《诗》云：'弛其文德，洽此四国。'此《春秋》之所善也。夫德不足以来远，而断断以战伐为之首，此固春秋所甚疾已。皆非义也。"

如此这般，一方面将上下尊卑的秩序看作是大义之所在，另一方面设定一个制约权力的《春秋》大义，这个看似矛盾的表述，在徐复观看来是体现出董仲舒在大一统政治格局下的一个复杂的政治设计。"站在仲舒的立场，'屈民而伸君'一句是虚，是陪衬；而'屈君而伸天'一句才是实，是主体。至于统治者及后世小儒，恰恰把它倒转过来，以致发生无穷的弊害，这是仲舒始料所不及的。对于仲舒整个思想，都应从这一角度去了解。"[6]212

或许很多人深受侯外庐等将董仲舒看作是汉武帝旨意的演绎者和封建制思想统治的发动者的影响[14]，如果这个判断有一定的正确性，那么，如何理解徐复观对于董仲舒的春秋学纲领的解释，对于理解董仲舒对汉代儒学的意义关系重大。

（三）受命、改制、质文

西狩获麟是一个十分具有象征意味的典故。按照《公羊传》的解释，麟为仁兽，是有王者则至，无王者则不至。但孔子听说一个采薪人抓获麟且麟已死之后，不仅反袂拭面涕沾袍，并说"吾道穷矣"。很显然，并没有将获麟看作是自己受命的意思，反而是绝笔。

但是董仲舒将这个故事进行了完全的颠覆，将西狩获麟解读为孔子受命而作新王的标志。他在《符瑞第十六》中说:"有非力之所能致而自至者,西狩获麟,受命之符是也,然后托乎春秋正不正之间,而明改制之义,一统乎天子,而加忧于天下之忧也,务除天下所患,而欲以上通五帝,下极三王,以通百王之道,而随天之终始,博得失之效,而考命象之为,极理以尽情性之宜,则天容遂矣。"并由此推论出"《春秋》应天作新王之事",而孔子因此不仅是为汉制法,而且是为万世制法的圣人。因为王者必改制,所以又引出三统、三正、文质等一系列春秋义例。

徐复观断定以天地人为三统,可能始于董仲舒,而配以赤白黑三色成为赤统白统黑统,也被认定为董仲舒糅合五德始终的创说,所以改制的思想也为董仲舒所首创。他说:虽然三正观念有历史的依据,但是在《春秋》中并没有明确的说明,而三统观念则肯定是春秋所不能允许的。徐复观并认为将三统与文质的转递相牵合,则是董仲舒的"诬诞"[6]215—216。

徐复观将"改制说"视为董仲舒所创,此说法可能有误,因为在《荀子》的《正论》篇中就已经有"改制"说法。荀子否认当时儒家所盛赞的"禅让说",他认为圣王主要是因其德而得位,"圣王在上,图德而定次,量能而授官,皆使民载其事而各得其宜,不能以义制利,不能以伪饰性,则兼以为民。圣王已没,天下无圣,则固莫足以擅天下矣。天下有圣而在后者,则天下不离,朝不易位,国不更制,天下厌然与乡无以异也,以尧继尧,夫又何变之有矣?圣不在后子而在三公,则天下如归,犹复而振之矣,天下厌然与乡无以异也,以尧继尧,夫又何变之有矣?唯其徙朝改制为难。故天子生则天下一隆,致顺而治,论德而定次;死则能任天下者必有之矣。夫礼义之分尽矣,擅让恶用矣哉"?

而对于三统和质文这些问题,我觉得康有为的解释也值得考虑,康认为孔子之作春秋,在义不在事,故一切皆托,不但鲁为托,即夏、殷、周之三统,亦皆托也。如果以考据家的态度去理解公羊春秋,那么,肯定不能真正理解董仲舒的用心[5]367。虽说康以托古的方式,来试图从传统制度中转化出现代政治制度,比较牵强,但这样做法的长处在于强调现代制度和传统价值之间的联系。而徐复观比较倾向于从传统制度中寻找与现代价值的结合点。立意不同，对于公羊家法的取舍就会产生很大的差异。

（四）夷夏之辨与仁义法

夷夏问题在春秋学中对应的是"异内外"的义例，由于历史上多次出现的中原与周边少数民族之间的冲突，所以夷夏是一直被用来区分中原民族与周边民族的一个理论依据。

毫无疑问，在孔子思想中存有比较浓厚的华夏中心的色彩，因此，他主张尊王攘夷。这样的观念在汉代依然是十分盛行的，比如《汉书·匈奴传》中，班固就说："春秋内诸夏而外夷狄，夷狄之人贪而好利，被发左衽，人面兽心，其与中国殊章服、异习俗、饮食不同、言语不通，辟居北垂寒露之野，逐草随畜，涉猎为生，隔以山谷，雍以沙幕，天地所以绝外内也。是故圣王禽兽畜之，不与约誓，不就攻伐；约之则费赂而见欺，攻之则劳师而招寇。其地不可耕而食也，其民不可臣而畜也，是以外而不内，疏而不戚，政教不及其人，正朔不加其国。来则惩而御之，去则备而守之，其慕义而贡，则接之以礼让，羁縻不绝，使曲在彼，盖圣王制御蛮夷之常道也。"

《公羊学》中，虽然依然有夷夏之别的观念，但是夷夏的观念有一个由种族差异向文化差异的转变。

《公羊学》的"异内外"包括"自近者始"之义，对于这一点，董仲舒的《仁义法第二十九》中有详细的讨论。文说："春秋之所治，人与我也；所以治人与我者，仁与义也；以仁安人，以义正我；故仁之为言人也，义之为言我也，言名以别矣。仁之于人，义之于我者，不可不察也，众人不察，乃反以仁自裕，而以义设人，诡其处而逆其理，鲜不乱矣。"因此"异内外"体现出儒家忠恕之道的根本含义。

而董仲舒面对汉代大一统的格局，需要对中原和周边民族的关系做一个新的考虑，所以，徐复观认为他在将夷夏观念由种族差别向文化差异的转变中，做出了突出的贡献。他举《竹林第三》开头的一段话来解释从文化的角度，夷夏的定位并非是一成不变的，"'《春秋》之常辞也，不予夷狄，而予中国为礼，至邲之战，偏然反之，何也？'

曰：'《春秋》无通辞，从变而移，今晋变而为夷狄，楚变而为君子，故移其辞以从其事。'"意思是说，如果在地理和种族上属于"夏"的晋国不能执礼，反而不如传统被视为夷的楚，那么晋就变为夷狄，而楚就变为君子。由此充分体现《春秋》"王者无外"，上下远近若一的天下理想。

徐复观认为因为汉代的疆域远远超越了春秋时代的华夏，因此，在汉朝的疆域内生活着许多传统意义上的夷狄，而这些不同的种族在新的王朝里已经成为地方性的问题，而不再是种族的冲突，因此董仲舒对于夷夏观念的重新思考，成为熔铸各种族为一体的精神力量。"对武帝北攘匈奴，南服南越，开疆拓土，对于归附者率以优渥地处理，不能说没有发生影响。而中国之所谓民族主义，不同于西方与军国主义帝国主义相通的民族主义，其根源在此。"[6]223

四、徐复观论董仲舒"天的哲学"

前面已述，徐复观将公羊学与天的哲学进行一定程度的区隔有其"政治性"的考虑①。董仲舒要担负儒学形态转换的任务，势必要对儒学本身进行体系性的重建，如果说《春秋》公羊义法的建立为他提供了方法论的基础的话，那么董仲舒体系性重建的核心工作便是对天人关系的新综合。首先，在徐复观看来，董仲舒之所以着力构建天的哲学，其真实背景是因为认识到如先秦儒家那样用人格修养的方式来制约权力无边的皇帝是不可能的，因此希望通过"天"的力量来制约；其次，通过对天道的解释，以儒家的尚德思想来稀释法家的严酷法律的影响[6]232。

这个工作分为两个方面：一方面，将天确立为社会道德观念和礼乐制度的合法性依据；另一方面，是通过天人感应的方式来建立起道

---

① 黄俊杰先生将徐复观的诠释方法概括为"作为政治学的诠释学"，至为恰当。参见黄俊杰《东亚儒学视域中的徐复观及其思想》，台北：台湾大学出版中心 2009 年版，第 222 页。

德观念、礼乐制度与日常生活之间的联系。这两项工作被董仲舒称之为"二端"："是故春秋之道，以元之深，正天之端，以天之端，正王之政，以王之政，正诸侯之即位，以诸侯之即位，正竟内之治，五者俱正，而化大行。故书日蚀，星陨，有蜮，山崩，地震，夏大雨水，冬大雨雹，陨霜不杀草，自正月不雨，至于秋七月，有鹳鹆来巢，春秋异之，以此见悖乱之征，是小者不得大，微者不得着，虽甚末，亦一端，孔子以此效之，吾所以贵微重始是也，因恶夫推灾异之象于前，然后图安危祸乱于后者，非春秋之所甚贵也，然而春秋举之以为一端者，亦欲其省天谴，而畏天威，内动于心志，外见于事情，修身审己，明善心以反道者也，岂非贵微重始、慎终推效者哉！"[8]31 第一端显然是就统治秩序而言的，王道政治的依据在于天道，以及作为天道来源的"元"。第二端，就是我们经常所说的灾异和谴告，董仲舒认为一些自然界的异常现象，均是上天通过一些微妙的提示来告诫现实中的统治者。而这种天人感应的方式也更能使儒家的原则被一般的民众所接受。

徐复观与许多学者一样，将董仲舒的哲学称之为"天的哲学"，但是我们从前文中可以看到天并非是董仲舒的终极性的"本体"，在天之前还有一个"元"。

（一）元

在之前的文献中，"元"主要是本原和原始的意义。在《春秋繁露》中，这样的理解也可看见，如《玉英第四》中说："谓一元者，大始也。"不过徐复观先生倾向于从宇宙本原的元气来理解董仲舒的"元"，他说："仲舒心目中元年的元，实际是视为元气之元。"[6]219 但是元是否就是元气，现在存有比较多的争议①。我们且看两条对于这个问题最重要的文献。

---

① 关于元是否是元气，元是否是本原的问题，历代注家就意见相左。现在学界基本上继承了元气论和本原论的对立。大略金春峰等是认同徐复观的观点，而冯友兰等学者则认为元并非是元气，而只是一个理念。参见刘国民《董仲舒的经学诠释及天的哲学》，中国社会科学出版社 2007 版，第 268—272 页。

（1）春秋变一谓之元，元犹原也，其义以随天地终始也。故人唯有终始也，而生不必应四时之变，故元者为万物之本，而人之元在焉，安在乎？乃在乎天地之前，故人虽生天气，及奉天气者，不得与天元本、天元命而共违其所为也。故春正月者，承天地之所为也，继天之所为而终之也，其道相与共功持业，安容言乃天地之元？天地之元，奚为于此？恶施于人？大其贯承意之理矣。（《玉英第四》）①

（2）春秋何贵乎元而言之？元者，始也，言本正也；道，王道也；王者，人之始也。（《王道第六》）[8]21

虽然从元气无形而分造天地的说法，也可以支持将元解释为元气，但是从上述文字可见，元更应被理解为终极之理。虽然人道、王道本之于天道，但是在传统儒家乃至董仲舒的天人关系的理解中，天意和人情之间有密切的关系。因此，天道并不具备绝对的独立性。正如董仲舒所说，天地人构成了一个共感的系统②，否则我们后面无法理解天人感应和天人相辅等天的哲学的重要展开部分。

因此，从董仲舒试图为大一统的汉帝国寻求合法性的自然依据的时候，"奉天法古"只能视为策略，而理论上依然需要一个作为天道、王道、人道共同的形上基础的"元"作为普遍法。

（二）天人关系

徐复观认为董仲舒的天的哲学并非是古代天的观念的发展，而是对《吕氏春秋·十二纪·纪首》的格局的继承，因为在这个文本中，把天与阴阳五行、四季变化和政治活动进行了系统的整合。"孔子即以四时言天道，《易传》言四时重于言阴阳；《系辞》上谓乾坤'广大配天地，变通配四时，阴阳之义配日月，易简之义配至德'。这里很明显地没有把阴阳与四时相配。《易传》中更无五行的观念。五行与四时更两不相干。至《吕氏春秋·十二纪·纪首》，始以四时为中心，

---

① 苏舆《春秋繁露义证》，第 68 页，此段不见王云五所编之《春秋繁露》书中。

② 《春秋繁露·立元神》说："天地人，万物之本也，天生之，地养之，人成之；天生之以孝悌，地养之以衣食，人成之以礼乐，三者相为手足，合以成体，不可一无也。"参见《四部丛刊正编》，台北：台湾商务印书馆 1979 年版，第 33 页。

将阴阳五行四方，配合成一个完整的有机体；仲舒即直承此以言阴阳五行四时四方，形成更紧密的构造；天道天志，即表现在此构造之中。"[6]232

第一，董仲舒所面临的是一个全新的局面，一方面士人群体不复有孔孟时代的独立性，在秦汉的制度体系之下，社会控制能力得到加强，因而士人更多的是要与权力体系合作。

第二，秦汉是一个知识整合的时代，儒家要影响社会首先要获得社会的支持，特别是君主的支持。而当时的思想版图中，阴阳家、法家、道家的思想依然有很大的市场，那么要在思想竞争中获得更多的话语权，吸收和改造别的思想因素是唯一的途径。据此，董仲舒结合儒学中原有的阴阳和五行的思想因素，将之与广有市场的阴阳家的学说相结合而创制出一套新的天的哲学，此乃儒学面对新的问题所作出的一个必要的转折，也因此董仲舒才被推为"儒者宗"①。

徐复观将董仲舒对天人关系的理解分为四个部分来讨论，第一是"天人一也"，认为董仲舒天人相类的说法，实际上是消除了天与人之间的距离，从而构成了对天的神秘性的消解。第二是"天与心性"，心性问题是儒家的根本问题。董仲舒的天具多元性，因此，从天的神圣性可以推论出人性之庄严；而从自然天的角度，则可以推论出自然人性论，正如自然之有阴阳，人性可以有善有不善，并由此强调教化之必要性。第三是天与伦理的关系。董仲舒的天人关系论是要为人与人间的道德伦理关系找到自然法则的支持，但客观上却是将自然道德化。第四是天与养生。

（三）天与政治

董仲舒天的哲学的一个最根本的任务是：为新的秩序树立新的权威与象征。因此，他必然要树立君主的至上性。在天与君主的关系上，他逐渐放弃了先秦儒家在政权取得方式上的讨论，而是强调君权神授，而君主是百姓之主，"董氏把君权提得这样高，于是他不知不

---

① 《汉书·五行志》说："董仲舒治《公羊春秋》，始推阴阳，为儒者宗。"中华书局1963年版，第1317页。

觉的，接受了一部分战国末期的道家思想及法家思想，将人君加以神秘化"[6]255。在《春秋繁露·保位权第二十》一文中有道家式的言论："为人君者，居无为之位，行不言之教，寂而无声，静而无形，执一无端，为国源泉，因国以为身，因臣以为心，以臣言为声，以臣事为形。"也有法家式的言论："国之所以为国者，德也，君之所以为君者，威也，故德不可共，威不可分，德共则失恩，威分则失权，失权则君贱，失恩则民散，民散则国乱，君贱则臣叛。"这些都是要把君主神秘化并提升其权威的观点。

　　徐复观认为这是董仲舒天的哲学的关键，因为既然君主之权力至高无上，现实中便没有足够的力量来对之进行制约，而唯一的制约力量便来自天。"夫王者不可以不知天……知天，诗人之所难也。天意难见也，其道难理，是故明阳阴入出、实虚之处，所以观天之志；辨五行之本末、顺逆、小大、广狭，所以观天道也。天志仁，其道也义，为人主者，予夺生杀，各当其义，若四时；列官置吏，必以其能，若五行；好仁恶戾，任德远刑，若阴阳；此之谓能配天。"(《天地阴阳第八十一》)① 既然君权神授，那么君也就必须要了解天意之所在。而通过对于天道、天志的儒家式陈述，完成了儒家观念自然化的过程。

　　王道就是君主将天道现实化的过程，因为王是连接天地之枢纽，这就要求人主大天之所大，小天之所小。而正如自然界之春生夏养秋杀冬藏，王者之成德必以任德而不任刑，而以仁义为本。

　　如果说仁义论说是正面劝告的话，那么秦汉以来一直盛行的灾异观念便成为董仲舒所能想到的制约君权的一个重要途径。如前文所述，董认为谴告和灾异是春秋重要"一端"，在《贤良三策》中，董仲舒便明确地说："臣谨案《春秋》之中，视前世已行之事，以观天

---

　　① 不过徐复观先生在比较董仲舒和司马迁的天的观念时，虽明言董仲舒之天人感应论，然却认为"董氏的天，是理性的，所以天对人的影响，也是合乎理性的，因而是可以通过人的理性加以解释的；必如此，始能达到对人君的行为发生教诫的作用"。参见徐复观《论史记》，收录于《两汉思想史》卷三，第197页。但在笔者看来，如果放在汉代的情景之下，可能神秘之天，其教诫作用，更为明显，也符合董仲舒对于天的"设想"。

人相与之际，甚可畏也。国家将有失道之败，而天乃先出灾害以谴告之，不知自省，又出怪异以警惧之，尚不知变，而伤败乃至。以此见天心之仁爱人君而欲止其乱也。"[4]2502 这也就是董仲舒"屈民而伸君，屈君而伸天"的政治观的核心。

虽然说天人交感的思想并非来自董仲舒，且灾异之论也是旧已有之。但是，董仲舒的春秋学使儒生在一定程度上取得了批评现实政治权利的空间。不过，当儒家将公羊义法作为现实秩序的支持力量时，并没有提出（或者说无法建立）一套纠正机制。所以，当董仲舒提出灾异的奏议几乎被处死的时候，董仲舒就不敢再提灾异这一端了。而董仲舒的学生眭弘在昭帝时用灾异上书，说："先师董仲舒有言，虽有继体守文之君，不害圣人之受命。汉家尧后，有传国之运，汉帝宜谁差天下，求索贤人，禅以帝位，而退自封百里如殷周二王后，以承天命。"[4]3154 结果是被视为妖言惑众，大逆不道而被杀。

虽然灾异、受命之论在王莽和东汉末年，依然成为政治转变时期的重要话语，但是已经成为权臣夺权的思想武器，而非士人对于权力的制约。

五、董氏春秋学和儒学的转折

徐复观对于孔子作《春秋》的精神有一个基本的"设准"，即"贬天子，退诸侯，讨大夫"，也即对于政治生活的"人民主体"的突显，这也是真正的"史学"的精神。由此，我们不难理解徐复观对董仲舒春秋公羊学的考察，并不在其公羊方法，而在于其对抗、制约统治权威的"王事"精神[15]。徐复观认为，董仲舒通过春秋董氏学和天的哲学，完成了儒家形态和内容的重大转折。但其基本的精神，依旧是先秦儒家的尊民抑君的精神。

从春秋董氏学的整体来看，董仲舒的确是吸收了大量的墨家、道家甚至法家的观念，尤其是在对于天和宇宙秩序的讨论中，大量吸收了阴阳家的思想。

许多人关注到董仲舒思想中的法家成分。以经术润饰吏事，是汉武帝的一个基本策略，而公孙弘等人也因此而位至三公。董仲舒对此采取的是不合作的策略，但是他的思想中已经有明显的法家思想的因素，特别是对于权威和等级的肯定方面。

儒法斗争的确是汉代思想的一个基本问题，而在汉武帝前后有一个儒法之间力量对比的变化，也就是儒家思想逐渐占据了上风，徐复观认为儒法斗争是理解汉代历史的一个关键，而在这个关键的时期董仲舒起到了关键的作用，"在这批知识分子中，在思想上——不是现实上——为儒家重新奠定基础，在政治上对法家加以全面批评，因而缓和了法家的毒害，乃至压缩其活动范围，却不能不归功于董仲舒。董仲舒的'天人三策'乃代表当时儒法思想在政治方面的斗争高峰。用现代的语句表达董氏的工作，正是'把人当人'的人性政治，对'把人不当人'的反人性的极权政治的决斗。此一决斗，在当时并未立刻收实际上的多大效果。然儒家思想，在打了若干折扣之后，却获得了理论上的胜利，此一胜利，逐渐使法家的传统下降而为'吏'的地位，于是以前的政治实权虽仍操之于吏，而在政治的名分上，吏总是从属于儒"[3]243—345。

董氏春秋学与阴阳五行的关系也是理解儒学转折的一个重点。正如许多学者已经指出的，阴阳五行的思想不但与儒家思想渊源有自，而且他们所提供的宇宙和地理的知识乃是当时知识界的共同知识而非能理解为一家所私有。同时结合天道来讨论人事，也是汉代思想的一个基本面貌，这一点在《吕氏春秋》和《淮南子》等作品中已然昭然若揭。

徐复观认为董仲舒吸收阴阳五行的系统，主要目的是要给现实的政治权力寻找一个制约性的因素，因此宗教性的成分反而比较弱。"董仲舒烦琐性的阴阳五行之说，实含有一种宗教性的意义。但由阴阳五行之气，以言天人感应，实际只是一套物质法则的神秘性的机括，所以他所说的天，有时好像有意志，但实际只是人格神，因此，并不能真正成为宗教神的意志。……董生在这一趋势之下，却把儒家的政治思想，装入于这一四不像的宗教躯壳之中，想由此使大一统的皇帝，在意志与行为上不能不有所畏忌，在这种畏忌中，不能不接受儒家政治的理想。这是儒家精神，在专制政治之下，所迫出来的于不识不知之中，所做的非常巧妙之宗教形式的转换。"[11]59引入阴阳五行虽然会导致儒家的道德理想主义的纯粹性的减弱，但是对于儒家思想的民间化而言，这个吸收却是十分的重要。余英时认为，即使说阴阳五行的植入导致儒家在汉代的转折，那也只是超越哲学的层面的事，"至于文化价值，如仁、义、礼、智、信之类，则汉儒大体上并没有改变先秦旧说。事实上，孝悌观念之深入中国通俗文化，主要是由于汉儒的长期宣扬。汉儒用阴阳五行的通俗观念取代了先秦儒家的精微的哲学论证，但儒教的基本教义也许因此冲破了大传统的藩篱，成为一般人都可以接受的道理"[16]。

徐复观说，董仲舒对公羊学做了一些改变而造成儒学的转折，其要点是：

第一，董仲舒受到《吕氏春秋》的影响，在心里形成了一个天的哲学构造，并认定这是万物最高的真理和最后的依据，而这个真理和依据，是孔子通过《春秋》来表达的，但孔子又不是直接表达的，而是通过"微""端"等一些象征性的元素，而他则是将这些蕴含的意思揭示出来。

第二，董仲舒认为孔子作《春秋》，是要为万世立法，现实地说是为汉制法，这个法是由天意决定的，因为治理天下的道并不会因为改朝换代而改变，对于现实的君王来说必须符合天的意志，即所谓"屈君而伸天"。

第三，董仲舒为了给孔子口说天意找依据，改变了西狩获麟而绝笔的传说，而是通过麟的出现来为孔子的资格做合法性证明。

第四，董仲舒在论证孔子的合法性的时候，把纬书的怪诞的一面引入了经典解读中，这样对先秦的理性主义和合理主义的发展是一种阻碍，使中国的思维方式常在合理中混入不合理的因素①。

---

① 徐复观《两汉思想史》卷二，第 221 页。是否是董仲舒开启了纬书的传统，这个可能是会有争议，但是历史上的确有人甚至把董仲舒的书看作是纬书："盖秦汉以来，去圣日远，儒者推阐论说，各自成书，与经原不相比附，如伏生尚书大传，董仲舒春秋阴阳，核其文体，即使纬书。特以显有主名，故不能托诸孔子。"引文见《四书全书总目提要·卷六·经部·易类六·附录》，河北人民出版社 2003 年版，第 184 页。也就是因为作者明确，所以不能假托为孔子本人所著。

尽管董仲舒广泛吸收各家思想促成了儒家的转折，但是，其儒家的基本精神并没有丝毫改变。仁义依然是所有政治活动和社会活动的基点，政治权力的更替的最合理的方式依然是贤者居位，他甚至强调禅让。不过，对于董仲舒影响儒家发展的评价倒是比较多元化的。侯外庐等认为董仲舒的公羊学实为汉代的政治提供了一套"神学"，从而使儒家与专制政治取得了共谋。蒙文通也认为儒家的政治思想经由董仲舒而发生了巨大的变化，虽然，董仲舒依然坚持，汤武革命应乎天而顺乎人，但是董仲舒逐渐将"革命"替换为"改制"，"实际上，儒家最高的理想与专制君主不兼容的精微部分，阿世者流一齐都打了折扣而与君权妥协了，今文学从此也就变质了"[17]217，"董生变其所学，以委屈于汉，固无以愈于公孙弘之阿世，然儒术遂行，儒显而道以晦，独非董生之咎哉"[17]157？

相比之下，徐复观对董仲舒抱有很大的同情。他认为，董仲舒是一个很难处理的大思想家，他将《公羊传》的重礼转变为《春秋繁露》的重仁，所以，看上去董仲舒是要为大一统的专制加以合理化，但他的基本用心却是要在仁的指引下，实现他以人民为主体的思想。这一点是徐复观理解董仲舒最为吃紧的地方。徐复观认为因为董是受了专制政治的欺骗，所以他反而成为专制政治的助推者，但是他的动机和目的都并非如此。

当然我们也需要提一下董仲舒因为提出"独尊儒术"的策略而导致的儒学制度化的转折，从而确立了儒学与中国社会组织之间的关系。对此，徐复观的评价也是复杂的。基于对学术和政治关系的理解，徐复观认为，对于专制的统治者而言，他们不会因为独尊儒术而真正实行孔子之教，反倒给了统治者控制学术的口实。而儒学内部，因为是否与权力结盟，而产生了争议，致使六艺之间互相排挤。因独尊地位获得了博士地位的人，反而是甚少真诚从事学术研究的人。对此，徐复观的结论是董仲舒对儒家与制度的结盟用心过当，终于贻害无穷[6]264。

六、结语

（一）公羊学与现代学术

徐复观对春秋董氏学的研究，很大程度上是从现代学术的方式来进行，因而他很不赞同晚清公羊学的方法，因此，无论是他对董氏公羊学方法的总结还是意义的论述，很大程度上舍弃了对于春秋义法的关注。他贬低康有为等人的《春秋董氏学》，认为只是一些数据归类而已。在我看来，他贬低晚清经学的成就，有两方面的原因，一是从知识论的原则上，他肯定公羊学中符合逻辑推定的部分内容，而不认可公羊学中过多的"假托"和"推演"。二是从政治原则上，徐复观并不认可晚清经学家依旧在希望通过经典的"解释"来阐发现代政治原则的做法。总的来说，现代新儒学总体倾向是非经学性的，这个问题是一个很值得现在思考的问题，即我们今天应如何看待经和经学。

徐复观在讨论经学的议题的时候，倾向于采取客观主义的知识论路径，他试图区分信仰和知识，从而为儒家寻求一个知识论的基础，但是也必然会导致徐复观和董仲舒之间的巨大的鸿沟。我们或许要反思，从客观知识的角度来讨论公羊家的理论及其意义，在发现了新的视域之后，是否遮蔽了更为关键的内容。

在我看来，徐复观对晚清公羊学和康有为的批评有点过于苛刻。这可能是基于现代学术立场对于经学立场的质疑。比如，徐复观认为："康有为著《春秋董氏学》，仅就《春秋繁露》，作一烦琐而不精确的分类抄录工作。"但在经学内部，人们会肯定康有为对董氏春秋的主题和义例做出的整理和评论。或者可以这么说，康有为虽然多有大胆发挥的部分，但基本是按公羊学的"家法"来整理《春秋繁露》的，而徐复观比较少地讨论《春秋》的一些基本原则，比如属辞、比事、义、例等，而更多的则是一种哲学式的讨论，这种方法论上的差异造成徐对晚清公羊学的负面评价。

（二）公羊学与儒家政治

肖滨认为，徐复观的董仲舒研究是他"在文化上所作努力的一个重要组成部分，目的是要从中发现导向民主政治的传统资源"。徐坚信，只有制度性的权力限制，才能摆脱儒家的政治理想和政治现实之间的冲突，这样"从儒学传统中的道德制约，天的制约转换出法律、制度的制约，就成了连接儒学传统与现代性政治的一条重要的思想线索，这也正是徐复观致力于研究中国文化包括解析《春秋繁露》的用心所在"[18]。这一概括十分恰当，徐复观先生对董仲舒内心思想的"诛心"式的思考，认定董仲舒为皇权服务是虚，争取儒家对现实政权的制约为实，这的确给我们理解董仲舒的思想提供了新的视野。

但是徐复观这样的曲折解释的一个原因在于他要为儒家与中国的现代民主政治之间寻找一个连续的基础。这个基础就是儒家所强调的德性和修身。

徐复观认为西方的民主政治来源于争取个人权利、划定个人权利，限制统治者权力的行使。在此前提下尽自己的责任。他认定民主政治，只有进一步接受儒家的思想，才能生稳根，才能发挥其最高的价值。"民主之可贵，在于以其争而成其不争，以个体之私而成其共体之公，但这里所成就的不争，所成就的公，以现实情形而论，是由互相限制之势所逼成的，并非来自道德的自觉，所以时时感到安放不牢。儒家的德与礼的思想，正可把由势逼成的公与不争，推上到道德的自觉，民主主义至此才真正有其根基。"[3]247

但是为什么儒家的德治对民主政治是如此重要，中国自身却没有转出民主政治体制来呢，徐复观认为主要是传统政治思想总是站在统治者的立场上为统治者想办法，是民本而非民主。而政治主体的错位，导致儒家的德治客观化为政治设施，增添了许多曲折。因为过分依赖道德自觉，致使对于暴君和污吏则束手无策。政治的主体的错位还导致了士的阶层对于统治者的依赖，致使知识分子被迫适应现实的政治格局，而难以发挥其独立性[3]249。

徐复观作为一个新儒家政治哲学的重要构建者，对于秦汉之间儒学的发展和转折的关注是必然的，他更主张儒家精神性的连续性，这奠定了他在理解董仲舒思想时的基本态度。然而，这样的做法，有时会忽视儒家与现实政治妥协的方面。而现代科学方法和公羊学方法之间的巨大差异，使得徐复观维护汉代儒学"理性"面貌的努力变得十分困难。这也提醒我们，如何对待经典，是仍需思考的问题。

参考文献：

[1] 陈昭瑛. 台湾儒学的当代课题：本土性和现代性 [M]. 北京：中国社会科学出版社，2001：204.

[2] 钱穆. 两汉经学今古文平议 [M]. 台北：台湾商务印书馆，2001：281.

[3] 徐复观. 中国思想史论集 [M]. 上海：上海书店出版社，2004.

[4] 班固. 汉书：卷五十六 [M]. 北京：中华书局，1963.

[5] 康有为. 康有为全集：第二集 [M]. 北京：中国人民大学出版社，2008.

[6] 徐复观. 两汉思想史：卷二 [M]. 上海：华东师范大学出版，2001.

[7] 邓红. 董仲舒的春秋公羊学 [M]. 北京：中国工人出版社，2001：5.

[8] 董仲舒. 春秋繁露 [M]. 台北：台湾商务印书馆，1979.

[9] 苏舆. 春秋繁露义证 [M]. 北京：中华书局，1992.

[10] 李学勤. 十三经注疏：卷五十 [M]. 北京：北京大学出版社，1999：1368－1369.

[11] 徐复观. 中国思想史论集续编 [M]. 上海：上海书店出版社，2004.

[12] 何休. 春秋公羊传注疏 [M]. 北京：北京大学出版社，1999：16.

[13] 刘宁. 属辞比事：判例法与春秋义例学 [J]. 北京大学学报，2009（2）：74－81.

[14] 侯外庐. 中国思想通史：卷二 [M]. 北京：人民出版社，1962：98.

[15] 徐复观. 两汉思想史：卷三 [M]. 上海：华东师范大学出版，2001：196.

[16] 余英时. 士与中国文化 [M]. 上海：上海人民出版社，1987：127.

［17］蒙文通. 经学抉原［M］. 上海：上海人民出版社，2006.

［18］肖滨. 现代政治与传统资源［M］. 北京：中央编译出版社，2004：231－232.

原文载于《衡水学院学报》2018 年第 4 期。

干春松（1965－），男，浙江绍兴人，北京大学哲学系教授，北京大学儒学研究院副院长，博士生导师。孔子研究院泰山学者特聘教授，博古睿学者。

董仲舒哲学思想研究

天人感应的发生机理与运行过程

——以《春秋繁露》、"天人三策"为文本依据

余治平

　　上古中国，天人感应观念起源于诸如《诗经》《尚书》《管子》《国语》《易传》《吕氏春秋》等先秦典籍中。但这些典籍中的感应思想显得很零散、驳杂，并且多属灵感迸发，呈现出感应意识萌发的初始状态，还没有在理论化、体系化和知识化背景下获得理解和阐释。中国古代感应思想的真正集大成者，非董仲舒莫属。董仲舒的感应思想在理论上起源于春秋公羊学，在现实中则得益于武帝的策问。"三代受命，其符安在？灾异之变，何缘而起？性命之情，或夭或寿，或仁或鄙，习闻其号，未烛厥理。"[1]1094－1095 "盖闻'善言天者必有征于人，善言古者必有验于今'。故朕垂问乎天人之应，上嘉唐虞，下悼桀、纣，浸微浸灭浸明浸昌之道，虚心以改。"[1]1103 经过董仲舒在汉初时代的一番学术努力，感应，尤其是天人之间的感应，获得了完整而系统的建构，他提出了"天道类动""阴阳性情""人副天数""因五行而用事"系列的概念、命题，也论述了感应一般性的原则，有诸多命题的逻辑推演，也有"求雨""止雨"的实际应用，因而呈现出感应思想非常成熟的形态。根据清乾隆卢文弨校本《春秋繁露》和载于《汉书·董仲舒传》的"天人三策"，董学从感通发生的一般性原则、物物相感（同类的和异类的）及天人应合三个层面展开了他的感应哲学思想。感应的发生机理在阴阳五行的流转而不在神性作用，其运行

过程可解析、可证明，由此可以消解长期以来人们对董子之学所做的一切神学或神秘化误读①。

一、"天道各以其类动"：感应的前提与条件

徐复观说过："董氏非常重视类。他立论的大前提是'天人同类'。"[2]金春峰也说："'类比''无类类比'是董仲舒认识方法的本质的特点。"[3]董仲舒的感应学说的一个核心概念就是"类"，在语义学上它包含着像、似、类比、类推之意。中国古代思想中的感应，在对象、内容上有物与物的感应、人与物的感应、天与人之间的感应。董仲舒以为，物物相感、人与物相通、天与人相应的根据就在于：同类相动、以类度类。他说："天道各以其类动。"[4]44"同者相益，异者相损。"[4]99相同类型、相同性质的天下万物都可以互动，都可以彼此沟通，但只有相同的事物之间才会相互助益，而相异的事物之间却容易导致彼此损丧，这既是自然世界，又是人类社会的一条普遍法则，是感应现象发生的基本前提。"天道施，地道化，人道义。圣人见端而知本，精之至也。得一而应万，类之治也。"[4]99"类"是世界存在者之间的可通约性，通过"类"我们才能建立起物与物之间的交汇。

---

①　现代以来的许多论者都把董仲舒的天人感应思想做了神秘化的理解，其实在董仲舒那里，感应始终是有阴阳五行根据的，而没有丝毫的神秘因素。周辅成说："董仲舒把先秦的这些半科学半神秘的东西聚集在一起后，把它放在先秦儒家思想的基础上，利用它来达到自己的政治目的，为君主集权提供理论根据。"参见《论董仲舒思想》，上海人民出版社1961年版，第34页。冯友兰说，董仲舒的"这种作为'万物主'的'天'，并不就是一般宗教所说的'上帝'，而是被神秘化了的物质的天"。他甚至断言："天人感应说是一种神秘主义的虚构。"分别参见《中国哲学史新编》第三册，人民出版社1985年版，第53、69页。王永祥称："正如董仲舒的目的论具有神学性质那样，他的'天人感应'论也常带有明显的神学色彩。"参见《董仲舒评传》，南京大学出版社1995年版，第155页。钟肇鹏说，《易传》之类"古代关于自然感应之说"，到了《吕氏春秋》则"已把它与人事祸福牵合，至董仲舒加以引申发展而成天人感应的神学目的论，作为他的哲学理论基础。至汉代谶纬更加泛滥"。参见《春秋繁露校释》校补本下，河北人民出版社2005年版，第810页。而这些论述则都可以从反面说明，不懂阴阳五行，是读不懂董仲舒的感应学说的。

天、地、人三者之间在本体状态中是统一的，然而，在进入现象世界之后，它们之间则存在着性质、本质和品格上的类似和相通。找到了这种类似和相通，也就找到了它们的"类"。人如果抓住了天、地、人之间的"一"，就有可能与万事万物建立起有效的感应关系。

以董仲舒撰作为主的传世文献《春秋繁露》第十三卷中有《同类相动》一篇专门阐述怎样通过"类"而实现感应①。在这篇非常重要的文献里，至少蕴涵着董仲舒或其学派感应思想的五层基本内容：

首先，从事物的存在性质上看，"去所异""从所同"是万物生生于世的一种基本趋向。"以类相召"是现象事物身上都有的共同属性，是现存世界的一般规律。这在《易传·乾·文言》中已经早有揭示，平地注水则去燥就湿，均薪施火则去湿就燥，云皆从龙、风皆从虎之类。《说卦》中八卦取象的内容都具有类的性质，但都不可能诉诸清楚明晰的知性逻辑，很难经得起缜密的概念分析。在董仲舒看来，美好的事情一定可以招致美好的事情，而坏恶的事情则会唤引来坏恶的事情，同类之物事一定是可以相应合而生起的。"天地之符，阴阳之

---

① 凌曙注"同类相动第五十七"题名，引《春秋元命苞》曰："猛虎啸，谷风起，类相动也。"参见凌曙注《春秋繁露》，中华书局 1975 年版，第 444 页。关于"同类相动"篇的作者及文献自身的可靠性，按照桂思卓（Sarah A. Queen）的观点，"同类相动"篇位于《春秋繁露》"阴阳编"的十九篇之中，既不在"解经编""黄老编""礼制编"中，也不在"五行编"中，所阐述的核心观点则是"统治者与阴阳四时之间存在的宇宙论上的关联性"。桂思卓通过对阴阳出入之位次、运行路线的统计而发现，阴阳编的各篇之间存在着区别。"最大的差异在于它们各自的宇宙论假设"，问题就在于各篇对"阴阳的季节性运行"的记录，是"互相矛盾"的。因而她质疑说："一个汉代学者能否使用数量如此之多而且观点各不相同的阴阳周年运行理论来证明自己的政治主张（君主应当将德教置于刑罚之上）呢？ 或者，这些各异的宇宙论能否表明，众多学者都试图以其论著独立而精细地构建一种最具说服力的宇宙论，并以此支持作为皇帝之恩惠的德教的运用呢？"引文参见《从编年史到经典：董仲舒的春秋诠释学》（*From Chronicle to Canon：The Hermeneutics of the Spring and Autumn，According to Tung Chung-shu*），朱腾译，中国政法大学出版社 2008 年版，第 110、112、113 页。从桂思卓的论述则可推断，阴阳编的这十九篇不可能出自董仲舒之手，其作者则应该是后世董仲舒派的诸多学者。至于"同类相动"篇的作者，只不过应该是其中的一位。

副，常设于身。身犹天也，数与之相参。……于其可数也，副数；不可数者，副类。皆当同而副天，一也。……以此言道之亦宜以类相应。"[4]75 天与人之间在"数"和"类"双重意义上都可以比附、通合，可以用数目来表达的，则其数目一定是相同的；而不可以用数目来表达的，则可以类通。

其次，从感应的发生机制上看，因为气同则会、声比则应的原理，所以，阳之气当有益、有助于阳性的物事，而阴之气则一定会有益、有助于阴性的物事。人们可以从阴阳之气的沿袭、继接关系上明确推断出同类物事与异类物事的相互益、损情况。譬如，在琴瑟的一根弦上敲打出宫音，那么其他弦上的宫音也会有响应；而如果击以商音，那么其他弦也会发出商音。甚至，宫、商、角、徵、羽五音中，相近的音都可以引起共鸣，这并非有什么神灵在起作用，而是一种"数"的必然，或一种"类"的必然蕴藏于其中。显然，声学力学中的共振现象被汉初的董仲舒当作了阴阳之气差异作用的结果。"董仲舒在这里显然是明确反对了超自然的有神论解释。"[5]158 在董仲舒的哲学里，感应的中介、媒介或感应发生的前提，都来自两个方面，一是阴阳之气，一是性情。但说到底，这两个方面又是统一而不可相分的，如"阴阳之气，在上天，亦在人。在人者，为好恶喜怒；在天者，为暖清、寒暑、出入、上下、左右、前后平行而不止"[4]97。性情乃阴阳之气在人身上的表出和反映。正是因为有了阴阳之气，物、事、人的感通才是可能的，感通才会发生和兴起。经由性情而呼应，物、事、人之间的感通才能得以最终完成。不止于人，物也可以有性情，由此而实现与人的应合。

至于阴阳之气、阴阳之行如何促使同类事物间的相动、"相报"，《春秋繁露·阴阳终始》篇做了详细阐明："天之道，终而复始。故北方者，天之所终始也，阴阳之所合别也。冬至之后，阴俛而西入，阳仰而东出。出入之处，常相反也；多少调和之适，常相顺也。有多而无溢，有少而无绝。春夏，阳多而阴少；秋冬，阳少而阴多。多少无常，未尝不分而相散也，以出入相损、益，以多少相溉济也。多胜少者，倍入。人者，损一；而出者，益二。天所起一，动而再倍，常乘反衡再登之势，以就同类，与之相报。故其气相侠，而以变化相输也。春秋之中，阴阳之气俱相并也。中春以生，中秋以杀。由此可见，天之所起，其气积；天之所废，其气随。故至春，少阳东出就木，与之俱生；至夏，太阳南出就火，与之俱暖。此非各就其类，而与之相起与？少阳就木，太阳就火，火木相称，各就其正。此非正其伦与？至于秋时，少阴兴，而不得以秋从金，从金而伤火功，虽不得以从金，亦以秋出于东方，倖其处而适其事，以成岁功，此非权与？阴之行，固常居虚，而不得居实，至于冬，而止空虚，太阳乃得北就其类，而与水起寒，是故天之道，有伦、有经、有权。"[4]70-71观察由阴、阳二气所决定和主导的天体运行，就可以发现其基本轨迹和规则：在冬至以后，阴气开始入归于西方，阳气则开始从东方生出；到了春夏之时，阳气多而阴气少；到了秋冬之时，阳气少而阴气多①。阴、阳二气的出入与损益，与它们的同类物事之间存在着某种互相应就、彼此证验的关系。阴、阳之气一旦交合（"侠"）则产生万千事物的复杂更变。春、秋两季均位于阴阳运行的中正状态（"合别"），所以，阴、阳二气便显得调和、适宜。天道运行至春之时，少阳从东方出而应就于木，它所带给世界万物的是生之性；至夏之时，太阳从南方出而应就于火，它所带给世界万物的是暖之性。少阳、春、东方、木之间有着类型、倾向、性质和木质上的接近，同样，太阳、夏、南方、火之间，少阴、秋、西方、金之间，太阴、冬、北方、水之间，各自也一定能够在构成、品格、功能、趋向等方面进行交汇与并合。

---

① 桂思卓就曾因《阴阳终始》所描述的"秋时，少阴兴，而不得以秋从金，从金而伤火功，虽不得以从金，亦以秋出于东方"，无法与《天辨在人》所载录的"少阴因金而起，助秋之成"相一致，少阴于秋的位处充满矛盾，而推断《春秋繁露》的阴阳十九篇非同一个作者。参见《从编年史到经典：董仲舒的春秋诠释学》，第113、114页。但她的这个推断也有问题。顾颉刚曾说，"董仲舒是提倡儒术的"，但"翻开他的书来，满纸是阴阳五行之说。要是依了司马谈论六家要旨的话，把阴阳和儒家分成两家，那么，还是请他到阴阳家的队里去的好"。参见《中国上古史研究讲义》，中华书局1998年版，第103、104页。但后世无数学者显然还是把他归入儒门，并且还是把《春秋繁露》的阴阳五行篇归入他的名下而将其视为研究董子思想的重要资料。

这就叫"各就其类"，也是世界存在者的一般规律，即人事物的"经""伦"或"正"之所在[6]229。

第三，感应不只是单向的、一维的，而是双向的、多维的。感应主体一般所面对的总是一个性情化的存在者，所以，感应就总是在人、事、物的相互之间进行的，而不可能是一方绝对地有而另一方则绝对地无，不可能是一方向另一方地强势颁布或硬性施予，如基督教的上帝对于人、康德的道德律令对于人。在《春秋繁露》里，天有阴阳，人亦有阴阳，物与事皆有阴阳。当天地的阴气生起，人的阴气也必然随之应出。同样的道理，当人的阴气生起，天地的阴气也会随时做出反应。人们一旦通晓了这种应合关系，要想求雨，就应当充分调动和凸显人身上的阴性因素，这样才可以感通天阴之雨而使之降临大地；而要想止雨，则必须积极调动、激活人身上的阳性因素，这样就可以感通于天并使之爆出晴朗之阳。实际上，包括祸福、灾祥在内的世界上的许多物事都是由阴阳之气的进退、交感、类动而产生的。

第四，感应如何能够被人所领会和确证？这是感应被认知并获得可传递性，走向社会交往领域的核心问题。"《诗》云：他人有心，予忖度之。此言物莫无邻。察视其外，可以见其内也。"[4]14董仲舒以为，应该借助于"度"，相当于孔子恕道工夫中的一种，感应主体需要用心去思量、比拟、揣测对象。《韩诗外传》强调说："圣人以己度人者也。以心度心，以情度情，以类度类，古今一也。类不悖，虽久同理。"[7]15而又如何才能实现"度"呢？则应该依靠"内视反听"。"反听"为聪，"内视"为明，聪明既得，物我通达。而这一切都得凭借本己之心去领会和体认。于是，一方面，感应可以通向性情形而上学，与"气"一样，性情在理论上也便当然地成了物物感通不可或缺的媒介和中接。而在性情类同的情况下，以心才能度心，以情才能度情；而另一方面，感应往纵深方向演进则必然导致神秘化、个体化和心理化倾向的出现，于是，儒学的宗教性似乎已是感应观念中的应有之意。

第五，紧接着《易传》的学术传统，董仲舒在这里又强调了圣人在沟通物类过程中的重要作用。对于琴瑟奏宫、它宫鸣应这类事实，对于万物去其所异而从其所同、气同则会而声比则应这样的道理，人们似乎总以为肯定有某种神秘的东西在背后发生作用。实际上，此间并不存在任何神性因素与秘密成分，只不过是感应的缘故。董仲舒用阴阳五行的作用过程解构了感应的不可知性与神秘性。美物召美物、恶类引恶类，这种事情似乎都可以从感应的发生机理中找到缘由①。"天道各以其类动，非圣人孰能明之？"[4]44一般人不以"心"去应和天地物事，不理解"类"相感通的必然性，所以便不得不相信命、神之类不可测因素的存在。

至于物与天之间，董仲舒认为，当然也可以相互感应。"物莫不应天化。"[4]68从发生学意义上看，世界万物的发生与形成都禀受于天、来源于天，因而也就都具有与天相感通、相应合的潜质。"故天地之化，春气生，而百物皆出；夏气养，而百物皆长；秋气杀，而百物皆死；冬气收，而百物皆藏。是故惟天地之气而精，出入无形，而物莫不应，实之至也。"[4]92天地阴阳之气在春天的时候开始发出，于是便有万物的产生；到了夏季，阴阳之气侧重于养，因而便有利于万物的成长；在秋季，阴阳之气呈现出一种肃杀的品性，便导致万物的死亡；而在冬令，阴阳之气偏于收、萎，所以万物就不得不开始敛藏起自己、守护住自己。尽管天地阴阳之气很精微，而不太彰显，其运行出入似乎也没有可触、可辨的形迹，然而，它们却可以通过与每一个世界存在者的感通与应合而把自己透露或表现出来。天与物的互通、物与天的相应，并不玄虚、缥缈，毋宁是非常确凿的事实。

"天道各以其类动"，但异类事物之间是否也可感、可通呢？能否因"感"而"动"以及如何因"感"而"动"呢？这是董仲舒感应学说的又一方面重要内容，是"感应"能否获得普遍意义的关键所在。既然《易传·系辞上》说："感而遂通天下之故。"感应是存在世界的

---

① 甚至，感应也可以分为有形的和无形的。周桂钿指出："天人之间也可以有无形的相互感应。"参见《董学探微》，北京师范大学出版社1989年版，第65页。感应因为无形，所以许多时候人们就会觉得很神秘，于是也便陡增了感应学说被曲解和误读的许多可能性。

一般法则或普遍规律，那么，感应就不可能只在同类事物之间发生，而在异类事物之间也应该存在。《春秋繁露·郊语》篇提出了异类感应的观念：

> 人之言：醯去烟，鸱羽去眯，慈石取铁，颈金取火，蚕珥丝于室，而弦绝于堂，禾实于野，而粟缺于仓，芜菁生于燕，橘枳死于荆。此十物者，皆奇而可怪，非人所意也。夫非人所意而然，既已有之矣，或者吉凶祸福、利不利之所从生，无有奇怪，非人所意如是者乎。此等可畏也。[4]82

这里，醯，即醯，也就是醋，醋可以驱散烟味。鸱，为一种鹰类之鸟，其羽可以清除入眼的异物。磁石，可以吸引铁器。颈金，乃真金，聚焦于日光之下即可燃出火来。蚕之将老，腹中之丝，正黄，自外视之，犹如日月之晕，吐出后，非常干脆，而五声之中，商音最为细急，所以，蚕在作茧的时候，人们切忌弹奏商音之乐。谷物丰收了，说明田野里的杂草就不是太多。那种能够杀虫防蛀的芜菁，只适宜在燕北之地生长。而橘枳在荆楚地域成活的可能性，却不是太大。这里可见，董仲舒已经把现代光学物理学、声学物理学、植物地理学、农学、植物学等自然学科中的常识也纳入了他恢宏的哲学体系，以为他的感应思想提供进一步的客观依据，也不顾这些事实能否真正地有利于感应原理的论证和说明。董仲舒的结论是："造化之性，陶甄之器，非为同类相感，亦有异类相感者，若慈石引针，琥珀拾芥，蚕吐丝而商弦绝，铜山崩而洛钟应，其类烦多，难一一言也。"[7]395 从同类相应，到异类相感，董仲舒这一步似乎跨得太大、太快，逻辑衔接有待加强和固化。如果说"天道各以其类动"能够从阴阳之气的运行角度得到一点证明，那么，"异类相感"就显得苍白、空乏而无说服力，"感"得未免太悬乎了，与天道哲学体系本身还有隔膜、不润之处①。

―――――――――

① 相比于许多古代中国哲学家对许多哲学命题的论证都无法进入其核心，往往一到关键的地方就骤然而止、语焉不详，把剩下的疑难和问题全都留给读者去想象、去发挥，董仲舒的阐发还算是比较有分析品格和论证气质的。

二、路径与机理：由阴阳性情而感通

感应并不神秘，而只由阴阳性情而生发、推动和作用。感应的中介或媒接在阴阳之气、在性情①。情与气，看似两件，但作为沟通天人或连接物物的桥梁，其实是一致而不相悖逆的。"夫喜怒哀乐之发，与清暖寒暑其实一贯也。喜气为暖而当春，怒气为清而当秋，乐气为太阳而当夏，哀气为太阴而当冬。四气者，天与人所同有也，非人所能蓄也。故可节而不可止也，节之而顺，止之而乱。人生于天，而取化于天。喜气取诸春，乐气取诸夏，怒气取诸秋，哀气取诸冬"[4]66。人从天出，人之神、形、气皆取法于天。人情之喜，为暖性，与少阳、春天相当；人情之怒，为清性，与少阴、秋天相而；人情之乐，为太阳、暑日相当；人情之哀，则与太阴、冬日相当。情与气，既在人，也在天；情与气，既通人，也可以通天。《春秋繁露·同类相动》篇曾论述过同类事物如何经由阴阳之气而实现感通。至于同类事物的应合如何由"情"而发，董仲舒在《春秋繁露·天辨在人》篇中则以天人关系为例做了分析：

> 春，爱志也②；夏，乐志也；秋，严志也；冬，哀志也。故爱而有严，乐而有哀，四时之则也。喜怒之祸、哀乐之义，不独在人，亦在于天。而春夏之阳、秋冬之阴，不独在天，亦在于人。人无春气，何以博爱而容众？人无秋气，何以立严而成功？

---

① 许多研究者能够意识到感应的中介、媒介在于气，如周桂钿所说："天与人中间充满着气，天人通过气这种中介进行信息交流，相互感应。"参见《秦汉思想史》上，福建教育出版社 2015 年版，第 182 页。然而，这个气具体指什么呢，则往往又囫囵吞枣、语焉不详，而无法进行更为深入的探究。董仲舒把气落实到阴阳之气、五行之气，应该是一大学术进步，因为这样可以将其展开到更为细致、内在的层面而作深化讨论，说得通透。可惜，至宋儒，许多学者又倒退到只笼统谈气而不分阴阳五行的泛泛而说。

② 于首奎校曰："'志'，意也，心之所主叫'志'。《论语·为政》：'吾十有五而志于学。'"参见钟肇鹏主编《春秋繁露校释》，第 750 页。

人无夏气，何以盛养而乐生？人无冬气，何以哀死而恤丧？天无喜气，亦何以暖而春生育？天无怒气，亦何以清而冬杀就？天无乐气，亦何以疏阳而夏养长？天无哀气，亦何以激阴而冬闭藏？故曰：天乃有喜怒哀乐之行，人亦有春秋冬夏之气者，合类之谓也。[4]69

在董仲舒看来，原本属于人的喜、怒、哀、乐之情，天也有。而原本属于天的春、夏、秋、冬之气，人也有。显然，情、气通贯天与人。一方面，人有春天少阳之气，才会去博爱、宽容；人有秋日少阴之气，才有可能立严、成功；人有夏时太阳之气，才可以盛养、乐生；人有冬令太阴之气，方能够哀死、恤丧。而另一方面，天如果没有喜气，也不可能生出暖阳而化育万物；天如果没有怒气，则不可能澄清世界而推动事物进行新陈代谢；天如果没有乐气，万物阳的属性就不可能得到舒展并获得养长；天如果没有哀气，万物阴的属性就不可能被激活并处于闭藏的状态。因之，天与人便都具备了感应活动本身所要求的同质性、双向性和多维性，这是感应发生所依据的前提条件。也正因为有了这样的条件，四时与人情之间才有了性质、品格、作用等方面的可比拟性和可通约性，诸如春与爱、夏与乐、秋与严、冬与哀都可以相配、相称。这样，天与人的"合类"才有可能实现①。

不同于逻辑推理或知性演绎对性情因素的一味拒斥，相反，感应则一定要由"情"而发才能够产生和实现。同时，也只有由情而发才能够导致出至深、至内、至真、至切的感通与应合，董仲舒说："故声发于和而本于情，接于肌肤，臧于骨髓。"[1]1096唯有那种以情为本、动之以情、始出于情的"声"（或音乐，或语言，或诗歌，等等）才能爆发出震撼灵魂的力量，才能由感官、存在而直达本体的意境，才能入

---

①　"合类"，在《四时之副》篇中也被称为"通类"，"王者四政若四时，通类也"。于首奎校释曰："'通类'犹'合类'。"参见钟肇鹏主编《春秋繁露校释》，第751页。通、合皆系动词。通为贯穿、往来、交接、中无阻隔。合乃投契、融洽、符合、协同、会集、兼有。

心入骨，而达到"类"感应的最佳效果。所以，董仲舒才说："孔子作《春秋》，上揆之天道，下质诸人情，参之于古，考之于今。"[8]天道、人情与古今，贯通一气。没有了天道、没有了性情，参古考今无论如何都是不可能的。可见，情是天、人感通的枢纽与津梁。

如果承认天人合类而为一，那么，这个"一"的形式又是什么呢？以及二者是如何相"一"的？《阴阳义》篇说："天亦有喜怒之气、哀乐之心，与人相副。以类合之，天人一也。春，喜气也，故生；秋，怒气也，故杀；夏，乐气也，故养；冬，哀气也，故藏。四者，天人同有之，有其理而一用之。与天同者，大治；与天异者，大乱。故为人主之道，莫名于在身之与天同者而用之，使喜怒必当义而出，如寒暑之必当其时乃发也；使德之厚于刑也，如阳之多于阴也。是故天之行阴气也，少取以成秋，其余以归之冬；圣人之行阴气也，少取以立严，其余以归之丧。"[4]71 显然，春、秋、冬、夏之气，天具备，人同样也具备，这是一种人与天的类合与通贯。天、人本就属于同一类，春—喜—生、秋—怒—杀、夏—乐—养、冬—哀—藏，这四种属性和功能已为天与人所共同具有。正如《天辨在人》篇所说，喜怒哀乐的性情，不独为人所有，也同样为天所有，这是一种天与人的副和与符合。正因为如此，天与人才能够共同遵循一样的法则和规则，而实现真正的统一。这就解决了天、人相"一"的形式问题。

至于天与人如何相"一"，怎样实现感应，董仲舒以为，首要的一点就是，人道与天道的一致。《春秋繁露》中，董仲舒曾从"情法于天"、"治道"与"天道"、政制人事与天相应、"人副天数"等方面对感应问题进行了详尽论述。

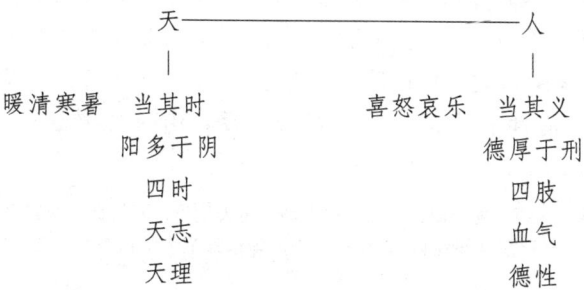

天————————————————人
|　　　　　　　　　　　　　　　　|
暖清寒暑　当其时　　　　喜怒哀乐　当其义
阳多于阴　　　　　　　　德厚于刑
四时　　　　　　　　　　四肢
天志　　　　　　　　　　血气
天理　　　　　　　　　　德性

　　按照董仲舒的理解，人道与天道同合，则天下大治，诸事大吉；而与天道相异，天下则一定大乱，凶祸必至。涉及于政治统御，人君国主则应当深明"身"与"天"相感通的基本道理，能够从四时有条不紊的天象运行中领悟出：自己的喜怒发出一定要符合"义"的原则，从而使得为政之策德教多于刑罚，如同天之阳气多于阴气。这样，天与人就可以实现贯通和统一。"天人之际，合而为一。同而通理，动而相益，顺而相受，谓之德道。诗曰：维号斯言，有伦有迹。此之谓也。"[4]60 与人因为类同而都遵循着一致不悖的原则，两在于天、人的阴阳之气经由上下、左右、前后、出入路径而协调运行，交感互动，彼此相生、相授，于是便进入了真正的"天人合一"。天与人的相合，是宇宙大道在天、人之际的表现、示出，所以也可称为"道"的具体落实和分有，即"德"。

三、人副天数：感应的表象与结果

　　董仲舒天人感应学说中的一个最为著名、非常重要而又经常被后人诟病的命题就是"人副天数"。既然"人生于天，而取化于天"[4]66，那么，个体人的形体结构、血气性情乃至群体社会的德教政制也必定与天有着许多相同或相似之处。"人生于天，而体天之节。"[4]46 人为天所生，所以人的一切都必然要取法于天、效仿于天。"为人者，天也。人之（为）人，本于天。天亦人之曾祖父也。此人之所以乃上类天也。人之形体，化天数而成；人之血气，化天志而仁；人之德行，化天理而义；人之好恶，化天之暖清；人之喜怒，化天之寒暑；人之受命，化天之四时①。人生有喜怒哀乐之答，春秋冬夏之类也。喜，春之答也；怒，秋之答也；乐，夏之答也；哀，冬之答也。天之副在乎人，人之情性有由天者矣。故曰：受，由天之号也，为人生主

---

　　① 董天工引真德秀曰："此即致中和，而天地位、万物育。仲舒之学，所以为纯。"参见《春秋繁露笺注》，黄江军整理，华东师范大学出版社 2017 年版，第 155 页。

也。"[4]64-65因为造设出人的是天，天是人之为人的源出，这就从根本基础上、从内在品性上决定了人与天的可比拟性、可通合性。尽管其他万物也由天所造设，但由于"唯人独能偶天地""所取天地多者"[4]75，所以只有人，才是天最接近的副本，最能够与天志、天意、天气相符合、相配称的，则非人莫属。因为"天人之征"是一个普遍有效的"古今之道"[1]1104，所以，天之数可以化育出人之形体，天之志经由人之血气而能够成就出仁，天之理被融进人的教化德行后所表出的则是义，天的暖清寒暑化入于人心则变为好恶喜怒的性情，人的受命当然也得禀承天之四时之气才能完成。

《春秋繁露·官制象天》篇说："求天数之微，莫若于人。人之身有四肢，每肢有三节；三四十二，十二节相持而形体立矣。天有四时，每一时有三月；三四十二，十二月相受而岁数终矣。官有四选，每一选有三人；三四十二，十二臣相参而事治行矣。以此见天之数、人之形、官之制，相参相得也。人之与天，多此类者，而皆微忽，不可不察也。"[4]46这里，董仲舒极为有效地把天数①、人体、官制纳入了一个近乎完整的系统结构中。

天数	四时	每时三月	十二月	岁数终
人体	四肢	每肢三节	十二节	形体立
官制	四选	每选三臣	十二臣	事治行

在这个系统结构中，一方面，人体、官制的形成以天为摹本，人自身以及由人组成的整个社会体制都从天那里获得存在根据和道义支撑。"此种天人关系，即天以自己的原则展示人形，颇有类西方《圣经》所主张上帝以自己形象造人之意。"[9]而另一方面，天、人、政制形式之间的"相参相得"、彼此感通，又构成、导致了整个系统结构的稳定与和谐。《春秋繁露·官制象天》篇的论述，于首奎说："天子建立官制取象于天，以天为法。"[10]人与天的这种类合，经常可以从

---

① 鲁惟一说：天数或指"十"，或指"十个要素"，"天数也指天时"。参见《董仲舒："儒家"遗产与〈春秋繁露〉》(Dong Zhongshu, a "Confucian" Heritage and the Chunqiu Fanlu)，中华书局（香港）有限公司2017年版，第310页。

日常生活中的这些极容易被忽略的精微现象、不显之事中获得证验。

《人副天数》位于《春秋繁露》的第十三卷，是第五十六篇，具体生动地说明了人与天相副、相合的情况[4]75。这一段话尽管冗长烦复，但其所用的方法则无非两种："于其可数也，副数；不可数者，副类。"[5]162为了能够对人与天相副和的情况有一个简捷、清晰的了解，这里不妨通过表式把董仲舒所认定的那种天人一一对应关系展示出来：

```
       天 ——————————— 人
        |              |
三百六十天 ——————————— 三百六十节
     日月 ——————————— 耳目
     川谷 ——————————— 理脉
     神气 ——————————— 哀乐喜怒
     阴阳 ——————————— 文理
     天容 ——————————— 首：垄而员
     星辰 ——————————— 发
     风气 ——————————— 鼻口：呼吸
     神明 ——————————— 胸：达知
     百物 ——————————— 腹胞：实虚
  天类之状 ——————————— 颈以上：精神尊严
  土壤之比 ——————————— 颈而下：丰厚卑辱
  地形之象 ——————————— 足布而方
  阳：天气 ——————————— 礼带以上
  阴：地气 ——————————— 礼带以下
     五行 ——————————— 五脏
     四时 ——————————— 四肢
     昼夜 ——————————— 视瞑
     冬夏 ——————————— 刚柔
     阴阳 ——————————— 哀乐
     度数 ——————————— 计虑
     天地 ——————————— 伦理
```

在现代科学流行并昌明的今天，这些看来几乎没有一点根据甚至违背医学生理学常识的生硬比附，似乎已是相当荒唐可笑①。但在汉代人的心目中，这些比附却是上天造人事实的痕迹和标志，是人与天合信念的现象根据。无论是在形体、器官方面，还是在功能、属性、情感、数目方面，人与天的一一对应，都是人与生俱来的。人与天的比偶、弇合，在可数之处一般都会与天之数相等同；至于不可数之处，则在特征、性质、作用等方面保持与天的一致和类通。

实际上，作为天人感应学说的一个部分，天人相副的观念在汉时代已经是相当流行，从《淮南子》到《黄帝内经》，直至东汉的大量纬书，没有一个不大讲特讲天人相应、人副天数，几乎已经完全成为当时人们的主流意识形态，董仲舒还只是其中的一个环节而已。相比之下，《淮南子》（主要反映在《天文训》《精神训》中）则偏于简略、粗放，只有单纯的物理类比，而不及精神心体；《黄帝内经》（主要集中在《灵枢·邪客》）则趋于细密、完备，但也只涉于医学现象学的直观描述；而到了谶纬泛滥的时期，人与天副则过多地掺入了主观想象或人为虚拟的因素，从而又被推向了迷信、偏执的极端。董仲舒在此间的作用和地位体现在：他把"人副天数"纳入了"天—人"系统结构中加以消化和吸收，从而使人对天的"副"（或合、应、通、感、接等）具有了"宇宙本体和信念本体的双重性质"[6]229。

应该说，董仲舒的天不可能是纯粹的天空（Sky），也不可能是绝

---

① 古代中国的类推思维、感应观念，不在现代科学的知识系统之内，因而便不受现代科学的知识系统的检验和约束。它们"在'有'与'无'之间，没有逻辑中的含蕴关系，而只能出之以想象""董氏以及两汉思想家所说的天人关系，都是通过想象所建立起来的"，而"这种想象，不是具体与具体的连结，而是一端是'有'，另一端是'无'，通过想象把有形与无形，把人与天要在客观上连结起来，这中间便没有知识的意义"。可见，"想象"，而非判断，才是古代中国思维最主要的方法与进路。汉人的这种思维方式尽管"都具备了哲学系统的形式；但缺乏合理的知识内容去支持此一形式。所以不仅是董氏，汉人的这类的哲学系统，不能受合理主义的考验"。见徐复观《两汉思想史》，第241页。既然类推、感应的"哲学系统的形式"与现代科学知识体系原本就不在一条道上发生与发展，所以就不能把"合理主义"当作唯一正当、有效的衡量标准。

对的神（God），而是人——包括自然化的身体形状和社会性的伦理政制两个基本层面——心理信念的来源，并由此而成为人间治道的最高根据。董学中的"人副天数"已经抛弃了那种物理的、自然性的现象描述，已不再是一种纯粹知识论层面上的求证，而是已渗进了心理学、宗教学、社会学的生动内容，成为一种本体论意义上的关怀。透过《春秋繁露》文本的那些无法经得起现代科学眼光审视的类比与副合，也可以看到董学体系与内容的矛盾。即，一方面，阴阳五行的结构框架要求人在自然形体直至社会政制方面有与天的绝对符合和无条件统一；而另一方面，无论是天的性情，还是人的性情，都有照顾情实、面对特殊的要求，随时都有可能突破这种结构框架中那些僵死原则乃至消解、砸碎这种结构框架本身的冲动。所以，仅仅通过"人副天数"的表面陈述而一味嘲笑董学的愚昧或无知，未免显得过于简单、粗暴①。

四、求雨、止雨之术：感应的检验与运行

天人感应学说的一个最为实际的用途，或说最有力的辅证，就是董仲舒的"求雨""止雨"之术。《史记》《汉书》都称其，"行之一国，未尝不得所欲"[1]1108。董仲舒认为，雨、旱的形成原因就在于阴阳之序的颠倒或紊乱。"大旱者，阳灭阴也。阳灭阴者，尊厌卑也。固其义也，虽大甚，拜请之而已，敢有加也。大水者，阴灭阳也。阴灭阳者，卑胜尊也。日食亦然，皆下犯上。以贱伤贵者，逆节也。故鸣鼓而攻之，朱丝而胁之，为其不义也。此亦春秋之不畏强御也。故变天地之位，正阴阳之序，直行其道，而不忘其难，义之至也。"[4]22

---

①　冯友兰曾批评指出，在董仲舒看来，"人是宇宙的缩影，是一个小宇宙。反过来也可以说，宇宙是人的放大，是一个'大人'。他实际上是把自然拟人化了，把人的各种属性，特别是精神方面的属性，强加于自然界，倒转过来再把人说成是自然的摹本。这是一种典型的唯心主义的拟人观的理论。在这种唯心主义的基础上，他宣传天人感应的迷信"。参见《中国哲学史新编》第三册，人民出版社1985年版，第66、67页。

天地之位变更，阴阳之序失正，都会导致异常性天气的出现。"禹水汤旱，非常经也。适遭世气之变，而阴阳失平。"[4]73 天有大旱，是因为天之阳遮蔽、消灭了天之阴。天有大水，则是天之阴淹没、吞并了天之阳而造成的。阳灭阴，说明尊上之物已完全拒绝、排斥了卑下之物，是以上压下，以上凌下。而阴灭阳，则意味着卑下之物完全超越、胜过了尊上之物，是以下犯上，以下僭上。

　　静态地看，阴与阳，都有其当出之时，但在什么时候出、在什么位置上出以及通过什么方式出，前提则必须是以对方的存在为依据，这才是阴阳之"常"。阴、阳互补的前提是，对方必须是合法的存在，阴或阳的任何一方都不可能自己与自己互补。无论阳灭阴，还是阴灭阳，都是阴阳之序的非正常状态，都是有害的，因而也都得力加避免和克服。所以，"求雨"和"止雨"的目的就是要纠天地之位、正阴阳之序，从而使阴阳之气直行其道而畅遂无阻，以至始终发生恰当的功能、作用。

　　《春秋繁露·同类相动》篇说："天有阴阳，人亦有阴阳。天地之阴气起，而人之阴气应之而起。人之阴气起，天地之阴气亦宜应之而起，其道一也。明于此者，欲致雨，则动阴以起阴；欲止雨，则动阳以起阳。故致雨，非神也。而疑于神者，其理微妙也。"[4]76 显然，天、人在本性上是可以相互应合的，天、人同有阴阳。我们千万不能用实体化的思维去理解阴、阳，阴、阳间类似于性质、倾向、元素、基因、关系。上古中国，人们经常把阴阳理解成一种气，但它又绝不只是被人可感可触的那么一点冷暖体认。天地的阴气升起，人的阴气也会应之而起；同样，人的阳气升起，天地的阳气也能应之而起。所以，要想求雨，就必须充分发挥出人的阴气以便调动起天地的阴气；而要想止雨，则必须充分发挥出人的阳气以便调动起天地的阳气。这是"求雨""止雨"的基本原理。《史记》《汉书》都记载，"仲舒治国，以《春秋》灾异之变推阴阳所以错行，故求雨，闭诸阳，纵诸阴，其止雨反是"[1]1108。明白了这一原理，就可以清楚地知道求雨、止雨并非是神的作用的结果，而是因为人的操作所致①。

至于怎样"求雨""止雨"，鲁惟一概括为三种方法："一是控制阴阳，二是以土龙求雨，三是通过复杂的祈祷和舞蹈仪式，且必须符合五行原理。"[11]实际上这"三种方法"并不是可以完全分开操作的，而是都掺杂、融合在一起。《春秋繁露》中的《求雨》《止雨》两篇专门谈论了一套似于方士巫术、神祖祭祀或民间宗教的礼式与仪轨要求。

《求雨》篇中，春旱求雨，选择在水日，祈祷社稷山川，百姓设家祭，禁止砍伐林木②；八日之内，让所有的巫士都曝晒于光天化日之下，号召民众收聚蛇蟒，勿使之外串；在城的东门外，筑八尺高的祭坛，用生鱼、玄酒祭天。巫士必须祝斋三天，穿青衣，并致以这样的祝词："昊天生五谷以养人，今五谷病旱，恐不成实，敬进清酒脯脯。"至于夏旱求雨，也应选择在水日，所有的百姓都祭祀于竈（即灶）前，任何人都不得开土动工，必须更换家中所藏之水，疏浚民用井眼，把炊具锅灶、舂米用的臼、杵都拿出来，曝晒七天。在南门之外，筑七尺高的坛，用赤雄鸡七只、玄酒、清酒脯脯，巫士祝斋三天，穿红衣……秋季和冬季两个时节的求雨之法，也各有一整套严格的规矩。

而"求雨"之法也要求人予以适当配合。《求雨》篇说："四时皆以水日为龙，必取洁土为之。结盖，龙成而发之。四时皆以庚子之日，令吏民夫妇皆偶处。凡求雨大体，丈夫欲藏匿，女子欲和而乐。"[4]89—90亦即，在求雨之日，无论官民，一律要行同房之事，通过男人女人的交合、偶欢可以使天有所感而应化降雨。求雨之日也是

"开阴闭阳"之时，男人、丈夫都应该躲藏起来，不得出现在街市上，让所有妇女都出来放歌纵舞。

关于"止雨"，董仲舒也有一套奇特的方法。如果雨太多，则应该选择在土日，封堵水沟，塞住渠道，盖上井口，不得让妇女出现于街市。让乡里百姓把土地神之位都打扫干净。县邑之中，如果县丞、令吏、啬夫的数目在三人以上的，就应该有祝巫一人。同样，在乡里，如果基层官吏的数目在三人以上、父老超过三人的，也应该有祝巫一人。让这些祝巫都行斋三日，各穿四时正色之衣，献上乳猪一只，以及黍、盐、酒、财等，祭祀土地神。击鼓三天之后，致祝词。先两拜，再跪着陈述祝词。完后，起而再拜，再起来。祝词的内容是："嗟！天生五谷以养人，今淫雨太多，五谷不和，敬进肥牲清酒，以请社灵，幸为止雨，除民所苦，无使阴灭阳。阴灭阳，不顺于天。天之常意，在于利人。人愿止雨，敢告于社。"显然，与求雨的原则相反，董仲舒认为："凡止雨之大体，女子欲其藏而匿也，丈夫欲其和而乐也。开阳而闭阴，阖水而开火。"[4]90 止雨之礼的关键就在于，"废阴起阳"，即让充满阴性的人与物，不暴露于天庭之下，暂时使之回避、隐藏起来，甚至要求在十七县、八十乡范围之内，享受千石以下待遇的官吏，若有妇女在身边，则应该把妇女都预先遣送回家。

《求雨》《止雨》以及《治水五行》所描述的感应现象，保存有许多巫术、方术的痕迹。董仲舒的思想来自于齐学，而齐学总是与方术、巫术纠缠在一起的。董仲舒在建构恢宏的儒学哲学体系的时候，未加精细处理就把方术、巫术的一些内容带了进来。这样做虽然有损于儒学的精湛性和纯洁性，但好在能够使那些至少在汉时代还有影响的、关于天人的原始观念及其崇拜礼式较为完整地保存了下来。在今天看来，这些记录仍具有一定的人类学价值，譬如，可以进一步深挖出阴阳（五行）与晴雨、与男女生殖崇拜、与原始思维、与古人交往行为的方式之间的关系。儒学极有可能起源于早期的巫术，这可能就是儒学宗教性的根基所在。但《春秋繁露》中所援引的感应材料是否直接来自那种远古时代从事祭祀、连接神人之儒（即"巫"）的实践活动，还有待于进一步考证和研究。

五、感应的非阴阳进路："因五行而用事"

董学之中，切入感应的进路不只有一条，除了阴阳之气之外，还有五行之运转。如果只停留在阴阳之气这一步，则说明董仲舒对感应所做的建构工作远没有完成，他还应该再从五行运转的视角予以论证或确认。在董仲舒那里，人事行为与五行之间也存在着彼此感应的逻辑关联。《春秋繁露》中《治水五行》篇称①，一年三百六十日，从冬至日算起，以七十二日为单位，天时之主可分为木、火、土、金、水。

甲、从冬至到惊蛰，第一个七十二日，木主事，天地之气燥浊而青。人应该顺木性而行事，要具备温良、谨慎的品德。到了立春之时，解除桎梏束缚，排去稽留污垢，打开门阖，清理障塞，怀念幼孤，同情寡独。注意：切不可砍伐林木。

乙、从惊蛰到小满，第二个七十二日，火主事，天地之气惨阳而赤。凡人所为应当取法火性，勘疆勒土，耕治田畴。到了立夏的时候，则选拔贤良，封赏那些有德有功之士，也可以派使节前往各国进行外交活动。此间，最忌讳纵火焚烈。

丙、从小满到大暑，第三个七十二日，土主事，天地之气湿浊而黄。人应该遵循土德，敬养长老，心存幼孤，情系寡独，行施孝弟，普施恩泽，但不可兴土动工。

---

① "治水五行第六十一"，见董仲舒《春秋繁露》，聚珍版影印本，第79、80页。关于《春秋繁露》"五行"九篇的真伪，曾有日本学者庆松光雄以《汉书·五行志》中董仲舒大讲阴阳而不讲五行为由而认定《春秋繁露》中的五行诸篇为伪作，是五行说盛行的前汉中期至南北朝时期之间的著作。但田中麻纱巳、邓红均予以批驳，而以为用《汉书·五行志》来否定《春秋繁露》的方法是不可取的。参见邓红《董仲舒思想研究》，文津出版社2008年版，第178、179页。鲁惟一曾指出，《治水五行》"篇名的意思并不清晰，凌曙提到《尚书》注疏中说，如果水失去作用的话，其余四者均会受到影响，以此解释篇名的含义。黄震把篇名写作《治水五行》，或者可以印证这一说法。"参见《董仲舒："儒家"遗产与〈春秋繁露〉》，第268页。

丁、从大暑到寒露，第四个七十二日，金主事，天地之气惨淡而白。人应当依据金性行事，可以建城筑郭，修缮墙垣，饬养甲兵，警儆百官，诛杀不法之徒，行谨言慎，尊奉长老。注意：万不可焚烈金石。

戊、从寒露到冬至，第五个七十二日，水主事，天地之气清寒而黑。人之所为应当以水性为范则，关闭门闾，整顿内事，决断并实施刑罚，修饬关驿桥梁，禁止旅行迁徙。然而，绝不可开堤毁坝。

这里，董学已经把包括人心、生活和社会政治在内的世界全部纳入五行构架之中了，"人在什么时候应该做什么"，似乎一切早已被天所预设、所决定了，人自己所能做的则不允许跳出这个固定死板的框架。这样，人就不会是属于自己的，而是一种先天的产物。人不再是一种生成性（becoming）的存在者，而已变成为一种现成性（being）的物质存在。

这便难怪司马谈在评论阴阳家时曾一针见血地指出："夫阴阳、四时、八位、十二度、二十四节，各有教令。顺之者昌，逆之者不死则亡。未必然也。故曰：使人拘而多畏。"[12] 本来，在董学"中民之性"的性情理论中还给人留有能动、自主的空间和地盘，但到了五行感应说这里，却几乎完全置人于不顾。尽管感应是双向的，天、人是可以互感的，但这里所执着强调的还是人对天的复制、符合乃至绝对遵从。这不能不是董学思想的矛盾所在，是天学哲学体系乃至整个汉时代学说粗拙性的一个明显反映。

六、结语

性情形而上学是董仲舒感应学说的基本前提。有性情才可以沟通，才能够感应。与性情一样，感应也是中国哲学乃至整个中国文化的一个不可忽略的大课题，甚至可以说是汉民族人文精神传统中屈指可数的重要家当之一。感应学说是董仲舒建构天道信念和天道哲学的神经中枢。在人们通常印象中，"天人感应"几乎就是董仲舒哲学的代名词。人是有性情地活在世上的，所以总得要信点什么，但怎样去信，怎样才能信得真实，这就要靠心把自我与"无限"、物与物、现象与本体、意义与存在做有益的连结、粘合或勾搭，而这便都与人心的感应功能密切关联。正是在感应思想的基础之上，董仲舒才能够走进天人相与之际，作为中国哲学重要命题的"天人合一"才得以有效地论证。可以说，没有感应的思想，天与人这两个在传统西方哲学看来是截然不同的世界存在，是根本不可能相遇并结合在一起的。然而，感应思维发展至极端，要么是宗教，要么是迷信。即，一方面可以产生出极为强烈的宗教性的信念、信仰，另一方面，也可以滋生出祥瑞、灾异之类的谶纬迷信，已大大游离出董子感应说有效限制王权、防止君上专制独裁的初衷。东汉时代谶纬之学甚嚣尘上的直接损害就是后世对感应问题的学术关注趋于淡漠，好像将其打入了冷宫，甚至到了被遗忘的地步。董仲舒之后，感应思想几乎断了香火，没有人有兴趣在哲学的形上层次上做进一步的议论和发展。"機祥灾祲之迷信深中于士大夫，智日以昏，而志日以偷，谁之咎也"[13]，而这不能不是中国思想史上的一大憾事。

参考文献：

[1] 班固. 汉书 [M]. 陈焕良，曾宪礼标点. 长沙：岳麓书社，1994.

[2] 徐复观. 两汉思想史：第二卷 [M]. 上海：华东师范大学出版社，2001：241.

[3] 金春峰. 汉代思想史：第二版 [M]. 北京：中国社会科学出版社，1997：172.

[4] 董仲舒. 春秋繁露 [M]. 乾隆五十年卢文弨校武英殿聚珍版影印本. 上海：上海古籍出版社，1989.

[5] 王永祥. 董仲舒评传 [M]. 南京：南京大学出版社，1995.

[6] 余治平. 唯天为大——建基于信念本体的董仲舒哲学研究 [M]. 北京：商务印书馆，2003.

[7] 苏舆. 春秋繁露义证 [M]. 北京：中华书局，1992.

[8] 王先谦. 汉书补注 [M]. 光绪廿六年虚受堂刊本影印. 北京：中华书局，1983：1155.

［9］冯树勋. 阴阳五行的阶位秩序——董仲舒的儒学思想［M］. 新竹：台湾清华大学出版社，2010：133.

［10］钟肇鹏. 春秋繁露校释［M］. 石家庄：河北人民出版社，2005：843.

［11］鲁惟一. 董仲舒："儒家"遗产与《春秋繁露》［M］. 香港：中华书局，2017：178.

［12］司马迁. 史记［M］. 长沙：岳麓书社，1988：941.

［13］梁启超. 古史辨：第五册下［M］. 上海：上海古籍出版社，1982：362.

原文载于《衡水学院学报》2018 年第 5 期。

余治平（1965－），男，江苏洪泽人，哲学博士，上海交通大学人文学院教授，博士生导师。

董仲舒的春秋公羊学式历史哲学

邓　红

历史学是中国的一门最古老的学问，其诞生可以上溯到殷周王室设立史官。也可以说历史学在科学技术尚未发达的中国古代，即是统治者执政的记录，又是最能为政治提供意识形态根据和智慧的理论系统。而从对历史的叙述中，寻找出历史事实的现实意义，这就是历史哲学的雏形。

一般来说，历史哲学分为两个派别。一是黑格尔一系的"玄想的历史哲学"，二是克罗齐、柯灵乌（R. G. Collingwood）为代表的"批评的历史哲学"。而后者的主要特征在于"注重历史事件之本身在整个发展过程中有何意义，并如何能解释全部历史进程为一必然之归势"[1]。所以如果说历史哲学是对时间和历史、宇宙和人类的总体解决或想象，从哲学分析考究或判断中找到其终极的意义的话，董仲舒春秋公羊学所寄托表现的历史表述、史学方法和历史观当然也可称为一种历史哲学了。

笔者认为，董仲舒历史哲学的主要特征，在于从春秋历史的论述中领悟到普遍意义的哲学思想，再将哲学思想运用于历史和现实政治生活，升华出了历史哲学的观点。

一

董仲舒首先是一个春秋公羊学者，但是他从来不是一个纯粹的春秋公羊学者，其公羊学理论不单单是历史理论，而是具有强烈的执政意识和政治主张，拥有各种各样的治国理想。也就是说，董仲舒的作为历史理论的春秋公羊学的基本原理，已经带有了强烈的政治主张和哲学意识形态[2,3]。

（一）大一统论

"大一统"论实际上包含意识形态上的"大一统"理念和政治上的"大""一""统"大帝国统治式模式这样两个问题。

大一统论为春秋公羊学的基本理论①。董仲舒对大一统的新见解，首先在于将大一统和汉王朝的正统性联系在一起来论证。也即，对到汉王朝为止政权正统性的论证，一般都是以天命论（殷周）或五德终始论（秦）来进行的，但对汉王朝的正统性的证明，因为当时对内（诸侯的尾大不掉）、对外（南越，匈奴等）问题的需要，仅有天命论或五德论是不足的，于是他说："是故三代必居中国。法天奉本，执端要以统天下，朝诸侯也。"（《春秋繁露·三代改制质文第二十三》）② 也即作为国家要在全统治范围内，做到政治、文化乃至思想上"一统于天子"（《符瑞第十六》），如此一统理念在于"春秋大一统，天地之常经，古今之通谊也"。

而董仲舒对大一统另一个新见解，还在于以思想的一统完成区域、政治和文化上的一统。董仲舒说："臣愚以为诸不在六艺之科孔子之术者，皆绝其道，勿使并进。邪辟之说灭息，然后统纪可一而法度可明，民知所从矣。"③ 劝说汉武帝以儒教理论来达到一统。

（二）孔子改制论

孔子改制论本身是公羊学的发明。其基本内容为：（1）孔子作春

---

① 《公羊传》"春王正月，元年者何？君之始年也。春者何？元之始也。王者孰谓？谓文王也。曷为先言王而后言正月？王正月也。何言乎王正月？大一统也。"可见元年、春、王都是用来解释大一统的。

② 以下引用《春秋繁露》，依据赖炎元注译《春秋繁露今注今译》，台湾商务印书馆 1985 年版。只注明文章和顺序。

③ 《汉书·董仲舒传》中的《天人三策》之三，以下简称《对策》。本文引用的《汉书》对策，依据中州古籍出版社 1991 年影印《前汉书》，《对策》参见该书第 994—995 页。

秋经的意图在于"拨乱世反诸正"；（2）制春秋之义以俟后圣，为三百年以后的汉王朝预先造法。

公羊学大家董仲舒可能不是孔子改制论的创始者。但是一旦董仲舒将天道导入儒教思想，公羊学也就和天道挂上钩。故董仲舒再三说："故春秋应天作新王之事。"（《三代改制质文第二十三》）"春秋之道，奉天而法古。……故圣人法天，贤者法圣。"（《楚庄王第一》）再就是对孔子改制论注入三统说，将孔子的春秋说成是三统传承系统中的一环："故《春秋》应天作新王之事，时正黑统。王鲁，尚黑，绌夏，亲周，故宋。"（《三代改制质文第二十三》）"春秋上绌夏，下存周，以《春秋》当新王。"（《三代改制质文第二十三》）这也是"为汉立法"说的延长。

（三）三统说

关于三统说本身，前人有着许多解说，这里不再赘言①。三统论据说是取五德终始论的三分之二而作的，但在我们看来也有相当大的区别。

首先，五德终始说不是循环的理论，历史呈直线的方向发展。也即人类历史的发展从"土"之社会形态开始，经过"木""金""火"至"水"而终。就社会国家的英雄而言，历史从土德之黄帝开始，终止于拥有水德的帝王，天下落入具有水德君主的掌中。这个理论之所以在当时风靡一时，在于它是将夺取天下的理论系统化，谁得"天数""天德"谁得天下之一统理论体系。秦始皇也信之为真，于是天下统一后定秦为水德。

董仲舒的三统论其循环顺序与德目和五德终始论一样，但三统论有着历史循环论的一面。也即历史是在"白""赤""黄"三个系统中循环。古王的传承系统被以孔子为新王的神话衔接在了一起。而"三统"的大循环以外，还有"三世""四法""五行""九复"的"周而复始"。而且五德终始论是只为夺取天下而作的理论，三统论还可以

---

① 关于三统说的解释，可参见顾颉刚《五德终始下的政治与历史》，收入《古史辨》第五册下；内山俊彦《董仲舒的历史意识问题》，京都大学《哲学研究》五五九。

用于统一天下后的帝王"改制""改元",以及制定历法时用。

再就是五德终始论是自然化神学系统,讲究金木水火土五种自然力和人类社会、五行之理和历史发展的对应关系,重视五行间的相胜和平衡。而三统论中引人了一个至高无上的神祇"天"。譬如改制"不敢不顺天志而明白显也",君主得到了天下后,"新王必改制者,非改其道,非变其理,受命于天,易姓更王,非继前王而王也"(《楚庄王第一》)。

(四)华夷之辨

区别夷狄和华夏大概是从周代开始的。当初的辨别,恐怕是从风俗习惯的相异产生出来的文明上的优劣感,后来华夷之辨被理论化。孔子说:"夷狄之有君,不如诸夏之亡也。"(《论语·八佾第三》)而且华夷之辨也是孔子作春秋的基本理念之一,所以春秋公羊学者非常重视它。

于是公羊学大家董仲舒对华夷之辨提出了两个新见解。一是以仁义辨华夷,二是华夷在仁义上的行为可以导致两者位置上的转换。

春秋学的华夷之辨,最先是以鲁国为"中国",以此为标准分远近内外,"故内其国而外诸夏,内诸夏而外夷狄"(《王道第六》)就是一种地域华夷论。关于以仁义辨华夷,董仲舒说:"亲近来远,同民所欲,则仁恩达矣。"(《十指第十二》)推崇以仁义来"亲近来远"。

董仲舒还说:"君子求仁义之别,以纪人我之间,然后辨乎内外之分,而著于顺逆之处也。是故内治反理以正身,据礼以劝福。外治推恩以广施,宽制以容众。"(《仁义法第二十九》)强调仁义及延长"恩""礼""福""理"的重要性,主张"宽""广""容众"的政治理念。

从地域到礼仪上的仁义,董仲舒华夷观的微妙变化,实际上符合春秋经传的宗旨。也即春秋经传本身就是将春秋历史和王(天子)结合,儒家的伦理道德和德治理想结合的产物。但是只要以仁义辨华夷,诸夏乃至鲁自身没有仁义,也会被当作夷狄。以下是华夷转换的好例。

春秋之常辞也,不予夷狄,而予中国为礼。至邲之战,偏然

反之，何也。……今晋变为夷狄，楚变而为君子，故移其辞以从
其事。……夫庄王之舍郑，有可贵之美，晋人不知其善，而欲击
之，所救已解，如挑与之战，此无善善之心，而轻救民之意也。
是以贱之，而不使得与贤者为礼。（《竹林第三》）

此乃"春秋无通辞，从变而移"。与其说是从"变"，还不如说从
"仁义"而移。

（五）奉天法古论

春秋经传没有言"天"。将春秋公羊学和"天"挂在一起，可说
是董仲舒意识到了"天"乃至高无上的神祇以后的事①。在奉天法古
论中，"法古"本来是孔子春秋的重要原则，"奉天"则完全是董仲舒
的发明。其宗旨在于将春秋历史的道德反省和审判，从古代圣人的理
想模范转向"奉天"，以"天"为神祇哲学本体来进行。故"法古"
式的春秋公羊学讲："孔子明得失，差贵贱，反王道之本。讥天王以
致太平。刺恶讥微，不遗小大，善无细而不举，恶无细而不去，进善
诛恶，绝诸本而已矣。"（《王道第六》）

董仲舒根据儒家伦理道德，发挥春秋式的"褒善恶恶"的精神，
为当时的乱世制定新的道德价值基准。

而和"天"联系在一起的"奉天法古"论就完全不一样了。"奉
天法古"论中，关于历史为何必须"奉天"，董仲舒说："臣谨案《春
秋》之中，视前世已行之事，以观天人相与之际，甚可畏也。"（《天
人三策》）也即天和人有着"相与"乃至"天人合一"的关系，所以
反省历史必须"奉天"。而对"法"的例子，则以王（君主）"奉天"
才能保住王位。这叫："非曰上奉天施而下正人，然后可以为王也云
尔！"（《竹林第三》）可见"奉天"多么重要。

---

① 参见拙文《董仲舒的二个春秋公羊学》。按照拙文的观点，董仲舒的学问分为
二个阶段：一是公羊学的儒学阶段，此时董仲舒还未觉悟到天的至高无上的神圣性；
二是儒教阶段，此时他已经把天当作至高无上的神祇哲学本体看待。

二

从第一节的论述，可以看到作为历史学的春秋公羊学，经过董仲舒之手，已经从历史的范围脱离，朝着政治、法制、民族政策等的方向倾斜而去，最终使得他的春秋公羊学获得了新的哲学内容。在这一节中我们讨论一下董仲舒春秋公羊学的哲学内容。董仲舒春秋公羊学的哲学有着"天道化""阴阳五行化""大一统化""实用化"等丰富内涵。

（一）天道化

"天"在董仲舒的儒教思想体系中是至高无上的神祇和哲学本体。在董仲舒历史哲学中，"天"又可说是在历史的背后左右历史规律、拨动历史前进的最终动力（或最高神祇）。董仲舒的历史哲学中的"天道化"，就是指不必拘束于春秋经传历史事实，根据神秘且绝对"天"之道"天道"，就可以无限发挥春秋公羊经传的微言大义，演绎出现实政治统治的根据之倾向。

例如在《王道第六》中，董仲舒提出了"道，王道也。王者，人之始也。王正则元气和顺、风雨时、景星见、黄龙下。王不正则上变天，贼气并见"之正反两用的天命灾异论，据此检讨了五帝三土、桀纣、周衰等历史。最终得出了"（春秋）弑君三十二，亡国五十二，细恶不绝之所致也"的结论，为当时的君主提供天命灾异论式的历史教训借鉴。这可说是将春秋经传记载的历史事实加以天道理论式的解释。

另一方面，"道之大原出于天，天不变，道亦不变"（《天人三策》）之历史发展理论，"而欲以上通五帝，下极三王，以通百王之道，而随天之终始，博得失之效，而考命象之为，极理以尽情性之宜，则天容遂矣"（《符瑞第十六》）之帝王历史推进论，或者是"王者必受命而后王"（《三代改制质文第二十三》）之类的君权天授论等，都是以"天"这一至高无上的神祇和哲学本体为基础的天道论发展出来的历史理论。

（二）阴阳五行化

《汉书·五行志》说："景武之世，董仲舒治公羊春秋，始推阴阳，为儒者宗。"但是在我们看来，阴阳（五行）只是传达天道天理的表述系统而已[2]。阴阳五行在董仲舒的思想体系是传达"天道"（"天理""天意"）的表述系统。但是一旦经过阴阳五行式的传达，天道自身也被沾染上了阴阳五行的色彩，其思考方式也受到影响，此谓天道的阴阳五行化。所以董仲舒春秋公羊学的"阴阳五行化"，指他在解释历史事实、阐述他的历史哲学时，频繁地使用阴阳五行的基本理论，诸如阴阳平衡说、阴卑阳尊说、五行相生或五行相胜说等，从而将历史实用化、时代化了。

阴阳五行化的特征，首先在于以阴阳五行理论肆意解释春秋经传中的史实。典型的"阴阳五行化"论述，可见《汉书·五行志》"董仲舒以为"以下的部分。这些解释又往往将自然界的灾变和人事牵连解释。譬如鲁昭公七年"四月甲辰朔，日有食"的日食记载，董仲舒将天变的原因归之于楚庄王犯了"弑君"等罪。

灾异说本身是基于天道的，而天之变化根据天道的阴阳五行化，又可解释为阴阳平衡的破坏、阴阳二气运行的紊乱，或者是阳尊阴卑的反动引起的。于是可说："上下不和，则阴阳缪盭而妖孽生矣。此灾异所缘而起也。"（《天人三策》）

历史学的使命在于将从历史得来的教训和经验总结起来，为来者提供借鉴。拿董仲舒的话说，"今春秋之学，道往而明来"（《精华第五》）。但是董仲舒一旦用阴阳五行理论来预测历史的话，历史就变成了阴阳五行的运转。例如，"五行者，五官也，比相生而间相胜也。故为治，逆之则乱，顺之则治。"（《五行相生五十八》）本来是讲的五行间的关系，即所谓五行的基本规律，但董仲舒在《五行顺逆第六十》篇，将之作为从春天开始的一年之间君主的施政根据，又在《五行五事第六十四》篇中，讲王者如果实行恶政，破坏五行秩序的话，就会引起灾异。前者可说是预言式的，后者则是对君主实行恶政的天的报应或报复。而"五行变至，当救之以德，施之天下，则咎除。不救以德，不出三年，天当雨石"（《五行变救第六十三》），则是根据五行，讲未来神秘莫测。难怪有人要说："董仲舒《春秋繁露》，核其文体，即是纬书。"（《四库全书总目提要·易类六·附录易纬·案语》）

（三）大一统化

大一统初见于公羊传的开头，是春秋公羊学者吐露执政愿望，实现德治主义理想的理论。

"春王正月，元年者何？君之始年也。春者何？岁之始也。王者孰谓？谓文王也。曷为先言王而后言正月？王正月也。何言乎王正月？大一统也。"（《公羊传》隐公元年）何休的注曰："统者，始也，总系之辞。夫王者，始受命改制，布政施教于天下，自公侯至于庶人，自山川至于草木昆虫，莫不一一系于正月，故云政教之始。"

董仲舒春秋公羊学的"大一统化"也可说是思想上的一统，也即以"独尊儒术"来实现政治、文化、区域的一统的倾向。

历史哲学的大一统化，有着两种特征。一为汉王朝的正统性的根据在大一统那里得到强化。前面我们论述过正统和大一统的关系，统一中原地方再向周围地区扩张之秦汉大帝国的正统性，不但要有神秘的天命、循环的五德的确定，春秋大义之道德理想的实现，还要有董仲舒所述的"天始废始施，地必侍中，是故三代必居中国，奉天法本，执端要以统天下，朝诸侯也"（《三代改制质文第二十三》），也即统治区域上的空间扩展，政治统治上的专制体制，意识形态上的思想统制，义化上的一致性等要素都要俱全，这才是"大一统"的真意。为此董仲舒还提出了一些具体措施。

譬如在统治地域上的空间一统上，他提出"亲近来远，同民所欲，则仁恩达矣"（《十指第十二》），是为对外夷狄政策的一统。"强干弱枝，大本小末，则君臣之分明矣"（《十指第十二》）则是对当时存在着的诸侯王"尾大不掉"问题进言。

而关于政治上的一统，董仲舒将之和春秋学的方法论牵连，提出"举事变见有重焉，则百姓安矣。见事变之所至者，则得失审矣。因其所以至而治之，则事之本正矣。强干弱枝，大本小末，则君臣之分明矣。别嫌疑，异同类，则是非着矣。论贤才之义，别所长之能，则百官序矣"（《十指第十二》），根据春秋的微言大义提出了政治理念和具体方策。

在文化上的一统政策，董仲舒则说："承周文而反之质，则化所务立矣。"（《十指第十二》）

另一个特征即思想上的一统，也即以"独尊儒术"来实现政治、文化、空间上的大一统。

秦以武力夺取了天下，但用武力来维持大一统局面的企图却失败，乃至二世而亡。对此汉初的儒者贾谊说："秦国失理，天下大败。"（《新书·时变篇》）具体则为："秦灭四维不张，故君臣乖而相攘，上下乱僭而无差，父子六亲殃僇而失其宜，奸人并起，万民离畔，凡十三岁而社稷为墟。"（《新书·俗激篇》）认为秦是没有以仁义四维的精神来维持大一统而灭亡的。古代的大一统，必须要解决政治上的专制制度和分散的农业经济矛盾，中央集权的政治统治意图和广袤统治地域联络上的不便的矛盾。如果能够做到思想上的一统，让民众自觉服从大帝国的统治秩序，这就叫"民知所从"，而地方统治者能够自觉地按照中央政府的政治理念去施政的话，这就叫"法度可明"（《天人三策》）。

（四）实用化

董仲舒春秋公羊学的实用化，指把春秋经传不但当作史书更当作治国法典来看待，从春秋经传的具体事例来为现实政治寻找可能的法则之倾向。

一个信仰或学说的流行，往往与其信仰和学说带有一定的社会实用性分不开，不管是有意的还是无意的。

根据公羊学者们的孔子改制论，春秋经典是先圣孔子预先为汉王朝所做的，这叫"制春秋之义以俟后圣"（《公羊传》哀公十四年），何休的注说，《春秋》"人道浃，王道备"，《春秋》首先可以作为政治法典之认识。

历史实用化的另一个例子是所谓"春秋问狱"。董仲舒著《公羊董仲舒治狱》已经失传，根据他书的记述，在汉代，春秋经传不但是政治，也是社会现象的是非善恶判断基准，特别在刑罚之法制面上，《春秋》就是法律，春秋（公羊）学者可以直接断罪。

　　董仲舒发明三统说，在于讲汉王朝的正统的标志是什么，也即受了何等系统的传承，即所谓改制的问题。

　　我们知道，中国古代统治思想的主柱在于君命天授论。但是历史教训中，受过"天命"的夏、殷都灭亡了。灭殷之周人从兴亡的历史教训得来了"天命靡常"的观念，提倡"敬德保民"而保天命的理论。战国末期流行的五德终始论，则是为企图取周而代之的各国君主提供夺取天下的理论根据。所以，五德终始论实际上已经开始将天命论纳入了五行相生系统，具有强烈的实用性。于是秦始皇显示自己的政权具有正统性时，采纳了五德终始论式的"今秦变周，水德之时"（《汉书·郊祀志上》）之进言。

　　汉王朝诞生以来，朝廷内部一直在为汉是以水德为正统还是以土德为正统而争论。董仲舒的三统说是为了解决这一争论提出来的，他说："故春秋应天作新王之事，时正黑统。"（《三代改制质文第二十三》）也即"为汉作法"，说明孔子的春秋预先是以汉为水德的。

　　还有，和以上说法相联系的，是三统论为制定历法而说[4,5]。

　　可见让"俟后圣"之历史学的实用化，本来就是汉初形成的春秋公羊学的本职。

　　总而言之，春秋学者董仲舒的最大功绩，在于他将春秋经的作者、儒家的创始者孔子抬高到了儒教教主的地位。从思想上而言，醒悟到了"天"是儒教的至高无上的神祇哲学本体，从而使春秋公羊学获得了丰富的哲学内容。从政治上而言，以孔子为儒教教主，确定包含《春秋》经传的六经为治国大纲。为此，董仲舒再三推崇孔子的教主地位和春秋经传治国的重要性："孔子作《春秋》，上揆之天道，下质诸人情，参之于古，考之于今。"（《天人三策》）再就是将孔子春秋和天道灾异论挂钩："故《春秋》之所讥，灾害之所加也；《春秋》之所恶怪异之所施也。书邦家之过，兼灾异之变；以此见人之所为，其美恶之极，乃与天地流通而往来相应，此亦言天之一端也。"（《天人三策》）

三

既然董仲舒春秋公羊学已经获得了"天道化""阴阳五行化""实用化""大一统化"等如此丰富的哲学内容，那么再回到历史中去的话，他的历史哲学又将是怎么样的呢？

一般而言，历史哲学主要关心以下三方面的基本问题：（1）历史是根据什么原则或规律而运动的？也即所谓历史规律性问题；（2）历史的主角是谁？也即所谓历史的主体性问题；（3）有没有谁在历史的背后操纵、拨动历史，也即历史的最终动力或最高主宰存不存在的问题。如果有的话这个存在是什么？也即所谓历史的动力问题。

董仲舒对这些历史哲学的基本问题，都用自己的春秋公羊学语言，做出了以下的论述。

（一）关于历史发展的规律问题

中国历史发展的特征之一，即频繁地改朝换代。此中有什么样的规律呢？董仲舒提出了"不变"——"变"——"不变"之反——正——反命题。

董仲舒关于历史的"不变"与"变"，提出了"继治世者其道同，继乱世者其道变"（《天人三策》）类似辩证法的理论。

所谓"继治世"，指通过禅让实现的政权交替，具体而言指舜继尧、禹继舜之类的例子。此所谓历史出现"其道如一而所上同"（《天人三策》）之规律性。

但是，中国古代的历史其后往往是在变动中实现改朝换代。此谓"继乱世"，所谓以"革命"来夺取政权。具体而言："夏无道而殷伐之，殷无道而周伐之，周无道而秦伐之，秦无道而汉伐之。有道伐无道，此天理也。"（《尧舜不擅移汤武不专杀第二十五》）这里"变"的原因被说成是"伐无道"，而有道无道的判断标准则为"天理"。

"道"变化的内容，是对前代政治、制度、人事的"损益"。譬如从形式面来说，是"文"和"质"之文明模式的交替，前代如果尚"文"，后代必以"质"来拯救"文"的弊害。具体而言，殷"制质礼以奉天"，继周者要"继文礼以奉天"（《三代改制质文第二十三》），继春秋者就要"救文以质"了（《王道第六》）。

其次，董仲舒说："王者必受命而后王。王耆和改正朔，易服色，制礼乐，一统于天下，所以明易姓，非继人，通以己受之于天也。"（《三代改制质文第二十三》）

根据自己的"天命"论，认为"王者必受命而后为王"，王者变更正朔、服色、礼乐等以示受"天命"，向天下宣告自己因此拥有了正统的统治权。

但是，"文""正朔""服色""礼乐"都只是些形式或象征，不能代表一个时代的历史。换言之，不可能把前代所有的东西都变了，或者说变了就好。于此"变"向"不变"。"若夫大纲、人伦、道理、政治、教化、习俗、文义尽如故，亦何改哉？故王者有改制之名，无易道之实"（《楚庄王第一》），也就是说，古今以来，治国可能有一个固定不变之道，只要以这个道为根据，治国的"大纲"，基本的人伦道理，统治民众的政治教化习俗文义等也可以不"变"或不能变。

根据董仲舒的天论，这个道，首先指的"天理"，也就是"天"这个至高无上的神祇定下的关于人类社会的基本原理和最高法则。得到了这个"天理"，才叫作得到了人类社会的正统统治权。违反天理之"道"者，天就会以一些措置来惩罚"无道"。这个惩罚如果是以自然灾害出现的，就是灾异论式的惩罚，也有通过"有道"者的手来措置的，此为"天之无常予，无常夺也"（《尧舜不擅移汤武不专杀第二十五》），可说是对周以来的天命无常论的继承。

（二）历史的主角是君主

从以上"变""不变"理论来看，历史的主角是君主（圣人、王）。

董仲舒将历史的主角君主（圣人、王）称为"天之子"。董仲舒说："故受命而海内顺之，犹众星之共北辰，流水之宗沧海也。况生天地之间，法太祖先人之容貌，则其至德取象，众名尊贵，是以圣人为贵也。"（《观德第三十三》）"故德侔天地者，皇天右而子之，号称天子。"（《顺命第七十》）从此可见君主受天理天命继天德。

其次，董仲舒认为历史的交替只是君主的交替。他说："百礼之贵，皆编于月。月编于时，时编于君，君编于天。"（《观德第三十三》）认为历史是根据天意变化的，其变化围绕各时代的帝王变动，"人之得天得众者，莫如受命之天子。下至公、侯、伯、子、男，海内之心悬于天子，疆内之民统于诸侯"（《奉本第三十四》），说的是一国的安否和民众的运命系于君主个人。而"弑君三十二，亡国五十二，细恶不绝之所致也"（《王道第六》）之表述，说明君主个人的恶行导致了国灭身亡。

再者，董仲舒将春秋经传记载的十二世历史分为"有见"（三世）、"有闻"（四世）、"有传闻"（五世），其间"于所见微其辞，于所闻痛其祸，于传闻杀其恩，与情俱也"（《楚庄王第一》）。不但根据自己的安否记述历史的方法（春秋笔法），而且将个人和国家、人情和王道、君主和民众等复杂的历史因素，表现为十二世王者的交替。春秋鲁国的十二世实际上把整个人类的历史全部包含在内。到了何休那里这个三世说的内容具体表现为了"衰乱""升平""太平"三种形态而具体化，将三世解释成了人类的过去、现在和将来的发展规律①。康有为则主张孔子的时代为"据乱之世"，只能言小康，不能言大同，现在为升平之世（特别是欧美），未来是太平之世。也就是说，一个三世说不但是他对人类过去、现在的总结，也表明了他希望的人类未来的发展方向。

（三）历史的主体和动力问题

和以上的问题相关联，在历史的背后左右历史规律、拨动历史前进的最终动力（或历史的最高神祇）存在吗？如果存在的话那是什么呢？

董仲舒将以往的儒家思想进行了大规模的改造，作为了汉王朝的统治思想——儒教。在董仲舒的儒教思想体系中，"天"是至高无上

---

① 何休《春秋公羊经传解诂》隐公元年有："于所传闻之世，见治起于衰乱之中。""于所闻之世，见治升平。""至所见之世，着治太平。"

的神祇和哲学本体①。

所以在董仲舒的历史理论中，那个在历史的背后左右历史规律、拨动历史前进的最终动力，无疑就是最高神祇或最高主宰的"天"了。

天对历史主宰，首先是改朝换代由天意决定实行。"夏无道而殷伐之，殷无道而周伐之，周无道而秦伐之，秦无道而汉伐之。有道伐无道，此天理也。"（《尧舜不擅移汤武不专杀第二十五》）

再就是对一个社会的君主统治，实际上是行天之"道"，所谓"道之大原出于天。天不变，道亦不变"（《天人三策》）。所以统治人类社会的"道"，在历史上和现实中都具有恒久不变性。

董仲舒说："《春秋》之道，奉天而法古。是故虽有巧手，弗循规矩，不能正方圆。虽有察耳，不吹六律，不能定五音。虽有知心，不览先王，不能平天下。然则先王之遗道，亦天下之规矩六律已。故圣者法天，贤者法圣，此其大数也。得大数而治，失大数而乱，此治乱之分也。所闻天下无二道，故圣人异治同理也。"（《楚庄王第一》）

"奉天"指根据天道统治人类社会，"法古"指"先王的遗道"，两者结合叫"天人之征，古今之道"。"天人之征"也叫"天人相与"，指董仲舒的"天人合一"说。"古今之道"也叫"古今通达""异治同理"，所依据的也只能是"天道"。故"法古"本来就是儒家道德化理想"治道"，董仲舒借用"天"的威力将之恒久化和至上化而已。

结语

人们对董仲舒春秋公羊学的解释为何经常不顾经传的本义，对经

---

① 《董仲舒思想研究》"天道篇"对董仲舒的天论有着详细的论述。关于董仲舒的春秋公羊学和天论的关系，徐复观著《两汉思想史》卷二《先秦儒家思想的转折及天的哲学的完成》认为：一，董仲舒把公羊作为他的天的哲学的构成要素。二，公羊是向自己的哲学系统迈进的一块基石。也即春秋公羊学是董仲舒的"天"哲学思想的经学基础。但是，这样的观点是把董仲舒的春秋公羊学和他的"天"论切开而言的。笔者认为，董仲舒的春秋公羊学的主要部分也是以天论为根据的。参见拙著《董仲舒的春秋公羊学》（中国工人出版社 2001 年版）中的《董仲舒的二个春秋公羊学》一文。

传文面的意味任意扩大解释感到大惑不解。其实这不仅是春秋公羊学的本性，所谓发挥微言大义，更重要的是，董仲舒的解释法不但是在讲历史，而且是在阐述他的哲学，也可说是历史哲学吧。

董仲舒说："春秋何贵乎元而言之？元者，始也，言本正也；道，王道也；王者，人之始也。王正，则元气和顺，风雨时，景星见，黄龙下；王不正，则上变天，贼气并见。"（《王道第六》）"元"和"道"本身是春秋经传的概念，但两者之间没有必然的联系，也不神秘，"元"更是历法上的概念。但在董仲舒这里，两者似乎已经从历史哲学发展成为了宇宙观。而且春秋经传基本上看不到"天"概念的宗教的色彩，在这里天已经成为灾异论的本体，可以针对"王"的行为进行大是大非的道德审判和心志惩罚。

从本文的论述，可见董仲舒春秋公羊学的解释，并非无限制无规律地发挥，它以阐述历史为起点，表述了自己的自然观、社会观、政治观乃至人生观。董仲舒春秋公羊学的理论方法，也以历史哲学为圆心，根据他哲学上的"天道论""阴阳五行论""大一统论"，根据现实需要对春秋历史作了哲学上的反省、宗教上的觉悟、政治学的迎合、道德伦理的历史反刍。

参考文献：

[1] 余英时. 章实斋与柯灵乌的历史思想［G］//余英时. 论戴震与章学诚. 北京：生活·读书·新知三联书店，2000：235.

[2] 邓红. 董仲舒思想研究［M］. 台北：台湾文津出版社，2006.

[3] 邓红. 董仲舒的春秋公羊学［M］. 北京：中国工人出版社，2001.

[4] 韦政通. 董仲舒［M］. 台北：台湾东大图书公司，1986.

[5] 林丽雪. 中国历代思想家·董仲舒［M］. 台北：台湾商务印书馆，1987.

原文载于《衡水学院学报》2018 年第 4 期。

邓　红（1958－），男，重庆人，哲学博士，日本北九州市立大学文学部教授，博士生导师，衡水学院客座教授。

论董仲舒之天的思想

刘国民

董仲舒的哲学是天的哲学，天是董仲舒哲学的最高观念。董仲舒之天是人格神之天，还是自然之天，抑或道德之天。这令学人困惑难解。

《春秋繁露·官制象天》：

> 天有十端，十端而止已。天为一端，地为一端，阴为一端，阳为一端，火为一端，金为一端，木为一端，水为一端，土为一端，人为一端，凡十端而毕，天之数也。①

在这段文字中，天有十端之天与一端之天两种含义。它们的含义分别是什么呢？董仲舒没有说明。或以为，十端之天是指无所不包的宇宙，一端之天是指与地相对的天；或以为，十端之天是指人格神之天，一端之天是指自然之天。天的含义不明，不能不令人困惑。

《郊语》曰："天者，百神之大君也。"《春秋繁露》反复出现天命、天意、天心、天志等，天是人格神之天（神灵之天）。《五行相生》曰："天地之气，合而为一，分为阴阳，判为四时，列为五行。"天是纯一之气，气是纯物质的，无形而实在，天是自然之天。人格神之天与自然之天在本质上不同，即人格神之天有意志和目的（意志之

---

① 本文征引《春秋繁露》的文字，皆依据苏舆《春秋繁露义证》，中华书局 1992 年版。下引《春秋繁露》，只注篇名。

天），而自然之天是纯物质的，没有意志和目的。港台治中国思想史
的学者徐复观说："董氏所说的天，似乎回到古代宗教的人格神上面
去了。我相信董氏常会有宗教神的影响，往来于他的心目之中。但他
的天的实体是气，气表现而为阴阳四时五行；认真地思考一下，把气
当作人格神来看待，是非常困难的事。因此，他在很多地方，以很大
的比重，从天到人，只当作是一个大的'有机体的构造'，而是可以
互相影响的。"[1]徐先生认为，董仲舒之天存在人格神之天和自然之天
的矛盾。金春峰说："在董仲舒的体系中，'天'既是神学的，又是自
然的，又是道德的，这就使他的'天论'思想更加混乱和矛盾
了。"[2]129金先生认为，董仲舒之天有神灵之天、自然之天和道德之天
三种意义，这三种意义存在着内在的混乱和矛盾。笔者认为，董仲舒
在其著作中或突出人格神之天，或突出自然之天，或突出道德之天，
表面上看来似乎矛盾，但深层地理解具有内在统一性。德国诠释学家
施莱尔马赫认为，诠释者应重构文本及其作者的思想体系，"我们可
能比作者还更好地理解作者的思想"[3]。

一

　　我们首先辨析学人提出的诸种之天。人格神之天的本质特征是有
意志和目的，神灵之天、意志之天与之相同。自然之天是纯物质的，
其本质特征是没有精神意志，物质之天与之相同。要之，自然之天与
人格神之天截然对立。
　　道德之天，即天具有道德价值。今日看来，道德属于价值的范
畴。价值能否从事实中推出，这是价值学的中心问题。一般而言，事
实分为社会事实和自然事实。社会事实是人之有意志和目的的活动，
能推出价值。自然事实是自然界之无意志和目的的活动，不能推出价
值[4]。据此，人格神之天能推出价值（正负），其本身有道德价值
（正负）的属性。自然之天不能推出价值（正负），其本身也没有道德
价值（正负）的属性。金春峰认为："自然之天既然是由气构成的，
那么，它何以会具有道德的属性，或者何以会受道德之天的支

配?"[2]129但古代先哲不分事实和价值，自然法则和人伦道德混一。董仲舒认为天人合一，即自然事实和社会事实合一，事实和价值合一，自然法则和人伦道德合一。例如，同类相应是宇宙的普遍原则（自然和社会）。天之阴气起，人之阴气应之而起，这是纯物质间的同类相应，是自然法则；人之为善，则有善的结果，这是社会事实的同类相应，是人伦道德法则。因此，董仲舒认为自然之天也有道德的意义。

要之，人格神之天与自然之天皆有道德价值的属性。因此，董仲舒之天只有人格神之天和自然之天的两种含义，但自然之天的道德特征是难以理解的。

西周以来，人格神之天的意义逐渐式微。周革殷命后，周人对人格神之天作了重新诠释："皇天无亲，惟德是辅。"（《尚书·蔡仲之命》）"惟不敬厥德，乃早坠厥命。"（《尚书·召诰》）人格神之天有道德性，且根据人君行为的善恶予以赏罚。这减损了人格神之天的神秘性、支配性。老子以道为天地的本原，道是物质和理念的统一体，没有意志和目的，基本消解了人格神之天的意义。孔孟重视人伦道德，虽认为人伦道德之源是天，但天的人格神意义不强，多表现出物质和道德法则相统一之天的意义；且对天往往存而不论，天实际上是处于虚位。荀子主张天人相分，天是自然之天，天之人格神的意义完全消失。这固然高扬了人之主体性，但人之主体性不能保证人之向善为善。主体性可以使人充分为善，也可以使人充分作恶。尤其是人君，他们决定着政治的得失、社会的治乱、人民的福祸。若人君的主体性被强调到极致，而又不能顺着道德的方向发展，则目空一切，妄自尊大，无所畏惧，无所不为。董仲舒认为，秦始皇正是这样的暴君，不尊天畏天，二世而亡。《郊语》曰："前世王莫不从重，栗精奉之，以事上天。至于秦而独阙然废之，一何不率由旧章之大甚也！天者，百神之大君也。"

在传统之天的意义演变背景下，董仲舒重建了天的思想。

首先，董仲舒以人格神之天强调天的宗教意义。他敬天，畏天，祭天。周文王小心翼翼，昭事上帝，获得天的保佑，"此天之所以兴周国也，非周国之所能为也"（《郊语》）。《春秋繁露》一组祭天的文章中，天之宗教人格神的意义显著。人之尊天、事天不仅表现在法天道上，也表现在祭祀天神上，因而重视祭天的时间与祭物。《郊义》：

> 天者，百神之君也，王者之所最尊也。……郊必以正月上辛者，言以所尊者，首一岁之事。

郊，即祭天，祭天的时间是正月上辛。《为人者天》曰："唯天子受命于天，天下受命于天子。"《深察名号》："受命之君，天意之所予也。"这表明君权天授。

其次，董仲舒又重视自然之天。孔孟皆以内省而上达天命之善。这种内省的功夫并不是众人所能做到的，故众人难知天命之善，从而阻塞他们向善为善的进路。董仲舒以自然之天证知天之道德性，把天道、天命外在化、客观化、具体化，引导众人尊天法天。战国以来，阴阳家承孔子"天何言哉？四时行焉，百物生焉"（《论语·阳货》）而言天道。董仲舒继承和发展了阴阳四时五行的思想，以阴阳四时五行的运行及其法则谈论天道，这是属于自然之天的范畴。要之，以自然之天阐发天道，使天道外在化、客观化、具体化，人法天道具体明白，不必通过内省证知。

基于上面两点，董仲舒把人格神之天和自然之天结合起来。

二

人格神之天有意志和目的，自然之天没有意志和目的，二者在本质上是不同的。人格神之天和自然之天如何结合呢？如何理解人格神之天和自然之天的关系呢？如果二者是平列的关系，则它们不可避免地产生冲突。如果人格神之天支配自然之天，则二者不但不产生冲突，反而具有内在的统一性。董仲舒认为，人格神之天支配自然之天，以自然之天表现自己的意志和目的；自然之天没有内在的意志和目的，但体现了人格神之天的意志和目的。这种思想在《春秋繁露》中表现得突出。

《天地阴阳》：

> 天意难见也，其道难理。是故明阴阳入出、实虚之处，所以

观天之志。辨五行之本末、逆顺、小大、广狭，所以观天道也。

"天意""天志"，即人格神之天的意志和目的。阴阳五行是气，本身无意志和目的；阴阳五行的运行形成四时，万物生长收藏，这属于自然之天。董仲舒认为，阴阳五行的运行受人格神之天支配，表现了人格神之天的意志和目的。人根据阴阳五行的运行及其法则，体察人格神之天的意志和目的。

《离合根》：

> 天高其位而下其施，藏其形而见其光。高其位，所以为尊也；下其施，所以为仁也；藏其形，所以为神也；见其光，所以为明。故位尊而施仁，藏神而见光者，天之行也。故为人主者，法天之行，是故内深藏，所以为神；外博观，所以为明也；任群贤，所以为受成；乃不自劳于事，所以为尊也；泛爱群生，不以喜怒赏罚，所以为仁也。

"高其位""下其施""藏其形""见其光"，属于自然之天。"所以为仁"等表明它们不是自然而然的，而是受人格神之天支配的，表现了人格神之天的意志和目的，人君根据自然之天深察天意、天心。

《阴阳位》：

> 阳出实入实，阴出空入空，天之任阳不任阴，好德不好刑，如是也。

春夏阳气出，长养万物于上，秋冬阳气入，孕育万物之根于下，这是"阳出实入实"；春夏阴气入，万物生长于上，根部为虚，秋冬阴气出，万物凋零成空，这是"阴出空入空"。阴阳二气的运行由人格神之天支配；人格神之天以"阳出实入实，阴出空入空"，表现其"好德不好刑"的意志和目的。

《循天之道》："天悯州华之间，故生宿麦，中岁而熟之。"秋冬之际，宿麦播种，第二年的夏天成熟，这不合于春生夏长秋收冬藏的四时法则，属于自然之天的异常现象。董仲舒说："君子察物之异，以求天意，大可见矣。"农民秋天储蓄的粮食，经过冬春，所剩无几，夏天正是缺粮的时候，而宿麦刚好成熟，救人之乏。因此，宿麦不是自然生长的，而是天生宿麦，天之目的是救人之乏，这表现了天之悯爱万民的德性。人由宿麦体察天意之仁以及天要求人种宿麦的意志。

　　总之，董仲舒之天有人格神之天和自然之天，二者是支配的关系，因而是统一的，这显然是神学目的论的思想。侯外庐等著《中国思想通史》："这即是说，宇宙内的一切，从自然、社会以至人类，都是照着天的目的意志而显现的。……天的自然性一旦被赋予目的性，就必然在神学家手中成为神圣的外射。"[5] 人格神之天有意志和目的，自然之天表现了人格神之天的意志和目的。因此，自然之天虽不具有内在目的，但具有外在目的。自然之天具有外在目的，故能推出道德价值，这是自然之天获得道德意义的基本原因。美国学者拉兹洛说："凡是前进方向是要达到某种目的任何活动，都是价值定向活动。"[6] 这种神学目的论思想虽没有知识的意义，但有道德价值的意义，而不可以事实的不真实来否定道德的真实。真实性，有事实的真实、道德的真实、审美的真实，不可混为一谈。董仲舒的人格神之天具有道德理性，自然之天表现人格神之天的意志和目的，也具有道德理性。

三

　　在董仲舒的著作中，人格神之天支配自然之天的思想常常隐而不彰，因而造成天的思想体系的混乱和学人理解的分歧。冯友兰说："这样，关于灾异的问题，在董仲舒的体系中便出现了两种说法。一种认为天人同类，自然相感，'非有神，其数然也'，这是一种带有机械论倾向的说法。一种认为天有喜怒赏罚，灾异出于天的意志，这是一种目的论说法。……这两种说法是有矛盾的，但在董仲舒的体系中是结合在一起的。"[7] 金春峰认为，董仲舒的天人感应具有两种方式，"天人感应的神学的特点是天具有自由意志并能以对人的赏罚来体现这种意志，而天人感应的非神学的唯心主义形式的特点，则是以气为中介、以道德为基础的机械式的反应"[2]140 两位先生的看法基本一致。这两种感应的方式基于董仲舒之天的两种含义。有意志和目的之天人感应，突出了人格神之天对灾异的支配作用。物质的机械感应是指自然之天与人类社会治乱之气的直接感应，似乎否定了人格神之天的存在。这就导致了两种感应方式的矛盾。

笔者认为，物质的机械感应所遵循同类相应的法则，即是基于人格神之天的意志和目的。只是在物质的机械感应中，人格神之天居于虚位。人格神之天所支配的天人感应，同样符合同类相应的法则。因此，这两种感应皆受到有意志和目的之人格神之天的支配，皆遵从同类相应的法则。因此，坚持人格神之天对自然之天的支配关系，就能消解两种天人感应方式的矛盾。王平说："天人感应说是以有神论为基础的。"其内部并不存在金春峰先生所说的那种神学与非神学的矛盾，"即便天人之间有那种机械式感应，也仅仅说明天神不是随意地予以人祸福，而只是起一个监督者的作用，根据人的行为善恶必然地作出审判，这里丝毫没有否定天神存在的意味，恰恰相反，天作为一个监督者必须是有意志的，人格化的，因为只有当天明察秋毫，公正无私时，才能保证人的行为与结果之间有必然的、机械式的联系"[8]。此言得之。

笔者也承认，董仲舒试图把人格神之天与自然之天统一起来，不仅在行文中存在诸多夹杂，也存在实际上难以解决的矛盾，这主要表现在三个方面。

其一，董仲舒的哲学是天的哲学，天的概念在董仲舒著作中反复出现，但他没有明确分辨人格神之天和自然之天，故天的含义混乱不清。

其二，董仲舒主要以自然之天阐明天道，人格神之天常居于虚位。因此，许多地方，只见自然之天，而不见人格神之天。这易于产生董仲舒之天是自然之天而不是人格神之天的误解。在《春秋繁露》的一组阴阳五行文章中，董仲舒以阴阳五行之气的运行阐明天道。阴阳五行是纯物质之气，属于自然之天的范畴，而人格神之天在这里处于虚位。这似没有人格神之天支配自然之天的思想。在《春秋繁露》另一组祭天的文章中，人格神之天突出，而自然之天又居于虚位，董仲舒之天似就是人格神之天。

其三，人格神之天有意志和目的。意志的主要特性是多变性。但人格神之天的意志和目的是通过自然法则表现出来的，而自然法则是周而复始、循环往复的，因而人格神之天的意志也是机械重复的。这削弱了人格神之天的意义。例如，一般而言，灾异最突出地表现了人格神之天的意义。但在董仲舒的天命灾异里，物质的机械感应淡化了人格神之天的存在。灾异是自然之天的阴阳之气与社会乱气直接感应的结果。虽然我们认为这种机械的物质感应所遵循的同类相应法则，是出于人格神之天的意志和目的，但人格神之天的意志周而复始，究竟不符合意志的特征，而弱化了人格神之天的存在。金春峰说："董仲舒采取了'天'有'喜气'、'怒气'、'哀气'、'乐气'等等说法，并且把阴阳运行所造成的春夏秋冬的机械性的变化，说成是天的感情意志的表现。……但一种机械循环、'周而复始'、'变而有常'的喜怒哀乐之不具有感情意志的特征，这是十分显然的。"[2]129-130

四

传统的天命灾异思想突出地表现了人格神之天的超越性、支配性和神秘性。天之灾是天对人的惩罚，人只能被动地承受。天之异是天对人之败亡命运的预兆，具有神秘性；人只能按照天命的预兆而走向败亡，具有支配性。董仲舒的天命灾异思想有三个特征。

（一）天命灾异的出现，基于人道之失，即灾异的产生主要是由人事决定的。人道失而天出灾异，遵从"恶事召恶类"的道德法则。天命灾异一方面肯定了人的主体性，另一方面也强调了天的道德性。

（二）天命灾异的目的不是惩罚人，而是谴告警惧人，从而让人反省过失，改过自新，这表现了天的仁德之心。

（三）天命灾异不是预兆人之必然败亡的命运，而是使人见天命灾异，能积极主动地"内以自省，宜有惩于心；外以观其事，宜有验于国"（《必仁且智》）。天命灾异肯定了人的主观能动性。

要之，以灾异分析董仲舒之天，董仲舒之天具有道德理性的特征，人对自己的命运具有更大的主导作用（但人的命运也受到天命的一定制约，与荀子"天人相分"不同）。

董仲舒认为，社会乱、人君失道而天出灾异，能为人的道德理性所照射；社会治、人君得道而天出灾异，也能为人的道德理性所理解。武帝策问："禹汤水旱，厥咎何由？"禹汤为圣君，却遭遇水旱之灾，这是不能为人的道德理性所理解的。董仲舒如何解释禹水汤旱之事呢？《暖燠常多》："禹水汤旱，非常经也，适遭世气之变，而阴阳失平。"事物的发展变化有常有变，常指事物的发展变化合于一般法则，易为人的理性所理解，变指事物的发展变化不合于一般法则，难为人的理性所解释；但常变又是统一的，皆有存在的合理性，皆能为人的理性所烛照。这是董仲舒常变经权的理论。禹水汤旱不合"人君失德天生灾异"的一般法则，这是变。董仲舒解释说，尧爱民如子，崩时，百姓如丧父母，四海笼罩在悲痛中，于是阴气（悲气）大兴，天人同类感应，故遭遇大水（水为阴）；禹为尧治水，所以禹有水名也。因此，禹遭大水，不是尧不德而是尧仁德的表现。夏桀（人君是阳）暴虐，残贼民众（民众是阴），阳压阴；商汤除残贼，明仁义之德，阳气又盛。这是重阳也，故汤遇大旱。汤遇大旱是汤之明德和桀之暴虐所致。常合于道德，变亦合于道德；常有理性，变亦有理性。天命灾异的常变皆具有道德理性。董仲舒说："毋以适遭之变疑平生之常，则所守不失，则正道益明。"（《暖燠常多》）人不要因行为正而遇灾变，就怀疑人道和天道，人应该毫不怀疑地坚守正道。孔孟之天尚有非道德理性的因素，董仲舒之天基本是道德理性的。

董仲舒之天是道德理性之天，天道是人道的根据，人道也是道德理性的。董仲舒以天道肯定人道，以人道证知天道。董仲舒肯定天命的一定作用，但更强调人为的主导作用，从而肯定人的主体性。

《春秋》是"衰世之造"，"弑君三十六，亡国五十二，诸侯奔走不得保其社稷者，不可胜数"（《史记·太史公自序》）。董仲舒治《春秋》，非常关注诸侯国之存亡兴废的命运。他认为，"君人者，国之元也"（《立元神》），人君的行为不仅决定自身的荣辱得失，而且决定国家人民的治乱兴衰。

《春秋》僖公十九年冬"梁亡"，《公羊传》：

> 此未有伐者，其言梁亡何？自亡也。其自亡奈何？鱼烂而亡也。

"鱼烂"从内发，以鱼烂喻梁亡，表明梁亡是由于梁之内部原因，不是由于诸侯攻伐的外部原因，故梁亡是自亡。

董仲舒深入分析了梁亡的内部原因：梁君不行仁政，残暴人民，人民逃亡；又实行"连坐"之法，"一家亡，五家杀刑"，人民怨声载道，奔走他乡，国中尽空。因此，梁之败亡是由梁君"杀戮如屠，仇雠其民"而造成的。《王道》："亡者自亡也，非人亡之也。"梁君行为的得道和失道决定国家人民的兴亡命运。

《天人三策》分析了周之兴亡的根本原因：文、武、成王行仁义之道，国家兴盛，民安居乐业；幽、厉王行不由道，"是以政日以仆灭也"；宣王行文、武之道，国家粲然复兴。"故治乱废兴在于己，非天将命不可得反，其所操持悖谬失其统也。"国家的治乱是由人君决定的，天命的予夺以人君的行为为根据。这加强了人君的道德主体性。

《春秋》十二公中，鲁昭公是一位很值得重视的历史人物。他被季氏逐出鲁国，流亡在外长达八年之久，最后客死他乡，"困之至也"（《楚庄王》）。《春秋》昭公二十三年"冬，公如晋。至河，公有疾，乃复"，《公羊传》："何言乎公有疾乃复？杀耻也。"昭公畏晋是可耻的，《春秋》以"公有疾乃复"讳昭公畏晋之耻。董仲舒具体分析了昭公畏晋之耻及其穷途末路的原因。如果晋大恶而不可亲近，则公畏惧而不敢至晋，乃人之常情，不可耻，所谓"恶无故自来，君子不耻"；如果昭公畏晋是因为自己行为不正，那么君子耻之；"今《春秋》耻之者，昭公有以自取也"，即昭公的畏晋之耻以及流亡之大耻，皆是由自己行为的不正而造成的。首先，鲁国大夫专权始于文公，发展于宣、成、襄，昭公即位之后，没有忧患惧惕之心，更未采取有效的办法抑制大夫专权。其次，昭公"犯大礼而娶同姓"。再次，不用孔子辅政。最后，昭公二十五年，"嚣嚣然轻计妄讨"。因昭公不正，"是故季氏专其位，而大国莫之正"。昭公"出走八年，死乃得归，身亡子危，困之至也"。（以上引文皆见于《楚庄王》）因此，昭公的行为不正是他遭受耻辱、客死他乡的根本原因。

要之，董仲舒认为人君的行为和结果构成了正向的因果关系。正向的因果关系具有两方面的内容：第一，不是天命而是人君自己的行为决定其得失成败的结果，"亡者自亡也，非人亡之也"，这加强了人君的主体性；第二，人君行为和结果的因果关系符合同类相应的原则，即"美事召美类，恶事召恶类""善有善报，恶有恶报"，这加强了人君的道德性。

国家的治乱兴亡之因相当复杂，有人君的主观原因与外在的客观原因。董仲舒非常重视人君的主观原因，而忽视了外在的客观原因。这表明人君应对自己的行为及其结果负责，不应以外在的客观原因，逃避自己的责任。

董仲舒考察了《春秋》成公二年至成公六年间郑伯父子的所作所为，分析了"郑罢疲危亡，终身愁苦"的原因。成公二年八月，卫侯去世。此年冬天，郑伯坚与楚伐卫。这是伐人之丧。成公二年冬，郑与诸侯盟于蜀；成公三年冬，郑伐许。这是叛盟。董仲舒认为，郑伯坚伐丧叛盟，无义无信，所以《春秋》谓郑而不称爵，是夷狄之，大恶之。成公四年三月壬申"郑伯坚卒"，成公四年冬"郑伯伐许"。郑伯坚卒，其子郑伯费居大丧期间，本应内心悲痛，思念亲恩。但此年冬天，郑伯费伐许，则费守丧未逾年就伐许。这是居丧伐人，失恩于亲。郑为中国，却与楚盟，侵犯中国。诸侯怒之，谋共击之。郑乃恐惧，在成公五年冬，离楚而与诸夏盟于虫牢。郑首鼠两端，朝秦暮楚，既冒犯诸夏又得罪楚国，故楚与中国夹而击之。成公六年夏，郑伯费在内外交困中抑郁而死。

董仲舒说：

> 今郑伯既无子恩，又不熟计，一举兵不当，被患无穷，自取之也。是以生不得称子，去其义也；死不得书葬，见其穷也。（《竹林》）

郑国的衰亡是因郑伯父子行为的丧失礼义而造成的，是"自取之也"。他特别突出郑伯父子行为的失道，以作郑国疲敝衰亡的解释，并为《春秋》贬绝提供坚强的根据。但董仲舒未重视郑国衰亡的外在客观原因。郑国弱小，又地处中原和楚国之间，楚国侵略中原必先攻打郑国，中原又混战不休，郑国随时被吞并，故郑国不得不首鼠两端，这是为客观的政治形势所逼。《春秋》无义战，诸侯之间强凌弱、众暴寡，即使郑伯的行为合于礼义，也难逃败亡的命运。董仲舒没有关注于此，表现其历史解释之"道德超载"的特征。

要之，在解释国家的兴亡时，董仲舒重视人君的道德主体性，即国家的治乱兴废是由人君的得道和失道决定的，《天人三策》谓"故治乱兴废在于己，非天降命不可得反，其所操持悖谬失其统也"。董仲舒之天是道德理性的，故以天道为根据的人道也是道德理性的；他认为天命根据于人为，故人君的命运由自己做主。

综上所述，董仲舒之天是道德理性之天，其道德理性包含仁义礼智信等基本内容。《俞序》曰："仁，天心；故次以天心。"《王道通三》曰："仁之美者在于天，天。仁也。"儒家的伦理道德获得了天道的根据，具有神圣性和合法性。这加强了人尤其是人君在天道之下行仁由义的无可逃避的责任感。道德理性之天遵循善有善报、恶有恶报的法则。这一方面坚持行为的道德性，另一方面也肯定行为和结果的正向因果关系，人应对自己的行为及其结果负责，不该把责任推给天命、命。

参考文献：

[1] 徐复观. 两汉思想史：第二卷 [M]. 上海：华东师范大学出版社，2001：245.

[2] 金春峰. 汉代思想史 [M]. 北京：中国社会科学出版社，2006.

[3] 洪汉鼎. 诠释学——它的历史和当代发展 [M]. 北京：人民出版社 2001：78.

[4] 程仲棠. 从"是"推不出"应该"吗？（上）[J]. 学术研究，2000（10）：19—24.

[5] 侯外庐. 中国思想通史：第二卷 [M]. 北京：人民出版社，1957：99—100.

[6] 拉兹洛. 用系统论的观点看世界 [M]. 北京：中国社会科学出版社，1985：95.

[7] 冯友兰. 中国哲学史新编：中卷 [M]. 北京：人民出版社，

1998: 79.

[8] 王平. 汉代天人感应说略述 [M] //胡军. 诠释与建构. 北京：北京大学出版社，2001.

该文为"2018 中国·衡水董仲舒与儒家思想国际学术研讨会"提交的论文。

刘国民（1964—）：男，安徽肥西人，哲学博士，中国社会科学院大学人文学院教授。

董仲舒之"三统"说

——兼论"天不变，道亦不变"

刘国民

一

战国后期，邹衍创立五德转移说，以解释历史朝代的转移：

> 驺衍睹有国者益淫侈，不能尚德，若《大雅》整之于身，施及黎庶矣。乃深观阴阳消息而作怪迂之变，《终始》《大圣》之篇十余万言。其语闳大不经，必先验小物，推而大之，至于无垠。先序今以上至黄帝，学者所共术，大并世盛衰，因载其禨祥度制，推而远之，至天地未生，窈冥不可考而原也。先列中国名山大川，通谷禽兽，水土所殖，物类所珍，因而推之，及海外人之所不能睹。称引天地剖判以来，五德转移，治各有宜，而符应若兹。（《史记·孟子荀卿列传》）

邹子之"五德转移说"，追述黄帝以来各个朝代的历史变迁，一方面归纳出不同朝代之盛衰所出现的吉凶征兆，另一方面总结出朝代转移的基本原因。

《汉书·艺文志》"阴阳家"著录："《邹子》四十九篇。名衍，齐人，为燕昭王师，居稷下，号谈天衍。《邹子终始》五十六篇。"阴阳家者流，"敬顺昊天，历象日月星辰，敬授民时……舍人事而任鬼神"，即邹衍"乃深观阴阳消息而作怪迂之变"。邹衍的著作惜已亡佚，"五德转移说"部分保存于《吕氏春秋·应同》：

> 凡帝王者之将兴也，天必先见祥乎下民。黄帝之时，天先见大螾大蝼。黄帝曰土气胜。土气胜，故其色尚黄，其事则土。及禹之时，天先见草木秋冬不杀。禹曰木气胜。木气胜，故其色尚青，其事则木。及汤之时，天先见金刃生于水。汤曰金气胜。金气胜，故其色尚白，其事则金。及文王之时，天先见火赤乌衔丹书集于周社。文王曰火气胜。火气胜，故其色尚赤，其事则火。代火者必将水，天且先见水气胜。水气胜，故其色尚黑，其事则水。水气至而不知，数备，将徙于土。

首先，邹衍以五行相克相胜（土、木、金、火、水）解释朝代的转移：黄帝是土德，大禹是木德，商汤是金德，文王是火德，代火者是水德；如水气至而不知，不行水德，则气数将迁移到土。其次，以天命符瑞证知某行（德）主运，即所谓"五德转移，治各有宜，而符应若兹"。天命符瑞即受命之符，是受命为王的证验，例如周之受命之符是"天先见火赤乌衔丹书集于周社"。受命之符有预兆性、神圣性，但也关涉人事之为，如"水气至而不知，数备，将徙于土"。再次，某行（德）主运，受命之王必须实行某行（德）之事，如"火气胜，故其色尚赤，其事则火"。

董仲舒继承和发展了邹衍以来的符瑞思想。《春秋繁露》特有《符瑞》一篇：

> 有非（人）力之所能致而自至者，西狩获麟，受命之符也。然后托乎《春秋》正不正之间，而明改制之义。

受命之符非人力所能致，而是天之为。"西狩获麟"是孔子受天命为"素王"的符应。孔子受命为王，要改制以正前朝之不正。

> 臣闻天之所大奉使之王者，必有非人力所能致而自至者，此受命之符也。天下之人同心归之，若归父母，故天瑞应诚而至。《书》曰"白鱼入于王舟，有火复于王室，流为乌"，此盖受命之符也。周公曰"复哉复哉"，孔子曰"德不孤，必有邻"，皆积善累德之效也。（《天人三策》）

受命之符显示出天命的神圣性和权威性：受天命为王，即君权天授，因而君权具有神圣性和权威性。董仲舒认为，受命之王须积善累德，天下之人归之，天瑞才应诚而至。文王得受命之符，周公说"复哉复哉"，即周有盛德，故天报此瑞。因此，天命符应是天之为，但天之为根据人之为，人之为在于积善累德。这强调了人君的主体性及其行为的道德性；但积善累德的人未必能受天命为王，这又为天命的神圣性和权威性留下空间。

邹衍的"五德转移说"鼓吹了多年，终于到秦始皇统一天下后被采用：

> 始皇推终始五德之传，以为周得火德，秦代周德，从所不胜。方今水德之始，改年始，朝贺皆自十月朔。衣服旄旌节旗皆上黑。数以六为纪，符、法冠皆六寸，而舆六尺，六尺为步，乘六马。更名河曰德水，以为水德之始。刚毅戾深，事皆决于法，刻削毋仁恩和义，然后合五德之数。（《史记·秦始皇本纪》）

秦始皇以为秦代周是水德，而实行水德之制度。根据《吕氏春秋·孟冬季》："律中应钟，其数六。""载玄旗，衣黑衣，服玄玉。""某日立冬，盛德在水。""于是察阿上乱法者罪之，无有掩蔽。"等等，始皇进行了一系列的改制，并实行严刑峻法。

始皇的水德之运仅持续十五年，刘邦便亡秦而取得天下。《史记·历书》："高祖曰'北畤待我而起'，亦自以为获水德之瑞。虽明习历及张苍等，咸以为然。是时天下初定，方纲纪大基，高后女主，皆未遑，故袭秦正朔服色。"刘邦亦以为汉得水德。

汉文帝时，贾谊和公孙臣认为汉得土德：

> 贾生以为汉兴至孝文二十余年，天下和洽而固，当改正朔，易服色，法制度，定官名，兴礼乐。乃悉草具其事仪法，色尚黄，数用五，为官名，悉更秦之法。（《史记·屈原贾生列传》）

贾谊承认秦是水德，则汉当为土德，否定了汉是水德之说：

> 鲁人公孙臣上书曰："始秦得水德，今汉受之，推终始传，则汉当为土德，土德之应黄龙见。宜改正朔，易服色，色尚黄。"（《史记·封禅书》）

公孙臣亦认为，秦得水德，则汉为土德；黄帝是土德，其符应是"黄龙地螾见"，今汉得土德，其符应亦是"黄龙地螾见"。但公孙臣的土德之说遭丞相张苍的贬斥，未能实行。文帝十五年，"黄龙见成纪""天子乃复召鲁人公孙臣以为博士，申明土德事"（《史记·孝文本纪》）。汉为土德将要实行时，文帝怒新垣平欺诈之事，"自是之后，文帝怠于改正朔服色神明之事"（《史记·封禅书》）。终文、景两朝，汉家仍未定为土德。

武帝即位。这位好大喜功的皇帝，无限向往礼乐昌盛的太平之世。文学公卿以为封禅改制是汉家的盛事，充满了无限的期盼。《史记·封禅书》："（建元）元年，汉兴已六十余岁矣，天下艾安，搢绅之属皆望天子封禅改正度也，而上向儒术，招贤良，赵绾、王臧等以文学为公卿，欲议古立明堂城南，以朝诸侯。"武帝和文学公卿皆认为汉承黄帝为土德，特尊崇黄帝。齐之方士大造舆论，"黄帝且战且学仙"，使一心神往不死成仙的武帝大发感慨："嗟乎！吾诚得如黄帝，吾视去妻子如脱躧耳。"大臣和方士也心领神会，造出了许多土德的符瑞。元鼎元年，汾阳巫得宝鼎，谓是黄帝宝鼎，迎黄帝宝鼎于中山，"有黄云盖焉"；元鼎五年，拜太一，"是夜有美光，及昼，黄气上属天"（《史记·封禅书》）。汉为土德是众望所归、众心所向。《汉书·武帝纪》："太初元年……夏五月，正历，以正月为岁首。色尚黄，数用五，定官名，协音律。"汉家终定为土德。要之，邹衍的"五德转移说"对秦汉的政治制度和学术思想产生了重要的影响。

二

在汉初的水德、土德之争中，董仲舒创立了"三统"说。三统即黑统、白统、赤统。三统以三正为基础。三正是夏正、商正、周正。夏正以十三月为岁首，即建寅；商正以十二月为岁首，即建丑；周正以十一月为岁首，即建子。

> 三正以黑统初，正日月朔于营室，斗建寅。天统气始通化物，物见萌达，其色黑。……正白统者，历正日月朔于虚，斗建

丑。天统气始蜕化物，物初芽，其色白。……正赤统者，历正日月朔于牵牛，斗建子。天统气始施化物，物始动，其色赤。（《春秋繁露·三代改制质文》）

董仲舒以三统之正黑统、正白统、正赤统之循环往复，解释历史朝代的转移。例如，周是正赤统，以十一月为岁首，代周之朝代回返夏之正黑统，以十三月为岁首。

董仲舒认为，得天统的受命之王，不是继体守文之王，而是创立朝代的新王，故必须改制；改制的内容包括徙居处、更称号、改正朔、易服色等。

今所谓新王必改制者，非改其道，非变其理，受命于天，易姓更王，非继前王而王也。若一因前制，修（循）故业，而无有所改，是与继前王而王者无以别。受命之君，天之所大显也。事父者承意，事君者仪志，事天亦然。今天大显己，物袭所代而率与同，则不显不明，非天志。故必徙居处、更称号、改正朔、易服色者，无他焉，不敢不顺天志而明自显也。若夫大纲、人伦、道理、政治、教化、习俗、文义尽如故，亦何改哉？故王者有改制之名，无易道之实。（《春秋繁露·楚庄王》）

新王之受命改制有重要意义：一是表明新的朝代已经到来；二是昭示王权天授的神圣性、权威性，即《三代改制质文》"王者必受命而后王。王者必改正朔，易服色，制礼乐，一统于天下，所以明易姓非继人，通以己受之于天也"。

改正朔是改制的首要内容。《春秋繁露·三代改制质文》谓"改正之义，奉元而始"，元即开始，改正是确立一年的开始。三统循环往复，三正也循环往复。董仲舒认为，改正不仅有形式的意义，且有实质内容的意义，主要表现在四方面。

（1）受命之王改正，是新正，表明新王朝的诞生，万事更新。改正表示受命于天，《春秋繁露·三代改制质文》："王者受命而王，制此月（正月）以应变，故作科以奉天地。"

（2）正月是一年的开始，是本，本正则末应。《春秋繁露·三代改制质文》："正者，正也。统致其气，万物皆应而正；统正，其余皆正。凡岁之要，在正月也。法正之道，正本而末应，正内而外应。"
这源于《公羊传》成公八年"元年春，王正月，正也。其余皆通也"。

（3）正者政也，人君行政首先要正，为臣民之表率，则臣民自
正。这本于孔子谓"政者，正也。子帅以正，孰敢不正"（《论语·颜
渊》）。《天人三策》："政者，王之所为也。其意曰，上承天之所为，
而下以正其所为，正王道之端云尔。""故为人君者，正心以正朝廷，
正朝廷以正百官，正百官以正万民，正万民以正四方。"

（4）受命之王实行新正，以时间的统一表示天下的统一。《公羊
传》隐公元年"何言乎王正月？大一统也"。《春秋繁露·三代改制质
文》解释《春秋》"王正月"说："王者必改正朔，易服色，制礼乐，
一统于天下。"《天人三策》："《春秋》大一统者，天地之常经，古今
之通义也。"

邹衍的"五德转移说"，也同样要求改正。其五正：土之正为十
四月（黄帝），木之正为十三月（禹），金之正为十二月（殷），火之
正为十一月（周），水之正为十月（秦）。五德说之夏、商、周三正，
与三统说相同。汉家最终定为土德，太初改正，是以十三月（正月）
为岁首，这与土德之正（以十四月为岁首）不合，而与董仲舒"三
统"说之正黑统（以十三月为岁首）相同。

易服色是改制的另一项重要内容。服色是指车马、祭牲、服饰等
颜色，是礼乐制度的一项内容。董仲舒认为，夏尚黑，为正黑统；殷
尚白，为正白统；周尚赤，为正赤统。《春秋繁露·三代改制质文》：
"三正以黑统初。……其色黑。"三统之色源自于邹衍之五德说。根据
"五德转移说"，黄帝为土德，尚黄；夏为木德，尚青；商为金德，尚
白；秦为水德，尚黑。可见，五德说的商、周两朝之色与三统说相
同，但邹衍之夏尚青与董仲舒之夏尚黑不同。

三

董仲舒说："王者有改制之名，无易道之实。"（《春秋繁露·楚庄
王》）受命之王要改制，但不能变道。《天人三策》："道者，所由适于

治之路也，仁义礼乐皆其具也。"道是通向治世之路，仁义礼乐是道的基本内容：

> 臣闻夫乐而不乱复而不厌者谓之道；道者万世无弊，弊者道之失也。先王之道必有偏而不起之处，故政有眊而不行，举其偏者以补其弊而已矣。三王之道所祖不同，非其相反，将以救溢扶衰，所遭之变然也。（《天人三策》）

道，万世无弊，"乐而不乱复而不厌者"，具有超越时空的永恒性。《盐铁论·遵道》："圣王之治世，不离仁义。故有改制之名，无变道之实。上自黄帝，下及三王，莫不明德教，谨庠序，崇仁义，立教化。此百世不易之道也。"万世无弊之道、百世不易之道，即大道。大道以仁义礼乐为基本内容，也包含刑罚等，且各部分内容之间存在融合、贯通的关系。因此，大道具有整体性、超越性。先王之道，即夏商周三王之道，是把大道落到现实社会政治中的实践之道。因此，实践之道具有时代性、特殊性。大道是完美无缺的，而实践之道是偏颇的，故大道与实践之道存在间距；但大道的实质内容与实践之道是相通的，例如皆以仁义礼乐为核心内容。换言之，三王之道皆是依据大道来实践的。三王之道即实践之道为何不能尽合于大道呢？一方面，大道原是抽象、观念之道，观念一落到实践中自然会发生偏颇。另一方面，三王在特定的时势中受命为王，践行大道时，既需考虑前王之道的偏弊，又要考量现实形势的状况，则往往侧重于大道某内容而相对轻视其他内容，故三王之道"必有偏而不起之处"，偏离了大道的整体性、融贯性。因此，三王之道是损益变化的。

《天人三策》中，武帝之策问的目的是求得大道，以走向太平盛世；但他不知大道是抽象、观念之道，一落到社会现实中即变成实践之道。武帝策问："夫三王之教所祖不同，而皆有失，或谓久而不易者道也，意岂异哉？"三王之道各有偏弊，所以武帝及其大臣怀疑不易之道。董仲舒首先肯定大道的存在，这不容置疑；接着指出人君的实践之道可因社会政治形势的不同而损益，以救溢扶衰，才能走向盛世。

至于如何损益实践之道，董仲舒通过追讨历史朝代的发展历程做出回答。

董仲舒认为，尧舜禹之道尽合于大道。《天人三策》："是以禹继舜，舜继尧，三圣相受而守一道，无救弊之政也，故不言其所损益也。"尧受命为王，行大道，而天下太平。舜受命为王，因尧之道（大道）而行，垂拱无为，天下太平。禹受命为王，循舜之道（大道）而行，天下太平。因此，尧舜禹共守一道，即大道。武帝之策诏问舜为何垂拱无为，而周文王有为。"制曰：'盖闻虞舜之时，游于岩郎之上，垂拱无为，而天下太平。周文王至于日昃不暇食，宇内亦治。夫帝王之道，岂不同条共贯与？何逸劳之殊也？'"董仲舒回答说："尧在位七十载，乃逊于位以禅虞舜。尧崩，天下不归尧子丹朱而归舜。舜知不可辟，乃即天子之位，以禹为相，因尧之辅佐，继其统业，是以垂拱无为而天下治。"大道是观念之道，一落到实践中则有偏颇。尧舜禹之道为何能尽合于大道呢？这是因为儒家把尧舜禹三世作为理想的社会，尧舜禹三圣是理想的圣君。理想与现实之间存在着天然的差距：

> 故王者有改制之名，无变道之实。然夏上忠，殷上敬，周上文者，所继之救，当用此也。孔子曰："殷因于夏礼，所损益可知也；周因于殷礼，所损益可知也；其或继周者，虽百世可知也。"此言百王之用，以此三者矣。（《天人三策》）

夏尚忠，是指大禹之后君主所行之道。董仲舒以孔子之谓夏礼、殷礼、周礼的损益之说，证明三王之道各有偏颇，不能尽合于大道。"此言百王之用，以此三者矣"，即认为，忠敬文之融会贯通构成了大道，后世之王要践行之。大道之忠敬文三部分具有融会融贯的关系，而三王之道因为时势的差异而在践行大道时，侧重于某一部分的内容，相对轻视另外两部分的内容，损坏了这三部分内容之间的融贯关系，不能尽合于大道。因此，三王之道之忠敬文构成了大道，形成了一个圆满自足的循环系列。

司马迁受教于董仲舒，其三王之道循环往复的思想接受了董仲舒的三统说：

> 太史公曰：夏之政忠。忠之敝，小人以野，故殷人承之以

敬。敬之敝，小人以鬼，故周人承之以文。文之敝，小人以僿，
故救僿莫若以忠。三王之道若循环，终而复始。周秦之间，可谓
文敝矣。秦政不改，反酷刑法，岂不缪乎？故汉兴，承敝易变，
使人不倦，得天统矣。（《史记·高祖本纪》）

夏之政忠，但末世片面地发展了"忠"，以至"忠之敝，小人以
野"，天下大乱。殷承夏之乱世与道之偏弊，而救之以"敬"。殷之末
世，天下大乱，"敬之敝，小人以鬼"。周承殷之敬弊而救之以文。周
之文又因片面地发展而"文敝"，天下大乱。秦政应以"夏之忠"来
救文敝，但秦反而实行严刑酷法的政治，是文敝之极，以致秦二世而
亡。汉兴，承敝易变，以夏之忠救周秦之文敝，故汉朝的建立是得天
统，所行之道遵循三王之道的循环往复。这即是董仲舒所谓"继乱世
者其道变"（《天人三策》）。"其道变"即三王之实践之道。实践之道
是对大道的践行，有时突出"忠"或"敬"或"文"，主要是因为前
朝片面发展了大道某一部分内容而造成弊端，故本朝所行之道必须突
出另一部分内容，以救助。但救助的这一部分内容本是为了达到忠敬
文之融贯发展的目的，但在运用中往往是"矫者不过其正，弗能直"
（《春秋繁露·玉杯》），而走向另一个极端，又损害了大道融会贯通地
整体运行。在失道中，历史朝代以三统循环而往复更替：

夏因于虞，而独不言所损益者，其道如一而所上同也。道之
大原出于天，天不变，道亦不变，是以禹继舜，舜继尧，三圣相
受而守一道，无救弊之政也，故不言其所损益。由是观之，继治
世者其道同，继乱世者其道变。今汉继大乱之后，若宜少损周之
文致，用夏之忠者。（《天人三策》）

董仲舒认为，尧舜禹共守一道（大道），这是"继治世者其道
同"。无所损益，改制而已，"改正朔，易服色，以顺天命而已，其余
尽循尧道"。三圣之世是大治之世，故天不出灾异，所谓"天不变"；
因此，受命新王所行之道亦不变。这即是"天不变，道亦不变"。所
谓"道之大原出于天"，一方面指天道是人道的终极根据，另一方面
谓人道是否合于天道，以天出灾异来证成。三王之末世，天下大乱，
天出灾异，以谴告、警惧，《天人三策》所谓"国家将有失道之败，

而天乃先出灾害以谴告之，不知自省，又出怪异以警惧之，尚不知变，而伤败乃至"，但末世君主不能反省改正，结果国家败亡。受命新王必须革除前朝之道的偏弊，这即是"继乱世者其道变"。

总之，大道即万世无弊之道，有本性性、整体性、超越性，以仁义礼乐为基本内容，是忠、敬、文所构成的融贯整体；先王之道即三王之道，是对大道的具体运用，有特殊性、时代性、实践性。董仲舒谓"故王者有改制之名，无变道之实"，即受命之王坚守大道，但实践之道可以损益。

董仲舒之谓"道之大原出于天，天不变，道亦不变"，颇引发后人的争辩。毛泽东同志说："在中国，则有所谓'天不变，道亦不变'的形而上学思想，曾经长期地为腐朽了的封建统治阶级所拥护。"[1]严北溟认为，"天不变道亦不变"的反命题，是"天变道亦变"，故望文生义地看到"不变"两字就轻易地断定为形而上学是错误的。严先生认为，"天"主要是指自然，"道"主要是指自然规律，总的用意说明道是以天为根据的主从关系；事实上，董仲舒是主张道变的，他以孔子之道为主，综合黄老、刑名、阴阳五行各派思想，为汉王朝制定了一整套新的学说理论体系，"非常异义可怪之论"，经雄才大略的汉武帝采纳，就成为我国封建社会两千余年儒学正宗思想的开端[2]。严先生是如何理解"天变"的含义呢？如果"天变"指天翻地覆，则"天不变道亦不变"就没有反命题。

笔者认为，单独抽出这一句，把"天变"理解成天翻地覆，把道作为"道之大原出于天"之道，则道有绝对性、永恒性，不存在"天变道亦变"的反命题。董仲舒之天，并非如严先生所谓主要是指自然，董仲舒之道也非主要是指自然规律。董仲舒之天、道，是自然与社会的混合体而以道德人伦为主，自然及其规律是其次的。换言之，董仲舒之天、道是事实与价值的混合体，而以价值为主。董仲舒之谓道，有大道与三王之道的分别；大道是永恒不变的，三王之道是对大道的具体运用，因时代形势的不同而有损益，是变化的，但三王之道的变化必须是在坚持大道的基础上，即以常为主，以权变为辅。因此，大道与三王之道有共通的本质内容；大道之仁义礼乐的基本内容是不同时代的受命帝王所必须坚守的，但大道之其他方面的内容可根据时代形势的不同而有变化。董仲舒认为，历史朝代在不断地更替，但大道之仁义礼乐的基本内容将一以贯之于各个朝代而永恒不变，因为仁义之道是人类前进的大方向，是人类行为的大准则。

"天不变，道亦不变"置于《天人三策》的整段文字中，天变即天出各种灾异，包括日食、地震等。董仲舒认为，天人感应、天出灾异是因为人君失道而社会混乱，如人君不能反省改正，则伤败乃至。受命新王必须更化前王之道而救溢扶衰，向大道回归。天不变，即天不出灾异，因为人君之道合于大道，而天下大治，则受命新王因循前王之道即可，不需更化。因此，"天不变，道亦不变"有反命题"天变而道亦变"，这不是形而上学的命题。

因此，董仲舒之道，一是本体、整体、永恒之大道，一是特殊、具体、实践之道；实践之道以本体之道为根据，是人君对本体之道的运用。这是在大道的永恒不变中，坚持实践之道的更化和损益。人君实行的实践之道不断地合道（本体之道）、失道、复道，从而产生历史朝代的更替。这表明人君的政治行为决定了历史朝代的更替，比邹衍的五德转移说更强调人君的道德主体作用。

概之，受命之王得天统，如果是继治世，不易道（合于本体之道的前王之道），但要改制；如果是继乱世，则不仅要改制，而且要易道（更化前王之道），但所易之道不是本体之道，而是不尽合于本体之道的前王之道。"有改制之名，无易道之实"的道是永恒的大道。

四

董仲舒创立三统说，具有重要的现实意义：确定汉代属于三统中的某一统，从而确立汉道与改制的具体内容。

按三统说，汉为哪一统呢？《春秋繁露·三代改制质文》："《春秋》作新王之事，变周之制，当正黑统。""故曰绌夏存周，以《春秋》当新王。"董仲舒认为，《春秋》继周，当正黑统。《天人三策》："然夏尚忠，殷尚敬，周尚文者，所继之救，当用此也。……今汉继大乱之后，若宜少损周之文，用夏之忠者。"汉损周之文，用夏之忠。根据三统循环说，汉继周，返夏之忠，汉与夏同是正黑统。这就产生了矛盾：既说《春秋》继周，为正黑统；又说汉继周，为正黑统。如何解释呢？

董仲舒"以《春秋》当新王，为正黑统"实是"非常异义可怪之论"（何休语）。孔子作的《春秋》是一本书，如何能当新王呢？《天人三策》以孔子为"素王"，《春秋繁露·符瑞》"西狩获麟，受命之符是也"，即以获麟为孔子受命作《春秋》的符瑞。这表明"以《春秋》当新王"实是以孔子当新王。孔子有德无位，只能以口诛笔伐行褒贬之权，谓之"素王"。新王必然与一个新的朝代紧密联系。孔子是素王，没有实际的朝代，但有一个象征的朝代，即以《春秋》象征一个新的朝代，当（托）正黑统。汉继周，为实际的新朝代，是正黑统。质言之，《春秋》当（托）正黑统，汉是实际的正黑统，故《春秋》继周与汉继周不矛盾，且有深刻的意义，即汉道应法《春秋》之道，"《春秋》为汉立法"。

汉为黑统，正朔与夏正相同，即以十三月为岁首、夜半为朔。董仲舒行夏正，与孔子"行夏之时"相同，并具有实际的意义。汉初历法用秦《颛顼历》，以十月为岁首，结果"然正朔未睹其真，而朔晦月见，弦望满亏，多非是"（《汉书·律历志》）。以十月为岁首，先冬后春，与春生夏长秋收冬藏的四时之序相悖；且月尽、月初见到月亮，月望反而亏了，月弦又满了。司马迁不满张苍行《颛顼历》："张苍文学律历，为汉名相，而绌贾生、公孙臣等言正朔服色事而不遵，明用秦之《颛顼历》，何哉？"（《史记·张丞相列传》）故行夏正是当时社会的普遍要求。武帝太初改历，正采用了夏正。这说明三统说对太初改制有重要影响。

"继治世者其道同，继乱世者其道变。"汉继周秦之乱世，汉道应如何更化呢？董仲舒的"文质""四法""三教"之说，不仅说明损益先王之道，而且确立汉道。

文质之说见于孔子《论语》。文指礼之文，即礼之外在的形式（礼仪规范等）；质指礼之质，即礼之内在的精神实质（仁义等）。孔子主张"文质彬彬"，即外在的礼仪规范和内在的仁义融通合一。《礼记·表记》："虞夏之质，殷周之文，至矣；虞夏之文不胜其质，殷周之质不胜其文。"这是以文质说明虞夏殷周的政教制度。《尚书·大传》："王者一质一文，据天地之道。"《汉书·严安传》曰："臣闻邹子曰：'政教文质者，所以云救也，当时则用，过则舍之，有易则易之。'"邹衍把文质与政教联系，主张文质相救。董仲舒"文质"是指两种政教制度。《春秋繁露·三代改制质文》："主天法质而王，其道佚阳，亲亲而多质爱。""主地法文而王，其道进阴，尊尊而多礼文。""文"的政教制度重视礼仪、法令，而轻视内在的仁义之质，故上下尊卑严格分明，缺少亲亲之爱。"质"的政教制度重视内在的仁义之质，以建立社会的和谐秩序，而轻视礼仪法令的外在约束。文质之道相反相成，分开来看，各是一偏之道，整合来看，构成了整体之道，成为一种圆满自足的整体而循环，即文质再而复。

按文质再而复，周尚文，秦继周当反质，但秦并未救弊，反而实行严刑峻法的暴虐政治，是文之至，故汉必须反质。董仲舒以"承周文而反之质"为《春秋》"十指"之一。《春秋》为象征的朝代，汉为实际的朝代，《春秋》反质，即汉反质。这表明汉要重视内在仁义之质的教化，以救周秦片面强调外在礼仪法令之弊。文质再而复，周为文，殷即为质，则汉是反殷之质。但殷人尚刑在汉初可能是一个普遍看法。武帝"制策"即问："殷人执五刑以督奸，伤肌肤以惩罚。"（《天人三策》）《礼记·表记》有"殷周之文"之说。董仲舒主张汉反质，但不赞成反殷之质；按三统循环，汉承夏之黑统，与殷之白统无涉。因此，董仲舒对"文质"说进行了改造，提出了"四法"说：

> 王者以制，一商一夏，一质一文。……主天法商而王，其道佚阳，亲亲而多仁朴。……主地法夏而王，其道进阴，尊尊而多义节。……主天法质而王，其道佚阳，亲亲而多质爱。……主地法文而王，其道进阴，尊尊而多礼节。……故四法如四时然，终而复始，穷则反本。（《春秋繁露·三代改制质文》）

此"商""夏"不是朝代之名，而是制度之名。从商、夏、质、文所规定的政教制度看，商和质同，夏和文同。四而复之"四法"与二而复之"文质"在本质上是相同的，则董仲舒创立"四法"说的意义何在呢？按四法之说，周为文，殷为质，夏为夏，舜为商；四法循环反复，则汉当法舜为商（商即质，汉实是反质）：

> 《春秋》应天作新王之事，时正黑统。……乐宜亲《招武》，故以虞禄亲，乐制宜商，合伯子男为一等。（《春秋繁露·三代改制质文》）

《春秋》为正黑统，即汉为正黑统。《招武》即舜之乐，"乐制宜商"，即四法之商；故汉返质，不是返殷之质，而是返舜之质（商）。舜是儒家最理想的君主，舜之道合于本体之道而万世无弊。《天人三策》引孔子"《韶》尽美矣，又尽善矣"，对《韶》乐是一往情深，赞美舜"因尧之辅佐，继其统业，是以垂拱无为而天下治"。

但是，如果把三统和四法相配，又产生了矛盾。按三统说，汉法夏；按四法说，汉法舜。陈苏镇征《天人三策》"是以禹继舜，舜继尧，三圣相受而守一道，亡救弊之政也，故不言其所损益也"认为，尧舜禹共守一道，汉法夏法商，其实质是一样的[3]。可是，董仲舒以夏朝为夏（文），以舜为商（质），则政教制度并不尽同。因此，三统与四法不能合理地配合；董仲舒对四法说又进行了改造，提出了"三教"说。

"三教"即忠、敬、文，董仲舒把三教和三统相配，则夏尚忠、殷尚敬、周尚文。三教和三统配合，在形式上很整齐，优于"文质""四法"与三统配合。在内容实质上，三教说更符合董仲舒之目的。董仲舒创立三统说之现实目的是：汉承周文而反质，汉法夏为正黑统。"文质"说，汉虽反质，但反殷之质，而汉人并不以殷为质；且反殷之质，意味着法殷之白统，与董仲舒的法夏为正黑统不符。"四法"说，汉反舜之商，商和质，名异实同；法舜之质虽合儒家之理想，但舜为赤统，意味着汉法赤统。根据"三教"之说，夏尚忠，忠即质。阎步克说："傅武光考察《左传》'忠'字六十余见，亦言其义'一是无私，一是奉献于全民'。是'忠'道全合于质厚仁爱。"[4]汉法夏之忠，实是尚质。因此，"三教"说合于汉"承周文反之质"，又合于汉"法夏为正黑统"。

概之，按"文质"再而复、"四法"四而复、"三教"三而复，皆表明汉道当反质；但是三统与三教的配合最为合理。在董仲舒上下求索"三统"与"文质""四法""三教"配合的思想历程中，见出他"苦志尽情，头白齿落"（《春秋繁露·重政》）的勤奋和艰辛。

参考文献：

[1] 毛泽东. 毛泽东选集：第一卷 ［M］. 北京：人民出版社，1991：301.

[2] 严北溟. 谈"天不变道亦不变"［J］. 复旦学报，1980（6）：67－68.

[3] 陈苏镇. 汉代政治与《春秋》学 ［M］. 北京：中国广播电视出版社，2001：188.

[4] 阎步克. 士大夫政治演生史稿 ［M］. 北京：北京大学出版社，1996：309.

原文载于《衡水学院学报》2018 年第 4 期。

刘国民（1964—）：男，安徽肥西人，哲学博士，中国社会科学院大学人文学院教授。

原始思维与董仲舒理论体系的建构

邢培顺

董仲舒的《春秋繁露》是一个庞杂的理论体系，他以《春秋》为依托，在广泛继承前代文化资源的基础上，创立了自己关于哲学、政治、道德、宗教、人性、艺术等的理论体系，对后世产生了广泛、深远而复杂的影响。尽管董仲舒的学说呈现出丰富、复杂有时甚至前后抵牾的面貌，但其在建构自己的理论体系的时候，却始终遵循了一个基本的方法，这就是"比物连类""以类相推"的思维方式。这种思维方法来源于古老的神话思维，或称原始思维。这种思维方法虽然是人类社会早期阶段共有的思维模式，但我们华夏民族表现得更为典型，其对华夏民族思维方式和认知方式的影响更广泛和持久。儒家学说作为华夏文明的主体，更将"比物连类"的思维方法作为认知事物、阐发自己思想观念、构建自己理论体系经常使用的方法，早期的儒家学者和思想家尤其如此。董仲舒作为汉初的儒学大师，不仅继承和发展了儒家的学术资源和学术传统，也广泛吸取了华夏民族的文化资源，其中包括"比物联类"这种古老的认知方式。

一、"比物联类"思维方式的来源和本质

原始社会，人们的思维能力还处在较低的阶段，人们刚刚将自己与外界事物区别开来，智力的局限使他们只能感性地认识外界事物，

将外界事物看作与自己异体同构的个体，外界事物与自己有同样的情感和意志，并且彼此心灵相通，黑格尔总结这种思维方式的本质特点说："最低级的而且最不适合心灵特色的掌握方式就是单纯的感性掌握。……但是心灵并不停留于只凭视听去从外在事物得到单纯的感性掌握，还要使这些事物成为心灵内在本性的对象，这心灵内在本性于是被迫以相应的感性形式，在这些事物里实现它自己，换句话说，是它自己以欲望的身份和这些事物发生关系。在这种对外在世界起欲望的关系之中，人是以感性的个别事物的身份去对待本身也是个别事物的外在对象，他不是以思考者的身份，用普遍观念来对待这些外在事物，而是按照自己个别的冲动和兴趣去对待本身也是个别的对象，用它们来维持自己，利用它们，吃掉它们，牺牲它们来满足自己。在这种消极的关系之中，欲望所需要的不仅是外在事物的外形，而是它们本身感性的具体存在。"[1]法国人类学家列维·布留尔称这种思维方式为"原始思维"，认为这种思维方式是"以互渗律作为最高的指导与分配的原则"，他说："人类情感意志向两个方面投射：人向物的参与或渗透，人将自己的思想情感投射到对象世界，使对象物和人一样享有情感、灵性和德性。物向人的渗透，人将自己同化于对象之中，认为自己具有对象的某种特性。"[2]正是基于这样的思维方法，原始社会的人们才有了图腾崇拜、巫术和占卜。这种思维方法对中国文化的哲学、政治、宗教、道德、艺术，乃至民风民俗都产生了深远的影响。

儒学是华夏文化的主体，儒家与原始宗教的密切关系早已为人们所认识，不过，随着社会的发展，人们心智水平的提高，思维的缜密和深入，这种思维方式在不同的文化领域以不同的方式体现出来，如儒家最早的经典《周易》，其原理就是依据相似性原则，将宇宙万物分为不同的种类，再按照相类的事物相通相感、同类事物有相同的运行规律的原理，以类相推，进行占卜。在儒家重要经典《诗经》中，比兴寄托是最重要的表意和抒情手法。孔子在教育学生的时候，"比物联类""观物比德"是其最重要的思维方式和认知方式之一，如《论语·八佾》中说："子夏问曰：'巧笑倩兮，美目盼兮，素以为绚兮。何谓也？'子曰：'绘事后素。'曰：'礼后乎？'子曰：'起予者商也，始可与言诗已矣。'"[3] 由天生丽质的女子的优雅姿态到将白绸染为色彩绚丽的彩绸，再到在洁白的底子上画美丽的图画，最后到人的修养先有良好的品质再有得体的言行，正是一种"比物联类"的认知方式。"以类相推"是我国早期学者共有的一种认知世界、阐发理论观念的思维方式，而儒家学者更是经常地运用这种方法来阐释儒家经典，董仲舒的《春秋繁露》、韩婴的《韩诗外传》都运用了这种思维方法。

董仲舒自觉地运用这种方法来阐发自己的理论，构建自己的理论体系，他在《精华》中说："所闻《诗》无达诂，《易》无达占，《春秋》无达辞。"[4]95 明确地说明儒家经典的思维方式和解读方式都是运用了"以类相推"的思维方法。他就是运用这种方法来解读《春秋》并构建自己的理论体系的，他说："是故论《春秋》者，合而通之，缘而求之，五其比，偶其类，览其绪，屠其赘，是以人道浃而王法立。"[4]33 "是故为《春秋》者，得一端而多连之，见一空而博贯之，则天下尽矣。"[4]97 "《春秋》之辞多所况，是文约而法明也。"[4]3-4 "故天道各以其类动，非圣人庸能明之！"[4]213 这是董仲舒解读《春秋》、建构自己理论体系的基本方法，具体类推方式如："天道施，地道化，人道义，圣人见端而知本，精之至也，得一而应万，类之治也。"[4]468-469 "故曰：天乃有喜怒哀乐之行，人亦有春秋冬夏之气者，合类之谓也。"[4]336 "故贯比而论是非，虽难悉得，其义一也。今盾诛无传，弗诛无传，以比言之法论也。无比而处之，诬辞也。今视其比，皆不当死，何以诛之？《春秋》赴问数百，应问数千，同留经中，翻援比类，以发其端。"[4]40 由上可见，类比的对象可以丰富多彩，自然现象之间可以类比，自然现象与社会现象之间可以类比，社会现象与社会现象之间也可以类比。

徐复观先生在论述董仲舒理论方法的特点时说："'以类相推'的'类推'方法，在中国大概应用得很早。《论语》孔子说'温故而知新'，可能是指类推的能力而言。又说'举一隅不以三隅反，则不复也'，是指缺乏类推能力而言。荀子更发挥了类推的意义，类推的效果，在于类的建立是否正确。董氏非常重视类，他立论的大前提是

'天人同类'。而天人同类其重点乃安放在由人而推之于天，认为人是如此，天也是如此。"又说："简言之，董氏以及两汉思想家所说的天人关系，都是通过想象所建立起来的。这种想象，不是具体与具体的连结，而是一端是'有'，另一端是'无'，通过想象把有形与无形，把人与天要在客观上连结起来，这中间便没有知识的意义。所以他们都具备了哲学系统的形式；但缺乏合理的知识内容去支持此一形式。"[5]240－241的确，董仲舒的思想理论，不是客观知识，而是主观价值建构。这里徐先生只指出了这种思维方法的特点，却没有说明这种认知方式的来源和本质。

二、董仲舒对原始思维方法的运用

董仲舒运用"比物联类""以类相推"的思维方式，构建了关于哲学、政治、道德、宗教、人性、养生乃至艺术的理论体系。

（一）哲学：天人合一

"天人合一"是中国古代最高的哲学概念，也是董仲舒理论体系的总原则。这里的"天"不是一般意义上天地的"天"，而是既指与社会相对的"自然"之天，也指他建构的人格之天。"天"是董仲舒建构理论体系、进行理论推理时从自然界中所取的最大的"象"。

董仲舒认为，人是天的翻版，人无论在形体、功能，还是在行为上都与天相合，为什么必须如此呢？因为天是纯善的，是万物之祖，是一切价值的源泉，他说："父者，子之天也，天者，父之天也，无天而生，未之有也。天者，万物之祖，万物非天不生，独阴不生，独阳不生，阴阳与天地参然后生，故曰：父之子也可尊，母之子也可卑，尊者取尊号，卑者取卑号，故德侔天地者，皇天右而子之，号称天子。"[4]410因此，人在形体、功能上必须"类"天："为生不能为人，为人者，天也，人之人本于天，天亦人之曾祖父也，此人之所以乃上类天也。人之形体，化天数而成；人之血气，化天志而仁；人之德行，化天理而义；人之好恶，化天之暖清；人之喜怒，化天之寒暑；人之受命，化天之四时。人生有喜怒哀乐之答，春秋冬夏之类也。

喜，春之答也，怒，秋之答也，乐，夏之答也，哀，冬之答也，天之副在乎人，人之情性有由天者矣，故曰受，由天之号也。"[4]318—319

首先是人体、行为像天："天地之符，阴阳之副，常设于身，身犹天也，数与之相参，故命与之相连也。天以终岁之数，成人之身，故小节三百六十六，副日数也；大节十二分，副月数也；内有五脏，副五行数也；外有四肢，副四时数也；乍视乍瞑，副昼夜也；乍刚乍柔，副冬夏也；乍哀乍乐，副阴阳也；心有计虑，副度数也；行有伦理，副天地也；此皆暗肤着身，与人俱生，比而偶之弇合，于其可数也，副数；不可数者，副类。皆当同而副天，一也。是故陈其有形以著其无形者，拘其可数以著其不可数者，以此言道之亦宜以类相应，犹其形也，以数相中也。"[4]357人的外貌、服饰也要像天："剑之在左，青龙之象也；刀之在右，白虎之象也；钺之在前，赤鸟之象也；冠之在首，玄武之象也。四者，人之盛饰也。夫能通古今，别然不然，乃能服此也。盖玄武者，貌之最严有威者也，其像在后，其服反居首，武之至而不用矣。"[4]151人的德行、情感也要与天相符："天亦有喜怒之气，哀乐之心，与人相副，以类合之，天人一也。春，喜气也，故生；秋，怒气也，故杀；夏，乐气也，故养；冬，哀气也，故藏；四者，天人同有之，有其理而一用之，与天同者大治，与天异者大乱，故为人主之道，莫明于在身之与天同者而用之，使喜怒必当义而出，如寒暑之必当其时乃发也。"[4]341—342

人为万物之灵，在宇宙万物中，只有人能偶天地。"人受命乎天也，故超然有以倚；物疢疾莫能为仁义，唯人独能为仁义；物疢疾莫能偶天地，唯人独能偶天地。人有三百六十节，偶天之数也；形体骨肉，偶地之厚也；上有耳目聪明，日月之象也；体有空窍理脉，川谷之象也；心有哀乐喜怒，神气之类也；观人之体，一何高物之甚，而类于天也。"[4]354—355

既然人与天异体同构，它们就必然心灵相通，行为相感："今平地注水，去燥就湿；均薪施火，去湿就燥；百物去其所与异，而从其所与同。故气同则会，声比则应，其验皦然也。试调琴瑟而错之，鼓其宫，则他宫应之，鼓其商，而他商应之，五音比而自鸣，非有神，其数然也。美事召美类，恶事召恶类，类之相应而起也，如马鸣则马应之，牛鸣则牛应之。帝王之将兴也，其美祥亦先见，其将亡也，妖孽亦先见，物故以类相召也。"[4]358-359首先是天子、贵族的行为会直接引发上天的反应，"美事召美类，恶事召恶类"："王者，人之始也。王正，则元气和顺，风雨时，景星见，黄龙下；王不正，则上变天，贼气并见。"[4]101"王者与臣无礼，貌不肃敬，则木不曲直，而夏多暴风，风者，木之气也，其音角也，故应之以暴风。王者言不从，则金不从革，而秋多霹雳，霹雳者，金气也，其音商也，故应之以霹雳。王者视不明，则火不炎上，而秋多电，电者，火气也，其音徵也，故应之以电。王者听不聪，则水不润下，而春夏多暴雨，雨者，水气也，其音羽也，故应之以暴雨。王者心不能容，则稼穑不成，而秋多雷，雷者，土气也，其音宫也，故应之以雷。"[4]387甚至一般百姓的行为也会招致上天的报应："民修德而美好，被发衔哺而游，不慕富贵，耻恶不犯，父不哭子，兄不哭弟，毒虫不螫，猛兽不搏，抵虫不触，故天为之下甘露，朱草生，醴泉出，风雨时，嘉禾兴，凤凰麒麟游于郊。"[4]102-103总之，天是尽善尽美的，是一切价值之所出，相应地，它也容不得人的丑陋邪恶，人们只有法天而行，才会行为恰当，社会和谐美好。

"天人合一"观念是董仲舒理论体系的最高原则和立论的基础与前提，但却不是他建构理论的最终目标，他的最终目的是在此理论框架下，根据现实的需要，整合历史文化资源，提出系统的理论观念，为现实政治和社会生活服务。

（二）政治：法天施政

董仲舒的学说属于今文经学，今文经学的特点就是根据现实社会政治形势的需要，灵活解读儒家经典，综合各家各派的思想观念，开拓创新，与时俱进，因此，董仲舒的"天人合一"理论最终要落实到社会政治和现实生活上。他主要从如下几个方面论述政治问题。

1. 国家必须法天而行政

董仲舒是以《公羊春秋》为依托来构建自己的理论体系的，因此，《春秋》的"微言大义"便必然成为他理论的依据。他说："《春秋》之法：以人随君，以君随天。"[4]31 "是故《春秋》之道，以元之深，正天之端，以天之端，正王之政，以王之政，正诸侯之即位，以诸侯之即位，正竟内之治，五者俱正，而化大行。"[4]155—156 这是国家必须法天施政的经典依据，同时，"天"的构成和功能也决定了国家必须法天而行："天地之气，合而为一，分为阴阳，判为四时，列为五行。行者，行也，其行不同，故谓之五行。五行者，五官也，比相生而间相胜也，故为治，逆之则乱，顺之则治。"[4]362 "天之生有大经也，而所周行者，又有害功也，除而杀殛者，行急皆不待时也，天之志也，而圣人承之以治。是故春修仁而求善，秋修义而求恶，冬修刑而致清，夏修德而致宽，此所以顺天地，体阴阳。"[4]464

2. 国家法天而设官

"天"是一个巨大的功能系统，它的构成、数量和功能都是人间社会政治的样板："王者制官：三公、九卿、二十七大夫、八十一元士，凡百二十人，而列臣备矣。吾闻圣王所取仪，法天之大经，三起而成，四转而终，官制亦然者，此其仪与！"[4]214 "其数何法以然？曰：天子分左右五等，三百六十三人，法天一岁之数，五时色之象也；通佐十上卿与下卿，而二百二十人，天庭之象也；倍诸侯之数也。诸侯之外佐四等，百二十人，法四时六甲之数也；通佐五与下，而六十人，法日辰之数也。佐之必三三而相复何？曰：时三月而成大，辰三而成象。诸侯之爵或五何？法天地之数也，五官亦然。"[4]238 朝廷官职的数目、运行规范、基本功能都与天象相符，只有这样，朝廷的结构才符合天道，才能正常运转。

3. 法天之阴阳以定治国之理念

早在战国时代，儒家和法家就展开了关于治国理念的论争，儒家主张以德政治国，法家主张以刑法治国。及至秦朝纯任刑法而亡国，汉代儒生对秦朝暴政进行了猛烈的批判，许多儒生极力主张施行德政，纯任教化，但有见识的学者和思想家从实践理性出发，认为纯任德政不可能治理好国家，必须刑德兼用，德主刑辅，董仲舒就是如此，他从天的性质和运行中找到了自己的理论依据，他说："阳，天之德，阴，天之刑也，阳气暖而阴气寒，阳气予而阴气夺，阳气仁而阴气戾，阳气宽而阴气急，阳气爱而阴气恶，阳气生而阴气杀。是故阳常居实位而行于盛，阴常居空位而行于末，天之好仁而近，恶戾之变而远，大德而小刑之意也。"[4]327 "是故夏出长于上，冬入化于下者，阳也；夏入守虚地于下，冬出守虚位于上者，阴也。阳出实入实，阴出空入空，天之任阳不任阴，好德不好刑如是也，故阴阳终岁各一出。"[4]338 纯任德政不可能治理好国家，仁政如果没有刑罚的补充和支持，也不可能成功："是故阴阳之行，终各六月，远近同度，而所在异处。阴之行，春居东方，秋居西方，夏居空右，冬居空左，夏居空下，冬居空上，此阴之常处也；阳之行，春居上，冬居下，此阳之常处也。阴终岁四移，而阳常居实，非亲阳而疏阴，任德而远刑与！天之志，常置阴空处，稍取之以为助，故刑者，德之辅，阴者，阳之助也，阳者，岁之主也。"[4]336 治理国家应该像一年有春夏秋冬一样，随着形势的变化，灵活采用庆赏刑罚之策，"天之道，春暖以生，夏暑以养，秋清以杀，冬寒以藏，暖暑清寒，异气而同功，皆天之所以成岁也。圣人副天之所行以为政，故以庆副暖而当春，以赏副暑而当夏，以罚副清而当秋，以刑副寒而当冬，庆赏罚刑，异事而同功，皆王者之所以成德也。庆赏罚刑，与春夏秋冬，以类相应也，如合符，故曰：王者配天，谓其道。天有四时，王有四政，若四时，通类也，天人所同有也"[4]353。

4. 法天以制政令、礼仪

国家具体政令也必须按照阴阳五行的原理和变化规律来制定，他说："日冬至七十二日，木用事，其气燥浊而青，七十二日，火用事，其气惨阳而赤；七十二日，土用事，其气湿浊而黄；七十二日，金用事，其气惨淡而白；七十二日，水用事，其气清寒而黑；七十二日，复得木。木用事，则行柔惠，挺群禁，至于立春，出轻系，去稽留，除桎梏，开门阖，通障塞，存幼孤，矜寡独，无伐木。火用事，则正封疆，循田畴。至于立夏，举贤良，封有德，赏有功，出使四方，无纵火。土用事，则养长老，存幼孤，矜寡独，赐孝弟，施恩泽，无兴土功。金用事，则修城郭，缮墙垣，审群禁，饬甲兵，警百官，诛不法，存长老，无焚金石。水用事，则闭门闾，大搜索，断刑罚，执当罪，饬关梁，禁外徙，无决堤。"[4]381−382 至于朝廷内外的各种礼仪，也必须法天而行，如天子祭天之礼："天子父母事天，而子孙畜万民，民未遍饱，无用祭天者，是犹子孙未得食，无用食父母也，言莫逆于是，是其去礼远也。先贵而后贱，孰贵于天子？天子号天之子也，奈何受为天子之号，而无天子之礼，天子不可不祭天也，无异人之不可以不食父，为人子而不事父者，天下莫能以为可，今为天之子而不事天，何以异是。是故天子每至岁首，必先郊祭以享天，乃敢为地，行子礼也；每将兴师，必先郊祭以告天，乃敢征伐，行子道也。"[4]404−405 再如执贽之礼："凡执贽：天子用畅，公侯用玉，卿用羔，大夫用雁。雁乃有类于长者，长者在民上，必施然有先后之随，必俯然有行列之治，故大夫以为贽。羔有角而不任，设备而不用，类好仁者；执之不鸣，杀之不谛，类死义者；羔食于其母，必跪而受之，类知礼者；故羊之为言犹祥与，故卿以为贽。"[4]419−420 在执贽之礼中，各类人物的角色、德行和功能与所执之物相比类，如说："大夫用雁。雁乃有类于长者，长者在民上，必施然有先后之随，必俯然有行列之治，故大夫以为贽。"

5. 君、臣法天地之职能以行事

君、臣在具体的治国理政过程中，也必须效法天地的地位、德行、职能以行事，只有这样，才能将国家治理成为和洽雍熙的社会，其中，国君的行为是关键。

（1）君主必须法天而行

首先，国君必须敬畏天意，深识天意，因为天意难知："夫王者不可以不知天，知天，诗人之所难也，天意难见也，其道难理，是故明阳阴入出、实虚之处，所以观天之志；辨五行之本末、顺逆、小大、广狭，所以观天道也。天志仁，其道也义，为人主者，予夺生杀，各当其义，若四时；列官置吏，必以其能，若五行；好仁恶戾，任德远刑，若阴阳。此之谓能配天。天者，其道长万物，而王者长人；人主之大，天地之参也；好恶之分，阴阳之理也；喜怒之发，寒暑之比也；官职之事，五行之义也；以此长天地之间，荡四海之内，殽阴阳之气，与天地相杂。"[4]467−468 他必须认识到国家政治的特点和自己在国家中的位置以及作为国君应发挥的作用："一国之君，其犹一体之心也：隐居深宫，若心之藏于胸；至贵无与敌，若心之神无与双也；其官人上士，高清明而下重浊，若身之贵目而贱足也；任群臣无所亲，若四肢之各有职也；内有四辅，若心之有肝肺脾肾也；外有百官，若心之有形体孔窍也；亲圣近贤，若神明皆聚于心也；上下相承顺，若肢体相为使也；布恩施惠，若元气之流皮毛腠理也；百姓皆得其所，若血气和平，形体无所苦也；无为致太平，若神气自通于渊也。"[4]460－461 国君必须认识到自己的职能和行为规范："为人君者，其法取象于天，故贵爵而臣国，所以为仁也；深居隐处，不见其体，所以为神也；任贤使能，观听四方，所以为明也；量能授官，贤愚有差，所以相承也；引贤自近，以备股肱，所以为刚也；考实事功，次序殿最，所以成世也；有功者进，无功者退，所以赏罚也。是故天执其道，为万物主，君执其常，为一国主。"[4]458－459 国君深藏不露，任用臣下，无为而治，就必须选贤任能："天积众精以自刚，圣人积众贤以自强；天序日月星辰以自光，圣人序爵禄以自明；天所以刚者，非一精之力，圣人所以强者，非一贤之德也。故天道务盛其精，圣人务众其贤；盛其精而壹其阳，众其贤而同其心；壹其阳，然后可以致其神，同其心，然后可以致其功；是以建治之术，贵得贤而同心。"[4]170－171

　　国君乃一国之核心，处于政治的支配地位，不能放纵自己的情感，其喜怒哀乐也必须依天道而行："人主以好恶喜怒变习俗，而天以暖清寒暑化草木，喜怒时而当，则岁美，不时而妄，则岁恶，天地人主一也。然则人主之好恶喜怒，乃天之暖清寒暑也，不可不审其处而出也，当暑而寒，当寒而暑，必为恶岁矣；人主当喜而怒，当怒而喜，必为乱世矣。是故人主之大守在于谨藏而禁内，使好恶喜怒必当义乃出，若暖清寒暑之必当其时乃发也，人主掌此而无失，使乃好恶喜怒未尝差也，如春秋冬夏之未尝过也，可谓参天矣。深藏此四者而勿使妄发，可谓天矣。"[4]333

　　（2）臣子必须法地而行

　　按照阴阳原理，国君法天而行，臣子则法地而行，臣子必须清楚自己的地位和职能，就像地奉天那样拥戴国君："为人臣者，其法取象于地，故朝夕进退，奉职应对，所以事贵也；供设饮食，候视疢疾，所以致养也；委身致命，事无专制，所以为忠也；竭愚写情，不饰其过，所以为信也；伏节死难，不惜其命，所以救穷也；推进光荣，褒扬其善，所以助明也；受命宣恩，辅成君子，所以助化也；功成事就，归德于上，所以致义也。是故地明其理，为万物母；臣明其职，为一国宰；母不可以不信，宰不可以不忠；母不信，则草木伤其根；宰不忠，则奸臣危其君；根伤则亡其枝叶，君危则亡其国；故为地者，务暴其形；为臣者，务著其情。"[4]459-460"为人臣者，法地之道，暴其形，出其情，以示人，高下险易，坚耎刚柔，肥墽美恶，累可就财也，故其形宜不宜，可得而财也。为人臣者，比地贵信，而悉见其情于主，主亦得而财之，故王道威而不失，为人臣常竭情悉力，而见其短长，使主上得而器使之，而犹地之竭竟其情也，故其形宜可得而财也。"[4]165-166

6. 违天有咎，消灾以德

国家政治理念和政治措施，必须取法天地，合乎阴阳五行之运行法则，否则必会招致灾异之产生："其大略之类，天地之物，有不常之变者，谓之异，小者谓之灾。灾常先至，而异乃随之。灾者，天之谴也；异者，天之威也。谴之而不知，乃畏之以威，《诗》云：'畏天之威。'殆此谓也。凡灾异之本，尽生于国家之失，国家之失乃始萌芽，而天出灾害以谴告之；谴告之，而不知变，乃见怪异以惊骇之；惊骇之，尚不知畏恐，其殃咎乃至。以此见天意之仁，而不欲陷人也。"[4]259一旦灾变产生，祷告祭祀都毫无用处，唯一的办法是施行德政，为民造福："五行变至，当救之以德，施之天下，则咎除；不救以德，不出三年，天当雨石。木有变，春凋秋荣。秋木冰，春多雨。此繇役众，赋敛重，百姓贫穷叛去，道多饥人。救之者，省繇役，薄赋敛，出仓谷，振困穷矣。"[4]385

（三）道德：观物比德

道德不是客观知识，它是人类自身为了协调各方面的关系、使社会和谐顺畅地运行而进行的主观建构，儒家是诸子百家中道德观念最为缜密完善的学派，但关于道德的起源和产生的观点，儒学大师们各不相同，孔子主张道德产生于天生的血缘亲情，孟子主张道德产生于人性中的善端，荀子主张道德产生于人们后天的学习，而董仲舒则认为人的道德取法于天地，他说："王道之三纲，可求于天。"[4]351 "天地者，万物之本，先祖之所出也，广大无极，其德昭明，历年众多，永永无疆。天出至明，众知类也，其伏无不照也。地出至晦，星日为明不敢闇，君臣、父子、夫妇之道取之此。"[4]269-270 子之孝取法于五行："河间献王问温城董君曰：'《孝经》曰：夫孝，天之经，地之义。何谓也？'对曰：'天有五行：木、火、土、金、水是也。木生火，火生土，土生金、金生水。水为冬，金为秋，土为季夏，火为夏，木为春。春主生，夏主长，季夏主养，秋主收，冬主藏。藏，冬之所成也。是故父之所生，其子长之；父之所长，其子养之；父之所养，其子成之。诸父所为，其子皆奉承而续行之，不敢不致如父之意，尽为人之道也。故五行者，五行也。由此观之，父授之，子受之，乃天之道也。故曰：夫孝者，天之经也。此之谓也。'"[4]314-315 而臣之忠取法于地："臣之义比于地，故为人臣者，视地之事天也；为人子者，视土之事火也，虽居中央，亦岁七十二日之王，傅于火，以调和养长，然而弗名者，皆并功于火，火得以盛，不敢与父分功美，孝之至也。是故孝子之行，忠臣之义，皆法于地也，地事天也，犹下之事上也。"[4]326 至于人的道德修养，则是通过观察外部事物，观物比德，不断加强自己的道德观念和精神意志："玉至清而不蔽其恶，内有瑕秽，必见之于外，故君子不隐其短，不知则问，不能则学，取之玉也。君子比之玉，玉润而不污，是仁而至清洁也；廉而不杀，是义而不害也；坚而不觕，过而不濡，视之如庸，展之如石，状如石，搔之不可从绕，洁白如素而不受污，玉类备者，故公侯以为贽。"[4]420-421 这继承了儒家的一贯思维方式，孔子就运用这种体物方式教育学生，如说："岁寒，然后知松柏之后凋也。"

（四）宗教：万物有灵，阴阳相感

原始巫术思维对后世的直接影响便是形成了"万物有灵"信仰，这种思想观念直到现在还在影响着中国人。《春秋繁露》中的《求雨》

《止雨》等篇章，就是董仲舒天人感应观念在宗教领域的体现。《史记·儒林列传》载："今上即位，（董仲舒）为江都相。以《春秋》灾异之变推阴阳所以错行，故求雨闭诸阳，纵诸阴，其止雨反是。行之一国，未尝不得所欲。"[6]笔者怀疑董仲舒的求雨、止雨之法是他在做江都相时受到江南土著巫术活动的启发，将自己的阴阳相胜、天人感应思想与江南一带的宗教活动相结合而产生的观念，它的理论依据是阴阳相胜、同类相感相应，如说："大雩者何？旱祭也。难者曰：'大旱雩祭而请雨，大水鸣鼓而攻社，天地之所为，阴阳之所起也，或请焉，或怒焉者何？'曰：'大旱者，阳灭阴也，阳灭阴者，尊厌卑也，固其义也，虽大甚，拜请之而已，敢有加也。大水者，阴灭阳也，阴灭阳者，卑胜尊也，日食亦然，皆下犯上，以贱伤贵者，逆节也，故鸣鼓而攻之，朱丝而胁之，为其不义也，此亦《春秋》之不畏强御也。'"[4]85-87但"阴"和"阳"是抽象的，在具体求雨止雨的过程中，还必须有具体的感应物，如求雨时，"四时皆以水日，为龙必取洁土为之，结盖，龙成而发。四时皆以庚子之日，令吏民夫妇皆偶处。凡求雨之大体，丈夫欲藏匿，女子欲和而乐"[4]436-437。季节不同，仪式、设备也不同："季夏祷山陵以助之，令县邑十日壹徙市于邑南门之外，五日禁男子无得行入市，家人祠中雷，无举土功。聚巫市傍，为之结盖，为四通之坛于中央，植黄缯五，其神后稷，祭之以母饴五、玄酒，具清酒、膊脯，令各为祝斋三日，衣黄衣，皆如春祠。以戊己日为大黄龙一，长五丈，居中央。又为小龙四，各长二丈五尺，于南方。皆南乡，其间相去五尺。丈夫五人，皆斋三日，服黄衣而舞之。老者五人，亦斋三日，衣黄衣而立之。亦通社中于闾外之沟，虾蟆池方五尺，深一尺。他皆如前。"[4]432-434止雨与求雨正相反，抑阴纵阳："阴雨太久，恐伤五谷，趣止雨。止雨之礼，废阴起阳。书十七县、八十离乡，及都官吏千石以下夫妇在官者，咸遣妇归。女子不得至市，市无诣井，盖之，勿令泄。鼓用牲于社。祝之曰：'雨以太多，五谷不和，敬进肥牲，以请社灵，社灵幸为止雨，除民所苦，无使阴灭阳。阴灭阳，不顺于天。天意常在于利民，愿止雨。敢告。'鼓用牲于社，皆壹以辛亥之日，书到即起，县社令长若丞尉官长，各城邑社啬夫里吏正里人皆出，至于社下，铺而罢。三日而止。未至三日，天暐亦止。"[4]439 董仲舒的求雨、止雨之法，与《礼记》的记述不同，宗教巫术的意味非常浓厚。

董仲舒的宗教观念，既有深奥的哲学依据，又有广泛的群众基础，故对后世影响很大。

（五）人性论：性自天出，有贪有仁

儒家是一个重道德、重教化的学派，所以人性问题是儒家的一个重要论题，孔子认为性相近习相远，没有说到性善性恶的问题，孟子主张性善，荀子主张性恶，董仲舒依据"人为天副"的原理，提出了自己的观点，他说："今世暗于性，言之者不同，胡不试反性之名？性之名，非生与？如其生之自然之资，谓之性。性者，质也，诘性之质于善之名，能中之与？既不能中矣，而尚谓之质善，何哉？性之名不得离质，离质如毛，则非性已，不可不察也。"[4]291-292 他既不认同孟子的性善论，也不认可荀子的性恶论。人性非善，但也非恶，而是二者兼而有之，这是因为人与天相符："吾以心之名得人之诚，人之诚有贪有仁，仁贪之气两在于身。身之名取诸天，天两有阴阳之施，身亦两有贪仁之性。天有阴阳禁，身有情欲桎，与天道一也。"[4]294-296 所以，说人性善、人性恶都是不对的，因为具体到每个人来说，人天生就有性有情："静心徐察之，其言可见矣。性而瞑之未觉，天所为也。效天所为，为之起号，故谓之民。民之为言，固犹瞑也，随其名号，以入其理，则得之矣。是正名号者于天地，天地之所生，谓之性情，性情相与为一瞑，情亦性也，谓性已善，奈其情何？"[4]298 所以，人性只能说有善的成分，却不能说性善，这就如同禾与米，米出于禾，但禾不是米："故性比于禾，善比于米。米出禾中，而禾未可全为米也。善出性中，而性未可全为善也。善与米，人之所继天而成于外，非在天所为之内也。天之所为，有所至而止，止之内谓之天性，止之外谓人事，事在性外，而性不得不成德。"[4]297

他认为人性是不可改变的："人受命于天，有善善恶恶之性，可养而不可改，可豫而不可去，若形体之可肥臞而不可得革也。是故虽有至贤，能为君亲含容其恶，不能为君亲令无恶。"[4]34 人的善性须待后天的教训："性如茧、如卵，卵待覆而成雏，茧待缲而为丝，性待教而为善，此之谓真天。"[4]300 而后天的教训已经不是性："中民之性，如茧如卵。卵待覆二十日，而后能为雏；茧待缲以涫汤，而后能为丝；性待渐于教训，而后能为善。善，教训之所然也，非质朴之所能至也，故不谓性。性者，宜知名矣，无所待而起，生而所自有也。善所自有，则教训已非性也。是以米出于粟，而粟不可谓米；玉出于璞，而璞不可谓玉；善出于性，而性不可谓善。"[4]312

董仲舒的人性论有形而上的哲学依据，又符合人们日常对人性的观察，故对后世影响极大。

（六）养生：循天之道

徐复观先生说："《吕氏春秋》中的道家思想，特致力于养生；而秦汉之际，方技之徒，神仙之说，尤以养生为修炼之事。仲舒受时代风气及战国末期道家的影响，亦重视养生，前面已经提到。但他养生之说，虽取自道家，但亦套在他的天的哲学里以作其根据，反转来又给后来道教言养生者以影响。"[5]253 的确，董仲舒也将他的天人合一、阴阳相生相胜理论用于养生，阐发了他的养生理论，他主张人的饮食起居、喜怒哀乐都必须法天而行，要行为有节，保持阴阳平衡，而特别强调"中和"，其观念集中体现在《循天之道》中，他说："循天之道以养其身，谓之道也。天有两和，以成二中，岁立其中，用之无穷。是北方之中用合阴，而物始动于下；南方之中用合阳，而养始美于上。其动于下者，不得东方之和不能生，中春是也；其养于上者，不得西方之和不能成，中秋是也。然则天地之美恶在两和之处，二中之所来归，而遂其为也。是故东方生而西方成，东方和生，北方之所起；西方和成，南方之所养长。起之，不至于和之所不能生；养长之，不至于和之所不能成。成于和，生必和也；始于中，止必中也。中者，天地之所终始也；而和者，天地之所生成也。夫德莫大于和，而道莫正于中。中者，天地之美达理也，圣人之所保守也，《诗》云：'不刚不柔，布政优优。'此非中和之谓与？是故能以中和理天下者，其德大盛；能以中和养其身者，其寿极命。"[4]444—445

（七）艺术：比兴象征

《尚书》说诗言志，这里的"志"包括情感、志趣、道德等内容，魏晋文学自觉之前，士大夫的人生主要是道德化的人生，他们抒情的主要方式便是比兴寄托以言志，即通过让自己的心志情感与外在事物的自然性质相契合，使自己的主观感受和情感意志在外界事物中得到印证而抒发自己的情怀，这种比兴寄托的手法，是《诗经》中最主要的表现手法和抒情方式。董仲舒的文学作品不多，也没有明确的文学理论阐述。在其《春秋繁露》中有《山川颂》："山则嵱嵷礧崔，摧嵬嵫巍，久不崩陁，似夫仁人志士。孔子曰：'山川神祇立，宝藏殖，器用资，曲直合，大者可以为宫室台榭，小者可以为舟舆浮溉。大者无不中，小者无不入，持斧则斫，折镰则艾，生人立，禽兽伏，死人入，多其功而不言，是以君子取譬也。且积土成山，无损也；成其高，无害也；成其大，无亏也。小其上，泰其下，久长安，后世无有去就，俨然独处，惟山之意。《诗》云：节彼南山，惟石岩岩；赫赫师尹，民具尔瞻。此之谓也。'水则源泉混混沄沄，昼夜不竭，既似力者；盈科后行，既似持平者；循微赴下，不遗小间，既似察者；循谿谷不迷，或奏万里而必至，既似知者；障防山而能清净，既似知命者；不清而入，洁清而出，既似善化者；赴千仞之壑，入而不疑，既似勇者；物皆困于火，而水独胜之，既似武者；咸得之而生，失之而死，既似有德者。孔子在川上曰：'逝者如斯夫，不舍昼夜。'此之谓也。"[4]423-425 用比兴象征的手法，将自然物的某些性质与人类社会的道德观念和道德情感联系起来，从而使自己的情志得到印证和抒泄。

董仲舒运用"比物联类""以类相推"的思维方式建构起庞大的理论体系，这个理论体系包含了哲学、政治、道德、宗教、人性、养生、艺术等极为丰富的内容，在阐述这些不同的内容的时候，基于各自内容的独特性，其观察事物的视角也各不相同，因而其构成类比的发生机制也不相同。

参考文献：

[1] 黑格尔. 美学 [M]. 朱光潜译. 北京：商务印书馆，1997：45-46.

［2］列维·布留尔. 原始思维［M］. 丁由译. 北京：商务印书馆，1981：67.

［3］朱熹. 四书章句集注［M］. 北京：中华书局，1983：63.

［4］苏舆. 春秋繁露义证［M］. 北京：中华书局，1992.

［5］徐复观. 两汉思想史［M］. 上海：华东师范大学出版社，2001.

［6］司马迁. 史记［M］. 北京：中华书局，1982：3127－3128.

原文载于《衡水学院学报》2018 年第 5 期。

邢培顺（1964－），男，山东潍坊人，文学博士，滨州学院人文学院副教授。

董仲舒"天人感应"思想之意象思维视角研究

金周昌　白立强

在现代董学研究中，董仲舒"天人感应"思想常常遭到贬低或漠视，或被冠以"极其荒谬的神学唯心论"[1]，"或被斥为唯心主义、形而上学，或被视为'儒学一大没落'"[2]139。然而，李泽厚认为，以阴阳五行解析天地宇宙之内在结构图谱的汉代思维模式，不是认识论上的倒退，而是中国传统哲学在当时演进发展的新形式与新阶段。如果说汉代在疆域拓展、社会发展方面为国家统一打下了坚实物质根基的话，那么，汉代之思维模式则在奠定中国"文化心理结构"方面同样起到了相当重要的作用[2]139。如是，就"天人感应"的作用与意义而言，本无须在"唯物与唯心"方面过于纠缠[3]。

笔者之所以有如此判断，是因为董仲舒的"天人感应"论源于中国传统思维方式，即意象思维。意象思维就是以取象类比的方式，通过把握事物之"象"（外在形象、内在结构属性等），进而分门别类，"同其象，合其类"，即只要物象相同或结构属性相似，就可以将其归属为同样的类别。与以微观分析见长的理性认识思维相比，意象思维则是借助于感觉对宏观、整体事物事象的感性、直觉、形象、生动的感知与体认来理解和表达物质世界之内在的、相通的联系。具体而言，就是在对事物之外在整体"象"认识的基础上，达到对事物内在性、规律性的把握。取"象"的目的是将外在形象相同或相似的事物划分为同一类别，即所要认知的事物如果与已经认知的事物在物象、结构方面相同或相似，就可以据此得出二者之内在信息与能量完全可能存在共同性或共通性。取象的标准与范围不仅仅限于相应事物的物象，也可以涵盖事物性质、功能、结构属性等方面。这种思维"不是思辨理性，也不是经验感性，而是某种实用理性"。这是"中国哲学和中国传统思维方式的特点"[2]166。

本文以意象思维的视角试对董仲舒的天人感应思想进行初步的探讨。

一、意象思维是中国传统思维模式

"意象"一词早已有之。最早使用"意象"概念之人是汉代王充。《论衡·乱龙》曰："夫画布为熊麋之象，名布为侯，礼贵意象，示义取名也。"然而王充并未解释意象之确切内涵。刘勰在《文心雕龙·神思》中将"意象"之意蕴推进到一个新阶段，其言曰："使玄解之宰，寻声律而定墨；独照之匠，窥意象而运斤。此盖驭文之首术，谋篇之大端。"这里，"意象"就是指建立在人对外界事象理解的基础上而形成的既源于事象而又不同于事象的形象思维，可谓"外师造化，中得心源"。这意味着，"意"不是主观的意识观念，而是对事象的再造式呈现；同时，事、物象也不是与人无关的自在之相，而进入了人的意识世界，进而由"外在之物"成为人的"内在之象"。由是，意象不是主观之意与客观之象的简单相加与复合，而是心物交融、神物共游的审美反映[4]。此"意象"之内蕴略有"神之格思，不可度思"之味，抑或有"道通天地有形外，思入风云变态中"之境。

现代哲学大家张岱年先生认为，中国传统意象思维不是简单模糊的"天人不分"之初级状态，而是在辨别物我之分的基础上形成的更为高级的"天人合一"之镜像，甚至可以说达到了复杂的逻辑思维层次。意象思维作为一种思维方式，从中西文化比较的视角看，梁漱溟认为，中国文化确实属于成熟的文化形态，然而不能否认的是，其中时有"幼稚"之嫌。如同一个聪明的孩子，在身体尚未发育完备之时，其智慧早已打开。心理思维层面智慧的早熟反而抑制了生理层面身体的发育，进而身体的不完善又影响了智慧的完满发育。这反映了意象思维的双重属性。正如黑格尔对《易经》的洞见，在他看来，中国人的思维一方面是具体的、没有概念化的，以直观的感觉进行表达；另一方面，他又以《易经》中的八卦等图式为例，认为其意义是"极其抽象的范畴，是最纯粹的理智的规定"。为此，中国传统意象思维具有鲜明的双重属性——"亦此亦彼""非此非彼"。其一，就意象思维所借以运用的载体或形式而言，既带有鲜明的形象性、具体性，即类似感性思维性质，同时，又是对其的超越，是形象之上的抽象，感性之上的理性；其二，就意象思维所表达的内容而言，是"立象尽意"，立象是对物象的概括与抽象而形成的表象性认识、表层认识，尽意则是对事物的内在本质属性的深刻洞察、本质反映。概而言之，意象思维就是通过把握事物之象——或外在形象，或结构特征，或基本属性等，在类比的基础上形成的对同一性质、同样结构、同样形象等事物的全面整体的认知，求同存异，即发现对象世界的内在联系。由外到内、由表及里、由小到大、由微观到宏观、由个体到整体、由特殊到一般[5]。

显然，与西方主流的理性思维、逻辑思维相比较，中国传统意象思维具有如下特点：一是类比性。意象思维就是发现对象世界在形质、结构、功能等方面的主要矛盾或矛盾的主要方面的基础上，存小异、求大同，并将其归为同类，以此推论其在诸多方面的相同、相通或相似。二是整体系统性。意象思维不是对事物某一方面、某一层次等单一、片面的认识和把握，而是对相关事物整体、全面性的认识和反映。同时，同类事象之间作为一个系统之存在，相互影响、相互作用。三是主客同构性。从根本意义上来说，中国传统思维对宇宙世界的反映是从天地人三者合一的角度出发的。正如《易经·文言》曰："夫大人者，与天地合其德，与日月合其明，与四时合其序，与鬼神合其吉凶。"人源于自然而又归于自然意味着人与天地自然存在着不可分割的联系，这种联系直接决定了天地是"大写的人"，人是"小写的天地"。由是，意象思维也或显性或隐性地具有了主客同构的色调。

　　有观点认为，秦汉时期是中国传统的"天人合一"哲学臻于完善的时期[6]。这意味着：其一，中国传统思维具有了鲜明的整体性、系统性特征，即传统思维对于任何事物、现象以及过程的考察和认识不是从孤立的、片面的、静止的角度出发，而是将考察对象置于一个整体的视域与过程之中，从多个角度与层次予以观察和思考；其二，中国传统思维也具有鲜明的取类比象特征，正如天与人之所以能够合一，就在于二者虽然异质，但是依然可以同构。为此，李泽厚认为，把阴阳五行、天文历数与社会人事类比式地连接起来[2]163，建立起"系统论宇宙图式"[2]139，由来既久，绵延也长。

　　反映先人对天地自然认识方式的《易经》，就是运用意象思维的典范。如《易经·系辞上》有言曰："圣人有以见天下之赜，而拟诸其形容，象其物宜，是故谓之象。"《易经》就是以象立意之学，故曰："易者，象也。象也者，像也。"（《易经·系辞下》）其象即八卦，八卦就是通过领略省察宇宙天地之物迁情伪而概括得出的认知判断："古者包羲氏之王天下也，仰则观象于天，俯则观法于地，观鸟兽之文，与地之宜，近取诸身，远取诸物。于是始作八卦，以通神明之德，以类万物之情。"（《易经·系辞下》）置言之，八卦即物象，"八卦成列，象在其中矣""八卦以象告"（《易经·系辞下》）。其象涵盖内容之丰富可谓"广大悉备，有天道焉，有人道焉，有地道焉"，借助于象以表达宇宙之中诸多人、事、物、现象、过程等之内在变化流迁，即"圣人立象以尽意，设卦以尽情伪"。又如，《易经·乾·文言》："同声相应，同气相求；水流湿，火就燥；云从龙，风从虎，圣人作而万物睹。本乎天者亲上，本乎地者亲下，则各从其类也。"这里，就从同类之"同气"视角展示了属性相通的两个事物之内在的天然的联系，即水与湿互通、火与燥并存等。

　　以"'天人相比附'的阴阳五行图式作为哲理基石"[2]171的《黄帝内经》更是意象思维的典型代表。如《黄帝内经·灵枢·邪客》云："天有日月，人有两目。地有九州，人有九窍。天有风雨，人有喜怒。天有雷电，人有音律。天有四时，人有四肢。天有五音，人有五脏。天有六律，人有六腑。地有十二经水，人有十二经脉。岁有三百六十五日，人有三百六十节。"显然，天与人作为"三才"之二者，存在着在结构意义与属性方面的某种程度的相似性，即天之日月对应于人之双目，天之风雨对应于人之喜怒，等等，由此搭建起了天人之间的同构关系。

再者，《黄帝内经·素问·气交变大论》同样强调："善言天者，必应于人。善言古者，必验于今。善言气者，必彰于物。善言应者，因天地之化。善言化言变者，通神明之理。"这在理论上同样预设了天人、古今、气物等范畴之间的内在对应性。

概而言之，中国本属于农耕文明，农业生产这一基本事实就意味着必须将生产活动纳入天地宇宙整体自然之中，由是形成了朴素的天地人整体结构图谱。天地人三者息息相关、结为一体。为此，《春秋繁露·同类相动》也有如是断言："天将阴雨，人之病故为之先动，是阴相应而起也。病者至夜而疾益甚，鸡至几明皆鸣而相薄……阴阳之气因可以类相损益也。"这与《黄帝内经》所讲的生理病理现象完全是同样的思维方式，都是用物质性的阴阳之气作类比来解释天人感应的道理。

意象思维虽然带有玄思神秘的味道。然而，实践一再证明，随着科学技术日益发展，意象思维有着自身内在的价值与意义。尤其不可否认的是，作为以意象思维为指导思想的中医理论与实践，以其独树一帜的鲜明特点护佑了国人健康数千年，并在今天日益彰显着活力。现代科学技术也逐渐证明着其在治疗与养生方面的不可替代性与客观性。这正是其科学正确的体现[7]。

将"人""天"相互比附、偶类互通的说法在《淮南鸿烈》中也有体现。"圣人者，怀天心，声然能动化天下者也。故精诚感于内，形气动于天，则景星见，黄龙下，祥凤至。"这意味着，圣人与天之和合相通。圣人"怀天心"即"诚"于中，则必然"形于外"即"化天下"，从而出现"景星见，黄龙下，祥凤至"之瑞相。为此，"天之于人，有以相通也"。在中华文化语境中，"成己"与"成物"是紧密联系的。一旦"成己"，其结果必然表现为"成物"。这是中华文化"天人合一"观的体现。

如果考虑到中国属于农耕文化这一基本事实，那么，就可以得出如下判断：通过制度的设计在天、地、人之间建构起统一规范的整体秩序，从而让人类以最优的态势与格局面对自然、改造自然，以获得维持人类族类存在和发展的生活资料与生产资料，这是人类需面对的首要问题。正是在此意义上，李泽厚认为，在古代社会，将天地、人事、制度、季节、气候等现象、事物与过程纳入一个整体的思维模式之中，总体而言，可以说是"理论思维的一种进步"[2]149。

《春秋繁露》中天人类比表达比比皆是。如《春秋繁露·人副天数》："人有三百六十节，偶天之数也。形体骨肉，偶地之厚也。上有耳目聪明，日月之象也。体有空窍理脉，川谷之象也。心有哀乐喜怒，神气之类也。"这是人之形体情志与天之间的对应。再者，"人之身，首妢而员，象天容也。发，象星辰也。耳目戾戾，象日月也"。显然，人就是天的副本，从耳目毛发到四肢骨肉，从哀乐喜怒到空窍理脉，人的形体情绪都与"天"存在着一致对应性。

二、"天人感应"即意象思维的鲜明体现

在天人关系结构图式中，中国的传统思维就是"天人合一"。尽管有人将"天"分为自然之天、神灵之天与道德之天[8]，然而，就其实质而言，三者本是一个系统的统一体。相对而言，自然之天是其物质基础，道德之天是价值引领，而神灵之天则为形上圭臬。天人合一即是人与自然之天、神灵之天以及道德之天的同构与统一，由是，人天之间相互作用、相互影响，这即为"天人相感""天人感应"。为此，天人合一观就是"天人感应"的哲学基础。

就整个宇宙生态而言，天人关系时刻处于相互交感、相互作用之中，从整体的宏观角度看，天人之间基本保持着统一与协调，以实现天地、人事等整个宇宙大系统的和谐、稳定和恒久。在此情况下，"天道"与"人道"相得益彰、彼此统一。李泽厚认为："天人之间的彼此交通感应、协和统一以取得整个结构的均衡、稳定和持久，这就是'道'。"[2]156就此而言，天人感应则是实现天地、社会、人事等各

个方面、各个系统达至均衡的一种方式。

董仲舒天人感应思想就是将阴阳五行、天文历数以及社会人事连接起来而形成的整体系统的"宇宙结构图式"。其包括天人同类、同类相感、天人感应三个方面。

首先，天与人是同类存在。"天地者，万物之本、先祖之所出也。"（《春秋繁露·观德》）"人之为人本于天，天亦人之曾祖父也。人之形体，化天数而成；人之血气，化天志而仁；人之德行，化天理而义；人之好恶，化天之暖清；人之喜怒，化天之寒暑；人之受命，化天之四时。人生有喜怒哀乐之答，春秋冬夏之类也。"（《春秋繁露·为人者天》）天地作为万物之本以其内在自然运化方式生成着一切，正如《论语·阳货》所言："天何言哉？四时行焉，百物生焉，天何言哉？"天地不言而万物自生。其中，人作为天地之间一分子，源于天也自然浸润了天地之数、志、理、暖清、寒暑等，从而具有了形体、血气、德行、好恶、喜怒等。"人之受命于天也，取仁于天而仁也""天有寒有暑。夫喜怒哀乐之发与清暖寒暑，其实一类也。"（《春秋繁露·王道通三》）"喜怒之情，哀乐之义，不独在人，亦在于天；而春夏之阳，秋冬之阴，不独在天，亦在于人"，故"天乃有喜怒哀乐之行，人亦有春秋冬夏之气者，合类之谓也"（《春秋繁露·天辨在人》）。"天亦有喜怒之气、哀乐之心，与人相副。以类合之，天人一也。"（《春秋繁露·阴阳义》）

在中国文化语境中，人秉受"天命"而生。《中庸》有言："天命之谓性。"这就注定了人与天之内在关联性。由是，天之仁自然及于人而仁，天之暖暑清寒于人而体现为喜怒哀乐。以此类推，天之阴阳、四时与人都存在着一一对应关系。这意味着，无论气质结构还是内在性情，人与天内在地具有了同一性。盖"人是小宇宙，宇宙大身心"即为此意。也正是在此意义上，人才具有与天地并立为三的地位。

其次，同类之间存在相互感应。《春秋繁露·同类相动》："今平地注水，去燥就湿；均薪施火，去湿就燥。百物去其所与异，而从其所同。故气同则会，声比则应。其验皦然也。试调琴瑟而错之，鼓其宫则他宫应之，鼓其商则他商应之。五音比而自鸣，非有神，其数然也。美事召美类，恶事召恶类，类之相应而起也，如马鸣则马应之，牛鸣则牛应之。"事物皆以类相从，如果音调相同，则二者自然产生共鸣；气息相同，则二者自然相互趋近。这说明，相同的频率、磁场自然产生相互作用与感应，由此形成了物以类聚、人以群分的趋势与格局。

　　上述体现了同类事物之间的相互感应。不仅如此，人事与天之气蕴流转亦须保持一致与默契。如《春秋繁露·四时之副》："天之道，春暖以生，夏暑以养，秋清以杀，冬寒以藏。暖暑清寒，异气而同功，皆天之所以成岁也。圣人副天之所行以为政，故以庆副暖而当春，以赏副暑而当夏，以罚副清而当秋，以刑副寒而当冬。庆赏罚刑，异事而同功，皆王者之所以成德也。庆赏罚刑与春夏秋冬，以类相应也。"

　　天之成岁，春生、夏长、秋收、冬藏，气之生发纳藏之不同，此天地之道、宇宙之则。人须法天地而成行，则四时而律动。为此，合春以庆，当夏以赏，逢秋以罚，遇冬而刑。唯此，方合乎天地四时之运势，契合自然流转之法则。

　　第三，天与人之间存在相互感应。天与人就是宇宙结构图式中的同类，二者自然而然地就产生相互感应，即一方面天能够感人之作为而应，另一方面，天之应又是对人的所作所为的回应——或正向激励或逆向警示。

　　《春秋繁露·王道》："王正，则元气和顺，风雨时，景星见，黄龙下；王不正，则上变天，贼气并见。"同理，"世治而民和，志平而气正，则天地之化精，而万物之美起；世乱而民乖，志僻而其逆，则天地之化伤，气生灾害起。是故治世之德润草木，泽流四海，功过神明；乱世之所起，亦博若是"（《春秋繁露·天地阴阳》）。王者、王道，作为人道之始，其作用与影响至关重要。故《论语·尧曰》言："朕躬有罪，无以万方；万方有罪，罪在朕躬。……百姓有过，在予一人。"这都体现了王者之行的重要性。其行为端正，则天地之应就表现为风调雨顺、瑞祥呈现；相反，其行为乖舛，则戾气并现。

《春秋繁露·五行五事》："王者与臣无礼，貌不肃敬，则木不曲直，而夏多暴风。"这里分别以五事论说，即如果王者之貌、言、视、听、思心五个方面存在问题，则天就应之为暴风、霹雳、电、暴雨、雷。

天之于应人，特别是负面的灾异感应，不单单是一种反应，相反，同时也体现了天之仁心。如《春秋繁露·二端》："凡灾异之本，尽生于国家之失。国家之失乃始萌芽，而天出灾害以谴告之；谴告之而不知变，乃见怪异以惊骇之；惊骇之尚不知畏恐，其殃咎乃至。以此见天意之仁而不欲陷人也。"

三、意象思维视域中天人感应的价值意蕴

就特定时空而言，董仲舒的天人感应思想确实有利于维护大一统的社会统治秩序，是一套为当时统治阶级服务的政治哲学。"屈民而伸君，屈君而伸天"就是其典型体现。然而，天人感应作为中国传统意象思维模式表达，也必定内含着超脱于特定历史条件的普遍价值。

首先，就人与天是同类而言，人就是天，这意味着，人为天代言、立心，法天则地以成其事，以此助推社会文明的优化与提高。正如《春秋繁露·深察名号》云："天不言，使人发其意；弗为，使人行其中。"《春秋繁露·人副天数》："人受命乎天也，故超然有以倚。"这要求社会上层、人君法天则地，方与天地并立。正所谓："天地人，万物之本也。天生之，地养之，人成之。天生之以孝悌，地养之以衣食，人成之以礼乐，三者相为手足，合以成体，不可一无也。"（《春秋繁露·立元神》）这意味着，天地人作为万物的根本，三者各成其事而又相互协作。天地不言，以其无私而生养万物，人作为有生、有义之生命唯有效法天地之情怀，方得以符合万物之本然诉求而成就万物。正所谓"万物由本真，无须重技巧"，此亦"天弗为，使人行其中"之意，人行其中而后物自成。故天地人"三者相为手足，合以成体，不可一无也"。果如此，社会生态自然达致和谐有序之状态，自然生态也必然成为绿水青山的美丽画卷。

《春秋繁露·离合根》："天高其位而下其施，藏其形而见其光。高其位，所以为尊也；下其施，所以为仁也；藏其形，所以为神；见其光，所以为明。故位尊而施仁，藏神而见光者，天之行也。故为人主者法天之行，是故内深藏，所以为神；外博观，所以为明也；任群贤，所以为受成；乃不自劳于事，所以为尊也；泛爱群生，不以喜怒赏罚，所以为仁也。"

又《春秋繁露·诸侯》："天虽不言，其欲赡足之意可见也。古之圣人见天意之厚于人也，故南面而君天下，必以兼利之。"天虽不言，但以无声胜有声的方式自然地表达着一切。为此，无论人主还是圣人则需自觉地"法天之行"，以"讷于言而敏于行"的切实行动，实现福泽万民苍生之目的。

不仅如此，即使君臣、父子、夫妇之间的关系也效法天地之道。《春秋繁露·观德》有言："天出至明，众知类也，其伏无不炤也；地出至晦，星日为明，不敢暗，君臣、父子、夫妇之道取于此。"天地乃人之典范，天地之道昭示、成就着君臣、父子、夫妇之道，从而助推形成着和谐有序的人间秩序。

可以想见，一旦社会上层、人君能够做到与天地一，那么，以身作则、率先垂范的感召力量必然对民众产生积极向上的引导作用。正如孔子所言："君子之德风，小人之德草，草上之风必偃。"（《论语·颜渊》）鉴于此，无论社会生态还是自然生态必然大为改观，其效甚焉！

其次，就表层而言，天人感应体现着天人之间的相互影响，甚至表达了天对人的匡正和规制——屈君而伸天。然而，从深层来看，天人感应实乃表达了对人的主体性、能动性的重视。正如李泽厚指出的，"天人感应"之"天"受人的行为活动的影响而呈现或灾害或吉祥的反应，固然存在着神秘玄妙的成分，然而依然不能否认的是，其核心内涵包含着对于人的积极性、主体能动性的重视和强调[2]160−161。《春秋繁露·循天之道》在探讨人的寿命与自身的关系时，就特别强调了人的自主活动对于寿命的影响。如："天下之人虽众，不得不各雠其所生，而寿夭于其所自行。自行可久之道者，其寿雠于久；自行不可久之道者，其寿亦雠于不久。"显然，长寿与否完全与自身的生活方式与习惯息息相关，由自身行为决定。为此，"天长之而人伤之者，其长损；天短之而人养之者，其短益。夫损益者皆人，人其天之继欤？出其质而人弗继，岂独立哉？"

在一定意义上，中国文化就是成"人"之学，强调人之为人的价值和意义，而实现成"人"的过程与途径必然基于其主体性与能动性的发挥之中。《中庸》有言："天之生物，必因其材而笃焉。故栽者培之，倾者覆之。"天对于人的影响与作用最终通过人自身的选择来实现，故有言曰："自助者天助。"今天，社会之现状既使人们的生存与发展遭遇挑战，但同时也提供了前所未有的机遇。为此，正视现实，调整自我，以积极的状态投入到社会生活之中，必然有助于实现自我人生价值。

第三，天人感应这种宇宙图式将人天一体化，或者说，"正是在感应思想的基础上……作为中国哲学重要命题的'天人合一'才得以有效地论证"[9]。人具天心，天具人情，从而天不是外在于人的客观世界，相反，成为属人的、一体的生命世界。"人下长万物，上参天地。"（《春秋繁露·天地阴阳》）其中，人的价值和意义在于通过自身参天化地之修为，在使自身不断完善的基础上，使其他万事万物也随之化育。正所谓"己欲立而立人，己欲达而达人"也。正是在此意义上，天、地与人构成了互为一体、正向循环、演进发展的结构图谱。

这是中华文化的基本色调。杨慈湖《己易》有言："惟夫苍苍而清明而在上，始能言者，名之曰天。又夫隤然而博厚而在下，又名之曰地。清明者，吾之清明；博厚者，吾之博厚，而人不自知也。人不自知，而相与指名曰，彼天也，彼地也，如不自知其为我之手足，而曰彼手也，彼足也，如不自知其己之耳目鼻口，而曰彼耳目也，彼鼻口也，是无惑乎？自生民以来，面墙者比比，而不如是昏之甚者，见谓聪明也。夫所以为我者，毋曰血气形貌而已也，吾性澄然清明而非物，吾性洞然无际而非量，天者，吾性中之象，地者，吾性中之形，故曰'在天成象，在地成形'，皆我之所为也，混融无内外，贯通无异殊，观一画，其指昭昭矣。"

可见，人与天之间不是主客二分关系，相反，人天之间在物质、能量以及信息交换过程中，人敬畏天、效法天，从而天地人三者形成了互为一体的和合大美之境。"故曰和其要也。和者，天之正也，阴阳之平也，其气最良。""天地之道，虽有不和者，必归之于和。""和者，天之功也。举天地之道，而美于和。"（《春秋繁露·循天之道》）。这是"天地与人同在，万物与人齐一"的自由妙境。

这种情况下，人、神灵之天、道德之天与自然之天合而为一。正如李泽厚在《美学三书》针对秦汉美学的评述所言："天在这里还没有作为异己的对象和力量，毋宁是人的直接伸延。"[10]

《说文解字》有言："惟初太极，道立于一，造分天地，化成万物。"就根本意义而言，天地人以及万物本就是不可分离的一体存在。当科学与技术的演进将人强行拉入技术世界而与本初的生命越来越远时，人们有必要及时回望，重新体认生命之初心、宇宙之大道。

参考文献：

[1] 阳作华. 董仲舒"天人感应"论批判 [J]. 黄石师院学报，1981 (1)：25—36.

[2] 李泽厚. 中国思想史论 [M]. 合肥：安徽文艺出版社，1999.

[3] 周桂钿. 董仲舒天人感应论的真理性 [J]. 河北学刊，2001 (3)：10—14.

[4] 谢朝丹，何世民. 传统意象概念及意象思维的文化疏析 [J]. 南京中医药大学学报：社会科学版，2017 (3)：141—145.

[5] 高晨阳. 论中国传统哲学的意象思维倾向及一般特点 [J]. 山东社会科学，1993 (2)：80—83.

[6] 李宗桂，格日乐. 秦汉医学与董仲舒的"天人感应"论 [J]. 哲学研究，1987 (9)：45—52.

[7] 刘长林. 内经的哲学和中医学的方法 [M]. 北京：科学出版社，1982：8.

[8] 韩星. 天人感应与天人合一——从宗教与哲学视角看董仲舒天人关系思想 [J]. 宗教与哲学，2014 (1)：36—42.

[9] 余治平. 天人感应的发生机理与运行过程——以《春秋繁露》、天

人三策为文本依据 [J]. 衡水学院学报，2018（5）：21－32.

　　[10] 李泽厚. 美学三书 [M]. 合肥：安徽文艺出版社，1999：79.

　　原文载于《衡水学院学报》2018 年第 6 期。

　　金周昌（1955－），男，韩国忠清南道人，文学博士，衡水学院董子学院教授，哲学博士。

　　白立强（1970－），男，河北武邑人，法学博士，衡水学院董子学院副教授。

"天人感应"新解

李国斌

汉代"天人感应"的含义，要么被庸俗化地理解为封建迷信，要么将其简单地作为"天人合一"的模式之一，总而言之，我们对其缺乏一个基本的解释。"天人感应"的核心问题，不在于"天""人"各自的含义为何，而在于二者实现"感应"的中介及方式。在汉人的思想中，这个中介就是"元"，实现的方式，在于以一个"至善"的目的贯通天人，使得天人之间的"同源""同形"不是简单的比附，而是在真正意义上实现彼此在价值和目的上的"合一"。因此，对作为最高价值的"元"的理解，构成了理解和解释"天人感应"的关键。亚里士多德的"四因说"尤其是"目的论"，对自然物本质、生成、运动和变化，以及自然基础上的宇宙秩序问题等问题，有非常强的解释能力[1]。本文尝试引入亚里士多德的"四因说"，通过分析"元"的内涵和外延，透视"天人感应"观念系统自身的问题和困难。

一、天人同构

"天人感应"的基础是"尊天"，"天者，百神之大君也"（《春秋繁露·郊语》），而最终目的，则落在人类社会秩序的建立上。"天有十端，十端而止已，天为一端，地为一端，阴为一端，阳为一端，火为一端，金为一端，木为一端，水为一端，土为一端，人为一端，凡十端而毕，天之数也。"（《春秋繁露·官制象天》）天、地、阴、阳、五行和人，是天道秩序的十个维度。天、地、人三者，所谓"三才之道"，三者扮演了宇宙秩序的结构性角色。阴阳和五行，则在宇宙秩序中扮演了功能性角色，天、地、人三者，都需要通过阴阳和五行发挥作用。结构和功能相互协调，保证了宇宙秩序有条不紊地运行。

实现天人之间感应和贯通的方式，是天道秩序与人类社会秩序的"异类同形""异质同构"[2]。所谓"异类同形""异质同构"，是指二者之间存在着相同的结构。具体而言，天之十端，天、地、阴、阳、金、木、水、火、土、人，分别对应人类社会的君王、物产、刑、德、义、仁、礼、智、信、臣民。人类社会秩序，是完全同步于宇宙秩序的，君王、臣民和物产，扮演了人类社会的结构性角色，刑、德和五常，则扮演了人类社会功能性角色。宇宙秩序中，以"天"为最高，人类社会则以君王地位最为尊崇，"君人者，国之元，发言动作，万物之枢机，枢机之发，荣辱之端也，失之豪厘，驷不及追"（《春秋繁露·立元神》）。天依靠阴阳和五行作用于人和万物，君王则凭借刑、德和五常维系人类社会秩序的正常运转。不仅如此，包括人在内的每一个事物，都表现出与天道秩序在结构和功能上的"同形"和"同构"。"天有四时，王有四政，若四时，通类也，天人所同有也。庆为春，赏为夏，罚为秋，刑为冬"（《春秋繁露·四时之副》），说的是宇宙万物都遵循天地四时变迁规律，人类社会秩序亦然。我们所熟知的"人副天数"观念，则更能形象地表明天人秩序的意涵。《春秋繁露·人副天数》云："人有三百六十节，偶天之数也；形体骨肉，偶地之厚也；上有耳目聪明，日月之象也；体有空窍理脉，川谷之象也；心有哀乐喜怒，神气之类也。观人之体，一何高物之甚，而类于天也。物旁折取天之阴阳以生活耳，而人乃烂然有其文理，是故凡物之形，莫不伏从旁折天地而行，人独题直立端尚正，正当之。是故所取天地少者，旁折之；所取天地多者，正当之，此见人之绝于物而参天地。"人的身体器官、身体结构、性格情绪甚至于生活中的言行举止，都能在天道秩序中找到对应的结构和实现该结构的功能性原因解释。

"天人感应"最直接的表现形式是"同类相感"。"百物去其所与异，而从其所与同。""鼓其宫，则他宫应之，鼓其商，而他商应之，五音比而自鸣，非有神，其数然也""美事召美类，恶事召恶类""天有阴阳，人亦有阴阳，天地之阴气起，而人之阴气应之而起，人之阴气起，天地之阴气亦宜应之而起，其道一也。"（《春秋繁露·同类相动》）这里的"同类"，不仅有结构上的"同"，如"人副天数"；也有功能上的"同"，如"阴阳""四时""五行"。《周易·咸卦》云："天地感而万物化生，圣人感人心而天下和平，观其所感，而天地万物之情可见矣。""感"不仅能解释宇宙万物的生成和运动，而且能解释人类社会秩序的结构和功能，通过万物之间的"感应"关系，能够从中还原万物的性质、结构和功能①。"感应"凸显了宇宙作为一个"有机体"的结构和功能，它不仅具有"人格"特质，还具有"反馈"和"逆反馈"机制。自然物的"感应"关系，在总体上表现出特定的形式和结构，便是我们熟悉的"阴阳五行说"。

"阴阳五行说"将阴阳、四时、日月星辰、自然万物以及人，完全纳入宇宙秩序的系统之内，"天地之气，合而为一，分为阴阳，判为四时，列为五行"（《春秋繁露·五行相生》）。五行有"比相生"和"间相胜"两种运转机制，相互作用，推动宇宙万物的产生、运动和变化。所谓"比相生"，按木、火、土、金、水的次序，终始相生而

---

① 孔颖达对"同声相应，同气相求，水流湿，火就燥，云从龙，风从虎，圣人作而万物睹"（《周易·乾·文言》）这一段文字的解释，大致澄清了"感应"的道理所在。其言曰："天地之间，共相感应，各从其气类。此类因圣人感万物以同类，故以同类言之。其造化之性，陶甄之器，非唯同类相感，亦有异类相感者。若磁石引针，琥珀拾芥，蚕吐丝而商弦绝，铜山崩而洛钟应，其类烦多，难一一言也。皆冥理自然，不知其所以然也。感者动也，应者报也。皆先者为感，后者为应，非唯近事则相感，亦有远事遥相感者。若周时获麟，乃为汉高之应；汉时黄星，后为曹公之兆。感应之事广，非片言可悉，今意在释理，故略举大纲而已。"（《周易正义》）言下之意，无论同类相感还是异类相感，从理论上讲，都出于"自然"，"不知其所以然也"。

无穷①。从形式上看，"相生"只是金、木、水、火、土作为"质料"的性质和形态转化②，在整个转化过程中，"五行"背后本原性的东西却是不变的，在汉人观念中，这个本原性的东西就是"气"。"相生"其实隐藏了这样一个预设："五行"所以能遵循固定的次序循环转化，除了本原性的"气"外，它还需要一个自身之外更高的"目的"作为引导，否则仅仅依靠"质料"本身，并不能提供足够的力量以维持自身朝着固定的方向转化。具体而言，"天"扮演一个"人格神"的形象，为自然物的运动变化提供了价值支持和目的论的引导，"五行"以系统的、封闭的循环转化关系，将"天"的"外在目的"，转换为自然物的"内在目的"，即每一自然物因生而具有的"德性"，足以保证它朝着一个特定的方向演变。"天"在最高和最终的意义上，为万物自身的"自然"生成和发展，提供了最终的目的支持。

所谓"间相胜"，是指木克土、火克金、土克水、金克木、水克火。《白虎通·五行》解释了原因："五行所以相害者，天地之性，众胜寡，故水胜火也；精胜坚，故火胜金；刚胜柔，故金胜木；专胜散，故木胜土；实胜虚，故土胜水也。"按照亚里士多德的"范畴"学说，众寡是数量，精坚、刚柔是性质，专散是形态，实虚是关系，杂糅了"五行"作为"质料"的性质、形态、功能等因素，也就是说，它只是一个简单的比附。之所以做这样的比附，目的是为了说明自然万物的性质、结构、形态、功能等方面，都能通过"相克""相

---

① 隋人萧吉著《五行大义》引《白虎通》言："木生火者，木性温暖，伏其中钻凿而出，故生火。火生土者，火热，故能焚木，木焚烧而成灰，灰即土也，故火生土。土生金者，金居石依山，津润而生，聚土成山，山必生石。故土生金。金生水者，少阴之气，温润流泽，销金亦为水，所以山云而从润，故金生水。水生木者，因水润而能生，故水生木。"今本《白虎通》文本没有此段文字，陈立《白虎通义疏证》引出。据日本学者中村樟八所著《五行大义校注》（东京：汲古书院1998年版），确有该段文字。

② "质料"只是一个形象的说法，从汉代以"五行"为基础所建构起的宇宙图式看，"五行"更像是一个"数学模型"，将自然万物的性质、形态、功能等，化约为五种最基本的近乎"质料性"的抽象形式。也就是说，"五行"只是一套"符号"系统，就像近代人们以逻辑符号来解释宇宙和自然一样。

胜"发生关系，在此基础上，整个宇宙形成了一个系统的、有机的整体。《白虎通·五行》篇继续解释了"自然关系"到人类社会秩序的转换："火阳，君之象也；水阴，臣之义也。臣所以胜其君何？此谓无道之君也，故为众阴所害，犹纣王也。是使水得施行，金以盖之，土以应之，欲温则温，欲寒，亦何从得害火乎？曰：五行各自有阴阳，木生火所以还烧其母何？曰金胜木，火欲为木害金。金者，坚强难消，故母以逊体助火烧金，此自欲成子之义。又阳道不相离，故为两盛火死子乃继之。"自然物"相胜"而"不相乱"，是因为自然秩序与人类社会秩序一样，也有"德性"，"阴阳五行说"将人类社会的"德性"灌注到对自然世界的解释，以义、仁、智、礼、信"五德"比金、木、水、火、土"五行"。人具"五常之德"，相融而不乱，有条而不紊，那么自然界的"五行"，也可以相同的逻辑解释了。

　　以"阴阳"和"五行"为基础，天地间所有事物都被纳入这一秩序当中。按《白虎通·五行》，五行分别对应于五方、五味、五气、天干、五色、五音、五帝、五神、四精、十二音等。到了《月令》，则建立了十二月为基础的另外一个对应关系。再往后，五行和八卦糅合在一起，具代表性的是京房的《易纬》卦气图。此后，术数和方技的宇宙论图式层出不穷，究其要，仍无外乎"阴阳五行学说"和"八卦"的合体。

　　宇宙和人类社会在结构和功能上的"异类同形""异质同构"，为人类社会秩序找到了一个形而上学的依据。"天"不仅是宇宙秩序的最高存在者，而且还为宇宙正常运转提供了动力源和价值支撑。所谓最高者，是目的论意义上的最高指引者。《春秋繁露·观德》言："天地者，万物之本、先祖之所出也，广大无极，其德昭明，历年众多，永永无疆。天出至明，众知类也，其伏无不照也；地出至晦，星日为明不敢闇，君臣、父子、夫妇之道取之此。"君臣、父子、夫妇等人类社会秩序都效法展现天道秩序的必然性，并将其转化为人类社会秩序的"所当然"，具体而言，便是"礼"。"礼者，继天地，体阴阳，而慎主客，序尊卑、贵贱、大小之位，而差外内、远近、新故之级者也，以德多为象。万物以广博众多、历年久者为象。"（《春秋繁露·

奉本》）"天"有阴阳、等级、尊卑、大小，人道亦然。人类社会秩序的每一个制度和礼法，都能从天道秩序中找到依据。

二、"元"的两种解释

"天人同构"引出一个在理论和实践上都面临巨大困难的问题：如果将"天"作"人格神"解释的话，其作为最终目的和最高价值的立论毫无疑问是成立的，然而当我们将同样的逻辑放在"君王"身上时，便会遭遇巨大的困难。"君王"不是"神"，因而他无法真正担当起为人类社会秩序提供价值支持和目的引导的重任。因此在君王之上，还必须寻求一个更具基础性和本原性的存在，它不仅能为人类社会提供价值支持和目的引导，还能将宇宙秩序和人类社会秩序贯通起来，也就是说，它在逻辑上是应该"先于天"的存在。在汉人观念中，这个本原性存在就是"元"。

董仲舒在《春秋》"元年春，王正月"上大做文章，《春秋繁露·玉英》言："《春秋》变一谓之元，元，犹原也，其义以随天地终始也。故元者为万物之本。而人之元在焉，安在乎？乃在天地之前。故人虽生天气及奉天气者，不得与天元本、天元命而共违其所为也。故春正月者，承天地所为也，继续天之所为而终之也，其道相与共功持业，安容言乃天地之元？天地之元奚为于此恶施于人？大其贯承意之理矣。"这一段话颇为费解，基本的意思，是说"元"为万物之本，并且也是人之所本。从本体论上讲，"元"较天地万物更为根本；在宇宙论意义上，"乃在天地之前"，及扮演了"开端"和"本源"的角色；便是在伦理学意义上，"元"也扮演了最高价值提供者角色，人的言行"承天地所为"而不违于"天"。所谓"天元本"，是指"元"先于"天"，为天地之所本；与此相应，"天元命"就是指"元"在人类社会秩序中表现为人的行为的当然性法则，即"天命"。"元者，人与天所同本也"[3]，"天"都不违于"元"，人自然也不能例外。学界对此的解释多种多样，但从总体上讲，不外乎以下两个解释向度：其一是对"元"作唯物论的解释①，其二则是将"元"理解为一个客观唯心主义意义上的精神实体[4]。

第一种解释很好理解，"元者为万物之本"，再加上汉代流行的"气"本论，得出这样的结论也不足为怪。以"元气"来解释"元"，何休《公羊解诂》的说法无疑最具代表性。"隐公元年"注曰："变以为元，元者气也，无形以起，有形以分，造起天地，天地之始也。故上无所系，而使春系之也。"② 我们所熟知的《易纬·乾凿度》，则将"元气说"整理成一个系统的宇宙生成图式，其言曰："有太易，有太初，有太始，有太素也。太易者，未见气也；太初者，气之始也；太始者，形之始也；太素者，质之始也；气形质具而未离，故曰浑沦。"所有这些解释，都是将"元"作物理层面的"元气"讲③。物质性的"气"是生成意义上的"本原"，用亚里士多德的"四因说"，它是事物生成的"质料因"，即"质料和载体"[5]。然而自然物的生成中，最重要的是"形式因"，是一个自然物"是什么"的问题[6]，即"实体或是其所是"④。"形式因"规定了一个自然物的"何所是"[5]，即它在存在的意义上究竟是什么的问题。我们会发现这样一个悖论：如果将"元"作物质性的"气"来理解，那么"元"作为万物的开端，它应该兼具"目的因"和"质料因"的双重身份，然而从"元气"自身，却怎么也推演不出一个自然物的"何所是"，即"形式因"。自然物缺乏"形式因"，意味着它根本无从找到一个维系自身存在的"支

---

① 金春峰先生区分了"气""精神"和"天"三种解释方向，并认为"气"的解释更符合董仲舒原意。

② 徐彦《春秋公羊传疏》引宋氏注云："元为气之始，如水之有泉。泉流之原，窥之不见，听之不闻。"《易纬》云："太初为气之始。"《春秋纬》云："太以含元布精，乃生阴阳。"

③ 当然，这不意味着所有《公羊春秋》的注释都认同这一点，比如五代人刘敞《春秋权衡》就说："元年者，人君也，非太极也。以一为元气，何当于义？其过必欲成五始之说，而不究元年之本情也。"言下之意，《公羊春秋》所说的"元"，是为"元年"，为"开端"之意。

④ "因为把为什么归结为终极原因时，那最初的为什么就是原因和本原。"参见亚里士多德《形而上学》，中国人民大学出版社 2011 年版，第 49 页。

点"，在一个"恒久而不息"的宇宙秩序中，这根本就无从想象。"元气说"可以有效解释宇宙作为一个整体的生成、运动和变化问题，但它无法为人类社会秩序提供价值和目的上的引导。

将"元"作一个客观精神来理解，是放在《春秋》学语境中展开的。在《春秋》学的语境下，"元年""春""王""正月""公即位"，所谓"五始"，都具有"开端""本原"的意思。"元"的含义是"大"，所谓"一元"，意思是"大始"，更直接的意思是，君王是统治秩序和价值的源头，兼具政治"至善性"和"正统性"，具有最高的权威和神圣性。君王直承"天意"，以"天道"来治理国家，抚育万民。"大其贯承意之理矣"，"承意"的直接意思是秉承"天意"，而"天意"本身，只有圣人才能把握，如果王者同时也是圣人的话，那他的言行举止本身，就代表了"天意"之所在。如此，君王的神圣性已经被推高到了无以复加的地步。《春秋》非常重视君王权位的正当性，因此每每强调"居元""体正"。之所以这样做，还是为了突显君权的神圣性和唯一性，非"体正"无以"居元"，非"居元"，当然也不是合法的皇位继承人了。把"元"作为精神实体理解，很好地解释了人类社会秩序的目的和价值，但它无法同步解释自然物的生成、运动和变化的原因和规律。

也就是说，无论对"元"做唯物或是唯心的解释，都不可能获得一个圆满的答案，这种困难的背后，是我们以自然和自然物观念来解释汉代思想所遭遇的困境。"四因"无法化约为"形式因"和"质料因"，即以"形式因"涵盖"目的因"和"动力因"，并通过与"质料因"之间的对立，以"形式因"作为自然物生成、运动和变化的动力支持和目的引导，而是分裂为"目的因"与"目的因"之外的"质料因""形式因"和"动力因"三者之间的对立。这样一来，"目的因"的地位便被抬高到超越自然物"形式因"的地位，具体而言，无论自然世界还是人类社会，自然物或人都被理解为从属于某一个特定目的的存在。"目的"的力量过于强大，使得自然物和人"被安排"于一个特定的秩序当中，他们的"时""位""形"等因素，决定了他们生成、运动和变化基本的范围和方向。结果便是，"善"成为压倒一切的目的，自然物和人，都只是作为达到该目的的"工具"，变得更为单调且空洞，最终的结果，便是以"宿命论"来替代"目的论"。

前面已经说明，无论是宇宙秩序还是人类社会秩序，都有"结构"和"功能"两个方面，用传统哲学的范畴表达，就是"体"和"用"。对自然和自然物相关问题的考察，必须回到对自然物本质的追问，然而汉代天人关系结构中，事物更多只是展现出其功能性一面，即作为目的论系统的一个环节，从属于一个更高的目的。自然物的"用"，依赖于它的"体"，而目的论系统中，是作为一个整体秩序的"体"和"用"，并非某一具体事物的"体"和"用"。这样一来，作为整体的目的论结构，严重侵蚀了每一具体事物的解释空间，以总体的"目的"替代了构成每一自然物的"目的""形式""质料"和"动力"等方面的原因解释，甚至于消弭了自然物存在的意义和价值，代之以一个"体用合一"的整体秩序。在这个整体秩序之下，对自然物生成、运动和变化的原因解释，都是放在"体用"关系之中理解的，即每一个自然物是如何协调自身与作为总体的宇宙秩序之间的关系。被理解为自然物本质和原因的"自然本性"，是"天地合德"的结果，从根本上说，它还是目的论系统的一环，直接嵌入作为总体的宇宙秩序。而作为天人关系中另一端的人以及人类社会秩序，其德性和道德也是完全从属于人伦秩序的，即由"五伦"关系所构筑的社会伦理。一旦人从这种人伦关系解放出来，即余英时先生所言"个体之自觉"，首当其冲的，是人物"内心之自觉"，个体与统治秩序间的矛盾，就会演变成魏晋玄学的核心问题——自然与名教之争。

三、元与善

汉人对"天人"关系的政治学解释，是放在《春秋》学中展开的。《春秋》本为鲁国国史，却成为汉人"拨乱反正"的"法典"，原因之一在于汉人所认可的政治"正统性"，是在历史变迁过程中追寻一种不变的精神，这种精神，就是汉人所谓的"圣人之道"或"圣王之法"。放在《春秋》学语境下，便是我们所熟悉的"《春秋》为汉立法"。

无论《公羊春秋》还是《穀梁春秋》，都在"王正月"问题上做文章。何休《公羊解诂》言"正月"为"政教之始"，"大一统"的基本含义就是"王正月"，即"改制而作新王"；《穀梁》则言"正月"为"谨始也"，即所谓"建其本而万物理"。《公羊》和《穀梁》在"政教之本"问题上持有不同的观点，《公羊》注重"新王"以"改制"方式开启新的统治秩序，《穀梁》则强调"为政之道"的"恒久不变性"，认为"先王之政"可以直接被用作对现行政治秩序"拨乱反正"的标准。但是二者都强调"王正月"为"政教之始"，目的就是"尊王"，将君王抬高至"与天地同始"的高度，其作为人类社会秩序价值源头的地位，也就随之确立起来了。"政教"的"开端"，不仅是一个时间上的开始，更是宣告一个"新的""好的""善的"统治秩序的开端。因而《春秋》所谓"拨乱反正"，便是以这样一套"好的""善的"标准来"评判"历史，借历史人物和事件的"是非"为"新王"立法。

"道之大元出于天，天不变，道亦不变。"（《汉书·董仲舒传》）"天"是人类秩序的根源，人间秩序与天道秩序的"异类同形""异质同构"，使得现实的统治秩序合法性获得了证明，即以天道秩序的合理性来证明人类社会秩序的合法性与合理性。"王者，人之始也"（《春秋繁露·王道》），"君人者，国之元，万物之枢机，荣辱之端也"（《春秋繁露·立元神》），意思是说，王者的身份是"天子"，他的言行举止代表了天意，"王者之政"体现了"天"的秩序。《春秋繁露·玉英》言："《春秋》之道，以元之深正天之端，以天之端正王之政，以王之政正诸侯之即位，以诸侯之即位正竟内之治。"意思是说，王者直承"天意"，王者是人间秩序的源头。由"元"到"天"再到"王"的推演，是以一个价值上的"至善"，推出宇宙秩序的"至善"，再从宇宙秩序出发，以"天人同构"的逻辑，推出人类社会秩序的"至善"。"元"本身有着非常强烈的形而上学倾向，它不仅是一个新的统治秩序的"开端",同时也是整个统治秩序价值的源头①。

即便如此,君王与"天"之间的关联究竟为何,仍然说不清道不明。为此董仲舒大费周章,甚至于不惜以臆说附会。《春秋繁露·王道通三》言:"古之造文者,三画而连其中,谓之王。三画者,天地人也,而连其中者,通其道也。……是故王者唯天之施,施其时而成之,法其命而循之诸人,法其数以起事,治其道二以出法,治其志而归之于仁,人之美者在于天。"对"王"字的解释,纯属附会臆说,但他也隐含了一个意思:"王道"所本在"天",即"天命";所立在"地",即礼法制度;所治在"人",即教化。"天地人,万物之本也,天生之,地养之,人成之,天生之以孝悌,地养之以衣食,人成之以礼乐。"(《春秋繁露·立元神》)所有这些,被称为"国之本",而"国之所本"则在于"君","君"为人中最高者,所以作这样的解释,其目的是为了彻底神化君王。

以"天命""天意""神意"来塑造和维护统治者的合法性和权威,本身就是一个神秘主义的路径,"天命"和"天意"的表达,需要通过"祥瑞""天瑞"来表达,结果则是愈发不可收拾地带有神秘主义气息的"符命"和"谶纬",甚至于到光武以后,"谶纬之学"成为"内学"。作为名副其实的"官学",它的扩张和演变,到了极其疯狂的地步,以至于朝廷也不得不想办法来清理和统一各种"异说"。明帝时以帝王"称制临决"方式所厘定的《白虎通》,代表了东汉官

---

① "元"的重要性自毋庸讳言,最显著的,莫过于从汉武帝开始的"改元"和"纪年"。"'改元'和'年号',都是具有强烈政治意义的行为,绝不仅仅是在形式上'假取美名'而已。""改元"的基础,是皇帝获得"天瑞",而武帝的"改元",是为了让诸侯王明白:"汉武帝已经获得天授瑞应,其神圣权威已绝非寻常天子可比。"而"改元"本身,是为了"从意识观念上进一步强化其作为汉家天子的地位"。"改元"的目的是为了统一"纪年","当时各地的诸侯王乃至列侯,还都行用自己在位的王年以自成一独立的纪年体系"。"这些诸侯王的纪年方式,在形式上与汉天子并没有任何区别,从而也就无从体现出天子惟我独尊的威严。""改元"之后,天子与诸侯之间"尊卑分明,秩序井然,凸显大汉天子凌驾于诸侯王之上的神圣地位,这也应当是汉武帝最终启用年号纪年的内在深层原因"。参见辛德勇《建元与改元——西汉新莽年号研究》,中华书局2014年版,第37—41页。

方思想的"正统"，当中贯穿了神秘主义基础上的神学目的论，以至于侯外庐先生以"一套宗教化的伦理体系"来称呼它。

王者不仅上同于天，而且还代表上天来治理国家，王者的意志便是"天意"；王者的喜怒，便是"天情"；王者的官制象天；王者的服制以象天……总而言之，王者担当了沟通天人的枢纽。在统治秩序中，王者的地位是至高无上的，"《春秋》之法，以人随君，以君随天"，君之于民，如父之于子，"民臣之心，一日不可无君""故屈民而伸君，屈君而伸天，春秋之大义也"（《春秋繁露·玉杯》）。因此"重政"的意思就是"重正"，《春秋繁露·三代改制质文》云："正者，正也，统致其气，万物皆应而正，统正，其余皆正，凡岁之要，在正月也，法正之道，正本而末应，正内而外应，动作举错，靡不变化随从，可谓法正也。"一个统治秩序的"至善"，最关键之处在于"统正"。所谓"统"，即"大一统"之意，整个统治秩序，都以"君王"为最高权力和道德拥有者；所谓"正"，是指君王的权力和道德，都合于"圣人之道"。"统正"之意，最终的落点，是一种"神学政治"，即以"君王"为最高权力和道德的双重持有者，并同时承担起"最终决断者"的角色。

汉代"神学政治"的基本架构，是在"五伦"基础上建立起来的"家国同构体"。《春秋繁露·顺命》言："父者，子之天也，天者，父之天也，无天而生，未之有也。天者，万物之祖，万物非天不生，独阴不生，独阳不生，阴阳与天地参然后生。"天子与百姓的关系，是"尊尊"基础上的统治关系，然而"五伦"秩序的基础，却是基于家族伦理的"亲亲"。因此，如何协调君王统治秩序中"尊尊"和"亲亲"关系，就成为汉代"神学政治"最基本的问题。解决的办法，是以"异质同构"的方式，将神权和父权等同起来。天子上同于天，因此天子之于治下的百姓，扮演了"生养者"的角色，就如同父亲生养和教育子女一样。人类社会秩序，都可以依家族伦理关系推演出来，就是我们所熟悉的"三纲"。《春秋繁露·顺命》云："天子受命于天，诸侯受命于天子，子受命于父，臣妾受命于君，妻受命于夫，诸所受命者，其尊皆天也，虽谓受命于天亦可。"天子与天、诸侯与天子、子与父、臣妾与君、妻与夫，这五组关系都是"尊尊"基础上的统治关系，"天子受命于天"，以"天"为最高统治者，可以从统治的等级关系中，推出他们都"受命于天"。在另一方面，诸侯与天子、子与父、臣妾与君、妻与夫，这四组关系又都是伦理关系，君臣之义、父子之亲、夫妻之爱是最基本的人伦关系，天子与天之间，也可以"生养"关系推出二者间的伦理关系。也就是说，统治秩序中"尊尊"和"亲亲"关系的协调，是以家族伦理关系为基础，以"异类同构"的方式，将统治关系和人伦关系，同步纳入"五伦"秩序当中，并将整个人伦秩序的基础，放置在"天"的"至善"和"至公"上，以"天"的"至善"作为人伦关系的目的引导，以"天"的"至公"，为整个人伦秩序提供一个总的价值上的支持。

王者之政上承"天意"，最终的落脚点还是在教化百姓上。皇权合法性虽然来自上天，但决定"天命"长短厚薄的，却是君王所治理的百姓。这样说的意思，不是孟子"民为贵，社稷次之，君为轻"的"王政"；而是强调君王要"变民风，化民俗"，大抵人情"或仁或鄙，陶冶而成之，不能粹美，有治乱之所在，不能齐也"。也就是说，导致风俗衰败的原因，在于"人之诚，有贪有仁，仁贪之气，两在于身"，如果不以礼乐教化，自然会陷于"鄙夭"，流于"颠陷猖狂"。究其原因在于，人乃禀天地而生，"性者生之质也"，本无所谓善恶，善恶的形成在于后天的学习和教化。民的特殊之处在于，"民之号，取之瞑也"，他们连自己本性为何都不知道，"待觉而后见"，更无从说性的善恶了①。董仲舒举了两个例子，第一个是禾与米："性比于

---

① "民者，瞑也"，往往被看成董仲舒的愚民思想。单纯从这句话本身，以及董仲舒的为皇权辩护的立场看，做这种理解也是合情合理的。问题在于，董仲舒的思想并不违背儒家精神，孟子也说"先知觉后知，先觉觉后觉"，虽然孟子的立意在于"得天下英才而教育之"，从逻辑上看，二者其实是一致的。事实上，早期儒家都会对人做层次上的划分，立足点都在人性，以及社会的人伦礼法，最典型的莫过于荀子，在各个场合都区分人的层次，诸如大儒、雅儒、君子、小人等。而这些，大抵都是孔子"生而知之""学而知之""困而知之"的推广，只不过附加了人伦的因素，这个问题变得复杂了一些而已。

禾，善比于米，米出禾中，而禾未可全为米也，善出性中，而性未可全为善也。善与米，人之所继天而成于外，非在天所谓之内也。"第二个是卵与雏、茧与丝："性如茧如卵，卵待覆而成雏，茧待缲而为丝，性待教而为善。"所有这些例子，无非是为了说明"天之所为，有所至而止，止之内谓之天性，止之外谓之人事""民受未能善之性于天，而退成性之教于王，王承天意，以成民之性为任者也"（《春秋繁露·深察名号》）。王者"承天意"以教化百姓，通过制度和礼法等手段，引导百姓们"止于内"的"天性"，朝着"善"的方向发展，最终在整个统治秩序的目标层面实现协调和有序。

参考文献：

［1］丁耘. 哲学在中国思想中重新开始的可能性［J］. 中国社会科学，2013（4）：4－27.

［2］李泽厚. 中国古代思想史论［M］. 北京：人民出版社，1985：149.

［3］苏舆. 春秋繁露义证［M］. 北京：中华书局，1992：69.

［4］黄开国.《公羊学》的大一统［J］. 人文杂志，2004（1）：34－38.

［5］亚里士多德. 亚里士多德全集：卷七［M］. 北京：中国人民大学出版社，2011：49.

［6］亚里士多德. 亚里士多德全集：卷二［M］. 北京：中国人民大学出版社，2011：49.

原文载于《衡水学院学报》2018 年第 4 期。

李国斌（1986－），男，云南大理人，哲学博士，浙江大学人文学院博士后流动站。

天人之学的自然哲学根基

——"十天端"架构中的董仲舒阴阳五行学说

王 博

以"天人合一"为追求的天人之学是中国古代哲学的核心内容之一[1]404，一代代思想家们的努力为天人之学注入了极为丰富的内涵。在诸种内涵中，作为"中国人的思想律"[1]404又作为"迷信的大本营"[1]343的阴阳和五行无疑是最具解释张力的。无论从天人之学的逐步进展，还是从阴阳五行学说发展的内在逻辑来看，董仲舒无疑是其中最为关键的一个环节。因此，在天人之学的视野中厘清董仲舒的阴阳五行学说，不仅能为天人之学奠定坚实的自然哲学根基，也能为长久以来流行的对董学之各种"神学"或"玄学"的解说有一些新的看法。

天人合一是天人之学的核心。随着周代封建政治的崩溃，"以德配天"式的天人合一也随之崩溃[2]。作为周人至上神的"天"到了孔子那里，既有生化万物的自然义，如说"天何言哉，四时行焉，百物

---

① 正如先师汤一介先生所言："'天人合一'学说在中国历史上影响最大，它不仅是一根本性的哲学命题，而且构成了中国哲学的一种思维方式。"参见汤一介《儒学十论及外五篇》之《论"天人合一"》，北京大学出版社 2009 年版，第 28 页。"天人合一"这个术语最早见于北宋的张载，用来表达儒者的终极理想。董仲舒使用的是"天人合"或"天人一"这样的表述，虽然也是表达其终极理想，但他所说的"天"和"人"的含义却与张载完全不同。我们在这里强用张载的术语来指称董仲舒甚至周秦诸子的学说，主要是为了遵从长久以来的解说习惯，但我们必须清醒二者在根本上的差异。

生焉"（《论语·阳货》），又有作为道德最终根据的道德义，如言"天生德于予"（《论语·述而》）。孔子的天人观在后世开出了两大路向。其一是突出天的自然义，强调人对自然之天的效法，从《老子》到《黄帝四经》再到《管子》皆属这一路数。我们看到，自然性的天与社会性的人（人主）不可能直接实现合一，而必须通过某种媒介。这个媒介一方面得具备解释自然的超强能力，另一方面又必须能与人世政治进行合理比附。因此，在建立一统之现实需要所迫求的重建天人合一的逼迫之下，原始的自然性的"阴阳"学说实现了政治化，充当了沟通天人的最佳媒介。另一大路向则是坚持天的道德义，希望能在已被孔子德性化的周式"以德配天"的语境中重建天人之合一。具体而言，就是追求孔子所罕言的"性与天道"的合一。若坚持这样的路向，则对作为人道的"性"的探究自然成为迫切需要。思孟一派正是顺着这个理路而来。孔子所言的道德意义上的天，到了孟子这里，实现了彻底化，已经可以不包含任何自然性的含义，"尽心知性"就可以"知天"（《孟子·尽心上》），圣人在内在心性上即可以实现天人的合一[3]。而当荀子将学者的理性发挥到极致时，天的自然性意涵得到了完全贯彻，不仅其道德性意涵丧失殆尽，天最初所具的神圣性也被彻底剥落。在此思路下，"天人相分"成了必然的理论结果。尽管在帝王与大多数世人眼中，天的形象混杂难辨，天的神秘力量更为他们青睐，但学者却不得不认真对待荀子的探索。因此，天人相分既成为汉初学者的思想资源，更是关注天人合一的学者必须面对的思想难题。当《春秋》学者董仲舒初以学术预政治，对帝王说"以观天人相与之际"（《汉书·董仲舒传》）时，"天人之际"所显示出的天、人之间的距离正是董仲舒不得不面对的，这是"究天人之际"的前提①。

---

　　① 《说文解字》云："际，壁会也。"段玉裁注曰："两墙相合之缝也。引申之，凡两合皆曰际。"参见段玉裁《说文解字注》，上海古籍出版社1988年版，第736页。"际"引申义为两合，那天人之际也当指天人两合。但是，董仲舒并没有单独说"天人之际"，而是说"天人相与之际"，太史公也要强调"究天人之际"。因此，天人之际还是在"际"的本义上说天人之间的缝隙或距离，缝隙无论大小，仍然存在。

与荀子的天人相分将天、人化属于截然不相干的两个领域不同，董仲舒的天人之际只表明了天人之间存在距离，并不意味着天、人难以沟通。所以，当荀子由天人相分合理地推出"唯圣人不求知天"（《荀子·天论》）时，"知天"以及在此基础上推导出的（人）"可以""知天"就成为董仲舒反对荀子的基本理论前提。董仲舒说："夫王者不可以不知天。"（《春秋繁露·天地阴阳》）正是对荀子天人观在根源上的逆转。但与孟子"尽心知性"以"知天"大为不同，董仲舒仍然遵循了稷下以来尤其是荀子的理性态度，将"天"首先作为外在于人之心性的客观之物，承认天有着自己的运行方式，用董仲舒自己的话说就是"天数"或"天道"。这个"天数"或"天道"就成为董仲舒天人之学的自然哲学根基，并在此基础上推扩到了董学的方方面面。

一、十天端与天人之际

在可作为董仲舒天人学说总纲领的《天地阴阳》中，他开篇即言："天、地、阴、阳、木、火、土、金、水，九，与人而十者，天之数毕也。"这里将"十"作为"天之数"，但"天之数"表达的并不仅仅是"数字"的含义，而是更侧重于由"天、地、阴、阳、木、火、土、金、水、人"这十种物事所构成的天的最核心面相，因为董仲舒在表达同样的意思时还说：

> 天有十端，十端而止已。天为一端，地为一端，阴为一端，阳为一端，火为一端，金为一端，木为一端，水为一端，土为一端，人为一端，凡十端而毕，天之数也。（《春秋繁露·官制象天》）

这里虽然也用了"天之数"，但董仲舒在同篇文章中将三、四、十二、百二十等亦称为"天之数"（《春秋繁露·官制象天》），可见这里的"天之数"只是泛指，更偏重表达与天道有关的一些特定"数字"，其中以"十"最为核心。所以董仲舒既以"天、地、阴、阳、木、火、土、金、水、人"为"天之数"，又以它们为"天之端"。在董仲舒的文本中，"数"在很多地方通"术"，意为"道"；"端"有本始之意。我们暂先不对董仲舒的"天之数"或"天之端"的概念作细致的分梳，而首先关注董仲舒以"十端"来特别标示出的这十种物事，在董仲舒的天人学说里所具有的基础性地位。

董仲舒在解释为什么要选出十种物事作为"天之数"或"天之端"时说："故数者至十而止，书者以十为终，皆取于此。"（《春秋繁露·天地阴阳》）说"数者至十而止"，大概主要出于古代记数法的"十进制"，以及使用已久的"十天干"观念。也就是说，十代表着完满，意味着终极。《系辞传》云："天数五，地数五，五位相得而各有合。"又云："天一，地二，天三，地四，天五，地六，天七，地八，天九，地十。"即是说天数、地数之和共有十个，从"一"到"十"这十个数涵盖了天地的始终。虽然《系辞传》讲天地之数是为了论证"大衍之数"，但以"十"作为天地之数的基本数量却与古人对"十"数的极力推崇密切相关，并在此基础上衍生出了后世的所谓"河、洛之数"。董仲舒将"十"作为"天之数"，即已将天、地之数合而称之。因此，"天之数"或"天之端"意义上的"天"，实际上是涵括了天、地在内的天。与稷下以来以天道涵括天、地之道的通行做法相一致，这个"天"可称为广义的天。那么，董仲舒的"天"为何要以"天、地、阴、阳、木、火、土、金、水、人"这十种物事作为"天之端"呢？他进一步说：

> 圣人何其贵者？起于天，至于人而毕。毕之外谓之物，物者投所贵之端，而不在其中。以此见人之超然于万物也。（《春秋繁露·天地阴阳》）

这段话论证了"圣人何其贵"与"人超然于万物"。如果我们暂且不注意这里"圣人"与"人"的区分，那么我们看到的将是对"十天端"与"万物"所做的区分。"十天端"起于天，毕于人。"毕"在这里表"完成"或"结束"之意。如此，就以"人"为分界将天之端与万物区分开来。既然"十天端"中处于最末端的"人"超然于万物，那么其他九端亦超然于万物。因此，从天到人的"十天端"并不包括在万物之内。但"十天端"超然于万物并不意味着与万物没有任何关系，而是作为万物的本源或根基。所谓"物者投所贵之端，而不在其中"，表达的正是此意。虽然我们很难说这里讲述的就是万物生成的原理，但以万物在"十天端"中的投射将"十天端"与万物做出

"贵"与"贱"①的区分，正是表明"十天端"相比于万物有着理论优先性，并且正是与"十天端"的某种关联使得万物获得妥当安置。那么，"十天端"为何能获得超然于万物之上的理论优先性呢？这就需要我们对这个起于"天"而毕于"人"的系统进行更深入的推阐。

既然"人"是"十天端"与万物的分界，我们首先来看"十天端"中的"人"究竟具备什么样的特性。董仲舒在论说人超然于万物时，使用了"圣人"与"人"两个概念。设问时，董仲舒说"圣人何其贵者"；作答时，董仲舒说"人之超然于万物之上，最为天下贵也"；进一步论证时，则说"人，下长万物，上参天地。故其治乱之故，动静顺逆之气，乃损益阴阳之化，而摇荡于四海之内"。人与天地相参的观念自《黄帝四经》即已萌始，至《易传》而大发其皇。正如稷下以来论说天人合一皆是就圣人（人主）与天的合一而言，天地人相参即"三才"的观念也是在"圣人"的意义上使用"人"这个概念。董仲舒完全继承了这个论说传统。我们可以设想，能够决定"治乱之故"，并且其"动静顺逆之气"能够"摇荡四海之内"的"人"，除了主掌天下的人主而外，别无他人。董仲舒亦云："圣人之道，行诸天地，荡诸四海。"（《春秋繁露·基义》）因此，董仲舒也是在圣人（人主）的意义上使用"人"这个概念。"十天端"中的"人"首先即指圣人（人主）②。那么，在"十天端"的系统中，作为天之端的圣人（人主）的主要任务是什么？董仲舒说：

> 《春秋》举世事之道，夫有书天③，之尽与不尽，王者之任也。《诗》云："天难谌斯，不易维王。"此之谓也。夫王者不可以不知天。（《春秋繁露·天地阴阳》）

我们看到，董仲舒依托自己《春秋》学者的身份，从经典中得出

---

① 其实从"物者投所贵者之端"很难推出十天端与万物的贵贱之分，但如果联系上"圣人何其贵者"以及"人超然于万物"，则能清楚地看出董仲舒对二者在理论上的贵贱之分的判定。

② 刘泽华先生认为："直到近代以前，天王合一始终是天人合一的中心。"参见刘泽华《天人合一与王权主义》，《天津社会科学》1996年第4期。

③ 前辈学人已明白指出此处有脱误，然并不太影响我们对整段话的理解。参见苏舆《春秋繁露义证》，中华书局2002年版，第467页。

"王者不可以不知天"的结论。那么，王者必须知的那个"天"是否即是"十天端"中的那个"天"？

如果说"天之端"或"天之数"中所说的"天"是广义上的天，包含了天、地以及处于天地之间的万事万物，可以用"宇宙"来表示，那作为"十天端"之第一端的这个"天"，一定是在较为狭窄的意义上使用"天"这个概念。首先，由于"十天端"都是超然于万物之上，这个"天"并不属于万物之一，因此它就不具备物质形态；其次，既然列于"天"之后的第二个"天端"为"地"，那么这个"天"就不是通常意义上涵括了"地"的那个天，它仅仅是"天"而已；再次，通常意义上可作为天道的阴阳与五行都并列于"天端"之中，可见这个"天"并不包含天道的内涵。综而论之，这个"天"既不是宇宙间所有物事的总括，也不具备丝毫的物质义；既不是宇宙运行原理的描述，也没有任何的精神性意涵。毋宁说，这个"天"就是在最单纯的意义上对"十天端"之第一端所做的描述或指称，只能被认为是"十天端"之初始。因此，王者所当知的"天"就不能局限于作为天之端的"天"，而应该是"天之数"或"天之道"意义上的"天"，这样的"天"才能够与人相参。也因此，"十天端"的系统才可与三才观念并行不悖。

但我们必须指出，"十天端"中的任何一端都不是静态地被平行罗列于此系统中，而是随着每一端的次第出现而逐渐丰富着"天"的内涵。到"人"的最终出场，圣人以知天的方式实现了对"十天端"的完整把握，从而使得最初在内涵上极为空洞的作为天之一端的那个"天"成为有着十端的那个"天"。如此，在"十天端"之中，从第一端的"天"到最后一端的"人"之间就存在着相当的距离，这个距离就是我们所说的"天人之际"。董仲舒紧接着说："知天，诗人之所难也。天意难见也，其道难理。"也就是说，天人之际的距离很难沟通。但难以沟通并不意味着无法沟通。董仲舒说：

> 是故明阴阳、入出、实虚之处，所以观天之志。辨五行之本末、顺逆、小大、广狭，所以观天道也。（《春秋繁露·天地阴阳》）

在三才观念中，天人之际没有距离。"十天端"比三才多出来的，正是阴阳和五行。所以，圣人的知天就意味着对阴阳之道和五行之理

的把握，因为从阴阳五行中可以得到"天志""天道"。也因此，阴阳
和五行成为董仲舒天人学说中最为核心的内容。

二、阴阳之道

作为"始推阴阳"（《汉书·五行志》）之人，董仲舒最具特色的
学说为其《春秋》阴阳灾异说。然而，抛开经典的"阴阳五行化"①
这个论题，我们必须看到，董仲舒所使用的阴阳学说隶属于阴阳学说
的整个发展进程之中。董仲舒既吸收和利用了阴阳学说在此前的一切
发展成果，又有所创造，进而形成了具有鲜明董氏特色的阴阳学说。
我们知道，在阴阳学说发展中具有里程碑意义的事件乃是阴阳与四时
的结合。在这一结合中，以"岁"为基本单位，阴阳二气之消长促成
了四时的轮转，而四时各自所具的特征又成为以阴阳学说构建天人合
一的核心依据。董仲舒在此基础上，进一步详细勾画了阴阳在一岁即
四时之中的运行之道，并将此作为自己究天人之际的首要依据。

作为"十天端"中的两端，阴阳本身即是天道。董仲舒说："天
地之常，一阴一阳。"（《春秋繁露·阴阳义》）正是对《系辞传》"一
阴一阳之谓道"的化用，也是对"十天端"的进一步阐发。作为天道
的阴阳同时又表现为"气"，董仲舒说：

> 天地之间，有阴阳之气，常渐人者，若水常渐鱼也。所以异
> 于水者，可见与不可见耳，其澹澹也。（《春秋繁露·天地阴阳》）

也就是说，作为"气"的阴阳乃充塞于天地之间，不过不为人所能
见。正如鱼生存于水之中，被水所包裹，人也是生存于阴阳之气中，被

---

① 在董仲舒"首推阴阳"以解说《春秋》灾异之后，治其他经典的学者纷纷效
仿。《易》有"卦气说"，《诗》有"四始五际说"，《书》有"洪范五行说"，《礼》有
"明堂阴阳说"，皆是学者以阴阳或五行为工具来实现经典对现实政治的预卜功能，力
求显达于世，逐步完成了经典阴阳五行化的历史进程。当最具先天优势的《易》至京
房将阴阳和五行共同作为《易》占的核心原理后，《易》便开始越《春秋》而上成为
"五经之首，大道之原"。董仲舒之"为儒者宗"（《汉书·五行志》）也更应该在经典的
阴阳五行化这个思想史脉络中来理解。

其包裹。这样说来，似乎董仲舒所言的阴阳之气具备物质形态，已经不能等同于作为天端的阴阳。但是，正如人超然于万物，同为天端的阴阳亦当如此。因此，人不可见的阴阳之气更应该被看作超然于万物。其实，如果阴阳不是"气"的流转，那么阴阳概念本身就是空洞的，这是传统的阴阳学说与四时相连接的根基。这就意味着，作为天端的阴阳正是以"气"的特征从而获得其天道内涵。传统的阴阳学说将阳气视作向上蒸腾的温暖的气、将阴气视作向下收缩的寒冷的气，一岁之中的寒暑状况取决于这两种气各自所占的比例，作为四时之区分标志的"二分""二至"正好体现了一岁之中阴阳二气的四种特殊分布状况。春分为阴阳相半，夏至为纯阳无阴，秋分又回复为阴阳相半，冬至则纯阴而无阳。董仲舒正是在此基础上，对阴阳在一岁之中的消长状况进行了更为细致的描画。

《阴阳出入上下》① 说：

---

① 江新先生以《春秋繁露》中涉及阴阳的各篇存在着互相矛盾的宇宙论为据，将此篇以及大多数篇目断定为非董仲舒本人所作。江先生提到，有的篇目中认为阴阳是一气，有的认为是二气，因为最可靠的《雨雹对》中认为阴阳是一气，因此其他以阴阳为二气的篇目都不可能是董仲舒亲著。实际上，说阴阳是一气侧重的是对一岁之中每一特定之时的寒暑状况之描述，说阴阳是二气则是对构成每一时之寒暑状况的成因之具体分析，一气与二气并不构成显明的矛盾。江先生也说，董仲舒本人认为一岁之中阴气和阳气是相半的，因此所有那些认为一岁之中阳气多于阴气的篇目就不可能是董仲舒所作。实际上，我们在前面已经提过，在《黄帝四经》中已经有两种四时与阴阳的配法，基本的配法是春夏配阳、秋冬配阴，但以春夏秋主生、以冬主杀乃是为了突出天道重生不重杀的观念，这两种配法其实并不构成矛盾。到了董仲舒这里，只要他以阴阳二气的消长来解说天道的运行，那他必须承认阴阳二气在一岁之中是等量的，但是，董仲舒仍然要说天道以三时生成而以一时肃杀，也是为了突出天道重生不重杀。甚至在有的地方，为了合于天数，董仲舒明确说万物十个月生成两个月收藏。其实这些都不能构成矛盾，如果非要认为董仲舒力主阴阳相半，那董仲舒的尚阳观念就失去了根据。因此，我们认为，若是在整体上把握董仲舒学说的话，这些所谓的矛盾不通之处还是能够得到较为合理的说明，以此为据来判定《春秋繁露》之真伪也就更需斟酌。当然，我们也没有十足的证据来表明所有篇目的作者一定是董仲舒，因此，只要与董仲舒的学说不发生明显矛盾的篇目，我们就倾向于是董仲舒所作。不过，我们仍然要视具体情况加以判断，例如《天辨在人》与《阴阳位》两篇所构建的阴阳循环模式不仅与其他各篇都矛盾，其自身也存在着无法调适与解说的问题。参见江新《天道、王道与汉道——董仲舒春秋公羊学与汉代更化》，北京大学哲学系博士学位论文，2012年，第63—76页。

> 天道大数，相反之物也，不得俱出，阴阳是也。春出阳而入阴，秋出阴而入阳，夏右阳而左阴，冬右阴而左阳。阴出则阳入，阳出则阴入；阴右则阳左，阴左则阳右。是故春俱南，秋俱北，而不同道；夏交于前，冬交于后，而不同理。并行而不相乱，浇滑而各持分，此之谓天之意。

我们知道，一岁中每一确定之时的寒暑只表现出一种状况，阴阳二气的流转实际上只是一气的消息。但是，如果不将这一气分作相互反对的二气的话，无法具体探究每一时的寒暑之成因。董仲舒在《天道无二》里表达了同样的意思：

> 天之常道，相反之物也，不得两起，故谓之一。一而不二者，天之行也。阴与阳，相反之物也，故或出或入，或左或右，春俱南，秋俱北，夏交于前，冬交于后，并行而不同路，交会而各代理，此其文与？天之道，有一出一入，一休一伏，其度一也，然而不同意。

这里说作为天道的阴阳不得两起而只能是一，但不能同道并行，似乎又只能认作是两气。要理解这段话的意思，一定得将其放入四时与四方相配的背景中。我们试以图1来表示。

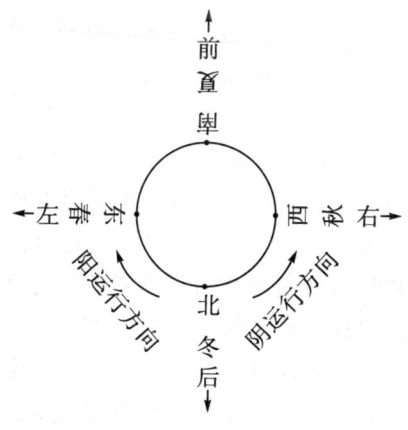

图1　阴阳运行

　　我们知道，这个四时与四方相配的方法是由《管子》发其端，到董仲舒的时代已经固定为春配东方、夏配南方、秋配西方、冬配北方。支撑这个配属的基础是四时的寒暑状况以及四方给人的基本冷热感受，而这正是自然意义上之阴阳的本质内涵。我们在这幅图里面看到，阴阳以北方为起点，朝相反的方向运行，在南方时相交，继续朝相反方向运行，最后又回到北方，由始点到终点正好历时一年。那么，既然阳气代表温暖、阴气代表寒冷，当春季（实际上为春分，下同）时，阳气在东方而阴气在西方，秋季（实际上为秋分，下同）时阳气在西方而阴气在东方，如果阴阳二气各为独立的一种气，为何这两季体现出相同的寒暑状况？另外，冬季时阴阳二气皆在北方，夏季时阴阳二气俱在南方，也就是说，在冬夏的时候阴阳二气俱在一处，为何阴阳二气各自交会时又体现出完全不同的寒暑状况？因此，在这个图式里运行的阴阳二气一定是有更深的内涵。其实，所谓阴阳二气在一年中的运行实质上只是一气的消息。这个气在一年中的每一时都只表现出一种固定的寒暑状况，这就是董仲舒所谓"一而不二"的"天之常道"。从阳气的角度来看，阳气在北方（冬季，实际上为冬至，下同）初生，然后逐渐增长，到南方（夏季，实际上为夏至，下同）时达到顶峰，随后开始消减，到北方（冬季）时削弱至无，从而又开始一个新的循环。若从阴气的角度来看，阴气在北方（冬季）从顶峰开始消减，到南方（夏季）时消弱至无，随后开始增长，到北方（冬季）时再次升至顶峰，从而又开始一个新的循环。因此，无论从阳气还是从阴气的角度都可以理解一年之中不同时间的寒暑状况。这幅图也可以看作是将阳气运行图和阴气运行图合而为一。但是，无论是阳气还是阴气之消息，其背后的本质原因都是相对峙的两种力量相激荡。也就是说，作为两种力量的阴、阳共同造成了天道终而复始的循环。所以，我们不能将阴、阳视作单独的二气，而是相与共生的一气，这一气所表现出的寒暑状况实际上取决于此时阴阳各自所占的比重。若我们将这一气视作"一"，那么，在冬至时，这一气纯阴而无阳；在春、秋二分时，这一气中的阴阳也正好相半；在夏至时，这一气纯阳而无阴。

此运行模式被董仲舒细化为：

> 天之道，初薄大冬，阴阳各从一方来，而移于后。阴由东方来西，阳由西方来东，至于中冬之月，相遇北方，合而为一，谓之曰至。别而相去，阴适右，阳适左。适左者其道顺，适右者其道逆。逆气左上，顺气右下，故下暖而上寒。以此见天之冬右阴而左阳也，上所右而下所左也。冬月尽，而阴阳俱南还，阳南还出于寅，阴南还入于戌，此阴阳所始出地入地之见处也。至于仲春之月，阳在正东，阴在正西，谓之春分。春分者，阴阳相半也，故昼夜均而寒暑平。阴日损而随阳，阳日益而鸿，故为暖热。初得大夏之月，相遇南方，合而为一，谓之曰①至。别而相去，阳适右，阴适左。适左由下，适右由上，上暑而下寒，以此见天之夏右阳而左阴也。上其所右，下其所左。夏月尽，而阴阳俱北还。阳北还而入于申，阴北还而出于辰，此阴阳之所始出地入地之见处也。至于中秋之月，阳在正西，阴在正东，谓之秋分。秋分者，阴阳相半也，故昼夜均而寒暑平。阳日损而随阴，阴日益而鸿，故至于季秋而始霜，至于孟冬而始寒，小雪而物咸成，大寒而物毕藏，天地之功终矣。（《春秋繁露·阴阳出入上下》）

这里所论述的阴阳之运转其实正可看作对图1的进一步解说，但又多出了很多新内容。与图1最大的不同是，这里构造的乃是一个由十二辰（包括四时）与十二方（包括四方）所构成的动态立体的时空图式中的阴阳二气年复一年之流转，我们以图2来表示。

---

① "日"疑为"曰"之讹。

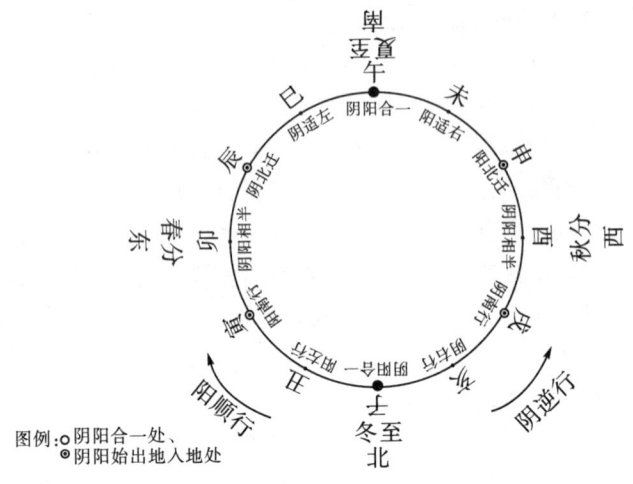

图例：○阴阳合一处、
　　　◎阴阳始出地入地处

图 2　阴阳出入上下

　　所谓"初薄大冬"，指的是天道始于仲冬之月也就是子月，这是阴阳在一年之中运行的开始。在此之前，阴由东向西运行至北方，阳由西向东运行至北方，这实际上描述的是阴阳在上一年运行的结束。所谓"天道终而复始"，北方既是阴阳在一年运行的终点，同时又是起点。阴阳在此交会，相交的那一天就是冬至。之后随即分离，继续朝各自的方向运行，大体线路与前面所述相同。但是，因为阴是向右行，为逆行；阳是向左行，为顺行。所谓"逆气左上"，指的是阴气向左上方运行，这样讲似乎与方才所说的阴气右行相矛盾。实际上，若我们将此图看作一个平面图，则自然是阴气左行而阳气右行。但我们一开始就已指出，这里构建起的是一个立体的时空图式。因此，若我们将此图看作是一个球形的图，以子位（也就是正北方）作为原点，则阴气向正西方向的运行正好就是左上。同理，"顺气右下"指的是阳气向正东方向运行。因为阳气代表暖、阴气代表寒，又阳气右下、阴气左上，所以"下暖而上寒"。

　　在此基础上，董仲舒得出了更进一步的结论："以此见天之冬右阴而左阳也，上所右而下所左也。"这句话颇为难解。如果说"天之冬右阴而左阳"意为冬季时阴气右行而阳气左行，虽与前面所言不发生冲突，但董仲舒论述夏季时说"天之夏右阳而左阴"，不仅与此相反，且与夏季时的阴阳运行方位也相反。因此，无论是说"右阴而左阳"还是"右阳而左阴"，"左"和"右"皆应该有独特的含义，而且必须和"上所右而下所左"放在一个语境中来分析。这里所说的"左"和"右"，其实指的是"卑"和"尊"。我们知道，西汉时，除了谈及座次时的特殊情况①，皆以"右"为"尊"、以"左"为"卑"。因此，"天之冬右阴而左阳"就是指天道在冬季（也可以扩展为冬半年）表现出尊阴而卑阳的特征。但这里的"尊""卑"却只是表达阴阳二气在此时是否占据了优势地位或者说是否居于主导地位，并不包含价值判断。同理，在"上所右而下所左"这个句式中，与前面出现过的"上""下"绝然不同。这里的"上""下"也不是指位置或方位的"上"与"下"，而基本上与"右""左"同义。因为在"上所某"和"下所某"这种句式中，表达的是以"所某"为"上"和以"所某"为"下"这样的含义，这里的"上""下"也可解为"尊""卑"。也就是说，这句话可以完整地解释为：天道在冬季以阴为主导、以阳为辅从；占据主导的阴为尊，处于辅从地位的阳为卑。对照图2，在冬季甚至在整个冬半年，阴气皆处于优势地位，正是董仲舒所谓的"太阴"②。

　　冬月结束之后，阴阳皆向南行。所谓"阳南还出于寅，阴南还入于戌，此阴阳所始出地入地之见处也"，这句话里特别难解的是"出"与"入"。由于这里的阴阳运行是结合了时间与空间的立体图式，十二辰同时也代表了十二位。因此说"阳出于寅"就意味着阳在寅月出于寅位，"阴入于戌"意味着阴在戌月入于戌位。董仲舒说"寅"和"戌"是"阴阳所始出地入地之见处"，因之，"寅"和"戌"应当更侧重方位的含义，但也包含时间义。在"此阴阳始出地入地之见处"这句话中，如果我们将"地"解为地表，那"出地入地之见处"就可

---

① 当时有所谓"虚左"的说法。

② 董仲舒将春、夏、秋、冬分别称为"少阳""太阳""少阴""太阴"，见《春秋繁露·官制象天》。

以被理解为阴阳二气溢出或沉入地面而被人所见或显现的地方。不过，董仲舒明确说过，阴阳充塞于天地之间却不被人所见。所以这个"地"就应该只在较为模糊的意义上具备"地方"或"位置"的含义，而更应与"出""入"放在一起理解。"见"既然不能被解释为"看见"或"显现"，那么更应被理解为"显明"或"占据优势"。"出地""入地"表达的意义正好相反，可理解为"占据优势"或"居于弱势"，其实与前面我们分析过的"上""下"大致同义。如此，则"阴阳始出地入地之见处"就可以解释为：阳在"寅"开始要扭转弱势地位，阴在"寅"开始要丧失其优势地位。董仲舒在后面还说"阳北还而入于申，阴北还而出于辰，此阴阳之所始出地入地之见处也"，因此，我们必须将"寅""辰""申""戌"共同视作"阴阳之所始出地入地之见处"。在这个意义上，"寅"既为阳开始要占据优势之地，同时也是阴开始失去优势之地；"辰"既为阳完全占据优势之地，也为阴完全失去优势之地；"申"既为阳开始要失去优势之地，也为阴开始占据优势之地；"戌"既为阴完全占据优势之地，也为阳完全失去优势之地。当然，我们不能完全排除"见"有"显现"而被人所见的含义。虽然阴阳不可见，但阴阳的运行所引起的万物的变化依然可以被人所见。即使这样来理解，也不与我们前面对"阴阳所始出地入地之可见处"的解说相冲突。所以，我们在图 2 只是将"寅""戌""申""辰"笼统地标示为"阴阳始出地入地之见处"，就是为了保留各种解释的可能性。

"寅""戌"之后，阴阳继续南行。到仲春之月也就是卯月，阳在正东，阴在正西，这时候就是"春分"。实际上，说仲春之月是春分只是一个相对笼统的说法，实际上春分只是仲春之月中的一天。在这一天时，阴阳相半，等分了这时的天道之"一气"。这一天昼夜等长而寒暑相平，因此称之为春分。春分之后，阴阳继续南行，阳越来越强，阴越来越弱。阳在辰月完全占据了优势，到午月时与阴相遇于南方，共同合而为一，阴阳相遇的那一天就称为夏至。在夏至这一天，阳达到了顶峰，而阴归于无，虽说是阴阳合一，实际上是至阳而无阴，因此，这一天的寒暑状况恰可代表阳的本来含义。夏至过后，阴阳继续向各自相反的方向运行，阳向右行，阴向左行。与冬至后的阴阳运行情况正好相反，阴是向左下方运行，阳是向右上方运行，这个时候的寒暑状况正好以暑占优势，因此天道在夏时以阳为主导而以阴为辅从，体现出阳尊而阴卑的特征。

夏月也就是午月结束以后，阴阳皆向北行。阴由夏至时的"无"逐步增长，到"辰位"时开始要获得优势地位；阳由夏至时的至极逐步消减，到"申"位时开始要丧失其优势地位。到了中秋之月也就是酉月，阳运行至正西，阴运行至正东。这时阴阳相半，因此称为"秋分"。与春分一样，在秋分这一天昼夜等长而寒暑持平。秋分之后，阳日渐削弱，阴愈加增强并完全占据主导地位。因此，到季秋也就是戌月时霜降，到孟冬也就是亥月时小寒，到小雪时节万物都已长成，到大寒时万物皆藏，天地生物之功完成。完成之后再终而复始，开始下一轮的天道循环。

可以说，董仲舒构建起的阴阳运行图式集合了自然意义上的阴阳学说在先前的一切发展成果。我们看到，仅从阴阳在一年中总体的运行情况来看，董仲舒的图式基本上体现了阴阳等分的原则，并没有表现出对于阴或阳任何一方的偏爱。但是，如果停留于此，董仲舒只是展现了阴阳学说在最自然意义上的运行法则，无法使他与其他仅对宇宙运行法则有偏爱的思想家区分开来。因此，董仲舒绝不会满足于此，而是在这个图式中蕴涵了他更深的关切。

我们首先得指出，在这个圆环式的天道循环中，其实可以选取任何一点使它成为阴阳运行的起点并同时成为终点。但是，董仲舒在展示这个图式时，却一定要以子为起点。这不仅是出于方便的考虑，而是有着深刻的考量。我们知道，冬至时至阴而无阳，从这一天开始，阳逐渐增长，阴却日渐消弱。因此，天道的开始与阳的增长是同步的。所以我们才看到，仲春之月也就是卯月时阳在东方而阴在西方；仲夏之月也就是午月时阳在南方，阴虽然也在南方，却已削减至无；仲秋之月也就是酉月时阳在西方而阴在东方；仲冬之月阴阳皆在北方，但阴处于鼎盛而阳削弱至无。我们也知道，从《管子》开始的统合四时与四方之努力得到的最终成果正是春与东相配、夏与南相配、秋与西相配、冬与北相配。在董仲舒的阴阳运行图式中，阳的运行正好与此完全符合。所以我们不得不说，从总体上而言，董仲舒的天道运行模式实际上是以阳为主导，而以阴为辅从。我们无法详究《管子》在立下四时与四方相配属的基本图式时是否也有尊阳而卑阴的考虑，无论如何，董仲舒在《管子》基础上而来的这个图式很明显地为我们开示出阳尊而阴卑的思路。那么，仅就这个图式而言，既然阴阳在一年中是等量的，阳尊而阴卑的内在根据又是什么？

天道始于冬至，冬至之时阳开始生息。寅月时阳"始出地"，正好与万物的生长同时。午月时，阳生长到极盛，万物的生长速度也臻于极盛。但是，夏至之后，万物的生长却并没有因为阳气的削弱而停止生长。直到亥月时，万物的生长才全部完成，此时阴虽早已处于优势，但其运行方位却在丑。因此，万物的生长与阳的运行完全一致。我们知道，从最原初的意义上而言，阳乃是代表宇宙间生发的力量，而阴是肃杀的力量。但在一年当中，万物从生到成却占据了大部分时间，正好体现了天道的生物成物原则，与《系辞传》所谓"生生之谓《易》"正是同一意趣。所以，正是天道的生物成物原则决定了阳尊而阴卑。正如董仲舒所说：

> 故阳气出于东北，入于西北，发于孟春，毕于孟冬，而物莫不应是。阳始出，物亦始出；阳方盛，物亦方盛；阳初衰，物亦初衰。物随阳而出入，数随阳而终始。（《春秋繁露·阳尊阴卑》）

董仲舒在描画完阴阳运行的完整图式之后，说"天地之功终矣"，对照他在这句之前所说的"物咸成"和"物毕藏"，这里的"天地之功"乃指天地生物成物之功无疑，而天地正是以尊阳卑阴得以成其功。

三、五行之理

虽然占据了"十天端"中的五端，但五行在"十天端"中居于阴阳之后，这是我们理解董仲舒五行学说的第一个要点。虽然同为"十天端"，但相比于"阴阳"，"五行"在董仲舒的天人学说中并不占有显赫的地位，也因此，董仲舒的五行学说就成为长久以来争论不息的一大问题，至今仍无定论。争论的焦点在于《春秋繁露》中涉及五行诸篇的真伪，大致有两派意见。第一派认为诸篇即使不是尽为董仲舒亲作，也是其弟子门人所为，因此基本可以作为论述董仲舒五行学说时的核心材料①；另一派或认为诸篇皆不是董仲舒所作，或认为只有部分乃董仲舒所作，因此五行诸篇"是《春秋繁露》中最有问题的部分"②。也有学者力图调和这两派的冲突，在两派的基础上对五行诸篇进行了分别探讨，指出只有《五行对》与《五行之义》乃董仲舒亲作，并为其余各篇论证出最有可能的作者，可视为目前为止对这个问题最全面深入的论述③。然而，当我们仔细地审视这几派的各自意见时，则会发现其理据实际上都不充分，最终更多地归之于信念④。事实上，无论是坚信还是怀疑诸篇真实性的学者，其立足的最根本依据都是《天人三策》与《汉书·五行志》。也就是说，立足于同样的文本，但基于不同的信念，最终得出截然相反的结论。而且，这两篇较董仲舒极为后出的文献本身可靠与否也不是不可以怀疑。我们固然不能不加鉴别地对《春秋繁露》的文本进行引用，但是当我们进行辨伪的材料本身也需要辨伪时，我们最好还是抱持一种温和的怀疑态度，即在没有充分理由的情况下就不怀疑文本的真实性，这种"疑罪从

---

① 这一派以徐复观先生、韦政通先生、周桂钿先生、余治平先生、刘国民先生等为代表。徐复观先生在其《两汉思想史》第二卷中对此有较为提纲挈领的论证，可视为此派的典型代表。韦政通先生虽然并没有做辨伪的工作，但在论述董仲舒的五行学说时对《春秋繁露》中五行诸篇皆有引用，可作韦先生不以这些篇目为伪作。周桂钿先生、余治平先生、刘国民先生等大体如是。事实上，大部分讨论董仲舒阴阳五行的学者皆是此种做法。

② 这一派以庆松光雄先生、戴君仁先生、桂思卓女士、房德邻先生等为代表。庆松光雄先生、戴君仁先生等认为诸篇皆非董仲舒所作，桂思卓女士、房德邻先生、田中麻沙巳、近藤则之先生等则认为部分乃董仲舒所作，上引桂思卓女士的言论最能代表此派学者的看法。引文见桂思卓《从编年史到经典——董仲舒的春秋诠释学》，中国政法大学出版社2010年版，第120页。这一派学者的各自意见也可看江新先生所作的综述，参见江新《天道、王道与汉道——董仲舒春秋公羊学与汉代更化》，第48-62页。

③ 以江新先生为代表，实际上仍然属于桂思卓女士这一派。

④ 例如徐复观先生和周桂钿先生坚信诸篇为董仲舒所作，并未作考辨工作。

无"的态度用在《春秋繁露》这样的文本中极为适当。因此，在论述董仲舒的五行学说时，只要能够在学理上讲通，我们就尽可能不对文本加以怀疑。不过，当文本出现自身难以圆通的矛盾时，我们仍然要详加论析。

在"十天端"的论说系统中，董仲舒为五行设置了两种次序，第一种是"木、火、土、金、水"（《春秋繁露·天地阴阳》），第二种是"火、金、木、水、土"（《春秋繁露·官制象天》）。我们知道，第一种次序虽然在《管子》中已经出现过，但《管子》并没有表明依次出现的这五行之间有何关系，我们只能从《管子》中，得出这种相次的顺序可以内在蕴涵后来的五行相生说的结论。在董仲舒之前，只有《淮南子》①半明确地指出了五行之间完整的相生相胜模式。《淮南子·坠形训》说："木壮水老火生金囚土死，火壮木老土生水囚金死，土壮火老金生木囚水死，金壮土老水生火囚木死，水壮金老木生土囚火死。"我们看到，这里所说与五行学说在后世完全成熟之后的"旺相休囚死"之说完全一致，只是个别用语不同。以第一句为例：所谓"木壮"，指木行当令之时；因为水生木，故此时水老；木生火，故此时火生；金克木，故此时金囚；木克土，故此时土死。这其实已经是一个完整而前后相贯的五行相生相胜模式，不过作者并没有完全明确。这个模式被董仲舒用"五行比相生而间相胜"（《春秋繁露·五行

---

① 据高诱序，此书由淮南王刘安献于武帝之后，一直藏诸秘府，直到刘向校书方才使此书重见天日。有论者据此以为，刘向之前的学者不可能得见此书，因此《春秋繁露》中与《淮南子》相似的部分（以五行诸篇居多）应该是刘向或刘向以后的学者所为，但此种说法实际上很可商榷。成书后的《淮南子》虽然藏诸秘府，但我们知道，此书的作者实际上是淮南王刘安召集起的学者群，学者彼此之间虽各有所主所长，但大体上仍然是稷下学术以及《吕氏春秋》作者群的继承和发展，对于阴阳、五行这样的时代共法不可能不通晓，因此，比董仲舒稍早的学者对五行学说有所发展并影响董仲舒就是极为可能之事。事实上，恰恰因为《淮南子》的被藏诸秘府，反倒更能证明《淮南子》中与《春秋繁露》相似的内容皆属时代共法，为学者所共享，既然同为当时的著名学者，我们很难想象董仲舒竟然从没有与《淮南子》的作者们有过学术上的交流。高序见何宁《淮南子集释》，中华书局1998年版，第4-6页。参见江新《天道、王道与汉道——董仲舒春秋公羊学与汉代更化》，第61页。

相生》）的简要表达完全明确。董仲舒说：

> 天有五行，木火土金水是也。木生火，火生土，土生金，金生水。水为冬，金为秋，土为季夏，火为夏，木为春。春主生，夏主长，季夏主养，秋主收，冬主藏。（《春秋繁露·五行对》）

这段话是董仲舒为了回答河间献王对《孝经》"夫孝，天之经，地之义"的困惑所提出的理论依据。我们暂且不管天经地义与人道如何连接的问题，先看董仲舒所说的这"天之经"是什么。"天有五行"是说五行属于天道，即我们之前所说的"辨五行之本末顺逆、小大广狭，所以观天道也"。所谓"五行之本末顺逆"，大概就是董仲舒论说五行时的特定次序"木火土金水"，这是五行的相生次序。至于五行的相生之序为何这样排列，我们首先从五行在自然意义上所具备的五种物质形态来理解。"木生火""火生土""土生金""金生水""水生木"，皆是可以从经验观察上得到验证的自然之理，无须多论。但是，五行之间这种自然意义上的相生实际上并非是独一无二的。比如土虽然生金，但在某种意义上也可以说土生木或土生火或土生水；木虽然生火，但某种意义上也可以说木生水或木生土。因此，除了在自然意义上极易得到验证以外，董仲舒对相生所做的排序一定有其他更深层次的理由。

既然五行之间先有了相胜的次序且被普遍地认可，那么后出的相生序首先不能与相胜序发生冲突。"五"数具有一个特性，它是能同时满足相生与相胜的最小数。那么，既然前后相贯的相胜序已经固定，则同样首尾能够相接的相生序必然只能有一种。如图 3 所示。

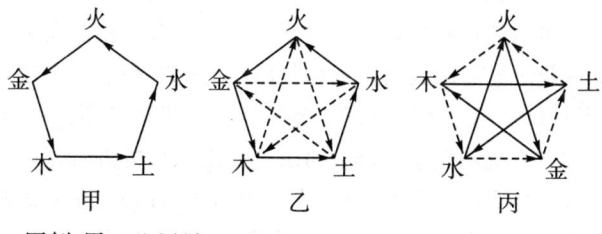

图例：甲→乙 甲胜乙
　　　甲→乙 甲生乙

图 3　五行相胜相生演化

我们看到，在一个首尾相接的五行图式中，每一行前后相邻的两行既然已经固定，那么它与另外两行只能是别的关系。在邹衍的相胜系统中（图3甲），以木为例：木克土，金克木，那么木与水以及木与火必定是另外的关系，而且在那种关系中必须要以木为核心将水与火连接起来。同理，一直推展下去，要让五行中的每一行与另外不相邻的两行皆满足这样的关系，则只有一种排法，就是图3乙所示。因此，对木而言，既然与金、土的关系已经确定为相胜，那与水、火的关系则很容易就能被确定为相生，而且一定是水生木、木生火。同样的道理再推展到另外四行，那我们将得到唯一的一个相胜又相生的五行图式，也就是图3丙所示。这是后世理解五行生胜图式的基本模型。这个模型，正是被《淮南子》暗含而被董仲舒最先明确的。但是，我们也看到，虽然从五行的内在逻辑上来说，只可能为五行排出唯一的一个相生之序，不过董仲舒显然是从四时相继的角度上来论证他的五行相生次序的，这就使他进入到从《管子》开始的整合时、方进而整合时、方、行的努力中。

我们知道，在《管子》整合时、方的努力中，面临着四时和五方难以合理搭配的问题。四时与四方很好搭配，四时的寒暑状况正好与经验上可感知到的四方的寒暑状况相类，因此四时与四方的配属在情理之中。但是，四方观念实际上是以"中央"为参照系的"五方"，而四时却无法与五方相配。于是《管子》将四时变作五时，以"木""火""土""金""水"分别名之，从而顺利与"东""南""中""西""北"相配。但更多的时候，《管子》只以四时配四方，"土"与"中"乃被虚置。也因此，我们认为《管子》中并没有严格意义上的五行学说，由于《管子》着力去整合的只是四时与四方而已。不过，与此同时，《管子》仍然将"木""火""金""水"与四时相配，为五行被整合进这个时空系统奠定了基础。对后来相次出现的五行相胜与五行相生图式而言，《管子》所做的尝试性工作不仅为五行在大的时空图式中找到了恰当的位置，并为五行与阴阳的结合构筑了前提。对董仲舒而言，《管子》的最大启发就是初步完成的四时与五行的相配属。由于在此之前并没有五行相生的系统理论，并且《管子》中出现的"五行"最多只有自然性含义，因此《管子》的配属方式只能用作为五种材质的五行所具有的自然特性来解释，是《管子》作者对经验观察的一种抽象。"木"配春，乃是因为春季暖意初发，草木生长；"火"配夏，乃是因为夏季烈阳如火；"金"配秋，乃是因为秋季万物成熟，金象征收割之具，也因为金之肃杀与秋之萧瑟极为相应；"水"配冬，则是因为冬季雪霜寒彻如水[4]。在此基础之上，四方与"四行"也能顺利配属，剩下的中央与土正好相配，但只要这个配属系统以四时为基础，那么"中央土"始终无法得到恰当的安置。即使《管子》创造性地将四时变作了五时，但五时观念与作为天道的阴阳学说注定无法调和。因此《春秋繁露》中虽然也有类似的做法①，但相等分的五时始终只是一种观念上的理想化构造。既然相等分的五时无法落实，那么在四时基础上拆分出五时就成为新的思路。

《管子》之后的《吕氏春秋》还没有将四时拆分成五时的思路，直到与《春秋繁露》差不多同时的《淮南子》，始将夏季拆分出季夏，以夏配火而以季夏配土。在《淮南子·时则训》中，每一季之首月皆会说"盛德在某"，如孟春之月为"盛德在木"，孟夏之月为"盛德在火"，孟秋之月为"盛德在金"，孟冬之月为"盛德在水"。除了夏季以外，"盛德在某"只在每一季之首月出现过，相当于说首月可作为一季的代表。但夏季在首月说"盛德在火"而外，还在季夏之月说"盛德在土"。也就是说，在夏季中，孟、仲两月"盛德在火"，季夏之月"盛德在土"。这就意味着，从四时与五行相配的角度来看，《时则训》的作者将夏季拆分成"夏"与"季夏"两时，从而让"四时"在总的划分原则不变的情况下成为"五时"，如此就实现了四时与五行的顺利配属。我们不去管《淮南子》做这样的拆分是否合理，无论如何，这种创造性的配属方式给了董仲舒极大启发。

当四时与五行顺利实现配属之后，阴阳和五行便内在地实现了连接，因为正是阴阳的运转造成了四时的更替。由此，四时便成为连接

---

① 见《春秋繁露·治水五行》。

阴阳与五行的枢纽，《五行相生》开篇即说："天地之气，合而为一，分为阴阳，判为四时，列为五行。"四时并进一步可以同时指称阴阳与五行，正所谓"天无常于物，而一于时"（《春秋繁露·天道无二》）。四时成为董仲舒论述天人学说时最常使用的基本语境。

虽然董仲舒以拆分四时的方式顺利实现了四时与五行的配属，但以季夏配土的做法实际上让土与其他四行在一年所主的时间极不相称，且使得火只能配两个月，与另外三行不相称。"木生火，火生土，土生金，金生水，水生木"，相生的两行之间被董仲舒定义为父子关系，以此来论证孝为"天之经"。同时，董仲舒利用了五行所配之时的不相称，进一步将其定为"地之义"。董仲舒说：

> 地出云为雨，起气为风。风雨者，地之所为。地不敢有其功名，必上之于天。命若从天气者，故曰天风天雨也，莫曰地风地雨也。勤劳在地，名一归于天，非至有义，其孰能行此？故下事上，如地事天也，可谓大忠矣。土者，火之子也。五行莫贵于土。土之于四时无所命者，不与火分功名。木名春，火名夏，金名秋，水名冬。忠臣之义，孝子之行，取于土。土者，五行最贵者也，其义不可以加矣。五声莫贵于宫，五味莫美于甘，五色莫盛于黄，此谓孝者地之义也。（《春秋繁露·五行对》）

我们可明显看出，董仲舒仍然是在天尊地卑的基本思路下探讨这个问题。董仲舒站在自己时代的自然知识基础上以风雨为例：风雨皆出于地，但我们不会将风雨称作"地风地雨"，而说"天风天雨"。因为天尊而地卑，地虽然实有功劳，但不能与天争夺功名，这是上下尊卑的天地秩序的基本要求。同样，土为火所生，是火之子，但是夏已为火所主，因此董仲舒虽然在前面将土配于季夏，实际上季夏仍然属于夏，这就将土虚置于四时之中，所谓"土之于四时无所命者，不与火分功名"。从这个逻辑来看，不与火分功名的土应该是卑于火的，但董仲舒还是说"五行莫贵于土"，这就造成了极大的理解难度。从天尊地卑、上尊下卑的固有逻辑来讲，土不能贵于火，当然也不能贵于与火平级的金、水、木。但是，同处于相生的系统中，土比之于其他四行的优越性在于，我们可以从土中得到"忠臣孝子"之行的天道依据。由于董仲舒阐释天道的最终目的都是要指向人道，因此，理论上的逻辑问题并不为董仲舒所关注。只要能够得出他所需要的人道之理，董仲舒不仅不会在意天道层面的逻辑困难，反而更乐于去随意构建天道，"五行莫贵于土"正为我们揭示出了这一点。

董仲舒揭示出"五行莫贵于土"之后，并以"五声莫贵于宫，五味莫美于甘，五色莫盛于黄"对土之尊贵进行了更深入的证明。从《洪范》五行说开始，以"五"为分类原则的万事万物就开始逐步与五行相配属，当五行在《管子》中开始进入到时、方配属系统也就是时空系统中之后，邹衍与《吕氏春秋》将这个努力又向前推进了一步。但在此之前，五行以及与之相配属的物事并没有分出明显的尊卑优劣。直到《淮南子·坠形训》，方为这些物事分出了尊卑。

> 音有五声，宫其主也；色有五章，黄其主也；味有五变，甘其主也；位有五材，土其主也。是故炼土生木，炼木生火，炼火生云，炼云生水，炼水反土。炼甘生酸，炼酸生辛，炼辛生苦，炼苦生咸，炼咸反甘。变宫生徵，变徵生商，变商生羽，变羽生角，变角生宫。是故以水和土，以土和火，以火化金，以金治木，木复反土。五行相治，所以成器用。

由此，我们似乎已经可以得出"五行莫贵于土"的结论。但是，这里所说的五行更多是在五种材质的意义上讲"五材"，而且"五材"之间的相生关系与同一篇文献此前已经暗含的五行相生关系完全背离。因此，从这一段话中，我们只能得到"五声莫贵于宫，五味莫美于甘，五色莫盛于黄"这样的结论，而且它们的尊贵皆是源于各自作为相生系统中的起点和终点。同一篇文献中，五色、五官（人体）、五脏皆已与五方相配属。作者在对五方的特征进行描述时说"中央四达"，似乎有推重中央之意，但作者并没有将五行配属进这个系统。因此，也不能由"五色莫盛于黄"推出"五行莫贵于土"的结论。只有将这篇文献和同书中的《时则训》放到一起，才能相当勉强地得出"五行莫贵于土"的结论，但我们已经无法考证两篇的作者是否为同一人，更无法考证两篇的作者与董仲舒有过什么样的学术交流。因此，我们只能在比较弱的意义上说，董仲舒对这里的学说有所参考。

但我们能够确信的是，董仲舒的"五行莫贵于土"之说更有可能是他的自创，至少他的论证方式是独一无二的。当然，单纯从五行相生的排列次序上来看，"土"行居中，也有可能被作为其最为尊贵的理由之一。

在"十天端"的论述系统中，董仲舒对五行还有另一种排列次序，即"火、金、木、水、土"。但我们看到，这个次序既不合于相生序，又不合于相胜序，与《洪范》五行序也毫无关联。因此，我们只能将这个次序认作董仲舒在论说时的信手之作，并没有实质性的内涵。对董仲舒而言，五行固定的相生之序就是"天次之序"，这是作为天道的五行最核心的内容。在此基础上，则有"五行莫贵于土"之说。

我们必须承认，在五行学说发展史上，董仲舒同邹衍一样，做出了划时代的贡献，因为他将完整的五行生胜图式与阴阳学说一起作为天之端，以四时为枢纽结合起来的阴阳五行所体现的天道原则成为构建天人合一的最核心理据。

四、余论

我们看到，董仲舒特别强调这个始于天而终于人的"十天端"的次序，这是天地万物的存在秩序，是他的"天人之学"的核心内涵。"天"（包括地）是万物所从始，人最尊贵于万物，是天生万物最终的目标。这个"天经地义"的合理秩序以阴阳五行作为核心原则，并以此为中介，规定了人间政治秩序必须依据阴阳五行的原则而达到合理。可以说，阴阳五行就是董仲舒所谓"天""地"的"神""化"。在董仲舒这里，并不存在什么不可捉摸的人格神或什么超越性的主宰力量。董仲舒的"天"以阴阳五行表现它的意志，人只要能深观阴阳五行之理，便可以上通天意，"天人合一"。这个"天人合一"并非个人身心修炼所能达到的一种境界，或通过某种神秘仪式而获得的一种体验，而是人间政治秩序如天地秩序一样合理。"天人合一"的实现者只可能是掌管政治秩序的君主，唯有他有资格沟通天人，所以称他为"天子"。董仲舒的阴阳五行之理同时也证明了天人可以相副并实现天人感应，而通晓此神妙难知之理的唯有圣人，因此只有圣人才有资格究通天人。董仲舒进一步用"性未善"的人性论证明了为何独异于众人的圣人必得立教化，代天理民，以阴阳五行之理指导自己的行政。圣人就是实现了王道的君主，"王道通三"从字源学上也证明了王道就是究通天、地、人之道，而王道政治下的人伦道德规范皆可由阴阳五行之理加以证明，用董仲舒自己的话说就是"王道三纲可求之于天"（《春秋繁露·基义》）。但是，董仲舒心目中的王者绝不可能仅仅停留在标示理想、阐述原则的层面，而一定要有具体的政治措施与王道理想相匹配。因此，在有了理论层面无可挑剔的天人合一作为基础之后，他必须将自己的论说扩展到现实政治的架构层面，以完整的制度设计来保证天人与古今的通贯。换言之，董仲舒得将天人合一置入于历史的实际运展进程中去，既要以对历史和现实的批判为基础提出新的政治原则，又要进一步用新的天命解说作为改制的依据，并最终以完美的官制设计保证政治权力的良性运行。在这个完整的理论构造中，阴阳五行充当了核心依据。

参考文献：

［1］顾颉刚. 古史辨：第五册［M］. 上海：上海古籍出版社，1982.

［2］王博. 周式天人合一的崩溃与阴阳、五行的自然性意涵［J］. 云南大学学报（社会科学版），2015（3）：62-69.

［3］李景林. 思孟五行说与思孟学派［J］. 吉林大学社会科学学报，1997（1）：42-48.

［4］刘国民. 董仲舒的经学诠释及天的哲学［M］. 北京：中国社会科学出版社，2007：342.

原文载于《衡水学院学报》2018年第2期。

王　博（1987-），男，陕西凤翔人，哲学博士，空军军医大学基础医学院讲师。

董仲舒论美：基于《春秋繁露》《贤良三对策》例文的分析

黄应根

董仲舒是汉代著名的思想家、哲学家。"与孔子、朱熹并列为中国历史上对全社会影响最大的三大思想家。"在儒家从百家之一走向天下独尊的过程中，董仲舒"承前启后，起了关键的作用"[1]。董仲舒在思想史、哲学史上的地位，学术界是充分认可的。但"董仲舒向来不被看作是一个对中国的文艺或美学思想发生了重大影响的人物"[2]471的观点也广为流传。那么，董仲舒在中国美学史上有何影响，董仲舒是如何论"美"及相关美学问题的，也自然成为一个值得探究的问题。

一、问题的缘起

之所以探究董仲舒对"美"的具体论述，是得益于余开亮《孔子论"美"及相关美学问题的澄清》及贺志朴《董仲舒美学思想初探》两篇文章的启示。

孔子是一个伟大的美学家，这是没有争议的。李泽厚就认为孔子"是中国美学理论最为重要的奠基者"[2]107。但孔子直接论及"美"的地方不多。据余开亮先生统计，"美"在关于孔子思想的经典文本

《论语》中，"共 12 例，凡 14 见"[3]。而在关于董仲舒思想的经典文本《春秋繁露》和《贤良三对策》中"美"字共出现 70 余次。余开亮认为要理解孔子美学中的"美"及其思想意义，最直接的方式就是面对《论语》有关"美"字的论述。此论当适用于评述董仲舒美学思想。

余开亮把《论语》中出现的"美"做了两个层次的区分。其一指外观形式之美；其二，"美善同意"。余开亮肯定第一种"美"的美学意义。同时加以限定："孔子认同的美，是一种有条件的外观形式的美，是一种具有道德内容的外观形式之美。"[3]文章后两个部分"实用主义还是内在价值的结合？""美的研究还是美学思想研究？"也大体围绕此论点展开。余开亮并提出"道德价值也可以成为艺术的内在价值"的重要观点，认为道德价值的引入可以提升对艺术的体验。这能不能成为阐释董仲舒美学思想的一条途径？很遗憾 70 余次在董氏笔下出现的"美"基本上与外观形式无关。如果以此作为董仲舒美学思想研究的切入点，难免有牵强附会之嫌。不过"道德价值也可以成为艺术的内在价值"的提法还是可以作为研究董仲舒美学思想的参照。董仲舒所言"为仁者自然而美"或许与艺术的内在价值有关。董仲舒笔下的"美"全部是"美善同意"意义上的美。虽然余开亮不认可这种美在美学研究上的意义，但董仲舒就是这么"简单粗暴"地把美与善直接等同起来。如此，美善叠合的事实是否具有美学意义，就是董仲舒美学思想研究中不可回避的一个话题。贺志朴在《董仲舒美学思想初探》中做出了正面的解释：不仅仅董仲舒在对天人关系、人性的完善、社会秩序等方面的研究，包含着对美和艺术的理解，而且其伦理哲学本身亦蕴含着丰富的审美意蕴。

贺志朴认为这种审美意蕴，使"董学在合乎理性的同时，也获得人类情感认同。因而变得富有意味、生气，更容易潜润心灵，为人接受"[4]。据贺志朴所论这种"审美意蕴"当具有美学意义。而贺志朴立论的依据有许多就是董仲舒对"美"的具体阐述。结合两位先生所论，董仲舒经典文本中所出现的"美"，应当是具有一些美学意义的。

二、例文的分析

"美"字在《贤良三对策》和《春秋繁露》中共出现 70 余次。这些"美"或直接地与善相等同，或基于对人的认识，或基于自然。

其一，"美恶皆有从来"，"美"直接等同于善，与恶相对。

"春秋之义，臣有恶，君名美。……奈何其夺君名美何？"（《竹林》）"然则天地之美恶，在两和之处。"（《循天之道》）"孔子作《春秋》……以此见人之所为，其美恶之极，乃与天地流通而往来相应。"（《贤良三对策》）"美事召美类，恶事召恶类。美恶皆有从来。"（《同类相动》）"将顺其美，匡救其恶。……知地形肥饶美恶。"（《五行相生》）"为人臣者法地之道，刚柔、肥臞、美恶，累可就财也。"（《离合根》）"时则岁美，不时则岁恶。……是故治世与美岁同数。乱世与恶岁同数。……喜乐时而当，则岁美。"《王道通三》）"名之正，兴五世，五传之外，美恶乃形，可谓得其真矣。……使齐桓被恶而无此美，得免杀灭乃幸已，何霸之有！"（《玉英》）"……闵公妒其言，曰：'此房也，尔房焉知鲁侯之美恶乎。'"（《王道》）

以上所列举的 16 次论及美时，无论是"美事美类"还是"美岁""名美"，都是相对于恶并与恶同时出现，也就是说与善直接同一。当然，由于具体语言环境的不同，这些"美"是以不同的方式表现"善"的，比如"岁美""君名美""地形肥饶美恶"等都不完全相同。

另外，尚有 7 处 8 次提到的"美"可归入此类："摩民以谊，节民以礼……教化行而习俗美也。……古亦以大治，上下和睦，习俗美盛。"（《贤良三对策》）这里的美体现于习俗之中。在我们今天，习俗美仍然是一种善的表现，是一种民风淳朴，相居友爱相处和睦带给人的一种身心愉悦。在董仲舒笔下，自然也是善："秦继其后……其遗毒余烈，至今未灭，使习俗薄恶。""尔好谊，则民乡仁而俗善。"（《贤良三对策》）这里的"善""恶"，虽未与"美"同时出现，但都用于修饰习俗。可以说，这里的"美"就是"善"，是与"恶"相对的。

在《阴阳尊卑》中，"是故春秋君不名恶，臣不名善；……皆并功于火，火得以盛，不敢与天分美，孝之至也"。"美"承"善"而来，亦当是善。在《竹林》中，"夫庄王之舍郑，有可贵之美。晋人不知善而欲击之。所救已解，如挑与之战，此无善善之心，而轻救民之意"。以"不善"作为"美"的比照，美即是善。"至于宜王，思昔先王之德，兴滞补弊……诗人美之而作……此凤夜不解行善之所致也。"（《贤良三对策》）诗人所赞美的是"行善"。美从善而来。

"帝王将兴也，其美祥亦先见；其将亡也，妖孽亦先见。"（《同类相动》）"美祥"作为帝王兴起的征兆，并与"妖孽"相对，这也可以视之为善。在《贤良三对策》中亦出现一次"美祥"，意义与此同。

"世治而民和，志平而气正，则天地之化精，而万物之美起。世乱而民乖，志僻而气逆，则天地之化伤，灾害起。"（《天地阴阳》）"美"相对于"灾害"，当是善。

其二，"为仁者自然而美"，基于对人的认识：仁之美，德之美。

董仲舒在《俞序》中引世子的话说："圣人之德，莫美于恕。"（师古注曰："恕，仁也。"）道德之美，美在仁。在此篇中，董仲舒接着论述仁之美："《春秋》之道，大得之则以王，小得之则以霸。故曾子、了石盛美齐侯。安诸侯，尊天子，霸王之道，皆本于仁。"

"性者生之质也……或仁或鄙……不能粹美。"（《贤良三对策》）"仁之美者在于天。"（《王道通三》）"公之所恤远如春秋美之。详其美恤远礼意，则天地之间然后快其仁矣。"（《仁义法》）这里，无论是说美在于仁，还是仁之美，都不是指一种超功利的美，而是道德伦理上的美，即善。

董仲舒还在许多地方直接论及道德之美："五帝三皇之治天下……民修德而美好。"（《王道》）"土者，天之股肱也。其德茂美不可名以一时之事。"（《五行之义》）"德不匡运周遍，则美不能黄。美不能黄，则四方不能往。"（《深察名号》）"此言德滋美而性滋微也。"（《郊事对》）在以上引文中，董仲舒把德与美直接联系，德之美，即德之善。

另外，还有许多地方虽不直接言德、言仁，其实质仍是德之美、仁之美。《竹林》："子反之行，一曲之变……通于惊之情者，取其一美，不尽其失。"司马子反由于知道敌方城里"人复相食"的惨象，"不忍饿一国之民"，于是告诉他们己方存粮不足并准备撤兵的实情。这种"不忍"之美，就是仁。《贤良三对策》："今陛下贵为天子……行高而恩厚，知明而意美，爱民而好士。"意美与知明、恩厚、爱民好士等并列，可以视为仁之美、德之美。《仁义法》："兵已加焉，乃往救之则弗美；未至，豫备之则美之。"外国人入侵了才去拯救，已经有了损失，即使成功了，也算不上美，如果能在入侵者来之前就做好准备，预防在先，那才算美。这"美"自然是一种仁，一种防微杜渐、珍惜生命、爱护生命的善。

关于仁与美，董仲舒有一个直接的说法："司马子反为其君使，废君命，与敌情，从其所请与宋平。是内专政而外擅名也。……而春秋大之，奚由哉？曰：为其有惨怛之恩，不忍饿一国之民，使之相食。推恩者远之而大，为仁者自然而美。"（《竹林》）"为仁者自然而美"可作为这一小段的一个总结，它深刻地论述了美与仁的关系，美本源于仁，但又超越仁，美是人格气质，内心中"仁"的一种真切、自然地流露，具有更强的审美性质。

其三，"天地之行美也"，基于自然，论天地之美。

董仲舒在文章中不止一次论及天地之美："天地之行美也。是以天高其位而下其施。……地卑其位而上其气。"（《天地之行》）"故人气调和，而天地之化美。"（《天地阴阳》）"举天地之道，而美于和。""中者，天地之美达理也。"（《循天之道》）

天地之美，美在"高其位下其施""卑其位上其气"，美在"中""和"。

这里，天地被赋予人的品格，天地之美美在道德，美在仁，归根结底还是美在善。

另外，董仲舒在多处论及美时不直接涉及道德，但"美"在他笔下从未脱离有用，他从不主张一种超功利的美。

"荠，甘味也，乘于水气而美者。""四时不同气……物有代美。视代美而代养之，同时美者杂食之……荠以冬美。"（《循天之道》）

"天地之间被润泽而大丰美。"（《贤良三对策》）"木者春，恩及草木，则树木华美，而朱草生。"（《五行顺逆》）这些美，其实也是天地之美，而且其之所以美，是因为有用，人可以"取天地之美，以养其体"（《循天之道》）。

除以上三类以外，董仲舒还涉及美刺之意，"此言先圣人之故文者，虽不能深见而详知其则。犹不知其美刺之功矣"（《效事对》）。"孔子曰：'书之重，辞之复。呜呼！不可不察也。其中必有美者焉。'"（《祭义》）美刺，刺的当然是不合仁义道德之事。

在《贤良三对策》中，董仲舒引用了孔子的"尽美"和"尽善"之说。从文字上看，美与善似乎是区分开来了，"武尽美矣，未尽善也"。但联系上下文，我们会发现这种区分是很模糊的。"韶尽美又尽善"是因为"舜……以垂拱无为而天下治"。"武尽美未尽善"，不同于韶，只是因为"劳逸异者，所遇之时异也"。董仲舒所理解的韶乐与武乐的不同，并非如孔安国所理解的那样，认为武王伐讨是以征伐取天下，而不是像尧舜那样以揖让受天下。董仲舒认为它们的不同只是因为时世不同，一个可以无为而治，一个却必须很辛劳，必须整顿商纣留下的陋政、恶习。并以此劝告武帝"改正朔""易服色"，随时世的变迁而改变统治方式。"尽美不尽善"也只是董仲舒的引用而已，他并非认为武不善："儒者以汤武为至贤大圣也，以为全道究义尽美者。"（《尧舜不擅移汤武不专杀》）由此观之，在董仲舒的心里，美与善是一体的，没有脱离善的美，也没有哪一种善是不美的，这也是董仲舒伦理美学思想的重要特点。

三、美善叠合：道德中介作用的理论依据

如前文所论孔子已经认识到美与善的区别，已经开始把美从善的范畴中脱离出来。而董仲舒又重回美善同一的老路，这是不是一种美学思想的倒退？董仲舒这么做目的何在？这种美善同一的观点，对美学思想以及文学艺术思想有何意义？

其实董仲舒已经给出了答案，"矫枉必过其正"。他认识到这种提

法已经过其正，但为了矫枉而又不得不为之。"矫枉必过其正"同样适用于论述刘勰纠偏的企图。我在讲授《文心雕龙·情采》篇时，往往回复一下孔子的"文质彬彬"说及陆机所倡导的"诗缘情"说。陆机提出"尚巧贵妍重声"的文学批评标准，主张文学创作应当构思巧妙，讲究辞采声韵美。学者们欢呼，中国古典文学开始摆脱意识形态阐释功能和为政治教化服务的附属功能，在"自由的学术环境里，中国文学开始以轻松的姿态回归自我，寻找自己的本质特征"[5]。在这种文学观念深入人心之际。200 余年后的刘勰则重提"文附质""质待文"，主张质文并重，批评"采烂忽真，远弃风雅"的现象，对"体情之制日疏，逐文之篇愈盛"[6]537 的文风严加指斥。综观《情采》篇全文，可见刘勰虽提到"质待文"，文采有作用，但更多的是"文附质"，强调内容的重要性。质文并重，向来只是一句套语，实质是重质。至于轻文还是不轻文，这都不影响质的首要地位。所以刘勰的文质观其实是向孔子"文质彬彬"论的倒退，是使文学重回意识形态阐释功能和为政治教化服务的老路。作为中国文学批评史上最杰出的文论家，刘勰缘何提出如此主张？在《序志》篇中，刘勰说出了他创作《文心雕龙》的目的：挽救当时走上歧路的文风。刘勰不满当时"辞人爱奇，言贵浮诡"，批评他们"离本弥甚，将遂讹滥"[6]726。这其实就是矫枉过正。

　　董仲舒面对的也是一个需要矫枉的时代。之前的大秦是一个强大而短命的王朝，他们"打破亲族血缘的情感关系，而代之以丝毫不加掩饰的赤裸裸的功利关系"[2]418。秦王朝抛弃伦理道德，把仁义等善的东西搁置一边。利成为衡量一切的标准，善的缺位已经有很长的时间了。欲"矫枉世而直之"，则需以"过其正"的特殊方式。重回美善合一这一古老的美学观念，这自然是一个不错的选择。

　　董仲舒进一步强调了美与善的紧密联系，对中国传统文化中美善叠合观点的形成有一定影响，而美善叠合的事实则又确立了中国古代文论道德文章并重的传统。古人考评文章，往往把道德作为首要标准。之所以如此，根源在于"在中国人的文化观念里，善其实是最高的范畴"[7]。古人品文之前往往先品人。品人当然品的是人的道德。

文学是一种特殊的审美意识形态。文学活动的基本特点是审美的，"这就决定了一切因素进入文学作品都有一个审美转化的问题"[7]。何西来认为，各种非审美的因素若能进入文学作品，成为审美观照的对象，完成审美的转化，"多数要经过道德的中介，首先使自己变成可以由善的尺度进行衡量的东西"，而道德中介作用之所以能够发生，"其理论根据在于美善叠合这样一个基本的美学事实"[7]。

中国文学的传统特点就是重视内容的坚实，重视作品中承载浓厚的道德教化。对这一传统的形成与巩固，董仲舒的美善合一论，应当是有所贡献的。

董仲舒在其经典文本中 70 余次提及"美"，这些"美"虽未从善的范畴中脱离出来，但已经具有一定的美学意义，对于文学的影响也是深远的。

参考文献：

[1] 周桂钿. 我为什么研究董仲舒 [J]. 中国文化，2010 (2)：136-144.

[2] 李泽厚. 中国美学史 [M]. 合肥：安徽文艺出版社，1999.

[3] 余开亮. 孔子论"美"及相关美学问题的澄清 [J]. 孔子研究，2012 (5)：47-54

[4] 贺志朴. 董仲舒美学思想初探 [J]. 河北大学学报（哲学社会科学版），1998 (1)：5-9.

[5] 李春青. 中国文学批评史 [M]. 北京：高等教育出版社，2014：96.

[6] 刘勰著，范文澜注. 文心雕龙注 [M]. 北京：人民文学出版社，1978.

[7] 何西来. 道德中介论 [J]. 文学评论，2002 (2)：19-26.

该文为"2018 中国·衡水董仲舒与儒家思想国际学术研讨会"提交的论文。

黄应根（1971-），男，安徽望江人，安庆师范学院文学院讲师。

董仲舒对儒家哲学的新开展

魏义霞

　　"人副天数"语出董仲舒，是其代表作——《春秋繁露》的篇名，可见其对"人副天数"的重视。凭借这一命题，董仲舒论证了王者以天道行王道，既肯定了王道之三纲可求于天，又为德刑兼施找到了依据。按照董仲舒的说法，意志之天不仅塑造了人的形体，而且赋予人以精神、情感和道德。因此，人是天的副本和模仿者，人的一切行为都应与天相符。同时，天有意志，施德刑，直接影响甚至决定人类社会的兴衰。人类社会的政治原则和统治方案都是化天数而来的，王者的治国路线和行政措施必须循天之道。这样一来，董仲舒既通过阳尊阴卑致使人间的等级秩序因为源于天之秩序而具有了神圣性和权威性，又使践履三纲五常成为天人合一的具体方式。董仲舒的贡献是，在人道源于天道的前提下，通过上天的阴阳之性论证人类社会上下尊卑的合法性。

一、"天者，百神之大君也"

　　作为儒家的代表，董仲舒对上天的膜拜溢于言表。他认为，天至高无上、广大无极、亘古亘今，是宇宙的本原和依托。这便是："天地者，万物之本，先祖之所出也。广大无极，其德昭明，历年众多，永永无疆。天出至明，众知类也，其伏无不炤也。地出至晦，星日为明，不敢暗。"(《春秋繁露·观德》) 这就是说，天地是生物之本，世界万殊和人都是天地之气杂合、化生的结果。显然，这种说法在推崇天的权威上，与先秦儒家——孔子和孟子等人的观点并无根本区别。所不同的是，董仲舒吸收了阴阳家和自然科学的思想要素，用以论证四季和四方的形成，把上天生养万物的过程描述得具体详尽、绘声绘色。例如，他认为，天有阴阳，化生出四季、四方和五行。这便是："天地之气，合而为一。分为阴阳，判为四时，列为五行。"(《春秋繁露·五行相生》) 四季、四方为万物的生长提供了时间和空间，五行更是通过参与四季和四方的形成推动了万物的化生。在此过程中，董仲舒特别解释了四季的形成。正是在这个意义上，他多次指出：

> 天有五行，木火土金水是也。木生火，火生土，土生金，金生水。水为冬，金为秋，土为季夏，火为夏，木为春。春主生，夏主长，季夏主养，秋主收，冬主藏。藏，冬之所成也。(《春秋繁露·五行对》)

> 如金木水火，各奉其所主以从阴阳，相与一力而并功。其实非独阴阳也，然而阴阳因之以起，助其所主。故少阳因木而起，助春之生也；太阳因火而起，助夏之养也；少阴因金而起，助秋之成也；太阴因水而起，助冬之藏也。(《春秋繁露·天辨在人》)

按照这个说法，木在东方，主春位；火在南方，主夏位；金在西方，主秋位；水在北方，主冬位。当阴阳之气运行到某一方位时，就与当地某一方位所主持的某一行相结合，合力并功，形成此一季。在董仲舒看来，有了天地、阴阳、四时、四方和五行，也就有了自然万物的繁衍生息。对此，他说道："故天地之化，春气生而百物皆出，夏气养而百物皆长，秋气杀而百物皆死，冬气收而百物皆藏。是故惟天地之气而精，出入无形，而物莫不应，实之至也。"(《春秋繁露·循天之道》)

总之，"天者其道长万物"(《春秋繁露·天地阴阳》)。天不仅生养了宇宙万物，而且创造了人类；万物和人都沐浴了天的恩德才得以产生和存在，天是宇宙万殊的本体依托和终极本原。离开了天，便没有了万物，没有了人类，没有了宇宙。于是，董仲舒断言："无天而

生，未之有也。天者万物之祖，万物非天不生。"（《春秋繁露·顺命》）

董仲舒进而强调，上天生养万物和人类的过程既不是无为而为的，也不是自然而然的。这是上天有意作为的过程，体现了上天的意志和好恶。

其一，上天对万物的生养有序有时、有条不紊，蕴涵着和谐韵律，董仲舒宣称："天之道，有序而时，有度而节，变而有常，反而有相奉。微而至远，踔而致精，一而少积蓄，广而实，虚而盈。"（《春秋繁露·天容》）可见，上天之道体现着变与常、微与远、实与虚的和谐。正是这种和谐法则使上天在创造万物时四时交替、五行和合，从而使万物共生共长而处于和谐之中。例如，对于季节，上天在一年中的不同时期赋予其不同的功能和作用，使其区分出春、夏、秋、冬之四季，并且使春、夏、秋、冬相辅相成，共同组成一年。这便是："天之道，春暖以生，夏暑以养，秋清以杀，冬寒以藏。暖暑清寒，异气而同功，皆天之所以成岁也。"（《春秋繁露·四时之副》）

其二，上天在创造宇宙万物时，奉行差分原则，协调各方面的利益关系。董仲舒宣称："天不重与，有角不得有上齿。故已有大者，不得有小者，天数也。"（《春秋繁露·度制》）这就是说，上天创造万物时合理地实行予与夺，从而使万物之间呈现出差异和分殊。例如，上天已经赋予羊、鹿以利角，便不再给它们以爪牙；赋予飞鸟、家禽以翅膀，便不再给它们以四足（只给它们两只脚）。上天对人也是如此——如果让某人靠爵禄生活，就不再让他靠劳动吃饭。这样，通过上天的予与夺，万物都有所长，都有所短，从而共同生活在宇宙中而不至被它物灭绝或灭绝它物。这表明，上天的意志就是保证宇宙万物的和谐，使它们和谐相处。当然，董仲舒所讲的公正、公平是儒家特有的宗法观念下的等级秩序，而不是墨家、法家一视同仁的无差别的公平。下面所讲的上天对人的关照也是如此。

其三，上天对人格外偏爱和关照，具体表现为让人身心和谐、利义统一。董仲舒断言："天之生人也，使人生义与利。利以养其体，义以养其心。心不得义不能乐，体不得利不能安。"（《春秋繁露·身之养重于义》）由于上天在造人之初不仅给人以身，而且给人以心，这使人生来就具有利与义的双重需要。不仅如此，为了满足人的双重需要，上天尽显其仁慈之德：第一，上天创造了五谷、丝麻和禽兽来满足人之衣、食方面的需求。正是在这个意义上，他不厌其烦地告诉人们：

> 五谷，食物之性也，天之所以为人赐也。（《春秋繁露·祭义》）

> 天地之生万物也以养人，故其可适者以养身体。（《春秋繁露·服制像》）

> 天覆育万物，既化而生之，有养而成之，事功无已，终而复始，凡举归之以奉人。察于天之意，无穷极之仁也。（《春秋繁露·王道通三》）

第二，为了满足人的精神欲求和道德需要，上天为人制定了礼义，即"其可威者以为容服，礼之所为兴也"（《春秋繁露·服制像》）。按照董仲舒的说法，人与万物同禀天地之气而生，由于人禀得的是天地之精气，最为高贵，天对人也总是格外关照和偏爱。上天的格外关照和偏袒使人无所不备、无憾无缺，也远远地拉开了人与宇宙万殊之间的距离。

总之，在董仲舒看来，上天具有意志，创造了人和天地万物，使人与万物生来就处于和谐之中。上天的意志和好恶协调各种事物之间的关系，使它们和谐相处。天是有人格的至高无上的神，也是人类社会的主宰。他相信："天者，百神之大君也。事天不备，虽百神犹无益也。"（《春秋繁露·郊祭》）天的权威决定人的行为必须符合天的意志。

同时，董仲舒强调，尽管创造万物的过程体现了上天的意志和好恶，然而，上天无形而难察，其化生万物的过程"出入无形"，没有形迹可寻。这个说法使天成了深藏不露的神秘存在，也拉开了天与人之间的距离。不仅如此，天与人之间的这种距离感反过来又增强了天的神秘性和神圣性。正是在这个意义上，他声称："天高其位而下其施，藏其形而见其光。高其位，所以为尊也；下其施，所以为仁也；

藏其形，所以为神；见其光，所以为明。故位尊而施仁，藏神而见光者，天之行也。"（《春秋繁露·离合根》）

在此基础上，董仲舒进而指出，天不仅"出入无形"，不泄露其行踪，而且从不通过言语阐明其意，这给人知天、察天之意带来了极大的难度。同时，他断言："天不言，使人发其意；弗为，使人行其中。"（《春秋繁露·深察名号》）在这里，董仲舒表达了这样的意思：尽管上天不言、行踪难察，然而，有意志的上天却希望人能发其意、行其中。现在的问题是，既然天"出入无形"、不露形迹，却对人提出了"发其意""行其中"的要求，那么，人能够完成这个任务吗？他用"人副天数"回答了这个问题。

二、"人副天数"

借助"人副天数"，董仲舒不仅将人与天归为同类，进一步彰显了人与上天之间的预定和谐，而且通过让人调整自身行为而副天数，制定了一套人与上天合一的原则方向和行为路线。"人副天数"的前提是天人相类。对于天人关系，董仲舒指出："为人者天也。人之人本于天，天亦人之曾祖父也。"（《春秋繁露·为人者天》）在这里，他一面强调上天的本原身份和至尊地位，一面将天归为人的同类。这便是："以类合之，天人一也。"（《春秋繁露·阴阳义》）这个说法引申出天人关系的两个观点：第一，由于与天是同类，人便具有了特殊性。具体地说，人与天是同类，两者的结构、特征是一样的——天有什么，人就有什么；天怎么样，人就应该怎么样。第二，由于天是万物本原、生人之本，人与天虽然是同类，却是不平等的；在天人同类中，天是人的原型，人是天的副本。这就是所谓的"人副天数"。

（一）人的形体和生理现象副天数

董仲舒认为，人的形体和生理现象副天数而来，故而与天数一一对应，丝毫不忒。这具体表现在三个方面：

其一，人的生长周期与天相副。董仲舒认为，天的大数是十旬（旬指旬月，十旬即十月），天生养万物使之由无至成的周期恰好十旬。人从受胎到出生也是十旬，说明人与天具有同样的生长周期。对此，他宣称："天之大数，毕于十旬。旬天地之间，十而毕举。旬生长之功，十而毕成。十者，天数之所止也。……人亦十月而生，合于天数也。是故天道十月而成，人亦十月而成，合于天道也。"(《春秋繁露·阳尊阴卑》)

其二，人的身体结构与天相副。董仲舒指出，人的身体结构处处显示了与天数的奇妙对应，一切都如合符契，"求天数之微，莫若于人。人之身有四肢，每肢有三节。三四十二，十二节相持而形体立矣。天有四时，每一时有三月。三四十二，十二月相受而岁数终矣"(《春秋繁露·官制象天》)。在他的视界中，人的四肢与月数相合。其实，人的身体结构处处如此，无不副天数而来。例如，人的骨骼有三百六十节，偶一年之天数；人的形体有骨有肉，偶地之厚；人有耳目聪明，偶日月之象；人体有空穴理脉，偶川谷之象……总之，人的一切都是仿摹天数而来的，人的身体结构、生理特征与天相副之处比比皆是。对此，董仲舒写道："是故人之身，首妾而员，象天容也；发，象星辰也；耳目戾戾，象日月也；鼻口呼吸，象风气也；胸中达知，象神明也；腹胞实虚，象百物也……身犹天也，数与之相参，故命与之相连也。天以终岁之数，成人之身，故小节三百六十六，副日数也；大节十二分，副月数也；内有五藏，副五行数也；外有四肢，副四时数也；乍视乍瞑，副昼夜也；乍刚乍柔，副冬夏也；乍哀乍乐，副阴阳也。"(《春秋繁露·人副天数》)

其三，人的生理现象和规律与天相副。董仲舒指出，人的生理现象和运作规律与天的运行规律一一对应。例如，人们夜寝昼作，与天相类，日出而作、日落而息的作息习惯源于一昼一夜的自然节拍。此外，人的各种生理现象和生理规律源于上天。正因为如此，阴天下雨，阴气滋盛，人的各种风湿偏疾等阴性病便会发作；久旱不雨，阳气强盛，人就会生毒疮火疖等阳性病。

(二)人的情感和心理现象与天相副

董仲舒断言，人的形体与上天相副，人的精神包括情感、道德和意志等等也都化天数而来。其中，最典型的表现是，天有春夏秋冬四时，人有喜怒哀乐四情。不仅如此，既然人的情感是化天数而来的，那么，情感的发泄就应该与天时相副。他一再强调：

> 人之形体，化天数而成；人之血气，化天志而仁；人之德行，化天理而义。人之好恶，化天之暖清；人之喜怒，化天之寒暑；人之受命，化天之四时。人生有喜怒哀乐之答，春秋冬夏之类也。喜，春之答也；怒，秋之答也；乐，夏之答也；哀，冬之答也。天之副在乎人。人之情性有由天者矣。（《春秋繁露·为人者天》）

> 人生于天，而取化于天。喜气取诸春，乐气取诸夏，怒气取诸秋，哀气取诸冬。四气之心也。四肢之答各有处，如四时寒暑不可移。（《春秋繁露·王道通三》）

在董仲舒看来，正因为人的喜怒哀乐等情感都是化四时而来的，与春夏秋冬一一对应，所以，情感的发泄必须应时而行。正如天道春应暖、夏应热、秋应凉、冬应寒一样，人的各种情感应按其阴阳与四时相符，不同情绪、情感的发泄必须选择与其相符的季节进行。具体地说，喜取于春之暖，应该在春天进行；乐取于夏之热，应该在夏天表达；怒取于秋之清，应该在秋天发出；哀取于冬之寒，应该在冬天宣泄。正是在这个意义上，他又说："夫喜怒哀乐之发，与清暖寒暑，其实一贯也。喜气为暖而当春，怒气为清而当秋，乐气为太阳而当夏，哀气为太阴而当冬。四气者，天与人所同有也，非人所能蓄也。故可节而不可止也。节之而顺，止之而乱。"（《春秋繁露·王道通三》）

董仲舒进而指出，喜怒哀乐四情源于天道之四时，其产生、发泄取决于天。因此，对于四情，人们既不能蓄而不发，又不能随时乱发，只可节制而不能止息。不仅如此，只有使喜怒哀乐随春夏秋冬四时应时而发，才能和谐而顺；否则，将导致失调而引发混乱。这不仅是个人情感发泄的指导纲领，而且是王者实施庆赏罚刑等行政措施的最终依据。

（三）人性与天数相符

董仲舒宣称，天在造人之初，就让人的一切属性都与天相副。这不仅表现为人之形体、生理特征、心理现象和情感与天相合，而且包括人性副天数而来。具体地说，天有阴阳，表现在人性上就是人有性情；人性之贪仁是天之阴阳的具体表现，仁化天之阳而来，贪化天之阴而来。于是，他反复声称：

> 人之诚，有贪有仁。仁贪之气，两在于身。身之名，取诸天。天两有阴阳之施，身亦两有贪仁之性。天有阴阳禁，身有情欲桎，与天道一也。（《春秋繁露·深察名号》）

> 情亦性也。谓性已善，奈其情何？故圣人莫谓性善，累其名也。身之有性情也，若天之有阴阳也。（《春秋繁露·深察名号》）

在这里，循着人性化天数而成的思路，董仲舒不仅断言人有性情，而且将人性之善恶与天道之阴阳联系起来。更有甚者，鉴于人性之善恶化天数而来，他断言人性不可更改，善恶之性犹如天赋之命一般。正是在这个意义上，董仲舒一再声明：

> 人受命于天，有善善恶恶之性，可养而不可改，可豫而不可去，若形体之可肥臞，而不可得革也。是故虽有至贤，能为君亲含容其恶，不能为君亲令无恶。（《春秋繁露·玉杯》）

> 天地之符，阴阳之副，常设于身，身犹天也，数与之相参，故命之相连也。（《春秋繁露·人副天数》）

（四）人的道德观念源于上天

与人性之善恶源于上天的观点相一致，董仲舒认为，人的道德观念和行为规范是副天数而来的，儒家的伦理道德从三纲五常到忠孝等等都来源于天。例如，对于王道之五常可求于天，他解释说，人类社会的仁、义、礼、智、信来源于天道的五行，因此，五常与五行一一对应。同时，董仲舒还以五行之间的关系伸张孝和忠的合法性。为了论证孝的天经地义，他把木、火、土、金、水说成是五行相生的父子关系，并把这种父子关系解释为一种授受关系。对此，董仲舒写道："木生火，火生土，土生金，金生水，水生木，此其父子也……是故木受水，而火受木，土受火，金受土，水受金也。诸授之者，皆其父也；受之者，皆其子也。常因其父以使其子，天之道也。"（《春秋繁露·五行之义》）在他看来，"木生火"表明木与火是父子关系，木为父，火为子；"木已生，而火养之"，就是父生子养。这要求子对父尽"厚养之"的孝道。"金生水"表明金已死而水藏之，即父死子葬。这要求子对父尽"谨送终"的孝道。可见，"夫孝者，天之经也"（《春秋繁露·五行对》）。因为孝源于天道，于是，他断言："《孝经》之语曰：'事父孝，故事天明。'事天与父，同礼也。"（《春秋繁露·尧舜不擅移、汤武不专杀》）对于忠，董仲舒同样以五行关系予以辩护，在五行之中，特别赞美土德。按照董仲舒的说法，土虽然不像木、火、金、水那样主管四时的一方，却兼管四时。因此，"土者，五行之主也"。土居中央，是"天之股肱"，"其德茂美"。在此基础上，他进而指出，土德是忠。土事奉天竭尽其忠，臣民事奉君主也应像土之敬天那样尽忠，做有德行之人。由此，董仲舒得出了这样的结论："是故圣人之行，莫贵于忠，土德之谓也。"（《春秋繁露·五行之义》）

（五）人的言语、概念发于天意

董仲舒断言，人的言语和概念不是随意的，而是副天数而来的——具体地说，是圣人发天意的结果。对此，他不止一次地宣称：

> 名者，大理之首章也。录其首章之意，以窥其中之事，则是非可知，逆顺自著，其几通于天地矣。是非之正，取之逆顺；逆顺之正，取之名号；名号之正，取之天地，天地为名号之大义也。古之圣人，謞而效天地谓之号，鸣而施命谓之名。……名号异声而同本，皆鸣号而达天意者也。（《春秋繁露·深察名号》）

> 是故事各顺于名，名各顺于天。天人之际，合而为一。（《春秋繁露·深察名号》）

至此，名号、语言发于天意是"人副天数"的一部分，也使正名具有了正当性。由于发天意而来，名号具有了权威性。因此，人们都应该按照自己的名分行事。只有这样，才能各正其事、各尽其职，从而更好地与上天相符。

如上所示，为了阐发"人副天数"，董仲舒对人的生理现象、心理现象以及社会行为与自然界之间的联系做了尽致淋漓的阐释和比附。在此，他看到了人与自然界的神妙联系，从而为天与人的和谐做了种种设想和猜测。在他的哲学中，"人副天数"不仅加固了天人之间的预定和谐，而且使人与天合一有了可能和前提保障。在此基础上，通过天人相互感应，董仲舒进一步使天人合一具有了强制性。

三、"同类相动"

在董仲舒那里，"人副天数"不仅重申了天人的预定和谐，而且指出了人上同于天的可行性。在此基础上，通过天人相与、天人感应，他进一步加大了对人与上天合一的强制性，同时使人与天合一的方法具体化。

（一）同类相动

董仲舒指出，调奏琴瑟时，击打宫声，其他宫声与之相应；击打商声，其他商声与之相应。这说明，事物与事物之间，异类相互排斥，同类相互感应。之所以如此，是因为同气相合，同声相应。这使同类事物之间相附相从、相互沟通和相互感应。对此，他举例子说："今平地注水，去燥就湿，均薪施火，去湿就燥。百物去其所与异，而从其所与同。故气同则会，声比则应，其验皦然也。试调琴瑟而错之，鼓其宫则他宫应之，鼓其商而他商应之，五音比而自鸣，非有神，其数然也。美事召美类，恶事召恶类，类之相应而起也。如马鸣则马应之，牛鸣则牛应之。帝王之将兴也，其美祥亦先见；其将亡也，妖孽亦先见。物故以类相召也。故以龙致雨，以扇逐暑。"（《春秋繁露·同类相动》）按照董仲舒的说法，不仅五音与五音之间、牛马与牛马之间同类相动，天与人之间也彼此同类相动。由于"人副天数"，天与人是同类，两者之间同样存在着相互感应。对此，董仲舒解释说，天有阴阳，人也有阴阳，阴阳之气便是天与人之间同类相动的中介和媒体。董仲舒指出，天与人之间的相互感应是通过宇宙的混沌之气来实现的。对此，他写道："天地之间，有阴阳之气，常渐人者，若水常渐鱼也。所以异于水者，可见与不可见耳，其澹澹也。然则人之居天地之间，其犹鱼之离水，一也。其无间若气而淖于水。水之比于气也，若泥之比于水也。是天地之间，若虚而实。人常渐是澹澹之中，而以治乱之气，与之流通相殽也。故人气调和，而天地之化美。殽于恶而味败，此易之物也。推物之类，以易见难者，其情可得。治乱之气，邪正之风，是殽天地之化者也。生于化而反殽化，与运连也。"（《春秋繁露·天地阴阳》）这就是说，天地之间弥漫着阴阳之气，此气渐浸人如同水渐浸鱼一般；人离不开天地之气，正像鱼离不开水一样。在宇宙的大系统中，以天地之气为介质，天与人共存互动：人感染天，天也感染人。更为重要的是，有了这种天地之气，也就保证了天与人之间的和谐：一方面，通过阴阳之气的渐浸，上天将其预定和谐传递给人，甚至对人君的行为予以奖赏或者谴告。另一方面，有了这种天地之气，人的行为会反馈给上天；当然，上天有了人的行为记录也就有了对人的行为的调整和赏罚。例如，天地之阴气起，人之阴气会应之而起；而人之阴气起，天地之阴气亦应之而起，"其道一也"。这便是："天有阴阳，人亦有阴阳。天地之阴气起，而人之阴气应之而起；人之阴气起，而天地之阴气亦宜应之而起，其道一也。"（《春秋繁露·同类相动》）人与天地之阳气之间的感应大抵也是如此。

在董仲舒那里，天与人之间的相互感应注定了人与天合一、效法上天的强制性。作为天与人相互感应的两个方面，他既宣称天地之气影响人类，又断言人类社会的治乱之气反过来会影响天地之气。于是，董仲舒指出："以此见人之超然万物之上，而最为天下贵也。人，下长万物，上参天地。故其治乱之故，动静顺逆之气，乃损益阴阳之化，而摇荡四海之内……而人主以众动之无已时，是故常以治乱之气，与天地之化相殽而不治也。世治而民和，志平而气正，则天地之化精，而万物之美起。世乱而民乖，志僻而气逆，则天地之化伤，气生灾害起。"（《春秋繁露·天地阴阳》）在此，董仲舒强调，宇宙间一切现象的发生都看似自然，实则使然，实际上都是同类相动的结果。正是在这个意义上，他断言："非独阴阳之气可以类进退也。虽不祥祸福所从生，亦由是也。无非己先起之，而物以类应之而动者也……此物之以类动者也。其动以声而无形，人不见其动之形，则谓之自鸣也。又相动无形，则谓之自然。其实非自然也，有使之然者矣。物固有实使之，其使之无形。"（《春秋繁露·同类相动》）

同类相动是天人感应的哲学依据。通过同类相动的证明，董仲舒不仅肯定了天人之间的相互感应，而且为"人副天数"指明了方向。

（二）符命祥瑞和灾异谴告

循着同类相动的逻辑，人通过阴阳之气与上天相互感应。以此看来，各种自然现象便不再是纯粹的自然现象，而与人类行为密切相关，是人与天相互感应的结果。由此，董仲舒得出了这样的结论：各种祥瑞或自然灾害的出现都出于上天的故意有为，都是上天对人之行为的或赏或罚。

首先，董仲舒认为，人世间的一切都是上天的有意安排。例如，上天如果想使某人称王，一定会有一种不以人力所获而自然到来的征兆，这就是受天符命。"有非力之所能致而自至者，西狩获麟，受命之符是也。"（《春秋繁露·符瑞》）之所以如此，是因为天下人都诚心归服于他，精诚所至，感动了上天，上天才降祥瑞而使之受命称王。同样的道理，如果明君推行王道治理天下，便会元气和顺，风调雨顺，并常有种种祥瑞出现。这是因为："王者，人之始也。王正则元气和顺、风雨时、景星见、黄龙下。王不正则上变天，贼气并见。五帝三王之治天下。……故天为之下甘露，朱草生，醴泉出，风雨时，嘉禾兴，凤凰麒麟游于郊。"（《春秋繁露·王道》）按照他的说法，圣王总是与神兽、祥瑞和珍物如影随形、同时出现，这便是："帝王之将兴也，其类祥亦先见。"这种现象的出现没什么神秘之处，归根结底是"物故以类相召"（《春秋繁露·以类相召》）的缘故。此外，他强调，王和君主都是天之子，要期待祥瑞的出现，他们必须事天如父，每逢岁首、月首或征伐等大事之时都要祭以告天。基于这种认识，董仲舒一再宣称：

> 为人子而不事父者，天下莫能以为可。今为天之子而不事天，何以异是？是故天子每至岁首，必先郊祭以享天，乃敢为地，行子礼也；每将兴师，必先郊祭以告天，乃敢征伐，行子道也。（《春秋繁露·郊祭》）

> 不祭天者，乃不可祭小神也。郊因先卜，不吉不敢郊。百神之祭不卜，而郊独卜，郊祭最大也。（《春秋繁露·郊祀》）

　　其次，董仲舒指出，如果统治者奢侈荒淫、道德堕落，滥用刑罚残害百姓，就会产生邪气。民怨积多，上下不和，便会阴阳失调而发生灾异。对此，他举例子说："桀纣皆圣王之后，骄溢妄行……日为之食，星陨如雨，雨虫，沙鹿崩。夏大雨水，冬大雨雪。陨石于宋五，六鹢退飞。陨霜不杀草，李梅实。正月不雨，至于秋七月。地震，梁山崩，壅河，三日不流。昼晦。彗星见于东方，孛于大辰。鹳鹆来巢。"（《春秋繁露·王道》）那么，什么是灾异？灾异与上天之间又有什么关系呢？对此，董仲舒解释说："天地之物有不常之变者，谓之异，小者谓之灾。灾常先至而异乃随之。灾者，天之谴也；异者，天之威也。谴之而不知，乃畏之以威……凡灾异之本，尽生于国家之失。国家之失乃始萌芽，而天出灾害以谴告之。谴告之而不知变，乃见怪异以警骇之。警骇之尚不知畏恐，其殃咎乃至。以此见天意之仁而不欲陷人也。谨案灾异以见天意。天意有欲也，有不欲也。所欲所不欲者，人内以自省，宜有惩于心；外以观其事，宜有验于国。故见天意者之于灾异也，畏之而不恶也，以为天欲振吾过，救吾失，故以此报我也。"（《春秋繁露·必仁且智》）这就是说，天地万物突然发生的变化叫怪异，怪异之中较小的叫灾害。两者的关系往往是灾害先到，怪异随之而来。之所以如此，原因在于，灾害是天对人君的谴告，怪异是天对人君的威震。换言之，如果国君失道，天便会拿灾害来谴告之；如果谴告之还不知悔改，天便会以怪异来恐吓之；如果恐吓之还不知畏惧，天就会降下种种祸殃。由此可见，灾异的出现既是上天对人君的警告和惩罚，又是上天挽救人君过失的仁慈之举。

　　进而言之，按照董仲舒的逻辑，既然一切灾异都是天人相与的结果，便都可以在天与人的相互感应中找到原因和解释。正是根据这套理论，他从人（以王、君为代表）的行为中为自然界的一切变异找到了依据。对此，他写道："王者与臣无礼，貌不肃敬，则木不曲直，而夏多暴风。风者，木之气也，其音角也，故应之以暴风。王者言不从，则金不从革，而秋多霹雳。霹雳者，金气也，其音商也，故应之以霹雳。王者视不明，则火不炎上，而秋多电。电者，火气也，其阴征也，故应之以电。王者听不聪，则水不润下，而春夏多暴雨。雨者，水气也，其音羽也，故应之以暴雨。王者心不能容，则稼穑不成，而秋多雷。雷者，土气也，其音宫也，故应之以雷。"（《春秋繁露·五行五事》）循着这个逻辑，种种灾变都是人（具体地说，是王、君）的行为引起的，归根结底是天人不和谐所致。因此，要补救和避免之，人必须调整自身的行为，以期与上天相符。于是，董仲舒便开了下面这剂补世救道的药方，并且附带上了原理说明：

> 五行变至，当救之以德，施之天下，则咎除。不救以德，不出三年，天当雨石。木有变，春凋秋荣。秋木冰，春多雨。此徭役众，赋敛重，百姓贫穷叛去，道多饥人。救之者，省徭役，薄赋敛，出仓谷，振困穷矣。火有变，冬温夏寒。此王者不明，善者不赏，恶者不绌，不肖在位，贤者伏匿，则寒暑失序，而民疾疫。救之者，举贤良，赏有功，封有德。土有变，大风至，五谷伤。此不信仁贤，不敬父兄，淫泆无度，宫室荣。救之者，省宫室，去雕文，举孝悌，恤黎元。金有变，毕昴为回，三覆有武，多兵，多盗寇。此弃义贪财，轻民命，重货赂，百姓趣利，多奸轨。救之者，举廉洁，立正直，隐武行文，束甲械。水有变，冬湿多雾，春夏雨雹。此法令缓，刑罚不行。救之者，忧囹圄，案奸宄，诛有罪，夏（同"搜"——引者注）五日。（《春秋繁露·五行变救》）

四、"以君随天"

在董仲舒那里，不论是"人副天数"还是天人感应都决定了人必须与上天相符，与上天合一、发天意是人的行动原则。受制于这一原则，他对《春秋》进行了如是认定："《春秋》之法，以人随君，以君随天……故屈民而伸君，屈君而伸天，《春秋》之大义也。"（《春秋繁露·玉杯》）这是董仲舒发挥的《春秋》的微言大义，这条基本原则和行为路线的实质——"以人随君，以君随天"是"人副天数"、天人感应在政治领域的落实和贯彻。

根据"屈民而伸君，屈君而伸天"的原则，对于天人合一以及天人感应而言，君显得至关重要。与天合一不仅是百姓的个人行为，更主要的是君主代表的国家行为和行政举措。为了适应这一需要，董仲舒专门对王予以界定，在"深察名号"的名义下，强化王者与天合一的责任和使命，致使王成为人与上天合一的代言人乃至第一责任人。董仲舒对王进行了如此界定："三画而连其中，谓之王。三画者，天地与人也，而连其中者，通其道也。取天地与人之中以为贯而参通之，非王者孰能当是？"（《春秋繁露·王道通三》）这就是说，王者之名即贯通天道与人道，王者对于天人合一具有不容推诿的义务和责任。在此基础上，董仲舒指出，为了与天合一，王者必须按照自己的名分行事，在以孝事天的同时，根据天道、天数确立治国的基本方针和行政措施，安排各种政治活动，力求从政治原则到官员选拔统统与上天相合。

（一）治国之道源于天道

董仲舒指出："道之大原出于天。"（《举贤良对策三》）这就是说，人类社会的统治秩序出自上天，统治措施源于天意。这要求王者的治国方针必须与天意相符。进而言之，天意究竟如何呢？"仁之美者在于天。天，仁也。"（《春秋繁露·王道通三》）上天具有至仁至善的美德，天的仁德集中表现在"覆育万物"上——上天既化生万物，又养成万物，生生不息，终而复始。同时，天"泛爱群生，不以喜怒赏罚"（《春秋繁露·离合根》）。这一切表明，上天好德而不好刑，生养万物时"任德不任刑"。由此，他推断，"任德不任刑"是天的意愿。基于这种认识，董仲舒宣称，既然"任德不任刑"是天意，按照"王者承天意以从事"的原则，君主应该凭借道德教化万民、治国安邦。于是，他不遗余力地强调：

王者欲有所为，宜求其端于天。天道之大者在阴阳。阳为德，阴为刑，刑主杀而德主生。是故阳常剧大夏，而以生育养长为事，阴常剧大冬，而积于空虚不用之处。以此见天之任德不任刑也。（《举贤良对策一》）

国之所以为国者德也。（《春秋繁露·保位权》）

故以德为国者，甘于饴蜜，固于胶漆。（《春秋繁露·立元神》）

按照董仲舒的说法，由于"察于天之意，无穷极之仁也"，王者必须以德为国；同时，上天在任德时辅以刑罚，王者在以德治国的同时，应该辅以刑法。显然，这是一条德主刑辅的治国路线。正是在这个意义上，他断言："教，政之本也。狱，政之末也。"（《春秋繁露·精华》）在此，通过上天之贵阳贱阴，董仲舒揣摩出上天具有"任德不任刑"之意，由是推出了德本刑末，进而为儒家的德主刑辅找到了上天的庇护。

（二）国家的行政措施与上天相符

董仲舒宣称："王者配天，谓其道。"（《春秋繁露·四时之副》）作为国家行政措施的制定者和实施者，王者的一切行为都出于天意，与天道相符。具体地说，人类社会的行政措施从天道而来，天有春夏秋冬四时，王有庆赏罚刑四政。天以春夏秋冬四季成就万物，贤明的君主循天道治理国家就应该以庆赏罚刑四政对应春夏秋冬四时；四季的功能是春生夏长秋杀冬藏，王者应该以庆功与春暖相副，以赏赐与夏暑相副，以惩罚与秋杀相副，以刑杀与冬寒相副。对此，董仲舒解释并强调说，王道的庆赏罚刑与上天的春夏秋冬之间"以类相应"，如符节相合。因此，四政缺一不可，犹如四季不可或缺；四政之间不可以相互干扰，正如四时不可易处一般。这个原则决定了王者在施政的过程中，既要使庆赏罚刑四政相辅相成、缺一不可，又要适时而发、避免四政相互干扰。正是在这个意义上，他再三指出：

> 庆赏罚刑与春夏秋冬，以类相应也，如合符……天有四时，王有四政，四政若四时，通类也，天人所同有也。庆为春，赏为夏，罚为秋，刑为冬。庆赏罚刑之不可不具也，如春夏秋冬不可不备也。庆赏罚刑，当其处不可不发，若暖暑清寒，当其时不可不出也。庆赏罚刑各有正处，如春夏秋冬各有时也。四政者，不可以相干也，犹四时不可相干也。四政者，不可以易处也，犹四时不可易处也。（《春秋繁露·四时之副》）

> 天之道，春暖以生，夏暑以养，秋清以杀，冬寒以藏。暖暑清寒，异气而同功，皆天之所以成岁也。圣人副天之所以为政，故以庆副暖而当春，以赏副暑而当夏，以罚副清而当秋，以刑副

寒而当冬。（《春秋繁露·四时之副》）

　　行天德者谓之圣人。为人主者，居至德之位，操生杀之势，以变化民。民之从主也，如草木之应四时也。喜怒当寒暑，威德当冬夏。冬夏者，威德之合也；寒暑者，喜怒之偶也。喜怒之有时而当发，寒暑亦有时而当出，其理一也。当喜而不喜，犹当暑而不暑；当怒而不怒，犹当寒而不寒也；当德而不德，犹当夏而不夏也；当威而不威，犹当冬而不冬也。喜怒威德之不可以不直处而发也，如寒暑冬夏之不可不当其时而出也。（《春秋繁露·威德所生》）

（三）官员的选拔和设置依天数而来

　　董仲舒认为，作为王者配天的具体表现和基本原则，国家的行政措施与天相副，官员的选拔和设置也从天数而来。具体地说，为了与天相副，王者选拔官员的时间和数量要符合天数。因为天有四时，故而王有四选；因为每季三月，故而每选三人。这便是："天有四时，时三月；王有四选，选三臣。是故有孟、有仲、有季，一时之情也；有上、有下、有中，一选之情也。三臣而为一选，四选而止，人情尽矣。人之材固有四选，如天之时固有四变也。"（《春秋繁露·官制象天》）按照董仲舒的说法，官员的选拔与天数相符。根据天有四季、每季三月的法则，王者每年选拔官员四次，每次的名额为三名。

　　在此基础上，董仲舒进一步指出，王者选拔官员的时节、名额与天数相副，官员的设置及其相互关系也是由天道而来的。拿五官来说，天道有五行，人道有五官；正如天道在五行的辅佐下成就万物一样，王者只有在五官的辅助下才能成就王者事业。可见，人类社会的五官源于天道之五行，是依据天数而来的。基于这一理念，他以人类社会的五官比附天道的五行：其一，五官皆依五行而来，各有自己所对应的一行：木是司农，火是司马，土是司营，金是司徒，水是司寇。其二，五官的职责、行为规范以及其间的关系遵循五行之间的运行规律。对此，董仲舒解释说："行者行也，其行不同，故谓之五行。五行者，五官也，比相生而间相胜也。故为治，逆之则乱，顺之则治。"（《春秋繁露·五行相生》）五行之间的关系包括相生与相胜两个方面：第一，比邻的两行相生，如木生火、火生土、土生金、金生水、水生木等。第二，间隔的两行相胜，如木胜土、火胜金、土胜水、金胜木、水胜火等。既然人类社会的五官依据天道的五行而来，便应遵循五行之间的关系；只有五官都恪守自己的职责，五行相生，社会才能治理。基于这种认识，他把五官之间的关系说成是或相生或相胜的关系，由此推导出人类社会的治乱机制：第一，将五官相生说成是社会和谐、天下大治的保证。按照董仲舒的观点，司农（木）尚仁，劝农事，司农利于本朝（火），称为"木生火"；司马（火）尚智，举贤诛暴，安定天下，司马安定君官（土），称为"火生土"；司营（土）尚信，忠信事君，威震四方，司营完成大理，称为"土生金"；司徒（金）尚义，尊卑有等，各尽其事，司徒履行亲安执法（水），称为"金生水"；司寇（水）尚礼，君臣有位，长幼有序，百工成器，司寇供给田官（木），称为"水生木"。第二，断言五官相胜必然导致天下大乱。董仲舒认为，五官为奸、为谗、为神、为贼、为乱必将导致社会混乱，这是五行相胜。具体地说，司农为奸，不劝农事，农民为叛，司徒（金）诛民（木），称为"金胜木"；司马为谗，专权擅势，执法（水）者诛杀司马（火），称为"水胜火"；司营为神，导主以邪，陷主不义，民（木）叛其君（土），称为"木胜土"；司徒为贼，诛杀无罪，侵伐暴虐，司马杀司徒，称为"火胜金"；司寇为乱，破坏法令，诛杀无罪，司营杀司寇，称为"土胜水"。（以上均见《春秋繁露·五行相生》）

　　总之，通过对《春秋》的阐发，董仲舒在尊天的同时推出了王者随天的主张，试图经过王者将天人合一具体落实到国家的政治生活中。至此，"人副天数"通过以王代表的人的行为最终得以落实。

　　通过"人副天数"和天人感应，董仲舒力图为儒家的政治哲学提供辩护，其具体办法则是将天之阴阳转化为政之德刑。他断言："天地之常，一阴一阳。阳者天之德也，阴者天之刑也。"（《春秋繁露·阴阳义》）在他看来，天具有阴阳二性，天道的精髓和法则都凝结为阴阳之间的和谐。他进而强调，阴阳的不同属性和功能决定了二者的地位和生养万物的作用并不相同。由于上天具有仁慈的美德，对待阴阳总是"贵阳而贱阴"。"贵阳而贱阴"表现了上天主用仁德而辅用刑罚的意志，也证明上天尊阳卑阴，具有以阳为主、阴为辅的意志和好恶。正因为如此，董仲舒一再宣称：

> 是故阳常居实位而行于盛，阴常居空位而行于末。天之好仁而近，恶戾之变而远，大德而小刑之意也。……贵阳而贱阴也。（《春秋繁露·阳尊阴卑》）

> 是故天数右阳而不右阴，务德而不务刑。（《春秋繁露·阳尊阴卑》）

由此看来，阴阳之间并不平等，总是阳实阴虚、阳尊阴卑、阳主阴从等等。不仅如此，董仲舒进而强调，阴阳之间的这种关系是"天之制"，因而是不可更改的。对此，他反复指出：

> 天使阳出布施于上而主岁功，使阴入伏于下而时出佐阳。（《举贤良对策一》）

> 阳贵而阴贱，天之制也。（《春秋繁露·天辨在人》）

按照董仲舒的说法，阳贵阴贱、阳尊阴卑、阳主阴辅出于天意，是固定不变的，也是阴阳之间不可更改的关系。这种关系是"天之制"，更是天道。然而，事情到此并没有结束。根据人道源于天道的原则，阳尊阴卑的"天之制"一定在人类社会表现出来，进而转化为人道。

在董仲舒那里，无论是"人副天数"还是天人感应都加大了人与上天合一的必要性和强制性，并且突出了与天合一的可能性。在此基础上，他将天说成是人道的出处和根源。正是在这个意义上，董仲舒不厌其烦地申明：

> 人之受命于天也，取仁于天而仁也。（《春秋繁露·王道通三》）

> 此见天之亲阳而疏阴，任德而不任刑也。是故仁义制度之数，尽取之天。（《春秋繁露·基义》）

在这里，董仲舒不仅认定人受命于天，而且进一步确证了人与天合一的践履仁义道德之旅。这是因为，"王道之三纲，可求于天"（《春秋繁露·基义》）。正是在人类社会的道德源于天道的论证中，他

由天地之阴阳推导出人间之三纲，通过对三纲的论证将宗法等级固定
化，奉为道德原则。按照他的说法，天道分为阴阳，人道也分为阴
阳；人道之阴阳表现为君臣、父子和夫妇——君、父、夫属于阳，
臣、子、妻属于阴。对此，董仲舒一再指出：

> 君臣、父子、夫妇之义，皆取诸阴阳之道。君为阳，臣为
> 阴；父为阳，子为阴；夫为阳，妻为阴。（《春秋繁露·基义》）

> 天为君而复露之，地为臣而持载之；阳为夫而生之，阴为妇
> 而助之；春为父而生之，夏为子而养之。（《春秋繁露·基义》）

在此基础上，董仲舒进而指出，由于属于阳，君、父、夫永远处
于尊位；由于属于阴，臣、子、妻则永远处于从属地位。因为阳尊阴
卑、阳主阴从出于天意，是"天之制"，根据"贵阳而贱阴"的天道，
属于阴的臣、子、妻只能处于服从的卑贱地位，绝对服从属于阳的
君、父、夫，成为他们的依附者和从属者。正因为如此，他反复
强调：

> 天子受命于天，诸侯受命于天子，子受命于父，臣妾受命于
> 君，妻受命于夫。诸所受命者，其尊皆天也，虽谓受命于天亦
> 可。（《春秋繁露·顺命》）

> 父者，子之天也。（《春秋繁露·顺命》）

按照董仲舒的说法，君与臣、父与子以及夫与妻之间的这种尊与
卑、主与从、制与受的关系是天经地义的，因而不可改变。之所以如
此，是因为这三种关系都是天之阴阳的体现，而阴与阳的地位并不相
同，其尊卑关系不可更改。这就是说，君臣、父子、夫妇之间的关系
只能是——也永远是君为臣纲、父为子纲和夫为妻纲。至此，受制于
"人副天数"的思维方式和价值旨趣，通过天道与人道的相互贯通和
阴阳的一以贯之，董仲舒论证了上下尊卑的天然合理性，使三纲五常
成为宗法社会伦理道德的核心。

综上所述，在"人副天数"的名义下，董仲舒对儒家思想在西汉
乃至后续的发展做出了巨大贡献：一是加固天人合一的道德主义模
式，一是对宗法等级的强化。秉持"人副天数"的思路和原则，董仲
舒宣称三纲五常可求于天，是天道，以此强调要践履出于天的三纲五

常中与上天合一。第二，在肯定上下尊卑观念源于上天的同时，通过三纲强化人类社会的上下尊卑，将宗法等级落实到王者施政和百姓的日常行动中。

　　该文为"2018中国·衡水董仲舒与儒家思想国际学术研讨会"提交的论文。

　　魏义霞（1965－），女，安徽濉溪人，哲学博士，黑龙江大学哲学学院暨中国近现代思想文化研究中心教授，博士生导师。

董仲舒：神学还是人学？

沈顺福

董仲舒是汉代最著名的思想家和哲学家。一般认为董仲舒尊重天，倡导天人感应等，具有高度的宗教性与神秘性，从而将董仲舒划归神学思想阵营。董仲舒究竟是倡导神学还是人学？这是本文所要讨论的核心问题。本文将着重于本源论是视角，探讨董仲舒思想产生的历史意义，并最终指出：董仲舒学说的真正目的是为了崇人。弘扬人类的主体精神、推崇人类文明对于生存的意义是董仲舒学说的旨趣所在。看似董仲舒尊天，其实是崇人。

一、天本与人本

董仲舒将人性分为三类，即圣人之性、中民之性和斗筲之性。而前后两类或置之不谈，或弃之不理。董仲舒主要关注中民之性。中民之性为善恶杂混，即内含善恶之潜质。董仲舒曰："中民之性如茧如卵，卵待覆二十日而后能为雏；茧待缲以涫汤而后能为丝；性待渐于教训而后能为善。善，教训之所然也，非质朴之所能至也，故不谓性善。性者，宜知名矣，无所待而起，生而所自有也；善所自有，则教训已非性也。是以米出于粟，而粟不可谓米；玉出于璞，而璞不可谓玉；善出于性，而性不可谓善；其比多在物者为然，在性者以为不然，何不通于类也？卵之性未能作雏也，茧之性未能作丝也，麻之性未能为缕也，粟之性未能为米也……性者，天质之朴也；善者，王教之化也。无其质，则王教不能化；无其王教，则质朴不能善。"[1]312—313圣贤等善是已成，中民之性是未成。人性仅仅是成善成仁的材质。材质、质朴之性经过教化和改造才可以致善。也就是说，如果经过了教化，中民便可以成人、成善，反之，任由性情放纵，便会堕落，成为邪恶之人。这意味着，在董仲舒看来，人性是成人、成善的重要条件，在成人过程中，人性具有重要的地位和作用。

人性在人的生存中具有重要的地位。董仲舒曰："故性比于禾，善比于米；米出禾中，而禾未可全为米也；善出性中，而性未可全为善也。善与米，人之所继天而成于外，非在天所为之内也。天之所为，有所至而止，止之内谓之天性，止之外谓人事，事在性外，而性不得不成德。民之号，取之瞑也，使性而已善，则何故以瞑为号？以霣者言，弗扶将，则颠陷猖狂，安能善。性有似目，目卧幽而瞑，待觉而后见，当其未觉，可谓有见质，而不可谓见。今万民之性，有其质而未能觉，譬如瞑者待觉，教之然后善。当其未觉，可谓有善质，而未可谓善，与目之瞑而觉，一概之比也。静心徐察之，其言可见矣。性而瞑之未觉，天所为也；效天所为，为之起号，故谓之民。"[1]297—298人性如同禾苗与大米、眼睛与视觉。没有眼睛，哪来的视觉，眼睛是视觉的基础，具有基础性、本源性地位。这便是本。人性在人的生存中具有本源性、基础性地位。人性是本。

这个本源或基础同时具有善恶两种材质。董仲舒曰："是正名号者于天地，天地之所生，谓之性情，性情相与为一瞑，情亦性也，谓性已善，奈其情何？故圣人莫谓性善，累其名也。身之有性情也，若天之有阴阳也，言人之质而无其情，犹言天之阳而无其阴也，穷论者无时受也。名性不以上，不以下，以其中名之。性如茧、如卵，卵待覆而成雏，茧待缫而为丝，性待教而为善，此之谓真天。天生民性有善质而未能善，于是为之立王以善之，此天意也。民受未能善之性于天，而退受成性之教于王，王承天意以成民之性为任者也；今案其真质而谓民性已善者，是失天意而去王任也。万民之性苟已善，则王者受命尚何任也？其设名不正，故弃重任而违大命，非法言也。春秋之辞，内事之待外者，从外言之。今万民之性，待外教然后能善，善当与教，不当与性，与性则多累而不精，自成功而无贤圣，此世长者之所误出也，非春秋为辞之术也。不法之言，无验之说，君子之所外，何以为哉！……天生民有六经，言性者不当异，然其或曰性也善，或曰性未善，则所谓善者，各异意也。性有善端，动之爱父母，善于禽兽，则谓之善，此孟子之善。"[1]298-303 人天生具有善恶混杂的材质、善端。也正是这些有善有恶的材质，才使成人成为可能、教化成为必要。善质为成人提供基础保证。恶质也使教化成为必要。没有了善恶混杂的人性，成圣、教化便失去了意义。

善的人性或善质是成圣之本，这便是性本论。性本论的假说，至少在董仲舒那里，其实便是天本说。董仲舒曰："为生不能为人，为人者，天也，人之人本于天，天亦人之曾祖父也，此人之所以乃上类天也。人之形体，化天数而成；人之血气，化天志而仁；人之德行，化天理而义；人之好恶，化天之暖清；人之喜怒，化天之寒暑；人之受命，化天之四时；人生有喜怒哀乐之答，春秋冬夏之类也。喜，春之答也，怒，秋之答也，乐，夏之答也，哀，冬之答也，天之副在乎人，人之情性有由天者矣，故曰受，由天之号也。为人主也，道莫明省身之天，如天出之也，使其出也，答天之出四时，而必忠其受也，则尧舜之治无以加，是可生可杀而不可使为乱，故曰：非道不行，非法不言。此之谓也。"[1]318-319 人来源于天。其形式便是人性。所以人性为本其实便是以天为本。这便是三本之一的天本论。

天本论并非董仲舒的独创，古已有之。"徐子以告夷子。夷子曰：'儒者之道，古之人若保赤子，此言何谓也？之则以为爱无差等，施由亲始。'徐子以告孟子，孟子曰：'夫夷子信以为人之亲其兄之子，为若亲其邻之赤子乎？彼有取尔也。赤子匍匐将入井，非赤子之罪也。且天之生物也，使之一本；而夷子二本故也。'"[2]101 天生物，便为之本。荀子曰："礼有三本：天地者，生之本也；先祖者，类之本也；君师者，治之本也。无天地，恶生？无先祖，恶出？无君师，恶治？三者偏亡焉，无安人。故礼上事天、下事地、尊先祖而隆君师。是礼之三本也。"[3] 天生万物，故为万物之本。《礼记》曰："万物本乎天，人本乎祖，此所以配上帝也。郊之祭也，大报本反始也。"[4]1453 天为万物之本。本源又被叫作"心"："故人者，天地之心也，五行之端也，食味别声被色而生者也。故圣人作则，必以天地为本，以阴阳为端，以四时为柄，以日星为纪，月以为量，鬼神以为徒，五行以为质，礼义以为器，人情以为田，四灵以为畜。以天地为本，故物可举也；以阴阳为端，故情可睹也；以四时为柄，故事可劝也；以日星为纪，故事可列也；月以为量，故功有艺也；鬼神以为徒，故事有守也；五行以为质，故事可复也；礼义以为器，故事行有考也；人情以为田，故人以为奥也；四灵以为畜，故饮食有由也。"[4]1424 天地为万物之心，是万物的本源。或者说，天是本。

董仲舒继承了前人的思想或智慧，以为天是人类生存之本。这便是天本论。天本论的基础是人性论或性本论。只有善质之性才能够产生善行、出现善人。善质之性是成人的基础。与此同时，董仲舒的人性论不仅为天本论提供证据，而且直接引导出人本论的立场，即中民之性仅仅具有成善、成恶的潜质。其本身并非已经为善或为恶。只有经过王道教化，才能够抑恶扬善，中民即平民才能够成为君子或圣贤。这种手段或方式便是王道教化。于是，董仲舒曰："性者，天质之朴也；善者，王教之化也。无其质，则王教不能化，无其王教，则质朴不能善。质而名以善性，其名不正，故不受也。"[1]313 性即天生的材质。经过王道教化才可以致善。性是天生之质，好比"茧""卵"："中民之性如茧如卵，卵待覆二十日而后能为雏；茧待缲以涫汤而后能为丝；性待渐于教训而后能为善。善，教训之所然也，非质朴之所能至也，故不谓性善。性者，宜知名矣，无所待而起，生而所自有也；善所自有，则教训已非性也。是以米出于粟，而粟不可谓米；玉出于璞，而璞不可谓玉；善出于性，而性不可谓善；其比多在物者为然，在性者以为不然，何不通于类也？卵之性未能作雏也，茧之性未能作丝也，麻之性未能为缕也，粟之性未能为米也。……性者，天质之朴也；善者，王教之化也。无其质，则王教不能化；无其王教，则质朴不能善。质而不以善性，其名不正，故不受也。"[1]311-313 善是米、丝、布、小鸡，属于已成之物，人性便是禾苗、蚕茧、麻、鸡蛋，属于成物的材料。只有经过加工、处理，才能够将这些材质改造成物。

改造的手段便是教化：“天令之谓命，命非圣人不行；质朴之谓性，性非教化不成；人欲之谓情，情非度制不节。是故王者上谨于承天意，以顺命也；下务明教化民，以成性也；正法度之宜，别上下之序，以防欲也；修此三者，而大本举矣。”[2]2515教化因此成为汉代儒学最强调的修道方式，并因此获得了基础性地位。

　　据此，董仲舒提出人本论：“天地人，万物之本也。天生之，地养之，人成之。天生之以孝悌，地养之以衣食，人成之以礼乐，三者相为手足，合以成体，不可一无也。无孝悌则亡其所以生，无衣食则亡其所以养，无礼乐，则亡其所以成也。三者皆亡，则民如麋鹿，各从其欲，家自为俗，父不能使子，君不能使臣，虽有城郭，名曰虚邑，如此，其君枕块而僵，莫之危而自危，莫之丧而自亡，是谓自然之罚。自然之罚至，裹袭石室，介障险阻，犹不能逃之也。明主贤君必于其信，是故肃慎三本。郊祀致敬，共事祖祢，举显孝悌，表异孝行，所以奉天本也。秉耒躬耕，采桑亲蚕，垦草殖谷，开辟以足衣食，所以奉地本也。立辟雍庠序，修孝悌敬让，明以教化，感以礼乐，所以奉人本也。”[1]168-169天、地、人共为人类生存之本。其中，天生之、地养之，而孝悌、礼乐等人道便是“人”。它是确保人类存在的制度保障，和天地一样具有基础性地位，属于本。我们将这种立场叫作人本论，即人文教化是人类生存的必不可少的基础性条件。于是，在董仲舒看来，人类生存或成人需要三个基础，即天生之以神气、地养之以形质、人成之以教化。天、地、人因此成为做人的三个基础。这便是三本论。本即本源。它属于一种哲学式思维。从这个角度来看，董仲舒也在力图寻找生存的终极性本源。在董仲舒看来，生存至少有三个本源，即天、地、人。人文教化也是生存的本源。人道因此具有了基础性地位，甚至可以比肩于天地。人道或人文的地位第一次被提升至空前的高度。

　　很多人看到董仲舒尊天，便突出了董仲舒的神学思维。其实这都是假象。董仲舒尊天是假，崇人（人类与人文）是真。他的真正用意在于倡导儒家的仁义之道。所以，有学者曰：“董仲舒的‘天’虽然有意志性、目的性之神性，但他的‘天人感应’论之所以没有走向宗教神学，他自己之所以不是一位神学家和神父而是一位儒家学者和一位哲学家，关键就在于这里的'天'的伦理品性。'天'的伦理性既消解和遏制了'天'的神性膨胀和扩张，又保证了人的伦理道德性的人性方向和思想理路，故董仲舒在《春秋繁露》中谈'天人感应'时尽管有不少臆测、预言性的神学语言，但这个理论并没有宗教化，它仍是一种哲学思想，它仍在解说和说明着人世的所作所为，在宣扬、巩固、强化、完善着人的伦理关系，在为中国封建社会的经济、政治服务着。所以，董仲舒的'天人感应'论是一种新儒学，是一种哲学，是人文性的。"[5]董仲舒的真正目的不是为了弘扬天道、美化天神，而是在于推广人道。或者说，"董仲舒总地来讲还是一位大儒，因为他的天人关系是以人文理性为本质特征的，最终目标是欲重建道德理想和伦理秩序，于是就形成了'中国式的道德精神'，影响了中国文化的基本精神"[6]。这和早期儒家如出一辙。提高人类的主体性、强调人类文明的作用是董仲舒的真正意图所在，这便是对传统儒家人文主义思想的继承和发展。

二、感应说与人事对天意的影响

人道不仅效法天道，而且还能够通过人事来影响天的活动。董仲舒认为，作为主宰的上天能够掌控人间万事，其意图称之为天意，其形式称之为谴告。董仲舒曰："其大略之类，天地之物有不常之变者，谓之异，小者谓之灾。灾常先至，而异乃随之。灾者，天之谴也，异者，天之威也。谴之而不知，乃畏之以威。《诗》云：'畏天之威。'殆此谓也。凡灾异之本，尽生于国家之失。国家之失乃始萌芽，而天出灾害以谴告之；谴告之而不知变，乃见怪异以惊骇之，惊骇之尚不知畏恐，其殃咎乃至。以此见天意之仁，而不欲陷人也。"[1]259上天以灾、异和殃为手段，表达自己的意见或想法，实现自己对世界的控制。"臣谨案《春秋》之中，视前世已行之事，以观天人相与之际，甚可畏也。国家将有失道之败，而天乃先出灾害以谴告之，不知自省，又出怪异以警惧之，尚不知变，而伤败乃至。"[7]比如周宣王之事，"宣王自以为不能乎后稷，不中乎上帝，故有此灾。有此灾，愈恐惧而谨事天。天若不予是家，是家者安得立为天子？立为天子者，天予是家。天予是家者，天使是家。天使是家者，是家天之所予也，天之所使也"[1]408—409。灾异之于人事便是天命。董仲舒引述了孔子"三畏论"，进一步指出："以此见天之不可不畏敬，犹主上之不可不谨事。不谨事主，其祸来至显；不畏敬天，其殃来至暗。暗者不见其端，若自然也。故曰：堂堂如天，殃言不必立校，默而无声，潜而无形也。由是观之，天殃与主罚所以别者，暗与显耳。不然，其来逮人，殆无以异。孔子同之，俱言可畏也。"[1]396—397 天命展现为各种灾异。或者说，灾异等种种自然现象便表达了天的想法或意见。

那么，为什么会产生灾异呢？董仲舒曰："天高其位而下其施，藏其形而见其光；高其位，所以为尊也，下其施，所以为仁也，藏其形，所以为神，见其光，所以为明；故位尊而施仁，藏神而见光者，天之行也。故为人主者，法天之行，是故内深藏，所以为神，外博观，所以为明也，任群贤，所以为受成，乃不自劳于事，所以为尊也，泛爱群生，不以喜怒赏罚，所以为仁也。"[1]164—165 天意为仁，其本身本来并无倾向或好恶。天之所以做出这些反应，都是人类自身行为招致的结果。人类自身的行为影响了天，天会因为人事而表达自己的情感。或者说，灾异的根本原因在于人类自身。

上天对人类事务的反应有两种。"酝去烟，鸱羽去眯，慈石取铁，颈金取火，蚕珥丝于室，而弦绝丁堂，禾实于野，而粟缺于仓，芜黄生于燕，橘枳死于荆，此十物者，皆奇而可怪，非人所意也。夫非人所意而然，既已有之矣，或者吉凶祸福、利不利之所从生，无有奇怪，非人所意如是者乎，此等可畏也。孔子曰：'君子有三畏：畏天命，畏大人，畏圣人之言。'彼岂无伤害于人，如孔子徒畏之哉！以此见天之不可不畏敬，犹主上之不可不谨事，不谨事主，其祸来至显，不畏敬天，其殃来至暗，暗者不见其端，若自然也，故曰：堂堂如天殃。言不必立校，默而无声，潜而无形也。由是观之，天殃与主罚所以别者，暗与显耳，不然其来逮人，殆无以异，孔子同之，俱言可畏也。"[1]394—397 自然界的灾异等现象便属于天殃。这些都是上天对人事活动的一种意见或看法，尤其是自己的不满与愤怒。这是上天对人类不好举动的消极性反应。这种反应形式便是灾异。董仲舒曰：

"其大略之类，天地之物，有不常之变者，谓之异，小者谓之灾，灾常先至，而异乃随之，灾者，天之谴也，异者，天之威也，谴之而不知，乃畏之以威，诗云：'畏天之威。'殆此谓也。凡灾异之本，尽生于国家之失，国家之失乃始萌芽，而天出灾害以谴告之；谴告之，而不知变，乃见怪异以惊骇之；惊骇之，尚不知畏恐，其殃咎乃至。以此见天意之仁，而不欲陷人也。谨案灾异以见天意，天意有欲也、有不欲也，所欲、所不欲者，人内以自省，宜有惩于心，外以观其事，宜有验于国，故见天意者之于灾异也，畏之而不恶也，以为天欲振吾过，救吾失，故以此报我也。"[1]259－260 董仲舒认为，灾、异等异常天相乃是上天对人类的一种警示、谴责与惩罚。它们表达了天意。

相反，如果人事合理，上天便会赐福于人类："多福者，非谓人也，事功也，谓天之所福。《传》曰：周国子多贤，蕃殖至于骈孕男者四，四产而得八男，皆君子俊雄也。此天之所以兴周国也，非周国之所能为也。今秦与周俱得为天子，而所以事天者异于周，以郊为百神始，始入岁首，必以正月上辛日先享天，乃敢于地，先贵之义也。夫岁先之，与岁弗行也相去远矣。天下福若无可怪者，然所以久弗行者，非灼灼见其当而故弗行也，典礼之官常嫌疑，莫能昭昭明其当也。今切以为其当与不当，可内反于心而定也。尧谓舜曰：'天之历数在尔躬。'言察身以知天也。今身有子，孰不欲其有子礼也。圣人正名，名不虚生。天子者，则天之子也。以身度天，独何为不欲其子之有子礼也。今为其天子，而阙然无祭于天，天何必善之？所闻曰：天下和平，则灾害不生。今灾害生，见天下未和平也。天下所未和平者，天子之教化不行也。"[1]398－401 政事和平，上天便不会发动灾害。虽然祸福来源于上天，但是它们终究还是人类自身招致的。上天所发动的赏罚，便是自然之行："何谓本？曰：天地人，万物之本也。天生之，地养之，人成之。天生之以孝悌，地养之以衣食，人成之以礼乐，三者相为手足，合以成体，不可一无也。无孝悌则亡其所以生，无衣食则亡其所以养，无礼乐则亡其所以成也。三者皆亡，则民如麋鹿，各从其欲，家自为俗，父不能使子，君不能使臣，虽有城郭，名曰虚邑。如此，其君枕块而僵，莫之危而自危，莫之丧而自亡,是谓自然之罚。自然之罚至,襄袭石室,分障险阻,犹不能逃之也。明主贤君必于其信,是故肃慎三本,郊祀致敬,共事祖祢,举显孝悌,表异孝行,所以奉天本也。秉耒躬耕,采桑亲蚕,垦草殖谷,开辟以足衣食,所以奉地本也。立辟雍庠序,修孝悌敬让,明以教化,感以礼乐,所以奉人本也。三者皆奉,则民如子弟,不敢自专,邦如父母,不待恩而爱,不须严而使,虽野居露宿,厚于宫室。如是者,其君安枕而卧,莫之助而自强,莫之绥而自安,是谓自然之赏。自然之赏至,虽退让委国而去,百姓襁负其子随而君之,君亦不得离也。故以德为国者,甘于饴蜜,固于胶漆,是以圣贤勉而崇本而不敢失也。君人者,国之证也,不可先倡,感而后应。故居倡之位而不行倡之势,不居和之职而以和为德,常尽其下,故能为之上也。"[1]168-170 遵循礼法、政事合理,自然有福;政教不行、风俗背乱,自然有害。福或灾,虽然发自上天,其实还是由人引起。

董仲舒把这种关联叫作天人感应。天人感应的理论前提是同类相应。董仲舒曰:"今平地注水,去燥就湿,均薪施火,去湿就燥。百物去其所与异,而从其所与同。故气同则会,声比则应,其验皦然也。试调琴瑟而错之。鼓其宫则他宫应之,鼓其商而他商应之。五音比而自鸣,非有神,其数然也。美事召美类,恶事召恶类,类之相应而起也。如马鸣则马应之,牛鸣则牛应之。帝王之将兴也,其美祥亦先见;其将亡也,妖孽亦先见。物故以类相召也。……故琴瑟报弹其宫,他宫自鸣而应之,此物之以类动者也。其动以声而无形,人不见其动之形,则谓之自鸣也。又相动无形,则谓之自然,其实非自然也,有使之然者矣。物固有实使之,其使之无形。"[1]358-361 同类之间存在着感应现象,即同类相动、动而无形。同类相动是自然现象,物理学可以解释它的原理。人类社会亦是如此,即美事召美类、恶事召恶类。这可以从道德哲学与美学的角度解释它的原理。天人同类、同类相应,故天人感应。善良的人类活动便会带来美满的自然景象,如风和日丽。反之,邪恶的举动便会招致异常的灾难。这既是上天的反应,也是天人感应的结果即好事带来好运,坏行带来恶果。

董仲舒的天人学,似乎确立了天对于人类生活的绝对主宰者地位。但是，事实上，在天人感应理论体系中，董仲舒其实是想强调：人类能够通过自己的人事，影响到上天的意愿和行为，即人不再是单纯地听从上天的命令和安排，它还可以通过自己的举止影响到上天从而影响到人类自己的命运。这便是随命论。从天人学的角度来看，这无疑是一个巨大的进步。人道不仅效法于天道，而且可以通过人事来影响天意、天行。

三、结论——尊天与崇人

经过了一番动荡，如焚书坑儒等，儒学在汉代得到全面复兴。在"罢黜百家、独尊儒术"的政策支持下，儒学成为汉代思想与文化的主流。在这种繁荣局势的背后，儒学家们所面临的主要问题是：以仁义礼法制度为主体的儒学能否满足中国社会发展的思想或理论的需要？儒家礼义权威地位的合法性是什么？这便是汉代儒家所面临的主要理论问题，抑或为主要哲学问题。

以董仲舒为代表的汉代儒家们首先吸收了先秦儒家的人性论，包括孟子的性善论与荀子的性恶论。他们将孟荀人性理论结合起来，形成了一个普遍接受的性善恶混的人性观，即人的天生之性不仅具有成仁之材，而且包含致恶之质。只有经过王道教化，善恶之端的人性才能够得到扬善抑恶，最终走向成圣成贤。王道教化因此成为成仁的重要条件，甚至与天地一般，成为生存之本。这便是董仲舒的三本论。

王道教化的内容便是儒家的仁义之道。儒家的仁义之道为什么能够成为教化的主要手段呢？或者说，仁义之道的合法性何在呢？这便是董仲舒等汉儒力图回答的问题。董仲舒提出"天人一也"，即天地自然与人类社会具有相似性或一致性，即"人副天数"。从自然天道来看，天道主仁。同理，与天一致的人道是天道的副本。天道是仁，人道也是仁。以仁为核心的天道伟大，以仁义为主的人道自然也伟大。天道神秘，只有睿智的圣人才能够知晓天道。圣王能够承上启下，沟通天人。通过圣人，天道可以转换为人道，从而为人类立法，儒家的仁义之道因此获得了权威性与合法性证明。学术界通常认为董仲舒尊天。其实，在董仲舒的尊天旗帜下，弘扬人道、以人道为本才是其真正的目的。这便是儒家的以人文为本的人道主义。

董仲舒的人本论，在承认天地本源的同时，提出了人文教化也是生存之本。从哲学的角度来看，三本论体现了董仲舒的哲学式思维，即寻找存在的终极性本源，这种探讨难能可贵。但是，从哲学或形而上学的对象来看，存在的客观性本源只能够是单一的本源，而不可能是两个、三个甚至是多个本源，多本源显然还不是真正的本源。这表明，尽管董仲舒想寻找本源，但是，事实上，他并没有真正找到这个本源。这种多本论也给他处理生存各要素之间的关系带来了一定的障碍，比如人文教化与自然人性之间的关系究竟如何？如果人文为本，它是否会导致人文对于人性的桎梏？等等。对此，董仲舒便手足无措了。这便是留给玄学家们的理论问题。

参考文献：

[1] 苏舆. 春秋繁露义证 [M]. 北京：中华书局，1992.

[2] 杨伯峻. 孟子译注 [M]. 北京：中华书局，2008.

[3] 王先谦. 荀子集解 [M] //上海书店出版社编辑部. 诸子集成（2），上海：上海书店出版社，1986：233.

[4] 孔颖达. 礼记正义 [M] //阮元. 十三经注疏. 上海：上海古籍出版社，1997.

[5] 康中乾. 董仲舒"天人感应"论的哲学意义 [J]. 吉林大学社会科学学报，2014（5）：106-115.

[6] 韩星. 董仲舒天人关系的三维向度及其思想定位 [J]. 哲学研究，2015（9）：45-54.

[7] 班固. 汉书 [M]. 北京：中华书局，1987：2498.

该文为"2018 中国·衡水董仲舒与儒家思想国际学术"研讨会提交的论文。

沈顺福（1967—），男，安徽安庆人，哲学博士，山东大学儒学高等研究院教授，博士生导师。

中华早期哲学批评格式效用款两式考①

张耀南　钱　爽

　　"中华哲学批评"是指"中华哲学"领域那些专门评点诸子百家之文字，如《墨子·非儒》《庄子·天下》《荀子·非十二子》《韩非子·解老》司马谈《论六家之要指》《汉书·艺文志·诸子略》《论衡·问孔》等。

　　"批评"总有一定之立场、观点和方法，此种立场、观点和方法，著者称之"格式"，类似于美国科学哲学家库恩（T. S. Kuhn. 1922—1996）所谓"范式"（Paradigm）。"范式"是一个科学共同体所共有之某种倾向，包括其成员公认之理论与方法，最概括之原理、定理、概念，及其共同持有之某种自然观、世界观等。"格式"亦然。在一定历史时期，某种"格式"支配着当时所有人所进行之"哲学批评"，形成某种特定思维方式。

　　中华哲学批评"早期格式"，就是指佛教思维影响中华学术以前，中华先人从事哲学批评共有之"范式"或"格式"。此种"格式"乃中华先人自创，没有受到外来文化之影响或左右，故称"原创格式"。本

　　①　本文为北京市社会科学基金重点项目"中西哲学比较研究史论"（项目号15ZXA005）、国家社会科学基金一般项目"中华比较哲学史论"（项目号16BZX035）、全国文化名家暨"四个一批"人才项目"化西文献编纂及研究"（中宣办发〔2015〕49号）的阶段性研究成果。

篇之目标，即在分析此种"早期原创格式"之框架与利弊得失，以为当今哲学批评之借鉴。"早期"之时间下限，本篇定在东汉末。佛教虽已于两汉间入华，但直至东汉末，并未改变中华学术原有之批评格式。

此期中华哲学批评之格式，朝三个方向发展：一是向左，强化效用，甚至以效用吸收学理，把"效用格式"推向极端，变成"唯效用论"；二是并重，左右摇摆，试图同时兼顾效用与学理；三是向右，强化学理，甚至以学理吸收效用，把"效用格式"推向另一个极端，变成"唯学理论"。向左强化效用，得效用款，分活效用与死效用两式；效用与学理并重，得并置款，分偏效用与偏学理两式；向右强化学理，得学理款，分活学理与死学理两式。凡三款六式。

效用款活效用式不讨论"学理"问题，或虽讨论"学理"却持"不定"态度；效用款死效用式将"效用"偏向极端化，不惜以否定或曲解"学理"来讲"效用"；并置款偏效用式在强调"效用"时，并不否定或不曲解"学理"；并置款偏学理式在强调"学理"时，并不否定或不曲解"效用"；学理款活学理式不讨论"效用"，或虽讨论"效用"，却认为"效用"可有可无；学理款死学理式不仅专注于"学理"，且以否定"效用"或歪曲"效用"之方式讲"学理"。

"效用款"与"学理款"两大格式之较量，影响后世哲学批评。中华哲学批评之第二期，实是中华早期批评格式中"学理款"格式之弘扬，其主题就是"学理款"格式压倒"效用款"格式。中华祖先在早期哲学批评中，构建出的"三款六式"批评框架，不仅是分析中华哲学内部儒释道"三教论争"之框架，不仅是分析中华哲学与印度哲学关系中儒释道梵"四教论争"之框架，而且是分析中华哲学、印度哲学、欧西哲学关系中儒释道梵欧"五教论争"之框架，具有重要学术价值，值得高度关注与认真研究。

一、效用款活效用式：
《墨子·非儒》与《吕氏春秋·慎势》等

效用款活效用式之批评格式，是指其批评活动立足于"效用"而展开，不讨论"学理"问题，或虽讨论"学理"却持"不定"态度。《墨子·非儒》与《吕氏春秋·慎势》等，可为此种批评格式之代表。

（一）《墨子·非儒》对于"孔某"及"儒家"之批评

《墨子·非儒下》之"效用格式"，是奠基于《庄子·天下》之前，《庄子·天下》是承其绪而发展之。

《墨子·非儒下》贯彻墨家兼爱、勤作之主旨，批评儒家"亲疏尊卑之异"之观点。其立足点，是认为儒家"繁饰礼乐以淫人，久丧伪哀以谩亲，立命缓贫而高浩居，倍本弃事而安怠傲"[1]180，均是批评其效用；其谓孔子言行"汙邪诈伪孰大于此"，亦是批评其效用。

1. 对于"孔某"之批评。按照儒家之学说去做，是不是"逆"，是不是"孝"，如此之追问大体是属于学理之层面。《墨子·非儒下》也论及此层面，但着墨不重。《墨子·非儒下》批评之重点，在效用。它说"群吏信之，则怠于分职；庶人信之，则怠于从事。吏不治则乱，农事缓则贫"[1]180，显然是从效用方面批评儒家之学说。它又指责儒者"贼天下之人"，使天下之人"贪于饮食，惰于作务，陷于饥寒，危于冻馁"等等，更是基于效用之立场去"非儒"。

它又设定一个通贯"道术学业仁义"的"大以治人，小以任官，远施周偏，近以修身"之效用立场，然后拿"孔某之行"来做对比，认为"孔某之行"是"本与此相反谬也"，实即批评他在效用上不成功。它又引晏婴之语批评"孔某之行"之无效用，谓其是"深虑同谋以奉贼，劳思尽知以行邪，劝下乱上，教臣杀君"，这些都是既不"利人"、也不"利己"之行为。

《墨子·非儒下》又借齐景公"欲封之以尼谿"之事批评"孔某"。齐景公曾就封"孔某"之事问于晏婴，晏婴说"不可"，理由是："孔某盛容修饰以蛊世，弦歌鼓舞以聚徒，繁登降之礼以示仪，务趋翔之节以观众。"[1]185"孔某"之所作所为，不能有功于时局，故曰"不可"。"不可使议世""不可以补民""不可以期世""不可以导众"等评语，均是典型之"效用优先"语言。

《墨子·非儒下》又借"孔某穷于蔡陈之间"之事批评"孔某"，说他当时是"不问肉之所由来而食""不问酒之所由来而饮"；而当

"哀公迎孔子"之时，却又换了一副面孔，"席不端弗坐，割不正弗食"。两种行为截然相反。

《墨子·非儒下》于是痛斥"孔某"是"夫饥约则不辞妄取以活身，赢鲍则伪行以自饰，汙邪诈伪，孰大于此"[1]187-188，即指责其行是最大之欺诈与虚伪。这当然不关乎"孔某"之学理，重点是批评其效用。

2. 对于"儒家"之批评。《墨子·非儒下》最后从批评"孔某"延扩至批评"儒家"，说"孔某所行，心术所至也，其徒属弟子，皆效孔某"。它举出之例证是"子贡季路，辅孔悝乱乎卫；阳货乱乎齐；佛肸以中牟叛；桼雕刑残莫大焉"等。

最后得出结论："夫为弟子后生……必修其言，法其行，力不足知弗及而后已。今孔某之行如此，儒士则可以疑矣。"[1]189批评矛头指向全体"儒士"。

3. 比《庄子·天下》更偏于效用。批评之正确与否，不是中华哲学批评史考察之重点。中华哲学批评史主要关心的，是"批评格式"。《墨子·非儒》对"孔某"及儒家之批评，未必都是正确的；但其正确与否，却不影响我们对其"批评格式"之考察。

以上《墨子·非儒》之"批评格式"，显然是绝对偏于效用的，比《庄子·天下》更偏于效用。《墨子·非儒》与《庄子·天下》两篇文献之面世时间，学界有争议。不过此时间精确与否，对本篇并不重要。如果此两部著作是同时面世的，则可说它们共同奠定了中华哲学批评之"效用格式"；如果《庄子·天下》是先于《墨子·非儒》而面世，则可说《墨子·非儒》是向左的方面发展了《庄子·天下》所开创之"效用格式"，或者反过来，《庄子·天下》是向左的方面发展了《墨子·非儒》所开创之"效用格式"。从此"效用"渐次取得对于"学理"之优势，而居于中华早期哲学"批评格式"之最前沿。

（二）《吕氏春秋·慎势》等对于百家之批评

《吕氏春秋·慎势》总结百家之言，提出"齐万不同，愚智工拙皆尽力竭能，如出乎一穴"[2]214之主张，是中华哲学批评史上之重要文献。

其"批评格式"，也是"偏效用"的：出发点和最终归宿，都只在为统一郡县制天下之构建，提供理论依据。

1. 关于"一则治"。《吕氏春秋·慎势》开篇即论统一思想之重要性："听群众人议以治国，国危无日矣。"[2]213 又通过统一金鼓以"一耳"、统一法令以"一心"、统一智愚巧拙以"一众"、统一勇惧先后以"一力"等事例，说明"一"对于治国之重要性："一则治，异则乱；一则安，异则危。"[2]214

对于思想而言，"一"就是"一家独尊"，"异"就是"百花齐放"。纯就学理而言，《吕氏春秋·慎势》并没有断定"一"就是好的，"异"就是不好的。关键是效用，在效用方面，在国家治理方面，它认为"一"要好于"异"。

它有批评诸子之言论谓："老耽贵柔，孔子贵仁，墨翟贵廉，关尹贵清，子列子贵虚，陈骈贵齐，阳生贵己，孙膑贵势，王廖贵先，兒良贵后。"[2]213 在纯学理之角度，《吕氏春秋·慎势》并未对它们之"异"即"百花齐放"予以否定，相反认为这十人"皆天下之豪士"，皆能成一家之言。

2. 关于"不二"。"不二"就是一，就是统一，就是一律，就是一致；于思想、学术而言，就是文化上之高压。

因此《吕氏春秋》又有《不二》一篇，开篇即论"一"之重要性："王者执一，而为万物正。军必有将，所以一之也；国必有君，所以一之也；天下必有天子，所以一之也；天子必执一，所以抟之也。一则治，两则乱。"[2]214 "一则治，两则乱"，这就是《吕氏春秋》批评各家学说之"格式"。

"今御骊马者，使四人人操一策，则不可以出于门闾者，不一也。"[2]214 这就是《吕氏春秋》批评各家学说之"格式"。

二、效用款死效用式：
《孟子·滕文公》《韩非子·显学》等

效用款死效用式之批评格式，是指其批评活动立足于"效用"而展开，其"效用"偏向极端化，不惜以否定或曲解"学理"来讲"效用"。《孟子·滕文公》《韩非子·显学》《韩非子·解老》《礼记·经解》《白虎通义》等，可为此种批评格式之代表。

（一）《孟子·滕文公》之"辟杨墨"

中华哲学批评"偏效用格式"另一个可能奠基者，是孟子。孟子"辟杨墨"，在中华哲学批评史上是很出名的。

他以为在当时，"天下之言，不归杨则归墨"。杨即杨朱，主张为我；墨即墨子，主张兼爱。两派观点本是相互对立的，势同水火，但孟子却合而批评之，说"杨墨之道不息，孔子之道不著，是邪说诬民，充塞仁义也"[3]269，主张"距杨墨，放淫辞"。

1. 关于"墨氏兼爱是无父也"。孟子"辟杨墨"最集中之一段话，载于《孟子·滕文公下》。其言曰："杨朱、墨翟之言盈天下，天下之言不归杨，则归墨。杨氏为我，是无君也；墨氏兼爱，是无父也。……杨墨之道不息，孔子之道不著，是邪说诬民，充塞仁义也。仁义充塞，则率兽食人，人将相食。吾为此惧，闲先圣之道，距杨墨，放淫辞，邪说者不得作。作于其心，害于其事；作于其事，害于其政。……能言距杨墨者，圣人之徒也。"[3]269 272

孟子批评杨、墨，曾有丝毫顾及"学理"方面吗？答曰：完全没有。杨朱为我，墨子兼爱，在"学理"上都是无可指摘的，他们都能够自圆其说，都能够自成一家言。

杨朱之中心思想是"拔一毛利天下不为"，初看上去好像是完全之自私自利，其实不然。载于《列子》一书之杨朱的原话是："伯成子高不以一毫利物，舍国而隐耕；大禹不以一身自利，一体偏枯。古之人损一毫利天下不与也，悉天下奉一身不取也。人人不损一毫，人人不利天下，天下治矣。"[4]

这是一段多么优美而又饱含智慧之哲言。它完全不是个人主义、为我主义，因为它明确倡导"悉天下奉一身不取"；但同时它却又是最为彻底之个人主义、为我主义，因为它又明确倡导"损一毫利天下不与"，明确倡导"人人不损一毫，人人不利天下"。

其理论设定是：一个不需要任何人损毫、不需要任何人利他之社会，才是真正完美之社会；一个人人都能自我生存、自我发展、自我提高、自我成圣之社会，才是真正完美之社会。呼唤利他，需要利他，呼唤损毫，需要损毫，只是证明这个社会还不完满，还有缺陷，还没有达到"天下大治"。

自此而言，杨朱之理想是非常崇高的，说他是"禽兽"，是完全没有根据的。一个"悉天下奉一身不取"之人，如何是"禽兽"；一个追求"天下治矣"之人，如何是"无君"？孟子上述批评，明显涉嫌歪曲、曲解杨朱之"学理"。

2. 关于"兼"与"别"。墨子讲兼爱，学理上亦很崇高。兼爱之体现者，一是"兼士"，二是"兼君"；"兼士"相对于"别士"而言，"兼君"相对于"别君"而言。

"兼士"之行为准则，是"爱人利人"；"别士"之行为准则，是"恶人贼人"。"兼士"之人生观，是关心他人比关心自己为重；"别士"之人生观，则是关心自己比关心他人为重。"兼士"之人格，是"言必行，行必果，使言行之合，犹合符节"[1]73；"别士"之人格，则是言不必行，行不必果，使言行不一。

"兼君"层次更高，其理想，是"必先万民之身后为其身"；其做法，是"退睹其万民，饥而食之，寒而衣之，疾病侍养之，死丧葬埋之"[1]74。"别君"则刚好相反，他以"其身先万民之身"为理想，以"退睹其万民，饥即不食，寒即不衣，疾病不侍养，死丧不葬埋"为作为。

一个"爱人利人"之人，一个关心他人重于关心自己之人，一个视人如己（"为彼犹为己"）之人，一个"先万民之身后为其身"之人，一个反对"独知爱其身，不爱人之身""独知爱其国，不爱人之国"之人，一个主张"为其友之身若为其身，为其友之亲若为其亲"之人，如何能斥之为"禽兽"！

可知孟子之批评杨、墨，是丝毫不顾及所批对象之学理的。是以歪曲、曲解"学理"之方式，来讲"效用"。

他指责杨、墨，并非因为杨、墨在学理上有什么错误，而是因为

"他以为"杨、墨欺骗了人民，阻塞了仁义；"他以为"阻塞了仁义，就等于率兽而食人，让人互相残害；"他以为"杨朱为我、墨子兼爱之"无父无君"思想，是有害于行事的；"他以为"有害于行事，当然就有害于政治；"他以为"杨、墨"邪说"不消灭，孔子"大道"就无以彰显；于是"他以为"能在言论上批驳杨、墨"邪说"之人，就是"圣人之徒"。

此处之批评，显比《庄子·天下》更注重于"效用"，将"效用"极端化，构成哲学批评之"死效用式"。如果说《庄子·天下》之批评格式是"效用优先，兼顾学理"，则孟子"辟杨墨"之批评格式就是"只讲效用，不顾学理"。这是"偏效用格式"左向发展之极端，其结果就是"唯效用论"。

3. 关于其他各家。孟子以"唯效用论"批评杨、墨，亦以"唯效用论"批评自耕派（以楚国许行为首），责其为"相率而为伪者"[3]235；批评儒者陈相（陈良之弟子）背师叛道之行，责其为"不善变"[3]215；批评"管子、晏子之功"，认为其功绩卑微平凡，不足称道，故不屑与之相比[3]102-103；批评五霸，以其为"三王之罪人"[3]494；批评当时诸侯，以其为"五霸之罪人"[3]495；批评当时大夫，以其为"诸侯之罪人"[3]495；批评各种与战争有关之人，以其为"率土地而食人肉，罪不容于死"，主张让其"服上刑"[3]303；等等。诸如此类之所有批评，都是在"唯效用论"格式下展开的。在中华哲学批评史上，孟子可说是中华哲人原创之"偏效用格式"最典型代表之一。

（二）《韩非子·显学》对于墨家之批评

《韩非子·显学》在中华哲学批评史上，亦是较早概括、评判先秦主要学派之著作之一。其批评"格式"，比《荀子·非十二子》等篇，更倾向于"效用"。换言之，其批评"格式"乃是《庄子·天下》以后"偏效用格式"向左倾方面之进一步发展。

1. 以"愚诬之学"斥儒、墨。《韩非子·显学》开篇即打击儒、墨两家（"世之显学，儒墨也"）在学理上之正当性。孔、墨之后，儒分为八，墨离为三，各自之立场、观点不同，但却都认自己是"真孔墨"，《韩非子·显学》认为孔、墨已逝，不可复生，根本无法定夺

（"将谁使定后世之学乎"），此其一。孔、墨本人，俱道尧舜，各自之立场、观点不同，却都认自己是"真尧舜"，《韩非子·显学》认为尧舜已逝，不可复生，根本无法定夺（"将谁使定儒墨之诚乎"），此其二。殷周至当时七百余岁，虞夏至当时二千余岁，连"儒墨之真"都无法定夺，要想"审尧舜之道于三千岁之前"，肯定是行不通的（"意者其不可必乎"），此其三。

孔、墨后学是不是真传孔、墨，无法定夺；孔、墨本人是不是真传尧、舜，无法定夺；尧、舜之道是不是真存于三千年前，同样无法定夺。有此三项，则《韩非子·显学》有如下断言："无参验而必之者，愚也；弗能必而据之者，诬也。故明据先王，必定尧舜者，非愚则诬也。愚诬之学，杂反之行，明主弗受也。"[5]351

"愚"着重于学理之批评，"诬"着重于效用之批评，《韩非子·显学》是从打击、否定儒、墨学理上之正当性开始，否定其效用上之价值。

2. 以"杂反之学"斥儒、墨。如果仅限于学理之层面，"杂反之学"是可以并存的；但若落实到效用，"杂反之学"就不能够两立。《韩非子·显学》采取的是"效用"立场，故它明确提出了禁止"杂反之学"，如儒、墨"显学"之主张。

墨家反厚葬，"世主以为俭而礼之"；儒家倡厚葬，"世主以为孝而礼之"。以墨子之俭，可以否定孔子之侈；以孔子之孝，又可以否定墨子之戾。"今孝戾侈俭俱在儒墨，而上兼礼之"[5]352，显然是不行的。

漆雕主张廉洁，"世主以为廉而礼之"；宋荣子主张宽容，"世主以为宽而礼之"。以漆雕之廉，可以否定宋荣子之恕；以宋荣子之宽，又可以否定漆雕之暴。"今宽廉恕暴俱在二子，人主兼而礼之"[5]352，显然是不行的。

总之，不管是"愚诬之学"还是"杂反之学"，"人主俱听之"显然是不行的。为什么不行？原因在效用不在学理。因为若如此，则"海内之士，言无定术，行无常议……安得无乱乎"[5]352？"乱""杂反之学"导致言论混乱、行为乖乱、社会动乱等，这才是所以必须禁止之根本缘由。

《韩非子·显学》谓："夫冰炭不同器而久，寒暑不兼时而至，杂反之学不两立而治。今兼听杂学缪行同异之辞，安得无乱乎？听行如此，其于治人又必然矣。"[5]352 于效用而言，"杂反之学"势同水火、冰炭、寒暑，无论如何是不能"两立"的。

3."用"是决定治、乱之根本。《韩非子·显学》不仅在批评"世之显学"方面持"效用"立场，在批评其他社会现象方面，同样持"效用"立场。

它以为富裕者所以富裕，"非力则俭也"；贫穷者所以贫穷，"非侈则惰也"。基此它反对"征敛于富人以布施于贫家"，因为这是"夺力俭而与侈惰"之举，根本达不到让民众"疾作而节用"之目的。

它以为最高统治者"陈良田大宅，设爵禄"之目的，只在"易民死命"。由此它反对"世主"礼遇那些"不入危城，不处军旅，不以天下大利易其胫一毛"之人，反对最高统治者"贵其智而高其行"，将他们视为"轻物重生之士"。因为最高统治者"尊贵轻物重生之士"，根本就收不到让民众"出死而重殉上事"之效。

它以为官吏之税、最高统治者"养学士"之费，均来自"耕者"，耕者"重税"，学士才能"多赏"。由此它反对"世主"礼遇那些"藏书策，习谈论，聚徒役，服文学，而议说"之人，因为这样做根本不可能收让民众"疾作而少言谈"之效。

它又反对"世主"礼遇那些"立节参民，执操不侵，然言过于耳，必随之以剑"的所谓"自好之士"。因为这导致"斩首之劳不赏，而家斗之勇尊显"，根本收不到让民众"疾战距敌而无私斗"之效。

总之，基于"效用"之立场，《韩非子·显学》断言："国乎则养儒侠，难至则用介士，所养者非所用，所用者非所养，此所以乱也。"[5]353 有"用"则治，无"用"则乱，"用"是决定治、乱之根本。

《韩非子·显学》"宰相必起于州部，猛将必发于卒伍"之主张、"力多则人朝，力寡则朝于人"之主张、"威势之可以禁暴，而德厚之不足以止乱"之主张、"圣人之治国，不恃人之为吾善也，而用其不得为非也"之主张，以及"民智之不可用""民智之不足用"等主张，都是基于上述立场提出来的。

4. 关于"不听学者之言"。对于各家学说，《韩非子·显学》主张"若是其言，宜布之官而用其身；若非其言，宜去其身而息其端"[5]353，信者用之，不信者禁之。

若相反，"以为是也而弗布于官，以为非而不息其端，是而不用，非而不息，乱亡之道也"[5]353。关键在"乱亡"，即效用。

儒家游说"人主"，"不言今之所以为治，而语已治之功；不审官法之事，不察奸邪之情，而皆道上古之传，誉先王之成功"[5]356，显然是在宣传"无用"之学，属于"说者之巫祝"。如此之"无用"之学，"有度之主不受也"。

因此《韩非子·显学》规劝"明主"要"举实事，去无用，不道仁义，故不听学者之言"[5]356，其"偏效用格式"或"唯效用论"之立场，昭然若揭。"不听学者之言"之实质，就是"不管学理如何"。

另外《韩非子·解老》对于《老子》之批评，也有一个"曲解"与"误解"问题。关于《韩非子·解老》，陈鼓应先生曾有一个评价，除肯定其为现存释读《老子》思想著作中"最古的一篇文字"之地位外，亦分析了其批评立场。

陈先生认为韩非"只重视老子的人生哲学和政治哲学"，说"在《解老》的文字中，并不重视老子的形而上学的思想。韩非重功效，所以在《解老》中发扬了老子这一面的思想"[6]365。说《韩非子·解老》"重功效"而不重"学理"，如形而上学思想，就是对《韩非子·解老》之"批评格式"的深层分析。著者以为这个分析是对的。

其"重功效"，重到什么程度呢？重到为达目的不惜进行"显著的曲解"与"显著的误解"。陈先生举例说，《韩非子·解老》认为老子主张"重变法"，就是"显著的曲解"之例；把《老子》第五十章"生之徒十有三，死之徒十有三"一句中之"十有三"，释读为四肢与九窍，以及得"道"以死、得"道"以败等说法，就是"显著的误解"之例[6]365-366。

"误解"是无意的。其实"唯效用论"之批评格式，极有可能让批评者"故意"去"误解"。

三、不同批评格式辩难之范例：
《盐铁论·论儒》中"效用款死效用式"
与"并置款偏学理式"之对决

《盐铁论·论儒》记载的，是西汉昭帝时期（约前 81）御史大夫和贤良文学之间有关儒学之争论，争论之焦点是儒学究竟有无效用。考其"批评格式"，实为"效用款死效用式"与"并置款偏学理式"之对决。"御史大夫"采用"效用款死效用式"，"贤良文学"采用"并置款偏学理式"。

（一）第一回合之论辩

御史大夫认为儒学之根本问题是"安国尊君，未始有效也"，即不能对政治、社会产生"效用"。

理由是：1. "孔于修道鲁卫之间，教化洙泗之上，弟子不为变，当世不为治，鲁国之削滋甚"；2. "齐宣王褒儒尊学，孟轲、淳于髡之徒受上大夫之禄，不任职而论国事。盖齐稷下先生，千有余人……弱燕攻齐，长驱至临淄，湣王遁逃，死于莒而不能救。王建禽于秦，与之俱虏而不能存"[7]12。

贤良文学则认为儒学是可以产生"效用"的，只是没有发挥出来。

理由是：1. "无鞭策，虽造父不能调驷马，无世位，虽舜禹不能治万民"；2. "轺车良马，无以驰之，圣德仁义，无所施之。齐宣之时，不显贤进士，国家富强，威行敌国；及湣王奋二世之余烈，南举楚淮，北并巨宋，苞十二国，西摧三晋，却强秦，五国宾从。邹鲁之君，泗上诸侯皆入臣，矜功不休，百姓不堪，诸儒谏不从，各分散，慎到、捷子亡去，田骈如薛，而孙卿适楚，内无良臣，故诸侯合谋而伐之。王建听流说，信反间，用后胜之计，不与诸侯从亲以亡国，为秦所禽，不亦宜乎"[7]12-13？

不是因为用儒学而无"功效"，而是因为未用儒学而无"功效"。

（二）第二回合之论辩

御史大夫对上述说法提出反对意见，认为：

1. 不存在"不从""不行"之问题。"伊尹以割烹事汤，百里以饭牛要穆公，始为苟合，信然与之。霸王如此，何言不从，何道不行？"

2. 不存在用了儒学而产生"效用"之问题。"商君以王道说孝公，不用，即以强国之道，卒以就功。邹子以儒术干世主，不用，即以变化始终之论，卒以显名。"

3. 存在着用儒学而未产生"功效"之大量事例。"孟轲守旧术，不知世务，入困于梁宋。孔子能方不能圆，故饥于黎丘。今晚世之儒，勤德时有乏匮，言以为非，困此不行。自周室以来，千有余岁，独有文武成康，如言必参一焉。取所不能及而称之，犹躄者能言远，不能行也；圣人异途同归，或行或止，其趣一也。"

4. 存在着不用儒学而能产生"功效"之大量事例。"商君虽革法改教，志存于强国利民；邹子之作变化之术，亦归于仁义。祭仲自贬损以行权，时也，故小枉大直，君子好之。今硁硁然守一道，引尾生之意，即晋文之谲诸侯，以尊周室不足道，而管仲蒙耻辱以存亡，不足称也。"[7]13

总之，御史大夫之根本主张是"马效千里，不必胡代；士贵成功，不必文辞"[7]13，"成功"才是衡量一种理论好坏善恶之根本标准。

贤良文学对上述说法之回答是：

1. 所举"成功"之例，乃是"苟合而以成霸王"，儒者不能这样做。"伊尹之干汤，知圣主也；百里之归秦，知明君也。二君之能知霸王，其册素形，于已非暗，而以冥冥决事也。孔子曰名不正则言不顺，言不顺则事不成，如何其苟合而以成霸王也。"

2. 所举"成功"之例，乃是"枉道以求容"，儒者不能这样做。"君子执德秉义而行，故造次必于是，颠沛必于是。孟子曰居今之朝，不易其俗，而成千乘之势，不能一朝居也。宁穷饥居于陋巷，安能变己而从俗化？阖庐杀僚，公子札去而之延陵，终身不入吴国；鲁公杀于赤，叔盻退而隐处，不食其禄，亏义得尊，枉道取容，效死不为也。闻正道不行，释事而退；未闻枉道以求容也。"[7]13

（三）第三回合之论辩

御史大夫提出反驳，认为在儒家内部也存在着大量"苟合而以成霸王"及"枉道以求容"之行为。"苟合""枉道"等，是对于儒家"学理"之批评。

他们举例说："季氏为无道，逐其君，夺其政，而冉求、仲由臣焉。礼，男女不授，不交爵，孔子适卫，因嬖臣弥子瑕以见卫夫人，子路不说。子瑕，佞臣也，夫子因之，非正也；男女不交，孔子见南子，非礼也。礼义由孔氏，且贬道以求容，恶在其释事而退也？"[7]13

贤良文学于是又辩解之，认为那是儒者不得已之举："天下不平，庶国不宁，明王之忧也；上无天子，下无方伯，天下烦乱，贤圣之忧也。是以尧忧洪水，伊尹忧民，管仲束缚，孔子周流，忧百姓之祸而欲安其危也。是以负鼎俎囚拘匍匐以救之。故追亡者趋，拯溺者濡。今民陷沟壑，虽欲无濡，岂得已哉？"[7]13"贤良文学"力图维护儒家"学理"之严肃性。

（四）其他篇章之批评

除《论儒》篇外，《盐铁论》又有《论邹》一篇，记载御史大夫和贤良文学之间有关邹衍之不同批评。

贤良文学在批评邹衍"误惑六国之君以纳其说"之同时，提出了"无补于用者，君子不为；无益于治者，君子不由"[7]54之重要命题，进一步强化了《盐铁论》哲学批评之"效用格式"。是"效用款死效用式"之延伸。

《论儒》《论邹》之外，《盐铁论》又有《申韩》《非鞅》《大论》等篇，均是中华哲学批评史之重要材料。

四、"效用款"与"学理款"两大格式之分析

考察中华哲学批评史可知，"效用格式"在一定限度里，是有效的；但若超出一定限度，就会失效。所谓失效，就是把哲学批评变成完全没有标准之行为，批评者可以为所欲为。"效用格式"最容易滑

向为所欲为之批评格式。

（一）"效用格式"及其运用之得失

1. "效用格式"与"经学"。"效用格式"奠基于先秦时期，经秦、汉之发扬，至两汉之际而臻极境，开始走入末路了。

经学之产生，是此一格式走向鼎盛及衰落之关键。经学就是对于经典之批评，西汉武帝"罢黜百家，独尊儒术"后，立五经博士，实际就是确立批评五经之官方标准。西汉董仲舒以阴阳五行说重释《春秋公羊传》，并创今文经学，以孔子为始祖，以"效用"为目标。

之所以要以孔子为始祖，就因为孔子是以删定"六经"作"托古改制"之手段，从而立万世不易之法的。换言之，就因为孔子之批评格式完全是"唯效用论"的。之所以谓其以"效用"为目标，就因为其阐发经文之"微言""大义"，完全是出于现实政治之需要，完全是为了论证"大一统"政治格局之合理性，为其背书，而非出于"学理"之探讨。

西汉末，以古文字写成之经书被陆续"发现"，于是刘歆请立学官，与太常博士们争经学正宗，开古文经学与今文经学争论之先河。至王莽建新朝，采纳刘歆建议，立古文经学博士，而与今文经学分庭抗礼。

今文经学盛行于西汉，古文经学盛行于东汉；今文经学重"微言""大义"，古文经学重名物训诂；今文经学重师承家法，古文经学重经籍记载；今文经学之流弊为诞妄，古文经学之流弊为烦琐。

表面看去，今文经学与古文经学似乎迥然不同，甚至势同水火；实际上，从它们批评经典之格式去考察，它们使用之格式是相同的，都是"效用格式"或"唯效用论"的。

2. 顾氏所谓"通经致用"。先秦思想家创立之"效用格式"格式，被两汉经学完全接纳进来，并发挥至极境。此种做法，顾颉刚先生称为"通经致用"[8]106："通经"是为了"致用"，"通经"而不"致用"，否矣；"致用"而不"通经"，亦否矣。

顾先生在其名著《汉代学术史略》中，曾谈到刘歆在经典批评上之"为所欲为"，说他"不是客观的整理古书，而是主观的改编古书，使得许多材料真伪混杂，新旧错乱，他随意一动笔，害我们费了不知多少工夫才得纠正"，并说"他的作伪的痕迹是很显然的"[8]103。

不要以为古文经学就是客观的。今文经学讲"微言""大义"不客观，古文经学讲名物训诂同样不客观，这都是因为要迁就"通经致用"之目标：能达"通经致用"之目标的，就可以说它真；不能达"通经致用"之目标的，就可以说它假。真假视"效用"而定。

先秦经典直接拿到今天，也许是完全无用的，因为《诗经》里的诗不能唱了，《易经》里的占卜不管用了，《礼经》《礼记》中琐碎礼节失效了，《春秋》之善恶褒贬过时了，《尚书》中之"上帝"和"祖先"早死了。这些经典已完全无用于今天之现实。顾颉刚先生认为，不独于今天，就是于汉代之现实，也已经完全无用。

经学之使命，就是通过经学家们对经典之批评，将经典变得有用，变得能够对汉代当时之政治、社会现实产生影响。而把本已无用之经典变得有用之办法很多，其中关键一条，就是采用"效用格式"甚至"唯效用论"之批评格式，让经典完全彻底地为批评者服务，而非让批评者为经典服务。

至于汉代经学家之办法，顾颉刚先生列举了三例：以《春秋》决狱、以《禹贡》治河、以《三百篇》即《诗经》当谏书。

以春秋决狱，就是直接拿《春秋》中之原话作为判案之依据，如此则《春秋》便立即变得有用了；以《禹贡》治河，就是直接拿《禹贡》之记载作治水之根据，如此则《禹贡》便立即变得有用了；以《诗经》当谏书，就是用道德观点把全部《诗经》拉到一种训诫目标下，让书中每句话都成为他们谏书之材料。总之经学所谓"学问"之基础，顾先生认为"不建筑在求真上"[8]118。

3. 刘歆与王莽重构历史与文化。西汉末年，经学家刘歆和政治家王莽联手，对此前之中华文化，进行了全面大整理，整理之目标是让此新文化系统，合乎现实政治之需要。

具体办法是重排邹衍之五德终始表。一方面把邹衍所说之代系延长。邹衍创五德终始说时只从黄帝说起，黄帝之后是夏，夏之后是商，商之后是周，尧、舜等不单独成代。刘歆、王莽等则在黄帝之前加上神农，神农之前加上伏羲，于是五德终始之代系，就延长了。董仲舒本已有三王、五帝、九皇之说，从当时往上数到第九代，最近三代称"王"，稍远五代称"帝"，最远一代称"皇"，时代愈远，称号愈尊。刘歆、王莽等大致沿袭这些说法。

另一方面，邹衍原用者，主要是五行相胜说，而刘歆、王莽等则改用五行相生说。他们就根据延长之代系和五行相生说这两种工具，重建新文化系统。他们以为帝王应从木德开始①，最古之帝王是伏羲，故伏羲应属木德；木生火，火生土，伏羲之后之神农属火德，神农之后之黄帝属土德；神农种田，应属土，长出之庄稼应属木，不能算火德，他们于是让炎帝与神农合一，称"炎帝神农氏"，神农于是就可以属火了。

他们已定汉帝之祖先为尧，尧属火德，根据木生火之原理，尧之上一代帝喾自应属木德，又据水生木之原理，帝喾之上一代颛顼自应属水德。颛顼之上就是黄帝，黄帝之土德不能更改，则黄帝以其土生不出颛顼之水，颛顼以其水亦无以上承黄帝之土。其间缺一个"金"，土生金，金生水，才是通顺的。于是刘歆、王莽等就在黄帝与颛顼之间，插进一个少［白皋］，赋其名为"金天氏"，赋予其金德。于是由黄帝而少［白皋］，由少［白皋］而颛顼，古史系统换成另一个样子。

这样改窜之处还有很多。如秦为水德，乃是秦始皇依邹衍五德终始说所明白宣布，而依刘歆、王莽等之新的五德终始表，汉之火德直接上承周之木德，秦之地位被取消。他们对此解释说：秦以水介于周、汉之木火间，失其五行次序，故享国不永，只能视为"闰统"。在邹衍相胜式五德终始表中本是"正统"之秦朝，在他们相生式五德终始表中成为"闰统"。

刘歆、王莽等为何要如此"为所欲为"地改窜中华上古史及上古文化系统？目的当然只有一个，就是证明自己政治地位之合法性。王莽为帝之政治现实是一个中心，一切都得围绕这个中心而改换其面

---

① 因《易经》中有"帝出乎震"之言，震为东方之卦，东方属木。

目。一切都得迁就，一切都可以改变，唯独这个中心是绝对不能改变者。

于是以王莽为中心之新的古史系统和新的古文化史系统，就出笼了。王莽当上皇帝，下诏封姚恂为初睦侯，奉黄帝后；封梁护为修远伯，奉少［白皋］后；封皇孙功隆公王千，奉帝喾后；封刘歆（非国师刘歆）为祁烈伯，奉颛顼后；封刘叠为伊休侯，奉尧后；封妫昌为如睦侯，奉舜后。又封夏后姒丰为章功侯，殷后孔弘为章昭侯，都位为"恪"；封周后姬党为章平公，与已封之汉后定安公刘婴一起，都位为"宾"①。

于是新造古史系统与文化系统，就跟现实政治发生了密切关系。本为证明现实而臆想之"体系"，反成为现实之依据。

4. "效用格式"之末路。王莽在政治上之失败，并没有使此杜撰之古史系统和文化系统消失，相反此系统在王莽之后"已立于不败之地"，"把人们欺骗了近二千年"[8]150。

直到康有为作《新学伪经考》，指出黄帝、颛顼间本没有少［白皋］一代，崔适作《史记探源》，指出王莽所以这样排列，只是为了证明新之禅汉位正如舜之禅尧位。直到此时，"这一个黑幕方得揭开"[8]150。而帮助王莽摆下此迷魂阵者，康有为、崔适、顾颉刚等先生都以为，就是经学家刘歆。

从中华哲学批评史之角度说，刘歆"造伪书伪史"，是把"效用格式"推向极端之最早理论家；王莽"杜撰"古史系统与古文化系统，是把"效用格式"推向极端之最早政治家。若是分开运作，有理论家与政治家相互监督，"造伪"与"杜撰"还容易识破；若两者联手，有理论家与政治家相互庇护，则"造伪"与"杜撰"就极有可能变成"真理"，对"学理"与"效用"均产生深远影响。

奠基于先秦之"效用格式"，是在刘歆、王莽等人之手中登峰造极，并走向末路的。以后之中华文化，若没有新的刺激，就只能等

---

① 以上参见顾颉刚：《汉代学术史略》，上海：亚细亚书局1935年版，第141—151页。

死；以后之中华哲学批评，若没有新的格式参与进来，也只能等死。这是"效用格式"格式可能产生之最严重后果。

（二）"学理格式"及其运用之得失

钱穆先生有所谓"晚汉之新思潮"之提法，实即针对"学理格式"而来。

在"学理款"格式下，我们看到中华祖先之历史观发生了变化。"古优于今"之史观被"今优于古"之史观取代，"今不如昔"之史观被"昔不如今"之史观取代，"好高古而下今，贵所闻而贱所见"[9]187之史观被"好高今而下古，贵所见而贱所闻"之史观取代，"称圣泰隆……称治亦泰盛"[9]191之史观被"圣卓而无迹……太平绝而无续"[9]191之史观取代。

总之，在"效用格式"下行之有效的那套历史观念，在新的"学理格式"中变成"乱码"，谁也无法识别。

王充及其《论衡》之学说，被著名学者钱穆视为"晚汉之新思潮"[10]122，认为此新思潮"影响于当时之学术界者甚大"[10]134，王符撰《潜夫论》、仲长统撰《昌言》、崔寔撰《政论》、刘劭撰《人物志》、应劭撰《风俗通义》等等，均受其影响，"外如蔡邕，王朗，孔融，王粲，曹植，阮籍，其人言论行事，皆足以鼓荡一世，为人心所归仰；而莫不舍两汉之旧风，慕王氏之新趋；则其魔力之大，为如何矣"[10]134—138？

著者以为钱氏所言极是。并以为从中华哲学批评史之角度说，王充及其《论衡》之所以"影响甚大"，之所以"魔力"甚大，正在于他是批评格式之转换者。自此"效用格式"虽时有冒头，但已是身处"学理格式"之汪洋中，很难再有"翻身"之机会。

（三）"效用款"与"学理款"两大格式之较量影响后世哲学批评

中华哲学批评之第一期，始自上古，讫于汉末，覆盖佛教文化于思想层面影响中华之前的全部中华文化。在此两千五百年之文化演进中，中华祖先已完整构建六大批评格式：或向左，强化效用，甚至以效用吸收学理，把"效用"格式推向极端，变成"唯效用论"；或并重，左右摇摆，试图同时兼顾效用与学理；或向右，强化学理，甚至以学理吸收效用，把"效用"格式推向另一个极端，变成"唯学理论"。

向左强化效用，得效用款，分活效用与死效用两式；效用与学理并重，得并置款，分偏效用与偏学理两式；向右强化学理，得学理款，分活学理与死学理两式。凡三款六式。这个三款六式框架，形成于外来文化进入中华之前，故著者视其为"早期格式"或"原创格式"。

中华哲学批评之第二期，始自汉末佛学影响中华思想及其思维方式，讫于晚明西学之输入（欧西所谓"地理大发现"时期），跨度近一千四五百年。其所采用之批评格式，以"偏智慧格式"为主。此格式以"学理优先"或"智慧优先"为特征，讲求"尚智""尚慧"。实是中华早期批评格式中"学理款"格式之弘扬。

"学理款"格式压倒"效用款"格式，正是中华哲学批评第二期之主题。"偏智慧"格式是以"学理款"格式为基础，发展起来的。"偏学理"之思维方式，在"佛禅"刺激下成长壮大。就中华哲学批评史之角度说，佛学之最大影响，就是刺激并促进了"学理款"格式之扎根与成长。在儒、佛、道三教之长期争论中，"学理款"格式与"偏智慧"格式不断抬头，并最终取得优势地位。

魏晋以后，佛、道二教同时盛行，势不两立，自不能不争；儒、佛二教之争，始立论于夷夏之辨，次立论于学理，终立论于伦理。南朝齐学者顾欢撰《夷夏论》，视老子为佛、道二教之共同祖先，并以此为基础，肯定佛、道二教之一致性，谓"道则佛也，佛则道也"[11]931。但一致只在其"道"，而不在其"俗"，"道"即道理，无夷、夏之分，但"俗"即风俗习惯（如削发旷衣、弃妻绝嗣等）却有严格的夷、夏之别，绝不能混淆。

于是"道同俗异论"，就成为顾欢处理佛、道二教关系之基本立足点。依此立足点，华人对佛教最好是取其道而弃其俗，"理之可贵者，道也；事之可贱者，俗也"，"道固符合矣"，"俗则大乖矣"[11]932，"佛道实贵，故戒业可遵；戎俗实贱，故言貌可弃"[11]934。总之顾欢是主张在习俗方面不可丢掉本民族之文化传统，不可"舍华效夷"，不可"滥用夷礼"。

《夷夏论》出，则争论起。谢镇之撰《与顾道士析夷夏论》，朱昭之撰《难顾道士夷夏论》，朱广之撰《疑夷夏论咨顾道士》，释慧通撰《难顾道士夷夏论》，释僧愍撰《戎华论析顾道士夷夏论》，明僧绍撰《正二教论》，等等，从夷夏立论，争论不休[12]。

从学理立论而相争者，有南齐竟陵王子良（武帝之子）之有佛论与范缜之无佛论，等等。从伦理立论而相争者，有梁刘勰《灭惑论》之"违孝失敬"论与佛教徒之"不违其孝""不失其敬"论，等等①。

儒、佛、道三教各是其是，各非其非，长期争执，不得定论。但暗地里毕竟是"佛禅"抬头，中华哲学批评之"学理款"格式，亦是借了"佛禅"之刺激，而转换到另一个更高境界。

进入中华哲学批评第二期，著者发现很奇特之现象，值得学者关注：在"三教论争"中，释斥道、释斥儒常常采用"学理格式"或"智慧格式"，而儒斥道、儒斥释却常常采用"效用格式"；如果共用一个格式，三教之间似乎就无以论争，或者说根本论争不起来。

如此说来，"三教论争"莫非是一个"假问题"？如若真是"假问题"，则中华哲学史也许就要改写。站在"中华哲学史"之角度，这个问题不容易发现；但若站在"中华哲学批评史"之角度，这个问题立即"水落石出"。这也许正是"中华哲学批评史"在某些方面优越于"中华哲学史"之处。

释与道之品儒。释斥道、释斥儒常常采用"学理格式"或"智慧格式"。我们看何晏之《论语集解》，它以《易》《老》通《论语》，以道解儒，是基于"学理"之立场；阮籍之《大人先生传》以道斥儒，其《通易论》折中儒道，均是立于"学理"之立场；嵇康之《释私论》倡"越名家而任自然"，以道斥儒，是立于"学理"之立场；郭象《庄子注》论证"名教"即"自然"，以道证儒，是立于"学理"

———————

① 参见杨东莼：《中国学术史讲话》，上海：北新书局1932年版，第221—223页。

之立场；葛洪《抱朴子》"释滞""道意""明本"诸篇倡"道本儒末"，是基于"学理"立场；慧远《沙门不敬王者论》以释为高，另斥"儒道九流仍皆糠秕"，亦是立于"学理"之立场；颜之推《颜氏家训》"归心"等篇倡儒、释"本为一体"，是立于"学理"之立场；法琳之《辨正论》以佛为高、为优，崇佛而抑道，是基于"学理"之立场；司马承祯之《坐忘论》援儒入道（如儒之"正心"说）、援释入道（如释之"止观"说），是立于"学理"之立场；李翱之《复性书》以释证儒，援释入儒，是立于"学理"之立场；宗密之《原人论》以释斥"儒道二教"，是立于"学理"之立场；《无能子》以道斥儒，同样是立于"学理"立场。如此等等，不胜枚举。

儒之品释与道。但儒者立于儒家之角度，去指斥释、道二教时，却常常采用"效用"之立场。孙盛之《老子疑问反讯》引儒家经典斥老庄，大多是站在"效用"立场；何承天之《达性论》以儒斥释之神不灭论与轮回说，其《报应问》以儒斥释之因果报应说，大多是立于"效用"立场；范缜《神灭论》指斥释家之神不灭论，大多是立于"效用"立场；王通《文中子》虽倡三教共融，但终以儒为最高，大多是基于"效用"立场；韩愈之《原人》以儒贬释之立场，就跟宗密《原人论》以释斥儒之立场，根本不同，前者是"效用优先"，后者是"学理优先"；韩愈之《原道》以假想的儒家之"道统"对抗释教"祖统"，可说完全是基于"效用"；至宋初三先生，胡瑗讲"明体达用之学"，石介《徂徕集》以儒学"正统"反对释道"异端"，孙复《春秋尊王发微》倡儒家"道统"、斥释道二教等，又无一不是基于"效用"之立场。如此等等，不胜枚举。

弄清"三教论争"中"批评格式"之乖戾，乃是中华哲学批评史之重要课题。它告诉我们，中华祖先在早期哲学批评中，构建出的"三款六式"批评框架，不仅是分析中华哲学内部儒释道"三教论争"之框架，是分析中华哲学与印度哲学关系中儒释道梵"四教论争"之框架，而且是分析中华哲学、印度哲学、欧西哲学关系中儒释道梵欧"五教论争"之框架，具有重要学术价值，值得高度关注与认真研究。

参考文献：

[1] 上海书店出版社编辑部. 诸子集成：第 4 册 [M]. 影印本. 上海：上海书店出版社，1986.

[2] 上海书店出版社编辑部. 诸子集成：第 6 册 [M]. 影印本. 上海：上海书店出版社，1986.

[3] 上海书店出版社编辑部. 诸子集成：第 1 册 [M]. 影印本. 上海：上海书店出版社，1986.

[4] 上海书店出版社编辑部. 诸子集成：第 3 册 [M]. 影印本. 上海：上海书店出版社，1986.

[5] 上海书店出版社编辑部. 诸子集成：第 5 册 [M]. 影印本. 上海：上海书店出版社，1986.

[6] 陈鼓应. 老子注译及评价 [M]. 北京：中华书局，1984.

[7] 上海书店出版社编辑部. 诸子集成：第 8 册 [M]. 影印本. 上海：上海书店出版社，1986.

[8] 顾颉刚. 汉代学术史略 [M]. 上海：上海亚细亚书局，1935.

[9] 上海书店出版社编辑部. 诸子集成：第 7 册 [M]. 影印本. 上海：上海书店出版社，1986.

[10] 钱穆. 国学概论 [M]. 北京：商务印书馆，1997.

[11] 萧子显. 南齐书：卷五十四 [M]. 北京：中华书局，1972.

[12] 僧祐. 弘明集：卷六－卷七 [M]. 上海：上海古籍出版社，1991.

该文为"2018 中国·衡水董仲舒与儒家思想国际学术研讨会"提交的论文。

张耀南（1963－），男，湖南石门人，哲学博士，北京航空航天大学人文与社会科学高等研究院教授。

钱　爽（1990－），男，福建厦门人，比利时根特大学艺术与哲学学院东方语言文化系、荷兰莱顿大学人文学院哲学系博士研究生。

罢黜百家独风流[①]
——"独尊儒术"与董仲舒哲学思想

解光宇

汉初的黄老思想有利于缓和矛盾，治疗战争创伤。但是如果一味谨守黄老无为而治的原则，势必助长不思进取、懒汉无为的社会风气，势必带来政治、经济等的混乱，势必影响社会的进步和发展。汉初占统治地位的黄老思想已不能适应政治上的需要。尤其到了汉武帝时期，为了加强中央集权专制，急需建立一种适应封建大一统社会的政治思想体系，于是，汉武帝接受董仲舒的建议，"罢黜百家，独尊儒术"，置五经博士，并以经董仲舒改造过的儒家思想作为统治思想，儒家学说定于一尊。

一、罢黜百家，独尊儒术

据《汉书·武帝纪》载：建元元年冬十月，诏丞相、御史、列侯、中二千石、二千石、诸侯相举贤良方正直言极谏之士。丞相绾奏："所举贤良，或治申、商、韩非、苏秦、张仪之言，乱国政，请皆罢。"奏可。"建元"是汉武帝第一个年号，建元元年即公元前140

———————————
① 基金项目：国家社科基金项目"中韩儒学发展路径及其现状比较研究"（15BZX067）。

年。该年为汉武帝刘彻即位这一年，汉武帝下令诏举贤良方正直言极谏之士，问以古今之治道，对者百余人。其中景帝时的博士董仲舒连对三策。《汉书·董仲舒传》记载说："武帝即位，举贤良文学之士，前后数百，而董仲舒以贤良对策焉。"董仲舒这个"对策"就是有名的《天人三策》。其第三策的末尾说：

> 《春秋》大一统者，天地之常经，古今之通谊也。今师异道，人异论，百家殊方，指意不同，是以上亡以持一统；法制数变，下不知所守。臣愚以为：诸不在六艺之科、孔子之术者，皆绝其道，勿使并进。邪辟之说灭息，然后统纪可一，而法度可明，民知所从矣。（《汉书·董仲舒传》）

这就是董仲舒向汉武帝建议的"罢黜百家、独尊儒术"的主张。

董仲舒的建议得到武帝的赏识，"天子善其对，以仲舒为江都相"。是年，"议立明堂，遣使者安车蒲轮，束帛加璧，征鲁申公"。武帝将当时名望较高的儒学大师申公迎入宫中，问治乱之事。第二年，御史大夫赵绾竟依儒家"妇人不干政"之礼"请毋奏事太皇太后"，触怒了好黄老之学的窦太后，赵绾被迫自杀，废儒礼。第五年，置《五经》博士，儒学有回升之势；第六年，窦太后死，去掉了儒学复尊的一大障碍。

元光元年（前134），即窦太后死翌年，汉武帝在彻底摆脱窦太后的束缚之后，其最重要的活动之一，就是恢复被窦太后阻止的儒学复兴运动。是年冬十一月，从董仲舒之言，令郡国举孝廉，复举贤良文学之士，策问古今之治道。儒学终于独占统治阶级意识形态的宝座。

儒学之所以在汉武帝时期成为国家的意识形态，主要取决于儒家思想更满足当时的政治需要。汉建立之初，反秦道而行之，分封诸侯。但是一些诸侯王骄恣无恐，西汉中央集权受到严重威胁。儒生们带着这样的重大问题"援经义以折衷是非"，力图在儒家经典中找到解决问题的答案。而董仲舒等人所治的《春秋公羊传》中的大一统理论，正好符合社会政治的需要。根据大一统的理论，重建以天子为人间至高无上的社会等级结构，并将早期儒家"君君臣臣、父父子子"

的思想理论化、系统化，为阻止诸侯分裂、巩固西汉中央政权提供了强有力的思想理论支撑。

二、董仲舒的哲学思想

董仲舒（约前179—前104），西汉广川（今河北衡水）人。少治《春秋》，景帝时为博士。尝"下帷讲诵，弟子传以久次相授业，或莫见其面。盖三年不窥园"。董仲舒治学，精思专一，志无他顾。其品格也很受人称道："进退容止，非礼不行，学士皆师尊之。"武帝征贤良对策，董仲舒颇得赏识，"天子以仲舒为江都相，事易王"。易王虽骄悍好勇，仲舒亦能"以礼谊匡正，王敬重矣"。董仲舒治国思想与主张以《春秋》大一统理论作为主导，以灾异之变推阴阳所以错行，从而采取相应的措施。时有辽东高庙、长陵高园殿灾，仲舒以为这是上天对当政者的谴告，并由此推说当杀亲近权贵以自省。奏折刚草具，被主父偃偷而上奏，因此下狱，几乎招致杀身之祸。由是仲舒不敢再说灾异。

与董仲舒并世的公孙弘亦治《春秋》，其学不如仲舒，却以曲阿逢迎之术，位至公卿。仲舒为人廉直，声望益高，弘嫉之，欲加害仲舒。武帝之兄胶西王刘端，为人纵恣暴戾，曾数害大臣，弘乃荐"独董仲舒可使相胶西王"。幸刘端亦知仲舒为当世大儒，竟"善待之"。董仲舒知官场险恶，恐时久获罪，乃称病辞职回家，专以讲学著书为事。朝廷或有大议，常派人"就其家而问之"，仍受皇帝器重。终老于家。

董仲舒的主要著作是《春秋繁露》，内容主要是以公羊学阐明《春秋》经中的"微言大义"，全面反映了董仲舒公羊哲学的思想体系。公羊学是研究《春秋公羊传》的一门学问。《春秋公羊传》或曰《公羊春秋》，儒家经典之一，专门解释《春秋》，战国时齐人公羊高撰。公羊高为子夏弟子。初仅口说流传，五世相口授，西汉景帝时，其玄孙公羊寿与齐人胡母生将口头流传的《春秋公羊传》"著于竹帛"，流传于世，遂成为汉代今文经学的主要经典。董仲舒的公羊哲学以儒家的政治伦理学说为基础，以阴阳家的阴阳五行理论为框架，其中心是讨论"天人相与之际"，认为天人相互感应。

特别是《天人三策》，即《举贤良对策》，为汉武帝举贤良文学三次策问的对答，是董仲舒政治哲学的纲领。强调"天人相与之际，甚可畏"，即以神权论证君权，又以神权限制君权；认为"道"是治天下的至上原则，"天不变，道亦不变"，建议"罢黜百家，独尊儒术"，以儒术"正法度""教化民"，通过统一思想而实现"《春秋》大一统"。

（一）天人感应学说

汉武帝时塑造出"太一"至上神，但是神权和皇权之间的关系还缺乏理论说明。为了封建大一统的需要，必须将皇权和神权联系起来，以强化皇权。武帝在举贤良文学之士的策问中，特别提出了"天人感应"的问题。董仲舒正是以"天人相与之际"的论证，为汉武帝的政治意图提供了理论根据。

董仲舒从天人相通的观点出发，认为四时运行，自然物春生、夏长、秋收、冬藏，都表现了天和人一样是有意志有感情的。董仲舒说：

> 天亦有喜怒之气、哀乐之心，与人相副，以类合之，天人一也。春，喜气也，故生；秋，怒气也，故杀；夏，乐气也，故养；冬，哀气也，故藏。四者，天人同有之。（《阴阳义》）

人有喜怒哀乐，天也有喜怒哀乐，天人有共性且相通。董仲舒进一步认为，人本于天，人副天数，天主宰人。他说：

> 人之为人，本于天。天亦人之曾祖父也，此人之所以乃上类天也。人之形体，化天数而成；人之血气，化天志而仁；人之德行，化天理而义；人之好恶，化天之暖清；人之喜怒，化天之寒暑；人之受命，化天之四时。人生有喜怒哀乐之答春秋冬夏也。喜，春之答也；怒，秋之答也；乐，夏之答也；哀，冬之答也。天之副在乎人，人之情性有由天者矣。故曰受，由天之号也，为人主也。（《为人者天》）

不仅天主宰人，而且天也主宰自然界。董仲舒通过主观类比，将天拟人化，并把天说成是自然界的主宰。他说：

> 是以天高其位而下其施，藏其形而见其光，序列星而近至
> 精，考阴阳而降霜露。高其位，所以为尊也；下其施，所以为仁
> 也；藏其形，所以为神也；见其光，所以为明也；序列星，所以
> 相承也；近至精，所以为刚也；考阴阳，所以成岁也；降霜露，
> 所以生杀也。为人君者，其法取象于天。（《天地之行》）

董仲舒将自然之天塑造为有意志之天，不仅主宰人和自然界，还要支配社会人事，才能沟通天人，给"王权神授"以理论依据。董仲舒首先制造出阳尊阴卑的理论，认为"天数右阳不右阴""贵阳而贱阴"。用这种理论比附人事，就得出如下的论断：

> 君臣、父子、夫妇之义，皆取诸阴阳之道。君为阳，臣为
> 阴；父为阳、子为阴；夫为阳，妻为阴。天之亲阳而疏阴，任德
> 而不任刑也。是故仁义制度之数，尽取之天。天为君而复露之，
> 地为臣而持载之，阳为夫而主之，阴为妇而助之；春为父而生
> 之，夏为子而养之……王道之三纲，可求于天。（《基义》）

这里明确提出"三纲"，即君为臣纲、父为子纲、夫为妻纲，并说明这是天意的安排。由此他进一步提出"受命"说：

> 唯天子受命于天，天下受命于天子。（《为人者天》）

> 天子受命于天，诸侯受命于天子，子受命于父，臣受命于
> 君，妻妾受命于夫，诸所受命者，其尊皆天也。虽谓受命于天亦
> 可。（《顺命》）

> 受命之君，天意之所予也。故号为"天子"者，宜视天如
> 父、事天以孝道也；号为"诸侯"者，宜谨视所候奉之天子也；
> 号为"大夫"者，宜厚其忠信、敦其礼义，使善大于匹夫之义足
> 以化也；"士"者，事也；"民"者，瞑也；士不及化，可使守事
> 从上而已。（《深察名号》）

天子到下民，各有其号，各安其事，从而形成稳定有序的社会等级体系。而这一切，都是天意安排的。这就是"道"，这就是自然事物运行之道和人类社会秩序之道，即"道之大原于天，天不变道亦不变"（《汉书·董仲舒传》）。

董仲舒据此更提出"天人感应"说，认为社会人事活动会从"天"得到反应，特别是代天治民的君主的行为好坏，"天"会直接地降下"符瑞"以资奖励，或降下灾异进行"谴告"。他说：

> 臣谨案《春秋》之中，视前世已行之事，以观天人相与之际，甚可畏也。国家将有失道之败，而天乃先出灾害以谴告之；不知自省，又出怪异以警惧之；尚不知变，而伤败乃至。以此见天心之仁爱人君而欲止其乱也。（《汉书·董仲舒传》）

> 美事召美类，恶事召恶类。类之相应而起也，如马鸣则马应之，牛鸣则牛应之。帝王之将兴也，其美祥亦先见；其将亡也，妖孽亦先见。（《同类相动》）

"天者，百神之大君"，天是至上的，是威临一切的，天能以某种迹象预示社会的祸福。就是说，天命是有予有夺的。如果人君逆天而行暴政，而且又不知警惧之变，那么，天命就要转移，政权就难保。

董仲舒的灾异谴告说与韩非、李斯等法家理论有所不同。法家理论认为，天子因握有绝对权力便可以为所欲为和无所不为，不受任何制约。而董仲舒的这个理论借天意来限制君主独裁，有警告和约束君主的意图。正如董仲舒所说："屈民而伸君，屈君而伸天，《春秋》之大义也。"（《玉杯》）

（二）人性三品说

董仲舒从天人感应说出发，建立了他的人性三品说理论。董仲舒认为，整个宇宙中的人和万物，都是天有意识、有目的地创造和安排的。人副天数，人是天的缩影，是天的副本。人之性来源于天命，人性是由天赋予的。董仲舒说：

> 今世暗于性，言之者不同，胡不试反性之名？性之名非生软？如其生之自然之资谓之性。性者质也。诘性之质于善之名，能中之软？即不能中矣，而尚谓之质善，何哉？性之名不得离质。离质如毛，则非性已，不可不察也。（《春秋繁露·深察名号》）

人性的本质是什么？董仲舒认为人性是受之于天、得之于天的自然资质，"性者质也"，是生而有之者。人禀受天命而生，生而有性，

"性之名不得离质"，故言性不能离天的自然资质。

关于人性的善恶，董仲舒认为不是全善，也不是全恶，而是有善有恶：

> 人受命于天，有善善恶恶之性，可养而不可改，可豫而不可去，若形体之可肥臒，而不可得革也。（《春秋繁露·玉杯》）

> 正也者，正于天之为人性命也。天之为人性命，使行仁义而羞可耻，非若鸟兽然，苟为生、苟为利而已。……今善善恶恶，好荣憎辱，非人能自生，此天施之在人者也。（《春秋繁露·竹林》）

天给人以性命，使人行仁义，人有先天的善质，人性有先天的善端，但也有恶端。人性之所以有恶，在于性中有情，情为恶。董仲舒说：

> 天之副在乎人。人之情性有由天者矣，故曰受，由天之号也，为人主也。（《春秋繁露·为人者天》）

> 天地之所在，谓之性情。性情相与为一瞑。情亦性也。谓性已善，奈何情何？故圣人莫谓性善，累其名也。身之有性情也，若天之有阴阳也。言人之质而无其情，犹言天之阳而无其阴也。（《春秋繁露·深察名号》）

> 人之诚，有贪有仁。仁贪之气，两在于身。身之名，取诸天。天两有阴阳之施，身亦两有贪仁之性。天有阴阳禁，身有情欲栣，与天道一也。（《春秋繁露·深察名号》）

人之性情都来自于天，为天所授。天有阴阳，人有情性。性为阳气为仁，情为阴气为贪，即性为阳为善，情为阴为恶。人有贪仁之性，故人性含有善恶。善生于性，但性不是善，不是所有的性都是善的。性好比是禾，善好比是米，禾虽然生米，但禾不是米，不是所有的禾全都能生米：

> 性比于禾，善比于米。米出于禾中，而禾未可全为米也。善出性中，而性未可全为善也。善与米，人之所继天而成于外，非在天所为之内也。……性如茧如卵。卵待覆而为雏，茧待缫而为丝，性待教而为善，此之谓真天。（《春秋繁露·深察名号》）

善如米，性如禾。禾虽出米，而禾未可谓米也。性虽出善，而性未可谓善也。（《春秋繁露·实性》）

性又好比茧和卵，茧缫了丝以后，才能成为丝；卵孵了以后，才有小雏；性待教化以后，才能成为善：

天生民性，有善质而未能善，于是为之立王以善之，此天意也。民受未能善之性于天，而退受成性之教于王。王承天意，以成民之性为任者也。今案其真质，而谓民性已善者，是失天意而去王任也。万民之性苟性已善，则王者受命尚何任矣？（《春秋繁露·深察名号》）

性者，天质之朴也。善者，王教之化也。无其质，则王教不能化。无其王教，则质朴不能善。（《春秋繁露·实性》）

性不教不能为善，"教之然后善"，性善是教化的结果。瞑昧未觉之民要成为觉而善，就需要先知先觉的圣王教化：

天令之谓命，命非圣人不行；质朴谓之性，性非教化不成；人欲谓之情，情非度制不节。是故王者上谨于承天意，以顺命也；下务明教化民，以成性也；正法度之宜，别上下之序，以防欲也；修此三者，而大本举矣。（《举贤良对策三》）

圣王承天意，代表天教化万民，防止人欲为恶，以成善性，这是圣王为政之大本。可见这是为封建帝王的思想统治作论证的。

董仲舒进一步发挥孔子的"唯上智与下愚不移"与"中人以上，可以语上；中人以下，不可以语上"的思想，从而提出"性三品"说。

董仲舒把人性分为三种，一是情欲很少、不教自善的"圣人之性"；二是情欲很多、教也不能为善的"斗筲之性"；三是有情欲、而可以为善也可以为恶的"中民之性"。他说：

圣人之性，不可以名性。斗筲之性，又不可以名性。名性者，中民之性。中民之性，如茧如卵，卵待覆二十日而后能为雏，茧待缫以涫汤而后能为丝，性待渐于教训而后能为善。善，教诲之所以然也，非质朴之所能至也，故不谓性。（《春秋繁露·实性》）

穷论者，无时受也。名性，不以上，不以下，以其中名之。
（《春秋繁露·深察名号》）

在这里，董仲舒把人性分为三个等级，即"圣人之性""中民之性"和"斗筲之性"。"斗筲"是容量很小的量具，比喻才短量浅、地位低下的贱民。在他看来，纯善的"圣人之性"和纯恶的"斗筲之性"都不能称为性，只有包含善恶之资质、要由圣王教化可以为善的"中民之性"才可以称为性。董仲舒在中国人性论的发展史上，第一次提出人性有上、中、下的三品说，三品说成为后儒经常探讨的一个重要问题。

三、"三统""三正"的历史循环论

董仲舒根据"天之道终而复始"的循环论，提出黑白赤三统互相交替循环的历史观。既然"天道无二""天不变道亦不变""三纲五常"定位不变，那么怎样解释历史上朝代的兴亡呢？殷周统治者是用"以德配天"来做解释的。旧王朝因为失德而失掉王命，新王朝由于明德才享有天命。到战国时邹衍用"五行相胜""五德终始"说来解释各个朝代的兴亡。他将五行相生相克的物理性能，比附到社会历史方面，认为历史的变化是受"五德转移"支配的。每一个朝代受一种德的支配。所谓"五德"就是五行水、火、木、金、土的"德"。每一个德都有盛和衰的时候，在它盛的时候，它支持一个朝代；到它衰的时候，为它所支持的这个朝代也就灭亡，另外一个德起而代替支持另一个朝代。这就是所谓"从所不胜"。在五行中，木胜土，金胜木，火胜金，水胜火，土胜水。"虞土"就是说舜"以土德王"；"夏木"就是说夏"以木德王"；"商金"就是说商"以金德王"；"周火"就是说周"以火德王"。这样历史的发展就变成五德循环。秦始皇统一全国后也以水德自居，衣服和旌旗都改用黑色。刘邦建国后开始也自称水德，可能他不承认秦代而自认为直承周统。但后来不断遭到反对，理由是汉承秦后应该是土德。汉武帝终于听从"汉是土德"的主张，正式宣布改正朔，用夏历建寅（以农历正月为首）之制；易服色，服色也改为尚黄。于是黄帝的土德，经过夏、商、周、秦、汉的一次循环，也就完成了第一轮的五德终始。

董仲舒也是主张以"德"来解释天命，认为"天之命无常，唯德是命"（《三代改制质文》）。他赞成"五行莫贵于土""五色莫贵于黄"（《五行对》），也主张汉以土德受命。不过他在此基础上提出了自己的历史发展观，即"三统""三正"说。

"三统"即黑统、白统、赤统。董仲舒认为夏、商、周三代，夏是黑统，商是白统，周是赤统。改朝换代是"三统之变"的依次循环，"改正朔，易服色"，在历法和礼仪上必然要改换。

"三正"就是夏、商、周三代正月的改换。夏朝以寅月（正月）为正月，商朝以丑月（十二月）为正月，周朝以子月（十一月）为正月。寅月以黑色为上色，因此夏朝为黑统；丑月以白色为上色，商朝为白统；子月以赤色为上色，周朝为赤统。由于三代的正月在历法上规定不同，就称之为"三正"。历史的变化就是三统的周而复始。这种"三而复"的改变，具有规律性。适应这一规律，新王朝的出现，历法上必须改变，从而衣服旗号的颜色都必须随之而变，这就叫"新王必改制"，表示一个新的朝代新受天命。

董仲舒虽然提倡改制，但这种改制不是在社会的性质方面改变，而只是在某些形式上的改变。他认为那些维护封建制度的基本原则永远不会改变：

> 若其大纲、人伦、道理、政治、教化、习俗、文义尽如故，亦何改哉？故王者有改制之名，无易道之实。（《楚庄王》）

即表明新王改制，是"非改其道，非变其理"，只不过是表明"受命于天"，表明"不敢不顺天志"。至于封建人伦道德等"尽如故"。由此他得出"奉天法古""道之大原出于天，天不变道亦不变"的结论，论证了封建纲常伦理的永恒性。

总之，董仲舒的"天人感应"学说强调"天人相与之际，甚可畏"，即以神权论证君权，又以神权限制君权；认为"道"是治天下的至上原则，"天不变，道亦不变"，论证封建纲常伦理的永恒性。董仲舒向汉武帝进言"诸不在六艺之科、孔子之术者，皆绝其道，勿使并进。邪辟之说灭息，然后统纪可一"，即"罢黜百家，独尊儒术"，使儒家思想定于一尊，独占国家意识形态的宝座，为巩固中央政权和中国的"大一统"提供了强有力的思想理论支撑，并对西汉以降的中国社会产生深远的影响。同时，董仲舒将传统的儒学应用到治国理政上，凸显出儒学的经世致用价值。正因为如此，董仲舒在儒学发展史上具有较高的历史地位。

该文为"2018 中国·衡水董仲舒与儒家思想国际学术研讨会"提交的论文。

解光宇（1958−），男，安徽肥西人，安徽大学哲学系教授，博士生导师。中国孔子研究院特聘专家，济宁市尼山学者。

董仲舒公羊学的阴阳之道

郑济洲

董仲舒是汉代最重要的哲学家，他的学术根柢在春秋公羊学，他对于春秋公羊学的研究在西汉初期可谓首屈一指，曾经私淑于董仲舒的司马迁在《史记·儒林列传》中对此有明确的表述："故汉兴至于五世之间，唯董仲舒名于《春秋》，其传《公羊氏》也。"[1] 在经学研究渐兴的当代中国，学界往往将董仲舒的春秋公羊学视为一种政治哲学，继而在政治哲学的问题意识下对其进行研究。但是，鲜有专论对董仲舒的公羊学进行本体论的探究。笔者认为，董仲舒公羊学的本体论就是天道之阴阳，本文试图以阴阳之道为纲，提领董仲舒的春秋公羊学。

一、阴阳之道与人之情性

当代大陆新儒家蒋庆先生致力于研究春秋公羊学与当代中国政治制度的连接问题，他把儒学分为心性儒学和政治儒学，认为："心性儒学是以曾思学派以及宋明儒学为代表的儒学，政治儒学则是以公羊学为代表的儒学。"[2]7-8 他同时指出："心性儒学从本体上来看性，把性看成一超越的价值源泉，看成一道德的形上依据，此性可以离开历史文化而超然独在，不受政治现实的任何影响（不为尧存，不为桀亡），所以，心性儒学把性同本心、道心、道体、性体等同起来，认为性善。公羊学则不同。公羊学从历史事件与政治现实中来看性，对人性的负面价值有一深切的体认。"[2]9 客观地说，蒋庆先生把春秋公羊学的人性观点完全建基于现实政治亦不符合公羊学的义理，实际上，公羊学同样将人性的立足点安放在形上世界（天道），兹就公羊学的情性论做如下论述。

董仲舒认为："《春秋》变一谓之元，元犹原也，其义以随天地终始也。故人惟有终始也而生，不必应四时之变，故元者为万物之本，而人之元在焉。"[3]147 由此可见，春秋公羊学认为"人之元"来源于天地终始变化之"元"，而"元"是万物之根本，人类之根本。那么，内蕴于天地终始变化的"元"是什么？笔者认为，"元"就是"天之道"，就是阴阳之道。董仲舒指出："天之道，终而复始，故北方者，天之所终始也，阴阳之所别也。"[3]339 这意味着，天道之阴阳是自然界和人类社会的根本法则，它是现实世界的本体，是人之情性的本体。

《春秋繁露·如天之为》载："阴阳之气，在上天，亦在人。在人者为好恶喜怒，在天者为暖清寒暑。"[3]463 此处引文揭示了天道之阴阳在人之情性上的生理表现，天道之"阴"对应着人之"恶"与"怒"，天道之"阳"对应着人之"好"和"喜"。而天道在人性上的道德表现则是"贪""仁"，董仲舒指出："身之名，取诸天。天两有阴阳之施，身亦两有贪仁之性。天有阴阳禁，身有情欲栣，与天道一也。"[3]296 "贪"与"仁"明显带有道德判断的含义，"贪"的发展可变成人性之"恶"，"仁"的培养可促成心性之"善"。"恶"与"善"对应着天道之"阴""阳"，董仲舒用"圣人之性"来指称心性"全善"的状态，用"斗筲之性"来指称心性"全恶"的状态。他认为："圣人之性不可以名性，斗筲之性又不可以名性，名性者，中民之性。"[3]311−312 这就是说，作为阴阳两极的"斗筲之性"和"圣人之性"都不是董仲舒认为可以治理的人之情性，他认为可以变化的人之情性是"中民之性"。"中民之性"是"善"与"恶"混杂的状态，它是天道之阴阳和合在人性中的表现。

董仲舒将"中民之性"视为能治之性，并不是对"圣人之性"与

"斗筲之性"的摒弃。在他看来，"圣人之性"和"斗筲之性"是现实存在的两种极端状态，前者无须治，而后者无法治，这正如孔子所说的"唯上智与下愚不移"[4]。在现实社会中，大多数的人性是复杂的，"圣人"与"斗筲"之性并非人性之常态，政治所要教化的是复杂的人性。

春秋公羊学将人性的本体建立在天道之阴阳，实际上为其整个学说设立了一个人性的基础。毫无疑问，春秋公羊学的重心在政治哲学，然而儒家对人性来源的认识并不源自变化的现实政治，而是源自永恒的天道义理。建立天道与人性的联系，为春秋公羊学的政治思想建立了一个稳定的立论基础，在这一基础上公羊家的政治哲学才能有序展开。

二、阴阳之道与政治秩序

汉代经秦末之乱，追求稳定的生活是每一个汉代人的渴望。董仲舒作为当时儒林的领袖，致力于春秋公羊学与政治秩序的联系。在既往的研究中，学者往往将春秋公羊学局限于改制等具有公羊学特色的理论范围，而笔者在下文的论述有意将这一范围扩大。究其原因，春秋公羊学作为儒学的一个组成部分，它不仅有自身的特点，同时涉及了先秦儒学所提出的重要政治问题。笔者将从礼治、君臣、君民和通三统的角度来透视阴阳之道对公羊学政治秩序的统摄。

（一）礼治

公羊学的一个重要理论是托古改制，让社会的政治生活在正当的礼制秩序中展开。文章第一部分提及，"中民之性"是"善"与"恶"混杂的状态，它是天道之阴阳和合在人性中的表现。董仲舒认为，正是因为大多数人性是复杂的，它才有教化的需要，才有教化成"善"的可能，他说："性者，天质之朴也；善者，王教之化也。无其质，则王教不能化；无其王教，则质朴不能善。"[3]313 在这里，董仲舒勾勒了人性与王教的关系，二者密不可分，天性是王教的人性基础，而王教是天性的外在手段。董仲舒对心性和王教的阐发近似于荀子"化性起伪"的思想，董仲舒的教化理论是情性与礼教的二元并存，性与礼实际上构成了一种阴阳关系。

而教化人性之礼同样符合天道之阴阳。《春秋繁露·奉本》载："礼者，继天地，体阴阳，而慎主客，序尊卑、贵贱、大小之位，而差外内、远近、新故之级者也，以德多为象。"[3]275 由此可见，圣人所制定的礼也是因缘于阴阳之道，礼由主客、尊卑、贵贱、大小出发，设定了人类秩序的外内、远近、新故等。天道之阴阳统摄于礼制和礼治，在现实政治的"礼"之"体""用"上均有体现。

（二）君臣

君和臣是现实政治的执行者，他们的组合是一对阴阳关系，董仲舒指出："阴者阳之合，妻者夫之合，子者父之合，臣者君之合。物莫无合，而合各相阴阳。阳兼于阴，阴兼于阳，夫兼于妻，妻兼于夫，父兼于子，子兼于父，君兼于臣，臣兼于君。君臣、父子、夫妇之义，皆取诸阴阳之道。君为阳，臣为阴；父为阳，子为阴；夫为阳，妻为阴。"[3]350 这处引文是汉代三纲思想的最早文献，它通过对阴阳之道的阐发，将夫妻、夫子和君臣纳入其中。值得注意的是，这里阴阳之道所统摄的君臣之道，更多地阐发了君和臣的配合（兼），而不是臣对君的绝对服从。董仲舒在君臣观上的阐发并没有太多地背离先秦儒家的精神。

公羊学所阐发的臣对君的配合，内蕴着尊王的思想。王道理想是公羊学对政治的思想，公羊家认为王的存在是政治稳定的前提。因此，王在现实政治中居于高位，而臣在现实政治中必须自觉维护政治结构的稳定，居于下位，《春秋繁露·正贯》载："《春秋》，大义之所本耶？……立义定尊卑之序，而后君臣之职明矣。"[3]143 臣将自己定位在卑下的地位，并不代表放弃人格的地位，臣的作为是应和天道之阴阳所做出的选择。除了地位卑下地自觉接受，臣还要主动承担王朝政治的错误，董仲舒说："《春秋》君不名恶，臣不名善，善皆归于君，恶皆归于臣。"[3]325 总之，臣的"牺牲"均是为了王朝政治的稳定。

（三）君民

在儒家的政治哲学中，民居于十分重要的地位，民心的向背直接决定了王朝的命运，《春秋繁露·为人者天》载："君者，民之心也，民者，君之体也；心之所好，体必安之；君之所好，民必从之。"[3]320从心、体关系上说，君与民同样构成阴阳的组合。董仲舒说："《春秋》之法：以人随君，以君随天。……故屈民而伸君，屈君而伸天，春秋之大义也。"[3]31在民、君、天所构成的政治结构中，"天"是高于天子的，而在先秦儒家的典籍中一直存在着"天视自我民视，天听自我民听"[5]的思想，这就意味着"天"与民在政治结构中具有同等的地位，"天"所要表达的意志都可以在民身上体现出来。因此，"天民同构"的政治秩序必然内蕴着民的地位也是高于天子的，如此"天"对天子的制衡就转换成民对天子的制衡。董仲舒说："为礼不敬则伤行，而民弗尊，居上不宽则伤厚，而民弗亲；弗亲则弗信，弗尊则弗敬。"[3]256这意味着民在政治生活中是可以裁判天子的得失的。

《春秋繁露·天地阴阳》载："故其治乱之故，动静顺逆之气，乃损益阴阳之化，而摇荡四海之内。"[3]466董仲舒将阴阳的变化与治乱的原因直接相连，阴阳之道通贯在人世之间，它们的消长决定着人世的吉凶。然而天道的变化并不是在为非作歹，而是在警示君主。人世间一切灾异的出现，都是"天"督促天子践行好的政治的实现方式，董仲舒说："国家将有失道之败，而天乃先出灾害以谴告之；不知自省，又出怪异以警惧之；尚不知变，而伤败乃至。以此见天心之仁爱人君而欲止其乱也。"[6]2498因此，灾异的出现实际上是"天"有意为之，其中体现了"天"在政治秩序中的责任，体现了"天"对人主的关爱。

"天民同构"的政治架构监督着天子责任的运行。"天"之喜怒就是"民"之喜怒，如若万民皆悦，则是太平盛世；如若万民皆苦，则是帝国末日。这就督促着"君"必须努力践行好的政治行为，为民服务。同时，董仲舒提出了"民"与"君"是同权的，"民"在历史的进程中必将成为"君"。在他的政治历史观中，存在着一个三王、五帝、九皇和民这样一个由近至远的历史系统。"三王"之上还有"五帝"，而三王、五帝之上则有"九皇"，"九皇"之上，则"下极其为民"。《春秋繁露·三代改制质文》载："故圣王生则称天子，崩迁则存为三王，绌灭则为五帝，下至附庸，绌为九皇，下极其为民。"[3]202

董仲舒认为，"民皇帝王"这样一个历史系统虽然是不变的，可对应的具体历史王朝却是处在不断变化之中的。概而言之，三统移于下，则王朝依次上绌。他说："汤受命而王，应天变夏作殷号，时正白统。亲夏故虞，绌唐谓之帝尧，以神农为赤帝。作宫邑于下洛之阳，名相官曰尹，作《濩乐》，制质礼以奉天。文王受命而王，应天变殷作周号，时正赤统。亲殷故夏，绌虞谓之帝舜，以轩辕为黄帝，推神农以为九皇。……《春秋》应天作新王之事，时正黑统。王鲁，尚黑，绌夏，亲周，故宋。"[3]186-189此时黄帝则上绌为"九皇"，而原先的"九皇"则"下极其为民"。"下极其为民"的另一种表达是"上极其为民"，当"新皇"从"旧帝"中产生时，"旧皇"成为"新民"。同理，"旧民"也就成为"新王"。这一政治历史观，实际上将民纳入了政权的轮转之中，民不再是被统治者，而是在历史的运行中必然获得统治权的人，正是在这一意义上，"民"与"君"是同权的。

（四）通三统

"天道"为稳定的政治秩序和施政行为提供了本体的依据，然而治世之末往往是乱世的开始。春秋公羊学的阴阳之道不仅为"治世"提供了一套形上的理论，也为"乱世"建构了本体的根据。孔子作《春秋》正逢春秋乱世，公羊学家认为《春秋》是为了彰显王道，《春秋》内涵的"通三统"的思想是他为"乱世"所开的"药方"，概而言之就是损益三代，托古改制。董仲舒深谙公羊学的至理，他在《天人三策》中指出："夏上忠，殷上敬，周上文者，所继之捄，当用此也。孔子曰：'殷因于夏礼，所损益可知也；周因于殷礼，所损益可知也。其或继周者，虽百世可知也。'此言百王之用，以此三者矣。"[6]2518夏、殷、周三代是春秋公羊学"通三统"思想中的三个朝代，公羊学家以"三统三正三色"来对应这三个朝代，董仲舒认为夏朝是正黑统，建寅（以一月为正月），色尚黑；殷朝是正白统，建丑（以十二月为正月），色尚白；周朝是正赤统，建子（以十一月为正月），色尚赤。"通三统"强调新朝制度对旧朝的损益，正如蒋庆所说："通三统是指王者在改制与治理天下时除依自己独有的一统外，还必须参照其他王者之统。"[2]243笔者认为，公羊学"通三统"的思想也体现着阴阳之道。

《春秋繁露·三代改制质文》载："王者以制，一商一夏，一质一文，商质者主天，夏文者主地……主天法商而王，其道佚阳，亲亲而多仁朴……主地法夏而王，其道进阴，尊尊而多义节……主天法质而王，其道佚阳，亲亲而多质爱……主地法文而王，其道进阴，尊尊而多礼文。"[3]204—211 在这里，董仲舒勾勒了政治历史演变的"四法"之说。"四法"说实际上是"三统"说的进一步延伸，二者在内涵上是一致的。"三统"说以夏、殷二代为基础，夏主义、上忠，殷主质、上敬，二者的文质变化是三代变化的基本模式。周又主文、上文，实际上是损益了殷代之质而融合了夏代之文。"四法"说无非是在"三统"说的基础上继续延展。在董仲舒看来，王朝所法不同，其礼乐制度则随之不同。董仲舒通过对历代礼乐制度演变的考察，认为主要就是商、夏、质、文"四法"的循环。他指出："四法修于所故，祖于先帝，故四法如四时然，终而复始，穷则反本。"[3]212 从上述"四法"的实质内容可以看出，"法商"与"法质"的礼乐制度大同小异，"法夏"与"法文"之礼乐制度亦大相径庭。从本体论的角度来观察，文与质对应着天道之"阳"与"阴"，文、质的损益实际上就是阳、阴的和合，阴阳的和合并不是一方消灭一方，而是螺旋式地不断演进，这正符合新朝在旧朝的基础上对自身礼法的不断改进。公羊家"通三统"的思想是通过文与质的损益来化解"乱世"，建立"治世"。

综上所述，董仲舒的公羊学是以天道之阴阳为本体，他说："道之大原出于天，天不变，道亦不变"[6]2519，恒定的天道为汉王朝政治生活确立了稳定的形上基础。董仲舒分别揭示了天道之阴阳和礼治、君臣、君民和改制的内在联系，将汉王朝的政治生活统一在天道之阴阳中。在万象待兴的汉武之世，儒宗董子力图借鉴春秋公羊学为汉王朝立法，这种理论建构无论对思想史还是政治实践都有重大的意义。

参考文献：

[1] 司马迁. 史记：第 10 册 [M]. 裴骃集解. 司马贞索引. 张守节正义. 北京：中华书局，1959：3128.

［2］蒋庆. 公羊学引论：儒家的政治智慧与历史信仰［M］. 福州：福建教育出版社，2014.

［3］苏舆. 春秋繁露义证［M］. 钟哲点校. 北京：中华书局，1992.

［4］程树德. 论语集释：第4册［M］. 蒋见元点校. 北京：中华书局，1990：1185.

［5］焦循. 孟子正义：第2册［M］. 沈文倬点校. 北京：中华书局，1987：646.

［6］班固. 汉书：第8册［M］. 颜师古注. 北京：中华书局，1962.

原文载于《衡水学院学报》2018年第2期。

郑济洲（1988－），男，福建福州人，哲学博士，中共福建省委党校党建部讲师。

形式如何生成意义

——董仲舒阴阳五行说及其现代困厄

张靖杰

　　董子之学以"天"为本体，引入阴阳与五行的观念，以为其学说奠基。其性情思想、道德学说、政治理论等均由阴阳五行推演而来，同时也为阴阳五行增添了许多现实内容，可谓独树一帜、蔚为大观。然而，如何理解董子的阴阳五行说——广而言之，如何理解中国传统思想与文化中一度被斥为虚妄，甚至是迷信的阴阳五行说——对于接受科学观念洗礼的现代人，却是一个应当深究的问题。为了更有效地把握阴阳、五行等中国传统思想中原发的、义理充沛的语词，本文势必借助于概念工具。本文的核心概念是"形式"，并将"形式"定义为事物存在的规定性①。通过将阴阳五行解读为"形式"，本文试图

---

　　①　柏拉图通过"洞穴比喻"与"太阳比喻"提出"理型"（form）概念（另有一种翻译："理念"/idea），作为事物本质的"理型"，往往意味着作为内在的本质（真相，太阳本身），而与外在的假象（洞内的阴影）相对；亚里士多德在《物理学》中亦提到了与"质料"相对的"形式"，并在《形而上学》一书中，对于脱离质料的"形式本原"进行讨论。以此观之，古希腊奠定的概念传统中，对于"形式"的追求往往在于探索现象背后的本质，实在背后的原因，因此，"形式"往往与质料、实在相对，形成二元对立的局面。本文对于"形式"概念的使用对柏拉图与亚里士多德的思想有所借鉴，即：将形式视作事物存在的规定性的同时，不主张形式与质料、实在的对立。可以认为，这也是中国传统思想中始终存在的一种思维方式，即理气不二、体用一元等。参见柏拉图《理想国》，商务印书馆 2009 年版，第 274—275 页；亚里士多德《物理学》，商务印书馆 1982 年版，第 42 页。

为董仲舒的阴阳五行说提供一个自洽并且具有延伸性的定义。以此定义为基础，回答"形式如何生成意义"这一问题。

一、"元之深""天之端"：董子阴阳五行说的"形上"基础

在董仲舒的思想体系中，"天"往往被视作为一个核心概念，建基于"天"这一形上本体，衍生出来的阴阳与五行，为具体存在的事物奠定基础。由此观之，阴阳五行说由"天"而来。然而，阴阳五行究竟是"形而上"者还是"形而下"者？这一问题关乎本文的题眼，即"形式"。回答这一问题，首先需要深入到董学内部，考察董子思想中"天""元"乃至"气"的义理关系。

董子主张阴阳五行由"天"而来，"天有十端"，阴阳与五行占了其中的七端："天有十端，十端而止已，天为一端，地为一端，阴为一端，阳为一端，火为一端，金为一端，木为一端，水为一端，土为一端，人为一端，凡十端而毕，天之数也。"[1]（《春秋繁露·官制象天》）① 此处，"天有十端"之"天"与作为"十端"之一的"天"显然是两个不同的范畴。前者是"作为宇宙总体结构的天"，后者则是"作为'十端'之一的构成性、因素式的天"[2]。前者指示出形上的、本体的存在，是"万物之祖"（《顺命》），而后者则与"地"相对构成了事物存在的场域，即天地之间。

上述表达中，对于"端"的解释构成了理解的关隘。诸家注释对于"端"字言之甚少，不过从康有为的说法中可以略窥端倪："《论语》曰：'闻一以知十。'一为数始，十为数终。物生而有象，象而后有滋，滋而后有数。凡物皆有大统，一为之始，必有条理，十为之终，一之与十，终而复始，道尽是矣。"[3]125 在康有为看来，"端"即是事物的萌生与发端，同时也是事物的端绪、要点，是认知与把握世界的切入点。用"一"与"十"来规范万事万物，即有可穷之"数"

---

① 本文所引《春秋繁露》原文，均引自钟肇鹏《春秋繁露校释》（校补本）。为求简略，下文所引只在正文中标注篇章名。

可为人所认知，同时也有"终而复始"之"道"可供人依循。作为事物的发端，"端"更意味着对于万物之"始"的推重，以传公羊学而闻名的董仲舒，即将公羊"重始"的传统注入"天有十端"的建构之中。在董子著名的"正五始"中，"天之端"正是"五始"之一："是故春秋之道，以元之深，正天之端，以天之端，正王之政，以王之政，正诸侯之即位，以诸侯之即位，正竟内之治，五者俱正，而化大行。"（《玉英》）董子强调"天"，然而在"天"之前尚有"元"，"天之端"需待"元"而后正。那么何谓"元"？董仲舒对其言之甚少，仅仅从字义的转化中透露出些许端倪："是以《春秋》变一谓之元，元犹原也，其义以随天地终始也。故人唯有终始也，而生不必应四时之变，故元为万物之本，而人之元在焉，安在乎？乃在乎天地之前，故人虽生天气，及奉天气者，不得与天元本、天元命而共违其所为也。"（《玉英》）"元"即是"原"，是万物的本原（本然状态）。它在"天地之前"而存在，人与天均要本于它。董子在此处约略提及了"气"的范畴，却并不言明何谓"气"。在《春秋繁露·五行相生》里才说得通透："天地之气，合而为一，分为阴阳，判为四时，列为五行。行者，行也，其行不同，故谓之五行。"

　　"天地之气"是"一"，一分为二才有"阴阳"，铺陈排列开来，才有"四时"与"五行"。由此观之，"气"实是万物之所由生者。何休将"一""元"与"气"等同起来，不无道理："变一为元，元者，气也。无形以起，有形以分，造起天地，天地之始也，故上无所系，而使春系之也。"[4]6 正如苏舆所指出的："其实何本于董，义当有所受之。但董不言元气，何足成之耳。"[5]66 尽管并不认同何休解"元"为"气"，苏舆仍然将"元"比于《庄子》所谓"气母"、《乾凿度》所谓"气始"[5]66，颇有意味。周桂钿则直截了当地否定了何休以"气"解"元"的观点。在周桂钿看来，"'元'就是开始的意思，它是纯时间的概念，不包含任何物质性的内容"[6]39。"元气"二字，实是"东汉时代何休的思想，既不是《公羊传》的思想，也不是董仲舒的思想"[6]44。然而，细考董子之论，"元"实则暗示了"气"的存在，否则作为"始"如何"随天地终始"，作为一个"纯时间的概念"又如何"为万物之本"？以此观之，在董子那里，"元"不必等同于"气"，也未直接提出作为万物之本源的"元气"，但"元"暗含着"气"的存在自当无疑，何休之说固然有所申发，但其论"元气"无疑可归本于董子。在此意义上，"气"作为构成天地万物的"质料"而先于天地万物存在①，既符合秦汉时期，特别是稷下黄老之学的"气"论基本观点②，同时也符合公羊学"贵元重始"的大义。

"元"与"气"的关系指示出阴阳五行与气之间有着本体论上的关联。董仲舒明确说："阳，天气也，阴，地气也，故阴阳之动使，人足病喉痹起，则地气上为云雨，而象亦应之也。"（《人副天数》）"气"之使动，才有人事方面的"感应"。形上的"天"透过"气"实现自我表达（灾异谴告），人经由观察阴阳五行之气的变化了解天意[6]67。由此可见，"气"的作用至关重要。然而，如果将阴阳五行以一个"气"字概括，便无法解释阴阳五行强大的包容力与解释力。即便在"气"实现其沟通天人的作用时，呈现出来如此丰富的多样性③也无法以一个"气"字简单概括。在此意义上，本文并不否定"阴阳"与"气"的关联，而意在指出将"阴阳"理解为"气"是远远不够的，更无法解释阴阳五行所具有的丰富内涵。

综上，不论董仲舒所论的"元"究竟所指为何，"气"的概念究

---

① 冯友兰在讨论朱熹的"理气先后"问题时曾区分："盖依事实言，则有理即有气，所谓'动静无端，阴阳无始'；若就逻辑言，则'须说先有是理'。"以"逻辑上的在先"与"事实上的在先"区分理气之先后关系。本文所论及的"气"之先于天地万物而存在，亦采用冯友兰之说，认为"气"在事实上在先。如若要追问何者为"逻辑上的在先"，按董子之义，当为"元"。参见冯友兰《中国哲学史》（下册）中华书局1947年版，第906页。

② 《管子·内业》："凡物之精，比则为生，下生五谷，上为列星。流于天地之间，谓之鬼神；藏于胸中，谓之圣人。是故名气。"《庄子·田子方》："至阴肃肃，至阳赫赫。肃肃出乎天，赫赫发乎地，两者交通成和，而物生焉。"《庄子·知北游》："通天下一气耳。"《荀子·礼论》："天地合而万物生；阴阳接而变化起。"《荀子·王制》："水火有气而无生；草木有生而无知；禽兽有知而无义。人有气、有生、有知、有义，故最为天下贵也。"凡此种种，均可见"气"论之端倪。

③ 无论是董仲舒的《春秋繁露·五行变救》还是《汉书·五行志》中，对于灾异谴告呈现的丰富性均有详细的论述，此处不赘。

竟已经言明，还是潜藏在字里行间，至少可以知道：阴阳五行始于
元、根于天，这是毫无疑问的。

二、从"形上"到"形式"：董子阴阳五行说的
"形式化"展开

　　将阴阳与五行糅合为一，是董仲舒对阴阳五行学说的重大贡
献[7]。《汉书·五行志》记载："景、武之世，董仲舒治《公羊春秋》，
始推阴阳，为儒者宗。"[8]1197 然而，"推阴阳"的前提，是作为"形上"
本体的"天"的挺立。由"天"推向人事与政治，由阴阳五行作为媒
介，勾连起天道与人道，是董仲舒阴阳五行说的枢要所在。把握阴阳
五行，也宜在此"天人相与之际"[8]2174 观之。

　　根据上述的讨论可知：作为"天之端"的"阴阳"，并非与作为
形上本体的"天"等同。更进一步地，"阴阳"甚至也区别于"十端"
之一的"天"与"地"，董子有言："天者，万物之祖。万物非天不
生。独阴不生，独阳不生，阴阳与天地参，然后生。"（《顺命》）倘若
"阴阳"就是"天"与"地"，那么便不需要"与天地参"了。在此，
"与"不妨作"天人相与"的"与"去理解，即参与、交往、互通的
意思。由此可知，"阴阳"并非天地，而是处于本体义的"天"之中
而与狭义的"天""地"并列。因此，"阴阳"就不能与形而上的
"天"平起平坐。上述解读似乎与《易传·系辞上》"一阴一阳之谓
道"[9]268 相矛盾，实则不然。正如程子所指明的：" '一阴一阳之谓
道'，道非阴阳也，所以一阴一阳道也，如一阖一辟谓之变。"[10] 阴阳
本身并非是形上之"道"，"所以一阴一阳者"被程子解读为"道"，
不难想见，在董仲舒那儿就是"天"了。

　　比之于阴阳，五行离形上者的距离更远。董子有言："行者，行
也"，"五行者，五行也"（《五行对》）。诸家解释皆将"行"理解为德
性或者行为。董天工《春秋繁露笺注》同样以人的行为把握天的"五
行"："天之五行，人奉而行之也。"[11] 可知，"五行"在董仲舒看来实则
是依据自然的五种物质或属性而拟定的人的五种行为规范或道德品性，

是事物之所以这样而非那样、人之所以这样做而不那样做的规定。

　　阴阳五行不是形而上的"天"，但也不是具体而微的"物"，董仲舒显然将阴阳五行排除在"物"之外。在列举完"天之端"后，董仲舒接着论述道："圣人何其贵者，起于天，至于人而毕。毕之外，谓之物。物者，投所贵之端，而不在其中。以此见人之超然万物之上，而最为天下贵也。"（《天地阴阳》）正如董子所指明的，对于宇宙整体结构的"天"的描绘从天至人便可告一段落。"毕之外，谓之物"则意味着作为具体存在的"物"并不在"十端"之中。换言之，"物"可由"十端"而总括之，同时又附属于"十端"，但物并不能自成其为"十端"之一[6]44。在此意义上，阴阳五行无疑超越于作为具体存在者的"物"。那么，阴阳五行是什么呢？

　　正如《易传·系辞上》所指示的："形而上者谓之道，形而下者谓之器。"[9]292对于这句话的解读与其关注"形"的上与下，不若着眼于作为居间者的"形"。阴阳五行，既能上达于无形的天，又可下通于有形的万物。在此意义上，阴阳五行是无形的天与有质的物的居间者，它建基于天，同时规定了物，真正地处于"天人相与之际"。不妨将阴阳五行理解为"形"①本身，即作为具体事物的存在规定性的"形式"②。

---

　　① 比之于"形"，作为"天之端"的阴阳与五行，无疑更贴近于"象"这一范畴。"象"在中国传统思维中的核心地位与其不可捉摸的性质，也与阴阳五行的特质更为契合。不过，本文以"形"来统摄"象"与"数"，将"象"视作为"形"的核心部分。

　　② "形"当然不能完全等同于"形式"，用"形式"这一概念来定义"形"这一原发的语词，难以避免抽象化、扁平化的趋向。不过本文用"形式"来切入阴阳五行，以"形上"与"形下"之区分的"形"来定位阴阳五行仍然具有正当性。一方面，作为事物存在之规定性的"形式"，与阴阳五行在董子思想中的运用若合符节，例如将五行之"行"理解为德行之"行"，将阴阳之"合"比于父子、君臣、夫妇之"合"（《基义》），无论是阴阳还是五行，就其之为事物存在之规定性的层面而言都是成立的；另一方面，"形"与"形式"在内涵上是相通的。例如："形式"本身"无形"，与作为"形"的阴阳五行一样，必须要依附于具体的事物才能著其形、才能为人所认知。同样地，因为人的认知活动为事物"赋形"，"形式"与"形"同样先于具体事物而存在。

至此，对于董仲舒的阴阳五行说，不妨从以下两个进路予以解读：就本体生成的进路而言，阴阳五行的发生遵循着"天"→"阴阳"→"五行"的顺序，所谓"天地之气，合而为一，分为阴阳，判为四时，列为五行"；就人的认知进路而言，人对于阴阳五行的把握则遵照"五行"→"阴阳"→"天"的顺序，即"以五行推阴阳"[5]361，由"阴阳"以观"天之志"，由"五行"以观"天道"（《天地阴阳》）。董仲舒对于阴阳与四时、五行的匹配问题是这样论述的："故少阳因木而起，助春之生也；太阳因火而起，助夏之养也；少阴因金而起，助秋之成也；太阴因水而起，助冬之藏也。"（《天辨在人》）在此，"阴阳"以"老""少"相区分，以配四时与五行中的四行。最终，阴阳与五行"相与一力而并功"（《天辨在人》），构成一个完整的时间乃至世界图景。"因……而起"的句式，说的不仅仅是"阴"与"阳"的生成由"五行"所带出。更为重要的是，阴阳蕴含于四时与五行之中。就人的认知而言，从具体的事物中把握初级的形式，再从初级的形式不断提炼、抽象的上升过程运用于上述认知的序列就是：从天地万物中把握五行（五种特质），从五行中体认阴阳，再经由阴阳把握形上的"天"。无论是就本体生成的进路而言，还是就人的认知进路而言，阴阳五行始终以事物存在的规定性的"形式"在发挥作用。并且，两个过程互为表里，对于理解董仲舒阴阳五行说的架构同样重要。

三、同构、范导与感应：董子阴阳五行说的意义生成

正如陈嘉映所指出的："阴阳五行理论是对世界的整体解释，它把世界上所有的现象和事物归拢到五行中，无论天文、地理、政治、人生，都纳入到同一个理论之中，形成一个宏大叙事。阴阳五行理论也是典型的类推理论，倚重现象的相似性，其中有大量与神话相通的感应认知因素。"[12]34 以作为事物存在规定性的"形式"把握阴阳五行，董仲舒的阴阳五行说便可以顺理成章地被定义为一套建基于"天"的形式系统，并且经由"相似归类，据类外推"[12]47 的方式，董仲舒实现了阴阳五行说的不断展布，实现了真正的"宏大叙事"。

如若细究这一形式系统的构建，可以分析为如下层次："拟诸其形容，象其物宜"[9]293，所得到的是阴与阳，木、火、土、金、水的原发的、朴素的"象"（即如《尚书·洪范》所言之"润下""炎上""曲直""从革""稼穑"）。用谢松龄的话说，则是"宇宙—人生全息象"[13]124—139。阴阳之"二"，与木、火、土、金、水之"五"构成了"数"。"象"与"数"共同组成了阴阳五行说的形式语言。阴阳的交替、轮转，五行的相生、相胜则构成了阴阳与五行之间的一般关系，或者说推理与转换的规则。无论是作为形式语言的"象"与"数"，还是作为内在逻辑的推理与转换规则，阴阳五行说作为一套形式系统，就其自身而言，无疑是自洽，甚至具有颇为可观的解释力。

在董仲舒看来，阴阳五行说的解释力首先可以用来解释天与人的"同构"关系。就人本身而言，人的存在就是天的副本，是对于阴阳五行乃至"天数"的摹写："天地之符，阴阳之副，常设于身，身犹天也，数与之相参，故命与之相连也。天以终岁之数，成人之身，故小节三百六十六，副日数也；大节十二分，副月数也；内有五脏，副五行数也；外有四肢，副四时数也；占视占瞑，副昼夜也；占刚占柔，副冬夏也；占哀占乐，副阴阳也；心有计虑，副度数也；行有伦理，副天地也。"（《人副天数》）以"天地之符，阴阳之副，常设于身"为预设，"阴阳"与"五行"被纳入对人之身体构造的解释中，"五脏"之"五"，"哀乐"相对待之"情"，都设于人之一身，就其规律而言，则都可以在"五行"与"阴阳"的形式中觅得。此外，对于人性的解释也遵循阴阳的形式规则："人之诚，有贪有仁。仁、贪之气，两在于身。身之名，取诸天。天两有阴阳之施，身亦两有贪、仁之性。"（《深察名号》）人性之所以"有贪有仁"，也正如天一分为二而有阴阳。可见，无论是对于人的外在身体的构造，还是对于内在人性的奠基，都离不开阴阳五行。

其次，在更大的范围内，董子更以"阴阳"比于"天地""君臣""父子""夫妇"，以"五行"比于"五事""五德""五方""四时"（将夏分判为"季夏"和"夏"，以成"五"之数）以及司农、司马等五种官职。在这一系列的"比附"之中，阴阳五行说，作为一套形式系统，通过"象"与"数"的配合产生源源不断的解释力。这一解释力被董仲舒应用于天道运转、人事政治的方方面面，并为其能够申发出阴阳五行说的道德与政治意蕴背书。以五行比之于"五方"与"四时"为例："五行之随，各如其序。五行之官，各致其能。是故木居东方而主春气，火居南方而主夏气，金居西方而主秋气，水居北方而主冬气；是故木主生而金主杀，火主暑而水主寒，使人必以其序，官人必以其能，天之数也。土居中央，为之天润，土者，天之股肱也，其德茂美，不可名以一时之事。"（《五行之义》）董仲舒将五行与方位、季节相结合，甚至为了配"五"之数而在四时之中增加了"季夏"。在此，"五"作为"数"显而易见，而"水、火、木、金、土"通过"象其物宜"所得到的"象"也同样重要。火之热性与夏配合，水之寒性与冬的配合，对于每一个中国人而言都具有建立在直觉体验之上、却又不容辩驳的合理性。正是有了"比附"这一动作，阴阳五行与天道以及人事的许多方面才得以实现形式上的同构。

　　董仲舒并不能满足于天与人在形式上的同构，将阴阳五行运用于人事政治，将人道与天道相贯通，才是其真正的目的。一方面，天道对于人事具有"范导"的意义。这一范导作用可以从阴阳，以及与阴阳同构的人事中窥见端倪："凡物必有合……阴者，阳之合，妻者，夫之合，子者，父之合，臣者，君之合，物莫无合，而合各相阴阳。阳兼于阴，阴兼于阳，夫兼于妻，妻兼于夫，父兼于子，子兼于父，君兼于臣，臣兼于君，君臣、父子、夫妇之义，皆取诸阴阳之道。君为阳，臣为阴，父为阳，子为阴，夫为阳，妻为阴，阴阳无所独行，其始也不得专起，其终也不得分功，有所兼之义。是故臣兼功于君，子兼功于父，妻兼功于夫，阴兼功于阳，地兼功于天。"（《基义》）阴阳之合，以阳为主，以阴为合。同样地，人事方面，也以阳的那一边——天、君、夫、父——为主，而以阴的那一边——地、臣、妇、子——为合。如果承认阴阳之间的主从关系，那么认可臣之道、妇之道、子之道作为需要服从的一方的道德要求也就理所应当了。大抵董子对于德性的论述，均由阴阳五行书写：以"天有阴阳禁"比之于"身有情欲栣"（《深察名号》）、以"阳尊阴卑"比之于"务德而不务刑"（《阳尊阴卑》），以"五行"的相生比之于臣、子对于君、父的顺从（《五行对》）。凡此种种，不难发现：作为形式系统的阴阳五行说，不再局限于形式，而对个人的德性修饬、作为普遍行事准则的道德规范乃至人类社会的政治构架均具有范导的意义。

另一方面，人事对于天道的作用集中体现在"感应"之中。首先，人（特指人君）的善行可以引来祥瑞，人的恶行而已招致灾异，所谓"美事召美类，恶事召恶类，类之相应而起也。如马鸣则马应之，牛鸣则牛应之。帝王之将兴也，其美祥亦先见，其将亡也，妖孽亦先见"（《同类相动》）；其次，天的"灾异谴告"所反映的，是民意，民意归根到底是人君的施政是否合民利、得民心。"凡灾异之本，尽生于国家之失。国家之失乃始萌芽，而天出灾害以谴告之；谴告之而不知变，乃见怪异以惊骇之；惊骇之尚不知畏恐，其殃咎乃至。以此见天意之仁，而不欲陷人也。"（《必仁且智》）在此，人君施政的得失，经由民意检验，而民意则经由天的"灾异谴告"来警戒人君。一言以蔽之，经由"感应"，天既反映了民意，也规诫了天子。推而言之，董仲舒的"天"绝不是"天地不仁以万物为刍狗"的"天"，而是"常与善人"的目的性的"天"。"天"所演化出来的"阴阳"与"五行"必须符合"天"之劝善、任德的目的。也正是在此意义上，灾异谴告之说才能找到合乎历史与理性而非虚妄与迷信的合理定位①。

由此观之，董仲舒的阴阳五行说作为一套建基于天的形式系统有着完备且自足的意义生成机制：一方面，阴阳五行的形式本身作为意义的载体，通过"同构"充分占据意义涌现的现实阵地，在人的身体构造、性情架构以及人事政治方面均能充分展开；另一方面，阴阳五行说经由天对人的"范导"与人对天的"感应"，超越于纯粹的"形式"，而具有非常具体而现实的意义。以此观之，阴阳五行说从来不

---

① 以"疾虚妄"而著称的王充，在《论衡》中对于"灾异谴告"持整体的批判态度："夫天道自然也，无为；如谴告人，是有为，非自然也。"（《论衡·谴告》）但同时，王充又不得不在历史的维度中肯定"灾异谴告"的现实作用："凡言谴告者，以人道验之也。人道，君谴告臣；上天谴告君也，谓灾异为谴告。"（《论衡·自然》）灾异谴告是臣子劝诫天子行善、限制君权无限制膨胀的利器。参见黄晖《论衡校释》，中华书局 2017 年版，第 742、915 页。

只是为了纯粹抽象思辨而存在，而是一套形式完备，意义充沛，高于现实，又能指导现实的形式系统。

四、"形式"的消解与意义的隐退：阴阳五行说的现代困厄

通过将董仲舒的阴阳五行说定义为一套建基于天的形式系统，上文已经回答了董子如何构建阴阳五行说的形式，如何经由形式实现意义的生成。作为阴阳五行思想发展历史中无法绕过的一个重镇，董仲舒的阴阳五行说无论从理论还是应用上都为后来者奠定了基础。例如：为汉代学术共识、同时亦作为后世儒家经典之师法的《白虎通》里，对于阴阳与五行的论述大抵以董子为准："水位在北方。北方者阴气，在黄泉之下，任养万物……木在东方。东方者，阳气使动，万物始生……火在南方。南方者，阳在上，万物垂枝……金在西方。西方者，阴气始，万物禁止……土在中央。中央者土，土主吐含万物，土之为言吐也……土所以不明时者，地，土之别名也。比于五行最尊，故不自居部职也。"[14]167-168 不难发现，《白虎通》里对于五行与阴阳的配合，以及五行与五方的比附，甚至以土德为尊，均源自董子。

然而，无论董仲舒的阴阳五行具有何等重要的历史影响。以现代人的视角重新审视这套形式系统，却难免陷入一种尴尬的境地："天"的失落使得"形式"失去了"形上"的根基，同时也就失去了意义生成的基础：人们不仅不再相信自己的身体结构与心智德性能够与天同构①，更不相信天道以阴阳五行所展示的劝善、任德能够指导人的道

---

①　当中国的学者普遍不再认同阴阳五行说的解释力的时候，美国著名的美德伦理学家迈克尔·斯洛特（Michael Slote）却注意到了"阴阳"这一范畴，并用来解释"心"（heart-mind）的概念。在他看来，东方传统中"心"（heart-mind）——有别于西方传统的"心智"（mind）概念——从整体上来说具有两个方面：即认知的方面（cognitive side）与感情的方面（emotional side）。而在心的作用中，又可以区分为目的性的一面（purposive side）与接受性的一面（receptive side）。借由"阴阳"范畴对立统一，相须成体的特质，斯洛特着力于为"心"（heart-mind）的概念张目。参见 MICHAEL SLOTE. *Yin-Yang and the Heart-mind*. Dao，2018，Vol. 17（1）：1-11.

德与政治生活。取而代之的，是对于进化论的广泛认同，以及对于现代政治制度的普遍接受。曾经形式赋予阴阳五行说以意义，如今，阴阳五行说的意义生成却因其形式而受到限制。

限制来自于阴阳五行说作为形式系统的自限性。回到源头了解阴阳五行的由来，便可以发现问题的症结。正如《易传·系辞上》所揭示的："拟诸其形容，象其物宜"所得到的"象"为阴阳五行作为形式系统提供内容。在理性以及由其所衍生出来的分析方法、学科分类尚未诞生的传统社会，"象"对于人的认知活动能够有效开展无疑至关重要。然而，归根到底，"象"不过是"体验的模拟、隐喻、象征"[13]142。所谓"象也者，像此也者"[9]297（《易传·系辞上》）。"象"透过隐喻与象征，将彼此不相关的事物在体验中勾连起来，在此意义上，阴阳五行之为"形式"，并非是对于存在物的精确描摹，而是以"相似性"把握对象的一种朴素的认知工具，所谓"相似归类，据类外推"是也。更进一步地，由"相似性"所勾连起来的关系，自然而然地招致规律与秩序的涌现，董仲舒将阴阳五行比附于天道与人事，比附于具体的政治运作，均是试图以阴阳五行的内在规律来类推、构建出现实的人事与政治秩序。

然而，这样一个由"象"（"像""相似性"）生成的形式系统免不了会被颠覆、取代，以其为基础建构起来的规律与秩序也并不那么牢靠。"长期来曾是基本知识范畴（既是认识的形式，又是认识的内容）的可似物（le semblable），在一种依据同一性和差异性而做出的分析中分解了；而且，无论是间接地通过尺度，还是似乎直接地和直截了当地进行比较，比较都与秩序相联系；并且，最终，比较不再发挥揭示世界赋序（l'ordonnace du monde）的作用；而是依据思想的秩序得以完成的，并自然而然地从简单渐进到复杂。"[15]57在米歇尔·福柯（Michel Foucault）对于16、17世纪西方的"知识型"转换的洞明烛照里，我们可以依稀看到阴阳五行说作为中国传统思想观念所遭遇的困境的缩影："象"对于事物之间相似性的把握无疑在很长一段历史时期里能够普遍适用，"象"描述了天道，同时建构了人道。然而，一旦以分析为方法的理性占领了知识的高地，以相似性为基础的

"象"思维，便被无情地边缘化了，"相似性与符号解除了它们古老的协定；相似性已让人失望，变成了幻想或妄想"[15]50。可以认为：作为一种形式系统，阴阳五行说的"形式语言"具体而真实，但正是因为太过具体、离"同"（le Même）太过接近，故而难以被甄别与分析，剩下的只是不置可否的比较，甚至"比附"。作为曾经阴阳五行说意义生成源头的"形式"，现代的语境却成了它的埋葬者。不过，与西方"知识型"的发展进程不同，中国传统思维方式与知识范式的转换，是直至西方列强的坚船利炮轰开国门才真正发生的。在此之前的两千余年，以阴阳五行说为核心的认知范式，始终主宰着中国人的思想世界。

认知范式的转换势必带来一个非常棘手的问题：对于以阴阳五行为代表的中国古代的"知识型"，或者说对于以相似性为核心的体验描绘方式，究竟该如何评价？梁启超直斥"阴阳五行说为二千年来迷信之大本营。直至今日，在社会上犹有莫大势力"[16]343。顾颉刚也认为：五行"是中国人的思想律，是中国人对宇宙系统的信仰，二千余年来，它有极强固的势力"[16]404。然而，正如谢松龄所指出的：所谓"迷信"，实则是以西方文化之体验对于中国古代的表象所作出的一种评价而已。例如作为"此种观念（阴阳五行）之产物"（梁启超语）的中医药，一度被斥为"迷信"，但在近几十年来，又一跃而变为"科学"。以此观之，中医药作为一种事实并无改变，所改变者，只是对它的评价[13]167。

评价当然不能颠破事实。以阴阳五行说为认知范式奠定了中国传统思维方式的基础，并且代表着彼时先进的思维方式，由阴阳五行说作为基础的对于世界的认知与探究，理所应当地能够获取许多彼时的前沿成果，中医中药、风水堪舆均是如此。阴阳五行说也在这一进程中不断自我生长与完善，构建愈发精密，内容愈发充实。然而，阴阳五行说的形式并不符合发端于西方的形式逻辑。它不讲究概念的精确性，却关注相似性不断地——甚至近乎无限地——展布；它建基于对世间万物的观察，却缺乏严格的实证；其比附感应之说，在古人认知的直觉思维中可以不断得到验证，但无法被确凿地证明与证伪。

　　由此观之，阴阳五行说作为一套形式系统，其意义伴随着"形式"的消解而在现代社会中无以为继。不过这一看法并不符合实情：时至今日，阴阳五行对于中国人的思想与生活的影响仍然不容小觑。形式上的同构固然被消尽无余，但广义的"劝善"落实于阴阳五行说的具体应用中依然得以维系，无论是中医理论、风水堪舆，还是建基于生活世界的观念信仰，对于美好生活的追求，规避可以避免的负面影响，以及在冥默之中让个人的身心与某种超越于自身的存在达成和谐，成了现如今阴阳五行说的意义实现方式。正如葛兰言所指出的："（中国人）的生活多少还是由情感所支配，无意识的情感的确存在，这些情感从最严格的意义上来讲应该是宗教性质的。这些情感与支配他们祖先的生活的那些情感在大体上是相同的。人与世界之间存在着休戚与共的相互作用，这些观念仍保持着强大的力量：如果我这样讲，每个人都感觉到社会组织的存在状态必须与事物的规律完全一致，也因此必须在时间和空间里顶号自己的位置：由此历法和风水的重要性也突显出来。"[17]一言以蔽之，阴阳五行说的意义并非消失了，而是隐退了。它退到主流之外，退到中国人思维方式的潜意识中，不再作为把握外部对象的称手工具。相反，它流淌于漫漫的历史长河，植根于中国人的文化基因，在潜移默化中实现自身的意义。

参考文献：

　　[1] 董仲舒.《春秋繁露校释》（校补本）[M]. 钟肇鹏主编. 石家庄：河北人民出版社，2005：489.

　　[2] 余治平. 唯天为大：建基于信念本体的董仲舒哲学研究 [M]. 北京：商务印书馆，2002：151-152.

　　[3] 康有为. 春秋董氏学 [M]. 北京：中华书局，1990.

　　[4] 公羊寿传，何休解诂，徐彦疏. 春秋公羊传注疏 [M]. 北京：北京大学出版社，1999.

　　[5] 苏舆. 春秋繁露义证 [M]. 北京：中华书局，1992.

　　[6] 周桂钿. 董学探微 [M]. 北京：北京师范大学出版社，2008.

　　[7] 余治平. 董仲舒对阴阳五行之学的整合 [J]. 衡水学院学报，

2009，11（6）：32—36.

［8］班固. 汉书［M］. 北京：中华书局，2012.

［9］王弼注，孔颖达疏. 周易正义［M］. 北京：北京大学出版社，1999.

［10］程颢、程颐. 二程集［M］. 北京：中华书局，1981：67.

［11］董天工. 春秋繁露笺注［M］. 上海：华东师范大学出版社，2017：153.

［12］陈嘉映. 科学哲学常识［M］. 北京：东方出版社，2007.

［13］谢松龄. 天人象：阴阳五行学说史导论［M］. 济南：山东文艺出版社，1989.

［14］陈立. 白虎通疏证［M］. 北京：中华书局，1994.

［15］米歇尔·福柯. 词与物——人文科学的考古学［M］. 上海：上海三联书店，2016.

［16］顾颉刚. 古史辨［M］. 上海：上海古籍出版社，1982.

［17］葛兰言. 中国人的信仰［M］. 哈尔滨：哈尔滨出版社，2012：140.

该文为"2018中国·衡水董仲舒与儒家思想国际学术研讨会"提交的论文。

张靖杰（1990—），男，浙江宁波人，上海交通大学博士研究生。

论《春秋繁露》①中的"天、元、神"关系

——汉儒及西方经院哲学②对话

苏暐峰

一、引言

董仲舒继承春秋公羊学微言大义传统，汇通上古阴阳学说，建立了以"天"为核心的政治伦理思想，《春秋繁露》中关于"天"的内容实则由"天、元、神"三种维度组成，"天"为实体，是天所有属性的总集，"元"为天的本原，在时间终始上的永恒性呈现，"神"为

---

① 在董学研究上，围绕董子生平、思想传承、《春秋繁露》成书等问题有不少争议，不少问题悬而未决，或者论点缺乏学界主流共识。本文申论主要引用《春秋繁露》，其中有部分篇章有学者认为不是董仲舒亲作的，会于附注中指明。

② 中西方学界一般认为董仲舒为汉初儒家治法的重要代表，然而，西方汉学家鲁惟一认为汉初并没有形成严格意义上的儒家学派，学者大部分因承袭了刘向和刘歆的学派分类，才出现儒家、道家、法家的说法。董仲舒讲述孔子学说，建议选任贤能依六艺，但鲁唯一认为有系统的儒家学派，即包含了孔孟荀及董仲舒思想的完整儒家体系是发生在董仲舒之后的，故此，在使用"儒家"来表达一种完整体系的想法，他有所保留。本文为行文方便会依然使用"儒家、儒学"的字眼，以表示孔子以礼法仁义治世的思想。有关鲁惟一的讨论，参见《董仲舒"儒家"遗产与〈春秋繁露〉》，中华书局（香港）有限公司 2017 年版，第 41－43 页。其他学者的讨论可参见周桂钿《董学发微》，北京师范大学出版社 2008 年版。

形式和现象，以隐现、变与不变的辩证延伸神人的关联，"神"作为现象最终构成了五行中的部分，代表了"天"的行动，以五行促进人和天之间关系的变和不变，构成董仲舒庞大的精神及宇宙体系。"天、元，神"三者具备"天"的超越性，即相对于人的有限性的超越，而且能从三种维度中充实"天"的属性和分殊，这区分在《春秋繁露》中已经有明确的阐述，反映了董仲舒思想已具备了哲学的系统性，本文尝试从西方自然神学的角度来论述董仲舒的"天"论的整体，特别以中古时代基督教经院哲学为对象，经院哲学有明确的自然神学色彩。相对于传统的启示神学纯粹的《圣经》神话解读，经院教父的自然神学论证方式转向依据受造物的存在模式来解说天主本质。基督教自然神学相信天主既为物的创造者，世界的第一因，他的本质也透过自然界物质，物和物、物和人的关联，来呈现本身的神性，并构成系统性的"神学本体论"，即以哲学方式思辨神的存在。基督教自然神学注重物的神性呈现，影响了后来的启蒙时期的科学研究。董仲舒哲学有相类似的自然神学色彩，在《春秋繁露》的《正贯》《执贽》《循天之道》诸篇内容中，虽然我们没有看到经院神学的独特论证方式，可是，我们依然能看到董子由于没法直接阐述"天"的属性（由于理性没法解释超越之存在），《春秋繁露》经常使用现象（果）来反证"天"（因）的属性，就是所谓自然神学的论证方式。

董仲舒著作重点在于建立"天"和政治、伦理之间的关联，特别是借灾异之说和阴阳五行建立一套能够制约君王的政治伦理，有更多内容是模拟政治和"天"的关系，例如从官制、服式、郊祭的内容都能看到董仲舒借助这些现象来证明现象和"天"的属性是一脉相通的。我们借助中西方自然神学的汇通，也就是董仲舒的"天"和中世纪经院哲学的"神学本体论"的类比和辩证，可以有助于更有系统地理解和发挥董仲舒哲学的重要主题，特别是其核心的"天、元、神"为一体的哲学框架，从而了解"天、元、神"在以建立汉儒神学为主导的治国方针中的伦理价值。董子"天论"中"天、元、神"如何构成汉代儒者对于至高者的思维印象①。由于中国缺乏类似的本体论传统，究竟"天"能否在儒家的整体思想中，发挥其作为超越者的位置，或者作为哲学中的第一因？这命题必须首先整理和充实了"天"的形式和内容。

二、耶儒神学的目的论区分：创造启示与政治神论

从自然神学出发，人作为受造之物，具有上天赋予的神性本质，"天"的本质同时也是人类心灵普遍及先天具有的至高超越者的信念，它反映了人类共有的道德理想和对生命的思考，所以不在乎神的外在存在性，而重要的是神的理念在人类心灵中的内在性（immanence)②。故此，神性在人类心灵中具有必然性和普遍性，也能跨越时空地域。然而，我们对于中西自然神学依然需要一种目的论的区分：欧洲经院神学是对神本质的思辨，目的是证明神的存在和性质[1]22。首先西方神学始终是以创造论为主，神创造受造之物同时赋予了受造之物某种神性本质，神性的本质也就是神的性质，神的喜怒、至善和公义性质，经院神学家从而推论出物和物之间共有的神性，组成世界的总体的为神性呈现的自然神学理念。在中国，董子的"天"却有着截然不同的目的，首先原始儒家着重现世事物，对"天"和鬼神存而不

①　笔者认为神的本质不属于外在的本体论问题，我们试图以精神分析的思路，认为神是人类心理结构内的至高者位置，其形式是幻想性的、普世性的，即这结构是人类心理的崇高感，也是内在的超越性，是拉康精神分析的他者。当然，笔者充分意识到这命题涉及复杂的论证，然本文目标并不是就有关论题作申述，但笔者认为这命题必须被悬搁，我们才能离开中国的神是否和西方神有相同特性的形而上问题。我们想法是，神作为一个心理现象是可以在跨文化的角度中，进行有意义的思考。

②　神学上内在性的问题始源于公元前五世纪的毕达哥拉斯主义，他们相信理知（nous）构成了世界的意向（intention），由这世界灵魂构成万物，以至人的灵魂。中世纪基督教的上帝，亦是透过神的内在性，泛化为世界和人的灵魂。本文所指的内在性指人类本身有某部分的心灵结构和心理，包含了先天为至高者设立的幻想位置，用以承载人类渴求的崇高和超越性，是内在的神性，或者至善形式，而非外在。因此，本文所指的内在性适宜和欧洲哲学的内在性区分开来。法国哲学家德勒兹（1925-1995）在讨论斯宾诺莎（1632-1677）时认为后者有相类似的想法。

论的态度一直影响着董子之前的儒学，加上了儒学传统上是士大夫哲学，在汉初黄老之学流行之际，董子在他的思想中开创性地融汇了上古阴阳学说和五行，董子建立完整体系，以阴阳五行补充原始儒家的目的是很明确的。当然，正如前述儒家在中国是士大夫哲学，其目的最终依然是对应政治需要，期望儒学建构可以为王室出谋献策，在这点上，董子学说就显得是一种具有政治目的论的神论构建，目的也就是为君主权力架设"授命于天"系统，讨论天道的神性主要是有神化政治力量的目的。两者之间最终结果不同，欧洲哲学家在自然神论的思想上，被指为异端，甚至入狱，在中国自然神论则成为汉代儒家得以保持生命力的出路，两者在社会意义上有很大的不同。然而，欧洲自然神论间接地激发了自然科学的出现，由探讨神在自然界的呈现，转而在自然界中寻找受造物存在的数理、规律，成为欧洲哲学和科学的转折点，对西方人文发展至为重要。可是，这发展并没有在中国出现，中国的自然神着力以天命、天意、天威等方式支撑了政权的合法性，但却没有其他方式能制衡政权，以往孔子以先王理想及德政诱导王权实行仁政，效果不张，到董子时代，灾异说流行，董子曾经企图合理化灾异说，期望可以建立神秘力量（也是天的力量）来迫使王权实行仁政，以神权，即来自"天"的监察，制衡王权，可惜灾异说最终令董子几近下狱革职，反映了董子推动的政治和神论的结合只能加强了传统王权地位，积重难返。我们可以认为是因为儒家精神中没有建立起西方哲学家的批判传统，在西方，批判传统来自自然神学中对现象的理性解释和争论，间接令人扮演神学中解释者、挑战者、批判者的角色，经院教父意欲推动自然神学，却把人的理性思维推到更高的层次，全因为理论上，自然理性来自神的智能，神授予人以独立思维能力，激发了启蒙时代的理性传统。回顾董子等汉儒的思路，我们能否对这问题有更清楚的思路？这问题是否可以从天作为至高超越者和人之间的关系中得知？

三、董子"天"论的范畴

在自然神论的理论基础上，我们提出神作为超越至高者，是人心所寄，乃本于原始社会对于自然的恐惧，进而成为敬神奉天的基础。"天"在董学中涵盖了多重概念，向来论者意见不一。冯友兰说："在中国文字中，所谓天有五义：曰物质之天，即与地相对之天；曰主宰之天，即所谓皇天上帝，有人格的天、帝；曰运命之天，乃指人生中吾人所无可奈何者，如孟子所谓'若夫成功则天也'之天是也；曰自然之天，乃指自然之运行，如《荀子·天论篇》所说之天是也；曰义理之天，乃谓宇宙之最高原理，如《中庸》所言天命之谓性之天是也。"[2]28董仲舒所指的"天"，其意义比一般学者认为的要复杂多了。基督教天主有创造万物的神话始源，这点在中国上古神话中也有伏羲女娲造人之说，然而到汉初，儒者对于宇宙和人类的始源悬搁不论（或者以五行说的抽象的方式进行思维），而"天"者具有超越人能力的部份，能主宰自然，在农业社会中，天威呈现都显示在灾祸之中。董子的"天"正如前述是为了建立政治神学而设定的最高权力。"天"者，依然是神国中的最高权力者，其权力表现在"天"对众神的主管。《春秋繁露·郊语》中说："天者，百神之大君也。事天不备，虽百神犹无益也。"董仲舒的"天"与其说是神学化了的自然世界，倒不如说是政治化了的神学幻想国度，"天"既有其政治权威，统管众神，控制自然世界的正常运作，其意志也是和政治一体同源的政治意志。

在这一点上，董子的"天"是天之君，是故我们没必要就"天"作为神的本质是否是西方所定义的信望爱三位一体进行讨论，董子的天更多在于绝对的权力，而且天之权力是没有更替的，由始至终"天"的权力就没有改变过，自有永有在西方是存有上的自有永有，无需要面对生死。在董子的"天"，自有永有的是天之权威，权力不变。《汉书·董仲舒传》曰："道之大原出于天，天不变，道亦不变。"当中所指的道，可以解作"天"的一现象界呈现，亦可以是作为人的行为的道，亦即道德规范的本源，其本源始终要受到"天"的权力支配，其变与不变，也在于天意。正如前述，董子理想中需要建立的是王权天授的思想，以增强汉室的政治合法性，因此他在《春秋繁露·为人者天》中说："惟天子受命于天，天下受命于天子，一国则受命于君。"由"天"授予权力，分层管治，"天"授命天子，天子授命臣民，组成了由神权延伸至政治的系统。虽然我们不能依照文本找到董仲舒有认为人如创造论所谓由天创造的言论，在抽象意义上，上天依然被视为人的始祖，万物的本源。《春秋繁露·观德》中说："天地者，万物之本，先祖之所出也。"王者既受命于天，也应适切地回应天意，董仲舒在天人之间以孝道为联系，《春秋繁露·深察名号》："受命之君，天意之所予也。故号为天子者，宜视天如父，事天以孝道也。"

四、论董子"天"是否具备人格及感情

正如不少论者提出，"天"在董子系统中既包含了自然的天，涵盖了由自然现象规律呈现在人民生活中的关联，"天"亦呈现为道德的天和义理的天，其实后两者只是"天"作为至高超越者的不同体现，表现为普世的道德典范。《春秋繁露·王道通三》："仁之美者在于天。天，仁也。……察于天之意，无穷极之仁也。人之受命于天也，取仁于天而仁也。"为了完满儒家的神学体系，董子不仅仅简单地追索当时流行的民间信仰，"天"更多是作为外在的现象世界的呈现，其满足的是目的论的神的意志，是自然世界的规律、政治权力存在的证明，以至于是道德的具体化。

近代论者都颇受到冯友兰的影响，认为董仲舒把物质的天神秘化，视其为有意志的实体，"看成有人的意识和情感的实体"，作为有意志人格的物质的天[3]61。我们认为意识是近代哲学注意的题目，黑格尔对意识的讨论都专注于论证人的自我问题，对于神有没有意识，我们是应该先就"意识"进行讨论，不能轻言，而西方神学较为接受神意所指的是意志（will），而非意识（consciousness），意志者可以

以目的论来理解[1]204。金春峰则认为董仲舒的"天"包括了神灵的天、道德的天及自然的天[4]147。然而,按照前面的申论,我们更认为董仲舒的"天"只在意于天的权威,对自然和人类的统管,以"天"为大,其大不在于物质上的面积的大,而在于权威上的不可超越。董仲舒令天成为儒家的最终权力给予者,而的确孔子也有相同的思路,天命授予既然主导人世界,包括政治的活动,其权威性必然需要是绝对的,不受其他力量主导,才能实现其天命授予的绝对化神权幻想。

　　人类在基督教神学中作为受造物,经院哲学家托马斯·阿奎那曾指出,受造物和神之间有了形式因(身体形式)和质料因(灵气)的内在相同,而外在因则包含了动力因(神意)和目的因(爱的创造)几个层次,其中范式因作为外在化的形式因是神创造事物的第一原理,神作为事物的设计师,神意不仅仅是表现在天对于自然界的统管、惩罚上,事物在自然情状中表现出结构性的关联,也显示了神的智慧和超越,其中也呈现了人类受造物和神的相似性[5]22。近代不少论者指出董子的"天",有人格神的本质,可是我们必须理解,人格神的说法只是人们在解读大自然间的神意时(包括天气变化、灾异),幻想性投射了"天"作为个体人格的想法,相比起基督教的神,神的本质和人之间必然存在范式因的相类似,就是神以自己的形象来做人的说法,这情况并没有明确在东方神学中出现,我们所谓的人格神,只是对"天"的人格化投射,是幻想性心理投射,在东方哲学中这种幻想性的神本质,汉学家葛兰言在《中国的信仰》中称为关联性宇宙论(correlative cosmology),构成了人想象上天有好生之德,从而对天的本质做出各种假设[6]182,天作为人格神只能提供一种心灵慰藉给人们,不能说成是人格神。葛兰言甚至认为儒家思想作为一种宗教是不合理的,只能被视为没有仪式没有神职人员的"官方宗教",满足政治的目的,"是一种仅建立在社会规范性和道德实证主义上的宗教"[7]3。我们认为人格神必须满足前述的范式因,范式因所指的是事物的外在形式,在神的存在命题上,我们起码能在基督教经典中找到形式上人和神共通之处,才能确定神本身能和人的存在共享相同的人格:神的形体和人相类;具备语言并能向人传达神意;神人共享神的气息呼吸。起码在这几种形式上我们能找到人神之间共通的范式，我们才可以接受人格神的说法。在董子的"天"学里，我们看不到"天"人有形式上的类似。董仲舒的"天"具有动力因和目的因，却没有范式因。董仲舒的"天"本身意向以目的性为主，有论者以为董子的"天"是"神学目的论的唯心主义"，周桂钿并不同意[8]38。在我们看来董子的"天"主要是道德上的超越，是仁义的呈现，也可以是人在世的道德理想。是故，"天"的本质只是人的道德理想对天的反向投射，和基督教的人格神有本质上的分别。然而，如果我们按自然神学的理念来看人格神的讨论，神的本质只在于其设计的事物是否有神意的呈现。这种以世间事物的本质反向投射为"天"的本质的幻想性操作可以说是东方神学，或者董子"天"学的建构逻辑。由于中国传统哲学向来是奉天、惧天的，对于上天的本质，并没有思辨上的建构，较为方便的做法，就是以人世间的事物，特别是人间政治的形式——皇室和朝廷的权力形式来反向投射成为"天"的本质，由具体指向抽象的方法，构成了董子天人合一的结构①。徐复观说："一般地说，对天的性格的规定，一是转述传统的说法，传统对人的精神是一种力量，而容易使人作反省的信服。一是出于个人价值观的投射，即将个人的价值观，不知不觉地投到天上面去，以为天的性格本来是如此。另一是出自主观的要求，自己要求如此，认定天即是如此。"[9]230关于天的幻想性投射，董仲舒在《春秋繁露·离合根》中

---

① 幻想认同射是法国精神分析家拉康的理论，他指出，事物存在的三个界域，称为幻想、象征和实在，象征指示事物的意义生成、符号和社会层次的结构；幻想则指称人们对自身的自恋性认同，其中包涵了主体对应他性（alterity）的可能，也暗示了人们对完美世界的企望[7]11。如果我们往更深一层解说的话，我们可以说物质的天和自然的天，在拉康系统中是实在界的结构，是宇宙动力的泉源，或者拉康所谓的原迹（unitary trace），其本质是不能有本身的象征，只能透过人间的幻想性投射来呈现，董子的"天"是理想化的道德实体，也可以说是实在界的"天"，在幻想性呈现中，被理想化了。当中由于"天"没有向人进行言说，东方神学的"天"是静默的天，如果没有象征界（语言）就其本质进行言说，或者因为中国哲学一般缺乏系统陈述，在三界的系统中就形成了拉康所谓的妄想知识（paranoiac knowledge）。知识的本质是妄想的，因为知识能满足人类心灵中完美的统一性，所谓对格式塔的幻想。

曰:"天高其位,所以为尊也;下其施,所以为仁也。"天以仁爱布政于人,可以说是理想化了人的愿望,从而返回到君王以相同的仁德,任用贤士,以实行天道的愿景。

五、天人之际与"元"的动力因

汉初民间生活转趋安定,人们对于世事向往更深层的思考,阴阳家和黄老学说成为民间主流,甚至影响了王室,董仲舒的至高超越者应包含"天、元、神"三层概念,令神的本质由外在的,即以自然为现象、为天的呈现,转至更抽象的以天作为道德实体的形上意义。藏明说:"儒学一直试图将自身所主张的道德律令上升为天的道德律令,并希望通过天的权威来使这种以'仁德'为核心的道德律令成为自然与社会共同遵行的法则,而董仲舒对道德之天的构建,正是儒学'以天律人'的重要尝试……"[10]24 但是,单纯的天意,如何能够达到人,完成天人之际,以天律人?于此,我们必须按着董仲舒的思路,往更深入层面推演,当中"元"的概念至为重要。任密林说,董仲舒的元理论来自于公羊学的大一统思想"元年春,王正月。元年者何?君之始年也。春者何,岁之始也。"(《春秋公羊传》)[11]23 以元为事物的起始,在《春秋繁露·玉英》中,董仲舒曰:"谓一元者,大始也。知元年志者,大人之所重,小人之所轻。"在董仲舒的思想中,元有始终、原本的意思,推演为物的始源,其中含有元气为宇宙之端之内涵,万物发端在于元气,元气为天的内在,而且和天地人三才共通者,元气也。"故元者为万物之本。而人之元在焉。安在乎?乃在乎天地之前。"然而,学术界对于董仲舒"元"的思想仍没有明确定论。古人何休、徐彦及近人徐复观、金春峰等均同意董仲舒以元为元气,作为宇宙万物的本源,周桂钿亦认为元和气合用是董子以后的用法[8]41。而正因元被理解为万物本源,董仲舒特意为《春秋公羊传》的"元年春,王正月"提出明确而重要的解读,认为春秋之学,以元为一,以元为本,并以此推演为宇宙事物之"前"的先验思维。周桂钿站在论证董仲舒的观点是否能称得上"元一元论"时,其立场是否定的，但其提出的论点只在于否定董仲舒有"元气"的思想，而并没有否定董子以元作为万物本源的说法，周桂钿说："在董仲舒的哲学体系中，宇宙本原是'元'，而不是'元气'。董仲舒的宇宙观是'元一元论'的客观唯心主义。"以单一的元气观来论证董子的哲学体系，可能我们需要更详尽的申论，我们可以理解的是元的确可以被视为董仲舒神论系统中，作为天的另一种表现形式。余治平说，元所指向的是大一统，是一般个体民众所没法知道的，只有专注精神文化建构的圣人、大人才能透过春秋之本，深察元在世界和人生中的根本意义，"在世的价值和意义在于随四时变化消失、毁灭的表象存在和外化物件中在于能够找到并拥有那种恒常不变、始终一贯的本体这才是命的真正依据和最后凭借"[12]5。这里所指的是，元是没法直接把握的，但其本质是恒常不变，始终一贯。周桂钿说元是时间观念，这想法相当准确，特别是当我们在本文前半部分讨论天的时候，天是作为至高超越存在的形式，是外在的，可以具体被理解的形式。如果我们从天作为一个空间概念来理解的话，天指的包含了自然的天，然后才是引申至义理的天、道德的天。而元则可以视为天的内在形式，是时间的形式，平衡于作为空间的天概念。然而，董子所指的元不存在时间的线性假设，他所指称的是更具有深入意义的时间性，论者多集中"元"为"一"，"元"为本的概念，错误认为元只有开始的意义，而其实董子的元既为始亦为终，终始运行，是谓"终而复始，穷则反本"（《三代改制质文》），既始亦终指的是非直线的时间进程，无有所谓终结的循环不息。从这思路理解就更接近余治平关于元为"恒常不变、始终一贯的本体"的说法，不同的是这里的"元"本质是循环，在循环中体现永恒，也体现终始。如果我们从西方神学的角度看，造物者的本身既是自有永有，也是历史和时间的终点，从这视角而言，董子的"元"是对于"天"的重要补充。

在谈及董子"元"论时，古今学者都依照以下的文字来讨论：

　　谓一元者，大始也。知元年志者，大人之所重，小人之所轻。是故治国之端在正名。名之正，兴五世，五传之外，美恶乃形，可谓得其真矣，非子路之所能见。……惟圣人能属万物于

> 一，而系之元也。终不及本所从来而承之，不能遂其功。是以
> 《春秋》变一谓之元。元，犹原也。其义以随天地终始也。故人
> 唯有终始也，而生不必应四时之变。故元者为万物之本。而人之
> 元在焉。安在乎？乃在乎天地之前。故人虽生天气及奉天气者，
> 不得与天元本、天元命而共违其所为也。（《玉英》）

董仲舒在这段话里加入了"天人之际"的主题，万物包含了物质性的"天"和作为"天"的内涵的"元"，只有圣人透过其"志"，以"元"的"正"论，建立起"天"和"元"之间的中介。学者在解释董子论《春秋公羊》"元年春，王正月"时，没有注意到董子的"元"往往和正共享，"《春秋》之道，以元之深正天之端，以天之端，正王之政"（《春秋繁露·玉英》），没有"元"的正，"天"也可以有贼。是故，我们可以反过来论证"天"在董子的神学中不是绝对的意志，其内在也存在有正和贼的矛盾性，能持"元"守正，才能保持天意的顺，天意顺则民和。正如前述，"元"有终始的时间性意义，何以时间性和道德的正和贼、顺和逆的矛盾性有关呢？

我们在"元"的理论上可以引入阿奎那及司各脱的神学四因说中的动力因，"元"之可以贯穿天和人，形成天、君、人、物的一体普世性，因此可视其为动力因。"元"本身作为抽象的，既可变又永恒的本质，其特性在于其具有变动不居的特性。天的意向性若没有动力因是不能形成万物的，就如经院哲学家以设计师来比喻神的本质，其设计是呈现神的智慧的外在表现，然而这呈现必须在设计师作为工匠的动力中才得以实现[13]133—162。董子神学中，人是作为这动力因的连接，"惟圣人能属万物于一，而系'元'也。终不及本所从来而承之，不能遂其功"（《重政》）。不同的是阿奎那的动力因是神的本质之一，神作为设计师，由其自身向外在万物的世界进行变动的工作，而董子的动力因则存在于圣人，依据天的意向，明白天的意旨，而联系至高的神的"元"，和世间的事物。圣人属万物于一，其一在于能和"元"的终始连接，才能遂其功。从上文理解，"元"是既能通天，亦能达人，作为"天"和人之间的共通。这想法很接近灵魂的概念，而的确元神在往后宗教言说中，也是灵魂的意思。在这个理解中，"元"

的本质就具有神的灵气的质料因、范式因，同时元神是可以通达人神，令圣人者可以按照神意，以元神的动力因，完成神的目的。这种四因共存的情况，在基督教神学中以圣灵的位格来达成，亦只有圣灵能在超越时间的维度上，和人共处。从这思路出发，我们似乎可以把"元"作为时间终始的意义，结合为"灵魂不朽"，由神的灵气所引导的时间变异，而时间和历史也随着人的灵魂和动力，不断完成神给予人的意向和使命。在传统话语中，这可以说是天人共际的一种可能性呈现。

六、东方神灵的目的论——仁义治世

"天、元、神"组成了董仲舒神论的三个维度，其中天是作为外在的自然之天的呈现，而东方神学的幻想性投射，令"天"得到了人格化的面纱，那是中国固有的民间宗教的遗留，而"元"则涉及董仲舒论时空和历史的始原问题，是形上而哲学化的提法，而且透过"元"，董子神学可以接入天人共际的层面。正如前文所说，董子的目标是建立神学体系，并以之使用在政治上，就是本文所谓的政治神学，而神的问题，我们按董子使用"神"这名号的歧异性来分析，能归纳出一些董子在使用"神"的名号所要表达的含意是什么。

董仲舒曰："深居隐处，不见其体，所以为神也；任贤使能，观听四方，所以为明也。"（《天地之行》）神和明是民间对鬼神流俗的称呼，董子很准确地提出了一个对于这名号的表述。神者，谓不可见其体者，深居者，所指的是神和人的隔离性，神处于人的认知所不能到达的维度，是不可知的存在。明者则表示像西方神的全知的状况，强调的是知识上的超越。这里不可见、隐蔽和全知的本质，在述说天和元时都没有这么明确，学者一般都在讨论董子神是否是人格神，或是道德神的问题，笔者认为西方经院哲学对于神的讨论已经比上述两个点更细致了。在我们一般的理解，神的本质如果没有包含道德性，其宗教意义就不存在，甚至可以说天和神的角色在神学里只是道德的神学化或者神秘化过程，道德神本来就是神的本质所在，特别是脱离了民间宗教之后，成形的宗教系统都以神是行善、有道德超越性为主，道德之神可以是不在话下。这里董子提供的是一个更丰富的维度，就是不可知、隐匿、全知。

比较董子的天、元、神，虽然神的着墨不多，而且不形成明确概念体系，却也包含了董子神学系统的枢纽元素。其中天和元都不存在隐匿，神的隐匿直接成为尊神的基础，有曰："天高其位而下其施，故为人主者，法天之行，是故内深藏，所以为神；外博观，所以为明也。"（《离合根》）又曰："高其位所以为尊也，下其施所以为仁也，藏其形所以为神也，见其光所以为明也……"（《天地之行》）隐匿产生了神秘的不可知力量，而光明则彰显神的全知。在隐匿和光明之间，董子从神学再次转入政治，以隐匿为君王执政的风貌，君王的意向不向臣子显露，保有尊贵之位，向臣民的德政以仁为施予，下其施所以为仁。君王的全知在于其能博观，博观者能任贤能，通达用人之道，其光展示在任贤，任贤则能明达，而不必展示君王的意向。我们可以说，元的本质在于终始，自有永有。神的本质则更多在于和人之间的交接，人们不能直接和天、元对应，但透过祭祀，人们可以感受到天的意志，天和人之间，可以有圣人作为中介，而神则可以透过其既隐匿又光明的特质，通达神的关系。"重祭事，如事生。故圣人于鬼神也，畏之而不敢欺也，信之而不独任，事之而不专恃。"（《祭义》）

我们可以解读出神在董子神学中的本质是与人沟通的基础，这基础建立在郊祭、执贽、求雨止雨的实则宗教仪式上，本身更具有目的性。雷思温引阿奎那的文本指出："因为一个范式性形式或者理念在某种方式上具有目的的本性（ratio），而且一个艺术家从其中接收到他借以行动的形式——如果它外在于他的话。"[5]24 神是宗教性活动的具体呈现，神意不管是基督教的创造论，或者东方神学的天人道德论，都可以被理解为神学中的目的因，设计师在构思人世事物时，必须在其行动中呈现目的因，当然这目的因本质上和动力因是互为。正如阿奎那指出，动力因往往是目的的原因。邓·司各脱则更主张目的因是先于动力因，而且"由于神圣的爱作为一种意愿可以决定动力因的行动并且要求动力因去推动别的东西，所以动力因被神圣的爱所推动着"[5]29。董仲舒神论中的神亦有类似的目的论因素，他十分强调神圣和尊贵，神圣和尊贵既是至高神明的本质，也是圣人和天子应该具有的，人们对于神以祭祀侍奉为本，而神灵的目的就是保护和监察。臧明说："董仲舒哲学之'天'的属性并不是单一的神圣性或自然性，而是由道德之天、自然之天、神灵之天三者相结合的混合体。三者相辅相成密不可分，道德之天是核心，统摄自然之天和神灵之天；自然之天是道德之天得以实现的物质基础；而神灵之天则是道德之天得以实现的思想保证。"[10]20

七、灾异之说：董子神论向政治神学的转向

然而，董仲舒神论亦企图引入的灾异之说作为政治神学的扭转，其间亦产生过主父偃和朝中大臣，包括董仲舒弟子吕步舒在错综复杂的关系中，令董仲舒几乎杀身于灾异之说。我们可以推论阴阳五行为当时皇室可以接受的理论，但当阴阳五行的神秘色彩延伸到灾异之说时，就会形成政治矛盾。作为董子亲近弟子的吕步舒对老师的理论一点都不理解，有可能是这理论是董子不传之秘，或者是新的想法，另一可能就是吕步舒反对这立场，也不敢以身犯险。

董仲舒灾异之说并不应该被借以批评董子背离了儒学基本立场，我们刚提到汉初的社会情况及董仲舒以后的社会变化，我们知道阴阳五行已经是当时儒士之间的风尚，董仲舒不仅仅是为了附和时尚，而是以灾异之说，扭转皇室的阴阳迷信，以灾异神秘说法，对应阴阳五行。我们认为这是董仲舒神论转向政治神学的转变，而这神学上的转变也伴随着董仲舒从哲学角度上，以灾异之说企图制衡汉皇室的绝对权力，其实董仲舒是具有莫大的政治理想，作为推动儒家实践的鸿儒，董仲舒有别于胡毋子都，后者是名儒学学者，只注重学术的传授教育，而董子则更多地为了儒学的发展，而所指的发展包括了理论上的扩充，和实践上可以得到政治实则的影响力。黄朴民说："这种'神道设教'的做法，是当时儒生关心国计民生，参与政治，企图

'匡正其主',实现理想政治的无奈选择。它的效果究竟如何,是可以分析的,但其良好初衷以及为之而付出的努力,却不应该嘲弄,甚至一概骂倒。"[14]黄朴民指出董仲舒在建立汉初新儒家神学时,由单纯的建立"神道设教"的目的论,发展至有明确政治理念的政治神学。正如前述,董仲舒的神学由客观具体的"天"代了超越的天意,天意本身具有道德上的目的论,就是"仁",而"元"是作为天的时间维度,在始源上建构了神学中的自有永有系统,超越时间,而"元"本身亦是超越始终的线性发展的,是到了终极又能返本归原,形成超越历史的维度。而"神"则作为宇宙的动力源,由神灵的动力、意向、欲望,并以神明对应人世界的欲望和情感。

我们可以说,董仲舒神论就是以"天、元、神"所代表的三维角度,来实现神和人,神和政治之间的互通。这里所指的互通,透过奉天法古的原则,借助上古祭祀的严格要求,呈现人和神关系之间的等次,"天、元、神"为一体的至高者,以仁义的目的推动政治的本真——仁爱、德行、任贤,建构董仲舒的神学国度,亦因此影响到千年儒家思想的发展和传承。

参考文献:

[1] 圣多玛斯·阿奎那.《神学大全》第一册:论天主一体三位 [M]. 台湾高雄:中华道明会/碧岳学社,2008.

[2] 冯友兰. 三松堂全集:第二卷 [M]. 郑州:河南人民出版社,2001.

[3] 冯友兰. 中国哲学史新编:中卷 [M]. 北京:人民出版社,1998.

[4] 金春峰. 汉代思想史 [M]. 北京:中国社会科学出版社,1987.

[5] 雷思温. 邓·司各脱论原因秩序与上帝超越性——对现代动力世界根源的一个考察 [J]. 云南大学学报(社会科学版),2017,16(3).

[6] John B. Henderson "Cosmology and Concepts of Nature in Traditional China" in *Concepts of Nature-A Chinese-European Cross-Cultural Perspective* [M]. Editors:Hans Ulrich Vogel and Günter Dux. Boston:Brill 2010:181-197.

［7］葛兰言. 中国人的信仰［M］. 哈尔滨：哈尔滨出版社，2012.

［8］周桂钿. 董学发微［M］. 北京：北京师范大学出版社，2008.

［9］徐复观. 两汉思想史［M］. 上海：华东师范大学出版社，2001.

［10］藏明. "自然""神灵"映衬下的道德实体——再论董仲舒的哲学之天［J］. 衡水学院学报. 2014（10）：15－25.

［11］任蜜林. 董仲舒思想的"天""元"关系［J］. 衡水学院学报，2016（10）.

［12］余治平. 论董仲舒的"天本体"哲学［J］. 上海交通大学学报（社会科学版），2002（02）.

［13］Duns Scotus. *Philosophical Writings*［M］. Trans. & Ed. Allan Wolter, Edinburgh：Thomas Nelson，1962.

［14］黄朴民. 文致太平［M］. 长沙：岳麓书社，2013：244.

苏暐峰，（1974－），男，香港人，上海交通大学人文学院博士研究生。

董仲舒教化思想研究

论董仲舒的儒教思想

张茂泽

汉武帝时，董仲舒应诏献"天人三策"，提出"诸不在六艺之科、孔子之术者，皆绝其道，勿使并进"（《汉书·董仲舒传》），成为儒学占统治地位的关键。过去侯外庐等学者认为董仲舒天人感应论是宗教神学，笔者在《中国思想文化十八讲》中也曾提出董仲舒是儒家"天命"观神学化的代表。现在笔者觉得此说欠安。因为我国古代并没有真正意义上的神学。根据基督教，神学作为教会的意识形态，本质上是研究"神言"的学问。孔子说天何言哉，孟子说天不言。天无言，似为我国古人共识。既然天无言，则神学没有研究对象；学问没有研究对象，现实中又没有教会存在，神学便不可能产生。笔者现在认为，任继愈儒学儒教化的说法更为妥当。他提出，儒学是学，儒教是教；儒学演变为儒教，是一个历史过程，董仲舒公羊学是重要起点[1]。因此，研究董仲舒的儒教思想，对于理解儒学的儒教化过程，如实把握儒学逐步成为中华民族共有精神家园的历史过程，深刻理解坚持宗教中国化方向的历史内涵，就有重要意义。

《汉书·王贡两龚鲍传》：贡禹疏言，汉武帝时，"亡义而有财者显于世，欺谩而善书者尊于朝，悖逆而勇猛者贵于官。故俗皆曰：何以孝弟为？多财而光荣。何以礼义为？史书而仕官……谓居官而置富者为雄杰，处奸而得利者为壮士。兄劝其弟，父勉其子，俗之败坏，乃至于是。"人为财死，鸟为食亡；好德如好色者鲜；富贵倾人，道德无力。这些乱象的出现，在生产不够发达、生活水平不高，而又财产私人占有时，哪个朝代能够例外呢！为仁义道德点赞，进行理论说明和论证，正是儒学的历史任务。儒教思想则是儒学中的精神家园思想部分，指儒学中的宗教思想因素和性能。它从主宰之天和人的信仰统一角度，为仁义道德立论，在经典思维、礼仪制度、道德教化、文明传播等方面贡献特出，是儒学在我国古代成为三教主导的必要而重要的组成部分。

董仲舒的学术思想，虽然以儒家思想为主，但也融汇了阴阳、墨、道、法诸家思想在内，即使就儒家看，也偏重于思、孟和《易》、荀的融合，以大一统思想，服务于西汉初年大国治理实践。用有宗教性能的天人观为三纲说提供理论说明，是董仲舒儒教思想的核心内容；它为西汉人提供精神家园，为经学教化提供具体内容，为礼法制度提供理论说明，也为后来几千年中华民族文化共同体提供了核心价值指导和规范。董子推动儒学进入了新时代，不愧为当时"群儒首"（《汉书·董仲舒传》）。

史书记载，汉武帝举贤良文学，试题是："三代受命，其符安在？灾异之变，何缘而起？性命之情，或夭或寿，或仁或鄙，习闻其号，未烛厥理。伊欲风流而令行，刑轻而奸改，百姓和乐，政事宣昭，何修何饰，而膏露降，百谷登，德润四海，泽臻草木，三光全，寒暑平，受天之祜，享鬼神之灵，德泽洋溢，施乎方外，延及群生？"（《汉书·董仲舒传》）其中，"受命""符"（符应）、"灾异""鬼神"等词，其意义分别涉及作为皇权根源的"天命"、阴阳五行说所谓"符"、天人感应所谓"灾异"、祭祀礼仪活动中所谓"鬼神"。这些内容，在孔子那里都是"罕言"或"不语"的，至少也被列入"未知……焉知……"思维形式中，不予考虑。现在朝廷命题作文，董仲舒也只能就题作答。董仲舒的儒教思想，正可以看成他所交出的答卷。

一、"天人合一"

天人合一可谓我国古代儒道共同的世界观，但首次以命题形式明确提出来，却是董仲舒。他说："天亦有喜怒之气、哀乐之心，与人相副。以类合之，天人一也。"这是说天人以类而合。又说，春生夏养，秋杀冬藏，"四者天人同有之"（《春秋繁露·阴阳义》。以下本书只注篇名），是天人性能同有而合。他在《深察名号》中说："事各顺于名，名各顺于天。天人之际，合而为一。"这是说人类文化顺天而合。人效法天，人类社会文化（名号，循名责实，使名实相符是代表）发展的最高境界，是实现天人合一。虽然这里只说到气、情感、名号等，但在董仲舒那里，天人合一覆盖了整个自然和社会。综合他的意思，天意的自然表现是阴阳五行的变化，天意的政治表现是奉天承运、朝代更替，天意的文化表现是礼乐、名号。这意味着，每个人的人性，每个人的身体、情感、欲望、认知，由个人组合而成的社会共同体如家庭、民族、国家、天下，大家所传承和面临的历史文化传统，都本于天。在此基础上，人们尊天、事天，奉天、法天，敬天、祭天，就可以达到"天人一"的境界。他的天人感应论正是天人合一的理论表述。

董仲舒的天人之学中，天人感应说、人副天数说是核心。天气（阴阳五行在其中）、天理（天道在其中）、天意（天志在其中），是他所谓天的主要意义；人性、人主、万民是"人"概念的主要外延。在他看来，人是天的副本或缩影，人的身体、生理、心理、精神、道德等都来源于天，与天类似。天主宰着人，人也能感动天。自然界的祥瑞和灾异，分别表示上天对人的嘉奖和惩罚；但人的道德、礼法修养可以影响上天对人的赏罚。

将阴阳五行之气作为天人合一的桥梁，是董仲舒天人观的显著新意。他发现，"人之形体化天数而成，人之血气化天志而仁，人之德行化天理而义，人之好恶化天之暖晴，人之喜怒化天之寒暑，人之受命化天之四时，人生有喜怒哀乐之情，春秋冬夏之类也"（《为人者天》）。这里提到的"化"，指阴阳五行的变化。孔子说天生，《中庸》讲天命，《易传》提出太极生两仪，董仲舒则借用阴阳五行说，认为天生、天命或天意的表达途径是阴阳五行之气，他称为"天气"。而且他还认为："天意难见也，其道难理。是故明阳阴入出实虚之处，所以观天之志；辨五行之本末顺逆，小大广狭，所以观天道也"（《如天之为》）。人们见天意、天道，观"天之志"，必须从阴阳五行变化的观察认识入手。认识到"阳阴入出实虚之处"，就可认识"天志"；认识到"五行之本末顺逆，小大广狭"，就可认识"天道"。

董仲舒认识到了什么天道内容呢？他说："谨按灾异以见天意。天意有欲也，有不欲也。所欲所不欲者，人内以自省，宜有惩于心；外以观其事，宜有验于国。故见天意者之于灾异也，畏之而不恶也，以为天欲振吾过，救吾失，故以此报我也。"（《必仁且知》）在董仲舒看来，"天出至明"（《观德》），天有认识，有意志，有欲望，有仁爱之心，能根据人的言行活动情况而回报人。天根据人修养和活动情况，提出警告，是为天谴；警告不听，或继续警告，或降灾异，是为天灾；过而能改，或降祥瑞，是谓天幸。董仲舒所谓阴阳五行之天虽然是自然的，但人格色彩很突出。

董仲舒天人观的第二个新意是，将天人和古今相贯通，从天人讲到古今，走出一条和司马迁不同的知道、求道之路。究天人之际，通古今之变，是司马迁的史学核心问题，他以通古今之变究天人之际，借助历史描述呈现哲学道理。与之同时的公羊学大师董仲舒，却以究天人之际来通古今之变，哲学中有历史。在董仲舒看来，天人和古今、历史和哲学能够统一的依据就在于"天之道，终而复始"（《阴阳终始》），天道包含了古今在内，古今关系中蕴含着天人关系。故《春秋》能"视前世已行之事，以观天人相与之际"，"天人之征，古今之道也"（《汉书·董仲舒传》）。

在董仲舒看来，天人统一，古今统一，天人和古今统一，它们皆统一于道。而道又集中记载于圣人所作经典中，故求道和读经统一。这种信仰框架强调法天和尊天统一，法天、尊天和奉本、法先王统一。治国理政有普遍规律（董仲舒叫先王常法，今人谓为优秀传统）

在其中。《春秋》道往而明来，但其中有天人道理。只是文化传承，古今合一，需要人道努力；人道努力，又可以落实为父子合一。他说："父者，子之天也；天者，父之天也。""天者，万物之祖。"（《顺命》）万物、人，当然都是天之子。故董仲舒说"尊天"和"敬宗庙"同类。同时，"父授之，子受之，乃天之道也"，意思是说，"诸父所为，其子皆奉承而续行之，不敢不致如父之意，尽为人之道也"（《五行对》）。故在董仲舒那里，天是人的本原，人要承受它，相信它，认同它，并在天的主宰下尽人事，听天命。这种天人关系也被董仲舒视为古今、父子关系的原型。

思考天人合一关系，大体有两个方向：一是天对人。先秦儒家已有天生人成、天命人性、天意民心诸说，有天授和受命（含王受、民受）两个环节，董仲舒特别发掘了天授的意义和人受命的内容。他肯定天授、受命，就是信命；唯有信命，才可能产生孔子的知命，孟子的立命、正命，荀子的制天命等观念。二是人对天，以孔子知天命说，孟子尽心知性知天、存心养性事天说是代表。董仲舒特别发掘了信奉天的意义。他主张人们应奉天，信仰天，相信和信奉天道，"法天奉本，执端要以统天下"（《三代改制质文》）。提倡奉天、事天，就是信行，即信仰及其修行活动。信命是信行的前提和基础，信行则是信命的言行表现。先秦儒学早已提出理性地知天命，立命、正命、制天命等作为修养功夫，董仲舒则将这种修养功夫和信仰联系起来思考，发展和凸显了儒学的宗教文化性能。

信命和信行两者结合，就是宗教信仰中的天人合一。天对人，是自然的天人合一，在董仲舒那里集中表现为"天授""受命"论；人对天，是人为的、修养的、文化的、政治的天人合一，董仲舒尤其广泛讨论了尊天、尊神，事天、法天，制度、名号，忠孝、三纲等问题。为了建设汉王朝多民族共有精神家园，他儒教思想的核心工作就在为三纲五常、名号制度等奠定信仰或信念基础。

故儒教思想的天人合一论和哲学、艺术有别，它将信仰作为修养的重要内容，讨论作为信仰对象、有主宰性能的天命（或天意）和人信仰或信念的关系，在人们一定修养基础上实现宗教的天人合一。儒教信仰天命鬼神，同时也信仰道；天命鬼神有人格色彩，有主宰权能；道有半人格色彩，也有一定的主宰权能。虽然信仰天命，但让天命理性化为天道、天理、良知等，使宗教走向学术，也推动儒教走向儒学；虽然信仰鬼神，但孟子说"圣而不可知之谓神"，让鬼神人文化为圣人的权能，成为人性修养的收获，使儒教儒学化。任继愈先生发现儒学曾经变成儒教的历史事实，笔者认为这是很重要的发现。另一方面，儒教本身也借助天命理性化、鬼神人文化历程，而逐步学术化、儒学化，这也不可忽略。儒学儒教化后，儒学依然存在，并没有消亡，儒教发展、充实了儒学的内容和形态。同时，儒教本身也受儒学影响，而发生理性化、人文化，变成儒学。故儒学儒教化，与儒教儒学化，两个方向的历史运动交织在一起，增加了我们今天探讨儒学与宗教关系问题的复杂性，也反映了儒学思想中哲学和宗教、理性认识和信仰信念紧密交织、难以分割的实际情况。

在儒学儒教化过程中，董仲舒做出了自己的贡献，已经为前辈学者所指出。在儒教儒学化历史上，董仲舒也做出了自己的贡献，不能忽略。他的儒教思想在这两方面都起了作用。

天命的理性内容就是道，道就是去除人格色彩的天命。儒教信命和信道统一。因为信仰道，故信赖发现并表达了道的圣人，信任表达、承载了道的经典。希贤成圣理想是儒教的人生理想，经学思维是儒教的基本思维方式。天生人成，天命人性，天意民心，是天对人的三种模式，或三大领域；而人对天，则借助信仰和学习、克己等修养活动，实现天人合一。两者结合，构成儒教天人合一世界观的主要内容。用道德修养提高自己，以便和信仰对象接近；用祭祀礼仪和信仰对象沟通；在社会政治活动中修道，即志于道、求道、学道、闻道、明道、传道，让天下有道。这些都是儒教修养论和教化论的主要内容，是儒教思想要发掘和说明的，董仲舒在这些方面都做出了自己的独特贡献。

二、"天授"和"受命"

天授观和受命观，是董仲舒对先秦儒家天命观的发展，是他儒教思想信命论的主要内容。天人关系的天对人和人对天两个方向，董仲舒概括为授受关系，即天授和人受关系，就是天授予人和人接受天授的关系，是天生和被天生的关系，是天命和受命的关系。比如，天生人成，就是天授人受，而后继天成教。又如五行学说讲水生木，董仲舒也解释说，这是水授木受，如父子关系。结论是，"五行者，乃孝子忠臣之行也"（《五行之义》）。

他以"天授"（《玉杯》）、"天施"（《竹林》）解先秦以来的"天命"观念，突出了"天命"过程的人格色彩。"天命"的"命"，如命令，本来也有微弱的政治人格色彩。董仲舒用"天授"解"天命"，"授"者，授予，委任；又用"天施"解"天命"，"施"者，施予恩惠，更有天给人恩赐的意义。他分析"天命"概念，提出"大命"和"变命"（《重政》）两个概念，变孔子内在天命、外在天命为有体、用性质的"大命"和"变命"。

汉武帝所出考试题目，有"三代受命"问题，董仲舒由此提出了自己的"受命"观。他解释"天命之谓性"中"天命"的内涵说："人受命于天，有善善、恶恶之性，可养而不可改，可豫而不可去。"（《玉杯》）又说："今善善、恶恶，好荣、憎辱，非人能自生，此天施之在人者也。君子以天施之在人者，听之。……天施之在人者，使人有廉耻。有廉耻者，不生于大辱。……曾子曰：辱若可避，避之而已。及其不可避，君子视死如归。"（《竹林》）在他看来，善善、恶恶、好荣、憎辱，这些价值判断、价值选择、价值实践等能力，根本上说源于上天，是接受天命的结果，属于受命的内容。可见，天授从天说，是受命的源泉；受命就人言，是天授的结果。根本上说，天授和受命有机统一，共同构成了天命过程。董仲舒分析天命为天授和受命两个环节或方面，深化推进了先秦儒家的天命论。

从天授说，董仲舒肯定，"为人者天"，天使人成为人。"人之本于天，天亦人之曾祖父也，此人之所以上类天也。"（《为人者天》）根据人副天数原理，人的形体、血气，皆天生而成，人的好恶、喜怒，也受天的影响。从受命看，他肯定，人"超然万物之上，而最为天下贵"，"人，下长万物，上参天地"（《天地阴阳》）。一般来说，一个人生下来所拥有的一切，所面对的一切，一言之，所承受的一切，都是其受命的内容。而人之所以有此高贵地位，实在是因为他尤其受命了仁义道德。董仲舒说："人受命乎天也，故超然有以倚。""唯人独能为仁义。""唯人独能偶天地。"表现出来，"行有伦理，副天地也"（《人副天数》）。他不赞成人性善说，认为这不符合现实经验，也让君师没有使命、任务了。他反问道："万民之性苟已善，则王者受命尚何任也?"（《深察名号》）从这一反问看出，他的君王立场十分鲜明。他视欲望为人性的一部分，承认人性有善质，和孟子所谓君子不以欲望为性说不同。他经验外观人性，重视人性中气质部分，断定人"性可善"（《盟会要》）。他将性比为禾，善比为米，认为善出于性，但"性未可全为善"；万民"有善质，而不可谓善"，"于是为之立王以善之，此天意也"。人性为善，在于人"继天而成于外，非在天所为之内也"（《深察名号》）。他说："天之为人性命，使行仁义而羞可耻，非若鸟兽然，苟为生、苟为利而已。"（《竹林》）"凡人之性，莫不善义，然而不能义者，利败之也。"（《玉英》）人有善质，自然"善善恶恶"（《玉杯》），在适当条件下可以向善。在向善的过程中，不能见利忘义，而要义利兼顾，"天之生人也，使人生义与利。利以养其体，义以养其心。心不得义不能乐，体不得利不能安"（《身之养重于义》）。

董仲舒解释说，受命即"有非人力所能致而自至者，西狩获麟，受命之符是也"（《符瑞》）。本于天，非人力所能及，是受命的两大标志。他认为人受命内容中，最重要的是仁义道德。他肯定人有"化天理而义"（《为人者天》）的能力。董仲舒总结历史经验教训，发现"义则世治，不义则世乱"，由此可"见人理之副天道也"（《王道通》）；人自觉、实现受命的仁义道德，即天理或人理，才能使自己成为人，才能超越动物，也才"可以参天"。他说："人之受命于天也，取仁于天而仁也。是故人之受命天之尊，父兄子弟之亲，有忠信慈惠之心，有礼义廉耻之行，有是非逆顺之治，文理灿然而厚，知广大而博，唯人道为可以参天。"（《王道通》）

在董仲舒看来，每个人都有受命，但君主的受命内容比一般民众更多：君主受命了一统天下的王权，以及由王权引申出来的君主的职责和使命。他说，凡王者"必受命于天"，一旦受命，就会"改正朔，易服色，制礼乐，一统于天下，所以明易姓，非继人，通以己受之于天也。王者受命而王，制此月以应变，故作科以奉天地，故谓之王正月也"（《三代改制质文》）。西汉人相信"王者必受命而后王"（《三代改制质文》）。董仲舒认为，君王要勇于担当受命，不能推卸责任，不能"私传"转让，不能"擅以所重受于天者予他人也"（《尧舜不擅移汤武不专杀》）。

董仲舒受命观中，讨论君王受命问题最多。因为历史实际是："唯天子受命于天，天下受命于天子，一国则受命于君。君命顺，则民有顺命；君命逆，则民有逆命。"（《为人者天》）在专制制度下，君主掌握了天下，民命为君命所决定；君主自然成为人在天命面前的代表。因为实际上天子富集天下资源，"人之得天得众者，莫如受命之天子。下至公侯伯子男，海内之心悬于天子，疆内之民统于诸侯"（《春秋繁露·奉本》）。只有天子才受王命于天。董仲舒君王受命说，如实反映实际情况而已，不能将这看成是他的主张。

董仲舒也讨论了民众受命问题，虽然民众受命都作为君王受命的一部分予以安排，但在这种君王专制大框架下，董仲舒给了竭尽可能的强调，曲折展示了儒家天人合一思想框架里根深蒂固的民本思想。内容主要有三个方面：

一是君主受命，民心民意是重要指标。董仲舒说："孔子曰：人能弘道，非道弘人也。故治乱废兴在于己，非天降命不得可反。……臣闻天之所大奉使之王者，必有非人力所能致而自至者，此受命之符也。天下之人同心归之，若归父母，故天瑞应诚……此盖受命之符也。"（《汉书·董仲舒传》）在君权来源上，儒家虽然讲天命，但所强调的却是人现实的人性修养、使命担当等理性努力，以及民意、民心的作用，孟子尤其如此。但孟子将天授看成君权的必要条件，民授只是君权"稳固的条件"[2]，而董仲舒则将民心所向看成是"受命之符"，看成君权的必要条件，这就提升了民心民意在君权合法性中的逻辑地位。学人们通常注意到董仲舒为君王说话，而不大注意其某些民本观念并不比孟子逊色。

二是君王受命，本就包含民本内容。他说"彼之所受命者，必民之所同乐也"（《楚庄王》）；善恶确定，以民众为准，"是害民之小者，恶之小也；害民之大者，恶之大也"（《竹林》）；教化民众，使之向善，本就是君王受命的内容，"民受未能善之性于天，而退受成性之教于王。王承天意，以成民之性为任者也"（《深察名号》）。

三是君权目的和宗旨，是为民而非为王。他说："天之生民，非为王也，而天立王以为民也。故其德足以安乐民者，天予之；其恶足以贼害民者，天夺之。"（《尧舜不擅移汤武不专杀》）即使面对鬼神，董仲舒也要和他们讲上天"利人""利民"（《止雨》）的道理，用理性认识的天意制约鬼神。

关于天授命中的君民关系，董仲舒认为两者不可分割，对立统一。在董仲舒思想大厦里，君权神授观念，镶嵌着民心民意内容，皇权主义思想，能够容纳全面彻底的民本意识，这也反映了古代儒家一般政治思想状况。君权天授与民心民意统一，皇权至上与民为邦本统一，可谓天人合一在社会政治领域的表现。

关于人受命中的君民关系，董仲舒还有现实的眼光："人之得天得众者，莫如受命之天子。下至公、侯、伯、子、男，海内之心，悬于天子。"（《奉本》）而"民"似乎缺乏与天交通的能力。按照董仲舒看，"民者，瞑也。士不及化，可使守事从上而已"。"瞑"，闭眼，眼睛昏花，昏暗，睡眠，比喻没有认识到真理的蒙昧状态。因为没有认识到真理，所以，也不知道应该怎么做，目标、方法、准则、出发点等，都缺乏认识、觉悟，只能"守事从上""受成性之教于王"，接受君王教化。

虽然民不能与天直接交通，但天命主宰人的大格局、大趋势，是对于所有人来说都是相同的。董仲舒大胆肯定民众也可以、也能够

"效天所为"（《深察名号》）；换言之，董仲舒实际上肯定了劳动群众进行道德修养，一样有光明的前途。违道悖德，即使富贵，也"羞辱大恶。恶深，祸患重，非立死其罪者，即旋伤殃忧尔，莫能以乐生而终其身"，以至"刑戮夭折"。因为人生命运规则是，"夫人有义者，虽贫能自乐也。而大无义者，虽富莫能自存"。不是他们主观上想不快乐、不自存，而是不明白人生快乐、自存的真理（《身之养重于义》）。一些人因小失大，见利忘义，如同掉入自挖的陷阱、埋入自挖的坟墓；圣人发现人生真理，而孜孜于告人，正是立下一人生交通警示牌，提醒众人"小心"，不要自陷、自弃。

关于民众"瞑"的问题，北宋大儒张载的认识比较高明，体现了儒家民本思想在理学时期的进步。张载说："民虽至愚无知，惟于私己然后昏而不明；至于事不干碍处，则自是公明。大抵众所向者，必是理也。理则天道存焉。故欲知天者，占之于人可也。"[3]256－257民众为什么"瞑"？当然有文化水平低的原因，但"私己"的心胸，才是根本原因。尽管如此，从人的本性看，纯粹至善的"天地之性"才是人的本性；所以，民众知、情、意、欲等心理大趋向，总是向善，符合义理。张载赞成孟子"人性善"说，又充分考虑了荀子"人性恶"说的意义，认为"恶"主要根源于"气"在人身上的表现——"气质"。现实的人以自己本性的善为基础，"变化气质"[3]265、274、281，即使一般民众也可以修养提升，最终成为圣人。张载有精微而正确的人性论，所以对民众"瞑"的问题也能有更清醒而正确的认识。

三、"奉天"和"尊神"

西汉初年，天下一统。汉帝国疆域辽阔，人口众多，维护国家统一成为重大政治课题。任继愈指出，农业小生产的自给自足性、分散性，家庭血缘纽带，使国家统一缺乏应有的经济基础。从经济以外的社会领域寻求治国资源加以利用，很有必要。秦朝书同文、车同轨政策，就是历史经验。汉代则进而从制度建设、思想文化、宗教信仰方面，加强中央集权，维护多民族国家的统一。董仲舒说："若去其度制，使人人从其欲，快其意，以逐无穷，是大乱人伦，而靡斯财用也。……今欲以乱为治，以贫为富，非反之制度不可。"（《度制》）董仲舒所谓"制度"，既包括礼仪制度，也包括礼仪制度的信仰基础、精神实质，即"法天""事天"，"尊神""敬神"，这就涉及民族国家精神家园建设问题。

董仲舒言："《春秋》之道，奉天而法古。……故圣者法天，贤者法圣，此其大数也。"（《楚庄王》）法古、法先王，只是奉天法天的表现。又说："体国之道，在于尊神。尊者所以奉其政也，神者所以就其化也，故不尊不畏，不神不化。夫欲为尊者在于任贤，欲为神者在于同心。贤者备股肱则君尊严而国安，同心相承则变化若神，莫见其所为而功德成，是谓尊神也。"（《立元神》）在董仲舒那里，尊神其实就是事天，因为万事万物中，"莫神于天"（《人副天数》）。他讲人副天数，天人同气，是为了尊天、事天。在他眼中，天是百神之君，天和神统一，说："事天不备，虽百神无益也。"（《郊语》）事天，就是尊天，尊天就要尊神。因为在他看来，天是"王者之所最尊"（《郊义》），所以朝代更替，要改正朔，易服色。"为人君者，其要贵神。神者，不可得而视也，不可得而听也。是故视而不见其形，听而不闻其声。"（《立元神》）君主所以进止、所以号令，不可见闻，"不见不闻，是谓冥昏。能冥则明，能昏则彰。能冥能昏，是谓神人"（《春秋繁露·立元神》）。

尊神作为治国理政活动，重在神化皇权和君主，令民不见不闻，而生敬畏等宗教情绪，进而神道设教，使万众同心，悉听君主教化。他解释孔子三畏说："天之不可不畏敬，犹主上之不可不谨事。不谨事主上，其祸来至显；不畏敬天，其殃来至暗。暗者不见其端，若自然也。"暗的意思就是"默而无声，潜而无形"，看不见，摸不着，虽"不必立校"（《郊语》），但又疏而不漏，无所逃罪。

孟子提出人性修养，要尽心知性知天、存心养性事天。董仲舒尤其发挥"事天"说，将它发展为"奉天"和"尊神"论，成立了他儒教的信行论。对受命内容，人们要勇于承认、接受，坦然面对，尊重它，顺应它，并理性地认识它，实现它，这就是董仲舒的事天、尊神论，他有时也用奉天、法天等词加以描述。这些内容，不只是个人人性修养，也涉及礼仪制度、社会教化等方面。几乎人们所有的社会文化活动，都是人们承受、实现受命的范围。他认为，人们事天、法天，效法天道，就可与天合一；"循天之道"（《循天之道》），遵循天道而行；如天之为，尊天、事天，知天、配天，像天一样活动。他说："王者不可以不知天。"（《天地阴阳》）而知天，要"能见不见，见不见之见者，然后知天命鬼神"（《祭义》）。王者"予夺生杀，各当其义"如四时，"列官置吏，必以其能"如五行，"好仁恶戾，任德远刑"如阴阳，这才叫"能配天"（《天地阴阳》）。

董仲舒还为君王树立了圣人法天的样板。他认为，"惟圣人能属万物于一而系之元"，能抓住根本、要害。首先，圣人法天，"本所从来而承之""承天地之所为""继天地之所为"，才"能遂其功"，因为这是天人"相与共功持业"。实际上是要求君王在日常社会生活中"随天地终始"（《重政》）。其次，圣人法天，要讲清仁义的道理，让人们在生产生活中明白"义之所审"（《重政》），明辨是非、黑白，而不局限于词语、物论等"不急之言"，使人莫知所从。其三，借助治国理政、制度建设、教化活动等，提高民众人性修养水平，帮助民众法天，"尽人之变合之天"，"道必极于所至，然后能得天地之美"（《官制象天》）。

他认为，历史上"圣者法天"，五帝三王法天而治，"天为之下甘露，朱草生，醴泉出，风雨时，嘉禾兴，凤凰麒麟游于郊"（《王道》）。而如果统治者失道背德，则"天乃先出灾害以谴告之，不知自省，又出怪异以警惧之，尚不知变，而伤败乃至。以此见天心之仁爱人君而欲止其乱也"（《汉书·董仲舒传》）。"灾异"，就是不常见到的灾害或异象，它是"天之谴""天之威"（《必仁且知》）的表现，故令人畏惧。

在董仲舒儒教思想体系中，与天授说相接的是谴告说，和受命说相应的是尊神说。天授说是天神主宰世界的本原性观念，"谴告"说是天神主宰世界的评价性观念，两者结合，构成董仲舒天命观的主要内容。受命说解决尊神说的依据问题，尊神说则可谓受命说在信仰活动中的进一步展开。

董仲舒的尊神观，是为了证明应该尊天子，其奉天、法天观，则是为了说明奉命、忠君；其儒教信仰中的皇权信仰成分重，神道信仰成分轻。因为神被看成天，而君被认为是天子，即天的儿子。他要求君王像天一样，"位尊而施仁，藏神而见光"，"法天之行，是故内深藏，所以为神；外博观，所以为明"（《离合根》），达到"崇本则君化若神"（《立元神》）之境。这种治国理政境界，可谓天人合一境界，因为"与天同者大治，与天异者大乱。故为人主之道，莫明于在身之与天同者而用之，使喜怒必当义而出"（《阴阳义》）。即使治国者遭遇灾异，也不必着急。君王若能省天谴，畏天威，修身正德，革弊而图治，"救之以德，施之天下，则咎除"（《五行变救》）。具体改革措施如正纲纪，减刑罚，薄赋敛，赈穷困，举贤良，远小人，兴礼乐等。在他看来，天命并非不可改变，"自非大亡道之世者，天尽欲扶持而全安之，事在强勉而已矣"。他还明确肯定说："治乱废兴在于己，非天降命不可得反。"（《汉书·董仲舒传》）董仲舒强调法天、尊神，但也强调天命"可得反"，人的努力可以改变天命，保存了先秦儒家的人文血脉。

四、道的信念

董仲舒揭示国家治理之"道"具有普遍性和永恒性，说："道之大原出于天，天不变，道亦不变。是以禹继舜，舜继尧，三圣相受而守一道，亡救弊之政也。……由是观之，继治世者其道同，继乱世者其道变。"（《汉书·董仲舒传》）天不变，道亦不变，是一种理性的信念，也可谓儒教思想的核心信念。在他看来，他所信仰的道，在历史上有表现，可以进行理性认识。夏、殷、周、秦、汉的朝代更替，就体现了"有道伐无道"而必然取胜的"天理"（《尧舜不擅移汤武不专杀》），这种天理有普遍必然性，令人确信、心安。

在董仲舒看来，有道的信念的人，相信天命，相信天人合一，相信天授和受命、奉天和尊神，相信治国理政有规律可循，根据这些规律，君王应奉天法古，实施德治或仁政。有道的信念的人，相信圣人。对于圣人，应"问其所为，而无问其所以为也。问其所以为，终弗能见，不如勿问。问为而为之，所不为而勿为，是与圣人同实也，何过之有？《诗》云：'不愆不忘，率由旧章'"（《郊语》）。对圣人要有确信不疑的态度。

董仲舒有道的信念，表现为他相信鬼神，有时又会根据道的信念而理性地怀疑鬼神。如古人旱灾祈雨、淫雨祈晴，比较普遍。董仲舒根据他"同类相动"理论进行分析，认为"欲致雨泽动阴以起阴，欲止雨则动阳以致阳"，虽然具体如何操作还不很清楚，但否定了祈求神灵以求雨或止雨的宗教路线，是很清楚的。他明确说："致雨非神也；而疑于神者，其理微妙也。"（《同类相动》）董仲舒用当时有朴素科学性的认识说明下雨原因，断定下雨等自然现象是阴阳五行之气自然作用的结果，否认神灵是下雨等自然现象的原因，限制了鬼神的作用范围。作为儒教思想的一部分，这也可谓儒教儒学化的表现，先秦儒家开启的信仰理性化的历史方向上的延续。

董仲舒重视理性的积极作用，但又用"勿问"而信的方式，限制理性的范围，给信仰留下地盘。与此相应，他也重视天命鬼神信仰，但却限制鬼神的作用范围，给理性留下空间。或许，董仲舒是想在理性和信仰之间，寻求无过无不及的中道，追求建立一种人文的、理性的信念。这反映了儒学思想的实际情况，也可以看成儒教发展的理想。

在董仲舒看来，有道的信念的人，相信经典，相信经典为圣人所作，相信经典中蕴含着普遍必然的真理。董仲舒是西汉时期的儒学大师，以研究《公羊春秋传》著名。他对孔子以来的儒学思想有许多独到而深刻的体会。他总论经典的作用和地位，认为"义出于《经》。《经》传，大本也"（《重政》）。他分论各经的意义和性能说："《诗》道志，故长于质。《礼》制节，故长于文。《乐》咏德，故长于风。《书》著功，故长于事。《易》本天地，故长于数。《春秋》正是非，故长于治人。"（《玉杯》）他概括自己诠释经典的方法，是"得一端而多连之，见一空而博贯之"（《精华》），以及"合而通之，缘而求之，五其比，偶其类，览其绪，屠其赘，是以人道治而王法立"（《玉杯》），由具体而抽象，或由抽象而具体，皆有朴素的科学性。经典修养，是一种综合的人性修养、文明修养，涉及人生、社会各方面。董仲舒解经的特点是，着眼现实需要，以经释经，有经例则比类而推，无经例则由信而立。

有道的信念的人，注重日常生产生活中的道德修养。在这方面，董仲舒有不少自己独到而深刻的体会。如他强调儒学道德规范的自我反省功能说："以仁安人，以义正我。……众人不察，乃反以仁自裕，而以义设人，诡其处而逆其理，鲜不乱矣。"他认为，在儒家道德规范中，"仁之法，在爱人，不在爱我；义之法，在正我，不在正人"。仁爱主要是对待他人的规范，不宜用来照顾自己；"义"（应该）主要是儒者对自己的严格要求，不宜用来要求别人。对待自己要严格，用人性的标准要求自己，而对待他人则要宽厚，给予实在的恩惠。从评价对象说，"仁主人，义主我"，仁爱针对他人说，义应针对自己说；从评价指标说，"我不自正，虽能正人，弗予为义。人不被其爱，虽厚自爱，不予为仁"，意思是说，爱己不爱人，不能叫仁，正人不正己，不能叫义；从评价功能说，"仁造人，义造我"，仁德造就的主要是他人，义德造就的主要是自己。所以，总的看，"义云者，非谓正人，谓正我。虽有乱世枉上，莫不欲正人。奚谓义"？义乃是就"合我与宜，以为一言"，义就是我和宜的统一。只有"宜在我者，而后可以称义"，如果我有不义而"诽诸人"（《仁义法》），自己不义，却批评别人不义，别人怎能接受呢？因为自己不正，只是正人，不足以谓义。历史上即使那些亡国之君，也知道要正人，但却没有称之为义的。这很符合儒家"子帅以正，孰敢不正"思想要旨。后来异化了的"名教""礼教"，违背这一原则，治国者自己不重视道德修养，甚至无德者在位，却用行政手段，将"义"外化为国家制度，规范百姓的言行活动，要求民众必须有德有义，有意无意地将规范的对象搞混。依照董仲舒的意思，这根本违背儒家人学精神。

在人性修养过程中如何处理好仁义与功利的关系？董仲舒提出了著名的"正其谊不谋其利，明其道不计其功"（《汉书·董仲舒传》）

的观点。他的原话是："仁人者，正其道不谋其利，修其理不急其功。"（《对胶西王越大夫不得为仁》）董仲舒这样说，贯彻了他"以义正我"，严格要求自己的原则。二十世纪不少学者批评董仲舒此说，他们批评的出发点都在于以为这个观点是要求他人的，其实这完全是误解。它只是董仲舒"以义正我"的自我道德修养要求而已。

关于一个人内在综合修养（"德"）与才能的关系，董仲舒强调"德"的重要性。在他看来，仁德的意思就是"爱人类"，这是一个人有德的集中表现。如果一个人没有"德"而很有才能，便如"狂而操利兵""迷而乘良马""以其材能以辅其邪狂之心，而赞其僻违之行，适足以大其非而甚其恶耳。其强足以覆过，其御足以犯诈，其慧足以惑愚，其辩足以饰非，其坚足以断辞，其严足以拒谏。此非无材能也，其施之不当而处之不义也"（《必仁且知》）。后来国人形成德才兼备、以德为首的人才观，是正确的。

五、三纲"可求于天"

在董仲舒那里，名号观、礼法观，是他礼仪制度观的一部分。

在他看来，名号是天意的文化表现。他在《深察名号》中认为"名号"就是表"达天意"的，但不是天意直接表现，因为"天不言，使人发其意；弗为，使人行其中"。名号是"圣人所发天意"，圣人认识到天意，借助名号表达出来。在这个意义上说，董仲舒的名号，即使表达了天意，也能不算是基督教研究神言的神学，主要的依然是人学，但凸显了儒学的意识形态功能和精神家园性能。儒教的核心学问不是基督教那样的神学，而是儒家经学。儒学占统治地位后，成为官方意识形态；它主要研究的不是天言或神言，而是研究经典记载的圣言，即圣人的言论，故可谓圣学。在这个意义上说，经学思想是儒教教义的核心内容。董仲舒所谓名号，正是其经学研究的内容之一。他的经学，以信仰或信念为基础，希望在天和人、自然和社会之间寻求两者间的联系，进而探寻三纲等国家治理的王道，从而全面深刻理解人类社会政治活动。这表现了董仲舒高人一筹的哲学视野和眼光，应予以肯定。

为现实的三纲等制度进行理论说明和证明，是董仲舒儒教思想的现实目的。他明确提出，"王道之三纲，可求于天"（《基义》）。讲天人合一，信天命鬼神，信道，信经典，其现实社会政治目的就是为了确立宇宙、国家的"正化"秩序，即以元正天，以天正王，以王正诸侯，以诸侯正境内，"五者俱正，而化大行"（《玉英》《二端》）。这种"正化"秩序，体现了不同人受命虽有别，但在天人合一中，又联结为一个整体，即"天子受命于天，诸侯受命于天子，子受命于父，臣妾受命于君，妻受命于夫。诸所受命者，其尊皆天也，虽谓受命于天亦可"（《顺命》）。根据"人副天数"原理，天有四时（春夏秋冬），王有四政（庆赏罚刑），人有四肢；天有五行，政有"五官"（司农、司马、司营、司徒、司寇），人有五德（仁义礼智信），身有五脏；天有阴阳，"阳尊阴卑""贵阳而贱阴"（《阳尊阴卑》），人也有君臣、父子、夫妇，君、父、夫为阳，为尊贵，臣、子、妇为阴，为卑贱。可见，君为臣纲，父为子纲，夫为妻纲，天意如此，君王受命如此，礼义名号如此，人人都应遵循，概莫能外。因为"人于天也，以道受命；其于人，以言受命。不若于道者，天绝之；不若于言者，人绝之"（《顺命》）。人类社会里的三纲等，正是天人合一的制度化表现。有了三纲等制度，不同的人可以联结为一，确保社会和谐稳定，从而实现天人合一理想。

近代以来，外来平等思想流行，国人遂以此批判否定三纲说。独贺麟发现其内蕴的积极意义，正在于变君臣相待的道德，为绝对的、片面的理念之信仰，从而巩固了君臣关系。这应是儒教思想对维护古代多民族国家大一统的积极贡献。批评三纲者，误解了三纲说借助宗教信仰强化统一关系的精义，又以历史上异化了的假三纲为例证，当然难以成立。

以今日眼光看，虽然现实社会中尊卑客观存在，但尊卑之制十分落后，尊卑之论万万不妥。与此相对，一些人走向另一个极端，全盘否定三纲说，又过头了。三纲是客观存在的社会制度。完全不承认三纲，是有意无知；完全不遵循三纲，则违道悖德，会遭天人弃绝。因为尊者并不只拥有一种权力，尤其要担当一种责任，要勇于奉献，有服务精神；只有奉献、服务过，才配拥有这种权力，才可能享受到他人的尊重。还因为卑者不仅要敬畏，而且受所敬畏者之照顾，被他们仁爱。否定三纲，又高喊平等，结果是弱势群体之苦痛，无人慰问，他们需要仁爱、照顾，却无人关心，大家都麻木不仁，自私自利。一些人双眼紧闭，不看现实，对纲常伦理不予承认，不是无知，就是受蒙蔽，故意如此，则恐别有居心。

董仲舒在谈到欲望是治国理政的抓手时说："民无所好，君无以权（劝）也。民无所恶，君无以畏也。无以权，无以畏，则君无以禁制也。故圣人之治国也，因天地之性情……务致民令有所好。有所好然后可得而劝也，故设赏以劝之。有所好必有所恶，有所恶然后可得而畏也，故设罚以畏之。既有所劝，又有所畏，然后可得而制。……故圣人之制民，使之有欲，不得过节；使之敦朴，不得无欲。……黑白分明，然后民知所去就，民知所去就，然后可以致治。"（《保位权》）治国理政，要使"民令有所好""使之有欲""不得无欲"然后立制度，行赏罚。

礼仪制度正是对人们欲望的规范，三纲则是礼仪制度的凝练概括。董仲舒揭示三纲等礼仪制度的根据说，礼仪制度是"继天地，体阴阳"而生的，故叫求于天，在天地、自然中能找到源泉；它针对人的欲望而加以规范，使之有节，"体情而防乱"（《天道施》），是人"受命"的人性基础；其基本原则是"礼无不答，施无不报"，这也是"天之数"（《楚庄王》）；其具体内容则有"慎主客，序尊卑、贵贱、大小之位，而差外内、远近、新故之级"（《奉本》）等。

董仲舒认为，"受命之君，天意之所予也"，明确讲"天意"是皇权的根据和根源。他解释说："天若不予是家，是家者安得立为天子？立为天子者，天予是家。天予是家者，天使是家。天使是家者，是家天之所予也，天之所使也。"（《郊祀》）据此，凡立为天子者，皆表明天予之、天使之，换言之，凡立为天子，掌握皇权，皆天意如此。人们在不能理性理解、科学认识君权来源时，很容易出现这类君权神授论，为君权的产生和存在提供宗教性解释。董仲舒这样讲，却另有其意图，他学习墨子，也希望利用天意的神秘权威，抑制君权的无限性；要求君主既然号为天子，就应有相应的君主修养，实现孔子"君君"理想。他说："故屈民而伸君，屈君而伸天，《春秋》之大义也。"（《玉杯》）天意既充当了皇权的护身符，论证和巩固了皇权，又成为君王的紧箍咒，要求君王不断提高自己的修养，以达到其基本要求。儒家"君君"说，意在阐明君道，对君王加以鞭策，用理想引领君王治国理政；更重要的是针对庸君，针对安于现状、不思进取的治国者，促其梦醒。

所以，董仲舒打着天意的旗号，明确对君王提出了修养要求。他认为，首先，君王要通天地人之道，"德侔天地者称皇帝"（《三代改制质文》），"取天地与人之中以为贯而参通之""王者唯天之施，施其时而成之，法其命而循之诸人，法其数而以起事，治其道而以出法，治其志而归之于仁"。其次，君主要有仁义道德、礼义廉耻修养。君王"好恶喜怒必当义"（《王道通》）。何谓当义？"不顺天道，谓之不义"（《天道施》）；则顺天道，便是当义可知。他说："君者，民之心也；民者，君之体也。""君之所好，民必从之。故君民者，贵孝弟而好礼义，重仁廉而轻财利，躬亲职此于上，而万民听，生善于下矣。"（《为人者天》）其三，君王号为天子，就应"视天如父，事天以孝道"（《深察名号》）。汉代以孝治天下，在祭祖礼仪上，有严格要求。董仲舒认为，受命而王，必先祭天。他劝谏皇上实行祭天礼仪说："天子者，则天之子也。以身度天，独何为不欲其子之有子礼也。今为其天子，而阙然无祭于天，天何必善之？"（《郊语》）董仲舒看天，"以身度天"，将天看成人一样的对象，并且认为祭天的功利目的，就在于获得上天的保佑。他对皇上说，你不祭天，天何必保佑你？其四，奉祭先祖，要不失其时（《四祭》）。他认为，祭祀礼仪就是人们凭借自己的道德修养，用善行和鬼神交通的渠道。他说："君子之祭也，躬亲之，致其中心之诚，尽敬洁之道，以接至尊，故鬼享之。享之如此，乃可谓之能祭。祭者，察也，以善逮鬼神之谓也。善乃逮不可闻见者，故谓之察。"（《祭义》）其五，君王要得民心，能团结民众。他说："王者，民之所往。君者，不失其群者也。故能使万民往之，而

得天下之群者，无敌于天下。"（《灭国上》）君王应有修养和能力，
"倡而民和之，动而民随之"（《正贯》），"亲近来远，同民所欲，则仁
恩达"（《十指》）。

　　在董仲舒看来，除君王外，臣民也要进行道德修养。对臣僚而
言，诸侯、大夫、士各有根据名号而来的职责，如诸侯应"谨视所候
奉之天子"，大夫应"厚其忠信，敦其礼义，使善大于匹夫之义，足
以化也"，士则应做事，"守事从上"（《深察名号》），把事情做好。要
贯彻君尊臣卑原则，"强干弱枝，大本小末，则君臣之分明"（《十
指》），"君不名恶，臣不名善，善皆归于君，恶皆归于臣"（《阳尊阴
卑》）。对百姓而言，也要讲礼义廉耻。无德者，就只能是"州国人
民，甚者不得系国邑"，成为"无名姓号氏于天地之间，至贱乎贱者
也"（《顺命》）。没有道德修养的人，在文明社会里没有丝毫地位
可言。

参考文献

　　[1] 张茂泽. 任继愈的儒教观及其宗教思想史意义 [J]. 人文杂志，
2009（5）.

　　[2] 张岂之. 中国思想文化史 [M]. 北京：高等教育出版社，
2006：126.

　　[3] 张载. 张载集：经学理窟·气质、义理、学大原上 [M]. 北京：
中华书局，1978.

董仲舒教化思想初探

代春敏

董仲舒"少制春秋"，是研究《公羊春秋》的集大成者，是继孔孟之后的汉代儒学之大宗。汉代以来，初期"汉承秦制"，以黄老学说为理论基础，用以宽济猛的休养生息政策来治理国家。后来随着黄老之学的衰微，有不少学者站在儒家的立场，不断总结秦亡的教训，探讨治国大道和方略，至董仲舒所处的汉武帝时期，可谓是"言《春秋》于赵自董仲舒……黜黄老、刑名、百家之言，延文学儒者数百人……天下之学靡然乡风矣"。这一时期，奠定了董仲舒的儒学之宗的历史地位，也为董仲舒提出一系列的治国韬略提供了历史条件。董仲舒总结秦亡的教训，"重禁文学，不得挟书，弃捐礼谊而恶闻之，其心欲尽灭先圣之道""立为天子十四岁而国破亡矣"。董仲舒认为秦朝重刑罚不重教化，是最终导致国家灭亡的主要原因，因此董仲舒的教化思想是其理论中的重要部分，他以贤良对策，主张更化善治，实施礼乐教化，"前德而后刑"，这些思想理论在董仲舒的《春秋繁露》一书和《汉书·董仲舒传》"天人三策"中都有详尽的阐释。本文试从董仲舒教化思想理论基础和教化思想的内容、对象和目标进行论述。

一、基于天道人伦观的教化思想

（一）修道谓教之名

孔子认为为政先要"正名"，"名不正则言不顺，言不顺则事不成，事不成则礼乐不兴。礼乐不兴则刑罚不中。刑罚不中则民无所措手足"。董仲舒继承并发展了孔子的"正名"思想，非常重视正名，在《春秋繁露·深察名号》中指出："名者，大理之首章也。……名号之正，取之天地，天地为名号之大义也。"那么，首先从正名角度来看"教化"一词，其中蕴含着董仲的天道人伦的自然观。

何谓"教"？《中庸》开篇讲到"天命之谓性，率性之谓道，修道之谓教"。朱熹解释说："天以阴阳五行化生万物，气以成形，而理亦赋焉，犹命令也。于是人、物之生，因各得其所赋之理，以为健顺五常之德，所谓性也。"朱子认为"性即理也"，人之性与物之性都来源于天，万物具有共同的"天命之性"。而人与物由于气禀不同而存在差异，"圣人因人、物之所当行者，而品节之，以为法于天下，则谓之教，若礼乐刑政之属是也。……知圣人之有教，而不知其因吾之所固有者裁之也。而董子所谓：'道之大原出于天'，亦此意也"。这一段话朱子明确地说明了人性即天理，天理即顺应五常之德和礼乐政刑之属。也就是董仲舒所阐发的"三纲五常"，就是人人必须遵循的当然之则，是渗透在人们日用人伦之中的当行之道。由此可以看出，"修道之谓教"是指圣人因循着天道自然，依据人与物的不同品级而做出的节制和约束，制礼作乐，立礼、乐、刑、政之属。董仲舒说："圣人事明义以照耀其所暗，故民不陷。"（《春秋繁露·身之养重于义》）圣人阐明道，阐明义，使人民了解义利之辨，所以人民才不会犯错。"先王显德以示民，民乐而歌之以为诗，说而化之以为俗。"教以化之，使"万物各得其所""不令而自行，不禁而自止。从上之意，不待使之，若自然矣"。此乃圣人基于天命人道之"修道"，基于人伦之"教"。

何谓"化"？从"化"的甲骨文、金文字形来看，左边是一个面向左侧站立的"亻（人）"，右边是一个头朝下脚朝上倒过来的"人"，从二人，像二人相倒背之形，一正一反，以示变化。化的本义是变化，改变。如《礼记·乐记》："和故百物化焉。"张载在《正蒙神化》中说："气有阴阳，推行有渐为化，化而载之谓之变，以著显微也。"《玉篇》里说："化，易也。""易"就是"变化"的意思。如《庄子·逍遥游》里说："北溟有鱼，其名为鲲，……化而为鸟，其名为鹏。"这里的"化"用的就是其本义"变化"的意思。后来由具体的"变化"引申出抽象的"教化"，就是通过教育使人心、风俗得到改变。《周易》："观乎人文，以化成天下。""文化"的本义就是以文教化。通过观察人文，可以了解社会风俗，化成社会的风气。王聘珍在《大戴礼记解诂》中说："化，谓教成于上而易俗于下也。"《增韵》篇中："凡以道业诲人谓之教。躬行于上，风动于下，谓之化。"《说文解字》解释："化，教行也。"最初文化与武化是相对的。武化是用武力强制改变习性风俗，文化则是以礼乐教化，让人自觉地遵守社会的行为规范。《礼记》中有"化民成俗"，因此以德化民曰"化"。

"教化"是圣人以天道人伦修道设教，制礼作乐，并通过上行而化成以下。教行于上，化成于下也，董仲舒的教化思想正是基于天道人伦，所以教化的根本精神不会因为时代朝政的更迭而改变。董仲舒在《春秋繁露·楚庄王篇》中说："今所谓'新王必改制'者，非改其道，非变其理。""若夫大纲，人伦道理，政治教化，习俗文义尽如故，亦何改哉！故王者有改制之名，无易道之实。"这也就是董仲舒所主张的"道之大原出于天，天不变，道亦不变"的思想。

（二）待教而善之性

因为教化是基于人伦的，所以谈教化离不开对人性的分析研究。董仲舒有自己的人性观，其人性观又和教化思想是一贯的。《汉书·董仲舒传》曰："天令之谓命。""命者天之令也，性者生之质也，情者人之欲也。或夭或寿，或仁或鄙，陶冶而成之，不能粹美，有治乱之所在，故不齐也。"董仲舒在《春秋繁露·深察名号篇》中明确地指出"是正名号者于天地，天地之所生，谓之性、情"。他认为，"情"也是"性"的一部分，性是人的本质，情是人的欲望，一个人身上兼有性和情，就像天兼有阴和阳一样。论人的本质必须把"情"包括在内，否则就违背了"正名"的原则。

同样以"正名"为其理论出发点，董仲舒阐述了他的"性未善"论。"性者，质也。……性之名不得离质，离质如毛，则非性已，不可不察也。"董仲舒并不否认"性"有"善"的部分，但"性"要经过教化后才能成为"善"，这才是真正的天道。董仲舒用形象的比喻来解释这个问题，他把"性"比喻成禾苗，把"性"中的"善"比喻成加工后的"米"，"性比于禾，善比于米"。天赋予民性有"善"的资质却不能说成是"性善"，就像米是由禾加工而成，却不能认为禾就是米，"米出禾中，而禾未可全为米也；善出性中，而性未可全为善也。善与米，人之所继天而成于外，非在天所为之内也"。这可以看作是董仲舒的"性未善"论：性有善的资质，但善并非是天生之质所能达到的，善是人们秉承天的创造又另外加工而成的，是后天教化使然。"性者，天质之朴也；善者，王教之化也。"

而且，董仲舒不仅继承了孔子"性相近，习相远"的说法，也继承了孔子的"唯上智与下愚不移"的思想，提出"名性不以上，不以下，以其中名之"，也就是说董仲舒的"性未善"论不可以称圣人之性，也不称斗筲之性，只有可以教化为"善"的"中人"才可以称"性"。"圣人之性"为"上智"，不用教化，因为圣人是修道设教的；而"斗筲之性"为"下愚"，是不可教化的。只有介于两者之间的"中人"可以称"性"，亦可通过教化为"善"。就像是卵要等待孵化才能成为幼禽，茧要等待用沸水缲丝才能成为丝一样，"中人"之"性"要待教化浸染，才能变为"善"。

"人性未善"和"名性以中"论，是董仲舒教化思想的理论基础，万民之性，待外教然后能善，善当与教，不当与性。"民者，瞑也"，民未善，需要圣人修道设教，即"先王见教之可以化民也"，化民成俗，成就性善。

二、基于更化的教化思想

虽然基于天道的礼乐精神是不会改变的，但具体的礼乐制度会随历史的演变而不断更化，"殷因于夏礼，所损益可知也；周因于殷礼，所损益可知也；其或继周者，虽百世可知也"。每个时代有每个时代的礼和乐、政和刑。因此，董仲舒教化思想以"更化"为切入点，根据不同的教化对象提出了一系列的教化内容、德治的目标和实施的举措。

（一）教化内容——制礼作乐

礼乐教化对于圣王的功业来说，有着重要的功用。在《汉书·董仲舒传》中的"天人三策"讲："故圣王已没，而子孙长久安宁数百岁，此皆礼乐教化之功也。……王者未作乐之时，乃用先王之乐宜于世者，而以深入教化于民。教化之情不得，雅颂之乐不成，故王者功成作乐，乐其德也。"董仲舒认为，圣王之教化可以定邦安民，而当礼乐刑政不能再深入教化当世之民的时候，王者会依其德，据其功而作乐。"舜时，民乐其绍尧之业也，故《韶》，韶者，绍也；禹之时，民乐其三圣相继，故《夏》，夏者，大也；汤之时，民乐其救之于患害也，故《濩》濩者，救也。""四乐殊名，则各顺其民始乐于己也。见其效矣。""乐者，所以变民风，化民俗也；其变民也易，其化人也著。"时代不同，所制礼乐也会不同。

在儒家看来，诗书礼乐是人之成为"人"的重要学习内容，所谓"兴于诗，立于礼，成于乐"是也。"礼以恭敬辞逊为本，而有节文度数之详，可以固人肌肤之会，筋骸之束。故学者之中，所以能卓然自立，而不为事物之所摇夺者，必于此而得之。"（《四书章句集注·论语集注》）通过礼仪的学习和熏陶，可以培育坚固人之性情、志向、信念，是君子修养的重要内容和阶段。而乐"养人之性情，而荡涤其邪秽，消融其渣滓。故学者之终，所以至于义精仁熟，而自和顺于道德者，必于此而得之，是学之成也"（《四书章句集注》），"立身必须学礼，成性在于学乐"（《论语注疏》）。

孔子也同样重视礼教和乐教。音乐能够反映出社会风气和政治兴衰。《论语·八佾》："子谓《韶》，尽美矣，又尽善也。谓《武》，尽美矣，未尽善也。"对于舜、禹，孔子称其为"巍巍乎"；而对于尧，孔子则连用"巍巍乎""荡荡乎""焕乎"等来称颂！舜是以自身的德性受到尧的禅让，这种"公天下以德服人"的至德体现在音乐上，既美且善；而武王伐纣，靠的是武力，虽然也是顺天应人，但以孔子不主张杀伐得天下的主张来看，武王只能达到"美"，尚不能上升到"善"的境界。

董仲舒不仅看到了音乐对于化民风民俗的显著作用，还深入地分析了礼乐教化随时代历史不断变更，变与不变之间的关系，从而论述了礼乐的教化目的。董仲舒认为"正朔服色之改，受命应天，制礼作乐之异，人心之动也，二者离而复合，所为一也"。对于历法、服色的改动，顺应天命制订礼乐的差异，都是源于人心的趋向，这两者有先有后但又殊途同归，因为它们的目的是相同的。这种源于人心的制礼作乐就是教化的重要内容，让人民看到礼乐的根本，从而达到教化的目的。

（二）教化对象——君、官、民

教化是教行于上，化成于下，所以董仲舒认为更为重要的教化对象包括"天子"，也就是"君"，还有治理人民的"百官"。所以董仲舒从天道阴阳观出发，提出"德治"，认为"阳尊阴卑"，旨在强调"天道之大者在阴阳。阳为德，阴为刑"，清明的政治是以德政为主，刑罚为辅。"天之好仁而近，恶戾之变而远，大德而小刑之意也"，所以君主必"承天意以从事，故任德教而不任刑。刑者不可任以治世，犹阴之不可任以成岁也"。否则，"为政而任刑，谓之逆天，非王道也"。因此，想要实现德治，"君德"和"官德"都非常重要，"君子德风，小人德草"，只有顺天命养成君德，重更化、培养、选拔官员，"为政以德""任德不任刑"，才能更好地教化治理万民。

1. 顺天命成君之德

董仲舒很重要的一个思想论断是"屈君伸天，屈民伸君"。董仲舒所说的"天"具有无上的权威，是可以用灾害或怪异等现象来限制和警示皇权，也可以用祥瑞和和顺来赞扬皇帝的"天"。而何谓"灾异"，何谓"祥瑞"，都是以儒家的五常之道义和标准来评判的。皇帝虽"号为天子"，但也不可胡作非为，任意妄为，要"视天如父"。这样就给皇帝戴上了一道精神"紧箍"。在董仲舒看来，"《春秋》深探其本，而反自贵者始。故为人君者，正心以正朝廷，正朝廷以正百官，正百官以正万民，正万民以正四方。四方正，远近莫敢不壹于正，而亡有邪气奸其间者"。"自贵者"是说为君者不仅以位高权重为贵，更要以自身的德行修养为贵。"政者，正也"，君正，则百官正，百官正则万民正，万民正则四方服，从而国治天下平，"受命而海内顺之，犹众星之共北辰，流水之宗沧海也"。

"君人者，国之元，发言动作，万物之枢机。"枢机是什么？也就是《大学》中所言："一人贪戾，一国作乱，其机如此。此谓一言偾事，一人定国。"这句话中的"其机如此"之"机"指的就是为人君者之言、之德。也是孔子所说的"一言以兴邦，一言以丧邦"。所以董仲舒反复论述作为君主的德行教化对于国家政权的重要性。

"天令之谓命，命非圣人不行；质朴之谓性，性非教化不成；人欲之谓情，情非度制不节。是故王者上谨于承天意，以顺命也；下务明教化民，以成性也；正法度之宜，别上下之序，以防欲也；修此三者，而大本举矣。""仁、谊、礼、知、信五常之道，王者所当修饬也；五者修饬，故受天之祐，而享鬼神之灵，德施于方外，延及群生也。"作为王者，必须上承天意以顺命，自身也要遵循五常之道，加强道德修养，对下以明教化为务，成民之性，此乃为政之本。"是故为人君者，固守其德，以附其民；固执其权，以正其臣。"

2. 重更化成官之德

董仲舒认为要实现德治，无论是君主，还是官吏，必须经过"学"。"常玉不瑑，不成文章；君子不学，不成其德。"

"更化"是董仲舒的重要思想。在他的"天人三策"中，强调的是通过政治更化，重建汉代政权的合法性。"汉得天下以来，常欲善治而至今不可善治者，失之于当更化而不更化也。古人有言曰：'临渊羡鱼，不如退而结网。'今临政而愿治七十余岁矣，不如退而更化；

更化则可善治，善治则灾害日去，福禄日来。"董仲舒不仅从历史的更替兴衰中看到了更化的重要性和必要性，而且站在当时汉代社会历史和政治的现实角度，提出了一系列重要措施：兴太学，建学校，重新塑造君子，以成为国家政教的核心力量。"养士之大者，莫大乎太学；太学者，贤士之所关也，教化之本原也。""兴太学，置明师，以养天下之士，数考问以尽其材，则英俊宜可得矣。"董仲舒指出了立太学、行教化对于实现德治的重要作用。

而且，为国家选贤任能，考核政绩也是实现德治的非常重要的方面。董仲舒认为"阴阳错缪，氛气充塞，群生寡遂，黎民未济"，都是因为"长吏不明，使至于此也"。因此，董仲舒在考察选拔官吏和奖惩措施方面也提出了具体可行的措施和一系列的"董子方案"，指出"毋以日月为功，实试贤能为上，量材而授官，录德而定位，则廉耻殊路，贤不肖异处矣"。考核官员必以其实绩为依据，而外在的名号（即职位）和取得实绩的手段并不重要，而且董仲舒提出"九品"之说，将考核结果量化，以考核结果来奖惩，赏罚分明。这些举措既有利于选拔人才，又能使官员尽职尽责，建功立业。

3. 立教化民之德

《礼记·学记》中说"君子欲化民成俗，其必由学乎"，意思是君子如果要教化人民，在社会上形成良好的社会风俗，一定要从教育入手。"古之王者，建国君民，教学为先"也是说古代的君王建立国家，治理民众，都把教育当作首要的事情。体现教育不只是传承文化知识，其更为重要的一项职能是移风易俗，引领风尚。"子为政，焉用杀！子欲善而民善矣。君子之德风，小人之德草，草上之风必偃。"《论语·颜渊篇》里，季康子向孔子询问"治理国家的策略"，孔子回答：在上位者用心向善，老百姓也就会跟着向善的。上位者的德行是风，老百姓的德行是草，草上刮风，草必然随风而倒。这既是儒家的教育观，也是以德为政观。"天地之数，不能独以寒暑成岁，必有春夏秋冬；圣人之道，不能独以威势成政，必有教化。"董仲舒提出立太学、设庠序的目的，也是以仁义礼智信，化民成习俗之美，而不是以刑罚为主。"立太学以教于国，设庠序以化于邑，渐民以仁，摩民以谊，节民以礼，故其刑罚甚轻而禁不犯者，教化行而习俗美也。"教化的内容则是仁、义、礼、智、孝、悌、尊、卑。"先之以博爱，教以仁也；难得者，君子不贵，教以义也；虽天子必有尊也，教以孝也；必有先也，教以弟也。"

因此，作为君主，要顺应天命，而刑罚政令只是辅助。"教化立而奸邪皆止者，其堤防完也；教化废而奸邪并出，刑罚不能胜者，其堤防坏也。"通过教化，让人们"明于天性，知自贵于物；知自贵于物，然后知仁谊；知仁谊，然后重礼节；重礼节，然后安处善；安处善，然后乐循理；乐循理，然后谓之君之"。由上而下，为政以德，重视教化，才能实现长治久安。

三、董仲舒教思想的现实意义和价值

董仲舒的教化思想不仅在当时起到了正本清源、拨乱反正的作用，而且对之后的社会政治制度和文化教育制度也产生了深远的影响。董仲舒教化思想的提出和实施，在复兴中华传统文化的今天，同样具有很重要的现实意义和价值。

今天我们讲"四个自信"，讲"复兴中国梦"，每一个有着历史责任感的人都要自觉担负起知识分子应有的使命和职责。文化自信始终是其根本来源和内在驱动力，没有文化自信，一切都无从谈起。而文化自信的前提是文化自知和文化自觉。这种自觉和自信，从孔子之时，就已经融入儒者的血液中了。《大学》的三纲领："大学之道，在明明德，在亲民，在止于至善。""大学之道"本是"大人之学"，虽非是每一个普通人的事，然而对于那些有着道德自觉和精神自觉的人来说，"明德"固然重要，而"亲民"更加体现了一种儒者的使命和担当。就像千年以前的孔子，"述而不作，信而好古，敏以求之"，祖述尧舜，宪章文武，孔子在总结三代礼乐制度和文献成果的基础上，"温故而知新""以仁释礼"，形成以"仁"为核心的礼乐教化之说，传承文化，弘扬天道。《论语》中记载仪封人只见了孔子一面，就从孔子身上看到一种气象，称道"天将以夫子为木铎"。孔子周游列国时，在匡地被围，孔子说："天之未丧斯文也，匡人其如予何?"文王已经死了，周朝的"道"，礼乐制度，不就在我这里吗? 若天意不欲丧斯道，匡人能把我怎样呀。这是一种怎样坚定的理想信念和文化自信，可以让人在生命遇到危难时，表现得如此从容不迫而又荡气回肠!

董仲舒作为一名汉代儒学大家，他不仅学识渊博，行为端方，性情笃厚，"为人廉直"，且天然具有一种儒者的担当精神，自觉地担负起历史赋予的文化传承的使命。《汉书·董仲舒传》中记载："盖三年不窥园，其精如此。进退容止，非礼不行，学士皆师尊之。"称其"为群儒首。"东汉思想家王充说"孔子之文在仲舒"。董仲舒的理论多是依据《春秋》之法。如"《春秋》之道""《春秋》之序道""《春秋》之文""谨案《春秋》"等词多次出现在董仲舒的文章中。他崇道重教，直接继承了儒家重视礼乐教化的思想，并依据当时的社会需求和历史条件，重新进行阐释和构建，为国家为社会提出一个个"董子方案"，这是一种文化传承，更是一种文化自觉和文化自信。

正因为有这样有智慧、有情怀、有担当的文化传承者，中华民族才可不断向前，文脉不断，即使在最黑暗的长夜，也能照亮前行的方向。如果说"天不生仲尼，万古如长夜"，那么"天若无董子，长夜亦漫漫"!

代春敏（1973—），河北衡水人，衡水学院董子学院讲师。

董仲舒伦理思想研究

以《春秋繁露》中之"同类相动"为核心，反思环境伦理脉络中的天人关系与生活智慧

王涵青

一、前言

随着工业革命以来人类的快速发展，短短数百年间人类从农业社会进入工商业社会，且其于近几十年的发展速度与样貌的变化更是使我们感到生活日新月异。随着此些剧烈变化，就人类言，带来的是更便捷舒适与安稳的生活，就整个地球环境整体而言，则是资源消耗与匮乏、环境的污染与破坏、物种的灭绝与生物多样性的危机等等。而人类作为地球中的一员，同样的必须面临此些情况，并且要对此些情况有所回应。因此，环境伦理逐渐成为当代应用伦理学发展的重要议题。当代的环境伦理学，以西方伦理学为主体，发展出人类中心、生命中心、生态中心等各种不同主张的环境伦理学内涵，其中倡导生命中心与生态中心的环境伦理学，更将"内在价值"之范围，由人类自身扩展至生物或整个生态系统。响应于西方环境伦理的思考，中国哲学亦从儒释道不同角度提出许多环境伦理主张，其中不乏从中国哲学

的角度对西方环境伦理理论的修正①，而这些论述，最大宗者仍是先秦儒道哲学，以及宋明理学。此时，我们或许可提出一思考，在先秦儒道与宋明理学外，如在汉代宇宙论系统抑或魏晋玄学中，是否可以找寻到其他可为环境伦理论域提供资源的观点或主张？在本文中，笔者即尝试以董仲舒的《春秋繁露》为主，回应当代环境伦理中的某些议题并进行开展。

　　首先，当代环境伦理争论的核心之一，即在于"内在价值"范围的问题，西方环境伦理就存在物"内在价值"的设定而有人类中心、生命中心、生态中心等不同主张。但发展至今，大多数人仍无法摆脱以人类中心主义为其价值观指导原则的稳固形态；因此无论是生命或生态中心，仍为不少对环境议题热切关怀的人所支持与推广。但相较而言，其仍旧是少数人的价值信仰，无法取得享受现代便捷生活的多数人的认同。因此，如何从人类中心主义的稳固形态中，如西方修正人类中心主义的进路般，建构一种以人类中心主义为主导的环境伦理价值观，引导人类主体的行动。而在此思路上，儒家思想无论就先秦

---

　　① 譬如朱建民《由儒家观点论西方环境伦理学人类中心主义与自然中心主义的对立》中提到："本文的目的不在于论断人类中心主义和自然中心主义这两种立场究竟孰是孰非，而仅想简单地响应一个问题，亦即，如果我们对这两种立场都不满意，是否可能有第三种选择呢？本文认为，儒家可以融入经由知性修改的人类中心主义，也可以用仁心之发用来说明自然中心主义者的关怀，而不必涉及内在价值说的困难。"又或者潘朝阳提出宋明理学家程明道的仁学，含藏了整合生机、人物一体的生态思想，其"以仁心为中轴，从它发出环境实践的动力，以诚敬来面对人、世界乃至一切生命和存有，必然顺应自然环境中的自然律，以此原则建立和发展人文"，以此种儒家环境伦理对比并回应西方生态中心的环境论。以及叶海烟言："道家以物物共生为道的活动场域，而由于道遍在一切，人终究与物无对，因此道家乃由'人本位'向着'道本位'，全面发展天地间几无遮拦的本然动力，而'道本位'其实已无任何'本位主义'可言，道本无所本，而无所本乃以道为本，这也就是物物自然的'去本位主义'或'去中心主义'。……不外乎是一种超乎人类中心主义的豁达胸怀与广大气度。"参见朱建民，《由儒家观点论西方环境伦理学人类中心主义与自然中心主义的对立》，《鹅湖学志》，第25期，2000年12月，第6-7页。潘朝阳：《儒家的环境空间思想与实践》，台北："国立"台湾大学出版中心2011年版，第24页。叶海烟：《中国哲学的伦理观》，台北：五南图书公司2002年版，第116页。

或宋明理学层面，都已有不少论述，在此些论述基础上，或许可进一步探讨，汉代宇宙论尚可提供哪些观点。

次者，当代环境伦理从发展的进程上来看，是将西方伦理学所关涉的伦理范围，从人与人之关系，扩展到人与物、人与环境的关系。然而就现代人而言，我们的生活方式相较于农业社会时期甚至早期的工业社会时期，早已有剧烈改变，人类对他物（无论非生物或生物）利用与支配，胜于地球上的其他物种对他物的利用与支配，人类与环境的关系亦是如此。并且，我们为自己构筑了一种"非自然"的生活世界，在城市高楼中，疏离了所谓的"自然"。在此情境中，我们如何再引导主体去"自然"地思考人与他者（无论他人、他物、环境）的关系，成为一重大挑战。相应于西方环境伦理的发展进程，在中国哲学的世界观中，则以"天人合一"的主张顺势地对此挑战做出了直接回应。中国哲学的思路中，从来都是就着人与自然与环境的关系为论的，如蒙培元认为中国哲学是所谓"生"的哲学，而其基本问题是"究天人之际"，其主流哲学是"天人合一"，其所要解决的就是人与自然的关系问题[1]。同样地，除了先秦儒道或宋明理学的天人合一主张，汉代宇宙论就此观点上可提供什么样的思考，亦是值得探讨的。

就着上述两面向，在中国哲学涉及环境伦理的主流论述中，如先秦儒道或宋明理学，都已有讨论，因此均不是新的课题，只是过去的讨论。从汉代儒学的观点切入的，相较之下仍是少数。但如冯达文所言：是时候应对于汉代宇宙论的发生、发展及其评价有新的探索，"宇宙论作为追踪大自然的变迁节律的一套学问，它所体现的'类归性'的认知方式，所开启的具有'生态文明'意义的政治哲学，及从'赞天地之化育'的大气象中得以证成的价值体系，其含蕴、其呈现的，至今仍然有极其值得品味，值得借鉴的意义"[2]。这里提出汉代宇宙论具有的"类规性的认知方式"特点，笔者认为，就是回应上述环境伦理两议题很好的资源。而就整个汉代宇宙论体系发展而言，董仲舒的《春秋繁露》中所提供的"同类相动"，又是一最佳代表。因此，本文即以《春秋繁露》中的"同类相动"为核心，展开思考。

二、"类"与"同类相动"

　　"天人感应"是汉代宇宙论就天人合一议题之核心主张，余治平指出"中国古代哲学里的感应，在对象、内容上尽管偶尔也涉及物与物、人与物，但主要还是指天与人之间的感通与应和"[3]213。从先秦到汉代，我们可在《诗经》《尚书》《管子》《易经》《吕氏春秋》《春秋繁露》等著作中看到感应思想的逐步发展①，董仲舒的天人感应思想，则为中国古代感应思想的集大成者。在董仲舒的天人感应思想中，"同类相动"则是其理论的核心概念，为建构天人感应系统的基本方法、驱动天人感应系统运作的律则。在《春秋繁露》中有《同类相动》一篇，且在许多篇章中，董仲舒亦对此概念有许多建构。

　　"同类相动"概念的出现非是无来由的，如感应之说一样，可在许多先秦至汉代的文献中寻找到踪迹。"类"此字词基本上有几个重要意思：一是种类、类别，即许多相似或相同事物的综合，如《论语·魏灵公》"子曰：有教无类"《易·系辞下》"方以类聚，物以群分"《春秋繁露·十指》"别嫌疑，异同类，则是非着矣"② 等等。二是法式、法则的意思，如《韩非子·说疑》"以其害国伤民败法类也"《春秋繁露·度制》"圣人之道，众堤防之类也，谓之度制，谓之礼节"等等。三是模拟、像、类似的意思，如《易·系辞下》"于是始作八卦，以通神明之德，以类万物之情"《荀子·不苟》"知则明通而类，愚则端端悫而法"《春秋繁露·执贽》"羔有角而不任，设备而不用，类好仁者；执之不鸣，杀之不谛，类死义者；羔食于其母，必跪而受之，类知礼者"等等。当然，"类"字仍有其他意思，但以此三

---

　　① 关于感应思想的源流与发展，可参见余治平《唯天为大——建基于信念本体的董仲舒哲学研究》中的整理。余治平，《唯天为大——建基于信念本体的董仲舒哲学研究》，第 213—225 页。

　　② 本文《春秋繁露》之原典引用以曾振宇、傅永聚注释版本为依据，后续引用直接于引文后标明篇名，不再另行注释。董仲舒著，曾振宇、傅永聚注：《春秋繁露新注》，北京：商务印书馆 2010 年版。

义为大宗，在各种文献中被普遍使用。

随着感应思想的发展，"类"亦逐渐成为建构感应思想的基础，如：

> 同声相应，同气相求；水流湿，火就燥；云从龙，风从虎；圣人作而万物睹；本乎天者亲上，本乎地者亲下，则各从其类也。（《易·乾·文言》）

> 类固相召，气同则合，声比则应。鼓宫而宫动，鼓角而角动。平地注水，水流湿；均薪施火，火就燥；山云草莽，水云鱼鳞，旱云烟火，雨云水波，无不皆类其所生以示人。（《吕氏春秋·有始览·应同》）

"类"在这里，就有种类、类别与模拟、类似的字义，引申形成了万物各从其类、类固相召的理论。就《易传》与《吕氏春秋》在论述上文字的一致性而言，余治平认为《吕氏春秋》是对《易传》的直接继承，而且在深度与广度上并无超出《易传》[3]221-222。另外，在《春秋繁露·同类相动》中，亦可见到类似描述："今平地注水，去燥就湿；均薪施火，去湿就燥。百物去其所与异，而从其所同。故气同则会，声比则应，其验皦然也。……物故以类相召也。"只是在《春秋繁露》中，董仲舒借着"类"概念的使用，形构了他的天人感应系统。

三、"同类相动"的宇宙生成感应系统

在"同类相动"作为驱动天人感应系统运作的律则得以展现其作用前，首先，董仲舒需要确立此感应系统中的根基，即整体存在界之根源为何。在此问题上，其以"元"的概念解释之，其言：

> 谓一元者，大始也。……是以《春秋》变一谓之元，元，犹原也，其义以随天地终始也。……故元为万物之本，而人之元在焉，安在乎？乃在乎天地之前。（《春秋繁露·玉英》）

整体存在界的根基是"元"，"元"是万事万物（包括人类）之所以能发生发展的基础，在存有阶层与时间上具有先在性。然而，"元"

是如何运作使得整体存在界万事万物得以发生发展的，则必须透过"气"的运行，董仲舒言"天地之气，合而为一，分为阴阳，判为四时，列为五行"（《春秋繁露·五行相生》）。"元"与"气"是其宇宙论系统中的两大默认，"气"可概括为阴气、阳气两种作用形态，再扩展为四时、五行系统，因此，"元"与"气"作为基本预设，而"气"扩展为"阴阳、四时、五行"，则成为董仲舒宇宙结构论的基础[4]。但"气"又是如何由阴阳二气结合四时、五行而成为一宇宙系统？此时，董仲舒循着《易传》与《吕氏春秋》中之"类"概念的基础，展开论述：

> 天之道，终而复始。故北方者，天之所终始也，阴阳之所合别也。冬至之后，阴俛而西入，阳仰而东出，出入之处，常相反也。多少调和之适，常相顺也。有多而无溢，有少而无绝。春夏阳多而阴少，秋冬阳少而阴多。多少无常，未尝不分而相散也。以出入相损益，以多少相溉济也。多胜少者倍入，入者损一，而出者益二。天所起，一动而再倍，常乘反衡再登之势，以就同类，与之相报。故其气相侠，而以变化相输也。……故至春，少阳东出就木，与之俱生；至夏，太阳南出就火，与之俱暖；此非各就其类，而与之相与！少阳就木，太阳就火，火木相称，各就其正，此非正其伦与！（《春秋繁露·阴阳终始》）

阴阳二气是整体存在界得以循天道终始循环的要素，此二气运行会"以出入相损益，以多少相既济也"，如冬天阴气向西方逐渐隐没减少而阳气由东方逐渐高仰出现，基本上春夏阳气多阴气少，秋冬阴气多阳气少，但此气的多少，不是完全固定的而是就着实际情况相损益、相既济；另外，阴阳二气的运行还会"以就同类，与之相报。故其气相侠，而以变化相输"。即是就其共同属性而凝聚变化，如春天少阳之气由东方生出以就木，夏天太阳之气由南方生出以就火。此时，董仲舒将阴阳二气，融入了方位、四时（四季）、五行等范畴，对经验世界运行的基本样貌展开说明。但此就实际情况而产生的损益既济、变化相输等，又是如何运作的？其云：

> 阳以南方为位，以北方为休；阴以北方为位，以南方为伏。

阳至其位，而大暑热；阴至其位，而大寒冻。（《春秋繁露·阴阳位》）

天道大数，相反之物也，不得俱出，阴阳是也。春出阳而入阴，秋出阴而入阳，夏右阳而左阴，冬右阴而左阳。（《春秋繁露·阴阳出入上下》）

凡天地之物，乘于其泰而生，厌于其胜而死，四时之变是也。故冬之水气，东加于春而木生，乘其泰也；春之生，西至金而死，厌于胜也；生于木者，至金而死；生于金者，至火而死；春之所生，而不得过秋；秋之所生，不得过夏，天之数也。（《春秋繁露·循天之道》）

阴阳之气就着阴阳属性而有基本的运行规律，所以在季节上，阳至其位大暑且热、阴至其位大寒而动。而阴阳二气的生灭变化是交相影响的，因此经验世界中的事象、物象也是相互变化的，如春夏秋冬四季随着阴阳二气五行方位的变化而更迭即是如此①。此外，存在界的所有事象、物象均循着此节律而运作，如：

今平地注水，去燥就湿；均薪施火，去湿就燥。百物去其所与异，而从其所与同。故气同则会，声比则应，其验皦然也。试调琴瑟而错之，鼓其官，则他官应之，鼓其商，而他商应之，五音比而自鸣，非有神，其数然也。美事召美类，恶事召恶类，类之相应而起也，如马鸣则马应之，牛鸣则牛应之。帝王之将兴也，其美祥亦先见；其将亡也，妖孽亦先见。物故以类相召也，故以龙致雨，以扇逐暑，军之所处以棘楚。……有忧，亦使人卧者，是阴相求也；有喜者，使人不欲卧者，是阳相索也；水得夜益长数分，东风而酒湛溢；病者至夜，而疾益甚；鸡至几明，皆鸣而相薄。其气益精；故阳益阳，而阴益阴，阴阳之气因可以类相益损也。……欲致雨，则动阴以起阴；欲止雨，则动阳以起阳。故致雨，非神也，而疑于神者，其理微妙也。非独阴阳之气

---

① 本文之写作目的不在于对董仲舒的宇宙论系统进行详尽研究，因此就阴阳二气本身的运行规律层面，便不再详尽分析。

可以类进退也。（《春秋繁露·同类相动》）

　　木者春，生之性，农之本也。……火者夏，成长，本朝也。……土者夏中，成熟百种。……金者秋，杀气之始也。……水者冬，藏至明也。（《春秋繁露·五行顺逆》）

　　火干木，蛰虫蚤出，蚿雷蚤行。土干木，胎夭卵毈，鸟虫多伤。金干木，有兵。水干木，春下霜。……（《春秋繁露·治乱五行》）

首先，就事物的存在方式上言，"以类相召"是其基本律则[3]227，因此阴阳二气与四时五行方位等核心范畴，以类相召而成基本节律系统，阴阳二气落于万事万物中，依循同类相召之律则，驱使各种事象、物象顺着阴阳二气与四时五行运动变化，因此"美事召美类，恶事召恶类，类之相应而起也"。次者，从感应的发生机制上看，阴阳二气会帮助各俱阴阳之性的事象、物象[3]227，所以说"故阳益阳，而阴益阴，阴阳之气因可以类相益损也"。此"以类相损益"，一方面说明了"以类相益"，另一方面也提到了"以类相损"，即阴阳二气于事象、物象上的感应是双向与多维的[3]227-229，其互相的干扰会导致时节事物的失序，但我们也可以透过此双向与多维的性质"类其进退"，而有所回应，譬如董仲舒在上之《同类相动》中所举致雨与止雨之例，在《春秋繁露》中更有《求雨》与《止雨》两篇，详尽说明如何依据此"类其进退"的律则进行实际操作，即透过以阳益阳、以阴益阴与以阳克阴、以阴克阳等方式达到目标。

　　所以，董仲舒实际上将阴阳二气的交感运行汇入了五行相生相胜的概念，再配合四时，将整体存在界中的各种事物发生发展首先归类于阴阳二气的变化，再归入四时、五行之中，以"同类相动"的各种细则形成一套宇宙生成论的感应系统，如冯达文所言，此种宇宙论的认知方式可称为"类归方式"，对整体存在界中的万事万物，透过"把单个事物归入'类'中，进而把'小类'归入'大类'中，通过归入来予以介说与把捉。"因此"宇宙论是通过把捉、还原大自然生化的过程与节律而建构起来的"[2]。此分析可说十分精确。

四、"同类相动"与天人关系

透过"同类相动"所建构起的宇宙生成发生论体系,最重要的是要说明天人关系的问题。因此,在更多的论述中,董仲舒认为依据"同类相动"的"以类相召""以类相益损"等律则,最终得以"类其进退"的,还是人类主体。虽然说"天地者,万物之本、先祖之所出也"(《春秋繁露·观德》),天地是万物本源而生成万物,但人类在万物之中有存在阶层上的重要位置,其言:

> 为生不能为人,为人者,天也,人之人本于天,天亦人之曾祖父也。此人之所以乃上类天也。(《春秋繁露·为人者天》)

> 天德施,地德化,人德义。天气上,地气下,人气在其间。春生夏长,百物以兴,秋杀冬收,百物以藏。故莫精于气,莫富于地,莫神于天。天地之精所以生物者,莫贵于人。人受命乎天也,故超然有以倚。物疢疾莫能为仁义,唯人独能为仁义;物疢疾莫能偶天地,唯人独能偶天地。……观人之体一,何高物之甚,而类于天也。物旁折取天之阴阳以生活耳,而人乃烂然有其文理。是故凡物之形,莫不伏从旁折天地而行,人独题直立端尚,正正当之。是故所取天地少者,旁折之,所取天地多者,正当之。此见人之绝于物而参天地。(《春秋繁露·人副天数》)

人本于天与万物一样,因之亦与万物一样循着"同类相动"的各种律则而生成变化,但人与万物不同则在于人是"天地之精所以生物者",因此人是与天相类的万事万物中与天联结最紧密者,董仲舒以"物旁折之/取天地少"与"人正当之/取天地多"区别了人与其他万物。所以董仲舒在《人副天数》中详尽地描述了人体生理结构与天地结构的一致性,突显人的地位,其他篇章中董仲舒同样透过"同类相动"将前述的宇宙生成论的感应系统与人连接,譬如:

> 喜怒之祸,哀乐之义,不独在人,亦在于天。而春夏之阳,秋冬之阴,不独在天,亦在于人。(《春秋繁露·天辨在人》)

> 天地之常,一阴一阳。阳者,天之德也;阴者,天之刑

也。……天亦有喜怒之气、哀乐之心，与人相副，以类合之，天人一也。春，喜气也，故生；秋，怒气也，故杀；夏，乐气也，故养；冬，哀气也，故藏。四者，天人同有之，有其理而一用之。（《春秋繁露·阴阳义》）

阴阳二气四时运行与喜怒哀乐同样地"以类合之"，因此，"同类相动"的"以类相召""以类相益损"等律则在人身上同样发生作用，而人若不依循此律则便会导致因为"同类相动"原则而造成的"以类相损"。本来，天人之间其基本的节律是依循春夏秋冬、喜乐怒哀、生养杀藏而发生发展，又譬如我们可于《五行顺逆》篇中看到详列的四时配合五行，在每个节律本都应有其秩序以及在此节律人类社会生活中该有的行事，但人君若"出入不时、惑于谗邪、好淫佚、好战、简宗庙"①，则会打破此节律，打破节律则会因"同类相动"原则造成"以类相损"，最终便出现"自然之罚"：

天地人，万物之本也。天生之，地养之，人成之。天生之以孝悌，地养之以衣食，人成之以礼乐，三者相为手足，合以成体，不可一无也。无孝悌，则亡其所以生；无衣食，则亡其所以养；无礼乐，则亡其所以成也。三者皆亡，则民如麋鹿，各从其欲，家自为俗。父不能使子，君不能使臣，虽有城郭，名曰虚邑。如此，其君枕块而僵，莫之危而自危，莫之丧而自亡，是谓自然之罚。（《春秋繁露·立元神》）

由此可见到人类在此宇宙生成论感应系统中的重要地位，天地生养万物而人类成之，彼此透过"同类相动"原则互相影响而为一体。当然，在《春秋繁露》中，董仲舒又将在上位者的地位与责任提到最高，因之言"君人者，国之元，发言动作，万物之枢机"（《春秋繁露·立元神》）。此种对于最高上位者的设定，回到董仲舒之时代，当然是可理解的，至于在当代社会，当然我们可以不再将绝对权力与威势的核心放在一人（最高上位者）身上，但如《春秋繁露》中所描述

_____

① 详见《五行顺逆》篇中的逐一说明。

的各种复杂的社会运行规则与人事行为准则等，都须依靠着"同类相动"原则而运行与操作，若没有一个在上的体制与机制参与执行，势必在运行过程上也难以推进。

因此，对于现代社会而言，一方面可使每一个人类主体透过此"同类相动"的宇宙律则而展现之生活方式与内涵，另一方面可探讨整个体制如何透过制度与规范的建置与执行而产生符合节律的国家社会之发展。

五、从"同类相动"律则到主体操作

从前述所描绘之天人关系中可知，董仲舒认为就着"同类相动"的"以类相召""以类相益损"等整体存在界万事万物的发生发展律则，最终能得以"类其进退"者，仍是人类自身。因此，如何循着此律则而有所实际操作，在《春秋繁露》中我们可以见到许多相关的说明。

董仲舒很明确地指出"五行变至，当救之以德，施之天下，则咎除。不救以德，不出三年，天当雨石"（《春秋繁露·五行变救》）。当存在界的事象、物象产生异变，除咎之法即在于人主之德，此"德"非单纯的指作为人之本身的德性表现，《春秋繁露》中更重视的是各种以"同类相动"为原则而有的操作。如曹迎春所言，董仲舒设定了人在宇宙中具有的独特地位，因此"人的独特地位决定了人对自然万物负有不可推卸的责任，应该充分发挥'参'的作用"[5]。以下，便对人如何"参天"的细则进行扼要分述。

（一）见端知本、贵微重始——详查"同类相动"律则之始动

依照"同类相动"的律则，首先要把握的即为各种事象与物象发展变化过程中的征兆，在其征兆显示异相之初即有对应处置。董仲舒言所谓的灾异是"天地之物，有不常之变者"，并且由天之谴告的"灾"逐渐扩大为天之威吓的"异"，人若置之不理，终将导致"自然之罚"，而对治之基本原则，首先即是能做到"见端知本、贵微重始"：

> 天道施，地道化，人道义。圣人见端而知本，精之至也；得一而应万，类之治也。（《春秋繁露·天道施》）

> 夫览求微细于无端之处，诚知小之将为大也，微之将为着也。……故圣人能系心于微，而致之着也。……故书日蚀、星陨、有蜮、山崩、地震、夏大雨水、冬大雨雹、陨霜不杀草、自正月不雨至于秋七月、有鹳鸰来巢，《春秋》异之，以此见悖乱之征。是小者不得大，微者不得着，虽甚末，亦一端，孔子以此效之，吾所以贵微重始是也。（《春秋繁露·二端》）

《春秋繁露》中对各种灾异的描述，包括许多自然界现象，就现代科学的角度而言或许是不科学的，此些现象已可被科学的解释，譬如地震、陨石等。但也有为数不少的自然与人文活动现象，其实突显的就是自然节律本身的失序，以及因为人类活动的不恰当而造成的人文或自然节律失序。所以，就天人间的关系而言，《春秋繁露》列举了许多天道施化于整体存在界，而人类相应相感于天道却失其义，因此"以类相损"而造成了各种自然或人文灾害现象，譬如引文中所描述的"夏大雨水、冬大雨雹、自正月不雨至于秋七月"等异常气候现象。就现代"极端气候"的角度看，其可能产生的因素即在于过度的人文活动造成的自然循环的失调。所以，"见端知本、贵微重始"是基本的原则，此基本原则还是较为被动地提醒我们要谨慎地审视各种事象与物象的发展变化，这样才能做出正确的回应。

（二）可节而不可止到当义而出——符应"同类相动"之律则

人类作为参天地的能动与主动者，除了"见端知本、贵微重始"，更重要的是能让"同类相动"的律则适当与准确地发挥作用。如何让此律则适当与准确地发挥作用，首先在于"可节而不可止"：

> 可节而不可止也。节之而顺，止之而乱。……人主以好恶喜怒变习俗，而天以暖清寒暑化草木。喜怒时而当，则岁美；不时而妄，则岁恶。天地人主一也。（《春秋繁露·王道通三》）

在适当的时节中让与此时节同类而相应之事物应时而动，天地人均应时而动即是"岁美"，而人若要主动地在各种政事制度上进行修订或增减，亦当顺应节律，绝非强硬地直接制止或执行，譬如在《度制》篇中论到对贫富之调节，董仲舒云：

> 使富者足以示贵而不至于骄，贫者足以养生而不至于忧，以此为度而调均之。……孔子曰："君子不尽利以遗民。"诗云："彼其遗秉，此有不敛穧，伊寡妇之利。"故君子仕则不稼，田则不渔，食时不力珍，大夫不坐羊，士不坐犬。（《春秋繁露·度制》）

所谓的"调均"不是一味的平等，透过强硬手段将贫富差距消除，此必然会导致原有秩序的失序，造成混乱。而富者贵而不骄、贫者养而不忧，社会各阶层有其稳定位置与发展，以及后面董仲舒接续提到的"君子仕则不稼，田则不渔，食时不力珍"等等，都是此原则的遵循与运用。我们可再看以下两例：

> 凡养生者，莫精于气，是故春袭葛，夏居密阴，秋避杀风，冬避重漯，就其和也；……四时不同气，气各有所宜，宜之所在，其物代美。视代美而代养之，同时美者杂食之，是皆其所宜也。故荠以冬美，而荼以夏成，此可以见冬夏之所宜服矣。冬，水气也。荠，甘味也，乘于水气而美者，甘胜寒也。……天无所言，而意以物。（《春秋繁露·循天之道》）

> 圣人副天之所行以为政……庆赏罚刑，与春夏秋冬，以类相应也，如合符。故曰："王者配天，谓其道。"天有四时，王有四政若四时，通类也，天人所同有也。庆为春，赏为夏，罚为秋，刑为冬。庆赏罚刑之不可不具也，如春夏秋冬不可不备也。庆赏罚刑，当其处不可不发，若暖暑清寒，当其时不可不出也。……四政者不可以相干也，犹四时不可相干也。四政者不可以易处也，犹四时不可易处也。（《春秋繁露·四时之副》）

第一例就人的各种生活面向言，譬如符应节律的穿着与居住环境的选择，注意各节律气候对人体的影响，对于物品与食品的选择同样依循阴阳二气与四时五行之节律变化，此种种均为"循天之道以养其身"（《春秋繁露·循天之道》）的各种实践。第二例则于施政体制的层面论述四时（春夏秋冬）与四政（庆赏罚刑）的以类相应，各季节有其依类而适当与应当进行之政事，因此要注意彼此之"不可相干、不可异处"。如此，董仲舒云：

> 是故人主之大守，在于谨藏而禁内，使好恶喜怒，必当义乃
> 出，若暖清寒暑之必当其时乃发也。（《春秋繁露·王道通三》）
>
> 故为人主之道，莫明于在身之与天同者而用之，使喜怒必当
> 义而出，如寒暑之必当其时乃发也，使德之厚于刑也，如阳之多
> 于阴也。（《春秋繁露·阴阳义》）

依循"同类相动"律则而应有的积极性作为，即在于人之能动且主动地使得万事万物得以"当义而出"，就施政层面言必须绝对的谨慎，了解"身之与天同者而用之"的道理。如董仲舒认为阳气为德而阴气为刑，在自然律则上阳气多于阴气，因此回应于人身上，亦应当德厚于刑。又回应于当时之时代背景，董仲舒虽强调的是最高在上位者的作用，但实则也对其施政做出了严格的规范，非一味地强调君主的绝对权力，反而是要求君主谨慎严肃地循着"同类相动"的宇宙律则处理一切政事①。

（三）"类其进退"的操作

从可节而不可止到当义而出，《春秋繁露》已赋予人之主体积极参天的重大责任，但对于人的责任要求，其不仅只是机械化的顺应天道，天道阴阳二气运行自身之展现亦会各有"以类相益损"的情况，因此人之更甚者，是能透过"类其进退"的操作，更积极地处理因着"同类相动"而有可能形成的"以类相益损"的各种情况，其言：

> 欲致雨，则动阴以起阴；欲止雨，则动阳以起阳。故致雨，
> 非神也，而疑于神者，其理微妙也。非独阴阳之气可以类进退
> 也，虽不祥祸福所从生，亦由是也。物以类应之而动者也。……
> 故琴瑟报，弹其宫，他宫自鸣而应之，此物之以类动者也。其动
> 以声而无形，人不见其动之形，则谓之自鸣也。又相动无形，则

---

① 其实，回到每个人身上，董仲舒也提到"天两有阴阳之施，身亦两有贪仁之性"（《春秋繁露·深察名号》），然而"性待渐于教训，而后能为善"（《春秋繁露·实性》），亦如"卵待覆而成雏，茧待缲而为丝"（《春秋繁露·深察名号》）一般，要透过实际的教化，逐步地使人得以更准确的在"以类相益"的一面发生发展。

谓之自然，其实非自然也，有使之然者矣。物固有实使之，其使之无形。(《春秋繁露·同类相动》)

前文已提过的致雨与止雨，即为最好的例子，所以自然与人文世界的所有事象与物象彼此因相类而相应，产生各种好或坏之情状，阴阳之气与祸福等，就宇宙论层面言均遵循着"同类相动"之律则而发生发展，就人类主体之操作而言则可以"类其进退"回应之。人对"同类相动"律则的把握与操作，可比喻为如我们使用同样宫调引发乐器之间的共鸣，当其他人未见此操作过程，便以为乐器相动无形而自鸣，因之谓自然，其实其中包含着人主动性的操作，但却是一种"使之无形"的操作，因为人并非破坏了宇宙律则，而是顺应着此律则而有所作为，这是一种更确实的顺应天道的脉络。

六、结论：环境伦理脉络中的天人关系与生活智慧

整体而言，如曹迎春所言："董仲舒将天人进行了详细对比，找到了这个有机整体的结合点'类'，即天人之间的相似结构和本质。"[5] 这是就天人关系层面而言，展现出《春秋繁露》的天人合一径路，在此脉络上，"同类相动"不仅是《春秋繁露》中的一篇文章，更是其宇宙发生发展的核心律则，也是引领主体操作的基本法则。至于"同类相动"的理论形构模式，则如冯达文所言，是一种"类归方式"的认知结构，此种主体的认知进路与方式，是人类透过对经验世界中多样丰富之万事万物的细微之俯观仰察而来，透过观察与归类找寻到存在界运作发展与变化的规律，此种认知模式有其合理性。当然不能否认的，在《春秋繁露》中有更多是根据此类归而引申的各种祥瑞灾异的联想，并且加入了天降灾异的视角，就此而言，我们说《春秋繁露》不免有迷信化或神灵性化的面向，且此面向影响了汉代谶纬之说的流行，甚至成为主导官方的意识形态[3]254，亦如刘国民之评论："同类相应的关键是类的建立是否真确。……如果把不是同类的事物当作同类，而认为它们之间有某种必然的联系，这就不是类应类推，而是异类比附。……以同类相应为理论建立起来的阴阳五行架

构，因为类之建立的不科学性，所以此架构本身及其与经验事实产生了不可避免的矛盾。"[6]或许因此，当代中国哲学研究者对于汉代宇宙论或天人感应思想的评价，相较于先秦或宋明理学，抑或中国佛教等，常是较低的。然而亦如本文前言所述，汉代宇宙论与天人感应之说，除了过往的批判视角，当然有具有价值且值得继续发展之面向，譬如就上述之评论言，说同类相动的建立不具科学性并且会与经验事实产生不可避免的矛盾，是过于偏颇的。同类相动的理论建构首先必须立基于人类对经验世界的观察，以及观察后的统整归纳，此为理性思维的操作模式，只是在往后延伸与扩展时混入了各种非理性的联想，因此我们仍可就其具有价值的面向延伸思考。譬如就当代环境伦理的视角而言，董仲舒的《春秋繁露》根据本文就着"同类相动"而有的理论内涵，便提供了具有意义的思考方向。

　　首先，就着本文前言所提的第一个议题，当代西方环境伦理一直有着人类中心主义与生命中心、生态中心主义间的拉扯，就中国哲学的内涵所提供的各种讨论资源，也有着关于人类中心主义或深层生态学之修正与回应的论述。然而，稳定的人类中心主义意识形态实则难以避免，从生物学的繁衍角度言，所有生物都以为了自身之繁衍为根本目的而活，都只能是以自己为中心，所以，所有生物对地球上的其他生物或无生物，为了自己的生存而有所利用，把他者作为"资源"，为一种常态。当然，我们也都相信人类终究是"异于禽兽者"，西方从理性而中国往往从德行说明此"异于禽兽者"的所异之处何在，但大多数人则更能从人类的先进科技、异于地球上其他生命的繁荣生活模式来看到我们与他者之异。此种明显差异拉开了人与地球上所有其他存在物的差距，人类对地球上资源（他者）的使用方式相较于其他生物的使用方式，有着天壤之别，形成了"宰制"万物的模式，当然，人类因此对地球整体环境的影响，相较于其他生物也有着天壤之别。此时，当代环境伦理中的各种环境问题，譬如自然资源消耗、空气污染、全球暖化、过度放牧、滥垦山林、大量渔捞等等，出现于人类社会急速发展之时。然而，在此之时，对于引导人类基本价值观的人类中心主义，是否得以被生命或生态中心的观点改善，我们是否愿意放弃从人类出发而如生态中心主义呼吁的"像一座山那样去思考"？如果这一步就目前而言仍是困难的，那么，董仲舒透过《春秋繁露》所建构的人类中心主义形态，或许即为另一条可供参考的思路。

在《春秋繁露》中，人类主体的地位在存在阶层上虽然是肯定的高于他者，但透过类归思维的结构，人类与他者的差距又非绝对的宰制的，我们当然可视地球上的他物为资源，但各种资源（其实也就是各种存在）与人类，即此些经验世界中的万事万物，与天道阴阳二气之运行是"同类相动"的，人类与他物都是这同类相动的其中之一，彼此互相影响。但人类与他者的差异在于人被赋予"参天"的责任，在地球上人类是唯一的主动与能动者，能让这世界的万事万物循律而动，对于世界，人类有责任，也必须充满着爱，因此董仲舒言："质于爱民以下，至于鸟兽昆虫莫不爱。不爱，奚足谓仁！……君子求仁义之别，以纪人我之间，然后辨乎内外之分，而着于顺逆之处也，是故内治反理以正身，据礼以劝福；外治推恩以广施，宽制以容众。"（《春秋繁露·仁义法》）透过推恩的模式，人类的参天与爱物层层地由内而外扩展，对内反理正身，对外推恩广施。西方修正后之温和的人类中心主义提出"非人类的物种及自然事物具有价值，端赖其能否满足'省察过的喜好'，提供人类保护自然的理由"[7]。仍显示出人类主体地位与他者的距离，回到《春秋繁露》之脉络，实则人类不是"保护自然"的角色，当我们意识到环境成为伦理问题时，所谓的自然环境已经成了必须被"保护"的状态，人类成了造成此状态的凶手，又成了审判凶手的法官，我们的价值观在对立的角色中更显混淆无依靠，而《春秋繁露》透过"同类相动"的律则建构的人与自然的关系（天人关系），将人类的"参天"形塑为与天同感共应的一致节律，又确定了人类于天地间的责任与地位，此或许是另一条人类中心主义作为我们处理环境伦理议题，进行价值引领的可参考模式。

次者，当我们为自己构筑了一种"非自然"的生活世界，疏离了所谓的"自然"，如何再引导主体去"自然"地思考人与他者的关系？在此议题上，循着"同类相动"的宇宙论结构，回到人类身上，《春秋繁露》便提供了非常多的实际操作之例子，也就是主体操作的说明。无论对内反理正身或往外推恩广施的层面，本文上一节"从同类相动律则到主体工夫操作"中的三个层次与各种例子，都显示人处于经验世界中，有许多与天地参的实践生活智慧，不但能同类相应，更能"以类相益"，形成了一种和谐的生态观。面对环境问题，我们或许已打破了此种和谐，造成了"以类相损"的情况，譬如空气污染问题造成的全球暖化，全球暖化造成的气候变迁，气候变迁中产生的极端气候，而各种大小范围的极端气候造成的各地区各种生命形态的失序与节律的破坏，又或者农业生产过程中的农药滥用造成的土地污染或地力过度消耗、单一作物造成的生物多样性消失等，亦会影响环境中生命形态的失序与节律的破坏，反之，对人类自身而言，也会有极大的影响。人类作为地球环境的一员，如何重新透过这些"同类相动"的实践生活智慧，重新思考发展与文明进步的方式，是值得我们深思的。

参考文献

[1] 蒙培元. 中国哲学生态观的两个问题 [J]. 鄱阳湖学刊杂志，2009 (1). 96-97.

[2] 冯达文. 重评中国古典哲学的宇宙论 [J]. 孔学堂，2015 (4).

[3] 余治平. 唯天为大——建基于信念本体的董仲舒哲学研究 [M]. 北京：商务印书馆，2003.

[4] 陈福滨. 智与思——陈福滨哲学论文自选集：董仲舒的天道与天人关系 [M]. 新北：辅大书坊，2016：255.

[5] 曹迎春. 董仲舒生态思想研究 [J]. 衡水学院学报，2014，16 (3).

[6] 刘国民. 董仲舒的经学诠释及天的哲学 [M]. 北京：中国社会科学出版社，2007：276-277.

[7] 朱建民、叶保强、李瑞全编著. 应用伦理与现代社会 [M] 台北："国立"空中大学，2005：72.

该文为 2018 中国·衡水董仲舒与儒家思想国际学术研讨会提交的论文。

王涵青（1978-），女，台湾高雄人，哲学博士，湖北黄冈师范学院文学院副教授。

儒家道德思想的实践
——董仲舒"仁义法"的人我内外之别

杨济襄

一、先秦儒学所论述的"仁义道德"

代表先秦儒学之孔、孟、荀三家，都重视并且阐述作为道德价值的"仁义"观，例如：孔子以"仁"为人生至道，由己及人，表现为"仁爱"的情怀，在《论语》中多有抒发："夫仁者，己欲立而立人，己欲达而达人。能近取譬，可谓仁之方也已。"（《论语·雍也》）"惟仁者，能好人，能恶人。"（《论语·里仁》）除了推己及人，审辨好恶的仁心，孔子论"仁"，亦有就实际行为而发者，例如：回答颜渊问仁，孔子以"非礼勿视，非礼勿听，非礼勿言，非礼勿动"（《论语·颜渊》）这些行为，作为"仁——克己复礼"的细目，使我们看到：以"仁"作为"具体化行为"时，依违与否，实际上与"礼"互为表里。可惜，孔子并未再针对道德心性之"仁"与循礼自约之"仁"，有进一步之阐述。至于"义"，孔子亦有注重：所谓"君子之于天下也，无适也，无莫也，义之与比"（《论语·里仁》），"义"是"当然""应该"之意。孔子认为，人的一切行为举止，都必须奉"义"而行，应该做者，即付诸实行，不应该做者，亦不可顾念一己私利而为之。在孔子来说，仁与义同为"道德的履行"。

至于孟子则是发挥孔子的思想，以"仁"为人生第一原则，又极注重"义"，仁义并举，以为生活行为之基本准衡。孟子论"仁义"同居于四端之心中，并援之为"性善论"之重要根据，所谓"君子所性，仁义礼智根于心""由仁义行，非行仁义"，可见在孟子而言，"仁义"是道德主体的心性来源：

> 君子所性，仁义礼智根于心。其生色也，睟然见于面、盎于背。施于四体，四体不言而喻。（《孟子·尽心上》）

> 人皆有所不忍，达之于其所忍，仁也；人皆有所不为，达之于其所为，义也。人能充"无欲害人"之心，而仁不可胜用也。人能充"无穿窬"之心，而义不可胜用也。（《孟子·尽心下》）

> 人之所以异于禽兽者几希，庶民去之，君子存之。舜明于庶物，察于人伦；由仁义行，非行仁义也。（《孟子·离娄下》）

所谓"居仁由义"，孟子所论之"仁义"，虽然有"恻隐之心""羞恶之心"特质的不同，实质上仍以统概性的道德认知去描述"仁"与"义"。乃至于到了战国晚期的荀子，对"仁义"的描述，仍不出此道德认知的范围，所差别者，在于孟、荀二者对于"成圣成贤"之道有不同的看法：孟子以"扩充推恩之仁"为途径；荀子则以礼教辅性，勉励后天"人为"，勤力不懈终能致善：

> 圣人也者，本仁义，当是非，齐言行，不失毫厘，无它道焉，已乎行之矣。（《荀子·儒效》）

> 故尚贤使能，等贵贱，分亲疏，序长幼，此先王之道也。故尚贤使能，则主尊下安；贵贱有等则令行而不流；亲疏有分，则施行而不悖；长幼有序，则事业捷成而有所休。故仁者，仁此者也；义者，分此者也；节者，死生此者也；忠者，惇慎此者也。兼此而能之，备矣。（《荀子·君子》）

> 君子养心莫善于诚，致诚则无它事矣。唯仁之为守，唯义之为行。诚心守仁则形，形则神，神则能化矣；诚心行义则理，理则明，明则能变矣。（《荀子·不苟》）

值得注意的是，荀子虽仍以道德概念看待"仁义"，却已突显"义"不只是"心性道德"，而是和具有行为规范属性的"礼制"息息相关；荀子提出"仁之为守，义之为行"，从"尊卑、贵贱、长幼"的情境，设想道德实践必须透过"辨别""区分"，来决定"恰如其分"的适宜举止。在伦理架构中，"仁者，仁此者也；义者，分此者也"，荀子最终以"分"来诠解"义"，透过自我身份的辨明，"行礼如仪"地实践仁义。

董仲舒提倡"仁义法"，延续了荀子对于道德实践的情境设想，不只由伦理身份的"分辨"去谈"义"，亦且实体思考了"仁"与"义"在实践的情境上，是否也应有所"区分"？"仁义"如何由道德的论述，排除言语空谈的辩论，落实为情境的可能？因此，他提出"仁义法"的主张，以《春秋》褒贬所陈之事迹，淬炼出道德仁义之范式，试图仰赖"道德典范"的建立，具象呈现"仁义"道德的实践样貌。

二、董仲舒秉"仁义"为区别人我内外之范式

董仲舒论仁义，是由《春秋》即事取义而来，"见诸行事"而非"载诸空言"，所以，他对于仁义道德的描述，不在于心性的探求，而是诉诸"外显行为"该如何落实仁义而作观察和检讨：

> 《春秋》之所治，人与我也。所以治"人"与"我"者，仁与义也。以仁安人，以义正我，故仁之为言，人也；义之为言，我也，言名以别矣。仁之于人，义之与我者，不可不察也。（《春秋繁露·仁义法》）

"《春秋》之所治，人与我也。所以治人与我者，仁与义也"，董氏由《春秋》义法所申论的"仁义"，一开始就从"道德"行之于"事实"所面临的困境而作"人、我"的反省，有别于先秦儒学在道德光环之下所统括的"仁义"；董仲舒所思考的"仁""义"，是如何在社会群体、人我之间，作道德实践的要求。

董仲舒主张"仁义法"："《春秋》之所治，人与我也。所以治人与我者，仁与义也。以'仁'安人，以'义'正我。"特别从"人我之别"去强调"治身"与"治民"二者不相同。"治身"是"正己"，

从"义"做起；"治民"则重"爱人"，是"仁"的体现。

董仲舒从经典所彰显的"道德仁义"去肯定其价值，并进一步倡论道德仁义"致用于世"的主张和功效：

> 能说鸟兽之类者，非圣人所欲说也；圣人所欲说，在于说仁义而理之，知其分科条别，贯所附，明其义之所审，勿使嫌疑，是乃圣人之所贵而已矣。圣人思虑，不厌昼日，继之以夜，然后万物察者，仁义矣。……夫义出于经；经，传"大本"也。（《春秋繁露·重政》）

"义之所存"是董仲舒对于经典价值的定位，"义出于经，经传大本也"，圣人的经典，绝非只是作为"能说鸟兽之类"的教科书。董氏认为，圣人说述的目的在"说仁义而理之""明其义之所审，勿使嫌疑"，那么，圣人思虑察物的目的，显然就落在道德价值"仁义"的实践；因此，董仲舒在《春秋》义法上，便以之为宗旨而开展。

《春秋》记事多与政务相关，因此，由《春秋》经文所发凡的义法，其所论之道德内容，亦多由政事、礼制行为之讨论而得来"治人"与"修己"的大方向：

> 孔子谓冉子曰："治民者，先富之而后加教。"语樊迟曰："治身者，先难后获。"以此之谓治身之与治民，所先后者不同焉矣。《诗》曰："饮之食之，教之诲之。"先饮食而后教诲，谓"治人"也。又曰："坎坎伐辐，彼君子兮，不素餐兮。"先其事，后其食，谓"治身"也。（《春秋繁露·仁义法》）

这里指出的"治身之与治民，所先后者不同"，颇类似于《大学》所揭橥的思维：

> 物有本末，事有终始，知所先后，则近道矣。……古之欲明明德于天下者，先治其国；欲治其国者，先齐其家；欲齐其家者，先修其身；欲修其身者，先正其心；欲正其心者，先诚其意；欲诚其意者，先致其知；致知在格物。物格而后知至，知至而后意诚，意诚而后心正，心正而后身修，身修而后家齐，家齐而后国治，国治而后天下平。

由"内"而"外"、由"己"而"天下"，即便是有先后本末之顺序，然而，一旦结合先秦儒学所倡论的"仁义道德"，如何在事况情境里得到落实，才是此处董仲舒所关怀的。"治人"得"先饮食而后教诲"，"治身"则恰恰相反，严以律己、宽以待人，董仲舒对于儒学"仁义观"的实践，因此首重在"人我之别"："以义正己""以仁安人"。

"先富后教"是指"治民爱人"而非"持身奉己"。"先其事、后其食"则是指"治身"正己，而非"持以律人"。《荀子·大略》曾提到：

> 亲亲、故故、庸庸、劳劳，仁之杀也；贵贵、尊尊、贤贤、老老、长长，义之伦也；行之得其节，礼之序也。仁，爱也，故亲；义，理也，故行；礼，节也，故成。……君子处仁以义，然后仁也；行义以礼，然后义也；制礼反本成末，然后礼也。三者皆通，然后道也。

董仲舒认为"圣人所欲说，在于说仁义而理之""明其义之所审，勿使嫌疑"，具体呈现仁义"用"世的精神，与《荀子》"义，理也，故行""行义以礼，然后义也"颇为类似。

"以仁安人，以义正我。故仁之为言，人也。义之为言，我也"。人我之别"不可不察"的原因，来自董仲舒是以"务实致用"的态度去诠释《春秋》，站在叙事观点的立场，得以客观洞悉事件当事人行仁义却"不得其效"的症结，"《春秋》之所治，人与我也"，这是董仲舒对于先秦儒学以道德属性统言"仁义"所做的反省。道德行为的要求，与道德心性的存在，是两个不同的命题。先秦儒学论及道德心性的存在，"人与我皆一"也；但是道德行为的要求，特别是落实在社会秩序的治理上，人我之别，却不可不察。"严以律己、宽以待人"，儒学的道德观，在董仲舒的心目中，并不是曲高和寡的"阳春白雪"。因此，他透过对《春秋》事例的观察，更具体地分析"仁""义"作为道德行为的实践，二者在人我关系的社会秩序里有不同的诉求：

> 以仁治人，义治我；躬自厚而薄责于外，此之谓也。且《论》已见之，而人不察，曰：君子攻其恶，不攻人之恶。不攻

人之恶，非仁之宽与！自攻其恶，非义之全与！此谓之仁造人，义造我，何以异乎！故自称其恶谓之"情"，称人之恶谓之"贼"；求诸己谓之"厚"，求诸人谓之"薄"；自责以备谓之"明"，责人以备谓之"惑"。是故以自治之节治人，是居上不宽也；以治人之度自治，是为礼不敬也。为礼不敬，则伤行而民弗尊；居上不宽，则伤厚而民弗亲。弗亲则弗信，弗尊则弗敬。（《春秋繁露·仁义法》）

董氏自谓"以仁治人，义治我，躬自厚而薄责于人"，其见解本诸《论语》，孔子在《论语·卫灵公》云："躬自厚而薄责于人，则远怨矣。"董仲舒由社会秩序的人我关系，去思考儒学所倡论的道德本体在实践时失败的原因。"君子攻其恶，不攻人之恶"，同样的道德行为，施及于人我，有截然不同的结果，"自称其恶"不等于"称人之恶"，"求诸己"不等于"求诸人"，"自责以备"不等于"责人以备"。道德理念行之于政治，不是操持着"统合的道德概念"就可以着成其效。以自治之节治人，将居上不宽；以治人之度自治，是"为礼不敬"。董仲舒由外显的道德实践，强调"义与仁殊"，分析"仁"与"义"的不同：

"义"与"仁"殊：仁谓"往"，义谓"来"。仁大"远"，义大"近"。爱在人谓之"仁"，义在我谓之"义"。仁主"人"，义主"我"也。故曰："仁者，人也；义者，我也。"此之谓也。君子求仁义之别，以纪人我之间，然后辨乎内外之分，而着于顺逆之处也。是故内治反理以正身，据礼以劝福；外治推恩以广施，宽制以容众。（《春秋繁露·仁义法》）

由"人我、内外、顺逆"去分析"仁""义"的差异，显然是就"社会行为"去分析道德的实践。如此一来，"仁""义"就由抽象的道德品性成为具体的行为准则，也就是董氏所云的"仁义法"：

人莫欲乱，而大抵常乱；凡以暗于人我之分，而不省仁义之所在也。是故《春秋》为仁义法，仁之法在爱人，不在爱我；义之法在正我，不在正人；我不自正，虽能正人，弗予为义；人不被其爱，虽厚自爱，不予为仁。（《春秋繁露·仁义法》）

暗于人我之分，不省仁义之所在，这是道德行为不得成效的主因。董仲舒认为，《春秋》所昭示的"仁义法"，为如何落实"仁""义"指出具体可循的方针："仁之法在爱人，不在爱我；义之法在正我，不在正人。"

三、从褒贬《春秋》事例见"道德"之当行

"仁义法"之"法"，是具体呈现道德准则的意思，并非秦政法家之"法"。在董仲舒的阐释下，"爱"能推及于人，才叫作"仁"，能"以身作则"要求自己端正才叫作"义"。对于"仁""义"有了"原则性"的施行方针而称之为"法"，以"法"来指称"仁义"，并非始自董仲舒。实际上，以务实的态度正视道德履行的原则方针者，始自荀子。荀子以"行仁义"为"法正"，所谓的"法"，不是法家的"律法"，而应该是指行为端正所塑造出来的"典范"。

> 凡禹之所以为禹者，以其为仁义法正也。然则仁义法正有可知可能之理。然而涂之人也，皆有可以知仁义法正之质，皆有可以能仁义法正之具，然则其可以为禹明矣。……今使涂之人伏术为学，专心一志，思索孰察，加日县久，积善而不息，则通于神明，参于天地矣。故圣人者，人之所积而致矣。(《荀子·性恶》)

董仲舒"仁义法"，所思考的也是"如何'行仁义'，方足称为'典范'"的问题。将"道德"视为"典范"，不只是推崇，更是要依循奉行。以道德教化为核心价值，树立依循的典范，这是战国荀子以降，儒学实行道德具体化而体认的"法"，其根本精神为依礼行善；不同于法家以惩罚遏恶为主旨的"律法"。为此，董仲舒特别引用《春秋》事例加以说明：

> 知明先，以"仁"厚远；远而愈贤，近而愈不肖者，"爱"也。故王者爱及四夷，霸者爱及诸侯，安者爱及封内，危者爱及旁侧，亡者爱及独身。独身者，虽立天子诸侯之位，一夫之人耳，无臣民之用矣，如此者，莫之亡而自亡也。《春秋》不言伐梁者，而言梁亡，盖爱独及其身者也。故曰：仁者爱人，不在爱

我，此其法也。（《春秋繁露·仁义法》）

董仲舒以僖公十九年经文记载"梁亡"为例，"王者，爱及四夷；亡者，爱及独身"，指出：梁者灭亡，实为自取。可见，"爱独及其身"者，虽立于天子诸侯之位，也仅是"一夫之人"，无臣民之用。

是否足以称为"仁"，端视"爱"布行的远近，"爱"及四夷者为"王"，"爱"及诸侯者为"霸"，执政者的气度，取决于仁爱所及之远近。以"仁"为法，不是将"仁"德条律化，而是思考"仁"者的行径，指出"仁者爱人，不在爱我"的方针。

> 义云者，非谓正人，谓正我；虽有乱世枉上，莫不欲正人，奚谓义？昔者楚灵王讨陈蔡之贼，齐桓公执袁涛涂之罪，非不能正人也，然而《春秋》弗予，不得为义者，我不正也。阖庐能正楚蔡之难矣，而《春秋》夺之义辞，以其身不正也。潞子之于诸侯，无所能正，《春秋》予之有义，其身正也；故曰：义在正我，不在正人，此其法也。（《春秋繁露·仁义法》）

董仲舒以四件事例来阐述《春秋》寓于行文微言中，关于"正己"之义的看法。如果自身不得正，就算有"正人"之义，《春秋》仍然弗予认同。

关于"楚灵王讨陈蔡之贼"：

讨陈之贼：

昭公八年

经：春，陈侯之弟招杀陈世子偃师。陈人杀其大夫公子过。

经：冬，十月壬午，楚师灭陈，执陈公子招，放之于越，杀陈孔瑗。

以上二则经文，《公羊传》均无发论。

讨蔡之贼：

昭公十一年

经：夏，四月丁巳，楚子虔诱蔡侯般，杀之于申。

公羊传：楚子虔何以名？绝也。曷为绝之？为其诱封也。此讨贼也，虽诱之则曷为绝之？怀恶而讨不义，君子不予也。

昭公十一年

经：冬，十有一月丁酉，楚师灭蔡，执蔡世子有以归，用之。

昭公十三年

经：蔡侯庐归于蔡。陈侯吴归于陈。

公羊传：此皆灭国也，其言归何？不与诸侯专封也。

《公羊传》在昭公十三年表达了对于楚灵王讨陈蔡之贼，"不与诸侯专封"的看法。但是并没有董仲舒所言"《春秋》弗予，我不正也"之意。显然这是董氏在传文之外对于《春秋》经文义旨的发挥。经文在昭公八年、十一年"楚师灭陈""楚师灭蔡"的书写上，对于讨陈蔡之贼的楚灵王，的确看不出有嘉许的意味。那么，楚灵王何以自身不正而《春秋》弗予呢？关于楚灵王的事迹（前540—前529，鲁昭公2年—昭公13年），《穀梁传》有一段记载：

昭公四年

经：秋，七月，楚子、蔡侯、陈侯、许男、顿子、胡子、沈子、淮夷伐吴，执齐庆封，杀之。

（穀梁传）：灵王使人以庆封令于军中曰："有若齐庆封弑其君者乎？"庆封曰："子一息，我亦且一言，曰：'有若楚公子围弑其兄之了，而代之为君者乎？'"军人粲然皆笑。庆封弑其君，而不以弑君之罪罪之者，庆封不为灵王服也，不与楚讨也。《春秋》之义，用贵治贱，用贤治不肖，不以乱治乱也。孔子曰："怀恶而讨，虽死不服，其斯之谓与？"

由齐庆封临刑前对楚灵王的嘲讽："有若楚公子围弑其兄之子，而代之为君者乎？"可以得知，楚灵王自己也是弑君自立之人，又怎能有正当理由去讨伐别国的弑君之贼呢？《公羊传》对于昭公四年这一则事件的描述着重在庆封之罪，对于楚王并没有多言[1]。关于楚灵王其人的看法，董仲舒显然援用《穀梁传》"《春秋》之义，用贵治

<hr>

[1]　《公羊传》："此伐吴也，其言执齐庆封何？为齐诛也。其为齐诛奈何？庆封走之吴，吴封之于防。然则曷为不言伐防？不与诸侯专封也。庆封之罪何？胁齐君而乱齐国也。"

贱，用贤治不肖，不以乱治乱"之说，《穀梁传》引用孔子之语："怀恶而讨，虽死不服"，正与董仲舒言"义在正我，不在正人"，对楚灵王"不得为义者，我不正也"的评论完全一致。值得注意的是，楚灵王怀恶而讨的事迹，其实在昭公四年经文"执齐庆封"的记事，就已经表露。为什么董仲舒在《春秋繁露·仁义法》中不提"执齐庆封"这件事，而以"讨陈蔡之贼"为例呢？董仲舒在《春秋繁露·楚庄王》里曾表述对昭公四年"执齐庆封"经文以楚子称呼楚灵王的看法：

> 《春秋》之用辞，已明者去之，未明者着之。今诸侯之不得专讨，固已明矣。而庆封之罪未有所见也，故称楚子以"伯讨"之，着其罪之宜死，以为天下大禁。

与《公羊传》发论重点在"庆封之罪"相一致，董仲舒对昭公四年经文的书写方式，也是"着庆封之罪"去诠释，所以完全未讨论到楚灵王个人出身背景如何的问题。董氏认为，经文以"楚子"行文，是借"伯讨"来突显庆封之罪宜死。也就是说，昭公四年经文对于楚灵王的出身不正，并没有"弗与"的意思。既然在这则事件上，董氏曾表露这样的看法，以"楚子"行文书写的昭公四年"执齐庆封"这件事，显然不适合在《春秋繁露·仁义法》援引作"不得为义者，我不正也"的例证。

此处除了可以见识到董仲舒援举《春秋》事例的考究与功力之外，董仲舒评论人事，阐发《春秋》褒贬"善无细而不举，恶无细而不去"的精神，就事论事，是非善恶条分缕析的作风，我们也同时一览无遗。

关于"齐桓公执袁涛涂之罪"：

僖公四年

经：齐人执陈袁涛涂。

公羊传：涛涂之罪何？辟军之道也。其辟军之道奈何？涛涂谓桓公曰："君既服南夷矣，何不还师滨海而东，服东夷且归？"桓公曰："诺。"于是还师滨海而东，大陷于沛泽之中。顾而执涛涂。执者曷为或称侯？或称人？称侯而执者，伯讨也。称人而执者，非伯讨也。此执有罪，何以不得为伯讨？古者周公东征则西国怨，西征则东国怨。桓公假涂于陈而伐楚，则陈人不欲其反由己者，师不正故也。不修其师而执涛涂，古人之讨，则不然也。

董仲舒对"齐桓公执袁涛涂"这件事的看法，与《公羊传》一致，《公羊传》发论说明"此执有罪，何以不得为伯讨""桓公假涂于陈而伐楚"，陈人袁涛涂为了避免齐师回返时，再度入境于陈而献假策于齐。袁涛涂欺齐之三军，于齐而言，固然有罪。然而，齐"师不正"，非伯讨，所以，尽管齐桓公所执之袁涛涂有罪，经文却以"齐人"来贬抑齐桓。"师不正"，所以"执有罪"亦不得称"伯讨"，董仲舒将这一段事理，连贯及于"'行为'何以为'义'"这个道德问题的反省。对于儒学所倡导的——"义"的道德行为，更明确地指出，"义"这项道德的履行，其核心价值在于"正我"，而不在"正人"。

关于"阖庐正楚蔡之难"：

定公四年

经：冬，十有一月庚午，蔡侯以吴子及楚人战于伯莒，楚师败绩。

公羊传：吴何以称子？夷狄也而忧中国。其忧中国奈何？伍子胥父诛乎楚，挟弓而去楚，以干阖庐。阖庐曰："士之甚！勇之甚！将为之兴师而复雠于楚。"伍子胥复口："诸侯不为匹夫兴师，且臣闻之：事君犹事父也。亏君之义，复父之雠，臣不为也。"于是止。蔡昭公朝乎楚，有美裘焉，囊瓦求之，昭公不与，为是拘昭公于南郢，数年然后归之。于其归焉，用事乎河，曰："天下诸侯苟有能伐楚者，寡人请为之前列。"楚人闻之怒。为是兴师，使囊瓦将而伐蔡。蔡请救于吴，伍子胥复曰："蔡非有罪也，楚人为无道，君如有忧中国之心，则若时可矣。"于是兴师而救蔡。

定公四年经文记载吴楚之战的叙事方式很特别，经文以蔡侯为义辞，而写作"蔡侯以吴子及楚人战于伯莒"。这一次的吴楚之战，事实上是吴国为蔡侯出气。蔡侯朝于楚，却因为美裘而引起楚国囊瓦的觊觎，导致被囚数年方得归。三传传文对事件的叙述皆一致。但是董仲舒却有独到的看法，在《春秋繁露·俞序》认为："霸王之道，皆本于仁。……故蔡得意于吴，鲁得意于齐，而《春秋》皆不告。"吴国为蔡而与楚战，董仲舒认为，吴帮助蔡并不是以"仁"为动机，从传文就可以看出，吴国伺机挑战楚国已有一段时日。所以，尽管吴为蔡国向楚讨回公道，经文在书写时的叙事观点，突显的却是蔡国利用吴，而战胜于楚。《春秋繁露·仁义法》中，董仲舒再度提及此事，以吴王阖庐为讨论对象，明白指出"阖庐能正楚蔡之难矣"，而《春秋》夺之义辞，以"其身不正也"。

关于"潞子其身正，《春秋》予之有义"：

> 宣公十五年
>
> 经：六月癸卯，晋师灭赤狄潞氏，以潞子婴儿归。
>
> 公羊传：潞何以称"子"？潞子之为善也，躬足以亡尔。虽然，君子不可不记也。离于夷狄，而未能合于中国。晋师伐之，中国不救，狄人不有，是以亡也。

董仲舒以"之于诸侯，无所能正"的潞子作为"义以正己"的典范，强烈地突显"'义'在正己，不在正人"的诉求；"潞子之为善也，躬足以亡尔"是《公羊传》对潞子的看法，潞子欲行诸夏之道，"离于夷狄，而未能合于中国"，致使存亡关头孤立无援终至绝灭。《公羊传》对潞子事迹的诠释，是源自经文以"子"称呼其人的书写方式而来。董仲舒则借由《公羊传》所书写的事迹，再进一步推阐"其身正"，符合"正己之义"，所以《春秋》予以嘉许。

然而，潞子终究面临了灭绝的结果，对于这样一位人物，董仲舒以之作为"义"的典范，显示出董仲舒重视过程之合"义"，不以成败论英雄的价值观。

抒发"治身"与"治民"不同，在政治思想中，提醒所有在位者，必须清楚认知自己的立场，掌握正确的"治身"与"治民"的分寸和原则，这是董仲舒在儒学"德教"的政治主张中，于先秦儒学德教思想有所超越、发明的地方。也使得董仲舒由《春秋》义法而抒发政治理念时，不是仅止于上位者"修身持德"的抽象泛论而已，更是由"安人、爱人"的"治民"眼光，具体呈现王者应操持的政治理念和实际作为。

四、"仁义"与"功利"的抉择：正其道不谋其利，明其理不急其功

子曰："志士仁人，无求生以害人，有杀生以成仁。"（《论语·卫灵公》）将道德的完成视为比生命更可贵。孔子说"杀身成仁"，孟子亦云"舍生取义"：

> 鱼，我所欲也；熊掌，亦我所欲也。二者不可得兼，舍鱼而取熊掌者也。生，亦我所欲也；义，亦我所欲也。二者不可得兼，舍生而取义者也。生亦我所欲，所欲有甚于生者，故不为苟得也。死亦我所恶，所恶有甚于死者，故患有所不辟也。（《孟子·告子上》）

事实上，董仲舒以为《春秋》就是一部"仁义法"，"仁之法在爱人""义之法在正我"，"孔仁孟义"在董氏的思维里，皆属于"正己之义"，"以仁安人""爱人之仁"则是他对在位者的殷盼。生死关头的取舍，董氏秉承孔孟以生命彰显道德的传统，对于孟子所言之"所欲有甚于生者""所恶有甚于死者"，董氏在《春秋》记事里找到答案：

> 祭仲见贤、逢丑父见非："逢丑父杀其身以生其君，何以不得谓知权？丑父欺晋，祭仲许宋，俱枉正以存其君。然而丑父之所为，难于祭仲，祭仲见贤而丑父犹见非，何也？"

> 曰："是非难别者在此。此其嫌疑相似而不同理者，不可不察。夫去位而避兄弟者，君子之所甚贵；获虏逃遁者，君子之所甚贱。祭仲措其君于人所甚贵，以生其君，故《春秋》以为知权而贤之。逢丑父措其君于人所甚贱，以生其君，《春秋》以为不知权而简之。其俱枉正以存君，相似也，其使君荣之与使君辱，不同理。故凡人之有为也，前枉而后义者，谓之中权，虽不能成，《春秋》善之，鲁隐公、郑祭仲是也。前正而后有枉者，谓之邪道，虽能成之，《春秋》不爱，齐顷公、逢丑父是也。夫冒

大辱以生，其情无乐，故贤人不为也，而众人疑焉。《春秋》以为人之不知义而疑也，故示之以义，曰国灭君死之，正也。正也者，正于天之为人性命也。天之为人性命，使行仁义而羞可耻，非若鸟兽然——苟为生、苟为利而已。"（《春秋繁露·竹林》）

丑父欺晋[①]、祭仲许宋[②]，都是"枉正以存君"，逢丑父甚至牺牲自己的生命以存活齐顷公，《公羊传》称许祭仲有经权之贤，对于逢丑父却仅书其被斫而未有只字嘉许。董仲舒认为这两起事件，"嫌疑相似而不同理"，不可不察。祭仲存活其君的方式是"去位而避兄弟"，逢丑父存君的处境，却是"大辱身，几亡国，为天下笑"（《春秋繁露·竹林》），齐国先是屈辱晋之来使，而后两军交阵，齐顷公临将被虏，逢丑父驱之若下人，始获逃遁。"使君荣"与"使君辱"，其理不同。逢丑父之所以见非，董仲舒认为，并非以存君之成败定功过，"前枉而后义，谓之中权，虽不能成，《春秋》善之""前正而后有枉，谓之邪道，虽能成之，《春秋》不爱"。我们由董氏所举的事例，鲁隐公、祭仲、齐顷公、逢丑父可以看出，"前"是指当事人先

---

① 成公二年经：秋，七月，齐侯使国佐如师。己酉，及国佐盟于袁娄。《公羊传》：君不行使乎大夫，此其行使乎大夫何？佚获也。其佚获奈何？师还齐侯，晋郤克投戟逡巡再拜稽首马前。逢丑父者，顷公之车右也。面目与顷公相似，衣服与顷公相似，代顷公当左。使顷公取饮，顷公操饮而至，曰："革取清者。"顷公用是佚而不反。逢丑父曰："吾赖社稷之神灵，吾君已免矣。"郤克曰："欺三军者，其法奈何？"曰："法斫。"于是斫逢丑父。己酉，及齐国佐盟于袁娄，曷为不盟于师而盟于袁娄？前此者，晋郤克与臧孙许同时而聘于齐。萧同侄子者，齐君之母也，踊于棓而窥客，则客或跛或眇，于是使跛者迓跛者，使眇者迓眇者。二大夫出，相与踦闾而语，移日然后相去。齐人皆曰："患之起必自此始！"二大夫归，相与率师为鞍之战，齐师大败。

② 桓公十一年经：秋，七月，葬郑庄公。九月，宋人执郑祭仲。《公羊传》：祭仲者何？郑相也。何以不名？贤也。何贤乎祭仲？以为知权也。其为知权奈何？古者郑国处于留。先郑伯有善于邻公者，通乎夫人，以取其国而迁郑焉，而野留。庄公死已葬，祭仲将往省于留，涂出于宋，宋人执之，谓之曰："为我出忽而立突。"祭仲不从其言，则君必死、国必亡；从其言，则君可以生易死，国可以存易亡。少辽缓之，则突可故出，而忽可故反，是不可得则病，然后有郑国。古人之有权者，祭仲之权是也。权者何？权反于经，然后有善者也。权之所设，舍死亡无所设。行权有道，自贬损以行权，不害人以行权。杀人以自生，亡人以自存，君子不为也。

前的处境;"后"是指面对处境之后,所采取的作为。《公羊传》隐公元年"春,王正月"下载:"桓幼而贵,隐长而卑……隐长又贤,诸大夫扳隐而立之。隐于是焉而辞立,则未知桓之将必得立也。且如桓立,则恐诸大夫之不能相幼君也。"在这种处境之下,"隐代桓立"是"枉",但是隐公一直有还位于桓公的打算①,这是"义";虽不能成,《春秋》善之。至于齐顷公,其位居"正":"亲齐桓公之孙,国固广大而地势便利矣,又得霸主之余尊,而志加于诸侯。"(《春秋繁露·竹林》)结果竟"难使会同,易使骄奢,卒大辱其身",这是"枉"。虽然逢丑父成功存活其君,却得不到《春秋》的应许。董仲舒的诠释是"《春秋》之用辞,已明者去之,未明者着之""《春秋》以为人之不知义而疑也,故示之以义,曰'国灭君死之',正也"(《春秋繁露·楚庄王》)。也就是说,对于逢丑父之"舍生取义",人固许之,所以《春秋》不再着墨。而把焦点集中在齐顷公,贵为桓公之孙,却沦落到这种地步,逢丑父身为国佐,难辞其咎。董氏明言指出,顷公"冒大辱以生,贤人不为",言下之意,"荣辱"比"死生"更重要,这也就是《孟子》所说的"所欲甚于生""所恶甚于死"的"荣辱观"。那么,董氏对于"荣辱"的阐发又如何呢?《春秋》借齐顷公与逢丑父之事,欲有所"正":"正也者,正于天之为人性命也。"董仲舒明白指出:"天之为人性命,使行仁义而羞可耻,非若鸟兽然,苟为生、苟为利而已。""行仁义"与"羞可耻"是指道德行为的实践。董仲舒所言之"荣辱",其实是借着道德的彰显,示现人之所以贵于万物,"非若鸟兽之苟为生、苟为利"。成功的结果难道不令人心动?董仲舒却认为,成功的"结局"并非首要。真正应该突显的是达到成功的方式以及过程中的"合理性"。所采取的手段,是否合于"义"?

---

① 隐公四年经:宋公、陈侯、蔡人、卫人伐郑。秋,翚帅师会宋公、陈侯、蔡人、卫人伐郑。《公羊传》:翚者何?公子翚也。何以不称公子?贬。曷为贬?与弑公也。其与弑公奈何?公子翚谄乎隐公,谓隐公曰:"百姓安子,诸侯说子,盍终为君矣?"隐曰:"吾否,吾使修涂裘,吾将老焉。"公子翚恐若其言闻乎桓,于是谓桓曰:"吾为子口隐矣。"隐曰:"吾不反也。"桓曰:"然则奈何?"曰:"请作难,弑隐公。"于钟巫之祭焉弑隐公也。

"义"的抉择更胜于功利成败。更何况，人事的成败祸福很难论定，只有求得过程中的合于"义"，明辨事理之所宜，才是"人超然万物之上，而最为天下贵"（《春秋繁露·天地阴阳》）的展现。

祭仲见贤，逢丑父见非。董仲舒认为《春秋》所要突显的，是道德荣辱与生死义利的经与权，"冒大辱以生，贤人不为"，这是董仲舒的道德抉择。但是，若只是在"逢丑父措其君于人所甚贱，以生其君"这件事上，定位董氏在"荣辱、生死"上的道德抉择，是"国灭君死之，正也"，对董仲舒务实的道德实践观，恐怕就会产生偏颇的认识。事实上，我们不能忘记，董仲舒之于《春秋》史事，是站在评论与诠释的立场，齐顷公为霸主桓公之孙，若非逢丑父替之以死，顷公将身辱敌虏。董仲舒因此谓"得志有喜，不可不戒，此其效也"。但是，齐顷公与逢丑父的史事，并没有在逢丑父被斩之后就结束。齐顷公终于返回齐国，董仲舒在《春秋繁露·竹林》篇写出回到齐国之后的顷公：

> 自是之后，顷公恐惧，不听声乐，不饮酒食肉，内爱百姓，问疾吊丧，外敬诸侯。从会与盟，卒终其身，国家安宁。是福之本生于忧，而祸起于喜也。呜呼！物之所由然，其于人切近，可不省邪？

自是之后，顷公奋发图治，卒终其身，国家安宁。就评论者的立场，董氏抒发了他对事件的看法："福之本生于忧"。"物之所由然，其于人切近，可不省邪？"透过反省的功夫，每个人都可以从史事中得到启示。《左传》载逢丑父并未被斩，齐顷公而后三进三出，寻之未得。我们姑且不论逢丑父的生或死，顷公总归是因丑父而得存。从事件的结局，我们看到了在教训中觉醒的齐顷公，董仲舒的道德抉择，终究又回到了史事的反省。"《春秋》以为人不知义而疑也，故示之以义"，在当时生死关头的场景里，"国灭，君死之为正"。行"邪道"而存活的顷公，终身励精图治，"内爱百姓，外敬诸侯"。正因为"福之本生于忧，而祸起于喜"，人事的祸福成败，难以骤下定论，所以，董仲舒的道德抉择并不是先预测结局的成败义利而作过程的取舍。正因为人事成败祸福的难测，所以，他讲究的是，过程的当下，即是"天之为人性命"——"义"的实现。"行仁义而羞可耻",不因为预期某种不可知的结果,就对过程中的道义打折扣。

董仲舒在《春秋繁露·对胶西王①越大夫不得为仁》中提到:"仁人者,正其道不谋其利,修其理不急其功,致无为而习俗大化,可谓仁圣矣。"董氏所说的"仁",是"以仁安人"之"仁",以"仁"厚远,爱及四夷的"王者之仁"(《春秋繁露·仁义法》)。所谓"正其道不谋其利,修其理不急其功",指的是权力决策过程中的"道德抉择","正其道""修其理",正确的决策在位者应该加以贯彻,不因决策者自身功利结果的考虑,而影响决策过程,改变仁义的履行和道德抉择的态度。

> 孔子曰:"殷有三仁。"今以越王之贤,与蠡、种之能,此三人者,寡人亦以为越有三仁。其于君何如?

> 越本无"一仁",而安得"三仁"?仁人者,正其道不谋其利,修其理不急其功,致无为而习俗大化,可谓仁圣矣。三王是也。《春秋》之义,贵信而贱诈。诈人而胜之,虽有功,君子弗为也。是以仲尼之门,五尺童子,言羞称五伯。为其诈以成功,苟为而已也,故不足称于大君子之门。五伯者,比于他诸侯为贤者,比于仁贤,何贤之有?(《春秋繁露·对胶西王越大夫不得为仁》)

越是否有"三仁"?这个问题,董仲舒以"仲尼之门,五尺童子,言羞称五伯"作出婉转的回答:勾践、范蠡、文种以奸诈之计而胜吴,连五霸都未能称及,又何能及于"仁"?"诈以成功,苟为而已",追求成功的过程,采取了不光明的方法,所以,纵使"成功",也因为方法不磊落而被视为苟且的行径。

"王""霸"的差别在于"仁"。《春秋繁露·仁义法》云:"仁之法在爱人,不在爱我。""王者爱及四夷,霸者爱及诸侯,安者爱及封

---

① "越大夫不得为仁"这段文字,在《汉书·董仲舒传》中,所对为"江都王"而非"胶西王"。本文在此是以董氏的思想为讨论主题,因此不作"江都王"或"胶西王"人物之考证。

内，危者爱及旁侧，亡者爱及独身。"王者与霸者的差别，就在于"仁爱"普及的远近。《春秋繁露·俞序》也提到"霸、王之道，皆本于'仁'"，但是，"霸"与"王"终究不同："爱人之大者，莫大于思患而豫防之，故蔡得意于吴，鲁得意于齐，而《春秋》皆不告。"

"思患而为之豫防"，才是真正的"王者之仁"。董氏所举出的吴国和齐国，只是为自己的利益在诸侯之间排难解纷，未能事先弭平战事，而待事后以战事解决蔡、鲁二国的困难①，《春秋》并不以"王者之仁"相与。

道德的抉择，落实在治道上，就是以"为天下兴利"为要务。《春秋繁露·考功名》里有云：

> 天道积聚众精以为光；圣人积聚众善以为功；故日月之明，非一精之光也；圣人致太平，非一善之功也。……量势力权，因事制义。故圣人之为天下兴利也，其犹春气之生草也，各因其生小大而量其多少；其为天下除害也，若川渎之泻于海也，各顺其势倾侧而制于南北；故异孔而同归，殊施而钧德，其趣于兴利除害一也。是以兴利之要，在于致之，不在于多少；除害之要，在于去之，不在于南北。

董氏提到：圣人积聚众善以为功。此"善"即是为天下兴利除害。而"不谋其利，不急其功"是轻"私利"而以"公利"为义：

> 天常以爱利为意，以养长为事，春秋冬夏皆其用也。王者亦常以爱利天下为意，以安乐一世为事，好恶喜怒而备用也。然而主之好恶喜怒，乃天之春夏秋冬也，其俱暖清寒暑而以变化成功也。天出此物者，时则岁美，不时则岁恶。人主出此四者，义则世治，不义则世乱。（《春秋繁露·王道通三》）

董氏之所谓"义"，是执政者正己"好恶喜怒"之私欲。以天下

---

① "蔡得意于吴，鲁得意于齐"，凌曙、苏舆皆未有注。本文由上下文意认为，"蔡得意于吴"应是指"定公四年经：冬，十有一月庚午，蔡侯以吴子及楚人战于伯莒，楚师败绩"这件事。而"鲁得意于齐"，则尚未能详，或指"庄公八年经：夏，师及齐师围成，成降于齐师"这件事。

公利为目的，正仁之道，修仁之理，推及"爱人"之仁于四夷。"正其道不谋其利，修其理不急其功"这句话，在《汉书·董仲舒传》写作"正其谊不谋其利，明其道不计其功"。董仲舒在《春秋繁露·竹林》谈到"行仁义而羞可耻"时，曾谓祭仲与逢丑父"是非难别者在此。此其嫌疑相似而不同'理'者，不可不察"，董仲舒行文叙事常论及"理"，如"天下无二道，故圣人异治同'理'也"（《春秋繁露·楚庄王》），"名伦等物不失其'理'，公心以是非，常善诛恶而王泽治"（《春秋繁露·盟会要》）。《春秋繁露》"正其道不谋其利，修其理不急其功"的文辞，应是董氏原文，而《汉书》所云"正其谊不谋其利，明其道不计其功"者，应是班固修润过的文句。班固的修润，是就董氏学术思想的精神而统言之，将"正其道"更具体指出是"正其谊"，将"不急其功"改作"不计其功"；董氏此处的"利""功"都是指执政者好恶喜怒之私欲，班固修润所言之"正其谊""不计其功"，文义与董氏原句相差不大，却把董氏行文的惯用语"修其理"之"理"给摘除了。

原载于《衡水学院学报》2018 年第 6 期。

杨济襄（1969—），女，台湾彰化人，教授，博士生导师。

《春秋繁露》中的君子人格及其当代价值

白立强　金周昌

　　儒家学说非常重视理想人格的塑造，所以，在《礼记》中孔子描述了五等人格标准，即庸人、士人、君子、贤人和圣人。董仲舒作为一代"醇儒"，在《春秋繁露》中对君子人格有许多论述。重温其主要思想，对于重塑当代君子有一定价值。

一、《春秋繁露》之君子人格思想

　　在《春秋繁露》中，董仲舒分别从利、礼、仁义、诚敬、德以及养生等方面论述了君子形象，形成了一个比较完备的君子人格标准。

　　（一）君子之于利

　　在儒学语境中，义利是一对基本的范畴。如在《论语》中，就有以下阐述：

　　　　子罕言利。（《论语·子罕》）

　　　　放于利而行多怨。（《论语·里仁》）

　　　　子曰："君子义以为质，礼以行之，孙以出之，信以成之。君子哉！"（《论语·卫灵公》）

　　　　子曰："君子怀德，小人怀土；君子怀刑，小人怀惠。"（《论语·里仁》）

　　　　子曰："君子喻于义，小人喻于利。"（《论语·里仁》）

在此，孔子以义利之比较，论证了小人与君子的区别，同时，指出了任由利益主导和驱使的危害。

孔子不绝对地排斥利，而是将利限定在"道"这一前提下。《论语·里仁》篇："富与贵，是人之所欲也，不以其道得之，不处也；贫与贱，是人之所恶也，不以其道得之，不去也。"对于人们的正当利益，管理者要"因民之所利而利之"（《论语·尧曰》）。同理，在《论语·子路》篇："子适卫，冉有仆。子曰：'庶矣哉！'冉有曰：'既庶矣，又何加焉？'曰：'富之。'曰：'既富矣，又何加焉？'曰：'教之。'"

显然，孔子肯定人们获取利益的正当性，"富而可求也，虽执鞭之士，吾亦为之"，否则，"不义而富且贵，于我如浮云"（《论语·述而》）。

孟子承袭了孔子的义利之要旨，进一步论证了二者的关系。有观点指出，孟子以义待利生活观的核心是："非其义也，非其道也，一介不以与人，一介不以取诸人。"（《孟子·万章上》）君子爱利，取之有道，获之有道，对一些有悖道义"求富贵利达"（《孟子·离娄下》）的途径和方法，有修养的人是以之为耻的。"非其有而取之，非义也"（《孟子·尽心上》），而"其交也以道，其接也以礼，斯孔子受之矣"（《孟子·万章下》），"非其道，则一箪食不可受于人；如其道，则舜受尧之天下不以为泰"（《孟子·滕文公下》）。如果人们能够做到严格地以义待利，那么就会"不义之禄而不食也……不义之室而不居也"（《孟子·滕文公下》），甚至"非其义也，非其道也，禄之以天下，弗顾也；系马千驷，弗视也"（《孟子·万章上》），或者"行一不义，杀一不辜而得天下，皆不为也"（《孟子·公孙丑上》）。

董仲舒将义进一步放大，提出了"薄于利""善义不及利"思想，即"凡人之性，莫不善义，然而不能义者，利败之也。故君子终日言不及利，欲以勿言愧之而已，愧之以塞其源也。夫处位动风化者，徒言利之名尔，犹恶之，况求利乎"（《春秋繁露·玉英》）？在这里，利成为破坏义的主要因素。所以，君子日常生活是羞于言利的，以此从根本上杜绝以利害义情况的发生。

在《礼记·坊记》中就有"君子不尽利"之说："孔子曰：'君子不尽利以遗民。'""故君子仕则不稼，田则不渔，食时不力珍，大夫不坐羊，士不坐犬。"君子不尽利也就是君子不能兼利。换言之，尽管人们普遍认可君子爱财取之有道，但君子不尽利更强调了君子爱财取之有度。于此，董仲舒进行了天道意义上的解释："天不重与，有角不得有上齿，故已有大者，不得有小者，天数也。"所以，董仲舒认为："夫已有大者，又兼小者，天不能足之，况人乎？故明圣者象天所为为制度，使诸有大奉禄，亦皆不得兼小利、与民争利业，乃天理也。"（《春秋繁露·度制》）

《春秋繁露》对天地人三才的界定为"天道施，地道化，人道义"。在义利二者关系方面，"天之生人也，使人生义与利。利以养其体，义以养其心。心不得义，不能乐；体不得利，不能安。义者，心之养也；利者，体之养也。体莫贵于心，故养莫重于义。义之养生人大于利"（《春秋繁露·身之养重于义》）。相反，假如将利抬高到某种程度，势必对社会造成不良影响甚至危害。因为"利者盗之本也，妄者乱之始也。夫受乱之始，动道之本，而欲民之静，不可得也"（《春秋繁露·天道施》）。

（二）君子之于礼

在《论语·颜渊》中孔子说："非礼勿视，非礼勿听，非礼勿言，非礼勿动。"在《春秋繁露·深察名号》中董仲舒说："不法之言，无验之说，君子之所外，何以为哉？"

守礼是君子之所以为君子的基本规范。"君子笃于礼。"（《春秋繁露·王道》）"故君子非礼而不言，非礼而不动。好色而无礼则流，饮食而无礼则争，流、争则乱。夫礼，体情而防乱者也。民之情，不能制其欲，使之度礼。目视正色，耳听正声，口食正味，身行正道，非夺之情也，所以安其情也。"（《春秋繁露·天道施》）

进而言之，服饰容貌、言谈举止直接成为是否为君子的标准。"衣服容貌者，所以说目也；声音应对者，所以说耳也；好恶去就者，所以说心也。故君子衣服中而容貌恭，则目说也；言理应对逊，则耳说矣；好仁厚而恶浅薄，就善人而远僻鄙，则心说矣。故曰：'行思

可乐，容止可观。'此之谓也。"（《春秋繁露·为人者天》）

礼以别序，乐以发和。如同自然界中的天地万物一样，不同的事物各自按照宇宙的自然法则构成了一个具有差序格局的、有层次的立体存在。故人类社会的良性运行也须建立在有序的差序格局之上。就社会关系而言，君子必须对此有清醒的认识，即"道同则不能相先，情同则不能相使，此其教也。由此观之，未有去人君之权，能制其势者也；未有贵贱无差，能全其位者也，故君子慎之"（《春秋繁露·王道》）。

作为礼的内在组成部分，君子的仪容服饰本身就具有强大的"正能量"，时刻发生着潜移默化的影响。"君子显之于服，而勇武者消其志于貌也矣。故文德为贵，而威武为下，此天下之所以永全也。""是以君子所服为上矣。故望之俨然者，亦已至矣，岂可不察乎？"（《春秋繁露·服制像》）这正如《论语·颜渊》所言："君子之德风，小人之德草，草上之风，必偃。"

（三）君子之于仁义

仁义是儒学中的重要范畴。"孔子继承远古所提出的仁学结构主要便是通过汉代一系列的行政规定"以及"通过以董仲舒儒学为代表的'天人感应'的宇宙图式，才真正具体地落实下来"[1]。董仲舒认为，仁与义是调节与治理人我关系的基本法则，他特别对义之内涵进行了论证。"《春秋》之所治，人与我也。所以治人与我者，仁与义也。以仁安人，以义正我，故仁之为言人也，义之为言我也，言名以别矣。仁之于人，义之于我者，不可不察也""仁者爱人，不在爱我，此其法也。""义在正我，不在正人，此其法也。""是义与仁殊。仁谓往，义谓来；仁大远，义大近。爱在人，谓之仁；义在我，谓之义。仁主人，义主我也。故曰：仁者，人也；义者，我也，此之谓也。"（《春秋繁露·仁义法》）

如果颠倒了仁义之法，则必然产生混乱。"众人不察，乃反以仁自裕，而以义设人，诡其处而逆其理，鲜不乱矣。是故人莫欲乱，而大抵常乱，凡以暗于人我之分，而不省仁义之所在也。"（《春秋繁露·仁义法》）

这里，董仲舒指出了君子对人我的不同要求。对人施以仁，对己责于正。"是故《春秋》为仁义法，仁之法在爱人，不在爱我；义之法在正我，不在正人。我不自正，虽能正人，弗予为义；人不被其爱，虽厚自爱，不予为仁""君子求仁义之别，以纪人我之间，然后辨乎内外之分，而著于顺逆之处也。是故内治反理以正身，据礼以劝福；外治推恩以广施，宽制以容众。"（《春秋繁露·仁义法》）

这和《论语》中的基本主张一脉相承。正如《春秋繁露》所言："以仁治人，义治我，躬自厚而薄责于外，此之谓也。且《论》已见之，而人不察。曰：'君子攻其恶，不攻人之恶。'不攻人之恶，非仁之宽与？自攻其恶，非义之全与？此之谓仁造人，义造我，何以异乎？故自称其恶，谓之情；称人之恶，谓之贼。求诸己，谓之厚；求诸人，谓之薄。自责以备，谓之明，责人以备，谓之惑。"（《春秋繁露·仁义法》）

（四）君子之于诚敬

心怀诚敬是君子的基本要求。诚者，实也；敬者，肃也。君子之诚敬须守一持中。"心止于一中者，谓之忠；持二中者，谓之患，人之中不一者也，不一者，故患之所由生也。是故君子贱二而贵一。"（《春秋繁露·天道无二》）

诚敬完全是君子人格内在的主体要求，没有任何外在的强制性与被动性。故董仲舒引用孔子之言以证明之。"孔子曰：'君子有三畏：畏天命，畏大人，畏圣人之言。'彼岂无伤害于人，如孔子徒畏之哉？以此见天之不可不畏敬，犹主上不可不谨事。"（《春秋繁露·郊语》）

在中国的文化观念中，天与祖先拥有至上地位。在董子看来，天"确然为有人格有意志的天帝"[2]。所以，对上天以及先人之敬畏是浸润在国人血液之中的文化基因。一定程度上，这甚至成为一种信仰，从而根深蒂固、矢志不移。"君子未尝不食新，天赐新至，必先荐之，乃敢食之，尊天，敬宗庙之心也。尊天，美义也；敬宗庙，大礼也。圣人之所谨也。不欲多而欲洁清，不贪数而欲恭敬。君子之祭也，躬亲之，致其中心之诚，尽敬洁之道，以接至尊，故鬼享之。"（《春秋繁露·祭义》）

（五）君子之于德

君子如玉。表里如一、光明磊落；不知则问，不能则学；坚而不磨，过而不濡；搔而不绕，洁白如素。正如《春秋繁露》所言："玉有似君子。子曰：'人而不曰如之何、如之何者，吾末如之何也矣。'故匿病者不得良医，羞问者圣人去之，以为远功而近有灾，是则不有。玉至清而不蔽其恶，内有暇秽，必见之于外，故君子不隐其短，不知则问，不能则学，取之玉也。君子比之玉，玉润而不污，是仁而至清洁也；廉而不杀，是义而不害也；坚而不磨，过而不濡。视之如庸，展之如石，状如石，搔而不可绕，洁白如素不受污。"（《春秋繁露·执贽》）

君子如山。"山则巃嵸崔，摧嵬嶵巍，久不崩阤，似夫仁人志士。"（《春秋繁露·山川颂》）其势高危状，似君子之品节。"孔子曰：'山川神祇立，宝藏殖，器用资，曲直合，大者可以为宫室台榭，小者可以为舟舆桴楫。大者无不中，小者无不入。持斧则斫，持镰则艾，生人立，禽兽伏，死人入，多其功而不言，是以君子取譬也。'且积土成山，无损也；成其高，无害也；成其大，无亏也。小其上，泰其下，久长安，后世无有去就，俨然独处，惟山之意。《诗》云：'节彼南山，惟石岩岩，赫赫师尹，民具尔瞻。'此之谓也。"其生生而不私，似君子之奉献。

君子如水。勇往直前，昼夜不竭；无所偏狎，一视同仁；奔流不止，不遗小间……总之，水之品行体现为毅力、公平、明察、智慧、教化、勇敢、威武、德行，即"水则源泉混混沄沄，昼夜不竭，既似力者；盈科后行，既似持平者；循微赴下，不遗小间，既似察者；循谿谷不迷或，奏万里而必至，既似知者；障防止之能清净，既似知命者；不清而入，洁清而出，既似善化者；赴千仞之壑，入而不疑，既似勇者；物皆困于火，而水独胜之，既似武者；咸得之而生，失之而死，既似有德者。孔子在川上曰：'逝者如斯夫，不舍昼夜。'此之谓也"（《春秋繁露·山川颂》）。

（六）君子之于养生

《孝经》有言："身体发肤，受之父母，不敢毁伤，孝之始也。"

重视养生是中国文化的基本要求。而在天人一体的观念中，养生也是效法、顺应天的过程。如《易经·乾卦·文言》："夫大人者，与天地合其德，与日月合其明，与四时合其序，与鬼神合其吉凶。"

君子须合四时之序，做到春生、夏长、秋收、冬藏。"天地之化，春气生，而百物皆出；夏气养，而百物皆长；秋气杀，而百物皆死；冬气收，而百物皆藏。是故惟天地之气而精，而物莫不应，贵之至也。君子法乎其所贵。""法天者，乃法人之辨。""君子治身不敢违天。"（《春秋繁露·循天之道》）

《千字文》云："性静情逸，心动神疲；守真志满，逐物意移。"有德君子养心以养生。"君子道至，气则华而上。凡气从心，心，气之君，何为而气不随也？是以天下之道者，皆言内心其本也。故仁人之所以多寿者，外无贪而内清净，心和平而不失中正，取天地之美以养其身，是其且多且治""是故君子养而和之，节而法之，去其群泰，取其众和。"（《春秋繁露·循天之道》）

"民皆知爱其衣食，而不爱其天气。天气之于人，重于衣食。""故养生之大者，乃在爱气。""故君子闲欲止恶以平意，平意以静神，静神以养气。气多而治，则养身之大者得矣。"（《春秋繁露·循天之道》）

二、《春秋繁露》君子人格的当代价值

目前，技术的提高、经济的增长与社会发展极大地改变着人与自然、人与人以及人与自身的关系。这种改变既有积极的一面，也存在着消极的一面。今天，在倡导文化自信的时代条件下，反观《春秋繁露》中的君子人格思想，对于改善或优化三种关系具有积极的作用。

首先，在高扬市场经济利益导向的前提下，通过文化渲染倡导利益获得的正当性与适度性。发展是硬道理，这是永远不可改变的事实。因为人类的生存与发展意味着，人与自然之间物质与能量交换关系永远是最基础的关系，但发展不等于无限增长，利益导向不等于逐利疯狂。《大学》有言："生之者众，食之者寡；为之者疾，用之者

舒。"不仅如此，在利益的获得方面，通过引用孟献子的话也提出了明确要求："畜马乘，不察于鸡豚，伐冰之家，不畜牛羊，百乘之家，不畜聚敛之臣。与其有聚敛之臣，宁有盗臣。"由是观之，"君子为道，非徒自苦，固有利用安身之术。正义不谋利，士夫之所自饬。富贵利达，营求同于妾妇，君子耻之，以其扰扰而不安也"[3]。《春秋繁露》中表达的"不尽利"思想正与此不谋而合。

君子是社会的精英与中流砥柱。能否通过文化渲染的力量，使社会大众当中的一部分人逐渐趋近君子人格是改善当前"社会生态"的关键。我们不会企及，实际上也不可能人人都趋向君子人格，因为正如《论语·阳货》篇所言：唯上智与下愚不移。董子"性三品"即接近其观点[4]。但大力弘扬董子乃至优秀的传统文化中的相关思想，对于优化极端的趋利"社会生态"无疑具有一定作用。

其次，充分高扬董子思想中的仁义观，让仁者爱人、义者正我成为引领时代的正能量。一定程度上，任何人都不应该首先是道德的评判者，而应该首先是道德的践行者。所谓"君子求诸己，小人求诸人"是也。今天，社会主义核心价值观的落实就有赖于社会当中每一个君子人格式的人物之言谈举止身体力行，即做到"爱人""正我"。

汉代儒家和经学盛行，"厚人伦，美教化"为当时人文教化的"现实功利职责"[5]。时下，诸多社会乱象的出现，一定程度上，与"在其位，不谋其政"相关。何谓"政"？子曰："政者，正也"（《论语·颜渊》）。一旦"在位谋政"，则必然有益于助推"君君、臣臣、父父、子子"良好社会关系的形成，从而也益于社会之和谐。

第三，大力阐发董子思想中的诚敬观，让守真持中、心诚意敬、敬天法祖成为当代君子人格式人物的自觉信仰。在现实生活中，我们提倡敢作敢为之勇武精神，但更不能忽视甚至无视相应的基本社会规范。《论语·泰伯》有言：勇而无礼则乱。在中国文化的视域中，天属于高高在上的精神信仰，要求现实生活中的每一个人都要心怀诚敬、敬畏之心。于天如此，于先祖也是如此。虽然天与先祖之存在与否超出了人们的理解范畴，但作为一种精神信仰，敬天法祖是不容置疑的。故《中庸》云："洋洋乎！如在其上，如在其左右。"

　　第四，养心与养身并重，实现身心之健康。社会发展的目的是人。人的健康，身是基础，心是关键。而实现身心健康的基本前提就是法天则地、顺应四时、心气平和、重气养身。

　　当前，现实生活极大地颠覆了人们的生存样态，从而给个人身心造成了诸多的不良问题。为此，重温董子思想中的养心养身观念，意义重大。

参考文献：

[1] 李泽厚. 中国思想史论：上［M］. 合肥：安徽文艺出版社，1999：178.

[2] 钱穆. 中国思想史［M］. 北京：九州出版社，2011：106.

[3] 苏舆. 春秋繁露义证［M］. 北京：中华书局，2015：257.

[4] 金春峰. 汉代思想史［M］. 北京：中国社会科学出版社，2006：159.

[5] 李泽厚. 美学三书［M］. 合肥：安徽文艺出版社，1999：77.

原载于《衡水学院学报》2018 年第 5 期。

白立强（1970－），男，河北武邑人，法学博士，副教授。

金周昌（1955－），男，韩国忠清南道人，哲学博士，文学博士，教授。

义利之辨与董仲舒的不白之冤

陈山榜

在中国思想史上，义利之辨经历了一个由实趋虚又由虚返实的演变过程。这个过程，是否定之否定的认知规律在义利观领域的反映。而在这个演变过程中，作为思想家的董仲舒，却因一段被迫而发的言论，蒙受了近两千年的不白之冤，且至今未见有人为其昭雪。本文试图在解析义利关系的基础上，谈一谈董子所受的冤屈。

一、中国思想史上的义利之辨

我中华民族的祖先，不仅勤劳智慧，而且是非常注重实事求是的。他们创造和使用的"利"字，从"刀"从"禾"，没有丝毫的虚浮，"義"字，从"羊"从"戈"从"手"，同样没有丝毫的虚浮。羊是古代重要的衣食之源，且曾在流通领域充当过货币，在这里，它就是财富的象征。以手持戈，守护本人或本集团的财富，这就是"義"。这个概念，至今仍在使用。我们把保家卫国的事业称为正义的事业，就是最典型的例证。

到文王演《易》之时，他提出了"利者，义之和也"[1] 的命题。应当说，在这个判断中，文王将"利"和"义"视为相互关联的一对范畴，是很有见地的，而且在这个判断中已经透露出一些重义的端倪。

　　时至春秋战国，在诸子百家之中，以墨家的义利观较近情理。墨家重义，认为"万事莫贵于义"[2]265，但是，墨家重义而不轻利，他们清楚地认识到了义和利的对应关系，明确提出了"义，利也"[2]191的命题。儒家中，孔子虽有"君子义以为上"[3]2526"放于利而行，多怨"[3]2471之语，但他并不十分轻利，而是希望人们能"见利思义"[3]2511，且主张"因民之所利而利之"[3]2535。孟子则是较为典型的重义轻利者。孟子见梁惠王，王曰："叟不远千里而来，亦将有以利吾国乎？"孟子却回答说："王何必曰利，亦有仁义而已矣。"[4]他是这样推论的：王曰何以利吾国，大夫曰何以利吾家，士庶人曰何以利吾身，上下交争利，则国危矣。所以他主张不谈利，只谈仁义就可以了。只谈仁义，不谈利，就不会有人争利？国就可以不危？这是典型的避实就虚的手段，也是他无法解决上下交争利问题而找的托词。儒家中，倒是务实的荀子对这个问题有着比较清晰的认识，提出了"义与利者，人之所两有也"[5]330的判断。同时，他也认为，"一之于礼义，则两得之矣；一之于性情，则两丧之矣"[5]233，所以他主张要以义养利、以义制利。

　　到汉武帝时，因社会贪利忘义之风甚盛，董子仲舒欲矫其偏，遂著《身之养重于义》一文。其文开宗明义曰："天之生人也，使之生义与利。利以养其体，义以养其心。心不得义不能乐，体不得利不能安。义者，心之养也。利者，体之养也。体莫贵于心，故养莫重于义，义之养生人大于利。"[6]589

　　很明显，这与孔子的重义而不能不言利的思想是基本一致的。然而，班固修《汉书》，作《董仲舒传》，在讲义利关系时，不仅未录董子专门讨论义利关系的这段话，反而将"正其谊不谋其利，明其道不计其功"这样的话诬加董仲舒之口（具体论证见下节），致使后世重义轻利之人引为口实。到宋代，白鹿洞书院将此话列入其"揭示"之中，成为要求弟子遵行的"处事之要"。其实是宋儒借汉儒之口，将义利之辨推到了虚浮的极致。并且宋儒还将义利对立起来，认为"出义则入利，出利则入义"[7]，说明他们不仅义利思想虚浮，而且不明义利关系之本质。

义利之辨由虚返实的一大转折发生在清朝初年。其时，唯物主义思想家颜元以其超人的智慧和气魄，大胆地提出了"正其义以谋其利，明其道而计其功"的命题。他在其《四书正误》中写道：

> 以义为利，圣贤平正道理也。尧舜"利用"，《尚书》明与"正德""厚生"并为三事。"利贞""利用安身""利用刑人""无不利""利者，义之和也"，《易》之言利更多。孟子极驳利字，恶夫掊克聚敛者耳。其实，义中之利，君子所贵也。后儒乃云："正其谊不谋其利。"过矣。宋人喜道之，以文其空疏无用之学。予尝矫其偏，改云："正其谊以谋其利，明其道而计其功。"[8]

而颜元与郝公函的一场对话，则更进一步阐述了他的上述思想：

> 郝公函问："董子'正谊明道'二句，似即'谋道不谋食'之旨，先生不取，何也？"
>
> 曰："世有耕种而不谋收获者乎？有荷网持钩而不计得鱼者乎？抑将恭而不望其不侮、宽而不计其得众者乎？这'不谋''不计'两'不'字，便是老无释空之根，惟吾夫子'先难后获''先事后得''敬事后食'三'后'字无弊。盖'正谊'便谋利，'明道'便计功，是欲速，是助长，全不谋利计功，是空寂，是腐儒。"
>
> 公函曰："悟矣。请问'谋道不谋食'。"
>
> 曰："宋儒正从此误，后人遂不谋生。不知宋儒之道全非孔门之道。孔门六艺，进可以获禄，退可以食力，如委吏之会计、简兮之伶官可见。故耕者犹有馁，学也必无饥。夫子申结不忧贫，以道信之也。若宋儒之学不谋食，能无饥乎？"[9]

可以说，颜元从实用的层面，对义利关系做出了正确的解释。他的义利观，已突破了中世纪的羁绊，确实具有启蒙的意义。而从理论上将义利之辨彻底由虚返实的，是以马克思主义为指导思想的中国共产党。中国共产党明确宣布，其最终奋斗目标是实现共产主义。而共产主义的核心无疑是"共产"。"产"，非"利"而何？只是她之"共产"，不是为一人一家一党一集团之私利，而是为天下人之公利，所以，与之相呼应的"义"，也就必然是古往今来最大之义。

　　但是，由于重义不言利思想在中国根深蒂固，故极少有人著文直接从义利关系上阐述重利思想。这或许是因为认识不到位，也或许是因为怕犯众怒，被斥为"小人"。

　　公开直接讨论这个问题，大胆地在义利之辨中把利放在第一位的，笔者算是一个。2001年，笔者在《河北师范大学学报》教育科学版第3期上发表《利育：一个亟待开设的课题》一文，认为在义利这对范畴中，利是基础，是第一位的，义是利的呼应。不是"利者，义之和也"，而应当是"义者，利之和也"。利是什么？利是一切社会化了的物质财富，没有它，任何人都不能生存，更何谈发展？还能讲什么义？而义则是利的社会反映，是因利而产生的思想意识和社会规范。虽然如此，义又是绝对不可轻的，只有重义，只有解决好了义的问题，才能最终解决好利的问题。所以，笔者建议要抓紧进行正确的义利观教育。要教人敢于讲利，善于谋利，而其中最重要的就是要教人见利思义，以义为利。

　　笔者认为，人很难做到无我，但绝对不可自私。见利忘义，唯利是图，自私自利，只能害己；只有多利，才能共赢。一个自私自利之徒，无论其有无才华，都不会成器；只有善于利他之人，才能成就宏伟事业。

二、董仲舒的不白之冤

　　自班固在《汉书》中将"正其谊不谋其利，明其道不计其功"记为董仲舒的言论始，近两千年，少有人质疑。然而，班固的这个记载是有问题的。班固在《汉书·董仲舒传》中是这样记述的：

　　　　天子以仲舒为江都相，事易王。易王，帝兄，素骄，好勇。仲舒以礼谊匡正，王敬重焉。久之，王问仲舒曰："越王勾践与大夫泄庸、仲、蠡谋伐吴，遂灭之。孔子称殷有三仁，寡人亦以为粤有三仁。桓公决疑于管仲，寡人决疑于君。"仲舒对曰："臣愚不足以奉大对。闻昔者鲁君问柳下惠：'吾欲伐齐，何如？'柳下惠曰：'不可'。归而有忧色，曰：'吾闻伐国不问仁人，此言何为至于我哉！'徒见问耳，且犹羞之，况设诈以伐吴虏？由此言之，粤本无一仁。夫仁人者，正其谊不谋其利，明其道不计其功，是以仲尼之门，五尺之童羞称五伯，为其先诈力而后仁谊也。苟为诈而已，故不足称于大君子之门也。五伯比于他诸侯为贤，其比三王，犹武夫之与美玉也。"王曰："善"。[10]

这段记述的问题，在于它与董仲舒的原话有着明显的不同。《春秋繁露》卷九《对胶西王越大夫不得为仁第三十二》是这样记述的：

命令相曰：大夫蠡，大夫种，大夫庸，大夫睪，大夫车成，越王与此五大夫谋伐吴，遂灭之，雪会稽之耻，卒为霸主。范蠡去之，种死之，寡人以此二大夫者为皆贤。孔子曰："殷有三仁。"今以越王之贤，与蠡、种之能，此三人者，寡人亦以为越有三仁，其于君何如？桓公决疑于管仲，寡人决疑于君。

仲舒伏地再拜，对曰：仲舒知褊而学浅，不足以决之。虽然，王有问于臣，臣不敢不悉以对，礼也。臣仲舒闻：昔者，鲁君问于柳下惠曰："我欲攻齐，何如？"柳下惠对曰："不可。"退而有忧色。曰："吾闻之也：谋伐国者，不问于仁人也，此言何为至于我？"但见问而尚羞之，而况乃与为诈以伐吴乎！其不宜明矣。以此观之，越本无一仁，而安得三仁？仁人者，正其道，不谋其利，修其理，不急其功，致无为而习俗大化，可谓仁圣矣，三王是也。《春秋》之义，贵信而贱诈。诈人而胜之，虽有功，君子弗为也。是以仲尼之门，五尺童子，言羞称五伯，为其诈以成功，苟为而已矣，故不足称于大君子之门。五伯者，比于他诸侯为贤者，比于仁贤，何贤之有？譬犹玫玞比于美玉也。臣仲舒伏地再拜以闻。[6]599—603

不难看出，班固《汉书》的那段记载，与《春秋繁露》中的这段文字，是大体相同的。东汉人修《汉书》，他必然要依据西汉人的文字资料。而我们并未见到其他类似资料。那么，他的依据应该就是《春秋繁露》的这段文字。

《春秋繁露》的这段文字，笔者翻阅了几个比较权威的版本，如苏本、凌本，都基本相同，无大出入。而如果前面我们的推论是有道理的，那么《汉书》的那段引文至少存在两个方面的问题：

其一，《春秋繁露》的这段文字收在该书的第九卷。而该书的第九卷，是因为"武帝时，亡义而有财者显于世，欺谩而善书者尊于朝，俗皆曰：'何以孝弟为？多财而光荣。何以礼义为？史书而仕宦。'谓居官而置富者为雄杰，处奸而得利者为壮士。兄劝其弟，父勉其子，俗之坏败，乃至于是"[11]。故董子痛切言之，欲以义、仁、德、礼以拯救之。该卷共四章，其中第三十一章，即该卷之首章，专讲义利关系，明确提出"身之养重于义"，即"义大于利""义重于利"，但因为身之养必须以利，故绝无不谋利之言。其中第三十二章，即该卷之第二章，也就是我们所摘录的《对胶西王越大夫不得为仁》，主要讲的是"仁"，而不是"义"。以下两章，即第三十三章和第三十四章，分别讲"德"与"礼"。可见作者的逻辑是很清晰的。而班固讲义利关系却不引该卷首章，显然是一大失误。

其二，王问仲舒，要其决疑的是"雪耻""攻国"与"称霸"。这一问，在七国之乱之后，是很凶险的。而仲舒以尊王贱霸的"仁"来解决这一提问，应当说也是很策略的。所以文中并没有班固所记的"谊"字。文中出现了一个"义"字，也是专指"《春秋》之义"，讲的是《春秋》一书的思想倾向，而非义利之辨的"义"。所以班固将专讲义利关系的"正其谊不谋其利，明其道不计其功"这一原文所无的话夹杂在他的引文中，当作董仲舒的原话写出，是极不妥当的。

综上所述，如果班孟坚别无所据，而今《春秋繁露》不伪无错。那么，将"正其义不谋其利"的义利观加诸董仲舒是不妥的，董子是冤枉的，因为他的原本的义利观是重义而不放弃谋利。

讲到这里，不能不顺便说一下，董仲舒在三次对策之后，汉武帝是很器重他的。但自从有了与诸侯王的"正其道不谋其利，明其理不急其功"这一"对策"之后，董仲舒的日子就不好过了，降级，入狱，还差点被借刀杀掉。致使战战兢兢的董仲舒不得不称病弃官，老死家中。是不是因为"明其理不急其功"的主张太为险恶，亦未可知。但吴楚七国之乱以后，各诸侯的相由中央指派，实为要对诸侯王加以监督和制约。而当诸侯王提出要雪耻、攻国、称霸的问题时，董子竟以"明其理不急其功"以对，则确实是犯了一个天大的忌讳。他的遭遇怕与此不无关系。

参考文献：

[1] 李塨. 李塨集 [M]. 陈山榜点校. 北京：人民出版社，2014：13.

[2] 孙诒让. 墨子闲诂 [M]. 北京：中华书局，1954.

[3] 何晏，邢昺. 论语注疏 [M]. 北京：中华书局，1980.

[4] 赵岐，孙奭. 孟子注疏 [M]. 北京：中华书局，1980：2665.

[5] 王先谦. 荀子集解 [M]. 北京：中华书局，1954.

[6] 钟肇鹏. 春秋繁露校释 [M]. 石家庄：河北人民出版社，2005.

[7] 程颢，程颐. 河南程氏遗书：卷 11 [M]. 北京：商务印书馆，1939：137.

[8] 颜元. 四书正误 [M]. 石家庄：河北教育出版社，2009：151.

[9] 颜元. 颜元集 [M]. 北京：中华书局，1987：671.

[10] 班固. 汉书 [M]. 北京：中华书局，1962：2523-2524.

[11] 苏舆. 春秋繁露义证 [M]. 北京：中华书局，1992：263.

原载于《衡水学院学报》2018 年第 5 期。

陈山榜（1951-），男，河北定州人，《河北师范大学学报》编辑部副编审。